Gabler / MLP
Berufs- und Karriere-Planer Wirtschaft
2005/2006

Der günstige Preis dieses Buches wurde
durch großzügige Unterstützung der MLP AG, Heidelberg, ermöglicht,
die seit über 30 Jahren Partner der Studierenden ist.

MLP ist die in Europa führende Private Finance-Gruppe
für Akademiker und anspruchsvolle Kunden. MLP unterstützt Studierende und Berufseinsteiger
in der **EDITION ®MLP** mit Informationen sowie mit Seminaren in den MLP-Geschäftsstellen,
die ihnen für ihr Studium, ihr Examen und die erste Berufsphase großen Nutzen bieten.

EDITION ⓟMLP

Gabler/MLP Berufs- und Karriere-Planer Wirtschaft
2005/2006

Für Studenten und Hochschulabsolventen

Mit zahlreichen Stellenanzeigen und Firmenprofilen

Autoren:
Margaretha Hamm · Dr. Lutz Hoffmann · Dr. Sonja Ulrike Klug
Dorothee Köhler · Susanne Löffelholz

GABLER

Bibliografische Information Der Deutschen Bibliothek
Die Deutsche Bibliothek verzeichnet diese Publikation in der Deutschen Nationalbibliografie;
detaillierte bibliografische Daten sind im Internet über <http://dnb.ddb.de> abrufbar.

1. Auflage Juni 1998
2. Auflage Juni 1999
3. Auflage Juni 2000
4. Auflage April 2001
5. Auflage April 2002
6. Auflage April 2003
7. Auflage April 2004
8. Auflage April 2005

Alle Rechte vorbehalten
© Betriebswirtschaftlicher Verlag Dr. Th. Gabler GmbH, Wiesbaden 2005

Lektorat/Redaktion: Irene Buttkus, Annelie Meisenheimer, Susanne Kramer

Der Gabler Verlag ist ein Unternehmen von Springer Science+Business Media.
www.gabler.de

Das Werk einschließlich aller seiner Teile ist urheberrechtlich geschützt. Jede Verwertung außerhalb der engen Grenzen des Urheberrechtsgesetzes ist ohne Zustimmung des Verlags unzulässig und strafbar. Das gilt insbesondere für Vervielfältigungen, Übersetzungen, Mikroverfilmungen und die Einspeicherung und Verarbeitung in elektronischen Systemen.

Die Wiedergabe von Gebrauchsnamen, Handelsnamen, Warenbezeichnungen usw. in diesem Werk berechtigt auch ohne besondere Kennzeichnung nicht zu der Annahme, dass solche Namen im Sinne der Warenzeichen- und Markenschutz-Gesetzgebung als frei zu betrachten wären und daher von jedermann benutzt werden dürften.

Herausgeber und Verlag können, trotz sorgfältiger Recherchen, für die Richtigkeit der Angaben keine Gewähr übernehmen.

Umschlaggestaltung: Regine Zimmer, Dipl.-Designerin, Frankfurt/Main
Satz: FROMM MediaDesign GmbH, Selters/Ts.
Druck und buchbinderische Verarbeitung: Stürtz GmbH, Würzburg
Gedruckt auf säurefreiem und chlorfrei gebleichtem Papier
Printed in Germany

ISBN 3-409-83639-X

CHANCEN & KARRIERE
PREMIUM PERSONALMARKT

Machen Sie Ihre Karriere mit uns!

Nutzen Sie unsere Sonderveröffentlichungen für Ihre Karriereplanung!

ZEIT Chancen
STUDIUM UND KARRIERE

Profitieren Sie von einem der führenden überregionalen Stellenmärkte in Deutschland. Das Hochschul-Spezial im Magazinformat erscheint 4 x im Jahr.

Die Erscheinungstermine:

- 28. April 2005
- 23. Juni 2005
- 20. Okt. 2005
- 1. Dez. 2005

karriere
Das junge Job- und Wirtschaftsmagazin

Kompetent und schwungvoll berichtet *karriere* 12 mal im Jahr über alles, was Studenten, Absolventen und Young Professionals für ein erfolgreiches Berufsleben wissen müssen.

BERATUNG & VERKAUF
Friederike Otzen
Telefon 040 32 80-528
E-mail: otzen@chancenundkarriere.de

DIE ZEIT   Handelsblatt   Karriere   Tagesspiegel

Top-Know-how zum Thema Bank – Börse – Finance

Banking im 21. Jahrhundert

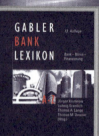

Jürgen Krumnow / Ludwig Gramlich / Thomas A. Lange / Thomas M. Dewner (Hrsg.)
Gabler Bank-Lexikon
Bank – Börse – Finanzierung
13., vollst. überarb. u. erw. Aufl. 2002.
XVIII, 1485 S.
Geb. EUR 74,00
ISBN 3-409-46116-7

„Der Gerke" – das Standardwerk zum Thema Börse

Wolfgang Gerke (Hrsg.)
Gerke Börsen Lexikon
2002. XIV, 897 S.
Geb. EUR 49,90
ISBN 3-409-14603-2

Das Lexikon für ein erfolgreiches Finanzmanagement!

Wolfgang Breuer / Thilo Schweizer (Hrsg.)
Gabler Lexikon Corporate Finance
2003. XXII, 598 S.
Geb. EUR 49,90
ISBN 3-409-19503-3

Änderungen vorbehalten. Erhältlich im Buchhandel oder beim Verlag. Abraham-Lincoln-Str. 46 · 65189 Wiesbaden · Tel.: 06 11.78 78-626 · www.gabler.de **GABLER**

Bildung ist der wichtigste „Rohstoff" Europas

Der Europäische Rat der Staats- und Regierungschefs hat sich auf seiner Tagung in Lissabon im März 2000 zum Ziel gesetzt, die Europäische Union bis 2010 zum „wettbewerbsfähigsten und dynamischsten wissensbasierten Wirtschaftsraum der Welt zu machen – einem Wirtschaftsraum, der fähig ist, ein dauerhaftes Wirtschaftswachstum mit mehr und besseren Arbeitsplätzen und einem größeren sozialen Zusammenhalt zu erzielen".

Der Europäische Rat hat damit Bildung zum wichtigsten „Rohstoff" Europas erklärt. Und das ist unser Ziel: Diesen Rohstoff zu gewinnen, zu formen und zu pflegen, um auf diese Weise den Herausforderungen einer Wissensgesellschaft gerecht zu werden, denn die aktuellen und zukünftigen Aufgaben für unsere Gesellschaft und unser Wirtschafts-, Sozial- und Beschäftigungssystem sind hochkomplex und vielschichtig.

Um diesen Anforderungen gerecht zu werden, müssen sich junge Menschen zur Vorbereitung wichtiger beruflicher Entscheidungen immer stärker informieren. In Anbetracht einer modernen Wissensgesellschaft wird jedes Informationsdefizit bei der Karriereplanung schnell zum Wettbewerbsnachteil. Neben einem Studium spielen ein profundes Wissensmanagement und ein ausgewogenes Selbstmarketing für die Berufs- und Karriereplanung eine zentrale Rolle. Gerade hier liefert der *Berufs- und Karriere-Planer Wirtschaft* einen inhaltsreichen Fundus an Informationen für den Start in das harte aber spannende Wirtschaftsleben. Zudem trägt er dem unternehmerischen Interesse an der Anwerbung von praxisorientierten und fachlich auf hohem Niveau ausgebildeten Mitarbeitern Rechnung.

Wolfgang Clement, Bundesminister

Gerade im Hinblick auf den demographischen Wandel, der für unsere Gesellschaft eine der größten gesellschaftlichen und beschäftigungspolitischen Herausforderungen der kommenden Jahre darstellt, bedarf die Nachwuchsgewinnung besonderer Aufmerksamkeit. Dabei geht es nicht allein um quantitative, sondern vor allem um qualitative Aspekte. Unumstritten verfügt unser Land bereits heute in hohem Maße über entsprechende Potenziale, die wir jetzt ausschöpfen müssen, um im Wettbewerb zu bestehen.

In diesem Sinne wünsche ich mir, dass dieser Ratgeber dazu beiträgt, dass Studenten, Absolventen und Berufseinsteiger sowie Unternehmen zueinander finden.

Berlin

Ihr

Wolfgang Clement
Bundesminister für
Wirtschaft und Arbeit

Liebe Leserinnen und Leser,

haben Sie sich Ihr Studium so vorgestellt, wie es jetzt verläuft? Die meisten von Ihnen werden diese Frage vermutlich verneinen. Dabei hatten Sie sich doch gut auf das Studium vorbereitet. Die Theorie kann aber das praktische Wissen nicht ersetzen. Im Arbeitsleben wird das nicht anders sein als im Studium. Sie haben gewisse Vorstellungen, manche davon sind sehr konkret, andere sind eher vage. Unterstützung, die Ihnen tatsächlich weiterhilft, finden sie dort, wo theoretisches mit praktischem Wissen zusammenfließt. Das ist die Maxime, nach der wir die *Gabler/MLP Berufs- und Karriere-Planer* konzipieren. Wir bieten Ihnen Informationen, die aktuell sind und aus den täglichen Erfahrungen mit unseren über 600.000 akademischen Kunden resultieren. Dieses Knowhow ermöglicht es uns wie wohl keinem zweiten Unternehmen, den Berufseinstieg für unsere akademischen Kunden zu unterstützen. Wesentliche Inhalte dieses Buches sind ein Teil dessen, was MLP Ihnen zur Verfügung stellt – zusammengefasste Theorie, die direkt aus der Praxis kommt. Was wir nicht ausreichend in einem Buch darstellen können, sind praktische Übungen, die beispielsweise Auswahlverfahren simulieren. Diese trainieren wir mit Hochschulabsolventen und bieten dazu an nahezu allen Hochschulstandorten Berufseinsteigerseminare an. Denn unser Ziel ist es, Sie in Ihrem Berufseinstieg so gut zu unterstützen, dass Sie auch in unserer Kernkompetenz, der Finanzdienstleistung für Akademiker, gerne auf uns zurückkommen.

Ich wünsche Ihnen ein erfolgreiches Studium und viel Spaß beim Lesen des neuen *Berufs- und Karriere-Planers Wirtschaft*.

Heidelberg   **Eugen Bucher**
                                             Mitglied des Vorstandes der MLP AG

Siemens Management Consulting

Einstieg in die interne Unternehmensberatung

„Nobody is perfect – but a team can be." Für Henning Sandfort ist dieser Leitspruch fester Bestandteil seines Arbeitsalltags. Er ist Consultant bei Siemens Management Consulting, kurz SMC, die als Inhouse-Beratung den Hightech-Konzern Siemens in seiner weltweiten Präsenz berät. „Ellenbogenmentalität, bei der der Spass fehlt – so sah anfangs mein Bild von einer Unternehmensberatung aus", gibt Sandfort zu. Dieses Bild hat sich während seines Praktikums bei SMC grundlegend gewandelt – „den Herausforderungen wird gemeinsam im Team begegnet". Die Zusammenarbeit mit den Klienten aus den Siemens-Bereichen ist vertrauensvoll und konstruktiv, was er unter anderem auf die Sonderstellung der Beratung zurückführt. „Wir sind nicht nur Berater, sondern auch Kollegen. Dabei ist SMC innerhalb des Konzerns als Profit Center aufgestellt und misst sich bei der Projektvergabe jederzeit mit den externen Top-Management-Beratungen."

Henning Sandfort
Berater bei Siemens Management Consulting

Die Herausforderung einer Top-Management-Beratung verbunden mit der Möglichkeit, sich über verschiedene Bereiche und Projekte hinweg früh ein Netzwerk innerhalb eines Hightech-Konzerns aufzubauen, waren für den Wirtschaftsingenieur ausschlaggebend, nach seinem Studium bei SMC einzusteigen.

Natürlich sollten die Standardkriterien wie exzellente Noten, Praktika in Beratung und/oder Industrie und auch eine längere Zeit im Ausland erfüllt sein, um von SMC zu einem Interviewtag eingeladen zu werden. „Das heißt jedoch nicht, dass nicht jede Bewerbung individuell gehandhabt wird. Wichtig ist uns, dass das Gesamtbild stimmt", sagt Silvia Rieble, Senior Manager Recruiting.

Silvia Rieble
Senior Manager Recruiting

Die typische Einstiegsposition bei SMC ist die eines Consultants. Henning Sandfort führte sein erstes Projekt für vier Monate in die Schweiz, mit Aufenthalten in den USA und Frankreich. „Es war ein sehr, sehr guter Einstieg", bemerkt er rückblickend, „viele Auslandseinsätze, wertvolle interkulturelle Erfahrungen mit der Möglichkeit, früh Kontakte aufzubauen."

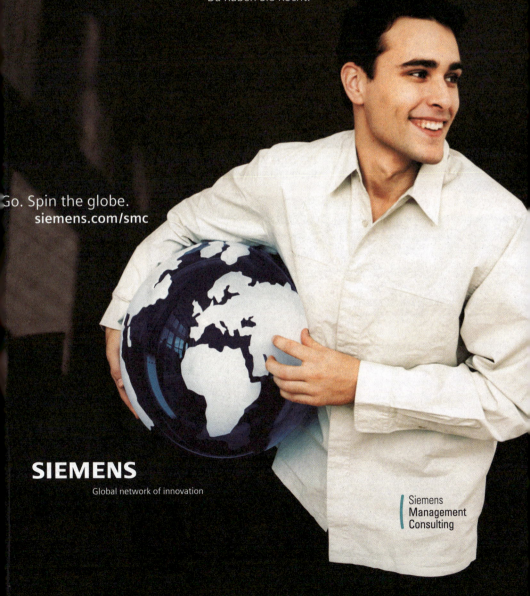

DAS KOMPETENZ-PAKET

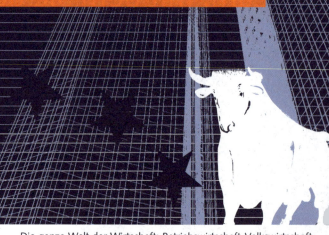

NEUE AUFLAGE!

Die ganze Welt der Wirtschaft: Betriebswirtschaft, Volkswirtschaft, Recht und Steuern im **GABLER WIRTSCHAFTSLEXIKON**

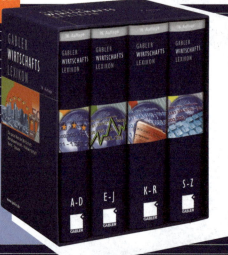

Gabler Wirtschaftslexikon
16., vollständig überarbeitete
und aktualisierte Auflage 2004.
Gebundene Ausgabe
3.478 Seiten, 4 Bände € 179,–
ISBN 3-409-12993-6
Taschenbuchausgabe
3.840 Seiten, 8 Bände € 89,–
ISBN 3-409-10386-4

GABLER VERLAG
Abraham-Lincoln-Straße 4
65189 Wiesbaden
Telefon: 0611.7878-624
Telefax: 0611.7878-420
www.gabler.de

Änderungen vorbehalten. Erhältlich im Buchhandel oder beim Verlag.

Einführung

Der *Gabler/MLP Berufs- und Karriere-Planer Wirtschaft 2005/2006* gibt Studierenden und Hochschulabsolventen kompetente **Antworten auf die entscheidenden Fragen rund um Studium und Berufseinstieg.**

Ausgewiesene Fachleute geben Orientierung und Hilfe bei Themen wie Studienorganisation und -finanzierung, sinnvolle persönliche und fachliche Qualifizierung, Auswahl der richtigen Hochschule(n), Auswahl der richtigen Unternehmen für den Berufseinstieg, Auslandsaufenthalt, Existenzgründung, Zusatzqualifikationen u. v. m.

Sorgfältig recherchierte, fundierte Informationen, gezielte praktische Hinweise, exklusive Kontaktadressen, exzellentes Bewerbungs-Know-how und ausführliche Firmenprofile machen dieses Handbuch zum unverzichtbaren Nachschlagewerk für Studium und Berufsstart.

Der *Gabler/MLP Berufs- und Karriere-Planer Wirtschaft* richtet sich in erster Linie an Studenten und Absolventen **wirtschaftswissenschaftlicher** Fächer, aber auch an alle Absolventen anderer Fachrichtungen, wie zum Beispiel **Recht, Informatik, Wirtschaftsmathematik, Ingenieurwesen, Natur-, Sozial- und Geisteswissenschaften,** die in der Wirtschaft tätig werden wollen.

Die Besonderheiten des Studiums an **Universitäten** und an **Fachhochschulen** werden gleichberechtigt erläutert.

Aufbau und Inhalt des Buches

Die vorliegende **achte aktualisierte und erweiterte Auflage** des *Berufs- und Karriere-Planers Wirtschaft 2005/2006* ist folgendermaßen aufgebaut:

Wer Wirtschaftswissenschaften **studieren** möchte, steht zunächst vor der Frage, welche Hochschule die richtige ist. **Kapitel 1** gibt in Form von Hochschulrankings einen Überblick über die in Frage kommenden Universitäten und Fachhochschulen, ihre Schwerpunkte sowie ihren Ruf.

Danach werden Fragen der Studienorganisation und des wissenschaftlichen Arbeitens behandelt. Zudem bekommen Sie Hinweise, wie Sie das Internet gezielt für Ihr Studium einsetzen können, zum Beispiel zur Literatursuche für Seminar- und Diplomarbeiten.

Einführung

In **Kapitel 2** geht es um die **Finanzierung des Studiums**. Es enthält detaillierte Informationen über zahlreiche Institutionen, bei denen Sie BAföG, Stipendien oder andere finanzielle Unterstützungen erhalten können.

Auch auf spezielle Fälle, wie das Studieren mit Kind, das Studium für Behinderte und das Studium im Ausland, wird eingegangen. Weiterhin enthält Kapitel 2 Informationen über die Steuer- und Versicherungspflicht von studentischen Jobs.

Für den erfolgreichen Start in den Beruf ist heute ein Studium allein in vielen Fällen allerdings nicht mehr ausreichend. Die meisten Arbeitgeber erwarten, dass Bewerber während ihres Studiums oder danach zusätzliche Qualifikationen erworben haben, die über das theoretische Fachwissen hinausgehen.

Welche Qualifikationen gefragt sind und wie man sie erwirbt, erfahren Sie in Kapitel 3 und 4 ausführlich.

Kapitel 3 behandelt die **Qualifikationen**, die Sie **während Ihres Studiums** erwerben können. Dazu gehören sinnvolle, geschickte Fächerkombinationen, die Absolvierung einer Lehre vor dem Studium und die Wahl eines praxisorientierten Themas für die Abschlussarbeit, das berufliche Türen öffnen kann.

Ausführlich erläutert werden berufsqualifizierende Praktika, insbesondere Jobs, die nicht nur dazu dienen, den Lebensunterhalt zu sichern, sondern auch gezielt für erste berufliche Erfahrungen genutzt werden können.

Neu ist das **Special** zum Thema **Wirtschaftsrecht** – ein noch junger, interdisziplinärer Studiengang, der überwiegend von Fachhochschulen angeboten wird. Er vermittelt künftigen Diplom-Wirtschaftsjuristen sowohl betriebswirtschaftliche als auch juristische Kenntnisse. Die Qualifikation gilt als zukunftsfähig und richtungweisend, das Berufsbild ist jedoch noch neu und hat sich vor allem in konservativen Unternehmensstrukturen noch nicht ausreichend etabliert. Absolventen müssen sich daher besonders gründlich auf die Bewerbungsphase vorbereiten.

In **Kapitel 4** geht es um universitäre und außeruniversitäre **Qualifikationen**, die Sie **nach dem Studium** im Hinblick auf Ihre beruflichen Ziele erwerben können. Dazu gehören unter anderem ein Zweitstudium, ein Doktor- oder ein MBA-Titel (Master of Business Administration).

Ist die Studienzeit beendet, so geht es darum, gekonnt den beruflichen Einstieg zu finden. Themen, die sich mit dem **Start ins Berufsleben** befassen, werden in den Kapiteln 5 bis 10 behandelt.

Kapitel 5 zeigt Ihnen, wie Sie sich professionell **bewerben**, was im Vorstellungsgespräch erwartet wird, mit welchen personellen Auswahlverfahren Sie rechnen müssen und wie Sie diese meistern.

Darüber hinaus erhalten Sie Informationen, wie Sie Kontakte zu Unternehmen knüpfen, was diese von Ihnen erwarten und wie Sie in Gehaltsverhandlungen geschickt auftreten.

Besonders erwähnenswert ist der MLP Assessmentcenter Pool, der in Kapitel 5.11 in Auszügen vorgestellt wird. Dieser Datenbank können Sie genau entnehmen, welche Unternehmen welche aktuellen

Einführung

Auswahl- und Testverfahren im Assessmentcenter einsetzen. Dies ermöglicht Ihnen eine gezielte Vorbereitung, wenn Sie an einem Assessmentcenter teilnehmen werden.

Wer sich heutzutage bewirbt, sollte gezielt auch das **Internet** nutzen. Ein Service, der bei der Jobsuche hilft, ist das einzigartige Online-Stellenforum uni-gateway, das die MLP Finanzdienstleistungen AG für Studierende, Unternehmen und Hochschulen anbietet. Nähere Informationen finden Sie am Schluss von Kapitel 5 auf den Seiten 310 ff.

Kapitel 6 behandelt alle Fragen rund um den **Berufsstart**. Dazu gehören die Gestaltung des Arbeitsvertrags, die BAföG-Rückzahlung, der Abschluss von Versicherungen und die Organisation des Arbeitslebens einschließlich Selbst- und Zeitmanagement.

In **Kapitel 7** wird Ihnen eine ganze Reihe von **Branchen** und der jeweilige Bedarf an Hochschulabsolventen verschiedener Fachrichtungen vorgestellt. Auf diese Weise erhalten Sie Anhaltspunkte, wo Sie sich mit Ihren individuellen Qualifikationen am besten bewerben können.

Außerdem finden Sie in Kapitel 7 Informationen über die Einstiegsprogramme, über die verschiedenen betrieblichen **Funktionsbereiche und Branchen** sowie zum stets interessanten Thema Gehälter.

Ein aktuelles **Branchen-Special** zum Thema **Banken und Versicherungen** informiert Sie ausführlich über die derzeitigen Strukturdiskussionen und absehbaren Entwicklungen in beiden Sektoren. Die anstehenden Probleme und Aufgaben wirken sich naturgemäß auf die Berufs- und Aufstiegschancen von Absolventen und die geforderten Qualifikationsprofile aus. Das gilt auch für die Tätigkeit im **freien Finanzvertrieb**, der als Alternative zum klassischen Bank- und Versicherungsgeschäft immer wichtiger wird. Wo Sie die notwendigen Qualifikationen erwerben können, zeigt Ihnen eine Aufstellung der Universitätslehrstühle mit den Schwerpunkten Bankwirtschaft/Bankbetriebslehre bzw. Versicherungswirtschaft.

Kapitel 8 ist eine Zusammenstellung von **Unternehmensprofilen**, die auf einer Anfang 2005 eigens durchgeführten Unternehmensbefragung basieren. Sie werden ergänzt durch die Stellenanzeigen, die im gesamten Buch verteilt sind. Die Firmenprofile und Stellenanzeigen enthalten ganz aktuelle Kurzdarstellungen von Unternehmen verschiedener Branchen einschließlich ihrer Startprogramme für Absolventen. Die Angabe von **Adressen und Ansprechpartnern** erleichtert Ihnen die persönliche Kontaktaufnahme, die sich oft auch schon während des Studiums, beispielsweise für Praktika und Diplomarbeiten, lohnt.

Auslandserfahrungen und Fremdsprachenkenntnisse sind Schlüsselqualifikationen, die von Arbeitgebern häufig erwartet werden – und außerdem den persönlichen Horizont erweitern. **Kapitel 9** gibt Ihnen einen Überblick über die EU-weiten Programmangebote und zeigt Ihnen außerdem Möglichkeiten, wie Sie auf eigene Faust ins Ausland reisen können.

Der **Start in die Selbstständigkeit** ist für viele Absolventen eine Alternative zur Bewerbung um eine Angestelltenposition in

XV

einem Unternehmen. **Kapitel 10** macht Sie mit den Grundlagen der **Existenzgründung** vertraut.

Behandelt wird unter anderem, wie Sie die richtige Geschäftsidee finden, welche Gründungsvarianten es gibt, wie Sie eine Unternehmenskonzeption erstellen und was Sie bei bei der Finanzierung beachten müssen.

Internet

Das Internet ist als modernes Kommunikationsmittel inzwischen unentbehrlich. Immer mehr Informationen sind hier aktuell und schnell verfügbar. Sie finden daher in fast allen Kapiteln **aktuelle Internet-Adressen**, die Ihnen sowohl während des Studiums als auch in der Phase des beruflichen Starts nützen.

Sie können das Internet verwenden, um Informationen über Hochschulen und Institute zu finden, um Quellen für Ihre wissenschaftliche Arbeit heranzuziehen, aber zum Beispiel auch, um sich zu bewerben, um Informationen über verschiedene Unternehmen einzuholen und um Ihre Existenzgründung zu organisieren.

Adressen

In den einzelnen Kapiteln sowie im Anhang finden Sie in einem sehr umfassenden Adressteil zahlreiche Anschriften und Ansprechpartner, die Ihnen bei einer Fülle von Fragen und Problemen weiterhelfen.

Es handelt sich dabei nicht nur um Adressen von Unternehmen, bei denen Sie sich bewerben können, sondern auch um Institutionen, die Stipendien vergeben, um Kontaktmessen, um Interessenverbände der Wirtschaft, um Anlaufstellen für Auslandsaufenthalte und -tätigkeiten sowie um Existenzgründungsberatungen.

Weiterführende Literatur

Das umfangreiche Literaturverzeichnis am Ende des Buches gibt Ihnen zahlreiche Hinweise auf weiterführende Werke, die Ihnen einen vertiefenden Einstieg in die einzelnen Themen ermöglichen.

Symbole

Um Ihnen das schnelle Auffinden wichtiger Informationen in den einzelnen Kapiteln zu erleichtern, finden Sie im Text mehrere Symbole:

Zeichenerklärung	
	Wichtiger Hinweis
	Achtung, Vorsicht!
	Checkliste
	Zusammenfassung
	Ansprechpartner, Hinweis auf Adresse (Adressen im Text oder am Buchende)
	Highlight des Unternehmens
	Telefon
	Fax
	Internet/Homepage
	E-Mail

ANDERE HABEN DIE NASE OBEN.
WIR HABEN SIE LIEBER VORN.

Capgemini sucht Strategieberater, die den richtigen Riecher haben: www.capgemini-karriere.de

 Collaborative Business Experience - die neue Form der Zusammenarbeit.

Inhalt

Wolfgang Clement, Bundesminister für Wirtschaft und Arbeit:
Bildung ist der wichtigste „Rohstoff" Europas _____ VII
Eugen Bucher, Mitglied des Vorstandes der MLP AG:
Vorwort für Leserinnen und Leser _____ IX

Einführung _____ XIII
Inserentenverzeichnis _____ XXV

1.	**Studium**	1
1.1	Hochschulrankings	1
1.2	Studienorganisation	18
1.3	Studium und Internet	45
1.4	Seminar- und Diplomarbeiten	51
2.	**Finanzierung des Studiums**	67
2.1	Finanzbedarf im Studium	67
2.2	BAföG	71
2.3	Studieren mit Kind	75
2.4	Studium für Behinderte	79
2.5	Bildungskredite	80
2.6	Studium im Ausland	81
2.7	Stipendien	87
2.8	Versicherungen	103
2.9	Jobs	106
2.10	Sonstiges	110
3.	**Qualifikationen während des Studiums**	113
3.1	Spezialisierungsfächer	113
3.2	Wahl des Studienabschlusses	115
3.3	Staatliche und private Hochschulen	118

Inhalt

3.4	Existenzgründung als Studienfach	120
3.5	Studieren im Netz	121
3.6	Duale Studiengänge	121
3.7	Doppeldiplom-Studiengänge	122
3.8	Lehre plus Studium?	123
3.9	Zusatzqualifikationen	123
3.10	Jobs für Studenten	125
3.11	Berufsqualifizierende Praktika	126
3.12	Diplomarbeit mit Praxisbezug	130

Special: Wirtschaftsrecht		**136**
1.	Das Studium	136
1.1	Das Angebot der Hochschulen	136
1.2	Zulassungsvoraussetzungen	140
1.3	Persönliche Voraussetzungen	140
1.4	Inhalt des Studiums	140
1.5	Aufbau des Studiums	141
1.6	Studienziel	142
2.	Die Chancen auf dem Arbeitsmarkt	142
2.1	Berufsfelduntersuchung der FH Lüneburg 2001	143
2.2	Einstiegsgehalt	145
3.	Weiterbildung zum Wirtschaftsjuristen (FH)	145
3.1	Berufsbegleitendes Studium	145
3.2	Zusatz- oder Zweitstudium	147
4.	Interview mit Professor Dr. Schomerus, FH Lüneburg	147
5.	Nach dem Examen – Erfahrungsberichte	153

4.	**Qualifikationen nach dem Studium**	**161**
4.1	Was Arbeitgeber erwarten	161
4.2	Weitere Qualifikationen?	162
4.3	Zusatzstudiengänge	163
4.4	Postgraduale Studiengänge im Ausland	164
4.5	Zweitstudium	164
4.6	Promotion	164
4.7	MBA	173
4.8	Weiterbildung im Berufsleben	182

5.	**Erfolgsprogramm Bewerbung**	**185**
5.1	Beruf heute	185
5.2	Selbstmarketing	188
5.3	Bewerbungswege	197
5.4	Internet-Bewerbung	207
5.5	Erste Kontakte knüpfen	216

5.6	Die Sicht der Unternehmen	218
5.7	Bewerbungsunterlagen	222
5.8	Das Vorstellungsgespräch	240
5.9	Auswahlverfahren	266
5.10	Assessment Center	277
5.11	MLP Assessmentcenter Pool	283
5.12	Die Gehaltsverhandlung	306
5.13	Zusagen	309
5.14	Absagen	309
5.15	MLP Career Services	310
5.16	uni-gateway	310
6.	**Berufsstart**	**313**
6.1	Der Arbeitsvertrag	313
6.2	Versicherungen	316
6.3	Organisation des Berufsstarts	322
6.4	BAföG-Rückzahlung	324
6.5	Die ersten Arbeitstage	325
6.6	Aktives Selbstmanagement	327
6.7	Netzwerke	338
7.	**Funktionsbereiche und Branchen**	**343**
7.1	Einstiegsprogramme	343
7.2	Funktionsbereiche	347
7.3	Branchen	352
7.3.1	Automobilindustrie	352
7.3.2	Chemieindustrie	355
7.3.3	Pharmaindustrie	356
7.3.4	Stahlindustrie	357
7.3.5	Elektroindustrie	358
7.3.6	Energiewirtschaft	359
7.3.7	Datenverarbeitung und Informationstechnologie	360
7.3.8	Telekommunikation	362
7.3.9	Nahrungs- und Genussmittelindustrie	364
7.3.10	Textil- und Bekleidungsindustrie	365
7.3.11	Bauwirtschaft	366
7.3.12	Handel	367

Special: Banken und Versicherungen		**370**
1.	Banken	370
1.1	Die Branchenstruktur heute	370
1.2	Aktuelle Strategien	378

1.3	Beschäftigte und Berufschancen	381
1.4	Universitätslehrstühle mit Schwerpunkt Bankbetriebslehre	389
2.	**Versicherungen**	395
2.1	Die Branchenstruktur heute	395
2.2	Aktuelle Herausforderungen	400
2.3	Beschäftigte und Berufschancen	402
2.4	Universitätslehrstühle mit Schwerpunkt Versicherungswirtschaft	407
3.	**Freie Finanzdienstleister**	408

7.3.13	Transport und Logistik	411
Roche-Diagnostics: Frauenkarrieren in der Logistik		412
7.3.14	Touristik	416
7.3.15	Wirtschaftsprüfung und Steuerberatung	418
7.3.16	Unternehmensberatung	420
7.3.17	Elektronische Medien	422
7.3.18	Verlags- und Pressewesen	424
7.3.19	Werbewirtschaft, Public Relations und Marktforschung	425
7.3.20	Öffentlicher Dienst	428
7.4	Start im Mittelstand	429
7.5	Gehälter	430
8.	**Unternehmensprofile**	**443**
9.	**Ausland/EU**	**497**
9.1	Auslandserfahrung	497
9.2	Programmangebote	499
9.3	Auf eigene Faust ins Ausland	516
9.4	Anerkennung in der EU	519
10.	**Existenzgründung**	**521**
10.1	Start in die Selbstständigkeit	521
10.2	Anforderungen	521
10.3	Die Geschäftsidee	526
10.4	Gründungsvarianten	529
10.5	Unternehmenskonzeption	532
10.6	Die Finanzierung	537
10.7	Informationsquellen	543
Weiterführende Literatur		547
Adressen		559
Die Autoren		591
Stichwortverzeichnis		593

DEUTSCHE STANDARDS

Dr. Florian Langenscheidt, Herausgeber der Buchreihe „Deutsche Standards"

Deutsche Standards Beispielhafte Geschäftsberichte *neu*

Eine repräsentative Auswahl von Geschäftsberichten, die in vorbildlicher Weise den hohen Standard der Kommunikationskultur deutscher Unternehmen dokumentieren

7., kompl. überarb. Aufl. 2004. 400 S. Geb. EUR 59,00 ISBN 3-409-12672-4

Das Buch „Beispielhafte Geschäftsberichte" widmet sich der Königsdisziplin der Finanzkommunikation: dem Geschäftsbericht. Dabei geht es sowohl intensiv auf die ästhetischen als auch auf die wirtschaftlichen Besonderheiten eines jeden präsentierten Geschäftsberichtes ein. Vom Ergebnis her stellt das Buch eine anschauliche Jahreschronik der einzelnen Unternehmen dar, ist darüber hinaus in seiner Gesamtheit aber auch Dokument und Leistungsschau der deutschen Wirtschaft insgesamt.

Florian Langenscheidt
Deutsche Standards Marken des Jahrhunderts

Die Königsklasse deutscher Produkte und Dienstleistungen in Wort und Bild – von Aspirin bis Zeiss

14., komplett überarb. Aufl. 2003. 600 S. Geb. EUR 78,00 ISBN 3-409-12443-8

Mit der 14., komplett überarbeiteten Auflage der „Marken des Jahrhunderts" hat die Deutsche Standards EDITIONEN GmbH in Kooperation mit dem Gabler Verlag eine Auswahl der besten deutschen Markenprodukte in verlegerisch erstklassiger Qualität vorgelegt. Gedacht als „Enzyklopädie der deutschen Marken", versteht der Herausgeber Dr. Florian Langenscheidt das Projekt als deutliches Plädoyer für den Wirtschaftsstandort Deutschland und als positives Signal und ermutigende Empfehlung, sich das solide wirtschaftliche Fundament unseres Landes in Erinnerung zu rufen.

Florian Langenscheidt
Deutsche Standards Weltmarktführer *neu*

Die Königsklasse deutscher Industriemarken in Wort und Bild

2004. 525 S. Geb. EUR 78,00 ISBN 3-409-12660-0

Hinter diesen so genannten „hidden champions" der deutschen Wirtschaft verbergen sich Erfolgsgeschichten der ganz besonderen Art. Sie verweisen in ihrer Summe auf die lange Tradition und große Zukunft deutscher Ingenieurleistungen. Die außergewöhnliche exponierte Stellung dieser Unternehmen auf dem globalen Markt führte zu dem programmatischen Titel: Deutsche Standards – Weltmarktführer. Wer sind die Unternehmen, die so maßgeblich zum Erfolg des weltberühmten „Made in Germany" beitragen, was sind ihre Produkte und Erfolgsgeschichten? Diese Fragen beantwortet der vorliegende Band in einer klaren Text- und Bildsprache. Ein Kompendium jener Industriemarken, die im globalen Wettbewerb eine Spitzenposition behaupten. Mit Blick auf das internationale Interesse erscheint das Buch in deutsch-englischer Fassung.

Florian Langenscheidt
German Standards Brands of the Century *neu*

German champions in products and services from Aspirin to Zeiss

2004. 400 S. Geb. EUR 59,00 ISBN 3-409-12659-7

In response to the resounding international interest in the original, an English edition, "Brands of the Century", has been published containing a selection of the most prominent German brands on the global market.

Änderungen vorbehalten. Erhältlich im Buchhandel oder beim Gabler Verlag.

Abraham-Lincoln-Str. 46
65189 Wiesbaden
Tel.: 06 11.78 78-626 **GABLER**

Inserentenverzeichnis

Aareal Bank AG	380
ALDI GmbH & Co. KG	69
Arthur D. Little GmbH	101
Bahlsen GmbH & Co. KG	231
Bain & Company Germany, Inc.	421
Barmenia Versicherungen	403
BASF Aktiengesellschaft	13
Bayerische Landesbank	376
Booz | Allen | Hamilton	49
Robert Bosch GmbH	57
Capgemini Deutschland GmbH	XVII
Coca-Cola Erfrischungsgetränke AG	175
Commerzbank AG	375
CTcon GmbH	119
Deloitte	91
Deutsche Börse Group	XVIII
Deutsche Bundesbank	135
Deutsche Lufthansa AG	193
Deutsche Post World Net	XXVII
Dresdner Bank AG	379
EnBW Energie Baden-Württemberg AG	363
Ernst & Young AG	165

Inserentenverzeichnis

GFK AG	275
Grünenthal GmbH	341
Gruner + Jahr AG & Co. KG	187
Franz Haniel & Cie. GmbH	U3
Hannover Rückversicherung AG	397
Hauck & Aufhäuser Privatbankiers KGaA	391
Henkel KGaA	353
Hewlett-Packard GmbH	337
HPP Harnischfeger, Pietsch & Partner	253
HSH Nordbank AG	383
KfW Bankengruppe	387
Landesbank Baden-Württemberg	388
LRP Landesbank Rheinland-Pfalz	384
MLP Finanzdienstleistungen AG	21
Münchener Rückversicherungs-Gesellschaft AG	405
Dr. August Oetker Nahrungsmittel KG	241
Peek & Cloppenburg KG	XXIII
Pfizer Deutschland GmbH	213
Philip Morris GmbH	263
PricewaterhouseCoopers	205
R+V Versicherung	401
REHAU AG + Co.	77
Roche Diagnostics GmbH	127
Siemens Financial Services GmbH	372
Siemens AG Management Consulting	X–XI
Talkline GmbH & Co. KG	225
Tchibo GmbH	37
TUI AG	U2
Verlagsgruppe Georg von Holtzbrinck GmbH	426
WestLB AG	371
Württembergischer Genossenschaftsverband	398
Zeitverlag Gerd Bucerius GmbH & Co. KG	V

Lenken Sie mit.

Begleiten Sie uns auf dem Weg zur globalen Nr. 1

Wir von Deutsche Post World Net leben Logistik. Weltweit liefern wir exzellente Qualität für den Erfolg unserer Kunden. Unterwegs, die globale Nr. 1 zu werden. Lenken Sie diesen spannenden Prozess mit. Bringen Sie die Deutsche Post World Net Marken DHL, Deutsche Post und Postbank ans Ziel; mit innovativen Ideen für Express & Logistik, Brief- und Kommunikations- sowie Finanzdienstleistungen. Sie werden erwartet: www.dpwn.com/career

Eine Welt voller Chancen:

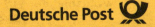  

Leichter lernen, effizienter studieren

Inhalt:

Effizientes Lesen

Arbeiten in Gruppen

Erstellung und Präsentation wissenschaftlicher Arbeiten

Mündliche Präsentation

Zielführende Prüfungsvorbereitung

Studienplanung und -organisation

Christine Stickel-Wolf / Joachim Wolf
Wissenschaftliches Arbeiten und Lerntechniken
Erfolgreich studieren – gewusst wie!
3., überarb. Aufl. 2005. XVI, 376 S.
Br. EUR 29,90
ISBN 3-409-31826-7

In diesem Buch finden Sie ausführliche Tipps zum rationellen, verhaltens- und behaltensorientierten Lesen, zum aktiven Zuhören und Mitschreiben, zum zielführenden Arbeiten in der Gruppe, zur mündlichen Präsentation wissenschaftlicher Arbeiten, zur effizienten Vorbereitung auf Prüfungen sowie zur erfolgsgerichteten Studienplanung und -organisation.

Die Autoren:

Christine Stickel-Wolf ist Diplom-Pädagogin und freiberufliche Trainerin in Unternehmen und öffentlichen Einrichtungen.
Professor Dr. Joachim Wolf ist Inhaber des Lehrstuhls für Organisation der Christian-Albrechts-Universität zu Kiel.

www.gabler.de

Abraham-Lincoln-Str. 46 · 65189 Wiesbaden · Tel: 06 11.78 78-626

1 Studium

1.1 Hochschulrankings

Hochschulrankings erfahren seit einiger Zeit große Beachtung, besonders seit die Magazine *Der Spiegel, stern, Focus* und *manager magazin* **Bestenlisten der deutschen Universitäten** erstellt haben.

Die Vorstellung, dass man bei der Wahl der Hochschule die Nummer 1 für sein Studium auswählt und später auf dem **Weg in die Chefetage** nur offene Türen einrennt, ist jedoch nicht einlösbar.

Um eine Rankingliste richtig einschätzen zu können, müssen zunächst die **Bewertungskriterien** näher beleuchtet werden. Beispielhaft werden im Folgenden

- das Ranking des Magazins *stern* und des Centrums für Hochschulentwicklung CHE (aus dem Jahr 2004) und
- die Rankings des Magazins *Der Spiegel* (aus den Jahren 1999 und 2004) sowie
- die *manager-magazin*-Untersuchung (aus dem Jahr 1998)

jeweils für die wirtschaftswissenschaftlichen Fächer zugrunde gelegt.

Ranking des Magazins „stern/CHE"

Das **Ranking des Magazins** *stern/CHE* ist laut Eigenaussage „die größte Studie, seit es in Deutschland Rankings gibt". Sie erstreckt sich von den geisteswissenschaftlichen über die natur- bis hin zu den wirtschaftswissenschaftlichen Fachbereichen.

Maßgeblich waren dabei mehr als 30 Faktoren, unter anderem

- Studiendauer (wo studiert man am schnellsten?),
- Forschung (Höhe der eingeworbenen Drittmittel, Anzahl der Promotionen),
- Gesamturteil der Studierenden (wo sind Studierende am zufriedensten?).

Für den Tipp gaben Professoren Antwort auf die Frage: Welche Hochschule würden sie ihren Kindern empfehlen?

Bemerkenswert ist dabei, dass keine Rangfolge hergestellt wird, also keine Uni oder FH als Sieger hervorgeht. Den Unis/FHs wird aufgrund der Bewertungen durch Studierende und Professoren lediglich ein Platz in einer der drei großen Gruppen (Spitze, Mittelfeld, Schluss) zugeschlagen. Zum CHE-Vergleich der Bundesländer siehe Seite 120.

1. Studium

Die abgegebenen Beurteilungen sind natürlich subjektiv, doch gibt die Beurteilung unter verschiedenen Gesichtspunkten einen interessanten Einblick.

Universität VWL

Uni	Gesamturteil Studierende	Professoren-Tipp	Studien-dauer	Betreuung	Forschung*
Uni Bamberg	N	SCH	M	N	M
Uni Bayreuth	SP	M	SP	SP	M
FU Berlin	SCH	SCH	SCH	M	SCH
HU Berlin	SCH	SP	M	SCH	M
TU Berlin	SCH	SCH	M	SCH	M
Uni Bielefeld	N	SCH	SCH	N	M
Uni Bonn	M	SP	M	M	SCH
Uni Bremen	SP	SCH	M	M	SP
TU Chemnitz	N	SCH	N	N	M
Uni Dortmund	N	SCH	N	N	SCH
TU Dresden	M	SCH	M	M	M
Uni Erlangen-Nürnberg/Nürnberg	M	SCH	M	SCH	M
Uni Frankfurt am Main	M	SCH	M	M	M
Europa-Uni Frankfurt an der Oder	N	SCH	SP	N	SP
Uni Freiburg	M	M	M	SCH	M
Uni Gießen	N	SCH	M	N	M
Uni Göttingen	M	SCH	SCH	M	M
Uni Halle-Wittenberg	M	SCH	SP	M	SCH
Uni Hamburg	SCH	SCH	M	SCH	M
Uni Heidelberg (VWL Diplom)	M	M	M	M	M
Uni Heidelberg (VWL Magister)	N	M	M	N	M

1.1 Hochschulrankings

Uni	Gesamturteil Studierende	Professoren-Tipp	Studien-dauer	Betreuung	Forschung*
Uni Jena	N	SCH	SP	N	M
Uni Köln (VWL Diplom)	M	M	SCH	SCH	M
Uni Köln (VWL – sozial-wissenschaftliche Richtung Diplom)	SCH	M	SCH	SCH	M
Uni Konstanz	SP	SP	SP	SP	M
Uni Leipzig	M	SCH	SP	M	SP
Uni Magdeburg	N	SCH	N	N	M
Uni Mainz	SCH	SCH	N	M	SCH
Uni Mannheim	SP	SP	M	SP	SP
Uni Marburg	SP	SCH	SCH	M	SP
Uni München	SP	SP	SP	SP	M
Uni Münster	M	M	N	SCH	SP
Uni Oldenburg	M	SCH	M	M	SP
Uni Osnabrück	N	SCH	SCH	N	M
Uni GH Paderborn	N	SCH	SCH	N	SCH
Uni Passau	M	M	N	M	SP
Uni Potsdam	M	SCH	SP	M	SP
Uni Regensburg	SP	M	SP	SP	M
Uni Rostock	N	SCH	N	N	SCH
Uni GH Siegen	N	SCH	SCH	N	SCH
Uni Trier	SP	M	M	SP	SCH
Uni Tübingen	SP	SCH	M	SP	M
Uni Würzburg	M	SCH	SP	M	SP

* Wo am meisten publiziert wird/Publikationen pro Professor
N = Nicht gerankt (keine Werte, zu geringe Fallzahlen)
SCH = Schlussgruppe
M = Mittelgruppe
SP = Spitzengruppe

Quelle: *Sternspezial* „Campus & Karriere", Studienführer 2004

1. Studium

Universität BWL

Uni	Gesamturteil Studierende	Professoren-Tipp	Studiendauer	Betreuung	Forschung*
RWTH Aachen	SCH	SCH	SCH	SCH	M
Uni Augsburg	M	M	N	M	M
Uni Bamberg (BWL Diplom)	M	M	M	SCH	M
Uni Bamberg (Europäische Wirtschaft Diplom)	N	M	SP	N	M
Uni Bayreuth	SP	M	SP	SP	SCH
FU Berlin	SCH	M	M	M	SP
HU Berlin	SCH	M	M	SCH	SCH
TU Berlin	SCH	SCH	M	SCH	M
Uni Bielefeld	M	SCH	M	M	M
Uni Bochum	SCH	SCH	N	SCH	SP
TU Chemnitz	M	SCH	M	SP	M
Uni Dortmund	SCH	SCH	SCH	SCH	M
TU Dresden	SCH	SCH	SCH	M	SP
Uni Duisburg-Essen/Essen	N	SCH	SCH	N	M
Uni Duisburg-Essen/Duisburg (Wirtschaftswissenschaft)	N	SCH	SCH	N	M
Uni Düsseldorf	M	SCH	M	SP	SCH
Uni Eichstätt-Ingolstadt/Ingolstadt	SP	M	SP	SP	M
Uni Erlangen-Nürnberg/Nürnberg	SCH	M	M	SCH	SP
Uni Frankfurt am Main	M	M	N	SCH	M

1.1 Hochschulrankings

Uni	Gesamturteil Studierende	Professoren-Tipp	Studien-dauer	Betreuung	Forschung*
Europa-Uni Frankfurt an der Oder	SP	SCH	SP	SP	SCH
Europa-Uni Frankfurt an der Oder (Intern. BWL Diplom)	SP	SCH	N	M	SCH
TU Bergakademie Freiberg	SP	SCH	M	SP	M
Uni Gießen	M	SCH	M	M	SP
Uni Göttingen	M	SCH	M	M	M
Uni Greifswald	SP	SCH	SP	SP	SP
Uni Halle-Wittenberg	M	SCH	SCH	M	M
Uni Hamburg	SCH	SCH	M	SCH	M
Uni Hohenheim	M	SCH	M	M	M
Uni Jena	M	M	SP	M	M
Uni Kassel	M	SCH	N	M	M
Uni Kiel	M	M	M	M	M
Uni Köln	SCH	SP	SCH	SCH	M
Uni Leipzig	SCH	SCH	M	M	SCH
Uni Lüneburg	M	SCH	SCH	SCH	M
Uni Magdeburg	M	SCH	M	SP	M
Uni Mainz	SCH	SCH	N	SCH	M
Uni Mannheim	SP	SP	M	SCH	SP
Uni Marburg	M	SCH	M	M	M
Uni München	SCH	SP	N	SCH	SP
Uni Münster	M	SP	N	SCH	SP
EBS Oestrich-Winkel	SP	SCH	SP	SP	SCH
Uni Oldenburg	M	SCH	M	SCH	M

1. Studium

Uni	Gesamturteil Studierende	Professoren-Tipp	Studien-dauer	Betreuung	Forschung*
Uni Osnabrück	SCH	SCH	SCH	SCH	SCH
Uni Paderborn (International Business Studies Diplom)	M	SCH	N	SCH	SCH
Uni Paderborn (BWL Diplom)	M	SCH	M	M	SCH
Uni Passau	SP	M	SP	M	M
Uni Potsdam	SCH	SCH	M	M	SP
Uni Regensburg	M	SCH	M	SCH	SCH
Uni Rostock	M	SCH	SP	M	M
Uni Saarbrücken	SCH	SCH	M	SCH	SP
Uni Siegen	M	SCH	SCH	M	SCH
Uni Stuttgart	SCH	M	M	M	SP
Uni Trier	SP	M	M	M	M
Uni Tübingen (BWL Diplom)	SP	M	M	SP	M
Uni Tübingen (BWL Doppeldiplom dt.-frz./dt.-ital.)	N	M	SP	N	M
Uni Ulm	SP	M	SP	SP	SP
WHU Vallendar	SP	M	SP	SP	SP
Uni Wuppertal	M	SCH	SCH	M	SCH
Uni Würzburg	SCH	SCH	M	SCH	SCH

* Wo am meisten publiziert wird/Publikationen pro Professor
N = Nicht gerankt (keine Werte, zu geringe Fallzahlen)
SCH = Schlussgruppe
M = Mittelgruppe
SP = Spitzengruppe

Quelle: *Sternspezial* „Campus & Karriere", Studienführer 2004

1.1 Hochschulrankings

Rankings des Magazins „Der Spiegel"

Unter einem ganz anderen Gesichtspunkt nahm das Magazin *Der Spiegel* im Februar und März 1999 ein **Ranking verschiedener Fachbereiche an deutschen Universitäten und Fachhochschulen** vor:

Befragt wurden über 12.000 Studenten und 1.600 Professoren nach ihren **persönlichen Erfahrungen** in den Fachbereichen Wirtschafts- und Rechtswissenschaften, Anglistik, Germanistik, Geschichte, Erziehungswissenschaften, Informatik, Maschinenbau, Mathematik, Biologie, Medizin und Psychologie an der jeweiligen Hochschule.

Die **Studenten** wurden zu **Studienbedingungen** (unter anderem Überfüllung von Lehrveranstaltungen) befragt, zu den pädagogischen Fähigkeiten der Dozenten, zum Angebot an Vorlesungen und Seminaren, zur **Ausstattung** von Bibliotheken, Labors und Computerräumen. Die einzelnen Fragen mussten mit Noten zwischen 1 und 6 beantwortet werden.

Die Professoren sollten **Empfehlungen** für ihr eigenes Fachgebiet abgeben und eine Warnung vor all jenen Fakultäten aussprechen, die sie für ungeeignet halten.

Die beteiligten Hochschulen wurden nach folgendem **Kriterium** ausgewählt: Die Hochschule musste mit mindestens 5 der 12 untersuchten Fächer vertreten sein. In die Gesamt-Rangliste wurden 63 Universitäten aufgenommen, die Uni Eichstätt belegt Platz 1.

Dieses Ranking dokumentiert nur die Umfrage unter den Studenten; die Empfehlungen der Dozenten sind hier nicht mit gewertet worden.

In der Tabelle auf den Seiten 11 f. finden Sie unter den einzelnen Zahlen folgende Informationen:

- 1: Gesamtnote
- 2: Dozentenverhalten
- 3: Überfüllung von Lehrveranstaltungen
- 4: Inhalte des Studiums
- 5: Ausstattung

Ein zweites *Spiegel*-Ranking aus dem Jahr 2004 bringt wiederum einen neuen Aspekt in die Ranking-Szene ein: Es erfasst und analysiert die Qualifikationen und das Können der Studierenden in ganz Deutschland. Das Ergebnis zeigt, an welchen Universitäten die **Elite von morgen** studiert. An der Umfrage beteiligten sich über 80.000 Studenten. Befragt wurden sie zu unterschiedlichen Kriterien, unter anderem: Abitur-, Universitäts- und Examensnoten, Studiendauer und Alter, Stipendien, Preise und Veröffentlichungen, Sprach- und EDV-Kenntnisse, Tätigkeit als wissenschaftliche Hilfskraft, Berufs- und Auslandserfahrung, Engagement außerhalb der Universität. Die Studie konzentriert sich auf die 15 beliebtesten Fächer an Universitäten, wobei nur Studierende im Hauptstudium herangezogen wurden.

Die Antworten auf die einzelnen Fragen des Rankings wurden in Punktzahlen „übersetzt". Der Rangplatz des einzelnen Faches ergab sich dann aus dem durchschnittlichen Gesamtwert der Studenten an der jeweiligen Universität. Begleitet und unterstützt wurde die Methode durch einen wissenschaftlichen Beirat.

1. Studium

Unter 🖥 www.studentenspiegel.de finden Sie genauere Hinweise zur Methodik dieses Rankings. Dort ist die Umfrage auch weiterhin abrufbar, sie bietet Ihnen auch in Zukunft die Möglichkeit, Ihre Leistungen mit denen Ihrer Kommilitonen zu vergleichen.

Betriebswirtschaft

	Rang	Universität	Durchschnitt	Top-Studenten in %	Gesamt
Spitzegruppe	1	Vallendar, WHU	76,5	77	
	2	Oestrich-Winkel, EBS	72,1	48	
	3	Leipzig, Handelshochschule	70,5	36	
	4	Berlin, ESCP-EAP	67,2	26	
	5	Eichstätt-Ingolstadt (Kath. U)	66,6	27	
	6	Bayreuth, U	61,4	12	
	6	Passau, U	61,4	15	
	8	Mannheim, U	59,7	13	
	9	Hohenheim, U	58,3	11	keine Angabe
	10	München, TU	58,0	11	
	11	Bamberg, U	57,8	9	
	12	München, U	57,5	9	
	13	Stuttgart, U	56,6	10	
	14	Münster, U	56,3	10	
	15	Jena, U	56,2	6	
	16	Kaiserslautern, U	55,9	11	
	17	Erlangen-Nürnberg, U	55,6	5	
	17	Freiberg, TU	55,6	8	
Mittelfeld	19	Marburg, U	55,5	7	
	19	Regensburg, U	55,5	8	
	19	Berlin, Humboldt-U	55,5	5	
	22	Bremen, U	55,4	6	
	23	Frankfurt an der Oder, Europa-U	55,2	6	
	23	Illmenau, TU	55,2	<2	

25	Dresden, TU	**54,8**	5				
26	Köln, U	**54,6**	7				
26	Leipzig, U	**54,6**	3				
28	Tübingen, U	**54,4**	13				
29	Augsburg, U	**54,3**	5				
30	Berlin, TU	**54,0**	3				
30	Paderborn, U	**54,0**	4				
32	Braunschweig, TU	**53,4**	4	keine Angabe			
33	Mainz, U	**53,1**	4				
34	Potsdam, U	**53,0**	<2				
35	Magdeburg, U	**52,9**	4				
35	Rostock, U	**52,9**	4				
37	Trier, U	**52,8**	3				
37	Würzburg, U	**52,8**	2				
37	Kiel, U	**52,8**	2				
40	Chemnitz, TU	**52,7**	5				
40	Lüneburg, U	**52,7**	3				
42	Göttingen, U	**52,6**	3				
43	Berlin, FU	**52,2**	6				
43	Saarbrücken, U	**52,2**	2				
45	Frankfurt am Main, U	**52,0**	5				
46	Lahr, WHL	**51,5**	<2				
47	Gießen, U	**51,2**	<2				
48	Bielefeld, U	**50,7**	5				
49	Düsseldorf, U	**50,5**	<2				
49	Greifswald, U	**50,5**	2				
51	Osnabrück, U	**50,1**	5				
52	Oldenburg, U	**50,0**	2				
53	Hamburg, U	**49,8**	3				
54	Aachen, TH	**49,6**	3				
55	Siegen, U	**48,4**	2				
56	Halle, U	**48,2**	2				
57	Duisburg-Essen, U	**47,5**	2				
58	Flensburg	**46,5**	<2				

Quelle: *Der Spiegel* 48/2004

1. Studium

1 An der Universität Tübingen erzielten die Volkswirtschaftsstudenten im Hauptstudium durchschnittlich einen Wert von 60,8 Punkten, das brachte der Universität den 1. Platz ein. Rund 19 Prozent der Tübinger Volkswirtschaftsstudenten, etwa 50 Kommilitonen, zählen zu den so genannten **Top-Studenten** – das sind Studierende, die im bundesweiten Vergleich zu den besten 10 Prozent ihres Fachs gehören.

Volkswirtschaft

	Gesamtergebnis Rang	Universität	Durchschnitt	Top-Studenten in %	Gesamt
Spitzegruppe	1	Tübingen, U	60,8	19	
	2	Berlin, Humboldt-U	59,5	15	
	3	Konstanz, U	59,0	16	
	4	Mannheim, U	57,0	16	
	5	Dresden, TU	56,7	3	
	6	Passau, U	56,5	6	
	7	Köln, U	56,1	12	
	8	München, U	55,8	12	
Mittelfeld	9	Potsdam, U	54,5	15	
	10	Heidelberg, U	54,4	11	
	11	Münster, U	54,1	10	
	12	Göttingen, U	53,6	5	
	12	Bonn, U	53,6	10	
	14	Frankfurt am Main, U	53,5	14	
	15	Würzburg, U	53,3	6	
	15	Freiburg, U	53,3	5	
	17	Trier, U	52,8	6	
	18	Regensburg, U	52,3	4	
	19	Hamburg, U	52,1	5	
	20	Mainz, U	50,7	6	
	21	Kiel, U	50,5	4	
	21	Berlin, FU	50,5	5	
	23	Berlin, TU	49,6	9	

Quelle: *Der Spiegel* 48/2004

1.1 Hochschulrankings

Studenten-Ranking*
Fachbereich Wirtschaftswissenschaften

Rang	Hochschule	1	2	3	4	5
1	EBS Oestrich-Winkel	1,24	1,3	1,1	1,4	1,2
2	WHU Koblenz	1,36	1,4	1,0	1,8	1,4
3	Uni Witten/Herdecke	1,45	1,3	1,1	1,8	1,5
4	Uni Eichstätt	1,51	1,7	1,2	1,8	1,5
5	IHI Zittau	1,67	1,7	1,1	2,5	1,5
6	Handelshochschule Leipzig	1,78	1,8	1,3	2,2	1,9
7	Uni Greifswald	1,94	1,9	1,2	2,8	1,9
8	Uni Konstanz	1,96	2,0	1,5	2,2	2,1
9	Uni Magdeburg	2,02	2,2	1,7	2,5	1,8
10	Uni Bayreuth	2,04	2,3	1,4	2,6	2,0
11	TU Bergakademie Freiberg	2,12	2,2	1,8	2,6	2,1
12	EAP Berlin	2,16	2,7	1,5	2,5	2,1
13	TU Chemnitz	2,35	3,0	1,7	2,6	2,3
14	Uni Hohenheim	2,36	3,1	1,6	2,5	2,4
15	Uni Trier	2,38	3,0	1,7	2,6	2,5
16	Uni Passau	2,42	2,5	1,8	3,0	2,5
17	Uni Rostock	2,45	2,1	2,5	2,5	2,7
18	Uni Jena	2,47	2,8	2,0	3,1	2,3
19	Uni Regensburg	2,50	2,9	1,9	2,4	2,7
20	Uni Frankfurt an der Oder	2,54	2,2	2,0	2,9	3,0
21	U/GH Essen	2,58	2,3	2,0	3,0	2,8
22	HWP Hamburg	2,59	2,5	1,9	3,0	2,8
	Uni Lüneburg	2,59	3,0	1,5	3,6	2,5
	Uni Münster	2,59	3,3	2,2	2,8	2,3
23	Uni Freiburg	2,60	3,1	1,9	3,4	2,2
24	Uni Bamberg	2,64	3,2	1,9	2,9	2,7
25	Uni Mannheim	2,65	3,3	1,8	2,6	2,8
	Uni Marburg	2,65	3,2	1,8	3,0	2,6
26	Uni Halle-Wittenberg	2,67	3,3	2,0	3,4	2,3
27	Uni Düsseldorf	2,68	3,1	1,9	3,2	2,6
28	Uni Hannover	2,69	3,1	2,1	3,0	2,6
	Uni Würzburg	2,69	3,2	1,9	3,3	2,5

* Erläuterung zur Bewertung siehe Seite 7.

1. Studium

Rang	Hochschule	1	2	3	4	5
29	Uni Gießen	2,72	3,3	2,0	2,7	2,8
	Uni Mainz	2,72	3,4	1,9	3,4	2,5
	U/GH Siegen	2,72	3,5	1,7	3,2	2,5
30	Uni Potsdam	2,73	2,5	2,4	2,9	3,0
31	Uni Heidelberg	2,75	2,7	2,2	3,1	2,9
32	Uni Göttingen	2,76	3,3	2,2	3,1	2,7
33	Uni Augsburg	2,79	3,3	2,0	3,2	2,8
34	U/GH Duisburg	2,81	3,3	2,3	2,8	2,8
35	TU Darmstadt	2,82	3,1	1,7	2,8	3,3
36	Uni Bielefeld	2,84	3,6	2,0	3,5	2,5
	TU Dresden	2,84	3,3	1,8	3,3	2,9
37	Uni Saarbrücken	2,85	3,1	2,2	3,1	3,0
38	Uni Erlangen-Nürnberg	2,86	3,3	1,7	2,8	3,4
39	U/GH Wuppertal	2,92	3,4	2,4	3,4	2,8
40	Uni Stuttgart	2,93	3,5	2,0	2,9	3,4
41	Uni Oldenburg	2,94	3,3	2,3	3,1	3,0
42	Uni Kiel	2,95	3,3	2,3	2,9	3,2
	Uni Leipzig	2,97	3,1	2,4	3,4	3,0
	Uni München	2,97	3,5	2,2	3,2	3,0
44	Uni Osnabrück	2,98	3,1	2,5	3,0	3,3
45	Uni Tübingen	3,02	3,4	2,1	3,4	3,1
46	TH Aachen	3,04	3,2	2,4	3,5	3,1
47	U/GH Kassel	3,05	3,5	2,9	2,9	3,0
48	Uni Bonn	3,06	3,3	2,0	3,1	3,7
49	HU Berlin	3,09	3,3	1,9	3,4	3,7
50	Uni Frankfurt am Main	3,15	3,6	2,4	3,3	3,3
51	TU Berlin	3,25	3,2	2,4	3,4	3,7
52	Uni Dortmund	3,34	3,6	3,0	3,2	3,5
53	Uni Köln	3,35	3,8	2,6	3,3	3,5
54	U/GH Paderborn	3,38	3,6	3,0	3,5	3,6
55	FU Berlin	3,45	3,5	2,7	3,6	3,7
56	Uni Bochum	3,46	3,7	3,2	3,4	3,5
57	Uni Hamburg	3,50	3,8	3,1	3,5	3,6

Quelle: *Der Spiegel* 15/1999

Unsichtbarer Beitrag. Sichtbarer Erfolg.

Unsichtbarer Beitrag – Als Partner vieler Industriezweige entwickeln und optimieren wir Lösungen gemeinsam mit unseren Kunden. So stellen wir uns weltweit den unterschiedlichsten Herausforderungen, aber meist hinter den Kulissen.
Sichtbarer Erfolg – Die Ergebnisse unseres Beitrags können sich sehen lassen. Mal sind es verbesserte Prozesse, mal höhere Qualitäten, mal niedrigere Kosten für unsere Kunden. Oder wie hier beispielsweise leistungsfähigere Materialien für extrem robuste Sport- und Freizeitgeräte. So tragen wir zum Erfolg unserer Kunden bei.
Leisten Sie Ihren Beitrag zu diesem Erfolg. Verstärken Sie unser internationales Team. www.basf.de/karriere

The Chemical Company

CHEMIKALIEN KUNSTSTOFFE VEREDLUNGSPRODUKTE PFLANZENSCHUTZ UND ERNÄHRUNG ÖL UND GAS

1. Studium

Ranking des „manager magazins"

Das Ranking des *manager magazins* untersucht im Gegensatz zu vielen vorhergehenden das **Engagement der Arbeitgeber an den Hochschulen**.

Bei diesem Ranking geht es also ganz konkret um die Frage, **welche Hochschule ihren Studenten am ehesten beim Einstieg in das Berufsleben hilft**.

Wichtige Kriterien waren die **Personalmarketingaktivitäten von Unternehmen** an Hochschulen in Deutschland, Österreich und der Schweiz. Die Unternehmen berichteten, an welchen Institutionen sie sich im Hinblick auf die **Rekrutierung von Nachwuchs** engagieren, wo sie Workshops und andere Veranstaltungen abhalten, an welchen Hochschulen sie Themen für **Diplomarbeiten** vergeben und Studenten zu **Praktika** einladen.

Das Ranking des *manager magazins* **verzichtet ganz bewusst auf die Befragung der eigentlichen Zielgruppen**, der Studenten und Hochschulvertreter. Den Hochschulangestellten wird dabei ein „ur-eigenes Interesse" unterstellt, die eigene Hochschule als positiv zu bewerten; Studenten und Absolventen wiederum, so wird gesagt, hätten kaum Vergleichsmöglichkeiten mit anderen Ausbildungsstätten.

Die befragten **276 Unternehmen** aus Industrie, Handel, Finanzen, Beratung und Medien wurden nach folgenden Kriterien ausgewählt:

- Anzahl der beschäftigten Wirtschaftswissenschaftler;
- die Personalabteilung muss mindestens eine halbe Vollzeitstelle aufweisen, die sich nur mit der Personalrekrutierung an Hochschulen befasst.

Damit **kleine Hochschulen** nicht automatisch aus der Studie herausfallen, weil sie nur wenige Studenten ausbilden, wurde das Verhältnis zwischen der absoluten **Anzahl von Unternehmen** zur **Zahl der wirtschaftswissenschaftlichen Studenten** dargestellt. Dieses Verhältnis und die sich daraus ergebende Zahl ist die **aussagekräftigste Kennzahl** (siehe Ranking, Spalte 4) der Studie. Studenten können daraus ersehen, mit wie vielen anderen Kommilitonen sie um den Kontakt zu einem Unternehmen konkurrieren.

In der nebenstehenden Tabelle finden Sie unter den einzelnen Zahlen folgende Informationen:

- 1: Rang
- 2: Hochschule
- 3: Anzahl der Unternehmen
- 4: Anzahl der Studenten pro Unternehmen

1.1 Hochschulrankings

	Die attraktivsten Hochschulen für Wirtschaftswissenschaftler		
1	2	3	4
1	WHU Koblenz	38	7,4
2	U Witten-Herdecke	28	7,8
3	EBS Oestrich-Winkel	45	16,8
4	FHTW Reutlingen*	31	22,6
5	EAP Berlin	16	37,5
6	U Passau	38	41,2
7	U Mannheim	62	65,0
8	U Stuttgart	21	66,7
9	U Hohenheim	30	71,7
10	U Bayreuth	24	80,6
11	U Münster	71	85,7
12	U Karlsruhe (TH)	30	99,5
13	RWTH Aachen	32	108,8
14	U Gießen	22	109,8
15	U Bamberg	18	109,8
16	U München	36	119,4
17	U Hamburg	34	130,6
18	U Hannover	18	150,0
19	U Erlangen-Nürnberg	23	173,2
20	U Köln	55	182,9
21	U Frankfurt am Main	26	187,2
22	U Dortmund	14	199,5
23	TU Berlin	20	199,6
24	TH Darmstadt	20	207,2
25	H St. Gallen	20	210,9
26	U Saarbrücken	15	214,5
27	U Göttingen	15	291,5

Zitiert nach: *manager magazin*, März 1998.
* Alle Wertungen beziehen sich auf den Studienbereich ESB an der FH Reutlingen.

Kritik

Am Ranking des Magazins *Der Spiegel* aus dem Jahr 1999 ist vor allem zu kritisieren, dass nur die Wertung der Studierenden mit einbezogen wurde. Um einiges aufschlussreicher wäre die Einordnung unter Bezugnahme auf die parallel veröffentlichten Zahlen zur Studiendauer, zum Verhältnis von Professoren zu Studenten und zur Zu- bzw. Abwanderung je Studienfach und Hochschule.

Das Fehlen des auch aus Sicht der Personalverantwortlichen in den Unternehmen sehr wichtigen Kriteriums **des Praxisbezugs** ist ein weiteres Manko dieser Studie.

Befragt wurden für die *Spiegel*-Studie je nach Größe des Studienbereichs 16, 24 oder 32 Studierende pro Hochschule, was wohl kaum als eine repräsentative Größe bezeichnet werden kann.

Das Ranking des *manager magazins* und seine Ergebnisse spiegeln auf eindrucksvolle Weise die **Misere an den deutschen Hochschulen** wider: „Sieger" des Rankings sind klar die Privatuniversitäten mit Studiengebühren.

Wenig aussagekräftig ist dieses Ranking jedoch für diejenigen Studenten, die keine Karriere in einem großen Unternehmen anstreben und sich eher dem Mittelstand oder anderen Berufszweigen verbunden fühlen.

An der Studie des Magazins *stern*, die in Zusammenarbeit mit dem CHE (Centrum für Hochschulentwicklung) entstanden ist, fällt die **Differenziertheit** auf. Eine abschließende Einordnung der Hochschulen wird nicht vorgenommen; keine Hoch-

1. Studium

schule steht auf Nummer 1, es wird also beispielsweise die Qualität der Forschung nicht mit der Qualität der Lehre „verrechnet".

Besonders aussagekräftig wird dieses Ranking für die Studierenden, denn die Hochschul-Forscher haben die Ergebnisse im Hinblick auf drei Gruppen von Studierenden geordnet: So hat der „Zielstrebige" an Studiendauer, Betreuung und Beratung andere Ansprüche als der Forscher, der sich an einer Uni, an der fleißig promoviert wird, besser aufgehoben fühlt. Der Praktiker wiederum legt Wert auf Kontakte zur Arbeitswelt und intensive Betreuung während der Praktika in Unternehmen.

Nähere Informationen zum *stern*-Ranking finden Sie unter 🖥 www.stern.de/hochschulranking sowie 🖥 www.dashochschulranking.de.

Trotz der Kritikpunkte sollte man die **Rankings berücksichtigen**, da sie die Meinungen der verschiedenen beteiligten Gruppen wiedergeben. Die Alternative zu den Rankings bestünde in rein subjektiven und nicht repräsentativen Urteilen.

Dass Rankinglisten nicht als Entscheidungshilfen bei der Wahl der Hochschule ausreichen, wird auch aus der Einschätzung der Personalverantwortlichen in den Unternehmen deutlich: Wichtig sind ihnen die **fachlichen** und vor allem die **persönlichen Qualifikationen** der Bewerber, der Hochschulort jedoch nur am Rande.

Das bestätigt aktuell auch das Qualitäts-Ranking des *Spiegel* vom Herbst 2004 (siehe Seite 7).

Die Wahl der Hochschule

Auch Studierende in Deutschland scheinen diesen Rankings **keine große Bedeutung beizumessen**. Wichtiges Kriterium bei der Entscheidung für oder gegen eine bestimmte Hochschule ist für viele die Nähe zum Elternhaus bzw. zur Region, wo man zur Schule gegangen ist.

Eine Rolle spielt darüber hinaus die **Attraktivität des Studienortes**. Universitäten in Großstädten haben wesentlich größeren Zulauf als Universitäten in kleineren Städten. Diese sind jedoch oft – gerade aufgrund der niedrigeren Studentenzahlen – **leistungsfähiger** und können eine intensivere und bessere Ausbildung bieten als die großen anonymen Massenuniversitäten mit ihren oft schlechten Studienbedingungen.

Seit einigen Jahren machen die **privaten Universitäten und Hochschulen** dem staatlichen Hochschulwesen zunehmend Konkurrenz. **Kurze Studiendauer, starker Praxisbezug, Internationalität und Förderung der Soft Skills** stehen bei den Privatunis an erster Stelle. Damit entsprechen die Studenten genau den Anforderungen der Personalchefs in den Unternehmen und können in der Regel nach Abschluss ihres exklusiven Studiums zwischen **mehreren Jobangeboten** wählen.

Die Private Fachhochschule Göttingen übernimmt dafür sogar eine Garantie: Wer ein halbes Jahr nach Abschluss seines Studiums noch keinen Job gefunden hat, bekommt die Studiengebühren (ca. 600 €/Monat) des letzten Jahres zurück.

Das alles hat seinen Preis, den nur **zwei Prozent aller Studenten** in Deutschland bezahlen können oder wollen: An der International University in Germany in Bruchsal zum Beispiel zahlen die Studenten 10.000 € im Jahr an Studiengebühren. Doch nicht nur Studenten müssen umdenken. Professoren unterwerfen sich an privaten Universitäten ebenso einer **Erfolgskontrolle** wie die Administration.

Kritiker der privaten Universitäten wie beispielsweise der Ehrenpräsident des Deutschen Hochschulverbandes Hartmut Schiedermeier werfen ihnen vor, dass sie trotz aller Ansprüche, ohne staatliche Zuschüsse auszukommen, dann doch wieder auf Labors, Bibliotheken und Lehrkräfte der öffentlichen Universitäten zurückgreifen.

Zudem gingen durch die zumeist **einseitige Ausrichtung der Fächer** „schlanke Intelligenzen" aus den privaten Hochschulen hervor; Querdenkern und Menschen, die auf der Suche nach Lösungen der gesellschaftlichen Probleme Umwege zu gehen bereit sind, werde an diesen Hochschulen mit Hinweis auf die Kosten-Nutzen-Analyse kein Raum gegeben. (Quelle: Streitgespräch in *stern* 44/98)

Doch nicht nur die privaten Hochschulen zeigen einen Weg aus der Bildungsmisere. **Kleine „Provinz-Unis"** und die **Universitäten in den neuen Bundesländern** beweisen mit neuen **innovativen Studiengängen** und **guter Ausstattung**, dass auch ohne teure Studiengebühren und Elite-Image effizientes Studieren möglich ist.

Die Dresdener TU beispielsweise ist wegen ihrer Innovationsfähigkeit vom Stifterverband der deutschen Wirtschaft zur „Modellhochschule" ernannt worden und gilt als eine der wichtigsten Nachwuchsschmieden für Siemens.

Dass gerade die Universitäten in den fünf neuen Bundesländern oftmals finanziell besser gestellt sind, zeigt folgende Tabelle:

Laufende Grundmittel je Studierendem nach Ländern in 1.000 € (in 2002)	
Mecklenburg-Vorpommern	8,58
Sachsen-Anhalt	8,87
Thüringen	8,34
Brandenburg	6,02
Berlin	7,53
Sachsen	7,85
Schleswig-Holstein	7,39
Bremen	5,94
Hamburg	6,43
Niedersachsen	9,11
Bayern	8,34
Baden-Württemberg	8,57
Saarland	8,61
Rheinland-Pfalz	6,18
Hessen	5,87
Nordrhein-Westfalen	6,95

Quelle: Statistisches Bundesamt

Berücksichtigen Sie deshalb bei der Wahl Ihrer Hochschule gerade die **weniger überlaufenen, kleineren Universitäten,** vor allem auch in den neuen Bundesländern. Diese bieten einige Vorteile:

- engeren Kontakt zwischen Studierenden und Professoren bzw. Assistenten,
- keine überfüllten Seminare und Vorlesungen,
- keine „Wartesemester" auf wichtige Scheine,
- die Möglichkeit zur direkten Einflussnahme auf Lehrgegenstände und -inhalte und nicht zuletzt
- eine oftmals **bessere finanzielle und materielle Ausstattung.**

1.2 Studienorganisation

Uni oder FH?

Im Wintersemester 2003/2004 waren knapp **2 Millionen Studierende** an deutschen Hochschulen eingeschrieben, davon 1,43 Millionen an Universitäten und 552.000 an Fachhochschulen.

Die Wirtschaftswissenschaften erhielten dabei seit Mitte der 70er Jahre einen besonders starken Zulauf. Die **Betriebswirtschaftslehre** gehört zu den **am häufigsten belegten Studienfächern.**

Auch die Studienanfänger drängen nach wie vor in die wirtschaftswissenschaftlichen Bereiche, wie nachfolgende Übersicht des Statistischen Bundesamtes zeigt.

Worin liegen die Unterschiede zwischen einem wirtschaftswissenschaftlichen Studium an einer **Universität** und dem an einer **Fachhochschule**?

Uni

Die Universitäten bieten – ihrem Verständnis der Einheit von Forschung und Lehre entsprechend – eine **wissenschaftlich-theoretische** Ausbildung. Sie vermitteln wissenschaftliche Kenntnisse und Methoden wissenschaftlichen Arbeitens.

Bei der Berufung der Lehrenden, der Professoren, spielen vor allem wissenschaftliche Leistungen eine Rolle und nicht so sehr die didaktischen und pädagogischen Fähigkeiten.

Die Qualität der Lehre ist dadurch oft zweitrangig, und die Forschungsinteressen der Dozenten stehen im Vordergrund. Als Student wird man über den aktuellen Stand der wissenschaftlichen Forschung unterrichtet und lernt die **selbstständige Auseinandersetzung mit wissenschaftlichen Themen.**

Die akademische Freiheit, heute eingeschränkt durch die Verschulung der Studiengänge, besteht in der Freiheit des Lernens und der Wahl der Spezialisierung.

 Doch diese **Freiräume** müssen auch **sinnvoll genutzt** werden. Viele Studenten fühlen sich oft überfordert und haben Schwierigkeiten, ihren Studienalltag effektiv zu organisieren. Diese Probleme, zusammen mit schlechten Studienbedingungen, führen dann zu den oftmals langen Studienzeiten.

1.2 Studienorganisation

Studienanfänger im 1. Hochschulsemester

Hochschulart	2002/2003	2003/2004
Universitäten	229.657	246.990
Fachhochschulen	100.996	110.008
Fächergruppe	**2002/2003**	**2003/2004**
Sprach- und Kulturwissenschaften	74.904	76.796
Sport	3.702	4.201
Rechts-, Wirtschafts- und Sozialwissenschaften	123.472	125.034
Mathematik, Naturwissenschaften	63.522	68.149
Humanmedizin	12.144	12.084
Veterinärmedizin	957	993
Agrar-, Forst- und Ernährungswissenschaften	7.064	8.035
Ingenieurwissenschaften	60.388	69.477
Kunst, Kunstwissenschaften	12.051	12.186
Sonstige Fächer	588	440

Quelle: Statistisches Bundesamt

Uni-Abgänger haben in Bezug auf die **langfristigen Aufstiegschancen in Unternehmen** oft bessere Chancen als FH-Absolventen, da ihnen meist höhere analytische und generalistischer ausgerichtete Fähigkeiten zugeordnet werden.

In Deutschland kann man an über 80 Universitäten ein wirtschaftswissenschaftliches Studium aufnehmen.

Das **Grundstudium** schließt mit dem Vordiplom ab und ist an allen Hochschulen ähnlich aufgebaut. Es vermittelt Methoden- und wirtschaftswissenschaftliches Grundlagenwissen.

Die Fächer des Grundstudiums sind fast immer Mathematik für Wirtschaftswissenschaftler und Einführungen in Rechnungswesen, Datenverarbeitung, Betriebswirtschaftslehre, Volkswirtschaftslehre, Statistik und Recht.

Eigenständiges wissenschaftliches Arbeiten ist Gegenstand des **Hauptstudiums**. Dabei bedarf die Wahl der Fächerkombination genauer Überlegungen.

Am Ende des Hauptstudiums erfolgt die **Diplomprüfung** bestehend aus einer Diplomarbeit und aus schriftlichen und mündlichen Fachprüfungen.

Fachhochschule

Kürzere Studienzeiten und ein **stärkerer Praxisbezug** sprechen für die Ausbildung an einer **Fachhochschule**.

Fachhochschulen waren ursprünglich Lehranstalten für Berufstätige, die sich dort weiterführendes theoretisches Wissen aneignen konnten, um sich für Führungsaufgaben zu qualifizieren. Die heutigen Fachhochschulstudenten jedoch haben, ähnlich wie Universitätsstudenten, nur noch zu einem Teil eine abgeschlossene Berufsausbildung vorzuweisen.

Die Professoren an einer Fachhochschule sind weniger theoriegeleitete Wissenschaftler, sondern haben meist lange praktische Erfahrung (mindestens fünf Jahre), die sie mit dem Wissen vermitteln.

Im Vergleich zur universitären Ausbildung ist das Studium an einer Fachhochschule eher verschult und organisiert. Es bietet eine **straffere Wissensvermittlung sowie hohen Praxisbezug**.

Als Student erhält man keine so tiefgehende wissenschaftlich-theoretische Ausbildung, unterliegt einer stärkeren sozialen Kontrolle und kann die Vorzüge der akademischen Freiheit weniger genießen. Im Allgemeinen herrscht aber auch bei den entsprechenden Veranstaltungen an Universitäten Anwesenheitspflicht (auch wenn sie in der Regel nicht kontrolliert wird), sodass die Fachhochschulen die Möglichkeiten der Selbstbestimmung für aktive Studenten nicht nennenswert stärker einschränken.

Der **hohe Praxisbezug** jedoch und die **kürzeren Studienzeiten** – die beiden wichtigsten Anforderungskriterien, die Unternehmen an Hochschulabsolventen stellen – sprechen eindeutig für diese Hochschulform. Man wird stärker, jedoch möglicherweise auch enger, auf den künftigen Beruf vorbereitet. Führungspositionen, für die eine mehr wissenschaftlich ausgerichtete Ausbildung verlangt wird, sind aber auf diesem Weg schwerer zu erreichen.

Das wirtschaftswissenschaftliche Studium an einer FH beinhaltet im **Grundstudium** die Belegung von ca. acht Pflichtfächern: Betriebswirtschaftslehre, Volkswirtschaftslehre, Rechnungswesen, Organisation, Wirtschaftsrecht, Steuerlehre, Datenverarbeitung. Auch hier steht eine Zwischenprüfung am Ende des Grundstudiums.

Im **Hauptstudium** müssen Sie ebenfalls Schwerpunkte setzen und Wahlpflichtfächer belegen. Die abschließenden mündlichen und schriftlichen Prüfungen sowie die Diplomarbeit können mit einem Praxissemester verbunden werden.

Die **Einstellungschancen** auf dem Arbeitsmarkt sind für Universitäts- sowie für FH-Absolventen ungefähr gleich, das Einstiegsgehalt für FH-Absolventen ist jedoch oft geringer als das der Universitäts-Absolventen. Welche Form der Hochschule Sie wählen, sollten Sie darum vor allem von Ihren persönlichen Vorstellungen und langfristigen Plänen abhängig machen.

>>HIER FINDE ICH BESTE
BEDINGUNGEN FÜR MEINE KUNDEN.
UND MEINE KARRIERE.<<

Tanja Priebe, 28,
MLP-Beraterin seit 2002.

Um ihre ehrgeizigen Ziele zu verwirklichen, braucht Tanja Priebe eine ehrgeizige Umgebung. Mit kompetenten Teamkollegen, modernstem Equipment und anspruchsvollen Kunden, für die man intelligente Konzepte entwickeln kann. Eine Umgebung, wie sie der führende Anbieter von Private Finance für Akademiker und anspruchsvolle Kunden bietet. Für unser Team suchen wir Sie als

BERATER/-IN

Wir bieten: einen schnellen, karriereorientierten Einstieg in eine verantwortungsvolle Position. Selbstständig beraten Sie Ihre anspruchsvollen Kunden und entwickeln für sie maßgeschneiderte Finanzkonzepte. Alles mit einem Unternehmen im Rücken, das Ihre individuellen Stärken konsequent durch intensive Aus- und Weiterbildung fördert.

Sie bieten: vor allen Dingen Persönlichkeit. Als Hochschulabsolvent wissen Sie, was Akademiker bewegt. Und Sie haben gelernt, in Konzepten zu denken sowie stets das große Ganze im Auge zu behalten. Beste Voraussetzungen also für einen Aufstieg bei MLP. Doch zunächst machen Sie uns bitte neugierig mit Ihrer Bewerbung.

MLP Finanzdienstleistungen AG
Recruiting, Anita Heim
Forum 7, 69126 Heidelberg
Telefon: (06221) 308-8410
E-Mail: mlp-berater@mlp-ag.com
www.mlp-berater.de

1. Studium

Sie sollten an einer Universität studieren, wenn Sie

- stark **selbstbestimmt** lernen wollen,
- an **wissenschaftlich-theoretischen** Inhalten interessiert sind und die Praxis noch eine Zeitlang hintanstellen wollen,
- sich eventuell sogar vorstellen könnten, in der **Lehre bzw. Forschung** Ihr späteres Betätigungsfeld zu finden.

An eine FH sollten Sie jedoch gehen, wenn

- Ihnen eine **straffe Studienorganisation** entgegenkommt,
- Sie **kontrolliertes Lernen** schätzen,
- Sie auf einen **hohen Praxisbezug und kürzere Studienzeiten** Wert legen.

Studiengänge und -schwerpunkte

Die folgenden Tabellen geben Ihnen einen Überblick, welche **Studiengänge und Schwerpunkte** Sie an welchen Universitäten bzw. Hochschulen belegen können (Quellen: Hochschulrektorenkonferenz (Hg.), *Studienangebote deutscher Hochschulen WS 2004/05;* teilweise eigene Angaben der Hochschulen).

Manche Hochschulen geben in den genannten Quellen nur die einzelnen Studiengänge an, andere wiederum nennen die Studiengänge *mit* den jeweiligen Schwerpunkten. Informieren Sie sich rechtzeitig **direkt bei den Hochschulen** über das bestehende Angebot bzw. die Studiengänge und -schwerpunkte.

Unter www.hrk.de (Homepage der Hochschulrektorenkonferenz) finden Sie die Adressen aller Hochschulen in Deutschland.

Was ist für die Berufsentscheidung relevant?

Bei der Entscheidung für einen bestimmten (Wunsch-)Beruf ist natürlich das Spannungsfeld zwischen den **eigenen Fähigkeiten und Möglichkeiten** und der **Arbeitsmarktsituation** zu berücksichtigen. Dabei fällt auf, dass Akademiker oft am Arbeitsmarkt vorbei ausgebildet werden.

Hier liegt das eigentliche Problem: Die universitäre Ausbildung vermittelt Studenten häufig nicht ausreichend die Qualifikationen, die in den Unternehmen gebraucht werden, wie zum Beispiel **Orientierung auf ein bestimmtes Gebiet hin, Praxisbezug, soziale Kompetenzen** (Teamorientierung, Kommunikationsfähigkeit, Vorbereitung auf die Bewerbungsphase).

Zielorientiert studieren

Berufsorientiertes Studieren ist sehr früh erforderlich: Spätestens zu Beginn des Hauptstudiums mit der Möglichkeit zur Schwerpunktsetzung sollten Sie sich über Ihre Berufswünsche klarwerden und Ihre **persönliche Berufseinstiegsstrategie** entwickeln. Hierfür ist eine **Selbstanalyse** hilfreich (vgl. Kapitel 5).

Eine **gründliche Beobachtung des Marktes** kann zwar nicht schaden, aber letztlich sind die Veränderungen auf dem Arbeitsmarkt nicht vorauszusehen: Qualifikationen und Ausbildungsprofile, die heute nachgefragt werden, können in 5 Jahren „out" sein, weil es inzwischen schon wieder ein Überangebot an Arbeitskräften auf dem entsprechenden Gebiet gibt.

1.2 Studienorganisation

Wirtschaftswissenschaftliche Studiengänge und Schwerpunkte an Universitäten

Universitäten	Studiengänge und Schwerpunkte
Aachen TH	Betriebswirtschaftslehre, Volkswirtschaftslehre, Wirtschafts- und Sozialgeschichte, Wirtschaftsgeographie, Wirtschaftsingenieurwesen (Bau, Energietechnik, Maschinenbau, Rohstoff- und Werkstofftechnik)
Augsburg U	Betriebswirtschaftslehre, Wirtschaftsmathematik, Volkswirtschaftslehre, Wirtschaftsrecht
Bamberg U	Betriebswirtschaftslehre, Volkswirtschaftslehre, Europäische Wirtschaft, Economic Studies (European), Wirtschaftsinformatik, Wirtschaftspädagogik, Wirtschaftspädagogik/Informationstechnologie
Bayreuth U	Betriebswirtschaftslehre, Sportökonomie, Volkswirtschaftslehre, Wirtschaftsmathematik, Gesundheitsökonomie, Philosophy and Economics
Berlin ESCP-EAP	Internationale Betriebswirtschaft
Berlin FU	Betriebswirtschaftslehre, Volkswirtschaftslehre
Berlin HU	Betriebliches Rechnungswesen, Volkswirtschaftslehre, Wirtschaftspädagogik, Betriebswirtschaftslehre, Wirtschaftswissenschaften/Ökonomie
Berlin TU	Betriebswirtschaftslehre, Volkswirtschaftslehre, Wirtschaftsingenieurwesen, Techno- und Wirtschaftsmathematik
Bielefeld U	Betriebswirtschaftslehre, Volkswirtschaftslehre, Wirtschaftsmathematik, Wirtschaftswissenschaften/Ökonomie
Bochum U	Wirtschaftswissenschaften/Ökonomie, Wirtschaftspsychologie
Bonn U	Volkswirtschaftslehre, Wirtschafts- und Sozialgeschichte
Braunschweig TU	Finanz- und Wirtschaftsmathematik, Wirtschaftsinformatik, Wirtschaftsingenieurwesen (Bau, Elektrotechnik, Maschinenbau), Betriebswirtschaft, Volkswirtschaft
Bremen U	Betriebswirtschaftslehre, Wirtschaftswissenschaften/Ökonomie, Wirtschaftsingenieurwesen
Bruchsal (International University in Germany)	Business Administration
Chemnitz TU	Berufs- und Wirtschaftspädagogik, Betriebswirtschaftslehre, Volkswirtschaftslehre, Wirtschaftsinformatik, Wirtschaftsmathematik, Wirtschaftspädagogik, Wirtschaftsingenieurwesen, Sportökonomie, Finanz- und Wirtschaftsm athematik, Wirtschaftswissenschaftliche Europastudien

1. Studium

Universitäten	Studiengänge und Schwerpunkte
Clausthal TU	Betriebswirtschaftslehre, Wirtschaftsinformatik, Wirtschaftsmathematik, Wirtschaftsingenieurwesen
Cottbus TU	Wirtschaftsingenieurwesen, Wirtschaftsmathematik, Umwelt- und Ressourcenmanagement
Darmstadt TU	Wirtschaftsinformatik, Wirtschaftsingenieurwesen (Bau, Elektrotechnik, Maschinenbau)
Dortmund U	Wirtschaftsmathematik, Wirtschaftswissenschaften/Ökonomie, Wirtschaftsingenieurwesen
Dresden TU	Betriebswirtschaftslehre, Volkswirtschaftslehre, Wirtschafts- und Sozialgeschichte, Wirtschaftsinformatik, Wirtschaftsmathematik, Wirtschaftspädagogik, Wirtschaftsingenieurwesen, Verkehrswirtschaft
Duisburg-Essen U	Wirtschaftsmathematik, Wirtschaftspädagogik, Wirtschaftswissenschaften/Ökonomie, Betriebswirtschaftslehre, Medizin-Management, Wirtschaftsingenieurwesen, Wirtschaftsinformatik, Volkswirtschaftslehre
Düsseldorf U	Betriebswirtschaftslehre, Wirtschaftschemie
Eichstätt U	Betriebswirtschaftslehre, Betriebswirtschaftslehre/Wirtschaftsprüfung, Wirtschafts- und Sozialgeschichte, Wirtschaftsmathematik, Wirtschaftswissenschaften/Ökonomie, Volkswirtschaftslehre
Erfurt U	Wirtschaftswissenschaften/Ökonomie
Erlangen-Nürnberg U	Internationale Betriebswirtschaft, Betriebswirtschaftslehre, Volkswirtschaftslehre, Wirtschaftsinformatik, Wirtschaftsmathematik, Wirtschaftspädagogik, Internationale Volkswirtschaftslehre, Wirtschaftsingenieurwesen, Internationales Wirtschaftsrecht, Wirtschaftswissenschaften/Ökonomie
Flensburg U	Energie- und Umweltmanagement, International Management
Frankfurt/Main U	Betriebswirtschaftslehre, Volkswirtschaftslehre, Wirtschaftspädagogik
Frankfurt/Oder U	Internationale Betriebswirtschaft, Betriebswirtschaftslehre, Volkswirtschaftslehre, Business Administration
Freiberg TUBergAk	Betriebswirtschaftslehre, Wirtschaftsingenieurwesen, Wirtschaftsmathematik, Technologiemanagement
Freiburg U	Volkswirtschaftslehre, Bildungsökonomie
Friedrichshafen ZU	Internationale Betriebswirtschaft
Gießen U	Agrarökonomie, Betriebswirtschaftslehre, Volkswirtschaftslehre, Wirtschaftswissenschaften/Ökonomie

1.2 Studienorganisation

Universitäten	Studiengänge und Schwerpunkte
Göttingen U	Betriebswirtschaftslehre, Economics (VWL), Volkswirtschaftslehre, Wirtschaftsinformatik, Wirtschaftspädagogik, Wirtschafts- und Sozialgeschichte, Wirtschafts- und Sozialpsychologie
Greifswald U	Betriebswirtschaftslehre, Volkswirtschaftslehre
Hagen FernU	Wirtschaftswissenschaften/Ökonomie
Halle-Wittenberg U	Betriebswirtschaftslehre, Volkswirtschaftslehre, Wirtschaftsinformatik, Wirtschaftsmathematik, Wirtschafts- und Sozialgeschichte, Wirtschaftsingenieurwesen
Hamburg HAW	Wirtschaftsingenieurwesen
Hamburg HWP	Wirtschafts-, Rechts- und Sozialwissenschaften
Hamburg U	Betriebswirtschaftslehre, Volkswirtschaftslehre, Wirtschaftsmathematik, Wirtschaftsinformatik
Hamburg UBw	Betriebswirtschaftslehre, Volkswirtschaftslehre, Wirtschaftsingenieurwesen
Hamburg-Harburg TU	Wirtschaftsingenieurwesen
Hannover U	Wirtschaftswissenschaften/Ökonomie, Wirtschaftsingenieurwesen
Heidelberg U	Volkswirtschaftslehre
Hildesheim U	Informationsmanagement, Internationales Informationsmanagement
Hohenheim U	Wirtschaftspädagogik, Agrarökonomie, Wirtschaftswissenschaften/Ökonomie, Wirtschaftswissenschaften/Sozialmanagement
Ilmenau TU	Medienwirtschaft, Wirtschaftsinformatik, Wirtschaftsingenieurwesen
Jena U	Betriebswirtschaftslehre, Interkulturelles Management, Volkswirtschaftslehre, Wirtschafts- und Sozialgeschichte, Interkulturelle Wirtschaftskommunikation, Wirtschaftsmathematik, Wirtschaftspädagogik, Wirtschaftswissenschaften/Ökonomie, Wirtschaftsinformatik, Interkulturelles Management
Kaiserslautern U	Technische Betriebswirtschaftslehre, Wirtschaftsmathematik, Wirtschaftspädagogik, Wirtschaftschemie, Wirtschaftsingenieurwesen
Karlsruhe U	Informationswirtschaft, Wirtschaftsmathematik, Wirtschaftsingenieurwesen, Technische Volkswirtschaftslehre
Kassel U/GH	Wirtschafts- und Sozialgeographie, Wirtschaftspädagogik, Wirtschaftswissenschaften/Ökonomie, Wirtschaftsingenieurwesen
Kiel U	Betriebswirtschaftslehre, Agrarökonomie, Volkswirtschaftslehre, Wirtschaftspädagogik, Wirtschaftschemie, Wirtschaftsingenieurwesen

1. Studium

Universitäten	Studiengänge und Schwerpunkte
Koblenz-Landau U	Wirtschaftswissenschaften/Ökonomie, Informationsmanagement
Köln U	Betriebswirtschaftslehre, Volkswirtschaftslehre, Wirtschaftsinformatik, Gesundheitsökonomie, Wirtschaftspädagogik, Volkswirtschaft (sozialwissenschaftliche Richtung), Medienmanagement, Wirtschaftsmathematik
Konstanz U	Volkswirtschaftslehre, Wirtschaftspädagogik, Mathematische Finanzökonomie
Leipzig HandelsH	Betriebswirtschaftslehre
Leipzig U	Betriebswirtschaftslehre, Volkswirtschaftslehre, Wirtschaftsinformatik, Wirtschaftsmathematik, Wirtschaftspädagogik
Lüneburg U	Betriebswirtschaftslehre, Economics (VWL), Volkswirtschaftslehre, Wirtschaftswissenschaften/Ökonomie, Tourismusmanagement
Magdeburg U	Internationale Betriebswirtschaft, Betriebswirtschaftslehre, Management and Economics, Management, Volkswirtschaftslehre, Wirtschaftsinformatik, Wirtschaftsmathematik, Wirtschaftspädagogik, Wirtschaftswissenschaften/Ökonomie, Wirtschaftsingenieurwesen (Elektrotechnik, Logistik, Maschinenbau), Internationale Volkswirtschaftslehre, Techno- und Wirtschaftsmathematik
Mainz U	Betriebswirtschaftslehre, Volkswirtschaftslehre, Wirtschaftspädagogik, Medienmanagement
Mannheim U	Betriebswirtschaftslehre, Volkswirtschaftslehre, Wirtschaftsinformatik, Wirtschaftspädagogik
Marburg U	Betriebswirtschaftslehre, Volkswirtschaftslehre, Wirtschaftsmathematik, Wirtschafts- und Sozialgeschichte
München TU	Betriebswirtschaftslehre, Wirtschaftsmathematik, Wirtschaftsinformatik
München U	Betriebswirtschaftslehre, Volkswirtschaftslehre, Wirtschaftsgeographie, Wirtschaftsmathematik, Wirtschaftspädagogik, Wirtschafts- und Sozialgeschichte, Volkswirtschaft
München UBw	Wirtschaftswissenschaften/Ökonomie, Wirtschaftsinformatik
Münster U	Betriebswirtschaftslehre, Volkswirtschaftslehre, Wirtschaftsinformatik, Wirtschaftspolitik, Wirtschaftschemie
Oestrich-Winkel EBS	Betriebswirtschaftslehre
Oldenburg U	Betriebswirtschaftslehre, Bildungsökonomie, Wirtschaftswissenschaften/Ökonomie, Business Administration

1.2 Studienorganisation

Universitäten	Studiengänge und Schwerpunkte
Osnabrück U	Betriebswirtschaftslehre, Volkswirtschaftslehre, Wirtschaftsrecht
Paderborn U/GH	Economics (VWL), Wirtschaftsinformatik, Wirtschaftswissenschaften/Ökonomie, Wirtschaftsingenieurwesen, International Business
Passau U	Betriebswirtschaftslehre, Interkulturelles Management, Volkswirtschaftslehre, Wirtschaftswissenschaften/Ökonomie
Potsdam U	Betriebswirtschaftslehre, Volkswirtschaft (sozialwissenschaftliche Richtung), Volkswirtschaftslehre
Regensburg U	Betriebswirtschaftslehre, Volkswirtschaftslehre, Wirtschaftsinformatik
Rostock U	Betriebswirtschaftslehre, Volkswirtschaftslehre, Wirtschaftsinformatik, Wirtschaftsmathematik, Wirtschaftspädagogik, Wirtschaftsingenieurwesen, Business Informatics
Saarbrücken U	Betriebswirtschaftslehre, Wirtschaftspädagogik, Wirtschaftsinformatik
Siegen U/GH	Betriebswirtschaftslehre, Volkswirtschaftslehre, Wirtschaftsinformatik, Wirtschaftswissenschaften/Ökonomie, Wirtschaftsingenieurwesen, Wirtschaftsrecht
Stuttgart U	Betriebswirtschaftslehre, Technische Betriebswirtschaftslehre, Technologiemanagement, Technische Volkswirtschaftslehre, Volkswirtschaftslehre, Wirtschaftsinformatik, Immobilienwirtschaft und -technik
Trier U	Betriebswirtschaftslehre, Volkswirtschaftslehre, Wirtschaftsmathematik, Wirtschaftsinformatik
Tübingen U	Betriebswirtschaftslehre, Volkswirtschaftslehre, Internationale Betriebswirtschaft, Internationale Volkswirtschaftslehre
Ulm U	Wirtschaftswissenschaften/Ökonomie, Wirtschaftschemie, Wirtschaftsmathematik, Wirtschaftsphysik
Vallendar WHU	Betriebswirtschaftslehre
Weimar U	Baumanagement
Witten/Herdecke U	Wirtschaftswissenschaften/Ökonomie
Wuppertal U/GH	Wirtschaftsmathematik, Wirtschaftswissenschaften/Ökonomie
Würzburg U	Betriebswirtschaftslehre, Volkswirtschaftslehre, Wirtschaftsinformatik, Wirtschaftsmathematik
Zittau IHI	Betriebswirtschaftslehre, Wirtschaftsingenieurwesen

1. Studium

Wirtschaftswissenschaftliche Studiengänge und Schwerpunkte an Fachhochschulen

Fachhochschule	Studiengänge und Schwerpunkte
Aachen FH	Betriebswirtschaftliche Technik (dt.-niederl. Studiengang), Wirtschaft, Wirtschaft (integriertes Auslandssemester), Wirtschaft (integriertes Praxissemester), Wirtschaft (dt.-brit. Studiengang), Wirtschaft (europäischer Studiengang), Wirtschaft (integrierter dt.-franz. Studiengang)
Aalen FH	Internationale Betriebswirtschaft, Betriebswirtschaft/Unternehmensführung, Wirtschaftsingenieurwesen
Albstadt-Sigmaringen FH	Betriebswirtschaft, Wirtschaftsingenieurwesen, Wirtschaftsinformatik, Facility Management
Amberg-Weiden FH	Betriebswirtschaft, Wirtschaftsingenieurwesen
Anhalt H	Betriebswirtschaft, Betriebswirtschaft (dt.-brit., dt.-finn., dt.-frz., dt.-russ.), Immobilienwirtschaft, Wirtschaftsrecht, Wirtschaftsingenieurwesen, Informationsmanagement, Facility Management
Ansbach FH	Betriebswirtschaft, Wirtschaftsingenieurwesen, Wirtschaftsinformatik
Aschaffenburg FH	Betriebswirtschaft, Betriebswirtschaft und Recht, Wirtschaftsingenieurwesen
Augsburg FH	Betriebswirtschaft, Wirtschaftsinformatik
Bad Honnef-Bonn FH	Hotelmanagement, Luftverkehrsmanagement, Tourismusmanagement, Business Administration
Berlin ASFH	Pflegemanagement
Berlin EvFH	Pflege/Pflegemanagement
Berlin FHTW	Betriebswirtschaftslehre, Betriebswirtschaftslehre/Banken, Betriebswirtschaftslehre/Immobilien, Wirtschaftsrecht, Öffentliches Dienstleistungs-Management, Wirtschaftsinformatik, Wirtschaftskommunikation, Wirtschaftsmathematik, Wirtschaftsingenieurwesen (auch als Fernstudiengang), Facility Management, International Business
Berlin FHVR	Öffentliches Dienstleistungs-Management, Öffentliche Verwaltungswirtschaft
Berlin FHW	Business Administration, Betriebswirtschaft, Wirtschaft, Wirtschaftsingenieurwesen Umwelt, Wirtschaft (berufsbegleitend), Internationales Management, Economics (VWL), International Business (Englisch)
Berlin OTA	Wirtschaft
Berlin SHB	Business Administration

1.2 Studienorganisation

Fachhochschule	Studiengänge und Schwerpunkte
Berlin TFH	Betriebswirtschaftslehre, Wirtschaftsingenieurwesen, Wirtschaftsingenieurwesen Umwelt, Facility Management
Biberach FH	Betriebswirtschaft (Bau/Immobilien)
Bielefeld FH	Betriebswirtschaft, Management, Wirtschaft, Wirtschaftsrecht
Bielefeld FHM	Betriebswirtschaft, Medienwirtschaft, Wirtschaftsinformatik
Bingen FH	Internationaler Agrarhandel, Wirtschaftsingenieurwesen
Bochum FH	Betriebswirtschaft, Betriebswirtschaft (dt.-brit., dt.-franz., dt.-ital., dt.-span. Studiengänge und Verbundstudiengang), Technische Betriebswirtschaft (Verbundstudiengang)
Bochum TFH	Technische Betriebswirtschaft/Elektrotechnik, Technische Betriebswirtschaft/Elektrotechnik (berufsbegleitend), Technische Betriebswirtschaft/Maschinenbau, Technische Betriebswirtschaft/Maschinenbau (berufsbegleitend), Technische Betriebswirtschaft/Rohstoffe, Technische Betriebswirtschaft/Rohstoffe (berufsbegleitend)
Bonn HSF	Finance and Management, Financial Information Systems
Bonn-Rhein-Sieg FH	Wirtschaft, Business Administration, Wirtschaftsinformatik
Brandenburg FH	Betriebswirtschaft, Wirtschaftsinformatik
Braunschweig/ Wolfenbüttel FH	Bankmanagement, Betriebswirtschaftslehre, Betriebswirtschaftslehre/ Automobilwirtschaft, Management im Gesundheitswesen, Sportmanagement, Touristik- und Hotelmanagement, Wirtschaftsrecht, Wirtschaftsinformatik, Wirtschaftsingenieurwesen (Maschinenbau, Transport, Verkehr/ Logistik), Krankenversicherungsmanagement
Bremen H	Betriebswirtschaft, Internationale Betriebswirtschaft, Global Management, Management im Handel, Politikmanagement, Tourismusmanagement, Volkswirtschaftslehre, Wirtschaft (Europäischer Studiengang), Wirtschaftsingenieurwesen, Finanz- und Rechnungswesen, Steuer- und Wirtschaftssprachen, Industrial Management in Global Markets
Bremerhaven H	Betriebswirtschaftslehre, Cruise Industry Management
Brühl EUFH	Dienstleistungsmanagement, Handelsmanagement, Wirtschaftsinformatik, Industrial Management in Global Markets
Coburg FH	Betriebswirtschaft
Darmstadt FH	Betriebswirtschaft, Wirtschaftsingenieurwesen
Deggendorf FH	Betriebswirtschaft, Wirtschaftsinformatik, International Management
Dortmund FH	International Business (Englisch, Französisch, Spanisch, Niederländisch), Wirtschaft, Wirtschaftsinformatik

1. Studium

Fachhochschule	Studiengänge und Schwerpunkte
Dortmund ISM	Internationale Betriebswirtschaft, Finanzmanagement
Dresden HTW	Agrarwirtschaft, Betriebswirtschaft, International Business, Wirtschaftsinformatik, Wirtschaftsingenieurwesen
Düsseldorf FH	Internationale Betriebswirtschaft, Wirtschaft
Eberswalde FH	Betriebswirtschaft, International Forest Ecosystem Management
Elmshorn FH Nordak	Betriebswirtschaftslehre, Wirtschaftsinformatik, Wirtschaftsingenieurwesen
Erfurt FH	Betriebswirtschaft
Essen FOM	Wirtschaft (auch Fernstudiengang), Wirtschaftsinformatik (auch Fernstudiengang), Wirtschaftsrecht, International Management, Handelsmanagement, Steuerwesen, Betriebswirtschaft/Unternehmensführung, Health Care Management, Immobilienwirtschaft und -management
Esslingen FHS	Pflege/Pflegemanagement
Esslingen FHT	Technische Betriebswirtschaftslehre, Wirtschaftsingenieurwesen, Wirtschaftsinformatik
Flensburg FH	Betriebswirtschaft, Wirtschaftsinformatik
Frankfurt am Main FH	Betriebswirtschaft, Finance and Law, Pflegemanagement, Wirtschaftsrecht, Public Management, Wirtschaftsinformatik
Frankfurt am Main HfB	Finance and Management, Business Administration, Wirtschaftsinformatik
Freiburg KathFHS	Pflegemanagement
Fulda FH	Betriebswirtschaft, Internationales Management, Wirtschaftsingenieurwesen (Elektrotechnik), Pflegemanagement, Gesundheitsförderung/-management
Furtwangen FH	Internationale Betriebswirtschaft, Wirtschaftsinformatik, Business Management, Marketing/Vertrieb, Wirtschaft
Gelsenkirchen FH	Facility Management, Business Law and Business Management, Betriebswirtschaft, Wirtschaft, Wirtschaft (dt.-franz. Studiengang), Wirtschaft (dt.-niederl. Studiengang), Wirtschaftsinformatik, Wirtschaftsrecht, Wirtschaftsingenieurwesen Transport/Verkehr/Logistik, Wirtschaftsingenieurwesen Marketing/Vertrieb
Gießen-Friedberg FH	Betriebswirtschaft (auch Verbundstudiengang), Facility Management, Wirtschaftsingenieurwesen, Wirtschaftsingenieurwesen (auch als dualer Studiengang), Wirtschaftsinformatik
Göttingen DRKFH	Pflegemanagement, Sozialmanagement
Göttingen (Private) FH	Betriebswirtschaftslehre, Wirtschaftsinformatik, Betriebswirtschaftslehre für Absolventen BA

1.2 Studienorganisation

Fachhochschule	Studiengänge und Schwerpunkte
Hamburg EFH	Europäische Betriebswirtschaft, Betriebswirtschaftslehre
Hamburg FernFH	Betriebswirtschaft, Wirtschaftsingenieurwesen, Pflegemanagement
Hamburg HAW	Technische Betriebswirtschaftslehre, Bibliotheks- und Informationsmgm.
Hannover EvFH	Pflegemanagement
Hannover FH	Betriebswirtschaft, Wirtschaftsinformatik, Informationsmanagement, Wirtschaftsingenieurwesen, Wirtschaftsingenieurwesen/Technischer Vertrieb
Hannover FHDW	Betriebswirtschaft (Verbundstudiengang), Business Administration, Wirtschaftsinformatik
Harz H	Betriebswirtschaft (auch Verbundstudiengang), Verwaltungsmanagement, Europäisches Verwaltungsmanagement, Wirtschaftsinformatik, Wirtschaftspsychologie, Wirtschaftsingenieurwesen, Internationales Wirtschaftsingenieurwesen, Tourismusmanagement, Dienstleistungsmanagement, International Business
Heidelberg FH	Betriebswirtschaft, Wirtschaftsingenieurwesen, Wirtschaftspsychologie, Wirtschaftsrecht
Heilbronn FH	Internationale Betriebswirtschaft, Betriebswirtschaft/Kultur-, Freizeit-, Sportmanagement, Betriebswirtschaft/Medien-, Produkt-, Kundenmanagement, Betriebswirtschaft/Unternehmensführung, Tourismusbetriebswirtschaft, Weinbetriebswirtschaft, Wirtschaftsingenieurwesen
Hildesheim-Holzminden FH	Wirtschaftsingenieurwesen, Immobilienwirtschaft und -management
Hof FH	Betriebswirtschaft, Internationales Management, Wirtschaftsinformatik, Wirtschaftsingenieurwesen
Idstein FH Fresenius	Betriebswirtschaftslehre, Medienwirtschaft
Ingolstadt FH	Betriebswirtschaft, Wirtschaftsingenieurwesen
Iserlohn BiTS	Betriebswirtschaftslehre, Wirtschaftsinformatik, Medienmanagement, Wirtschaftspsychologie
Jena FH	Betriebswirtschaft, Wirtschaftsingenieurwesen, Pflege/Pflegemanagement
Kaiserslautern FH	Bankmanagement, Technische Betriebswirtschaftslehre, Finanzdienstleistungen, Ökonomie, Wirtschaftsinformatik, Wirtschaftsingenieurwesen (auch als dualer Studiengang)
Karlsruhe FH	International Mgm., Wirtschaftsinformatik, Wirtschaftsingenieurwesen
Kempten FH	Betriebswirtschaft, Tourismusmanagement, Wirtschaftsingenieurwesen (Elektrotechnik/Informationstechnik), Wirtschaftsingenieurwesen (Maschinenbau), Sozialwirtschaft

1. Studium

Fachhochschule	Studiengänge und Schwerpunkte
Kiel FH	Betriebswirtschaftlehre, Wirtschaftsinformatik
Koblenz FH	Betriebswirtschaft, Sportmanagement, Gesundheits- und Sozialwirtschaft, Logistik/E-Business, Wirtschaftsmathematik
Köln FH	Banking & Finance, Wirtschaft, Wirtschaftsinformatik, Wirtschaftsinformatik (Verbundstudiengang), Wirtschaftsingenieurwesen, Informationswirtschaft, Betriebswirtschaftslehre, Wirtschaftsrecht
Köln RheinFH	Wirtschaft, Wirtschaftsinformatik, Wirtschaftsrecht, Medienwirtschaft, Medizin-Management, Wirtschaftsrecht
Konstanz FH	Betriebswirtschaft, Angewandte Weltwirtschaftssprachen (Chinesisch, Indonesisch), Wirtschaftsinformatik, Wirtschaftsingenieurwesen Bau, Wirtschaftsingenieurwesen Maschinenbau
Lahr FH	Betriebswirtschaft (Fernstudium), Wirtschaftsinformatik
Landshut FH	Betriebswirtschaft, Europäische Betriebswirtschaft, Wirtschaftsingenieurwesen
Lausitz FH	Betriebswirtschaftslehre, Wirtschaftsingenieurwesen, Wirtschaftsingenieurwesen (auch als dualer Studiengang)
Leipzig HBerufst	Betriebswirtschaft, Wirtschaftsübersetzen
Leipzig HTWK	Betriebswirtschaft, Wirtschaftsmathematik, Wirtschaftsingenieurwesen (mit Schwerpunkten Elektrotechnik, Maschinenbau, Bau)
Lippe/Höxter FH	Wirtschaftsingenieurwesen Bau, Wirtschaft
Lübeck FH	Betriebswirtschaftslehre/Gesundheitswirtschaft, Wirtschaftsingenieurwesen
Ludwigshafen FH	Betriebswirtschaft (Verbundstudiengang), Internationale Betriebswirtschaft, Controlling, Management und Information, Gesundheitsökonomie, Steuerlehre und Wirtschaftsprüfung, Marketing, Marketing Ostasien, Wirtschaftsinformatik, Wirtschaftsingenieurwesen, Finanzdienstleistungen und Corporate Finance
Magdeburg-Stendal, H	Technische Betriebswirtschaftslehre, Betriebswirtschaft, Gesundheitsförderung/-management
Mainz FH	Betriebswirtschaft, Betriebswirtschaft (Verbundstudiengang), International Business, Wirtschaftsrecht
Mainz KathFH	Pflegemanagement
Mannheim FHTG	Wirtschaftsingenieurwesen
Merseburg FH	Betriebswirtschaft, Betriebswirtschaft (Fernstudium), Wirtschaftsingenieurwesen

1.2 Studienorganisation

Fachhochschule	Studiengänge und Schwerpunkte
Mittweida H	Betriebswirtschaft, Medienmanagement, Wirtschaftsinformatik, Immobilien- und Gebäudemanagement, Wirtschaftsingenieurwesen
München FH	Betriebswirtschaft, Tourismusmanagement, Wirtschaftsingenieurwesen, Wirtschaftsinformatik
München KathFH	Pflegemanagement
München MBS	Internationale Betriebswirtschaft
München UBw	Betriebswirtschaft
Münster FH	Betriebswirtschaft (dt.-brit., dt.-franz., dt.-lateinamerik., dt.-span. Studiengänge), Wirtschaft (integriertes Praxissemester), Technische Betriebswirtschaftslehre, Pflegemanagement, Wirtschaft, Wirtschaftsingenieurwesen
Neubrandenburg FH	Agrarwirtschaft
Neu-Ulm FH	Betriebswirtschaft, Betriebswirtschaft (Verbundstudiengang), Wirtschaftsingenieurwesen, Wirtschaftsinformatik, Informationsmanagement
Niederrhein FH	Betriebswirtschaft (Fernstudium), Betriebswirtschaft/Wirtschaftsrecht, Wirtschaft, Wirtschaftsinformatik, Wirtschaftsingenieurwesen, Wirtschaftsingenieurwesen – Logistik – Management, Sozialmanagement, Internationales Marketing, Gesundheitsökonomie (auch als dualer Studiengang)
Norddeutschland KathFH	Pflegemanagement
Nordhausen FH	Betriebswirtschaft, Betriebswirtschaft/Verwaltung, Sozialmanagement
Nordhessen FH	Betriebswirtschaft, Betriebswirtschaftslehre (Fernstudium), Wirtschaftsrecht, Wirtschaftsrecht (Fernstudium)
Nordostniedersachsen FH	Betriebswirtschaft, Wirtschaftsinformatik, Wirtschaftsrecht, Wirtschaftspsychologie
Nordrhein-Westfalen KathFH	Pflegemanagement
Nürnberg EvFH	Pflegemanagement
Nürnberg FH	Betriebswirtschaft, Internationale Betriebswirtschaft, Wirtschaftsinformatik
Nürtingen FH	Betriebswirtschaft, Finanzmanagement, Wirtschaftsrecht, Immobilienwirtschaft, Volkswirtschaftslehre, Betriebswirtschaftslehre, Agrarwirtschaft
Offenburg FH	Technische Betriebswirtschaftslehre, Wirtschaftsingenieurwesen

1. Studium

Fachhochschule	Studiengänge und Schwerpunkte
Oldenburg/Ostfriesl/ Wilhelmshaven FH	Business Consulting, Betriebswirtschaft, European Civil Engineering Management, Facility Management, Reedereilogistik/Reedereimanagement, Seeverkehrs- und Hafenwirtschaft, Sozialmanagement, Tourismuswirtschaft, Wirtschaft, Internationale Wirtschaftsbeziehungen, Wirtschaftsinformatik, Wirtschaftsingenieurwesen, Medienwirtschaft, Wirtschaftsingenieurwesen (Telekommunikation, Bau, internationales)
Osnabrück FH	Betriebswirtschaft, Betriebswirtschaft in Einrichtungen des Gesundheitswesens, Business & Management, European Business Studies, Krankenpflegemanagement, Pflege- und Gesundheitsmanagement, Wirtschaftsingenieurwesen (auch im Handwerk), Wirtschaftsrecht, Kommunikationsmanagement, Management für öffentliche Aufgaben
Paderborn FHDW	Betriebswirtschaft (auch berufsbegleitend), Business Administration, Wirtschaftsinformatik (auch berufsbegleitend)
Pforzheim FH	Betriebswirtschaft (Beschaffung und Logistik, Controlling, Finanz- und Rechnungswesen, International Business, Marketing, Markt- und Kommunikationsforschung, Personalmanagement, Steuer- und Revisionswesen, Werbung, Wirtschaftsinformatik), Wirtschaftsingenieurwesen, Wirtschaftsrecht, Business Informatics
Pinneberg FH	Wirtschaftsinformatik, Betriebswirtschaft
Plauen FH	Betriebswirtschaftslehre (auch als Fernstudium)
Ravensburg-Weingarten FH	Management, Produktionsmanagement, Wirtschaftsinformatik
Regensburg FH	Betriebswirtschaft, Europäische Betriebswirtschaft
Reutlingen FHTW	Außenhandel/Außenwirtschaft, Betriebswirtschaft (dt.-amerik., dt.-brit., dt.-franz., dt.-irisch, dt.-span., dt.-ital., dt.-mexik. Studiengänge), International Business, Produktionsmanagement, Wirtschaftsinformatik
Riedlingen FH	Betriebswirtschaft, Gesundheits- und Sozialwirtschaft
Rosenheim FH	Betriebswirtschaft, Wirtschaftsingenieurwesen
Saarbrücken HTW	Betriebswirtschaft (auch dt.-frz.), Internationale Betriebswirtschaft, Wirtschaftsingenieurwesen, Pflege- und Gesundheitsmanagement, Tourismusmanagement
Schmalkalden FH	Betriebswirtschaftslehre, Wirtschaftsinformatik, Wirtschaftsingenieurwesen, Wirtschaftsrecht, Volkswirtschaftslehre
Stralsund FH	Baltic Management Studies, Betriebswirtschaftslehre, Wirtschaftsingenieurwesen (dualer und Frauenstudiengang), Leisure and Tourism Management, Business Informatics

1.2 Studienorganisation

Fachhochschule	Studiengänge und Schwerpunkte
Stuttgart HdM	Bibliotheks- und Medienmanagement, Print-Media-Management, Medienwirtschaft
Südwestfalen FH	Agrarwirtschaft, Technische Betriebswirtschaft (Verbundstudiengang), Betriebswirtschaft (Verbundstudiengang), Business Administration, European Studies in Technology and Business, Wirtschaft, Wirtschaftsinformatik, Wirtschaftsingenieuerwesen (Technische Betriebswirtschaft), Maschinenbau
Trier FH	Betriebswirtschaft, International Business (Englisch, Französisch oder Spanisch), Umwelt- und Betriebswirtschaft, Wirtschafts- und Umweltrecht, Wirtschaftsingenieurwesen, Wirtschaftsinformatik
Ulm FH	Wirtschaftsingenieurwesen, Wirtschaftsinformatik
Vechta/Diepholz FH	Betriebswirtschaft, Wirtschaftsingenieurwesen, Wirtschaftsinformatik
Wedel FH	Wirtschaftsinformatik, Wirtschaftsingenieurwesen, Betriebswirtschaftslehre
Weihenstephan FH	Agrarmarketing und -management, Agrarwirtschaft
Westküste FH	Betriebswirtschaft (auch als Verbundstudiengang), Technisches Management, Wirtschaft und Recht, Tourismusmanagement
Wiesbaden FH	Betriebswirtschaft, Business Administration, Medienwirtschaft, Versicherungsmanagement (Financial Services), Wirtschaftsrecht, Weinbetriebswirtschaft, Internationales Wirtschaftsingenieurwesen
Wildau TFH	Betriebswirtschaft (auch als Fernstudium), Internationales Management, Wirtschaft und Recht, Wirtschaftsinformatik, Wirtschaftsingenieurwesen (auch als Fernstudium)
Wismar H	Betriebswirtschaft (auch als Fernstudium), Wirtschaftsinformatik (auch dt.-poln. und als Fernstudium), Wirtschaftsrecht, Sozialmanagement
Worms FH	Internationale Betriebswirtschaft, European Business Management (auch ausbildungsintegriert), Handelsmanagement, Handelsmanagement (international im Praxisverbund)
Würzburg-Schweinfurt-Aschaffenburg FH	Betriebswirtschaft, Pflegemanagement, Wirtschaftsingenieurwesen, Wirtschaftsinformatik, Medienmanagement
Zittau/Görlitz H	Betriebswirtschaft, Wirtschaftsmathematik, Wohnungs- und Immobilienwirtschaft, Wirtschaftsingenieurwesen, Kultur und Management, Informations- und Kommunikationsmanagement
Zwickau H	Betriebswirtschaft, Industrial Management and Engineering, Management für öffentliche Aufgaben, Pflegemanagement, Wirtschaftsingenieurwesen, Wirtschaftshispanistik, Wirtschaftsromanistik, Wirtschaftssinologie

Es ist sinnvoll, seine Fächerkombination nach den **persönlichen Fähigkeiten und Interessen** anstatt nach der aktuellen Arbeitsmarktsituation auszurichten.

Sich verändernde Berufsbilder und Anforderungen, die Unternehmen an Hochschulabsolventen stellen, können Sie unter anderem aus den **Stellenanzeigen** in den großen Tages- und Fachzeitungen ersehen. Halten Sie sich über diese Entwicklungen am besten schon während Ihres Studiums auf dem laufenden!

Versuchen Sie, neben dem Studium mit seinen fachlichen Anforderungen auch Ihre **persönlichen Qualifikationen** zu erweitern und zu trainieren, beispielsweise durch Praktika und andere praktische Tätigkeiten.

Hinsichtlich Ihrer **persönlichen Qualifikationen** sind den Personalverantwortlichen in den Unternehmen folgende Eigenschaften wichtig:

- Leistungsbereitschaft,
- Engagement,
- Kommunikations-/Kontaktfähigkeit,
- Teamfähigkeit,
- Lernfähigkeit,
- Problemlösungsfähigkeit,
- praxisorientiertes Denken.

**CHECKLISTE
Praxisorientiertes Studium**

- Gestalten Sie Ihr Studium so **praxisorientiert** wie möglich,
- absolvieren Sie **Praktika** und
- verschaffen Sie sich dadurch langfristige **Kontakte zu Unternehmen**,
- arbeiten Sie bei einer **studentischen Unternehmensberatung** mit,
- frischen Sie Ihre **Sprachkenntnisse** auf,
- lernen Sie **neue Sprachen** (zum Beispiel Französisch, Spanisch, Russisch),
- setzen Sie bewusst **Schwerpunkte**, die einen Bezug zu Ihrem favorisierten Tätigkeitsfeld haben, und
- versuchen Sie, auch Ihre **Abschlussarbeit** daraufhin auszurichten.

Praktika

Praxisorientierung des Studiums und absolvierte Praktika stehen ganz oben auf der „Hitliste" der Unternehmen. **Bewerber ohne zusätzliche Praxiserfahrung haben weniger Chancen auf eine qualifizierte Einstiegsposition!**

An allen Fachhochschulen und vielen wirtschaftswissenschaftlichen Fakultäten der Universitäten ist ein Praktikum obligatorischer Teil der Ausbildung.

Während eines Praktikums können Sie Ihr **theoretisches Wissen und Ihre Kompetenzen umsetzen** und im Hinblick auf Ihre spätere Bewerbungsphase **wertvolle Kontakte** knüpfen (weitere Hinweise zu Praktika in Kapitel 3).

Mit Genuss zum Erfolg

Ein Karrierestart bei Tchibo ist der Einstieg in die einmalige Welt des Dreiklangs aus weitreichender Kaffee-Kompetenz, einem vielseitigen, wöchentlich neuen Non Food-Sortiment und erlebbarem Kaffee-Genuss in unseren Coffee Shops.
Hier werden Ihr erstklassiges Know-how und Ihre produktive Neugier auf internationalen Erfolg treffen.

Ihr Einstieg bei Tchibo

Eine harmonische Mischung – egal ob Sie sich für ein **Traineeprogramm** (Marketing Food, Non Food, Controlling/Finanzen, Personal & Organisation, Supply Chain Management), das **Führungsnachwuchsprogramm Vertrieb** oder ein **Praktikum** bei Tchibo interessieren.

Neugierig? Dann schicken Sie bitte Ihre vollständigen Bewerbungsunterlagen mit Angabe Ihres Einstiegswunsches an Frau Anne-Sophie Schafmayer (Trainees), Frau Kathy Reinecke (Praktikanten) oder Frau Kathy Rump (Führungsnachwuchsprogramm Vertrieb).
Weitere Informationen über aktuelle Stellenangebote bekommen Sie auf unserer Unternehmenshomepage unter

www.tchibo.com

Tchibo GmbH
Überseering 18
22297 Hamburg

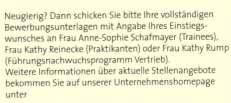

Auch die Mitarbeit bei einer **studentischen Unternehmensberatung** o. Ä. bringt viele „Punkte" bei den Personalverantwortlichen, wird oft sogar als zusätzliche unternehmerische Initiative höher bewertet als nur ein Praktikum in einem Unternehmen.

Studentische Unternehmensberatungen – wie es sie an vielen Universitäten gibt – verbinden Theorie und Praxis, suchen den **Kontakt mit dem Wirtschaftsleben** und entwickeln in enger Zusammenarbeit mit dem Kunden konkrete Projekte. Die Mitarbeiter werden in **Rhetorik** und **Präsentationstechniken** geschult. **Teamarbeit** lernen sie quasi von der Pike auf und sind damit auf die **Anforderungen des Arbeitsmarktes** gut vorbereitet.

Nähere Informationen gibt es beim **BDSU, Bundesverband Deutscher Studentischer Unternehmensberatungen**
Gustav-Lorenz-Straße 9
64283 Darmstadt
☎ 0 61 51 / 29 57 54
 www.bdsu.de

Auslandspraktika

Möglich ist auch ein Praktikum im Ausland, das nicht nur im Hinblick auf die **praktischen Erfahrungen** zu empfehlen ist, sondern auch wegen der Erweiterung der **sprachlichen** und der **persönlichen Qualifikationen** (vgl. dazu Kapitel 4 und 9).

Ansprechpartner für ein internationales Praktikum ist für Sie als Wirtschaftswissenschaftler in erster Linie die **AIESEC**, deren Lokalkomitees an ca. 60 Hochschulen vertreten sind.

 Deutsches Komitee der AIESEC e. V.
Kasernenstraße 26
53111 Bonn
☎ 02 28 / 2 89 80 - 0
📠 02 28 / 2 89 80 - 10
💻 www.aiesec.de

Soft Skills

Soziale Fertigkeiten und Kompetenzen sind im Hinblick auf eine erfolgreiche Bewerbung unerlässlich. Personalverantwortliche in den Unternehmen messen diesen **Soft Skills** eine **zentrale Bedeutung** bei.

Die zunehmende **projektorientierte Arbeitsweise** der Unternehmen, die **flachen Hierarchien** und die Bemühungen, wettbewerbs- und konkurrenzfähig sowie innovativ zu bleiben bzw. zu werden, führen unter anderem dazu, dass **intensive Teamarbeit** notwendig wird.

Die Mitglieder eines Teams müssen in der Lage sein, **innerhalb der Gruppe** bestimmte Problemstellungen zu bearbeiten. Kommunikations- und Kontaktfähigkeit sind für eine erfolgreiche Teamarbeit **unabdingbare Voraussetzung**.

Schon bei der Prüfung der Bewerbungsunterlagen wird Ihr Lebenslauf daraufhin „abgeklopft", ob Sie beispielsweise durch **universitäres und sonstiges langfristiges Engagement** besondere soziale Kompetenzen ausweisen.

Im **Vorstellungsgespräch** und in den eventuell anschließenden **Auswahlverfahren**, besonders aber im Assessment Center mit den verschiedenen Aufgaben wie beispielsweise Gruppendiskussionen, Präsentationen etc., steht vor allem Ihre **soziale Kompetenz** auf dem Prüfstand (vgl. Kapitel 7).

❌ Ihre **Soft Skills** – unter ihnen vor allem die Kommunikations- und die Teamfähigkeit – sollten Sie aus diesen Gründen **schon während Ihres Studiums trainieren**.

Unter **Kommunikationsfähigkeit** wird unter anderem die Fähigkeit verstanden, **Inhalte sozial und fachlich angemessen sowie rhetorisch sicher** zu präsentieren.

Teamfähigkeit wird beispielsweise an der Fähigkeit festgemacht, **gruppendynamische Prozesse zu steuern und zu beeinflussen**, sodass am Ende etwa eines Gesprächs auch gemeinsame Problemlösungen stehen, ohne dass sich ein Gruppenmitglied übergangen oder ausgeschlossen fühlt.

Da Seminare zu diesem Thema leider nur selten angeboten werden, müssen Sie selbst die Initiative ergreifen, um diese Fähigkeiten zu trainieren.

Ihre **Kommunikationsfähigkeit** ist zwar auch innerhalb der Hochschulausbildung gefragt, beispielsweise wenn Sie ein Referat oder einen Vortrag halten. Aber um daraus wirklich etwas zu lernen, müssten Sie eigentlich jede Woche ein Referat halten und darüber hinaus ein Feedback erhalten, was sich nicht um die Inhalte dreht, sondern um die Art der Präsentation. Beides dürfte an der Universität nicht gegeben sein.

❌ Versuchen Sie, so oft wie möglich solche Aufgaben zu übernehmen, und weichen Sie nicht aus.

1.2 Studienorganisation

❌ **Tipp:** Bilden Sie mit interessierten Kommilitonen oder anderen Menschen neben fachlichen Arbeitsgruppen eine **Übungsgruppe Soft Skills**, mit der Sie sich regelmäßig treffen und in der Sie die **Situationen üben**, mit denen Sie später in der Bewerbungsphase konfrontiert sein werden.

So könnten Assessment-Center-Übungen Bestandteile Ihres künftigen Übungsprogramms sein.

Eine solche Übungsgruppe ist auch eine hervorragende Plattform, um sich auf **Bewerbungsgespräche** vorzubereiten. Wenn einer der Teilnehmer zu einem Vorstellungsgespräch, zum Beispiel für ein Praktikum, eingeladen ist, können Sie ihn gezielt dafür trainieren, indem Sie ihm die Fragen stellen, die auf ihn zukommen werden.

(Außer-)Universitäres Engagement

Flexible, aktive, engagierte, motivierte und begeisterungsfähige, kurz: sozial kompetente Bewerber haben in den Unternehmen die besten Chancen auf eine gute **Einstiegsposition** und beruflichen Aufstieg.

Aus einem **langfristigen Engagement** des Bewerbers, zum Beispiel für eine Organisation, einen Verein o. Ä., schließen die Personalverantwortlichen auf dessen soziale Kompetenzen.

Ob Sie nun Mitglied in einer studentischen Gruppe werden, sich in einer gemeinnützigen Organisation, einem Verein, in einer demokratischen Partei oder in einer der studentischen Vereinigungen wie AIESEC engagieren, als studentische

1. Studium

Hilfskraft oder in der Studentenvertretung arbeiten: Sie belegen glaubwürdig Ihr persönliches Engagement und erweitern darüber hinaus auch **Ihre spezifischen Kenntnisse sowie Fähigkeiten**, und entwickeln Initiative.

Studium im Ausland

Die **Internationalisierung der Wirtschaft** zieht einen Bedarf an Fachkräften nach sich, die nicht nur über **sprachliche Qualifikationen** verfügen, sondern auch **kulturelle und persönliche Erfahrungen** in verschiedenen Kulturkreisen machen konnten.

Ein Auslandsaufenthalt bringt jedoch nur dann Erfolg, wenn Sie sich auf veränderte, ungewohnte Lebensbedingungen einlassen und keine Hemmungen im Umgang mit der fremden Sprache haben. Der „Blick über den Tellerrand" bedeutet eine **Horizonterweiterung**, fördert Souveränität, **Flexibilität und Toleranz** – Schlüsselanforderungen für den beruflichen Erfolg.

Auslandserfahrung ist daher zu einem wichtigen **Einstellungskriterium der Unternehmen** geworden.

Wie lange sollte ein Auslandsstudium sein, und wann ist der günstigste Zeitpunkt dafür? Pauschale Antworten kann Ihnen darauf niemand geben.

„Gut" sind wohl **ein bis zwei Auslandssemester nach dem Vordiplom**, wenn Sie bereits über einige Grundkenntnisse in Ihrem Fach verfügen, sich Ihrer beruflichen Ziele bewusst sind und auch an der ausländischen Hochschule Ihre Veranstaltungen zielorientiert belegen können (vgl. dazu Kapitel 3).

CHECKLISTE
Studium im Ausland

- Wenden Sie sich zuerst an das **Akademische Auslandsamt** an Ihrer Heimathochschule. Dort bekommen Sie Beratung und Informationsunterlagen.
- Erkundigen Sie sich nach den **Partnerschaftsabkommen**, die Ihre Universität mit Universitäten im Ausland abgeschlossen hat. Viele Unis bieten eigene **Austauschprogramme** an.
- Lassen Sie sich vom **Deutschen Akademischen Austauschdienst (DAAD)** die Broschüre *„Studium, Forschung, Lehre im Ausland – Förderungsmöglichkeiten für Deutsche"* schicken; diese enthält Angebote für weltweite Studienplätze (Adresse im Anhang).
- **Integrierte Studiengänge** (Doppeldiplom an der deutschen Heimathochschule und an der jeweiligen Partnerhochschule) schreiben mindestens drei Semester an der ausländischen Hochschule vor. Eine Liste mit Doppeldiplomstudiengängen gibt es beim DAAD, auch unter 💻 www.daad.de.
- **Die Kulturinstitute** wie Amerikahaus, Institut Français, British Council (Adressen alle im Anhang) helfen Ihnen ebenfalls mit Informationsmaterial und Beratung weiter.
- Über das **Internet** erreichen Sie weltweit fast jede Hochschule; auf der Homepage finden Sie in der Regel Informationen zu Austauschprogrammen und Einschreibungsbedingungen.

Wenn Sie Ihr **ganzes Studium im Ausland** absolvieren und auch dort einen Abschluss machen, müssen Sie sich darüber im klaren sein, dass Sie in der Regel (mit Ausnahme der EU-Länder) keinen Anspruch auf Studienbeihilfen – entsprechend unserem BAföG – haben. Verbleibende Möglichkeit ist eine langfristige Förderung durch Stipendien.

Auch ist die **Anerkennung ausländischer Hochschulabschlüsse** nicht einheitlich geregelt. Dies könnte im Hinblick auf eine anschließende Berufstätigkeit in Deutschland ein Problem darstellen.

Wichtig ist daher, dass Sie sich am besten **vor** einem möglichen Studienantritt bzw. **vor der Rückkehr** über die einzelnen Anerkennungsverfahren informieren.

Für die Anerkennung von Studienleistungen sind die einzelnen Hochschulen zuständig; auch hier gibt es keine einheitlichen Regelungen.

Hier sind dank der europäischen Anstrengungen im Rahmen des **Bologna-Prozesses** zur Schaffung eines europäischen Hochschulraums in den nächsten Jahren jedoch Verbesserungen zu erwarten (siehe Info-Kasten zum Bologna-Prozess, Seite 117).

ECTS

Mit der Einführung des **ECTS (European Credit Transfer and Accumulation System)** hat die Europäische Kommission allerdings nicht nur die Voraussetzung für **die Anerkennung im Ausland erbrachter Studienleistungen** anhand eines einheitlichen, europaweit verbindlichen Standards geschaffen, sondern auch **studienbegleitende Leistungsnachweise** ermöglicht.

Die Hochschulen bzw. Fakultäten entscheiden jedoch selbstständig, ob sie am ECTS teilnehmen oder nicht. Darauf sollten Sie bei der Entscheidung für eine Hochschule unbedingt achten!

Das System basiert auf der Einteilung eines Studienprogramms in **Lerneinheiten** oder **Module** (components), die sich beispielsweise aus mindestens zwei Lehrveranstaltungen sowie Zeit für das Selbststudium zusammensetzen können. Jede Lerneinheit wird durch ein **Lernziel** (learning outcome, competence) definiert.

Jeder Lerneinheit sind **Leistungspunkte** bzw. **Credit Points** zugeteilt. Ihre Anzahl richtet sich nach dem Aufwand bzw. der **Arbeitslast** (student workload), die der Student einsetzen muss, um das jeweilige Lernziel zu erreichen.

Ob der Einsatz zum gewünschten Erfolg geführt hat, wird durch eine **Prüfung** festgestellt. Durch diese regelmäßige Kontrolle der Lernerfolge ist der erste Schritt zu einem **studienbegleitenden Prüfungssystem** erfolgt.

Die jeweils definierte Arbeitslast setzt sich aus Semesterwochenstunden (contact hours) und der Vor- und Nachbereitungszeit zusammen. Diese umfasst das Schreiben von Referaten, Hausarbeiten und Abschlussarbeit sowie die Teilnahme an Exkursionen, Praktika und Ähnlichem. Ein Studienjahr im Vollzeitstudium entspricht 60 Credit Points. Dahinter steht eine angenommene Arbeitslast von 1.500 bis 1.800 Stunden (45 Wochen mit einer Wochenarbeitszeit von 40 Stunden).

Credit Points gibt es allerdings **nur für obligatorische** Bestandteile des Studiengangs. Auch können die Studienleistungen für ein Fach an unterschiedlichen Hochschulen trotz scheinbarer inhaltlicher Übereinstimmung unterschiedlich gewichtet werden. Die Anerkennung bereits erworbener Credit Points wird jedoch unabhängig von der Ausbildungsstätte garantiert.

Für die Organisation sorgen die **Fachbereichs-** und **Hochschul-Koordinatoren** an der Heimathochschule. Sie vereinbaren vor Beginn des Auslandsaufenthalts mit den Verantwortlichen an der Partnerhochschule entweder generell die gegenseitige Anerkennung von Studien- und Prüfungsleistungen im Rahmen eines bilateralen Abkommens oder separate **Studienverträge**, die **Learning Agreements**. Darin wird festgelegt, welche Veranstaltungen der Gaststudent besuchen soll.

Die im Ausland erbrachten Leistungen werden dann in **standardisierten Leistungsspiegeln**, genannt **Datenabschrift** oder **Transcript of Records**, dokumentiert und können an der Heimathochschule leicht in das eigene Notenschema übertragen werden.

Das ECTS wurde von 1989 bis 1997 im Rahmen eines europäischen Modellversuchs als Teil des EU-Mobilitätsprogramms Erasmus entwickelt. 1998 flossen die Erfahrungen in die **Reform des Hochschulrahmengesetzes** ein: „Zum Nachweis von Studien- und Prüfungsleistungen soll ein Leistungspunktesystem geschaffen werden, das auch die Übertragung erbrachter Leistungen auf andere Studiengänge derselben oder einer anderen Hochschule ermöglicht."

Dies gilt insbesondere für die neuen Bachelor- und Master-Studiengänge, die laut der **Strukturbeschlüsse der Kultusministerkonferenz von 1999** und entsprechender Beschlüsse der **Hochschulrektorenkonferenz (HRK)** nachweislich modularisiert und mit einem Leistungspunktesystem ausgestattet sein müssen (vgl. auch den Info-Kasten zum Bologna-Prozess, Seite 117).

Ausführlichere Informationen über das ECTS finden Sie auf der **HRK-Homepage** unter 🖥 www.hrk.de.

- Einen kompletten **ECTS User's Guide** gibt es online bei der **Europäischen Kommission** unter 🖥 http://europa.eu.int/comm/education/programmes/socrates/ects_en.html,
- **ECTS-Formulare** (Antragsformular, Datenabschrift, Studienvertrag) gibt's zum Download unter 🖥 http://europa.eu.int/comm/education/programmes/socrates/usersg_en.html und
- eine **Liste der nationalen ECTS-Koordinatoren** (ECTS Councellors) unter 🖥 http://europa.eu.int/comm/education/programmes/socrates/ectscons.pdf.

Über die unterschiedlichen **Anerkennungsverfahren von Hochschulabschlüssen** auch unabhängig vom ECTS informiert in Deutschland die Zentralstelle für ausländisches Bildungswesen im Sekretariat der

Kultusministerkonferenz
Lennéstraße 6
53113 Bonn
☎ 02 28 / 50 10
🖨 02 28 / 5 02 99
🖥 www.kultusministerkonferenz.de

1.2 Studienorganisation

EU

Als EU-Bürger können Sie auch als Student jederzeit in einem der anderen **EU-Staaten** leben. Voraussetzung: Sie sind krankenversichert, haben die Zulassung an einer der dortigen Hochschulen und versichern, dass Sie für Ihren Lebensunterhalt aufkommen können, also im Gastland nicht auf Sozialhilfe angewiesen sind.

Deutsche Studenten im Ausland können über das **Auslands-BAföG** gefördert werden. Nach zwei Semestern Studium in Deutschland kann das BAföG bis zum Studienabschluss EU-weit „mitgenommen" werden. Innerhalb der EU sind die **Ämter für Ausbildungsförderung** für die Abwicklung zuständig.

 Der Deutsche Akademische Austauschdienst vergibt maximal **einjährige Stipendien** zur Förderung von weltweiten Auslandssemestern:

Deutscher Akademischer Austauschdienst
Kennedyallee 50
53175 Bonn
☎ 02 28 / 88 20
📠 02 28 / 88 24 44
🖥 www.daad.de

Die **Zentralstelle für Arbeitsvermittlung** und die **InWEnt – Internationale Weiterbildung und Entwicklung gGmbH** halten dazu ebenfalls Informationsmaterial bereit. Die Adressen finden Sie im Anhang.

 Wichtig ist, dass Sie sich auf ein **Auslandsstudium gut vorbereiten**. Erkundigen Sie sich nach den Studienbedingungen an der ausländischen Universität, aber auch danach, welche Ihrer im Ausland erworbenen **Leistungsnachweise an Ihrer Heimatuniversität anerkannt** werden. Die Regelungen variieren von Hochschule zu Hochschule.

Internet-Adressen rund um das Auslandsstudium	
🖥 www.uni-tuebingen.de/uni/qzi/index.html	Links zu Auslands-BAföG, Länderinformationen, Sprachkursen, allgemeine Vorbereitung.
🖥 www.ets.org	Anforderungen der TOEFL-Sprachtests und Tipps zu deren erfolgreicher Bewältigung.
🖥 www.focus-online.de 🖥 www.spiegel.de 🖥 www.unicum.de	Weitere Informationen und Hinweise rund um das Studium im Ausland.
🖥 www.college-contact.com	Viele Informationen zu weltweiten Studienangeboten und Austauschprogrammen. Die ausführlichen Linklisten und redaktionellen Beiträge sind ebenfalls sehr hilfreich.
🖥 www.inwent.org	Die InWEnt gGmbH hat zum Thema „Berufliche Weiterbildung im Ausland" eine Informations- und Beratungsstelle eingerichtet, in der Sie nach relevanten Angeboten für Studierende suchen können.
🖥 http://europa.eu.int/ploteus	Europäisches Portal für Lernangebote, ein Service-Portal der Europäischen Kommission.

Die Europäische Kommission hat hierzu einen **Informationsservice** eingerichtet, den Sie unter der Rufnummer 02 28 / 53 00 90 erreichen.

Im **Internet finden Sie unter** http://citizens.eu.int eine sehr informationsreiche Seite zu den Themen **Arbeiten, Leben, Anerkennung der Ausbildung, Arbeitssuche in der EU**.

Neben guten Kenntnissen der jeweiligen Landes- bzw. Unterrichtssprache ist es weiterhin wichtig, dass Sie sich im Voraus mit sozialen, kulturellen und geschichtlichen Hintergründen des Landes beschäftigen.

Die Schriften des **Bundesverwaltungsamtes** liefern viele wichtige Informationen über Bevölkerung, Geschichte, Staats- und Regierungsform, Sprache, Bildungswesen, Wirtschaft, Aufenthaltsbestimmungen, Gesundheitswesen, soziale Sicherheit und wichtige Anschriften des Gastlandes. Gegen eine geringe Schutzgebühr erhalten Sie diese Schriften bei der:

Informationsstelle für Auslandstätige und Auswanderer
Bundesverwaltungsamt
Barbarastraße 1
50735 Köln
☎ 0 18 88 / 3 58 - 0
📠 0 18 88 / 3 58 - 28 23
🖥 www.bva.bund.de

In der tabellarischen Übersicht auf Seite 43 finden Sie noch einige nützliche **Internetseiten** für Studierende, die ein Auslandssemester planen.

ZUSAMMENFASSUNG
Die besten Tipps

Folgende Tipps sollten Sie während Ihres **Studiums** und bei der **Planung Ihres Berufseinstiegs** berücksichtigen:

- Wählen Sie für Ihr Studium die Hochschule aus, die Ihnen die **besten Ausbildungsbedingungen** bietet. Lassen Sie sich nicht von einem scheinbar „guten Ruf" blenden. Fahren Sie selbst hin, um sich einen **eigenen Eindruck** zu verschaffen.
- Achten Sie auf eine **Praxisorientierung** Ihres Studiums. Wählen Sie Ihre Schwerpunkte im Hinblick auf Ihre beruflichen Ziele.
- Absolvieren Sie **Praktika**!
- Denken Sie daran: Je **kürzer** Ihre **Studienzeiten** sind, desto besser!
- **Auslandserfahrung** ist in jedem Fall sehr nützlich.
- Qualifizieren Sie sich weiter, vor allem im Bereich der **Informationstechnologien** und der **Fremdsprachen**.
- Trainieren Sie Ihre **Soft Skills**.
- **Engagieren Sie sich** im universitären Umfeld oder bei Vereinen, Organisationen etc. Bei Bewerbungen können Sie damit Pluspunkte sammeln.
- Beschäftigen Sie sich bereits im Studium mit der **Bewerbungsphase** und den speziellen Anforderungen, die dann auf Sie zukommen werden. Übung macht auch hier den Meister!

1.3 Studium und Internet

Das Internet mit seiner nahezu unüberschaubaren Menge an **Informationen zu allen erdenklichen Themen** bietet Ihnen auch im Studium viele Möglichkeiten.

Sie haben im Internet Zugriff auf Datenbanken, Bibliotheken, Diskussionsforen, Job- und Praktikabörsen, Informationen über Hochschulen und Forschungseinrichtungen und vieles, vieles mehr. Sie können sich mit Kommilitonen und Kollegen auf der ganzen Welt schnell austauschen.

Damit Sie nicht tage- und nächtelang auf der Suche nach den für Sie relevanten Daten vor dem Computer verbringen müssen bzw. beim „Surfen" auf der Datenautobahn Ihr Studium vergessen, folgt hier ein Überblick über die **effektivsten Vorgehensweisen** und die wichtigsten **Internet-Adressen**.

Suchmaschinen und Verzeichnisse

Suchmaschinen durchsuchen regelmäßig das www (**World Wide Web**) nach Web-Seiten. Im Falle der Suchmaschine „Alta Vista" sind das 30 Millionen Seiten!

Deshalb kommt es bei der Suche darauf an, die **Suchbegriffe einzuschränken** bzw. **sinnvoll zu ergänzen**. Geben Sie das oder die Stichwörter vor, zu denen Sie informiert werden wollen.

Wenn Sie beispielsweise auf der Suche nach Informationen über spezielle Kongresse für Studenten das Stichwort „Absolventen" eingeben, erhalten Sie etwa 70.000 Verweise. Da Sie zum Beispiel bei „Alta Vista" die einzelnen Suchbegriffe durch „+" trennen müssen, geben Sie nun ein: „+Absolventen +Kongress +Termin". Jetzt erhalten Sie 30 Einträge mit Veranstaltungshinweisen und sonstigen Informationen zu Absolventenkongressen.

Wie Sie im Einzelnen vorgehen, erfahren Sie aus der Tabelle auf Seite 46.

Alle Suchmaschinen und Verzeichnisse bieten bei der Recherche ausführliche Hilfestellungen, die Sie – falls Sie auf diesem Gebiet ein Neuling sind – zu Beginn einmal durchlesen sollten, bevor Sie Ihre Suche starten.

Virtuelle Bibliothek

Sehr viele Uni- und auch sonstige Bibliotheken haben ihre Bestände mittlerweile online zugänglich gemacht und Sie können bequem über das Internet in den Katalogen über eine Suchmaske recherchieren und die benötigten Titel sogar schon bestellen, um sie anschließend abzuholen (vgl. Tabelle auf Seite 47).

Die **Vorteile**, die das Recherchieren am Computer bringt, sind erheblich: Sie müssen nicht mehr wegen eventuell nur zwei oder drei Titelangaben oder einer kleinen Recherche den Weg zur Bibliothek auf sich nehmen.

Zudem gibt es die Möglichkeit, den Computer eine Recherche weitestgehend „allein" durchführen zu lassen.

Solche „Suchroboter" werden sicher in Zukunft verstärkt angeboten werden.

1. Studium

Suchmaschinen und Verzeichnisse im www

Suchmaschine	Internet-Adresse	Informationen
Google	www.google.de	Sehr schnelle und treffsichere Suchmaschine. Die eingegebenen Suchwörter werden automatisch mit „und" verknüpft.
Alta Vista	www.altavista.de	Wenn Sie die Suchmaschine aufgerufen haben, können Sie einen Suchbegriff eingeben. Das „Problem" bei Alta Vista ist, dass Sie von einer ungeheuren Datenflut geradezu überrollt werden. 10.000 Einträge bzw. Web-Seiten zu einem Thema sind keine Seltenheit.
Yahoo	www.yahoo.de	Yahoo ist **keine Suchmaschine,** sondern ein Verzeichnis der Überschriften der einzelnen Dokumente. Volltextsuche wie beispielsweise mit Alta Vista ist hier nicht möglich. Bei Yahoo trennen Sie mehrere Suchbegriffe durch „and" oder „not".
DINO	www.dino-online.de	Das Deutsche InterNet-Organisationssystem ist ein Verzeichnis deutschsprachiger Web-Seiten. Es bietet zwar längst nicht so viele Informationen und Verweise wie Alta Vista oder Yahoo, ist dafür aber klar strukturiert. Die Suchbegriffe werden durch Leerzeichen, „or" oder „not" getrennt.
HotBot	www.hotbot.com	Englische Suchmaschine, deren Hilfetext jedoch leicht verständlich ist. HotBot bietet zwar Zugriff auf den größten Teil des Internets, hat auch eine unschlagbare Trefferquote, ist dafür aber sehr, sehr langsam und damit eben leider auch teuer.
Lycos	www.lycos.de	Lycos ist eine Suchmaschine, die ähnlich leistungsfähig und umfangreich ist wie Alta Vista. Bei der Suche müssen Sie einfach anklicken, ob Sie nach allen Begriffen suchen wollen, die Sie eingegeben haben, oder Verweise sehen wollen, die den einen oder anderen Begriff enthalten.
Suchfibel	www.suchfibel.de	Hier finden Sie alles zum Thema Suchmaschinen: nicht nur Links zu über 2.700 Suchmaschinen, sondern auch Informationen zur Recherche im Internet, zu den einzelnen Suchmaschinen, ihrer Bedienung und vieles mehr.
GBI	www.gbi.de	Die Gesellschaft für Betriebswirtschaftliche Informationen bietet Zugang zu Medienarchiven von Tages- und Wochenzeitungen, zu Unternehmensdatenbanken, branchenspezifischen Datenbanken und Wirtschaftsinformationen, allerdings kostenpflichtig.
Scirus	www.scirus.com	Über diese „wissenschaftliche" Suchmaschine können Sie relevante wissenschaftliche Informationen aus den unterschiedlichsten Fachbereichen finden.

1.3 Studium und Internet

Bibliotheken im www

Internet-Adresse	Informationen
www.gdf-hannover.de/bibliotheken	Unter dieser Adresse finden Sie eine Link-Sammlung zu deutschsprachigen Bibliotheken, sortiert nach Orten und Fachgebieten. Unter dem Stichwort „Wirtschaft" finden Sie einige Bibliotheken, die interessant sind, aber auch Links zu Datenbanken, Fachzeitschriften und anderen Verzeichnissen.
www.hbz-nrw.de	Hier finden Sie unter dem Stichwort „Digitale Bibliothek" das Bibliotheksverzeichnis „DigiBib (Digitale Bibliothek)" des Hochschulbibliothekszentrums Nordrhein-Westfalen, über das Sie sogar die angeschlossenen Bibliotheken nach Stichworten durchsuchen können.
www.ub.ruhr-uni-bochum.de/DigiBib/digibib-nrw.htm	Eine weitere Liste mit Bibliotheken-Links.
www.ubka.uni-karlsruhe.de/kvk.html	Unter dieser Adresse ist der „Karlsruher Virtuelle Katalog" erreichbar, der eine Suchmaschine für www-Bibliothekskataloge bereitstellt. Es wird in den wichtigsten deutschen und internationalen Katalogen gleichzeitig gesucht (über 75 Millionen Titel).
www.hwwa.de	Adresse des Hamburgischen Welt-Wirtschafts-Archivs, das eine eigene Bibliothek unterhält. Sie finden hier Archive, Pressedokumentationen u. Ä. Darüber hinaus bietet das Institut Beratung und Information zu seinem Spezialgebiet.
http://webopac.server.uni-frankfurt.de	Dies ist das Lokalsystem Frankfurt des Hessischen Bibliotheks-Informations-Systems mit Zugang zu den einzelnen Bibliotheken der Uni Frankfurt.
www.loc.gov	Die amerikanische Library of Congress ist die größte Bibliothek der Welt.
http://webis.sub.uni-hamburg.de	Ein Projekt der Staats- und Universitätsbibliothek Hamburg, das Sondersammelgebiete im Internet zusammenstellt. Man kann nach Fachgebieten und Regionen suchen und erhält viele nützliche Links.
www.ddb.de	Dies ist der Server der Deutschen Bibliothek in Frankfurt am Main, die alle deutschsprachigen Publikationen sammelt. Ein Teil des Kataloges ist online einsehbar.

Studieninformationen

Nicht nur im Hinblick auf die Literaturrecherche kann das Internet Ihnen unschätzbare Dienste leisten, sondern auch viele **Informationen rund um Ihr Studium** liefern.

Fast alle deutschen Universitäten und Fachhochschulen sind im www vertreten, und Sie finden sie relativ leicht über das oben erwähnte DINO-Verzeichnis. **Darstellungen der Lehrstühle** und übergreifende Informationen können Sie über die Links erreichen.

Links gibt es dort ebenfalls zu Studentengemeinden, studentischen Organisationen, zu den zentralen Studienberatungen, den ASTAs, zu Hochschulzeitschriften und Angeboten zum Studienplatztausch.

Wenn Sie über das DINO-Verzeichnis unter dem Buchstaben „B" die Betriebswirtschaftslehre anklicken, finden Sie eine **umfangreiche Liste mit den einzelnen Gebieten der BWL**, beispielsweise Controlling, Finanzwirtschaft, Logistik, Marketing, Mittelstandsforschung, Unternehmensführung, Steuerlehre etc. Von dort aus kommen Sie dann ebenfalls zu den einzelnen **Lehrstühlen und Vereinigungen**, die für dieses Gebiet relevant sind.

Weitere **Adressen rund um das Studium** und das studentische Leben finden Sie in der Tabelle auf Seite 50.

Sie werden schnell merken, dass das Surfen im Internet Sie bei einigermaßen systematischem Vorgehen zu Quellen bringt, die eine Fülle an wichtigen Informationen bereithalten.

Auf keinen Fall versäumen sollten Sie die Beteiligung an einem der unzähligen Diskussionsforen im Internet, die es **speziell auch für Wirtschaftswissenschaftler** gibt.

Wenn Sie im **Netscape**-Menü „Fenster" und dann „Netscape-News" anklicken, erhalten Sie eine Aufstellung der **NetNews**, der Diskussionsforen bei Netscape. Sie können dann die einzelnen Gruppen sehen und die Überschriften der Beiträge, die Sie lesen können, nachdem Sie sie angeklickt haben.

Über das Menü „Nachricht" erhalten Sie dann die Möglichkeit, eine Antwort auf einen der Beiträge zu verfassen.

Unter http://groups.google.com finden Sie thematisch sortierte Links zu den unterschiedlichsten Usenet-Groups; so werden diese Diskussionsforen auch genannt.

Für Wirtschaftswissenschaftler sind besonders interessant:

- **de.soc.wirtschaft**
  (Diskussionen über wirtschaftswissenschaftliche Themen) und

- **sci.econ**
  (internationale Gruppe zu wirtschaftswissenschaftlichen Themen).

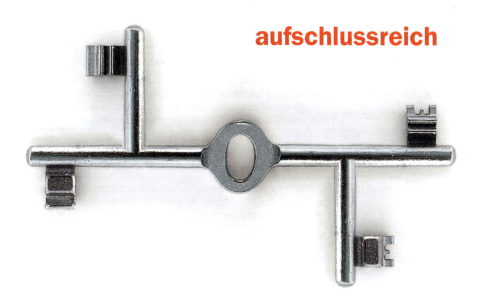

aufschlussreich

**Einen Zugang finden viele.
Wie viele Wege erschließen Sie?**

Booz Allen Hamilton sucht Absolventen und Young Professionals, die mit Neugier und Kreativität schlüssige Lösungen finden, wo andere nur Hindernisse sehen. Der richtige Zugang ist entscheidend für den Erfolg des Klienten.

Booz Allen Hamilton ist mit mehr als 15 000 Mitarbeitern und Büros auf sechs Kontinenten eine der weltweit führenden Management- und Technologieberatungen.

www.boozallen.de

Booz | Allen | Hamilton

1. Studium

Rund ums Studium im www

Internet-Adresse	Informationen
www.student-online.net	Unter dieser Adresse erreichen Sie Studenten-Homepages, ein Hausarbeiten-Archiv, eine Stellenbörse, einen Online-Chat und viele andere Links zu interessanten www-Adressen.
www.uni-online.de	Sie finden Infos für Erstsemester, eine Liste der zentralen Studienberatungsstellen in Deutschland, eine Praktikantenbörse, Bewerbungs-Tipps, Veranstaltungshinweise und viele weitere nützliche Links.
www.studienwahl.de	Neueste Informationen zu vielfältigen Ausbildungsmöglichkeiten, die Abiturienten offenstehen. Nützliche Informationsdienste und Links ergänzen das Angebot.
www.his.de	Online-Angebot des Hochschul-Informations-Systems.
www.studieren.de	Ein Internet-Studienführer von Studierenden für Studierende mit Kontaktadressen, Infos zu Abschlüssen der einzelnen Studiengänge, Veranstaltungskalender der Hochschulen etc.
www.hrk.de	Homepage der Hochschulrektorenkonferenz mit Anschriften und Infos zu allen deutschen Hochschulen.
www.das-neue-bafoeg.de	Hier werden Sie grundlegend über das neue BAföG informiert und können über einen Rechner schon einmal ermitteln, mit welcher Unterstützung Sie zu rechnen haben.
www.hof.uni-halle.de	Eine Übersicht der Bachelor- und Masterstudiengänge an bundesdeutschen Universitäten steht als Download zur Verfügung.
www.studentenwerk.de	Allgemeine Informationen rund um das Studium.
www.studentenseite.de	Hier finden Sie studentenrelevante Links zu Hochschulen, Referatsammlungen, Kommunikation, Nightlife, Reisen und Wohnen.
www.wisu.de	Homepage des Magazins *Das Wirtschaftsstudium* mit Studien- und KarriereTipps, Infos zu Studentenleben, einem Firmenguide für Bewerber mit Links zu vielen Unternehmen etc.
www.controllerverein.de	Spezieller Internet-Service für Studenten der Wirtschaftswissenschaften mit einer Börse für Praktikumsplätze und Diplomarbeiten.
www.geocities.com/Tokyo/5616/index_r.htm	Hier finden Sie eine umfangreiche Liste mit Links zu Universitäten und Forschungseinrichtungen.
www.global-learning.de	Dies ist der Telelearning Online Dienst der Deutschen Telekom AG mit Kursangeboten von verschiedenen Anbietern, Infos aus der Telelearning-Szene und Planspielen, unter anderem dem Focus Management Cup.
www.nathannewman.org/nbs	Hier finden Sie das Planspiel *National Budget Simulation* (in Englisch).

1.4 Seminar- und Diplomarbeiten

**ZUSAMMENFASSUNG
Studium und Internet**

Die schier unüberschaubare Menge an Daten, die Sie sich über das Internet direkt auf Ihren PC holen können, bietet Ihnen eine Vielzahl an Möglichkeiten:

- Die **Aktualität der Informationen** ist kaum zu überbieten; eine bessere Recherchemöglichkeit dürfte schwer zu finden sein.
- Sie haben Zugang zu **Bibliotheken, Datenbanken und Archiven** und können sich so manchen Weg in die Bibliothek sparen.
- Sie können unkompliziert in Kontakt zu **Wissenschaftlern, Experten** usw. treten und schnell auf neueste **Forschungsergebnisse** zugreifen bzw. Ihre Erkenntnisse in den Cyberspace schicken.

Auch wenn man von der Fülle der Informationen im Internet hin und wieder überfordert sein sollte – eines sollten Sie nicht vergessen: den **Spaß an der Sache**. Lassen Sie sich auch mal durch das www treiben, und staunen Sie über das, was Sie dort alles entdecken!

Aber Vorsicht: Im Internet gibt es **keine Qualitätskontrolle.** Auch „Spinner" können unkontrolliert ihre Informationen verbreiten.

1.4 Seminar- und Diplomarbeiten

„Wissenschaftliches Arbeiten muss nicht unbedingt zu tiefem Verständnis des Gegenstandes führen. Es soll einen Beitrag zur Erkenntnis liefern, und dieser Beitrag bemisst sich an dem vorhandenen Wissen und am Diskurs über den Gegenstand. Wissenschaftliches Arbeiten ist öfter mit einer geringfügigen Verbesserung unseres Wissens befasst als damit, neue und tiefe Erkenntnisse zu produzieren." (Otto Kruse: *Keine Angst vor dem leeren Blatt*, Frankfurt am Main 2002).

Der Anspruch der Wissenschaft ist also bescheidener, als Laien häufig meinen.

Spätestens wenn Sie als Studierender Ihre erste Hausarbeit oder ein Referat verfassen, müssen Sie sich mit **wissenschaftlichem Schreiben und Arbeiten** auseinander setzen.

Das Verfassen schriftlicher Arbeiten ist immer auch eine Prüfungssituation, in der es sich erweist, ob Sie Wissen nicht nur reproduzieren, sondern auch reflektieren können.

Viele fühlen sich dabei von den Dozenten allein gelassen und vom **„Mythos Wissenschaft"** regelrecht bedroht.

Dies mag sicherlich auch daran liegen, dass Dozenten in ihren Veranstaltungen überwiegend Fachwissen vermitteln, aber keine Hilfestellung bei der wissenschaftlichen Bearbeitung, beim Strukturieren oder Schreiben einer wissenschaftlichen Seminar- oder Diplomarbeit geben.

Oft gibt es aber zusätzliche Angebote an den Hochschulen und Arbeitsgruppen, in denen wissenschaftliches Arbeiten geübt wird.

Der Rahmen dieses Buches lässt eine ausführliche Behandlung dieses Themas nicht zu. Einige generelle Hilfestellungen und **Tipps für die Erstellung von Seminar- und Diplomarbeiten** geben Ihnen die folgenden Seiten.

Wenn Sie eine wissenschaftliche Arbeit schreiben wollen, kommen folgende **Arbeitsschritte** auf Sie zu:

- Analyse des Themas,
- erste Literatursuche,
- Eingrenzung des Themas,
- zweite Literatursuche,
- Literaturauswertung,
- Erstellen einer Gliederung,
- Erstellung einer vorläufigen Fassung,
- Überarbeitung,
- Korrektur und Endfassung.

Analyse des Themas

Hier kann es natürlich nicht darum gehen, welches Thema Sie bearbeiten, sondern wie Sie Ihr **Thema erschließen und dann sinnvoll eingrenzen.**

Zu einer ersten **Analyse Ihrer Arbeit** sollten Sie folgende Fragen beantworten:

- Was ist das Thema der Arbeit?
- Wird von Ihnen erwartet, dass Sie darstellen, vergleichen, einen Überblick geben, interpretieren oder analysieren?
- Welche konkreten Punkte müssen Sie berücksichtigen?
- Wie lang soll die Arbeit werden?
- Wann müssen Sie sie abgeben?
- Wenn Sie keinen Abgabetermin haben: Wieviel Zeit werden Sie dafür einkalkulieren?
- Welche Literatur müssen Sie berücksichtigen?
- Gibt es absehbare Probleme irgendeiner Art? Wie können Sie diese beheben?

Notieren Sie darüber hinaus alle Fragen, die **Sie** an Ihr Thema haben, sollten sie Ihnen auch noch so banal erscheinen. Vor allem die **W-Fragen** sollten Sie an Ihr Thema richten: **Wer, was, wann, wie, wo, warum, wozu?**

Schreiben Sie darüber hinaus auf, was Sie an Ihrem Thema interessiert, was Sie damit verbinden, welche Erfahrungen Sie schon gemacht haben, was **Ihr persönlicher Bezug** zu diesem Thema ist.

Denken Sie bei Ihren Aufzeichnungen nicht lange nach, sondern gehen Sie **spontan und impulsiv** vor.

Legen Sie sich dazu eine so genannte **Mindmap** an: Auf ein DIN-A4- oder ein DIN-A3-Blatt schreiben Sie in die Mitte das Thema Ihrer Arbeit. Notieren Sie spontan alle **Einfälle, Assoziationen, Fragen, Bemerkungen** etc., die Sie dazu haben, mit wenigen Worten, und ordnen Sie diese Einfälle durch Linien dem Thema zu. So werden Verknüpfungen, Zusammenhänge und Leerstellen, die einer näheren – auch wissenschaftlichen – Untersuchung bedürfen, deutlich erkennbar.

Wichtig ist dabei, dass Sie sich von Ihren Fragen und Ideen lenken lassen und nicht versuchen, die einzelnen Bemerkungen schon jetzt logisch oder sinnvoll aufeinander folgen zu lassen.

Lösen Sie sich von einengenden Vorstellungen, und folgen Sie spontan Ihren **Assoziationen**. Wenn Sie ein bisschen Übung in dieser Technik haben, werden Sie schnell merken, wie viele Ideen Sie zu einem Thema finden.

Wenn Sie noch keine Erfahrung mit diesen Mindmaps haben, ist es sinnvoll, wenn Sie sich erst einmal ein Thema vornehmen, das nichts mit einer wissenschaftlichen Fragestellung bzw. mit dem Thema Ihrer Arbeit zu tun hat.

Werfen Sie einen Blick in die Zeitung, dort finden Sie genug Anregungen. Oder Sie versuchen es einmal mit den Themen „Studium" und „Prüfungsangst". Alles, was Sie beschäftigt, ist dafür geeignet.

Erste Literatursuche

Ziel dieser ersten Literatursuche ist es, sich zunächst einen **Überblick über das jeweilige Fachgebiet** zu verschaffen.

Sie sollten dazu eine Kombination aus **Nachschlagewerken, Handbüchern** und anderen aktuelleren Veröffentlichungen wie **Zeitschriften- und Fachmagazinartikeln** heranziehen. So können Sie sich schnell über die Grundlagen und vor allem die aktuellen Tendenzen eines Fachgebietes informieren.

CHECKLISTE
Informationsquellen

Folgende **Informationsquellen** sollten Sie dafür heranziehen:

- In Ihrer Universitäts- oder Fachbereichsbibliothek gibt es sicherlich einen frei zugänglichen **Handapparat** oder ein offenes Magazin, in dem Sie Zugriff auf **Lexika und Enzyklopädien** haben.
- Benutzen Sie den **Katalog Ihrer Bibliothek** und schlagen Sie unter den jeweiligen Stichworten oder Sachgebieten nach. Die meisten Bibliotheken haben ihre Bestände mittlerweile elektronisch gespeichert, sodass diese Suche nicht allzuviel Zeit in Anspruch nehmen muss. Überprüfen Sie gegebenenfalls auch die Kataloge, in denen Dissertationen verzeichnet sind.
- Auch das **VLB, das Verzeichnis lieferbarer Bücher** (im Internet unter 🖳 www.buchhandel.de), informiert Sie über die beschaffbare Literatur zu Ihrem Thema.
- Das Katalogwerk der Bibliothek des Institutes für Weltwirtschaft **(Bibliographie der Wirtschaftswissenschaften)** – an Hochschulbibliotheken in der Regel vorhanden – gibt Ihnen einen Überblick über die selbstständigen Veröffentlichungen sowie Beiträge in Sammelwerken und Zeitschriften.
- Auch im Katalog Ihrer Bibliothek finden Sie ein Verzeichnis der in der Bibliothek erhältlichen Zeitungen und Zeitschriften, der **Periodika**.

1. Studium

- Weitere nützliche Bibliographien für Beiträge in wirtschaftswissenschaftlichen internationalen Fachzeitschriften sind: **Betriebswirtschaftliche Zeitschriften-Dokumentation, Internationaler Betriebswirtschaftlicher Zeitschriftenreport** sowie **Zeitschriften-Informationsdienst Betriebswirtschaft und Personalwesen.**
- Vergessen Sie bei Ihrer Recherche nicht das **Internet** mit seinen unerschöpflichen Informationsquellen! Dort haben Sie auch weltweiten Zugang zu **Bibliotheken, Forschungseinrichtungen, Archiven, Datenbanken** usw.

Versuchen Sie aber nicht, jeder Spur nachzugehen und jeden Hinweis zu verfolgen. Dazu haben Sie im Rahmen der zweiten Literatursuche noch Zeit.

Bemühen Sie sich herauszufinden, welche Artikel, Bücher und sonstige Informationsquellen es überhaupt gibt, und nicht darum, gleich in die Tiefe zu gehen.

Die **Lektüre der aufgespürten Quellen** sollten Sie unter Einbeziehung einiger der folgenden Fragen vornehmen bzw. diese Fragen nach der ersten Literatursuche klären können:

- Welche Literatur gibt es zu meinem Thema?
- Wie zugänglich ist die Literatur?
- Welche Arbeits- und Forschungsgruppen arbeiten zurzeit an diesem Thema?
- Wen könnte ich zu meinem Thema fragen?
- Wen könnte ich über mein Thema interviewen?
- Wen kann oder muss ich anschreiben?
- Welche Ausgangspunkte gibt es in der Forschung zu meinem Thema?
- Welche Kontroversen werden ausgetragen?
- Von welchen theoretischen Positionen, Paradigmata, Ansätzen aus wird das Thema untersucht?
- Wer beherrscht die Diskussion?
- Von welchen Fachdisziplinen wird das Thema untersucht?
- Welche Diskussionen gibt es, und wo werden sie publiziert?
- Wie lauten die Themen, Titel, Überschriften der neuesten Veröffentlichungen?
- Welche empirischen Zugänge gibt es?
- Welche Fremdsprachen muss ich können, um die Quellen zu verstehen?
- Welchen Wandel hat die Bearbeitung des Themas in der Forschung erfahren?
- Worüber habe ich keine Literatur gefunden?
- Was scheint mir vernachlässigt?
- Was ist zu kritisieren?

Nach der Beantwortung der relevanten Fragen sollten Sie eine Vorstellung vom **Forschungsstand des Themas** haben.

Eingrenzung des Themas

Umberto Eco schreibt in seiner Anleitung *Wie man eine wissenschaftliche Abschlussarbeit schreibt*:

1. Das **Thema** sollte den eigenen Interessen des Kandidaten entsprechen.
2. Die heranzuziehenden **Quellen** sollten leicht auffindbar sein.
3. Der Kandidat sollte mit den **relevanten Quellen** umgehen können.
4. Die **methodischen Ansprüche** des Forschungsvorhabens müssen dem Erfahrungsbereich des Kandidaten entsprechen.

 Im Klartext heißt das: **Schreiben Sie die Arbeit, die Ihrer Person entspricht.**

Ein Thema **sinnvoll einzugrenzen** oder einen Schwerpunkt zu setzen ist unabdingbare Voraussetzung für das Gelingen Ihrer Arbeit.

Wenn Sie das Thema nicht eingrenzen, kommen Sie entweder zu keinem Abschluss oder nicht auf den „Punkt". Sie setzen dann keinen Schwerpunkt, verlieren sich in Allgemeinheiten und Trivialitäten.

 Lassen Sie sich nicht auf Themen ein wie *Das amerikanische Rechnungswesen* oder *Wissensmanagement im Kulturvergleich*. Solche Themen eignen sich für Dissertationen oder Forschungsprojekte, aber nicht für eine Seminar- oder Diplomarbeit.

Auch mit **Modethemen** sollten Sie vorsichtig sein. Literatur gibt es dazu zwar oft jede Menge, aber es dürfte schwer für Sie werden, einen eigenen Schwerpunkt zu setzen.

Wenn Sie merken, dass Sie zu einem bestimmten Thema keinen Bezug gewinnen oder es sich Ihnen aus irgendeinem Grund nicht erschließt, sollten Sie den Mut haben, es **wieder aufzugeben** und es mit einem anderen Thema noch einmal zu probieren.

Unter welchen Aspekten können Sie ein Thema eingrenzen?

Hier einige Vorschläge:

1. **zeitlich:** von ... bis ..., in den 80er Jahren;
2. **geographisch:** in Japan, in Osteuropa;
3. **nach Institutionen:** in Nonprofit-Organisationen, in Industriebetrieben, für Dienstleistungsunternehmen;
4. **nach Personengruppen:** für Middle Manager, in Vorständen, für Außendienstmitarbeiter;
5. **nach Quellen:** in der amerikanischen Management-Literatur, im Werk der Chicagoer Schule;
6. **nach Disziplingesichtspunkten:** finanztheoretische Überlegungen, unternehmensstrategische Analysen, umweltorientierte Aspekte, nach dem Principal-Agent-Ansatz;
7. **nach Theorieansätzen, Erklärungskonzepten:** eine systemtheoretische Analyse, ein statistischer Vergleich, eine qualitative Untersuchung;
8. **nach Vertretern eines Theorie- bzw. Erklärungsansatzes:** nach Kilger; in der Gutenberg-Produktionsfunktion, auf der Grundlage der neuen Institutionenlehre;

9. **nach ausgewählten Aspekten:** im Zuge der Globalisierung, im amerikanischen Aktienmarkt.

Wenn Sie diese Vorschläge kombinieren, können Sie Ihr Thema effektiv eingrenzen. Bevor Sie den nächsten Arbeitsschritt beginnen, die **zweite Literatursuche**, sollten Sie sich noch einmal Gedanken über Ihr nun gefundenes und sinnvoll eingegrenztes Thema machen.

- Was ist das Ziel Ihrer Arbeit?
- Wollen Sie ein bestimmtes Phänomen näher erklären?
- Wollen Sie bestimmte theoretische Ansätze vergleichen?
- Wollen Sie ein Problem, eine Strategie etc. interpretieren oder analysieren?
- Wollen Sie eine Diskussion mitgestalten?

Wichtig ist, dass Sie bei der zweiten Literatursuche eine **genaue Vorstellung** davon haben, was Sie finden wollen bzw. unter welchen **Gesichtspunkten** Sie die Literatur auswerten wollen.

Eine zielgerichtete Suche ist sonst nicht möglich. Oder Sie müssen alle Quellen öfter als einmal bearbeiten, weil Ihnen beim ersten Mal noch nicht klar war, welche Aspekte für Ihr Vorhaben relevant sind und welche nicht.

Zweite Literatursuche

Im Rahmen Ihrer ersten Literatursuche haben Sie herausgefunden, auf wieviel Literatur zu Ihrem Thema Sie ungefähr zurückgreifen können.

 Achten Sie darauf, dass Sie Ihre kostbare Zeit nicht nur mit **Bibliographieren** und **Kopieren** verbringen. Die Literaturrecherche kann leicht ausufern, wenn man nicht aufpasst. In der Regel ist es so, dass jede Quelle, die Sie finden, wieder weitere Quellen zum Thema nennt, wo Sie wiederum weitere Quellen finden usw. Das ist das so genannte Schneeballsystem.

Wenn sich herausstellt, dass Sie die Flut der Quellen nicht mehr überschauen, geschweige denn verarbeiten können, sollten Sie Ihren Professor oder Betreuer zu Rate ziehen.

Fragen Sie ihn auch nach der **aktuellsten Literatur** zu Ihrem Thema, die in den Katalogen der Bibliotheken oft erst mit Verzögerung auftaucht.

Ihre zweite Literatursuche sollte ebenfalls in der Bibliothek beginnen, und zwar mit einer **Recherche im Stichwort- oder Schlagwort- bzw. im elektronischen Katalog**.

Müssen Sie für Ihre Arbeit eine vollständige **systematische Bibliographie** erstellen? Auch hier kann Ihnen die elektronische Speicherung der Literaturbestände Ihrer Bibliothek Hilfe leisten, denn diese Systeme sind in der Lage, komplette Literaturlisten mit allen relevanten Quellen zu erstellen. Voraussetzung dafür ist, dass Sie Ihre Suche eng eingrenzen, also beispielsweise mehrere Stichworte mit logischen Verknüpfungen eingeben.

Kaufmännische Trainees w|m
Controlling/Logistik, Einkauf, Personal

„Made by Bosch" steht für erstklassige Qualität eines Global Players. Profitieren Sie in einem international ausgerichteten Unternehmen von vielfältigen attraktiven Karrierechancen. Für die Entwicklung von Spitzentechnologien und die weiteren Erschließungen internationaler Märkte setzen wir auf globale Zusammenarbeit. Daher suchen wir unternehmerische Persönlichkeiten, für die es keine Grenzen gibt.

Ihre Aufgabe: ▸ Individuell gestaltetes Traineeprogramm ▸ Dauer bis zu 24 Monaten ▸ Gezielte Vorbereitung auf Führungsaufgaben im In- und Ausland ▸ Einbindung ins Tagesgeschäft und in Projektarbeit ▸ 4-6 Stationen in verschiedenen kaufmännischen Bereichen, davon eine im Ausland

Ihr Profil: ▸ Überdurchschnittlich abgeschlossenes Studium einer wirtschaftswissenschaftlichen Disziplin oder des Wirtschaftsingenieurwesens ▸ Auslandserfahrung ▸ Großes Engagement, interkulturelle Kompetenz, Mobilitätsbereitschaft ▸ Flexibilität, Offenheit, bereichsübergreifendes Denken

Jeder Erfolg hat seinen Anfang.
Bewerben Sie sich jetzt.
Robert Bosch GmbH, C/HMM
Postfach 10 60 50, 70049 Stuttgart
Ronald Riebe, Telefon 0711 811-7200

www.bosch-career.de

Ihre **Literatursuche im Internet** verläuft im Prinzip nach dem gleichen Schema. Achten Sie auch hier darauf, dass Sie sich nicht in den Weiten des virtuellen Raums verlieren, sondern gezielt und effizient vorgehen.

Im Hinblick auf die Anforderungen im Studium und auf Ihre Examensarbeit ist es sinnvoll, wenn Sie zu Beginn Ihres Studiums an einer **Führung durch Ihre Universitätsbibliothek** teilnehmen. Bei dieser Gelegenheit erhalten Sie auch Informationen darüber, wie Sie die verschiedenen Kataloge und Recherchesysteme am effektivsten benutzen.

Literatur auswerten

Wenn Sie die für Ihr Thema relevante Literatur zusammengetragen, ausgeliehen oder kopiert haben, kann es mit der Lektüre endlich richtig losgehen.

Empfehlenswert ist, wenn Sie mit **einem oder mehreren Grundlagentexten** beginnen, um sich einen allgemeinen Überblick zu verschaffen. Dann können Sie zu den Texten übergehen, die sich vertiefend mit einzelnen Aspekten beschäftigen.

Doch mit dem Lesen allein ist es nicht getan. Wenn Sie sich zum Gelesenen keine **Notizen** machen, haben Sie die wichtigen Dinge schnell wieder vergessen. Gerade im Hinblick auf die Schreibängste und Schreibblockaden, wie sie viele Studenten haben, ist es wichtig, dass Sie so früh wie möglich mit dem Schreiben anfangen.

Fertigen Sie also ein „**Lese-Protokoll**" an, ein **Exzerpt**. Darin sollten neben der genauen Zitatangabe des Textes (und eventuell seines Standortes in der Bibliothek) dessen hauptsächliche Inhalte und Gedanken, aber auch Ihre eigenen Gedanken, Ideen und Kritikpunkte festgehalten sein. Nützlich ist es, wenn Sie diese Protokolle auf **Karteikarten** schreiben.

Sie könnten Ihre **Notizen** natürlich auch **in den PC eingeben** und diese dann direkt in die Arbeit übernehmen. Diese Form der Dokumentation hat jedoch einen Nachteil: Es ist relativ schwer, den Überblick zu behalten, die Sortierung ist ebenfalls manchmal nicht ganz einfach.

Karteikarten bieten Ihnen einen plastischen, im wahrsten Sinn des Wortes „greifbaren" Überblick über die Literatur, die Sie gelesen haben. Sie können die Karteikarten überallhin mitnehmen: in die Bibliothek, in Ihre Lerngruppe. Sie können Sie auch immer wieder neu zusammenstellen und dadurch unter Umständen sinnvollere Strukturen für Ihre Arbeit finden.

Während der Lektüre der einzelnen Texte können Sie auch speziell für Ihr Thema einen eigenen **Stichwort-Katalog** anlegen. Zu jedem Fachbegriff oder Komplex beschriften Sie eine eigene Karteikarte und notieren dazu die Textstellen, an denen Sie diesen Begriff vorgefunden haben, gegebenenfalls Definitionen, weitere Informationen und Quellen.

Wenn Sie die gesamte Literatur, die Sie recherchiert haben, auf einmal lesen und dann mit dem Schreiben loslegen wollen, werden Sie einen Großteil der Informationen vergessen und wieder neu erarbeiten müssen.

Empfehlenswert ist daher, wichtige Kapitel oder Passagen **im Voraus zu formulieren** oder – auf Basis eines Überblicks über das Thema bzw. die Grundlagenliteratur zum Thema – eine **Gliederung** zu erstellen.

Die vertiefende Literatur zum Thema lesen Sie erst dann, wenn Sie zum entsprechenden Punkt Ihrer Arbeit vorgedrungen sind.

Verlieren Sie über der Lektüre nicht Ihr Ziel aus den Augen: Sie wollen eine Arbeit **schreiben**! Oft schaffen Studierende den Absprung von der Lektüre zum Schreiben nicht oder erst nach vielen vergeblichen Versuchen. Das oben beschriebene Karteikarten-System kann Sie davor bewahren, aber nur wenn Sie es frühzeitig – also mit Beginn Ihrer Lektüre – anwenden.

Erstellen einer Gliederung

Hier müssen Sie die einzelnen Elemente Ihrer Arbeit bzw. die Ergebnisse Ihrer Lektüre in einen sinnvollen Zusammenhang stellen, also die **Verbindungen zwischen den einzelnen Punkten** aufzeigen.

Auch hierzu können Sie eine **Mindmap** anlegen. Schreiben Sie die relevanten Punkte auf ein großes Blatt, und verbinden Sie sie miteinander. So sehen Sie schnell, wie eine **sinnvolle Strukturierung und Gliederung** Ihres Themas aussehen könnte.

Für eine Gliederung kommen grundsätzlich folgende Aspekte infrage:

1. **Chronologische Gliederung:** Strukturierung nach einer zeitlichen Abfolge.

2. **Diskursive Gliederung:** Eine Gliederung, die sich an dem Gang oder der Struktur der Fachdiskussion orientiert. Solche Gliederungen folgen den wichtigsten Veröffentlichungen, die es zum Beispiel innerhalb einer Debatte gegeben hat. Oder Sie folgen eher den Argumenten, also der Auseinandersetzungslogik um einen Sachverhalt, und richten die Gliederung danach aus, welches Argument die Diskussion in welcher Weise beeinflusst hat.

3. **Reihung als Gliederung:** Aufreihung gleichwertiger Gesichtspunkte oder Sachverhalte. Dies kann zum Beispiel bei Beschreibungen oder bei Vergleichen angebracht sein.

4. **Standardgliederungen:** für empirische Arbeiten (zum Beispiel Stand der Forschung, Fragestellung, Hypothesen, Methode, Ergebnisse, Diskussion, Zusammenfassung).

5. **Hierarchische Gliederung:** Gewichtung der dargestellten Themen. Zur Lösung eines Problems kann es verschiedene Unterprobleme oder Gesichtspunkte geben, für die zunächst Lösungen gefunden werden müssen, ehe das Hauptproblem behandelt werden kann.

6. **Didaktische Gliederung:** nach der Weise, wie es für Leser am besten verständlich und nachvollziehbar ist. Diese Gliederung schließt Überlegungen darüber ein, wie das Material am systematischsten dargestellt werden kann, wie elementare Voraussetzungen vor komplexere Zusammenhänge gestellt werden müssen usw.

Ihre Arbeit sollte nicht aus einzelnen, nebeneinandergestellten Bruchstücken bestehen, sondern eine „runde Sache" sein, in der die einzelnen Aspekte **schlüssig miteinander verbunden** sind.

Während Sie an Ihrer Gliederung arbeiten, werden Sie feststellen, dass Sie Ihr Thema noch weiter differenzieren und die einzelnen, sich neu ergebenden Aspekte in die Gliederung einpassen müssen. Vielleicht verwerfen Sie auch Ihre ursprüngliche Gliederung und erstellen eine gänzlich neue.

Dies kann wiederum die Notwendigkeit einer **erneuten Literatursuche** bedeuten, weil Sie genauere Informationen zu einem Teilgebiet benötigen oder sich einen groben Überblick über den Stand der Forschung in einem angrenzenden Gebiet verschaffen wollen.

Sie sehen: **Wissenschaftliches Arbeiten und Schreiben kann kaum als ein linearer Prozess bezeichnet werden.**

Vorläufige Fassung

Jetzt liegt Ihre Gliederung vor. Bringen Sie nun Ihren ersten **Entwurf** zu Papier. Dies sollte zunächst wirklich ein Entwurf sein. Er muss also stilistisch und sprachlich nicht perfekt oder inhaltlich „rund" sein.

Machen Sie sich keine großen Sorgen um Formulierungen oder Satzkonstruktionen. **Schreiben Sie vor allem mit Ihren eigenen Worten.**

Versuchen Sie nicht, einen bestimmten Stil zu adaptieren, nur weil er Ihnen wissenschaftlicher vorkommt als Ihr eigener. Stellen Sie sich statt dessen vor, dass Sie die Arbeit für jemanden schreiben, der von der Materie keine Ahnung hat und der lange Schachtelsätze hasst! Versuchen Sie, möglichst einfach und unkompliziert zu schreiben.

Lassen Sie Ihren Gedanken freien Lauf und vertrauen Sie darauf, dass man schreibend auf die Dinge kommt, wie es Christa Wolf einmal ausgedrückt hat.

Wichtig ist dennoch, dass Sie Ihre **Gliederung** und Ihren **„roten Faden"** nicht aus den Augen verlieren und dass Sie es schaffen, Zusammenhänge zwischen den einzelnen Gliederungspunkten deutlich zu machen.

Versuchen Sie, einen Mittelweg zwischen diesen beiden Vorgehensweisen zu finden, einen Weg, der Sie einerseits nicht in Ihrem Ideenfluss beschränkt und der Ihnen andererseits die Sicherheit eines abgesteckten Rahmens gibt.

Tipp: Schreiben Sie die vorläufige Fassung Ihres Textes ohne ausführliche Zitate, Belege und Literaturhinweise. Diese fügen Sie im nächsten Schritt ein. **Konzentrieren Sie sich zunächst auf das Wesentliche.**

Überarbeitung

Bei der **kritischen Betrachtung und Überarbeitung** sollten Sie Folgendes berücksichtigen:

1.4 Seminar- und Diplomarbeiten

CHECKLISTE
Einleitung

- Schreiben Sie die Einleitung zuletzt, also dann, wenn Sie einen Überblick über das Ganze haben.
- Stellt Ihre Einleitung das Problem dar, das behandelt werden soll?
- Erklären Sie, was die Sache relevant, interessant, fragwürdig macht.
- Grenzen Sie den Gegenstand ein bzw. ab.
- Worum geht es genau?
- Warum werden gerade diese Gesichtspunkte behandelt?
- Auf welche Aspekte wird nicht näher eingegangen?
- Erklären Sie, welches Ziel Sie verfolgen.
- Erläutern Sie die Voraussetzungen, unter denen Sie das Thema behandeln, den methodischen Zugang gewählt, die Literatur und die Daten herangezogen haben.

CHECKLISTE
Inhalt

- Haben Sie die Aussagen getroffen oder das Ziel erreicht, wie Sie es zu Beginn der Arbeit schriftlich fixiert hatten?
- Haben Sie etwas vergessen?
- Gibt es Überflüssiges, das Sie streichen können?
- Ist der Text verständlich geschrieben?
- Ist die Gliederung sinnvoll?
- Ist ein „roter Faden" erkennbar?
- Haben Sie wichtige Begriffe erklärt?

CHECKLISTE
Schluss

- Beantworten Sie zusammenfassend die in der Einleitung gestellten Fragen.
- Achten Sie darauf, dass die Ergebnisse der Arbeit in einem ausgewogenen Verhältnis zu den eingangs aufgeworfenen Problemen stehen.
- Verweisen Sie auf ungeklärte Probleme.
- Ordnen Sie das behandelte Problem thesenartig in einen größeren Zusammenhang ein.
- Ziehen Sie persönliche Schlussfolgerungen.

CHECKLISTE
Sprache

- Eliminieren Sie alle Schachtelsätze mit mehr als zwei Nebensätzen!
- Vermeiden Sie Wiederholungen.
- Streichen Sie überflüssige Adjektive; „eingehende" Untersuchungen und „umfassende" Ergebnisse interessieren niemanden.
- Verfahren Sie ebenso mit Substantivierungen und Passiv-Konstruktionen; das eine zieht meist das andere nach sich: Statt „Eine Beschränkung wurde in der Fokussierung auf ... vorgenommen ..." schreiben Sie besser: „Ich beschränke mich auf den Punkt ..., weil ..."
- Gliedern Sie Ihren Text optisch, platzieren Sie Absätze und Zwischenüberschriften.

1. Studium

Nun steht die **formale Überarbeitung** auf Ihrem Programm.

> **CHECKLISTE**
> **Zitate**
>
> - Sind die Quellenangaben einheitlich und richtig?
> - Sind die Zitate richtig und einheitlich wiedergegeben?
> - Haben Sie alle verwendete Literatur im Literaturverzeichnis aufgeführt?

Korrektur und Endfassung

Wenn Sie Ihre Überarbeitung abgeschlossen haben, müssen Sie Ihre Arbeit auf **grammatikalische und orthographische Fehler** hin überprüfen.

Empfehlenswert ist es dabei, wenn Sie mindestens einen Korrekturgang von jemand anderem vornehmen lassen, denn Sie sind mit Sicherheit in der Zwischenzeit **textblind** geworden, das heißt, Sie kennen den Text in- und auswendig, und daher fallen Ihnen Unregelmäßigkeiten gar nicht mehr auf.

Ein Problem, das viele Menschen, nicht nur Studenten, haben, besteht darin, dass sie selbst erstellte Texte nicht loslassen können. Auf einmal fallen ihnen tausend Dinge ein, die in die Arbeit hätten aufgenommen, Quellen, die noch hätten gelesen werden müssen. Dies hätte noch deutlicher gesagt und jenes vielleicht doch weggelassen werden können. Man fürchtet natürlich eine negative Beurteilung der Arbeit.

Das ist ganz normales Lampenfieber. Wenn Sie sich so lange und intensiv mit dem Thema und der Erstellung Ihrer Arbeit auseinander gesetzt haben, verlieren Sie irgendwann den **Blick für die Qualität Ihrer Arbeit** und können nicht mehr objektiv abschätzen, ob nun wirklich etwas fehlt oder nicht.

Eines ist klar: **Jede Arbeit kann immer noch verbessert werden.** Setzen Sie aber jetzt den Schlusspunkt.

 Lassen Sie Ihre Arbeit, bevor Sie sie endgültig fertigstellen, von jemandem **Korrektur lesen**, der sich fachlich auskennt. Außenstehende erkennen leichter Schwächen in der Darstellung als man selbst. Solche Schwächen und Ungereimtheiten sollten Sie vor Abgabe der Arbeit ausmerzen.

Formalia

Die Elemente einer Seminar- und einer Diplomarbeit sind im Prinzip identisch: **Deckblatt, Inhaltsverzeichnis, Text, Literaturverzeichnis.** Hier einige Anmerkungen zu den einzelnen Elementen, im Anschluss daran noch einige Richtlinien zu **korrekten Literaturangaben** im Text:

> **CHECKLISTE**
> **Deckblatt**
>
> Vergleiche das Muster auf Seite 63:
> - Titel der Arbeit,
> - Name und Adresse des Verfassers,
> - Fachbereich, Universität, Titel der Lehrveranstaltung und des Dozenten,
> - Datum.

Vergleich der Marketingstrategien

bei X, Y und Z

Thomas Mustermann
Straße
PLZ, Ort
Telefon

Hausarbeit für das Seminar
„Marketingstrategien II"
Professor Dr. Müller
Fachbereich
Wirtschaftswissenschaften
der Universität zu Köln
31. Januar 2005

1. Studium

>
> **CHECKLISTE**
> **Inhaltsverzeichnis**
>
> - Das Inhaltsverzeichnis erstellen Sie am besten mit einer Abschnittsnumerierung in arabischen Ziffern (1., 1.1, 1.1.1, 1.1.2, 1.1.3, 1.2, 1.2.1, 1.2.2, 2., 2.1 usw.).
> - Führen Sie die Gliederungsweise konsequent durch.
> - Fügen Sie nicht zu viele Unterpunkte an, sonst wird die Gliederung unübersichtlich. Maximal 7 Hauptpunkte und 3 Unterpunkte sind genug.

Literaturverzeichnis

Im Literaturverzeichnis sollten Sie nur die Literatur anführen, die Sie für Ihre Arbeit auch tatsächlich benutzt haben, auf keinen Fall mehr!

Die einzelnen Angaben folgen festen Konventionen. Gleichwohl haben Sie einen gewissen **Freiraum**.

Für selbstständige Veröffentlichungen (also Bücher) gilt folgende Form:

> Metzger, Christoph: *Lern- und Arbeitsstrategien,* Aarau 2001.

Hat das Buch einen **Herausgeber**, so wird er wie folgt genannt:

> Bruhn, Manfred (Hrsg.): *Handbuch Markenführung. Kompendium zum erfolgreichen Markenmanagement. Strategien – Instrumente – Erfahrungen.* Wiesbaden 2004.

Bei **Veröffentlichungen mit mehr als drei Autoren oder Herausgebern** werden maximal die ersten drei Autoren namentlich aufgeführt und weitere nur als „u. a." ergänzt. **Unselbstständig erschienene Quellen** (Beiträge einzelner Autoren in Sammelbänden oder Zeitschriftenaufsätze) werden wie folgt belegt:

> Hardock, Petra: *Stipendien für Überflieger und normal Sterbliche.* In: Dichtl, Erwin/ Michael Lingenfelder (Hrsg.): *So finanziere ich mein Studium.* Wiesbaden 1998, Seite 81–110.
> Deller, Dominic/Michael Stubenrath u. a.: „Die Internetpräsenz als Instrument der Investor Relations", in: *Der Betrieb,* Heft 32, 1997, Seite 1577–1583.

Diplomarbeiten werden nach der Nennung des Autors und Titels mit dem Hinweis „Diplomarbeit, Universität XY, 1997" versehen.

Bei **Dissertationen** wird ganz ähnlich verfahren: Autor, Titel, Universität, Fakultät, Dissertation 1998.

Wenn Sie Internet-Quellen belegen wollen, achten Sie bitte darauf, dass Sie Autor, Titel der Seite, genaue www-Adresse der Seite (http://www...) und das Datum Ihres Besuchs auf der Seite nennen.

Zitatangaben

Zitatangaben in der **Fußnote** können Sie ebenfalls auf verschiedene Arten liefern:

Nachname des Autors, Kurztitel (beispielsweise das wichtigste Stichwort), Seitenzahl; also zum Beispiel:

> Metzger, Christoph: *Lern- und Arbeitsstrategien*, Seite 114.

Oder Sie integrieren den Beleg in den Text:

> „Wie schon Metzger in seinem Buch *Lern- und Arbeitsstrategien* (114–127) bemerkt, … "

Kurzbelege von Internet-Quellen enthalten den Namen des Autors, den Titel der Seite und das Datum des Seitenbesuchs.

Planung

Das häufigste Problem, das Studenten bei der Erstellung von Seminar- und Diplomarbeiten sowie in der Prüfungsphase haben, ist **Motivationslosigkeit**. Daraus resultiert **Zeitdruck**, ganz besonders natürlich, wenn der Abgabe- bzw. Prüfungstermin naht und die Arbeit noch längst nicht so fortgeschritten ist, wie sie sein sollte.

Um das zu vermeiden, ist eine **sinnvolle Planung** der für die jeweilige Arbeit zur Verfügung stehenden Zeit eine unerlässliche Voraussetzung für den Erfolg.

Für **Diplomarbeiten** haben Sie in der Regel drei Monate oder ein halbes Jahr Zeit. Das verführt zu „Aufschieberitis".

Wer von Tag zu Tag den Beginn der Arbeit vor sich herschiebt, fällt immer mehr in ein **Motivationsloch**. Angesichts des Riesenberges, vor dem man ratlos steht, resigniert man schließlich.

Hinweise zur Planung

1. Vorneweg: **Überfordern Sie sich nicht!** Mehr als sechs Stunden täglich am Schreibtisch (also aufmerksames Lesen oder Schreiben) ist kaum möglich bzw. ineffektiv. Am besten gehen Sie von drei bis vier Stunden pro Tag aus. Sorgen Sie immer wieder für angemessene **Pausen** und auch **längere Erholungsphasen**.

2. Fast ebenso grundsätzlich gilt: Die Zeit, die man für Kopfarbeit braucht, großzügig kalkulieren. Nur eins ist wirklich sicher: **Es dauert immer länger, als man vorher geglaubt hat!**

3. Nehmen Sie sich einen **Übersichtskalender** oder großen **Jahresplaner**. Schreiben Sie für jede Woche auf, was Sie vorhaben: Literaturrecherche, Lektüre, Erstellen einer Gliederung usw. Wenn die einzelnen Phasen länger als eine Woche dauern, ist die Gefahr groß, dass Sie „schieben".

4. Planen Sie gerade für die Anfangszeit **kleine Arbeitsschritte** ein. So verlieren Sie die Angst vor Ihrer Arbeit und sind durch erste Erfolgserlebnisse („Ich habe das geschafft, was ich mir vorgenommen habe!") positiv motiviert.

5. Diese Einteilung hilft Ihnen, die Zeit, die Sie für einzelne Arbeitsschritte brauchen, besser einzuschätzen. Vielleicht wird es nötig sein, dass Sie Ihre **Planung korrigieren**, weil Sie für manche Schritte mehr Zeit brauchen und für andere weniger.

6. Wenn Sie einen **exakten Abgabetermin** haben, sollten Sie von diesem ausgehend „rückwärts" planen. Ein Tipp: Für das Korrigieren und Einarbeiten der

1. Studium

Korrekturen sollten Sie mindestens **eine Woche bis zehn Tage Zeit** einplanen!

7. Versuchen Sie, Ihren eigenen **Arbeitsrhythmus** zu finden und diesen dann auch einzuhalten. Vielleicht arbeiten Sie am besten am frühen Vormittag? Viele Menschen sind regelrechte „Nachtarbeiter", die erst abends zur Höchstform auflaufen.

8. Nur wenn Sie **kontinuierlich arbeiten**, werden Sie die erwünschten Leistungen erzielen. Also: Jeden Tag in einer Woche drei bis sechs Stunden zu arbeiten ist wesentlich effektiver als an drei Tagen jeweils zwölf Stunden am Stück.

9. Wenn Sie feststellen, dass Sie Ihre Zeitplanung nicht einhalten können, muss dies nicht unbedingt an Ihrer Unfähigkeit oder Faulheit liegen. Vielleicht sind Ihre **Ansprüche immer noch zu hoch** gesteckt. Oder Sie finden **keinen Zugang** zum Thema und sollten lieber ein anderes wählen.

10. Noch einmal: Sorgen Sie – und gerade dann, wenn Sie unter Zeitdruck arbeiten – für **Erholungsphasen**. **Belohnen Sie sich** für die Strapazen, die zu diesem Zeitpunkt schon hinter Ihnen liegen. Wenn Sie ständig an Ihre Leistungsgrenzen stoßen, weil Sie zu lange arbeiten, tun Sie sich keinen Gefallen. Im Gegenteil: Der Aufwand steht dann in keinem Verhältnis mehr zum Ergebnis.

11. In der Examensphase ist eine gewisse **soziale Isolation** oft ein Problem. Kontakte, die man normalerweise in Übungen, Vorlesungen und auf dem Campus etc. hatte, fallen weg. Sie beschäftigen sich intensiv mit einem Thema, in das wo-möglich kein Mensch in Ihrer Umwelt Einblick hat und das Sie nur mit Ihrem Betreuer diskutieren können. **Vernachlässigen Sie darum Ihr soziales Umfeld nicht** zu sehr. Treffen Sie Ihre Freunde, gehen Sie aus. Am nächsten Tag werden Sie sich um so motivierter wieder an die Arbeit machen können.

Nach getaner, oft mühevoller und nächtelanger Arbeit könnten Sie in Erwägung ziehen, Ihr „Glanzstück" – die Diplomarbeit – zu vermarkten. Es gibt einige **Diplomarbeitenagenturen**, die sich darauf spezialisiert haben, diese Arbeiten überwiegend über das Internet zu vertreiben. Arbeiten aus den Bereichen Personal und Marketing haben derzeit die besten Chancen, verkauft zu werden. Die Interessenten sind meist **Unternehmen, Banken und Beratungen** und oftmals auch Mittelständler, die detaillierte Informationen zu einem bestimmten Thema benötigen (vgl. auch Kapitel 3).

Nachfolgend die (Internet-)Adressen zweier dieser Diplomarbeitenagenturen:

Hamburger Diplomarbeiten Agentur
Hermannstal 119k
22119 Hamburg
☎ 0 40 / 6 55 99 20
💻 www.diplom.de

VDD – Vermittlungsdienst für Diplomarbeiten
Postfach 13 23
85540 Haar
☎ 0 89 / 43 08 86 96
💻 www.vdd-online.com

2 Finanzierung des Studiums

2.1 Finanzbedarf im Studium

Schon vor der Aufnahme eines Studiums stellt sich die Frage nach der wirtschaftlichen Absicherung. Je nach Studienort schwankt der durchschnittliche **Finanzbedarf** eines Studenten zwischen 650 und 750 €.

Rechnet man mit einer durchschnittlichen Studiendauer von fünf Jahren (die meist überschritten wird), so ergibt sich bereits ein Bedarf von bis zu 45.000 € allein für die **Lebenshaltungskosten**. Die Promotion oder ein Semester im Ausland erhöhen die Gesamtkosten zusätzlich.

Der finanzielle Bedarf des Studiums wird sich voraussichtlich in den kommenden Jahren noch weiter erhöhen, da zu den Lebenshaltungskosten immer häufiger auch **Studiengebühren** hinzukommen. An privaten Hochschulen sind sie bereits üblich. An den staatlichen Hochschulen sind Studiengebühren ausgeschlossen, allerdings nur für das Erststudium in der Regelstudienzeit plus einiger Semester. 2004 haben einige Bundesländer vor dem Bundesverfassungsgericht geklagt, um in Zukunft auch für das Erststudium Gebühren erheben zu können. Am 26. Januar 2005 erklärten die Karlsruher Richter das von der Bundesregierung ins Hochschulrahmengesetz geschriebene Verbot allgemeiner Studiengebühren für nichtig – in der Annahme, dass die Länder sozialverträgliche Gebühren einführen. Als Höchstgrenze gilt der Betrag von 500 €. Manche Landesminister scheinen darin jedoch eher eine Startmarke zu sehen, die später aufgestockt werden kann.

Jetzt jedenfalls ist der Weg für die einzelnen Bundesländer frei, Gebühren für das Erststudium zu erheben.

Besonders **Bayern, Baden-Württemberg** und **Hamburg** haben es eilig und wollen möglichst schon ab 2006 Studiengebühren einführen. **Niedersachsen** hält 2007 für realistisch. **Hessen** prüft hingegen seine Landesverfassung, die in § 59 festlegt, dass der Unterricht an Hochschulen "unentgeltlich" zu sein habe. Allerdings besteht die Möglichkeit, Schulgeld zu erheben ... Das **Saarland** gehörte zwar zu den Karlsruher Klägern, scheut aber scheinbar noch den Eingriff in die Universitätsautonomie. Über eventuelle Gebührenpläne von **Sach-**

sen und **Sachsen-Anhalt** kursieren derzeit unterschiedliche Statements, während Ministerpräsident Althaus vor 2010 angeblich keine Studiengebühren für **Thüringen** plant.

Die übrigen, gegenwärtig SPD-geführten Länder wollen – mit Ausnahme von **Brandenburg** – zunächst keine allgemeinen Studiengebühren erheben. Der **rheinland-pfälzische** Wissenschaftsminister Zöllner will stattdessen weiter versuchen, sein **Studienkontenmodell** (eine Spielart der Langzeitstudiengebühren: Bei erheblicher Überschreitung der Regelstudienzeit werden Gebühren in Höhe von 650 € fällig) neben **Nordrhein-Westfalen** auch in weitere Bundesländer zu exportieren. Dank dieses Modells bleibt das Erststudium in NRW jedenfalls noch gebührenfrei.

Dagegen denken **Bremen** und **Schleswig-Holstein** an eine so genannte **Landeskinderregelung:** Nur Abiturienten aus anderen Bundesländern müssen Gebühren für das Erststudium zahlen. Diese Regelung wird übrigens auch in **Rheinland-Pfalz** favorisiert: Allgemeine Gebühren für „Zugereiste" bei paralleler Studienkontenregelung für die Landeskinder.

Wie aber sollen die Studenten die bis zu 500 € im Semester aufbringen? Vorschläge gibt es viele. Die empfohlenen **Darlehensmodelle** reichen von einer BAföG-Erhöhung bis hin zur Erhebung der Gebühren erst nach dem Studium.

Vor diesem Hintergrund bereitet die staatliche **KfW-Bankengruppe** Studienkredite vor, die nicht nur der Finanzierung der von den Ländern angedachten 500 € Studiengebühren pro Semester dienen sollen, sondern auch zur Vorfinanzierung des Lebensunterhalts – ein neue, elternunabhängige Form der Studienfinanzierung, für die nicht nur die neue Präsidentin der Kultusministerkonferenz, Brandenburgs Wissenschaftsministerin Johanna Wanka, plädiert – bei gleichzeitiger Abschaffung des BAföG. Allerdings ist fraglich, wer das Ausfallrisiko trägt. Laut *Financial Times Deutschland* (11. Januar 2005) werden gegenwärtig etwa 30 Prozent der BAföG-Darlehen nicht getilgt, weil die betroffenen Studierenden nach ihrem Abschluss entweder keine Stelle finden oder nur Stellen mit geringem Einkommen.

Die KfW-Bankengruppe will ihr **bundesweites Studienkreditangebot** möglichst schon zum Wintersemester 2005/2006 auf den Markt bringen. Ziel ist ein flächendeckendes Kreditangebot an alle Studierenden, unabhängig von Studienfach, Einkommen und Vermögen der Eltern oder vorhandenen Sicherheiten. Studierende sollen so ihren Lebensunterhalt bestreiten und sich voll aufs Studium konzentrieren können. Die KfW will den Studienkredit unabhängig von der Einführung von Studiengebühren anbieten. Das Produkt soll so konzipiert sein, dass die Rückzahlungen einkommensabhängig und Belastungen vertretbar sind. Zusätzlich will die KfW eine mögliche soziale Flankierung für Härtefälle sowie Anreize für überdurchschnittliche Studienleistungen integrieren (mehr Info unter www.kfw-bankengruppe.de).

Angaben über Übergangsregelungen für die heute Studierenden lagen bei Redaktionsschluss (1. Februar 2005) noch nicht vor.

„Ich bin bereit, schnell Verantwortung zu übernehmen und eigenständig Entscheidungen zu treffen."

Come and meet the company

Bereichsleiter Filialorganisation (m/w)

ALDI SÜD ist unabhängig, stark und unverwechselbar – mit 30 Gesellschaften in West- und Süddeutschland und über 55 weltweit.
Wir konzentrieren uns auf das Wesentliche: Qualität, Preis, Kundenorientierung und klare Organisationsstrukturen mit flachen Hierarchien.

Starten Sie Ihre Karriere als Bereichsleiter Filialorganisation:
- In einem einjährigen Training on the Job bereiten wir Sie praxisnah und individuell auf Ihre Führungsaufgabe vor.
- Anschließend übernehmen Sie die Leitung eines eigenen Verkaufsbereichs und tragen Verantwortung für 5 bis 7 Filialen mit bis zu 70 Mitarbeitern.
- Sie übernehmen Verantwortung für die Entwicklung der Filialen und Mitarbeiter.

Leistungsorientierung in Verbindung mit sozialer Kompetenz:
- Sie werden demnächst Ihr Studium mit wirtschaftswissenschaftlicher Ausrichtung überdurchschnittlich gut abschließen.
- Sie arbeiten leistungs- und erfolgsorientiert und haben ein klares Ziel vor Augen.
- Sie verfügen über ein hohes Maß an sozialer Kompetenz.
- Sie sind kommunikationsfähig und können andere motivieren.

Gehen Sie mit ALDI SÜD in Führung: Wir bieten Ihnen ein überdurchschnittlich hohes Gehalt und einen neutralen Firmenwagen, den Sie auch privat nutzen können. Wir freuen uns auf Ihre Bewerbung:

ALDI GmbH & Co. KG Unternehmensgruppe ALDI SÜD
Am Seegraben 16, 63505 Langenselbold
meet.the.company@aldi-sued.de

www.karriere-bei-aldi-sued.de

2. Finanzierung des Studiums

Welchen Einfluss die angekündigten Widerstände und Proteste der Studierenden auf die Pläne der einzelnen Bundesländer und Hochschulen haben werden, welche Kompromisse vielleicht erarbeitet werden, war bei Redaktionsschluss ebenfalls noch nicht abzusehen.

Aktuelle Informationen über die laufenden Diskussionen und Änderungen finden Sie unter:

www.studis-online.de/StudInfo/Gebuehren

In den einzelnen Bundesländern ist der aktuelle Stand (Oktober 2004) folgendermaßen:

- **Baden-Württemberg** erhebt 511 € Studiengebühren für Langzeitstudierende, die die Regelstudienzeit ihres Faches um mehr als vier Semester überschritten haben.
- In **Bayern** werden alle Absolventen eines Zweitstudiums mit 511 € zur Kasse gebeten.
- In **Berlin** liegen die Rückmeldegebühren bzw. Verwaltungskostenbeiträge bei 51 €. Wer die Regelstudiendauer um drei Semester oder mehr überschreitet, zahlt um 16 bis 36 € erhöhte Sozialbeiträge.
- **Brandenburg** erhebt eine Rückmelde- und Immatrikulationsgebühr von 51 €.
- **Bremen:** Es sind 50 € Verwaltungsgebühren pro Semester ab Wintersemester 2004/05 beschlossen.
- **Hamburg** hat für Langzeitstudierende ab Sommersemester 2004 Gebühren in Höhe von 500 € eingeführt. Allgemein sind Studiengebühren von 500 € pro Semester fällig für alle, die außerhalb der Metropolregion Hamburg wohnen.
- In **Hessen** sind seit Sommersemester 2004 folgende Gebühren fällig: ein Verwaltungskostenbeitrag von 50 € pro Semester; Langzeitstudiengebühren von 500 bis 900 € pro Semester, gestaffelt nach Überschreitung der Regelstudienzeit, beginnend ab dem 4. Semester der Überschreitung; Zweitstudiengebühren von 500 € pro Semester.
- **Niedersachsen** verlangt von allen Studenten 51 € Rückmeldegebühren. Seit Sommersemester 2003 sind 500 € Langzeitstudiengebühren zu zahlen, wenn man vier Semester überschreitet.
- In **Nordrhein-Westfalen** werden seit 2004 650 € pro Semester bei Überziehung des Studienkontos fällig.
- **Rheinland-Pfalz:** Ab Wintersemester 2004/05 werden 650 € pro Semester fällig, wenn das Studienkonto überzogen ist.
- Im **Saarland** müssen seit Sommersemester 2004 Langzeitstudierende erstmals 500 € bezahlen, sofern die Regelstudienzeit um mehr als vier Semester überschritten wird.
- In **Sachsen** werden für ein Zweitstudium 307 € pro Semester erhoben.
- In **Thüringen** zahlen Langzeitstudierende 500 € Gebühren, wenn sie die Regelstudienzeit des aktuellen Studienganges um vier Semester überschreiten.

Detailliertere Informationen über die Änderungen bei Studiengebühren unter:

www.studis-online.de/StudInfo/Gebuehren

Nicht immer können und wollen die **Eltern** der Studierenden die finanzielle Last eines Studiums allein tragen, und nicht alle Studenten erhalten **BAföG-Leistungen**, die zur Deckung der Lebenshaltungskosten ausreichen.

Aus diesem Grund sind heute die meisten Studenten darauf angewiesen, neben ihrem Studium **erwerbstätig** zu sein. Abgesehen von der Verbesserung des Einkommens dient das **Jobben** neben dem Studium zusätzlich dem Erwerb praktischer Erfahrungen.

An vielen Lehrstühlen gibt es die Möglichkeit, sich als **wissenschaftliche oder studentische Hilfskraft** zu bewerben und gegen Bezahlung an aktuellen Forschungsprojekten der Professoren mitzuwirken. Eine solche Nebentätigkeit bietet sich insbesondere für Studenten an, die eine weiterführende wissenschaftliche Tätigkeit anstreben bzw. sich später auch beruflich in der Wissenschaft engagieren wollen. (Hinweise, wie Sie an Jobs kommen und welche Möglichkeiten es gibt, Geld zu verdienen, finden Sie in Kapitel 3.)

Eine besondere Möglichkeit, das Studium ganz oder zumindest teilweise ohne eigene Erwerbstätigkeit zu finanzieren, bieten **Stipendien**.

Zwar kommen lediglich 15 Prozent aller Studenten in den Genuss dieser Förderung. Aber wer sich mit den unterschiedlichen Programmen der Stiftungen auseinandersetzt und deren Anforderungsprofil entspricht, hat gute Chancen im Bewerbungsverfahren.

2.2 BAföG

Staatliche Unterstützung können Studenten im Rahmen des **Bundesausbildungsförderungsgesetzes** (**BAföG**) erhalten. Ob eine Förderung erfolgt, hängt meist von den Einkommensverhältnissen der Eltern des Antragstellers ab.

BAföG wird zur Hälfte als Zuschuss und zur Hälfte als zinsloses Darlehen gezahlt, das spätestens ab dem fünften Jahr nach der letzten Überweisung an den Staat zurückgezahlt werden muss. Maximal wird allerdings ein Betrag von 10.000 € (früher 30.000 DM) zurückverlangt, jedoch nur für Ausbildungsabschnitte, die nach dem 28. Februar 2001 begonnen haben.

Gesetzesreform für BAföG

 Am 1. April 2001 ist ein **Reformgesetz zur Ausbildungsförderung** in Kraft getreten. Es können hier aus Platzgründen nur die Grundzüge der BAföG-Förderung erläutert werden.

Weiterführende und detaillierte Infos zum BAföG finden Sie unter:

- www.bafoeg-rechner.de und
- www.das-neue-bafoeg.de

Ihr persönliches BAföG können Sie auf der Seite des Bundesministeriums für Bildung und Forschung errechnen lassen:

- www.bafoeg-rechner.bmbf.de

Folgende Neuerungen sind zentral:

- Der **Förderungshöchstsatz** beträgt einheitlich 585 €.

- Das **Kindergeld** wird bei der Berechnung des BAföG-Anspruchs nicht mehr auf das Einkommen angerechnet.
- Der anrechenbare **Freibetrag** ist auf 1.440 € erhöht worden.
- Die Förderleistungen für die **alten und neuen Bundesländer** sind vereinheitlicht worden.
- Es gibt eine dauerhafte und verlässliche **Studienabschlussförderung**, und zwar unabhängig von einer Überschreitung der Förderungshöchstdauer.
- Die Ausbildungsförderung wird **EU-weit** gewährt und innerhalb der EU bis zum Abschluss zu Inlandssätzen gefördert.
- Die Interdisziplinarität von Studiengängen wird begünstigt: **Master-Studiengänge**, die auf dem Bachelor aufbauen, werden unter erleichterten Voraussetzungen gefördert.

Antragstellung

Zu Semesterbeginn muss von den Ämtern eine Flut von Anträgen bewältigt werden. Deshalb sollten die Antragsformulare **frühestmöglich** beim zuständigen Amt für Ausbildungsförderung bei den jeweiligen Studentenwerken eingereicht werden.

Die entsprechenden Anträge können im Internet heruntergeladen werden unter:

- www.bafoeg.bmbf.de/antrag_form_laender.php (alle Länder außer Bayern) sowie
- www.bafoeg.bmbf.de/2694.php (für Bayern).

Unter www.bafoeg.bmbf.de/antrag_adressen_default.php finden Sie die Adressen sämtlicher zuständiger Ämter aller Bundesländer und ebenso für das Studium im Ausland.

Da BAföG-Leistungen frühestens vom Beginn des Antragsmonats an erbracht und nicht rückwirkend bezahlt werden, sollten Sie **sofort nach Erhalt Ihres Studienplatzes den BAföG-Antrag stellen.** Bei späterer Antragstellung riskieren Sie, die ersten Monate Ihres Studiums finanziell anderweitig überbrücken zu müssen!

Voraussetzungen für die Förderung

Jeder deutsche Studierende, der seine Ausbildung vor Vollendung des 30. Lebensjahres beginnt (Ausnahme: zweiter Bildungsweg, Kindererziehung o. Ä.), hat prinzipiell Anspruch auf Förderung nach dem BAföG.

Die Bewilligung von Leistungen nach dem BAföG ist aber im Einzelnen von folgenden **Faktoren** abhängig:

- Einkommens- und Vermögensverhältnisse der Eltern,
- Unterbringung während des Studiums bei den Eltern oder außerhalb,
- Anzahl der Familienmitglieder,
- Familienstand des Antragstellers (bei Verheirateten wird das Einkommen des Ehepartners berücksichtigt).

Studienanfänger können mit ihren Eltern schon vor Beginn des Studiums, anhand der Einkommensgrenzen und Freibeträge, ausrechnen, ob die Antragstellung erfolgversprechend ist oder nicht.

Über Gewährung von Förderleistungen wird in der Regel für ein Jahr (so genannter Bewilligungszeitraum) entschieden. Somit kann, wer beispielsweise im ersten Studienjahr keine Förderung erhalten hat, im zweiten oder im dritten Studienjahr durchaus Anspruch auf eine Förderung haben.

Freibeträge für Verheiratete bei BAföG-Antrag

Faktor	Betrag in €
Freibetrag für den Antragsteller, soweit eigenes Einkommen	112–215 €
Freibetrag für den Ehepartner, wenn der Auszubildende Einkünfte hat, ansonsten 960 €	480 €
Freibetrag für jedes Kind	435 €

Freibeträge für Ledige bei BAföG-Antrag

Faktor	Betrag in €
Anrechnungsfreies monatliches Einkommen (zusammenlebende Eltern)	1.440 €
Anrechnungsfreies monatliches Einkommen (Alleinerziehende)	960 €
Freibetrag für den Antragsteller, soweit eigenes Einkommen	112–215 €
Stiefelternteil	480 €
Freibetrag für jedes Geschwisterkind	435 €
Relativer (prozentualer) Freibetrag: Einkommen der Eltern abzüglich aller Freibeträge	50 %
Zusätzlicher Freibetrag für jedes Kind, für das bereits ein Freibetrag anerkannt wurde	5 %

Unter bestimmten Voraussetzungen wird **Ausbildungsförderung unabhängig vom Einkommen der Eltern** gewährt:

- Der Aufenthaltsort der Eltern ist unbekannt.
- Die Eltern leben im Ausland und sind daher rechtlich oder tatsächlich gehindert, Unterhalt im Inland zu leisten.
- Aufnahme des Studiums nach Vollendung des 30. Lebensjahres.
- Mindestens fünf Jahre Erwerbstätigkeit nach Vollendung des 18. Lebensjahres.
- Sechs Jahre Berufstätigkeit oder berufliche Ausbildung.

Besitzt ein Studierender Vermögen, so muss er es bis zu einer Rücklage von 5.200 € zur Finanzierung seines Studiums einsetzen.

Wer verheiratet ist und/oder Kinder hat, für den erhöht sich dieser Freibetrag um jeweils 1.800 €.

Leistungsumfang

Die folgende Tabelle gibt Auskunft über die zu erwartenden Leistungen vom Amt für Ausbildungsförderung. Hierbei handelt es sich um Höchstsätze, die häufig nicht erreicht werden.

Förderungshöchstbeträge

Bedingung	Betrag in €
Wohnung bei den Eltern	377 €
eigener Haushalt	466 €

2. Finanzierung des Studiums

Förderungshöchstdauer

Für die meisten Studiengänge an Universitäten liegt die durchschnittliche Förderungshöchstdauer, die mit der **Regelstudienzeit** identisch ist, bei **neun Semestern**. Fachhochschülern wird bis zu acht Semestern Ausbildungsförderung gewährt. Die Dauer der Förderung richtet sich im Einzelfall nach der gewählten Fachrichtung.

Um während des gesamten Studiums Leistungen nach dem BAföG zu erhalten, muss ab dem fünften Fachsemester ein **Leistungsnachweis** erbracht werden.

Dieser Nachweis kann durch die Vorlage einer Bescheinigung über die bestandene **Zwischenprüfung** erfolgen. Manche Studiengänge führen keine Zwischenprüfungen durch. In diesem Fall muss eine Bescheinigung vorgelegt werden, dass der Studierende bei geordnetem Verlauf seiner Ausbildung die bis zum Ende des jeweils erreichten Fachsemesters üblichen Leistungen erbracht hat (so genannte 48-Bescheinigung).

Nur unter besonderen Umständen kann eine Ausnahme von dieser Regelung getroffen werden.

Über die Förderungshöchstdauer hinaus wird für eine angemessene Zeit Ausbildungsförderung geleistet, wenn sie zum Beispiel infolge des erstmaligen Nichtbestehens der Abschlussprüfung überschritten worden ist.

Hilfe zum Studienabschluss

Studierende an Hochschulen können nach **Überschreiten der Förderungshöchstdauer** in einem selbstständigen Studiengang für maximal 12 Monate Hilfe zum Studienabschluss erhalten. Dies ist an die Voraussetzung gebunden, dass sie innerhalb von vier Semestern nach Überschreiten der Förderungshöchstdauer zur Prüfung zugelassen werden und die Hochschule bescheinigt, dass die Ausbildung innerhalb der Abschlusshilfedauer abgeschlossen werden kann. Die Hilfe zum Studienabschluss wird in Form von Bankdarlehen gewährt.

Rückzahlung

Fünf Jahre nach Ende der Förderungshöchstdauer meldet sich das Bundesverwaltungsamt bei den Empfängern von Leistungen nach dem BAföG und fordert die Rückzahlung des Darlehensanteils. Das Darlehen muss von nun an innerhalb von längstens 20 Jahren in monatlichen Teilbeträgen von mindestens 105 € zurückgezahlt werden. Liegt das monatliche Nettoeinkommen unter 960 €, so kann ein Zahlungsaufschub beantragt werden.

Staatsdarlehen, die für Ausbildungsabschnitte gewährt werden, die nach dem 28. Februar 2001 begonnen haben, müssen nur bis zu einem Gesamtbetrag von 10.000 € zurückgezahlt werden.

Wer sein Studium unter bestimmten Bedingungen abschließt, kann auf Antrag mit einem Teilerlass der Darlehensschuld rechnen.

2.3 Studieren mit Kind

Für Studierende mit Kind ist die finanzielle Situation besonders schwierig. Deshalb gibt eine Reihe von Anlauf- und Beratungsstellen Tipps, wo man Geld bekommen kann.

Wenden Sie sich an:

- die BAföG-Beratungsstellen,
- an Ihren ASTA oder
- an die Familienberatungsstellen der verschiedenen Träger (Diakonisches Werk, Arbeiterwohlfahrt, Caritas Verband und Pro Familia).

Den Leitfaden *Studieren mit Kind* können Sie beim Bundesfamilienministerium, Postfach 20 15 51, 53145 Bonn anfordern. Im Internet gibt es Hilfe unter folgenden Homepages:

- www.bmfsfj.de
- www.studienwahl.de
- www.rund-ums-baby.de/uni/index.htm
- www.uni-ulm.de/uni/studentenwerk
- www.baby-on-board.de
- www.menschenskinder-online.de

BAföG-Sonderregelungen

Da die Förderung nach dem BAföG ausschließlich auf den Ausbildungsbedarf zugeschnitten ist, kann ein Mehrbedarf wegen Schwangerschaft oder Erziehung eines Kindes **nicht** geltend gemacht werden. Studierenden Eltern mit eigenem Einkommen werden für ihr(e) Kind(er) **Freibeträge** gewährt. Dies kann zu einer Erhöhung der Ausbildungsförderung führen, da sich das angerechnete Einkommen verringert.

Grundsätzlich wird Förderung nur geleistet, solange die Ausbildung tatsächlich betrieben wird, aber auch, solange die Studierende infolge einer Schwangerschaft gehindert ist, die Ausbildung durchzuführen, nicht jedoch über drei Monate hinaus. Kann die Studierende mehr als drei Monate pro Semester ihr Studium nicht wahrnehmen, ist es besser, ein **Urlaubssemester** zu beantragen, während dessen Anspruch auf Sozialhilfe besteht.

Das BAföG trägt der zeitlichen Belastung, die durch Schwangerschaft und Kindererziehung verursacht wird, Rechnung. Für eine angemessene Zeit kann deshalb die Förderung über die Höchstdauer hinaus gewährt werden, wenn diese infolge einer Schwangerschaft oder der Pflege und Erziehung eines Kindes (bis zum 10. Lebensjahr) überschritten worden ist.

Als angemessen werden folgende Verlängerungszeiten angesehen:

- für die Schwangerschaft ein Semester,
- für die ersten 5 Lebensjahre jeweils ein Semester,
- für das 6. und 7. Lebensjahr zusammen ein Semester und
- für das 8., 9. und 10. Lebensjahr insgesamt ein Semester.

Die Altersgrenze von 30 Jahren gilt für einen Anspruch auf BAföG **nicht**, sofern der oder die Studierende aufgrund der Erziehung eines Kindes bis zu zehn Jahren gehindert war, die Ausbildung rechtzeitig zu beginnen.

Außerdem können schwangere Studentinnen – genauso wie alle übrigen Studierenden – eine **Studienabschlussförderung** beantragen, die als verzinsliches Bankdarlehen für höchstens 12 Monate nach Ablauf der verlängerten Förderungshöchstdauer gewährt wird.

Bei der Rückzahlung des BAföG spielt die Kinderbetreuung ebenfalls eine wichtige Rolle für einen **Darlehenserlass**. Solange der/die Studierende ein Kind unter 10 Jahren oder ein behindertes Kind betreut und erzieht, nur unwesentlich erwerbstätig ist und nur ein geringes Einkommen hat, ist auf Antrag die Freistellung von der jeweiligen Tilgungsrate vorgesehen.

Mutterschafts- und Entbindungsgeld

Mutterschaftsgeld kann nicht von allen Studentinnen beansprucht werden, da es mit einem **Beschäftigungsverhältnis in Zusammenhang** steht, das durch fortgeschrittene Schwangerschaft und Geburt unterbrochen wird.

Voraussetzungen für das Mutterschaftsgeld der **Krankenkasse** sind

- das Bestehen eines Arbeitsverhältnisses bei Beginn der Mutterschutzfrist und
- die eigenständige Mitgliedschaft in der gesetzlichen Krankenkasse bei Antragstellung und im Mutterschutz.

In diesem Fall zahlt die Krankenkasse während des Zeitraums des Mutterschutzes Mutterschaftsgeld in Höhe des durchschnittlichen Nettoverdienstes, maximal 13 € pro Tag.

Voraussetzung für das Mutterschaftsgeld des **Bundesversicherungsamtes** ist das Bestehen eines Arbeitsverhältnisses bei Beginn der Mutterschutzfrist. Die Studentin muss jedoch nicht selbst Mitglied in der gesetzlichen Krankenversicherung, sondern kann zum Beispiel auch privat krankenversichert sein. Das Bundesversicherungsamt zahlt maximal 210 € für den gesamten Mutterschutzzeitraum.

Zuständig ist das

Berliner Bundesversicherungsamt
Reichpietschufer 72–75
10785 Berlin

Versicherte der gesetzlichen Krankenversicherung erhalten einmalig 77 € **Entbindungsgeld** nach der Geburt, und zwar unabhängig vom Mutterschaftsgeldanspruch. Das Entbindungsgeld wird von der jeweiligen Krankenkasse bei Vorlage der Geburtsurkunde bezahlt.

Wohnraum

Werdende Mütter und Eltern sowie Alleinerziehende werden bei der Vergabe von **Wohnheimplätzen** bevorzugt behandelt. Große Hochschulen stellen zum Teil spezielle studentische Wohnungen für Studierende mit Kind zur Verfügung.

Auch bei der Vergabe von **Sozialwohnungen** werden Schwangere besonders berücksichtigt durch Ausstellung eines Wohnberechtigungsscheins.

 Zuständig ist das örtliche **Wohnungs- und Sozialamt**.

REHAU steht für hohe Funktionalität und Zuverlässigkeit, für Forschung und Entwicklung. Kompetenz und Innovationsfreude in der Polymerverarbeitung haben uns zu einem gefragten Systemanbieter und Dienstleister für nahezu alle Branchen gemacht. Als unabhängiges Familienunternehmen mit weitreichenden internationalen Aktivitäten sind wir flexibel und immer dort, wo unsere Kunden uns brauchen. In über 50 Ländern sind 15.000 Mitarbeiter an mehr als 170 Standorten beschäftigt.

An verschiedenen REHAU-Standorten bieten wir

Hochschulabsolventen und Studenten m/w

anspruchsvolle Praktika, Diplomarbeiten oder Einstiegsmöglichkeiten in den Bereichen

- EDV/Organisation
- Rechnungswesen/Finanzbuchhaltung
- Einkauf/Logistik
- Marketing/Vertrieb
- Produktentwicklung/-konstruktion
- Produktionsplanung/-organisation
- Personal

REHAU AG + Co
Hauptabteilung Personal
Frau Voigt, Postfach 1460
Tel.: 0 92 83/ 77 13 02
95104 Rehau
Kristin.Voigt@REHAU.com, www.REHAU.de

Menschen bewegen REHAU.

Wohn- und Umzugsgeld

Unabhängig vom BAföG haben Studenten mit Kind – im Gegensatz zu anderen Studierenden – **Anspruch auf Wohngeldleistungen**.

Bereits gegen Ende der Schwangerschaft kann ein Antrag auf **Wohngeld** gestellt werden.

Falls ein Umzug in eine familiengerechte Wohnung nötig wird, so muss das Sozialamt einen Zuschuss zu den **Umzugs-, Einrichtungs- und Mietkosten** in einem gewissen Umfang bewilligen.

Schwangere und Alleinerziehende werden bei der Vergabe von **Sozialwohnungen**, entsprechend ihrem Einkommen, bevorzugt berücksichtigt.

Erziehungsgeld

Beim Bundeserziehungsgeld besteht die Wahl zwischen zwei verschiedenen Bezugsarten:

- entweder bis zum 24. Lebensmonat 300 € monatlich
- oder bis zum zwölften Lebensmonat 460 € monatlich.

 Anspruchsberechtigt sind Elternteile, die

- das Kind vorwiegend selbst erziehen,
- die Personensorge für das Kind haben,
- mit dem Kind in einem Haushalt leben und
- nicht mehr als 30 Stunden wöchentlich arbeiten.

Abgesehen vom Bundeserziehungsgeld, gewähren Baden-Württemberg, Bayern, Mecklenburg-Vorpommern, Sachsen und Thüringen auch **Landeserziehungsgeld**. Diese Gelder werden für das dritte Lebensjahr des Kindes gewährt und können im Anschluss an das Bundeserziehungsgeld beantragt werden.

Zuständig für diese Gelder sind die Bezirks-, Jugend- und Versorgungsämter der jeweiligen Bundesländer sowie die Ämter für Versorgung und Familienförderung.

Sozialhilfe

Schwangere und Studierende mit Kindern können trotz Studentenstatus einige Leistungen nach dem Bundessozialhilfegesetz in Anspruch nehmen.

Bei diesen Leistungen muss man allerdings unterscheiden zwischen „Hilfe zum Lebensunterhalt" und „Hilfe in besonderen Lebenslagen". Sozialhilfe als „Hilfe zum Lebensunterhalt" können schwangere Studentinnen in der Regel nicht erhalten, unabhängig davon, ob sie Leistungen nach dem BAföG beziehen oder nicht.

Wohl aber können sie Leistungen als **Hilfe in besonderen Lebenslagen** bekommen, weil diese nicht ausbildungsbedingt sind. So besteht die Möglichkeit einer einmaligen Hilfe für Schwangerschaftsbekleidung und Kleidung für besondere Anlässe sowie Baby-Erstausstattung. (Mögliche Änderungen der Sozialhilfeleistungen infolge von Hartz IV konnten bis Redaktionsschluss dieser Auflage nicht berücksichtigt werden.)

Allein lebende schwangere Studentinnen können ab der 12. Schwangerschaftswoche nur noch eingeschränkt einen **Mehrbedarfszuschlag** beantragen, wenn sie BAföG oder andere Unterhaltsleistungen empfangen. Unter „Mehrbedarf" ist eine monatlich wiederkehrende Zusatzzahlung zu verstehen, die – einmal beantragt – unbürokratisch weiterfließt.

Unabhängig von den Eltern hat das **Kind** bei Bedürftigkeit Anspruch auf Sozialhilfe. Sorgeberechtigte müssen einen entsprechenden Antrag beim Sozialamt stellen.

Kinder- und Jugendhilfe

Eltern haben einen Rechtsanspruch auf Beratung und finanzielle Unterstützung bei der Kindererziehung. Hierzu gehört die Kostenerstattung bei Kindern in **Tagespflege** (wie zum Beispiel Kinderkrippe, Tagesmutter oder Kindergarten), sofern die Eltern diese nicht aufbringen können. Ansprechpartner sind die Jugendämter.

Weitere finanzielle Leistungen

- Nach der Geburt des Kindes besteht Anspruch auf **Kindergeld**. Es beträgt für das erste, zweite und dritte Kind derzeit jeweils 154 €. Kindergeld wird für alle Kinder bis zum vollendeten 18. Lebensjahr gezahlt.

 Der Antrag ist bei der Kindergeldkasse in der örtlichen Arbeitsagentur zu stellen.

- Die **Stiftung „Mutter und Kind – Schutz des ungeborenen Lebens"** gewährt auf Antrag eine einmalige finanzielle Hilfe, die für die Baby-Erstausstattung, Umstandskleidung, Ergänzung der Wohnungseinrichtung, Wohnungsbeschaffung und/oder -renovierung gedacht ist. Voraussetzung sind die Beratung und Antragstellung in einer Schwangerschaftsberatungsstelle, ein Schwangerschaftsattest sowie eine akute Notlage der Schwangeren.

- Weitere finanzielle Leistungen, die zum Beispiel von **Landesstiftungen** gewährt werden, können bei den eingangs genannten Beratungsstellen erfragt werden.

Weitere Hilfen finden Sie in der im Anhang genannten Literatur.

2.4 Studium für Behinderte

Behinderte Studierende haben die Möglichkeit, ihr Studium durch öffentliche Kostenträger mitfinanzieren zu lassen.

Bei der Beantragung des BAföG können Behinderte häufig ihr anzurechnendes Einkommen um behindertenbedingte Leistungen vermindern, sodass sie dementsprechend **mehr BAföG** (so genannter zusätzlicher Härtefreibetrag) erhalten.

Darüber hinaus besteht die Möglichkeit der **Verlängerung der Förderungshöchstdauer.**

Schließlich können BAföG-Empfänger die Berücksichtigung **behinderungsbedingter Aufwendungen** bei der Rückzahlung des Darlehensanteils beantragen. Dadurch erhöht sich die Einkommensgrenze, bis zu der von der Rückzahlung freigestellt wird.

Weiterhin haben Behinderte grundsätzlich Anspruch auf folgende Leistungen, die jeweils im Einzelfall geprüft werden:

- Deckung des nicht ausbildungsbedingten Bedarfs (zum Beispiel Spezialernährung),
- Erstattung der Fahrtkosten oder der Kosten für den Führerscheinerwerb, sofern die Benutzung öffentlicher Verkehrsmittel unzumutbar ist,
- Finanzierung von Studienhelfern, häufig Kommilitonen, die im Hochschulalltag behilflich sind,
- mobile Hilfs- und Fahrdienste,
- bestimmte Pflegeleistungen, sofern der Behinderte auf Pflege angewiesen ist.

Darüber hinaus gibt es in vielen **Studentenwohnheimen** behindertengerecht ausgestattete Zimmer. Einige Hochschulen haben spezielle Pflegedienste, die eine ständige pflegerische Betreuung ermöglichen.

Ansprechpartner für die Studienfinanzierung behinderter Studierender sind die **Behindertenbeauftragten** der jeweiligen Hochschulen, das Deutsche Studentenwerk, das auch die hilfreiche Broschüre *Behinderte studieren* herausgibt:

> **Deutsches Studentenwerk**
> Informations- und Beratungsstelle
> Studium und Behinderung
> Weberstraße 55
> 53113 Bonn
> ☎ 02 28 / 2 60 06 - 62

 Der Antrag für behindertenbedingte Leistungen sollte **möglichst frühzeitig** gestellt werden, weil das Verfahren häufig sehr lange dauert. Oft werden erst Gutachten von Sachverständigen eingeholt.

2.5 Bildungskredite

Wenig bekannt ist, dass Studenten in fortgeschrittenen Phasen ihrer Ausbildung über die bisher vorgestellten Fördermöglichkeiten hinaus **zinsgünstige Kredite** eingeräumt werden können.

 Die so genannten Bildungskredite dienen dazu, einerseits einen nicht durch das BAföG abgedeckten Aufwand zu finanzieren und andererseits den **Abbruch des Studiums** aufgrund fehlender finanzieller Mittel zu **vermeiden**. Damit wird Studenten geholfen, die zu Bankkrediten aufgrund fehlender Sicherheiten meist keinen Zugang haben.

Die Förderung erfolgt unabhängig vom Vermögen und Einkommen des Antragstellers und seiner Eltern. Allerdings besteht kein rechtlicher Anspruch auf den Kredit.

Der zur Verfügung stehende Finanzrahmen wird jährlich vom Bundesministerium für Bildung und Forschung vorgegeben. Innerhalb eines Ausbildungsabschnitts können bis zu 7.200 € bewilligt werden.

 Der Kredit ist beim Bundesverwaltungsamt zu beantragen (🖥 www.bva.bund.de), das gegebenenfalls einen Bewilligungsbescheid und eine Bundesgarantie (Bürgschaft) erteilt. Den Abschluss des Kreditvertrages, die Auszahlung der Raten und die Rückforderung übernimmt die Kreditanstalt für Wiederaufbau (🖥 www.kfw.de). Hotline:

☎ 0 18 88 / 35 8 - 44 92
🖨 0 18 88 / 35 8 - 48 50
🖱 bildungskredit@bva.bund.de

2.6 Studium im Ausland

Die Internationalisierung der Wirtschaft erfordert Fach- und Führungskräfte, die nicht nur mehrsprachig sind, sondern auch Erfahrung im **Umgang mit fremden Kulturen** mitbringen.

Eine gute Möglichkeit, zum „*Global Player*" zu werden, bieten Praktika im Ausland (siehe Kapitel 9.2) und ein oder mehrere Auslandssemester.

Die Finanzierung eines Studienaufenthalts an einer ausländischen Universität oder Fachhochschule ist eine kostspielige Angelegenheit. Inzwischen wurde erkannt, wie wichtig Auslandsaufenthalte sind, und es gibt zahlreiche Möglichkeiten, für ein solches Vorhaben **finanzielle Förderung** zu erhalten.

Erste Anlaufstelle für jeden Studierenden, der einen Teil seines Studiums im Ausland absolvieren will, sind die Akademischen Auslandsämter. Außerdem erteilt der **Deutsche Akademische Austauschdienst (DAAD)** Auskünfte, bietet Kurz-, Semester- und Jahresstipendien für Studierende und fungiert zudem als Herausgeber für zahlreiche Studienführer über verschiedene Länder.

Informationen zu den Förderprogrammen des DAAD sowie die Broschüre *Studium, Forschung, Lehre im Ausland. Förderungsmöglichkeiten für Deutsche* gibt es direkt beim DAAD oder bei den Akademischen Auslandsämtern vor Ort. **Kontaktadresse:**

DAAD
Kennedyallee 50
53175 Bonn
☎ 02 28 / 88 20
🖨 02 28 / 88 24 44
🖥 www.daad.de

Neben dem DAAD als größtem Stipendiengeber für Studienaufenthalte im Ausland gibt es zahlreiche Institutionen, die Fördermittel unter bestimmten Voraussetzungen bereitstellen. Beispielhaft sei hier auf **BAföG**-Leistungen für Studienaufenthalte **im Ausland** und auf die Programme der **Europäischen Union** hingewiesen.

Die Akademischen Auslandsämter halten umfassendes Informationsmaterial zu diesen und allen anderen Möglichkeiten der Förderung von Auslandsaufenthalten bereit.

Mit BAföG ins Ausland

Nach dem BAföG besteht auch die Möglichkeit, Förderung für einen Studienaufenthalt im Ausland zu erhalten.

Innerhalb der EU kann ein Studium **bis zum Erwerb des ausländischen Studienabschlusses** gefördert werden, wenn der Student das Studium nach einer mindestens einjährigen inländischen Studiumsphase im Ausland fortsetzt.

2. Finanzierung des Studiums

Auslandsaufenthalte im Rahmen einer grenzüberschreitenden Zusammenarbeit zwischen einer inländischen und ausländischen Hochschule können unabhängig von einer einjährigen Studiumsphase im Inland für die jeweilige Dauer des Auslandsstudiums gefördert werden.

Auslandsstudien, die im Rahmen eines Auslandsstudiums **außerhalb der EU** durchgeführt werden, sind für die Dauer von einem Jahr bzw. bei Vorliegen besonderer Gründe für maximal 2,5 Jahre förderungsfähig, und zwar unter folgenden Voraussetzungen:

- Das Studium im Ausland ist nach dem Ausbildungsstand förderlich (das heißt, Grundkenntnisse wurden in einem mindestens einjährigen Studium im Inland erworben) und kann zumindest teilweise auf die Inlandsbildung angerechnet werden.
- Das Auslandsstudium dauert mindestens sechs Monate oder ein Semester bzw. zwölf Wochen.

Stets erforderlich sind ausreichende Kenntnisse der Unterrichts- und Landessprache.

Praktika werden nur dann gefördert, wenn

- sie mindestens drei Monate dauern,
- sie für die Durchführung der Ausbildung erforderlich sind,
- in Ausbildungsbestimmungen geregelt sind,
- dem Ausbildungsstand förderlich sind,
- die Ausbildungsstelle bzw. zuständige Prüfstelle anerkennt, dass die Praktikantenstelle den Anforderungen der Prüfungsordnung genügt.

Zusätzliche Leistungen

Zusätzliche Leistungen bei einer Ausbildung im Ausland nach der BAföG-Auslandszuschlagsverordnung sind folgende:

- notwendige Studiengebühren (bis zu 4.600 €),
- Reisekosten (einmalige Hin- und Rückreise),
- ggf. Zusatzleistungen für die Krankenkasse,
- für eine Ausbildung im EU-Ausland einen je nach Land unterschiedlichen Auslandszuschlag (zwischen 60 € und 450 € monatlich).

Diese Leistungen sind Zuschüsse und brauchen nicht zurückgezahlt zu werden.

Auch für Studenten, die im Inland keinen Anspruch auf Ausbildungsförderung nach dem BAföG haben, besteht aufgrund der höheren Bedarfssätze teilweise Anspruch auf Fördermittel für einen Auslandsaufenthalt.

Die Antragstellung erfolgt länderabhängig bei zahlreichen Ämtern für Ausbildungsförderung (siehe Tabelle Seite 83 ff.).

Bei einem Studium im Ausland muss generell die Bereitschaft vorhanden sein, **fehlende finanzielle Mittel**, die nicht durch BAföG oder ein Stipendium gedeckt werden, **selbst aufzubringen**.

Förderprogramme der Europäischen Union

Die Europäische Union fördert mit den Programmen **Sokrates** und **Erasmus** die Zusammenarbeit in der Hochschulbildung und die Mobilität europäischer Studenten.

2.6 Studium im Ausland

Auslands-BAföG

Ausbildungsländer	Zuständige Stelle
Ägypten, Angola, Äthiopien, Benin, Botsuana, Burkina Faso, Burundi, Cote D'Ivoire, Dschibuti, Fidschi, Gabun, Gambia, Ghana, Guinea, Guinea-Bissau, Kamerun, Kap Verde, Kenia, Kiribati, Kongo Demokratische Republik, Kongo Republik, Lesotho, Libanon, Liberia, Libyen, Madagaskar, Malawi, Mali, Marokko, Marshallinseln, Mauretanien, Mauritius, Mikronesien, Mosambik, Myanmar, Namibia, Nauru, Neuseeland, Niger, Nigeria, Papua-Neuguinea, Ruanda, Salomonen, Sambia, Samoa, Sao Tome und Principe, Senegal, Seychellen, Sierra Leone, Simbabwe, Somalia, Südafrika, Sudan, Suriname, Swasiland, Tansania, Togo, Tschad, Tunesien, Tuvalu, Uganda, Zentralafrikanische Republik	Studentenwerk Frankfurt/Oder Amt für Ausbildungsförderung Paul-Feldner-Straße 8 15320 Frankfurt an der Oder ☎ 03 35 / 5 65 09 22 📠 03 35 / 5 65 09 99 ✉ bafoeg@studentenwerk-frankfurt.de 🖥 www.studentenwerk-frankfurt.de
Albanien, Australien, Bosnien-Herzegowina, Griechenland, Jugoslawien, (Serbien/Montenegro), Kroatien, Makedonien, Slowenien, Zypern	Studentenwerk Marburg Amt für Ausbildungsförderung Erlenring 5 35037 Marburg ☎ 0 64 21 / 29 62 03, 2 96 2 04 📠 0 64 21 / 1 57 61 ✉ schulze@mailer.uni-marburg.de 🖥 www.uni-marburg.de/stw/
Antigua, Barbuda, Argentinien, Bahamas, Barbados, Bahamas, Belize, Bolivien, Brasilien, Chile, Costa Rica, Dominica, Dominikanische Republik, Ecuador, El Salvador, Grenada, Guatemala, Guyana, Haiti, Honduras, Jamaika, Kolumbien, Komoren, Kuba, Mexiko, Nicaragua, Panama, Paraguay, Peru, St. Kitts und Nevis, St. Lucas, St. Vincent, Grenadienen, Trinidad und Tobago, Uruguay, Venezuela	Senator für Bildung und Wissenschaft Landesamt für Ausbildungsförderung Rembertiring 8–12 28195 Bremen ☎ 04 21 / 3 61 - 49 95, -62 98, -47 97 📠 04 21 / 36 11 55 43 Besucheranschrift: Emil-Waldmann-Straße 3 28195 Bremen
Armenien, Aserbaidschan, Bulgarien, Estland, Georgien, Kasachstan, Kirgisistan, Lettland, Litauen, Moldau, Monaco, Polen, Rumänien, Russische Föderation, Slowakei, Tadschikistan, Tschechische Republik, Turkmenistan, Ukraine, Ungarn, Usbekistan, Weißrussland	Studentenwerk Chemnitz-Zwickau Amt für Ausbildungsförderung Postfach 10 32 09001 Chemnitz ☎ 03 71 / 56 28 - 2 15, -450 📠 03 71 / 5 62 84 55 ✉ auslands.bafoeg@swcz.smwk.sachsen.de

2. Finanzierung des Studiums

Ausbildungsländer	Zuständige Stelle
Bahrein, Bangladesch, Belgien, Bhutan, Brunei Darussalam, China (ohne Hongkong), Indien, Indonesien, Irak, Iran, Israel, Japan, Jemen, Jordanien, Kambodscha, Katar, Korea Demokratische Volksrepublik, Korea Republik, Kuwait, Laos, Luxemburg, Malaysia, Malediven, Mongolei, Nepal, Niederlande, Oman, Pakistan, Philippinen, Saudi Arabien, Singapur, Sri Lanka, Syrien, Taiwan, Thailand, Vereinigte Arabische Emirate, Vietnam	Region Hannover Fachbereich Schulen – Team 40.4 Amt für Ausbildungsförderung Hildesheimer Straße 20 30169 Hannover ☎ 05 11 / 6 16 -2 22 52, -2 22 53, -2 25 54 📠 05 11 / 61 61 12 32 05 ✉ bafoeg@region-hannover.de
Dänemark, Island, Norwegen	Studentenwerk Schleswig-Holstein Förderungsverwaltung Westring 385, 24118 Kiel ☎ 04 31 / 8 81 60, 📠 04 31 / 8 81 62 04 ✉ studentenwerk.s-h@t-online.de 🖥 www.studentenwerk-s-h.de
Finnland	Studentenwerk Halle Amt für Ausbildungsförderung W.-Langenbeck-Straße 5, 06120 Halle/Saale ☎ 03 45 / 6 84 71 13, 📠 03 45 / 6 84 72 02 ✉ bafoeg@studentenwerk-halle.de 🖥 www.studentenwerk-halle.de
Frankreich	Kreisverwaltung Mainz-Bingen Amt für Ausbildungsförderung Postfach 13 55 55206 Ingelheim ☎ 0 61 32 / 78 70, 📠 0 61 32 / 78 73 60 ✉ kreisverwaltung@mainz-bingen.de 🖥 www.mainz-bingen.de
Großbritannien, Irland, Türkei	Bezirksregierung Köln – Ausbildungsförderung Theaterplatz 14 52062 Aachen ☎ 02 41 / 4 55 02, 📠 02 41 / 45 53 00 ✉ bafoeg@bezreg-koeln.nrw.de 🖥 www.bezreg-koeln.nrw.de
Italien, Vatikanstadt	Bezirksamt Charlottenburg-Wilmersdorf von Berlin Amt für Ausbildungsförderung Auslandsamt 10617 Berlin ☎ 0 30 / 90 29 10, 📠 0 30 / 9 02 91 75 93 ✉ bagoegitalien@charlottenburg-wilmersdorf.de Hausanschrift: Heerstraße 12–14, 14052 Berlin

2.6 Studium im Ausland

Ausbildungsländer	Zuständige Stelle
Kanada	Studentenwerk Erfurt-Ilmenau Amt für Ausbildungsförderung Nordhäuser Straße 63, 99089 Erfurt Postfach 10 16 17, 99016 Erfurt ☎ 03 61 / 7 37 18 53, 📠 03 61 / 7 37 19 92 ✉ swe@swe.uni-erfurt.de 🖥 www.studentenwerk-erfurt-ilmenau.de
Malta, Portugal	Universität des Saarlandes – Amt für Ausbildungsförderung – Studentenhaus Universitätsgelände Bau 28 66123 Saarbrücken ☎ 06 81 / 3 02 49 92, 📠 06 81 / 3 02 49 93 ✉ bafoeg-amt@stw.uni-sb.de 🖥 www.studentenwerk-saarland.de
Österreich	Landeshauptstadt München – Schul- und Kultusreferat – Amt für Ausbildungsförderung Schwanthalerstraße 40, 80336 München ☎ 0 89 / 2 33 -2 86 53, -2 17 85 📠 0 89 / 23 32 44 11, ✉ sch-afa@muenchen.de 🖥 www.muenchen.de
Schweden	Studentenwerk Rostock Amt für Ausbildungsförderung – Auslandsamt St.-Georg-Straße 104–107, 18055 Rostock ☎ 03 81 / 4 59 26 17, 📠 03 81 / 45 92 94 31 ✉ auslands-bafoeg@studentenwerk-rostock.de 🖥 www.studentenwerk-rostock.de
Schweiz, Liechtenstein	Studentenwerk Augsburg Amt für Ausbildungsförderung Eichleitnerstraße 30, 86159 Augsburg ☎ 08 21 / 5 98 49 30, 📠 08 21 / 5 98 49 45 ✉ bafoeg@stw.uni-augsburg.de 🖥 www.studentenwerk-augsburg.de
Spanien	Studentenwerk Heidelberg Amt für Ausbildungsförderung Marstallhof 1–5, 69117 Heidelberg ☎ 0 62 21 / 54 -26 92, -27 00, -27 01 📠 0 62 21 / 54 35 24 ✉ foe.stw@urz.uni-heidelberg.de 🖥 www.studentenwerk.uni-heidelberg.de
USA	Studentenwerk Hamburg Amt für Ausbildungsförderung Postfach 13 01 13, 20101 Hamburg ☎ 0 40 / 41 90 20, 📠 0 40 / 41 92 21 26 ✉ bafoeg@studentenwerk.hamurg.de 🖥 www.studentenwerk-hamburg.de Besucheranschrift: Grindelallee 9, 20146 Hamburg

2. Finanzierung des Studiums

Seit **Erasmus** 1987 ins Leben gerufen wurde, erfreut sich das Programm ungebrochener Nachfrage. Bisher haben über eine Million europäische Studenten, darunter über 121.500 deutsche, von Erasmus Gebrauch gemacht.

Damit hat sich diese Initiative der Europäischen Union zum wichtigsten Mobilitätsprogramm für Studenten in ganz Europa entwickelt.

Die **Leistungen** eines Erasmus-Stipendiums bestehen

- im Erlass von Studiengebühren an der ausländischen Universität und
- in einem Mobilitätszuschuss von max. 200 € monatlich.

Eine **Vollfinanzierung** des Auslandsstudiums ist durch die Mobilitätszuschüsse der EU allerdings nicht möglich. Es handelt sich hierbei um Teilstipendien, die die auslandsbedingten Mehrkosten abdecken sollen.

Die Gewährung von Zuschüssen aus dem EU-Programm Erasmus ist an folgende Voraussetzungen gebunden:

Der Studierende

- ist in einem Studiengang einer Hochschule eingeschrieben, der zu einem Hochschulabschluss führt,
- muss mindestens das erste Studienjahr abgeschlossen haben,
- ist Staatsangehöriger der EU- bzw. EWR-Staaten,
- besitzt ausreichende Kenntnisse der Unterrichtssprache.
- Das Auslandsstudium stellt einen integralen Bestandteil des Studienganges an der Heimathochschule dar.

Die Antragstellung erfolgt bei den Programmbeauftragten, welche es an jeder Hochschule gibt, die mit anderen europäischen Hochschulen kooperiert. Auskünfte erteilen die **Akademischen Auslandsämter**.

Nähere Infos zu Erasmus unter:
 http://europa.eu.int/comm/education/erasmus.html.

Studium in den USA

Speziell für ein Studium in den USA vergibt die **Fulbright-Kommission** in Zusammenarbeit mit dem Bundesministerium für Bildung, Wissenschaft, Forschung und Technologie jährlich Stipendien. Fulbright-Stipendien dienen dem deutsch-amerikanischen **Kulturaustausch** sowie der persönlichen Weiterbildung durch die Begegnung mit dem Gastland. Ein Stipendium ist unter anderem an folgende Voraussetzungen gebunden:

- deutsche Staatsangehörigkeit und ständiger Wohnsitz in Deutschland,
- allgemeine Hochschul- oder Fachhochschulreife,
- gute allgemeine und fachliche Vorbildung,
- solide landeskundliche Kenntnisse über Deutschland und USA,
- mindestens fünf abgeschlossene Fachsemester, davon zwei an einer deutschen Hochschule,
- schlüssiges Studienvorhaben in den USA,
- Altersgrenze: 35 Jahre.

Stipendiaten sind als Vollzeit-Studierende für ein akademisches Jahr (neun bis zehn Monate) an der amerikanischen Gasthochschule eingeschrieben.

Studierende, die im Ausland nach **BAföG** gefördert werden, dürfen aus Mitteln des Sokrates- bzw. Erasmus-Programms monatlich nur 51,13 € erhalten, da nur diese Summe auf das BAföG anrechnungsfrei ist.

 Praktika, Praxissemester und das Anfertigen von Diplomarbeiten werden innerhalb des Fulbright-Programms nicht gefördert.

Nähere Auskünfte erteilt die
Fulbright-Kommission
Oranienburger Straße 13–14
10178 Berlin
☎ 0 30 / 28 44 43-0
🖷 0 30 / 28 44 43-42
💻 www.fulbright.de

2.7 Stipendien

Es gibt zahlreiche Möglichkeiten, ein Studium durch Stipendien zu finanzieren. Gerade für leistungsfähige Studenten, die ihr Studium innerhalb der Regelstudienzeit beenden möchten, bietet sich diese Form der Studienfinanzierung an. Sie ermöglicht die Konzentration auf das Studium, weil die Erwerbstätigkeit neben dem Studium meist wegfällt. Ein weiterer **Vorteil** von Stipendien besteht darin, dass sie als Zuschuss gewährt werden und nicht, wie zum Beispiel Leistungen nach dem BAföG, teilweise zurückgezahlt werden müssen.

Stipendien werden sowohl von den so genannten Begabtenförderungswerken als auch von privaten Stiftungen vergeben. Die große Anzahl solcher Institutionen erfordert an dieser Stelle eine Beschränkung auf die Nennung folgender Förderungsmöglichkeiten:

- Begabtenförderung,
- Allgemeine Stipendien,
- Studienfachbezogene Stipendien,
- Hochschulgebundene Stipendien.

Wer Interesse an einer Förderung durch einen der nachfolgend genannten Stipendiengeber hat, sollte direkt bei der betreffenden Institution detailliertes Informationsmaterial anfordern. Die Anforderungsprofile der einzelnen Stiftungen und Förderungswerke können hier nur exemplarisch angesprochen werden.

Lassen Sie sich nicht von vornherein davon abschrecken, ein Stipendium zu beantragen, weil Sie keine Chance auf eine Förderung zu haben glauben. Prüfen Sie die Kriterien der verschiedenen Stipendiengeber genau, und sehen Sie, welche für Sie aufgrund Ihres Leistungs- oder Interessenprofils infrage kommen.

Unter 💻 www.stiftungsindex.de und 💻 www.daad.de gibt es Informationen rund um Stipendien.

Begabtenförderung

Derzeit erhalten zehn Begabtenförderungswerke staatliche Zuschüsse, die sie nach ihren eigenen Auswahlkriterien in Form von Studienstipendien an Studenten weitergeben.

2. Finanzierung des Studiums

Die Anforderungen der fördernden Institutionen unterscheiden sich, aber in der Beurteilung der Förderungswürdigkeit der Kandidaten gibt es **Kriterien**, die bei allen Begabtenförderungswerken eine entscheidende Rolle spielen:

- Bei der Auswahl der Stipendiaten sind **sehr gute Studienleistungen** wichtig, aber nicht entscheidend. Vielmehr sollte neben der fachlichen Kompetenz auch **soziales und gesellschaftspolitisches Engagement** gezeigt werden.
- Die Stipendiaten sollen nicht nur an den finanziellen Mitteln der Stiftungen interessiert sein, sondern aktiv an deren Bildungsarbeit mitwirken. Hierzu gehört der **Besuch von Seminaren und Stipendiatentreffen**.

Die Höhe der Stipendien orientiert sich an den BAföG-Bedarfssätzen. Die Begabtenförderungswerke stehen häufig einer Partei, einer Konfession oder Arbeitgeber- und Arbeitnehmerverbänden nahe.

Die Studienstiftung des Deutschen Volkes ist unabhängig von einer bestimmten Weltanschauung oder politischen Ausrichtung.

Studienstiftung des Deutschen Volkes
Ahrstraße 41
53173 Bonn
☎ 02 28 / 820 96 - 0
📠 02 28 / 820 96 - 1 03
💻 www.studienstiftung.de

Der potenzielle Stipendiat kann sich nicht selbst bewerben, sondern muss durch den Direktor seiner Schule oder einen Hochschullehrer vorgeschlagen werden. In einem mehrstufigen Auswahlverfahren mit Auswahlseminaren werden die Stipendiaten ermittelt. Nach drei Semestern Förderung wird über die Weiterförderung bis zur Förderungshöchstdauer entschieden.

Die Carl Duisberg Gesellschaft fusionierte 2002 mit der deutschen Stiftung für internationale Entwicklung zur InWEnt – Internationale Weiterbildung und Entwicklung gemeinnützige GmbH. Diese bietet verschiedene Programme an. Das ASA-Programm ist ein entwicklungspolitisches Stipendienprogramm, das Studierende sowie jungen Berufstätigen dreimonatige Arbeits-, Erfahrungs- und Studienaufenthalte in Entwicklungsländern finanziert. Rund 170 Stipendien stehen pro Jahr bereit.

InWEnt gGmbH
ASA-Programm
Lützowufer 6–9
10785 Berlin
☎ 0 30 / 25 48 20
📠 0 30 / 25 48 23 59
💻 www.asa-programm.de
✉ asa@inwent.org

Ein weiteres Programm fördert Studierende wirtschaftlicher und technischer Fächer an Fachhochschulen. Infos gibt es bei:

InWEnt gGmbH
FH-Programm
Weyerstraße 79–83
50676 Köln
☎ 02 21 / 20 98 - 1 99, - 2 73, - 3 36
💻 www.inwent.org/fh-praxissemester
✉ fh-praxissemester@inwent.org

Parteinahe Stiftungen

Konrad-Adenauer-Stiftung, Begabtenförderung
Rathausallee 12
53757 St. Augustin
☎ 0 22 41 / 2 46 - 5 73
📠 0 22 41 / 2 46 - 5 91
💻 www.kas.de
✉ zentrale-bk@kas.de

Die Bewerber werden in einem dreistufigen Verfahren ausgewählt (Vorauswahl, Auswahltagung, Probesemester). Ihre Selbstanträge müssen jeweils zum 15.1. oder 1.7. eines Jahres vorliegen. Die Konrad-Adenauer-Stiftung vergibt Jahresstipendien an deutsche und ausländische Studierende (Höchstalter 32 Jahre), die jeweils bis zum Ende der Förderungshöchstdauer verlängert werden können.

Friedrich-Ebert-Stiftung, Abt. Studienförderung
Godesberger Allee 149
53170 Bonn
☎ 02 28 / 88 3 - 0
📠 02 28 / 88 3 - 3 96
💻 www.fes.de
✉ KESSB@fes.de

Stipendiaten der Friedrich-Ebert-Stiftung werden in einem zweistufigen Verfahren ausgewählt. Im Anschluss an die Vorauswahl findet ein Gespräch mit dem Vertrauensdozenten oder einem Mitglied des Auswahlausschusses statt. Gefördert werden in- und ausländische Studenten bis zur Förderungshöchstdauer nach dem BAföG.

Friedrich-Naumann-Stiftung, Abteilung Wissenschaftliche Dienste und Begabtenförderung, Weberpark
Alt Nowawes 67
14482 Potsdam-Babelsberg
☎ 03 31 / 70 19 - 3 49
📠 03 31 / 70 19 - 2 22
💻 www.fnst.org
✉ mohammad.shahpari@fnst.org

Die Friedrich-Naumann-Stiftung fördert in- und ausländische Studierende. Sie können sich bis zum 31.5. oder 30.11. eines jeden Jahres selbst bewerben. Nach der Vorauswahl findet eine Auswahltagung unter Vorsitz eines unabhängigen Auswahlausschusses statt. Die Laufzeit der Förderung beträgt ein Jahr und kann bis zur Förderungshöchstdauer verlängert werden.

Hanns-Seidel-Stiftung
Lazarettstraße 33
80636 München
☎ 0 89 / 12 58 - 3 30
📠 0 89 / 12 58 - 4 03
💻 www.hanns-seidel-stiftung.de

Die Auswahl künftiger Stipendiaten findet zunächst anhand der eingereichten Unterlagen und danach über ein mehrtägiges Auswahlverfahren statt. Die Altersgrenze für Stipendiaten der Hanns-Seidel-Stiftung liegt bei 32 Jahren.

Heinrich-Böll-Stiftung Studienwerk

Rosenthaler Straße 40–41
10178 Berlin
☎ 0 30 / 2 85 34 - 4 00
📠 0 30 / 2 85 34 - 4 09
💻 www.boell.de
🖱 info@boell.de

❌ Bewerbungen für die Heinrich-Böll-Stiftung müssen zum 01.09. eines Jahres vorliegen. Nach einer Vorauswahl fordert das Studienwerk geeignete Bewerber zu einer ausführlichen Bewerbung (inklusive Gutachten und Gesprächen mit Vertrauensdozenten) auf. Über die Förderung entscheiden unabhängige Ausschüsse.

Konfessionsgebundene Stiftungen

Cusanuswerk
Bischöfliche Studienförderung

Baumschulallee 5
53115 Bonn
☎ 02 28 / 98 38 40
📠 02 28 / 9 83 84 99
💻 www.cusanuswerk.de
🖱 Ingrid.Pohl@cusanuswerk.de

❌ Die Stiftung wendet sich an katholische Studierende aller Fachrichtungen. Antragstellende Studenten müssen die deutsche Staatsangehörigkeit besitzen oder die Berechtigung, BAföG-Leistungen zu beziehen. Die Stipendiaten können sich selbst bis zum 1.10. eines jeden Jahres bewerben oder sich durch Schule, Hochschule oder ehemalige Stipendiaten vorschlagen lassen. Es findet zunächst ein Auswahlgespräch statt. Daran anschließend wird die Entscheidung über die Förderungswürdigkeit des Kandidaten von einem interdisziplinären Auswahlgremium getroffen.

Evangelisches Studienwerk e. V. Villigst

Iserlohner Straße 25
58239 Schwerte
☎ 0 23 04 / 7 55 - 1 96
📠 0 23 04 / 7 55 - 2 50
💻 www.evstudienwerk.de
🖱 bewerbung@evstudienwerk.de

❌ Das Evangelische Studienwerk fördert evangelische Studenten. Als Bewerbungsgrenze gilt für Hochschulstudierende das 5. Semester, für Fachhochschulstudierende das 2. Semester.

Arbeitgeber- oder Arbeitnehmerverbänden nahestehende Stiftungen

Hans-Böckler-Stiftung
Studienförderung

Hans-Böckler-Straße 39
40476 Düsseldorf
☎ 02 11 / 77 78 - 0
📠 02 11 / 77 78 - 1 20
💻 www.boeckler.de
🖱 Dietrich-Einert@boeckler.de

❌ Die Bewerbung muss über eine der Einzelgewerkschaften, die im DGB zusammengeschlossen sind, erfolgen. Alle übrigen Bewerber müssen der Stiftung vorgeschlagen werden. Vorschlagsberechtigt sind Vertrauensdozenten, Fachdozenten und Stipendiatengruppen der Stiftung. Die Dauer der Förderung beträgt in der Regel drei Semester und kann bis zur Förderungshöchstdauer verlängert werden.

Wollen Sie nur von A nach B?

Oder das ganze Alphabet kennen lernen?

Haben Sie schon einmal festgestellt, dass die Lebensläufe vieler Führungspersönlichkeiten alles andere als geradlinig verlaufen sind? Bei Deloitte kommt das auch öfter vor. Beispielsweise kann bei uns aus einem Wirtschaftsprüfer durchaus ein erfolgreicher Consultant werden. Denn in den interdisziplinären Teams, die wir für unsere Kunden bilden, haben alle immer wieder die Möglichkeit, einen Blick über den Tellerrand zu werfen. Das hat viele Pluspunkte: Jeder lernt von jedem und einige finden dabei sogar in einem ganz anderen Metier ihre wirkliche Passion. Und das Beste daran: Man kann dann auch in diesen Bereich wechseln und dort Karriere machen.

Denn als eine der führenden Prüfungs- und Beratungsgesellschaften lassen wir unseren Mitarbeitern gerne alle Türen offen. Davon profitieren auch unsere Kunden. Von Mitarbeitern, die geradeaus denken können. Aber auch um die Ecke.

Wenn Sie mehr über uns und Ihre Karrieremöglichkeiten bei Deloitte wissen möchten, finden Sie die wichtigsten Infos auf unserer Website:
www.deloitte.com/careers

Und wann kommen Sie auf den Punkt?

Deloitte.

Wirtschaftsprüfung . Steuerberatung . Consulting . Corporate Finance .

© 2005 Deloitte & Touche GmbH

Stiftung der Deutschen Wirtschaft Studienförderwerk Klaus Murmann

Haus der Deutschen Wirtschaft
11054 Berlin
☎ 0 30 / 20 33 15 40
🖷 0 30 / 20 33 15 55
💻 www.sdw.org ✉ sdw@sdw.org

Die Stiftung der Deutschen Wirtschaft fördert deutsche und ausländische Studierende, die sich für Führungspositionen in Wirtschaft und Gesellschaft eignen. Die Förderung beginnt nach der Bewerbung im 3. oder 4. Semester und ist bis zum Ende der Regelstudienzeit befristet. Die Bewerbung erfolgt über einen Vertrauensdozenten der Stiftung. Ein zweitägiges Assessment-Center ersetzt die üblichen Auswahlverfahren.

Sonstige Begabtenförderungswerke

Otto-Benecke-Stiftung e. V.
Kennedyallee 105–107
53175 Bonn
☎ 02 28 / 81 63 - 1 08
🖷 02 28 / 81 63 - 3 00
💻 www.obs-ev.de
✉ OBS-ev@t-online.de

Die Zielgruppe der Otto-Benecke-Stiftung sind Spätaussiedler, Asylberechtigte und Kontingentflüchtlinge, die in Deutschland ein Studium aufnehmen, fortsetzen oder ergänzen möchten. Die Bewerber müssen sich selbst bewerben. Ihre Auswahl findet nach bestimmten Richtlinien oder über ein Auswahlseminar statt.

Stiftung Deutsche Sporthilfe

Burnitzstraße 42–44
60596 Frankfurt am Main
☎ 0 69 / 67 80 30
🖷 0 69 / 6 78 03 76
💻 www.sporthilfe.de
✉ info@sporthilfe.de

Das Ziel der Förderung besteht darin, einzelnen Studierenden die Verbindung von Hochleistungssport und Studium zu ermöglichen. Die Stipendiaten müssen den Leistungskadern A, B oder C der anerkannten Fachverbände angehören und sich zur sportlichen Leistungssteigerung verpflichten. Die Auswahl erfolgt über einen Gutachter-Ausschuss. Die Förderbeträge decken sowohl die Lebenshaltungskosten als auch zusätzliche Kosten für Training und Reisen zu sportlichen Wettkämpfen.

Private Stiftungen

Private Stiftungen vergeben **Stipendien** an

- Studierende bestimmter Fachrichtungen,
- Studierende bestimmter Hochschulen,
- Studierende aus bestimmten Städten,
- an die Familien von Firmenangehörigen,
- an Mitglieder bestimmter Berufsgruppen oder
- speziell für Examen oder Dissertationen.

Von den über 500 privaten Stiftungen, die sich der Förderung Studierender widmen, können wir an dieser Stelle nur eine Auswahl vorstellen. Viele der Institutionen wenden sich aufgrund sehr spezifischer

Voraussetzungen nur an einen kleinen Kreis von Studenten. Informationen zu vielen spezifischen Stiftungen erteilt der

Stifterverband für die Deutsche Wissenschaft
Barkhovenallee 1
45239 Essen
☎ 02 01 / 84 01 - 0
📠 02 01 / 84 01 - 3 01
🖥 www.stifterverband.org
✉ mail@stifterverband.de

Die Förderbeträge der privaten Stiftungen sind in der Regel geringer als die der Begabtenförderung oder des BAföGs. Oft werden nur einmalige Zuschüsse gezahlt.

Allgemeine Stipendien

Die allgemeinen Studienstiftungen beschränken die Förderung in der Regel nicht auf Studenten, die bestimmte Fächer studieren oder einer bestimmten Konfession angehören. Sie richten sich an begabte Studenten im gesamten Bundesgebiet, die der finanziellen Förderung bedürfen.

Peter-Fuld-Stiftung
Kennedyallee 55
60596 Frankfurt am Main
☎ 0 69 / 63 70 54
📠 0 69 / 63 90 04
🖥 www.peterfuldstiftung.de
✉ verwaltung@peterfuldstiftung.de

Eine Studienabschlussförderung überdurchschnittlich erfolgreicher Studenten, sofern das Examen aufgrund Finanzmangels, ethnischer Zugehörigkeit oder sozialen Umfeldes gefährdet ist.

Dr. Jost Henkel Stiftung
Henkelstraße 67
40191 Düsseldorf
☎ 02 11 / 79 70 80 82
📠 02 11 / 7 98 22 63

Vorzugsweise Förderung von Wirtschafts- und Sozialwissenschafts- sowie Ingenieur- und Naturwissenschaftsstudenten.

Hans-Krüger-Stiftung
c/o Studienstiftung des Deutschen Volkes
Mirbachstraße 7
53173 Bonn
☎ 02 28 / 82 09 60
📠 02 28 / 8 20 96 - 67
🖥 www.studienstiftung.de
✉ info@studienstiftung.de

Förderung von Studenten aller Fachrichtungen

**Karl-Theodor-Molinari-Stiftung e. V.
Bildungswerk des Deutschen Bundeswehrverbandes**
Südstraße 121
53175 Bonn
☎ 02 28 / 38 23 - 1 03
📠 02 28 / 38 23 - 2 50

**Alfred- und Cläre-Pott-Stiftung,
c/o Stifterverband für die Deutsche Wissenschaft**
Barkhovenallee 1
45239 Essen
☎ 02 01 / 84 01 - 0
📠 02 01 / 84 01 - 3 01
🖥 www.stifterverband.de
✉ renate.zindler@stifterverband.de

Studentische Darlehenskasse Hessen

Bockenheimer Landstraße 133
60325 Frankfurt am Main
☎ 0 69 / 7 98 - 2 30 49

Gewährung einkommensabhängiger Darlehen für hessische Studenten im Examen

Studienfachbezogene Stipendien

Im Fall der fächergebundenen Stiftungen weist schon die Bezeichnung der Stipendienart auf die Ziele der jeweiligen Stiftung hin. Sie fördern Studierende bestimmter Fachrichtungen.

Rechts-, Gesellschafts- und Wirtschaftswissenschaften

Senator Ing. Albert Brickwedde-Stiftung
Großhandelsring 10
49084 Osnabrück
☎ 05 41 / 5 84 85 - 20
📠 05 41 / 5 84 85 - 17
🖥 www.a-brickwedde.de
Betriebswirtschaft

Friedrich-Flick Förderungsstiftung
Postfach 10 23 61
40014 Düsseldorf
☎ 02 11 / 4 38 22 58
Wirtschaftswissenschaften, Technik und Forschung

Dr. Ing. Fritz Honsel-Stiftung
Postfach 13 64
59870 Meschede
☎ 02 91 / 29 12 15
📠 02 91 / 29 11 02
Wirtschafts- und Ingenieurwissenschaften

Heinrich-Kaufmann-Stiftung
c/o Revisionsverband Deutscher Konsumgesellschaften e. V.
Adenauerallee 21
20097 Hamburg
☎ 0 40 / 241 91 - 0
📠 0 40 / 241 91 - 50
Wirtschafts- und Rechtswissenschaften mit dem Ziel Genossenschaftswesen

Thyssen Krupp Technologies AG Rheinstahl-Stiftung
Am Thyssenhaus 1
45128 Essen
☎ 02 01 / 1 06 32 76
🖥 www.thyssenkrupp-tech.com
Wirtschaftswissenschaften, Ingenieurwesen, Wirtschaftsingenieurwesen, Maschinenbau

Allgemeine Treuhand in Hamburg-Stiftung (ATH-Stiftung)
Kastanienallee 16
21521 Wohltorf
☎ 0 41 04 / 29 98
📠 0 41 04 / 77 33
Wirtschaftswissenschaften

Weidmüller Stiftung
Paderborner Straße 175
32760 Detmold
☎ 0 52 31 / 14 11 77
🖷 0 52 31 / 14 11 75
🖳 www.weidmueller-stiftung.de
Wirtschafts- und
Ingenieurwissenschaften

Dr. Wilhelm-Westhausen-Stiftung
Kölner Tor 22
40625 Düsseldorf
☎ 02 11 / 28 93 00
Rechtswissenschaften, Internationales
Privatrecht, besonders Universität Köln

 Kommunikations- und Medienwissenschaften

**FAZIT-Stiftung
Gemeinnützige
Verlagsgesellschaft mbH**
Mainzer Landstraße 243
60326 Frankfurt am Main
☎ 0 69 / 75 91 - 20 66
🖷 0 69 / 73 93 115
Zeitungswesen, grafisches Gewerbe,
Antrag durch Hochschullehrer

Karl-Gerold-Stiftung
Große Eschenheimer Straße 16–18
60313 Frankfurt am Main
☎ 0 69 / 2 19 93 16
🖷 0 69 / 2 19 93 28
Zeitungswesen, grafisches Gewerbe

Pressestiftung Tagesspiegel gGmbH
Potsdamer Straße 87
10785 Berlin
☎ 0 30 / 26 00 92 22
🖷 0 30 / 2 64 02 67
Presse, grafisches Gewerbe

**Studienstiftung der
Süddeutschen Zeitung**
Postfach 20 19 02
80019 München
☎ 0 89 / 21 83 - 86 23
🖳 www.sueddeutscher-verlag.de
✉ marianne.heuwagen@
  sueddeutsche.de
Medienwissenschaften, auch Volontäre,
Journalisten

 Geisteswissenschaften

**Heinrich-Bönnemann-
Stiftung**
Altendorferstraße 120
45143 Essen
☎ 02 01 / 8 28 - 25 84
Geisteswissenschaften, Kunst,
Technik

Gerda-Henkel-Stiftung
Malkastenstraße 15
40211 Düsseldorf
☎ 02 11 / 35 98 53
🖷 02 11 / 35 71 37
🖳 www.gerda-henkel-stiftung.de
✉ info@gerda-henkel-stiftung.de
Studierende von Fächern mit
historischer Ausrichtung

Franz-und-Eva-Rutzen-Stiftung
c/o Stifterverband für die
Deutsche Wissenschaft
Barkhovenallee 1
45239 Essen
☎ 02 01 / 84 01 - 0
📠 02 01 / 84 01 - 3 01
Archäologie, Geschichte,
Kunstgeschichte, Kulturgeschichte

 Mathematik, Naturwissenschaften

Veith-Berghoff-Jubiläumsstiftung
c/o Schiffbautechnische
Gesellschaft e. V.
Lämmersieth 72
22305 Hamburg
☎ 0 40 / 6 90 49 10
📠 0 40 / 6 90 03 41
💻 www.stg-online.de
🖱 office@stg-online.de
Schiffs- und Meerestechnik

Walter-Bohm-Stiftung
Postfach 95 01 09
21111 Hamburg
☎ 0 40 / 74 37 - 22 80
📠 0 40 / 74 37 - 47 51
Luft- und Raumfahrttechnik

Gustav-Magenwirth-Stiftung gGmbH
Stuttgarter Straße 52
72574 Bad Urach
☎ 0 71 25 / 15 31 13
Fahrzeugbau, Feinwerktechnik,
Kunststofftechnik

Fritz-ter-Meer-Stiftung
c/o Bayer AG
51368 Leverkusen
☎ 02 14 / 3 08 10 37
📠 02 14 / 3 04 13 01
💻 www.bayer.de
🖱 renate.gmenemeier.ag@bayer-ag.de
Natur- und Ingenieurwissenschaften

 Medizin

Else-Kröner-Fresenius-Stiftung
Postfach 18 52
61288 Bad Homburg
☎ 0 61 72 / 89 75 - 0
📠 0 61 72 / 89 75 - 15

Minna-James-Heinemann-Stiftung
c/o Stifterverband für die Deutsche
Wissenschaft
Barkhovenallee 1
45239 Essen
☎ 02 01 / 8 40 11 54
📠 02 01 / 8 40 12 55
💻 www.heinemann-stiftung.de

Manfred-Köhnlechner-Stiftung
Reizensteinstraße 5
82031 Grünwald
☎ 0 89 / 6 49 36 02

Hochschulgebundene Stipendien

Auch bei hochschulgebundenen Stipendien ist der Name bereits Programm. Zielgruppe sind Studierende, die an der jeweiligen Hochschule immatrikuliert sind.

Außerdem können Studierende Fördermittel bei Hochschulfördervereinen beantragen, die es an den meisten Universitäten gibt. Die Vorlesungsverzeichnisse geben Auskunft über diese regionalen Stiftungen.

Aachen

Friedrich-Wilhelm-Stiftung, Kanzler der RWTH
Templergraben 55
52062 Aachen

Albstadt

Philipp-Matthäus-Hahn-Stiftung, Landratsamt Zollernalbkreis, Adrian Schiefer
Hirschbergstraße 29
72336 Balingen
☎ 0 74 33 / 92 11 13
📠 0 74 33 / 92 11 43
✉ a.schiefer@zollernalbkreis.de

Augsburg

**Kurt-Bösch-Stiftung
c/o Universität Augsburg**
Universitätsstraße 2
86159 Augsburg
☎ 08 21 / 5 98 - 51 00
📠 08 21 / 5 99 - 55 05

**Stiftung der Universität Augsburg
c/o Universität Augsburg**
Universitätsstraße 2
86159 Augsburg
☎ 08 21 / 5 98 - 51 25
📠 08 21 / 5 98 - 51 11
✉ stiftung@verwaltung.uni-augsburg.de

Bochum

Alwin-Reemtsma-Stiftung
Universitätsstraße 150
44801 Bochum
☎ 02 34 / 32 - 2 22 35
📠 02 34 / 32 - 1 42 60

**Wilhelm-und-Günther-Esser-Stiftung
c/o Gesellschaft der Freunde der**
Ruhr-Universität Bochum e. V.
Stiepeler Straße 129
44801 Bochum

Braunschweig

Vereinigte Stiftung der Technischen Universität Carola-Wilhelmina zu Braunschweig
Pockelstraße 14
38106 Braunschweig
☎ 05 31 / 3 91 - 43 05
📠 05 31 / 3 91 - 43 40

Düsseldorf

Hedwig-und-Waldemar-Hort-Stipendienstiftung, c/o Rektor der Heinrich-Heine-Universität
Universitätsstraße 1
40225 Düsseldorf
☎ 02 11 / 3 11 - 51 40

Erlangen

Dr.-Alfred-Vinzl-Stiftung
Schlossplatz 4
91054 Erlangen
☎ 0 91 31 / 2 66 03, 2 66 42

**Johanna-Sofie-Wallner'sche-
Blinden- und Stipendienstiftung,
Stadt Nürnberg, Stiftungsverwaltung**
Theresienstraße 1
90403 Nürnberg
☎ 09 11 / 2 31 - 29 03
🖨 09 11 / 2 31 - 52 55

**Vereinigte Stipendienstiftung für
Studenten aller Fakultäten und
Konfessionen an der
Friedrich-Alexander-Universität
Erlangen-Nürnberg**
Schlossplatz 4
91054 Erlangen
☎ 0 91 31 / 85 - 2 66 03, - 2 66 42

Frankfurt am Main

**Stiftung Städelschule für
junge Künstler**
Dürerstraße 10
60596 Frankfurt am Main
☎ 0 69 / 60 50 08 20
🖨 0 69 / 60 50 08 72

Freiburg

**Vereinigte Studienstiftung
Verwaltung der Universität Freiburg**
Fahnenbergplatz
79085 Freiburg
☎ 07 61 / 2 03 43 09
🖨 07 61 / 2 03 43 29

**Dr.-Leo-Ricker-Stiftung Freiburg
Stiftungsvrwaltung Freiburg**
Deutschordenstraße 2
79104 Freiburg
☎ 07 61 / 21 08 - 1 10
🖨 07 61 / 21 08 - 1 11
✉ info@stiftungsverwaltung-
freiburg.de

Gießen

**Dr.-Alex-und-Eva-Friend-Stiftung,
Dresdner Bank AG,
Erb- und Stiftungsangelegenheiten**
Neckarstraße 11–13
60301 Frankfurt am Main
☎ 0 69 / 2 63 - 5 54 64
🖨 0 69 / 2 63 - 1 05 58

Göttingen

**Otto-Vahlbruch-Stiftung
Dekan des jeweiligen Fachbereichs
der Universität**
Wüstenhofweg 3
22339 Hamburg
☎ 0 40 / 5 38 - 35 90

**Stiftung der
Georg-August-Universität
zu Göttingen**
Goßlerstraße 5–7
37073 Göttingen
☎ 05 51 / 39 42 21
🖨 05 51 / 39 96 12

2.7 Stipendien

Hamburg

Rudolph-Lohff-Stiftung, Hochschule für Wirtschaft und Politik
Von-Melle-Park 9
20146 Hamburg
☎ 0 40 / 41 23 22 03
📠 0 40 / 41 23 41 50

Heidelberg

Stadt-Heidelberg-Stiftung Universität Heidelberg
Friedrich-Ebert-Anlage 6–10
69117 Heidelberg
☎ 0 62 21 / 54 - 74 57
📠 0 62 21 / 54 - 77 32

Vereinigte Studienstiftung Heidelberg Universität Heidelberg
Seminarstraße 2
69117 Heidelberg
☎ 0 62 21 / 54 21 60
📠 0 66 21 / 54 26 18

Heilbronn

Gustav-Berger-Stiftung
Ittlinger Straße 8
74080 Heilbronn

Kaiserslautern

Kreissparkassen-Stiftung Kreissparkasse Kaiserslautern
Am Altenhof 12–14
67655 Kaiserslautern
☎ 06 31 / 85 02 08
📠 06 31 / 85 03 74

Karlsruhe

Sondervermögen Schenkungen der Stadt Karlsruhe
Marktplatz/Rathaus
76133 Karlsruhe
☎ 07 21 / 1 33 20 21/2
📠 07 21 / 1 33 20 09

Vereinigte Stiftungen der Stadt Karlsruhe
Marktplatz/Rathaus
76133 Karlsruhe
☎ 07 21 / 1 33 20 21/2
📠 07 21 / 1 33 20 09

Vereinigte Studienstiftung der Universität Karlsruhe, Universität Karlsruhe
Kaiserstraße 12
76131 Karlsruhe

Köln

Kölner Gymnasial- und Stiftungsfonds
Stadtwaldgürtel 18
50931 Köln
☎ 02 21 / 40 63 31 - 0
📠 02 21 / 40 63 31 - 9

Lübeck

Gottfried Roder Stiftung
Hochstraße 86
23554 Lübeck

2. Finanzierung des Studiums

Mainz

**Emil-und-Paul-Müller-Gedächtnis-Stiftung
Johann-Gutenberg-Universität**
55099 Mainz
☏ 0 61 31 / 39 - 2 22 73

München

**Dr. Ing. Leonard Lorenz Stiftung (TU)
Technische Universität München**
85350 Freising-Weihenstephan
☏ 0 81 61 / 71 36 77
📠 0 81 61 / 71 44 66

Vereinigte Stipendienstiftung der Landeshauptstadt München Stiftungsverwaltung
Orleansplatz 11
81667 München
☏ 0 89 / 2 33 - 2 56 46
📠 0 89 / 2 33 - 2 26 10

Vereinigte Stipendien und sonstige Fonds der Technischen Universität München
Gabelsberger Straße 39
80290 München
☏ 0 89 / 2 89 - 2 55 01
📠 0 89 / 2 89 - 2 27 35

**Fanny-Carlita-Stiftung
c/o Bayerisches Staatsministerium für Unterricht, Kultur, Wissenschaft und Kunst**
Salvatorplatz 2
80333 München
☏ 0 89 / 21 86 - 0
📠 0 89 / 21 86 - 28 00

**Karoline-Steinhart-Fonds und Nicolaus Fonds (TU) und Loschge-Studienstiftung
c/o Präsident der Technischen Universität München**
Gabelsberger Straße 39
80290 München
☏ 0 89 / 2 89 - 2 55 01
📠 0 89 / 2 89 - 2 27 35

**Louise-Blackborne-Stiftung
c/o Ludwig-Maximilian-Universität**
Geschwister-Scholl-Platz 1
80539 München
☏ 0 89 / 21 80 - 63 35, - 24 24, - 56 93
📠 0 89 / 21 80 - 39 24

Prof. Dr. Wilhelm Wittmannsche Stipendienstiftung der TUM und Stipendienstiftung der TU München
Gabelsberger Straße 39
80290 München
☏ 0 89 / 2 89 - 2 55 01
📠 0 89 / 2 89 - 2 27 35

**Vereinigte Stipendienstiftung der Universität München für Studierende aller Fakultäten und Konfessionen
c/o Ludwig-Maximilian-Universität**
Geschwister-Scholl-Platz 1
80539 München
☏ 0 89 / 21 80 - 0
📠 0 89 / 21 80 - 29 85

**Walter-Hofmiller-Stiftung
Deutsche Journalistenschule e. V.**
Altheimer Eck 3
80331 München
☏ 0 89 / 2 35 57 40
✉ post@djs-online.de
(für Journalistisches Zusatzstudium)

You make the difference!

Join the team!

Wir sind eine der weltweit führenden Management-Beratungsgesellschaften und seit Mai 2002 Mitglied im internationalen Netzwerk der Altran-Gruppe mit mehr als 17.000 Consultants. Wir sind bekannt für Kreativität und Innovation. Im deutschsprachigen Raum befinden sich unsere Niederlassungen in Wiesbaden, Berlin, Düsseldorf, München, Wien und Zürich.

Wir arbeiten nicht einfach für, sondern gemeinsam mit unseren Kunden.

Berater von Arthur D. Little zeichnen sich durch Persönlichkeit, Kompetenz, Glaubwürdigkeit und Sensibilität aus. Was sie vom Wettbewerb unterscheidet, ist das Quentchen mehr an Individualität, persönlichem Engagement und Eingehen auf den Kunden. All diese Eigenschaften sind die Basis für ein Vertrauensverhältnis, das erst das Klima für eine wirklich konstruktive Zusammenarbeit schafft. Von der Erarbeitung einer Strategie bis zur Implementierung konkreter Maßnahmen verstehen wir uns mit unseren Kunden als echtes Team, das der gemeinsame, unbedingte Wille zum Erfolg verbindet.

Arthur D. Little is different.

Wenn Sie die Herausforderung reizt, Aufgaben auf diese Art anzupacken und zu lösen, dann schreiben Sie uns: Arthur D. Little GmbH, Recruiting, Gustav-Stresemann-Ring 1, D-65189 Wiesbaden – oder (bevorzugt) per E-Mail an careers.germany@adlittle.com.

Arthur D Little

Weitere Informationen zum Unternehmen finden Sie unter www.adlittle.de

Wittelsbacher Jubiläumsstiftung/ Maximilianeum-Stiftung
Max-Planck-Straße 1
81675 München
☎ 0 89 / 41 94 44 - 11
🖨 0 89 / 41 94 44 - 50
🖥 www.maximilianeum.de
✉ stiftung@maximilianeum.de

Neu-Ulm

Albert-und Reinhold-Bohl-Stiftung Illertissen
Kantstraße 8
89231 Neu-Ulm
☎ 07 31 / 7 04 01 - 36
🖨 07 31 / 7 04 01 - 6 77

Stuttgart

Franz- und Alexandra-Kirchhoff-Stiftung
Dipl.-Ing. Uwe Drews
Esslinger Straße 1
70771 Leinfelden-Echterdingen
☎ 07 11 / 61 92 40
🖨 07 11 / 61 92 41 99
Uni Stuttgart, Karlsruhe sowie FH Stuttgart, Biberach, Konstanz

Trier

Nikolaus-Koch-Stiftung
Dietrichstraße 12, 54290 Trier
☎ 06 51 / 4 11 77
🖨 06 51 / 4 83 68

Tübingen

Gerhard-Rösch-Stiftung
Schaffhausenstraße 101
72072 Tübingen
☎ 0 70 71 / 19 31 88

Tübinger Stiftung des Wissenschaftlichen Nachwuchses Eberhard-Karls-Universität Tübingen
Wilhelmstraße 7
72074 Tübingen
☎ 0 70 71 / 29 - 0
🖨 0 70 71 / 29 - 59 90

Tübinger Stipendien-Stiftung Eberhard-Karls-Universität Tübingen
Wilhelmstraße 7
72074 Tübingen
☎ 0 70 71 / 29 - 0
🖨 0 70 71 / 29 - 59 90

Würzburg

Vereinigte Stipendien- und Preisstiftung Universität Würzburg
Sanderring 2
97070 Würzburg
☎ 09 31 / 31 - 0
🖨 09 31 / 31 - 26 00

2.8 Versicherungen

Sozialversicherung während des Studiums

Zur Sozialversicherung gehört die **Kranken-, Renten- und Arbeitslosenversicherung**. Immatrikulierte Studenten an Hochschulen und anderen wissenschaftlichen Schulen, die der fachlichen Ausbildung dienen, zahlen keine Renten- und Arbeitslosenversicherungsbeiträge, sofern sie keiner Beschäftigung nachgehen. Versicherungspflicht besteht für Studenten in der gesetzlichen Krankenversicherung. Der Beitrag ist für alle Studenten gleich hoch. Er beträgt monatlich 46,60 € in den alten und neuen Bundesländern.

Auch die **Pflegeversicherung** ist für Studierende verpflichtend. Der Beitrag beträgt monatlich 7,92 €.

Auf Antrag erhalten **BAföG-Empfänger** einen **Zuschuss** von 47 € zur Kranken- und von 8 € zur Pflegeversicherung.

Versicherungspflicht besteht bis zum Abschluss des 14. Fachsemesters, längstens bis zur Vollendung des 30. Lebensjahres.

Studierende können sich **von der gesetzlichen Versicherungspflicht befreien** lassen. Möglich ist das zu Beginn des Studiums oder wenn die Familienversicherung ausläuft, also mit 25 Jahren, bei Ableistung des Wehr- oder Zivildienstes entsprechend länger. Besonders vorteilhaft ist die Befreiung, wenn ein Elternteil Beamter ist, da die Beihilferegelung bis zum 27. Lebensjahr gilt. Bei Ableistung des Grund-, Wehr- oder Zivildienstes verlängert sich die Absicherung um die betreffende Zeit.

Der Antrag auf Befreiung von der Versicherungspflicht muss innerhalb einer Frist von drei Monaten nach Eintritt der Versicherungspflicht, also nach Studienbeginn oder Wegfall der Familienversicherung, bei einer Krankenkasse gestellt werden.

Wer sich als Beihilfeberechtigter von der Versicherungspflicht befreien lässt, sollte ergänzend eine **private Versicherung** in dem Umfang abschließen, in dem die Kosten von der staatlichen Beihilfe nicht übernommen werden.

In allen anderen Fällen, in denen eine Befreiung von der gesetzlichen Versicherungspflicht beantragt wird, sollte sich der Studierende privat krankenversichern, wobei er den Vorteil hat, die Leistungen (wie Unterbringung im Ein- oder Zweibettzimmer, Erstattung von Zahnersatz) frei vereinbaren zu können.

Die private Krankenversicherung hat Ausbildungstarife im Programm, die deutlich bessere Leistungen als die gesetzliche Versicherung bieten.

Unfallversicherung

Studenten sind in der gesetzlichen Unfallversicherung pflichtversichert. Die Versicherung schützt aber nur für den Fall, dass sich der Unfall im Bereich der Hochschule oder auf dem Hin- und Rückweg zur Hochschule ereignet.

Zudem setzt die gesetzliche Unfallversicherung erst ab einer **Minderung der Erwerbsfähigkeit** von mindestens 20 Prozent ein, wobei die unfallbedingte Monatsrente dann bei wenigen hundert Euro liegt.

2. Finanzierung des Studiums

Es handelt sich also bei der gesetzlichen Unfallversicherung um eine **Minimalabsicherung**, die sich mit steigendem Invaliditätsgrad immer weiter von den finanziellen Erfordernissen entfernt.

Einige Studentenwerke bieten für einen geringen Betrag eine **Freizeitversicherung** an, die Studenten auch bei Unfällen versichert, welche nicht im Zusammenhang mit dem Hochschulbesuch stehen.

Empfehlenswert ist der Abschluss einer **privaten Unfallversicherung**, bei der man den Vertrag so gestalten kann, dass eine außerordentliche Leistungssteigerung mit einem geringen Mehrbetrag erreicht wird.

\multicolumn{3}{c}{So viel zahlt die gesetzliche Unfallversicherung bei Invalidität im Monat (ab dem 18. Lebensjahr)}		
Prozent	alte Bundesländer	neue Bundesländer
100 %	1.449,00 €	1.218,00 €
80 %	1.159,70 €	974,40 €
60 %	869,40 €	730,80 €
40 %	579,60 €	487,20 €
20 %	289,80 €	243,60 €

(Stand: 01.01.2004; Änderungen jährlich)

Private Versicherungen zahlen bei 100-prozentiger Invalidität 100 bis 500 Prozent der Versicherungssumme aus. Zudem schützt die private Unfallversicherung 24 Stunden pro Tag – und dies weltweit sowohl in der Ausbildung als auch bei Freizeit und Sport.

Haftpflichtversicherung

Bis zum Abschluss der beruflichen Erstausbildung sind Studierende in der Privathaftpflichtversicherung ihrer **Eltern beitragsfrei mitversichert**.

Dabei ist zu prüfen, ob die jeweilige Versicherungsgesellschaft auch Aufbaustudien, Promotionen oder ähnliche Fortsetzungen des Studiums zur Erstausbildung rechnet.

Nicht jede Privathaftpflichtversicherung der Eltern haftet für **Schäden**, die der Studierende am **Eigentum der Hochschule** verursacht.

Da jeder Studierende nach den gesetzlichen Bestimmungen als Volljähriger in unbegrenzter Höhe für von ihm schuldhaft verursachte Schäden haftet, ist es eventuell sinnvoll, separat eine eigene studentische Haftpflichtversicherung abzuschließen. Der Versicherungsbeitrag beträgt 30 € pro Jahr, wobei der Geltungsbereich auf Deutschland beschränkt ist.

Dies betrifft insbesondere Studierende in **praxisorientierten Studiengängen** wie den Naturwissenschaften, wo durch Laborarbeit und falsches Bedienen von Geräten großer Schaden entstehen kann.

Rechtsschutzversicherung

Ähnliches wie für die Haftpflicht- gilt auch für die Rechtsschutzversicherung:

Unverheiratete Kinder sind in der Regel bis zum 25. Lebensjahr, bei manchen Versicherern auch länger, **bei den Eltern mitversichert**, wenn sie sich überwiegend in einer beruflichen Ausbildung befinden.

2.8 Versicherungen

Diesen Schutz genießen sie allerdings oftmals nicht in ihrer Eigenschaft als Halter eines Kraftfahrzeugs.

Die Rechtsschutzversicherung gilt in allen europäischen Ländern und in den Anrainerstaaten des Mittelmeeres.

Berufsunfähigkeitsversicherung

Berufsunfähigkeit ist der Verlust der Erwerbsfähigkeit um mehr als 50 Prozent, und zwar aufgrund von Krankheit oder Behinderung.

 Die Berufs- und Erwerbsunfähigkeitsrenten sind seit dem 01.01.2001 durch ein zweistufiges System von Erwerbsminderungsrenten (teilweise und volle Erwerbsminderung) ersetzt worden. Das existenzielle Risiko Erwerbsminderung ist lediglich theoretisch in der gesetzlichen Rentenversicherung für Studenten abgedeckt. In der Praxis erfüllen Studenten meistens nicht die Voraussetzungen auf einen Leistungsanspruch.

 Daher ist der Abschluss einer **privaten Berufsunfähigkeitsversicherung** unabdingbar und bietet Studierenden ausreichenden Versicherungsschutz bei Eintritt der Berufsunfähigkeit aufgrund Krankheit, Körperverletzung oder Kräfteverfalls. In einem solchen Fall besteht praktisch keine Möglichkeit das Studium abzuschließen oder später einen adäquaten Arbeitsplatz zu finden. Es empfiehlt sich ein **spezielles Absicherungskonzept für Studenten**, welches ein dauerndes Einkommen über eine Berufsunfähigkeitsrente und zugleich das notwendige Alterskapital über die dynamische Weiterspargarantie einer privaten Altersvorsorge beinhaltet. Durch diese maßgeschneiderte Absicherung während des Studiums entsteht keine Abhängigkeit von der Sozialhilfe aufgrund existenzieller Risiken.

	Versicherungsschutz		
Art der Versicherung	gesetzlicher Schutz?	bei den Eltern mitversichert?	eigener Versicherungsschutz nötig?
Krankenversicherung	ja	Familienversicherung bis 25 bzw. 26 Jahre, Beihilfe bis 27 Jahre	nur bei Befreiung von der gesetzlichen Krankenversicherung
Unfallversicherung	zum Teil	nein	ja
Privathaftpflichtversicherung	nein	ja, zum Teil	ja, als Ergänzung
Rechtsschutzversicherung	nein	ja, zum Teil	ja, als Ergänzung
Berufsunfähigkeitsversicherung	meist nein	nein	ja
Hausratversicherung	nein	ja, zum Teil	ja, bei eigener Wohnung

Hausratversicherung

Studenten sind über die Hausratversicherung ihrer Eltern dann versichert, wenn sie am Studienort nur ein Zimmer haben, aber **hauptsächlich noch zu Hause** wohnen und dort auch ihr Hab und Gut aufbewahren.

Die über die Eltern mitversicherte Summe ist allerdings je nach Vertrag auf 10 bis 20 Prozent der elterlichen Versicherungssumme und auf einen maximalen Euro-Betrag begrenzt.

Fahrräder sind gegen Diebstahl nur dann bei den Eltern versichert, sofern deren Vertrag ausdrücklich eine Fahrradversicherung einschließt.

In vielen Fällen kommt die Versicherung nur dann für einen Schaden auf, wenn das Fahrrad durch ein Schloss gesichert ist, zwischen 6 und 22 Uhr gestohlen wird oder sich danach noch in Gebrauch bzw. in einem Fahrradabstellraum befunden hat.

Gründet der Student einen eigenen Hausstand oder nimmt er sich eine **eigene Wohnung**, so braucht er auch eine **eigene Hausratversicherung**.

2.9 Jobs

Wie andere berufliche Tätigkeiten unterliegen auch die studentischen Jobs häufig der Sozialversicherungspflicht. Dies ist jedoch abhängig von Art und Umfang der Tätigkeit.

Der Gesetzgeber unterscheidet deutlich zwischen Arbeiten, die neben dem Studium quasi **„nebenberuflich"** ausgeübt werden, und solchen, die vom Umfang her das Studium als **„Hauptberuf"** in den Hintergrund treten lassen.

Wann besteht Sozialversicherungspflicht?

Der Gesetzgeber hat die für Studenten bisher sehr vorteilhaften Regelungen im Sozialversicherungsbereich geändert. Die Versicherungspflicht in der Sozialversicherung für studentische Tätigkeiten entspricht jetzt im Wesentlichen den generellen Sozialversicherungsregeln für Arbeitnehmer.

Nur wer während des Semesters kurzfristig – zwei Monate oder 50 Arbeitstage mit 20 Wochenstunden oder mehr – beschäftigt ist, fällt **nicht** unter die Sozialversicherungspflicht.

Wiederholt sich jedoch eine solche Tätigkeit mehrmals im Jahr und summiert sie sich zu mehr als 26 Wochen Beschäftigung, so müssen Beiträge zur Kranken-, Renten- und Arbeitslosenversicherung bezahlt werden.

Bei einer **geringfügigen Beschäftigung** bis zu 400 € führt der Arbeitgeber pauschal zwölf Prozent Beitrag an die Rentenversicherung und elf Prozent an die gesetzliche Krankenversicherung ab.

Von der Sozialversicherung befreit ist ein Student unter Umständen dann, wenn er sich **selbstständig** macht; dies wird im Einzelfall von den Krankenkassen geprüft.

Selbstständige Tätigkeiten unterliegen allerdings der Einkommensteuer und je nach Umsatz auch der Gewerbesteuer, wobei für die Einkommensteuer jedoch ein Grundfreibetrag von 7.426 € besteht. Vor Beginn der Selbstständigkeit muss – wie bei allen Selbstständigen – ein Gewerbe angemeldet werden.

Lohnsteuer

Grundsätzlich unterliegen **alle** studentischen Jobs – außer Tätigkeiten, die von Selbstständigen ausgeübt werden – der Lohnsteuerpflicht.

Pauschalsteuern können nicht zurückerstattet werden. Der Arbeitgeber kann aber den Lohn steuerfrei auszahlen, wenn ihm eine Freistellungsbescheinigung vorgelegt wird, die das Finanzamt auf Antrag ausstellt.

Besonderheiten bei Praktika

Ein echtes Praktikum dient dazu, Kenntnisse, Fertigkeiten oder Erfahrungen im Rahmen einer betrieblichen Berufsausbildung zu erwerben. Solche Prakika gelten stets als Beschäftigung im Sinne der Sozialversicherung und sind daher grundsätzlich versicherungspflichtig.

Studenten , die während des Studiums ein in einer Ausbildungs-, Studien- oder Prüfungsordnung **vorgeschriebenes Praktikum** – häufig ist es ein so genanntes Praxissemester – ableisten, sind in diesem Praktikum versicherungsfrei in allen Zweigen der Sozialversicherung. Die wöchentliche Arbeitszeit und die Höhe des Verdienstes sind ohne Bedeutung.

Ein während des Studiums geleistetes, **nicht vorgeschriebenes Praktikum** ist versicherungsfrei in der Rentenversicherung, wenn der monatliche Arbeitsverdienst 400 € nicht übersteigt. Die wöchentliche Arbeitszeit ist ohne Bedeutung. Für die Kranken-, Pflege- und Arbeitslosenversicherung gibt es für freiwillige Praktika keine besondere Ausnahmeregelung; in der Praxis sind sie allerdings üblicherweise als Aushilfsjob versicherungsfrei.

Kompliziert wird es, wenn der Student **nicht immatrikuliert** ist, aber – entsprechend der Studienordnung – ein **vorgeschriebenes** Praktikum absolviert:

In diesem Falle besteht nämlich immer Sozialversicherungspflicht, und zwar selbst dann, wenn das Praktikum nicht bezahlt wird. Nach einem fiktiven Monatsgehalt müssen dann Beiträge zur Renten- und Arbeitslosenversicherung, nicht aber zur Krankenversicherung abgeführt werden.

❌ Sorgen Sie dafür, dass Sie während des Zeitraums, in dem Sie ein Pflichtpraktikum absolvieren, **immatrikuliert** sind.

Die Verdienstmöglichkeiten der Studenten bei Praktika liegen je nach Art und Umfang der Tätigkeit zwischen einigen hundert und 1.500 €.

Während des Praktikums ist der Student **gesetzlich gegen Unfall versichert**. Allerdings ist er verpflichtet, eine Haftpflichtversicherung abzuschließen, sofern dies vom Ausbildungsbetrieb verlangt wird und das Haftpflichtrisiko nicht durch eine Versicherung des Unternehmens getragen wird.

2. Finanzierung des Studiums

Übersicht über die Sozialversicherungspflicht von Studenten und Praktikanten

1. Immatrikulierter Student nimmt eine Beschäftigung auf

Beschäftigungsverhältnis	Krankenversicherung	Rentenversicherung	Arbeitslosenversicherung	Praktikant	Student
während des Semesters bis zu 20 Std./Woche In Einzelfällen, z. B. bei Beschäftigungen am Wochenende sowie in den Abend- und Nachtstunden, gilt die Regelung auch für Beschäftigungen mit mehr als 20 Std./Woche)		> 400 € mtl.			X
während des Semesters mehr als 20 Std./Woche	X	X	X		
während des Semesters mehr als 20 Std./Woche, aber befristet auf 2 Monate oder 50 Arbeitstage (insgesamt im Jahr nicht mehr als 2 Monate oder 50 Arbeitstage)					X
innerhalb eines Jahres mehrere Beschäftigungen während des Semesters mit mehr als 20 Std./Woche, jeweils befristet auf 2 Monate oder 50 Arbeitstage (insgesamt im Jahr aber **nicht mehr als 26 Wochen**)		> 400 € mtl.			X
innerhalb eines Jahres mehrere Beschäftigungen während des Semesters mit mehr als 20 Std./Woche, jeweils befristet auf 2 Monate oder 50 Arbeitstage (insgesamt im Jahr **mehr als 26 Wochen**)	X	X	X		
während der Semesterferien (unabhängig von der Arbeitszeit und Dauer der Beschäftigung)		> 400 € mtl.			X

2. Während einer Beschäftigung wird ein Studium aufgenommen

Es besteht weiterhin **Versicherungspflicht als Arbeitnehmer** in allen Sozialversicherungszweigen, wenn **Entgelt > 400 €/mtl.**, auch wenn das Arbeitsverhältnis vom Umfang her den Erfordernissen des Studiums angepasst wird und die Arbeitszeit dann unter 20 Std./Woche liegt.

2.9 Jobs

3. Praktikum (vorgeschrieben in der Studien-/Prüfungsordnung)

Art des Praktikums		Versicherungspflicht als Arbeitnehmer/in			Versicherungspflicht in der GKV als	
		Krankenversicherung	Rentenversicherung	Arbeitslosenversicherung	Praktikant	Student
Vor-/Nachpraktikum (nicht immatrikuliert)	mit Arbeitsentgelt	X	X	X		
	ohne Arbeitsentgelt		X	X	X	
Zwischenpraktikum	mit Arbeitsentgelt					X
	ohne Arbeitsentgelt					X

4. Praktikum (nicht in der Studien-/Prüfungsordnung vorgeschrieben)

Art des Praktikums		Versicherungspflicht als Arbeitnehmer/in			Versicherungspflicht in der GKV als	
		Krankenversicherung	Rentenversicherung	Arbeitslosenversicherung	Auszubildender	Student
Vor-/Nachpraktikum (nicht immatrikuliert)	mit Arbeitsentgelt	X	X	X		
	ohne Arbeitsentgelt		X	X	X	
Zwischenpraktikum	Arbeitszeit bis 20 Std./Woche		> 400 € mtl.			X
	Arbeitszeit über 20 Std./Woche	X	X	X		

5. Promotionsstudium/Doktorand

Ein Promotionsstudium verlängert die Krankenversicherung der Studenten nicht, da es nicht mehr zur wissenschaftlichen Ausbildung gehört. Promotionsstudenten, die eine nicht geringfügige Beschäftigung ausüben (> 400 € mtl.) werden versicherungspflichtig als Arbeitnehmer in allen Sozialversicherungszweigen. Promotionsstudenten, die ein Stipendium erhalten, sind versicherungsfrei.

Quelle: MLP Finanzdienstleistungen AG

Tätigkeiten im Ausland

Für manche Studierende bietet sich die Möglichkeit, vorübergehend im Ausland zu arbeiten, zum Beispiel als Reisebegleiter.

Bei der Suche nach Ferienjobs im Ausland hilft das Werk *Ferienjobs und Praktika*, 1995; zum Auffinden von Praktikantenstellen im Ausland vgl. die Hinweise im folgenden Kapitel.

Die Einkünfte im Ausland unterliegen genauso wie diejenigen im Inland der deutschen **Einkommensteuer**. Die ausländischen Einkünfte werden einfach den inländischen hinzugerechnet, und der sich daraus ergebende Steuersatz wird dann auf das im Inland zu versteuernde Einkommen angewandt.

Die Frage zur Versicherungspflicht bei Tätigkeiten im Ausland sollte über den Arbeitgeber geklärt werden, da eventuell im Ausland eine **Sozialversicherungspflicht** eintritt.

2.10 Sonstiges

Ausbildungsfreibeträge

Eltern von Studierenden können in ihren Steuererklärungen in begrenztem Umfang Ausbildungsfreibeträge geltend machen, und zwar dann, wenn der Steuerpflichtige auch einen **Kinderfreibetrag** erhält. Der Kinderfreibetrag wird zumeist während der gesamten Berufsausbildung gewährt, sofern das Kind das **27. Lebensjahr** – oder bei Ableisten des Grund-, Wehr- oder Zivildienstes das 29. Lebensjahr – noch nicht vollendet hat. Nach Vollendung des 18. Lebensjahres und bei auswärtiger Unterbringung ist ein Ausbildungsfreibetrag in Höhe von 924 € vorgesehen.

Die Freibeträge **vermindern** sich allerdings um die Einkünfte des Kindes bzw. Studenten, sofern diese 1.848 € pro Jahr überschreiten.

Unter diese Regelung fallen **alle** Einkünfte des Studenten, auch pauschalversteuerter Lohn, BAföG, andere Zuschüsse aus öffentlichen Mitteln sowie Einkünfte des Ehegatten des betreffenden Studenten.

Eigentumswohnung

Wenn ein Student in einer von den Eltern angeschafften Eigentumswohnung unentgeltlich wohnt, haben die Eltern die Möglichkeit, die **Eigenheimzulage** nach Einkommensteuergesetz zu nutzen.

Anspruch auf die Eigenheimzulage hat, wer im Jahr der Anschaffung bzw. Fertigstellung der Immobilie und im vorangehenden Jahr (kumuliert) als Alleinstehender nicht mehr als 70.000 € und als Verheirateter nicht mehr als 140.000 € positive Einkünfte hat. Wenn diese Grenze erst zu einem späteren Zeitpunkt überschritten wird, wird die Eigenheimzulage weiterhin ausbezahlt. Für jedes Kind, für das der Anspruchsberechtigte im Jahr des Einzugs Kindergeld erhält und das zu seinem Haushalt gehört, erhöht sich der Grenzwert um 30.000 €.

Die Eigenheimzulage beläuft sich auf ein Prozent der Anschaffungs- und Herstellungskosten inklusive Grundstücke, maximal 1.250 €. Neu- und Altbauten werden einheitlich gefördert. Neben den Anschaffungs- und Herstellungskosten werden auch Aufwendungen für Modernisierungsmaßnahmen begünstigt, wenn sie innerhalb von zwei Jahren nach der Anschaffung durchgeführt werden.

Gegebenenfalls kann auch die **Kinderzulage** in Höhe von 767 € für jedes Kind in Anspruch genommen werden.

Eine andere Möglichkeit besteht darin, dass die Eltern ihre Eigentumswohnung gegen Entgelt an ihr Kind **vermieten**. In diesem Falle muss aber der Mietvertrag zwischen Eltern und Kind dem zwischen Fremden entsprechen, und die Miete muss mehr als 75 Prozent der ortsüblichen Vergleichsmiete betragen. Neuerdings muss der betreffende Student die Mietzahlung nicht mehr aus eigenen Einkünften bestreiten können.

Nützliches

- **Einkünfte aus Kapitalvermögen** sind auch für ledige Studierende bis zu einer Höhe von 1.421 € jährlich steuerfrei.
- BAföG-Empfänger sind von allen **Zuzahlungen für Arznei- und Heimittelkosten** befreit, außer bei stationärer Behandlung. Auch wer kein BAföG erhält und ein geringeres Einkommen als 938 € in den neuen Bundesländern erhält, kann die Befreiung bei seiner Krankenkasse beantragen.
- Das **Kindergeld** wird für studierende Kinder bis zur Vollendung des 27. Lebensjahres gezahlt.
- Wenn nach Überschreiten der Altersgrenze keine Förderung nach dem BAföG mehr möglich ist, kann auf Antrag ein Zuschuss zur Zimmer- oder Wohnungsmiete (**Wohngeld**) gewährt werden.
- Wenn das Einkommen des Studierenden den anderthalbfachen Regelsatz der Sozialhilfe (zuzüglich Krankenkasse und Kaltmiete) nicht übersteigt, kann er sich von den **Rundfunk- und Fernsehgebühren befreien** lassen. Über den Antrag entscheidet das zuständige Sozialamt.
- Bei Einreichung des Rundfunk-Befreiungsbescheides können auch die **Telefongebühren** bei der Deutschen Telekom ermäßigt oder erlassen werden.
- Auch bei **Handys** sowie bei Zeitungs- und Zeitschriftenabonnements gibt es teilweise reduzierte Tarife.
- Die **Bahncard 50** kostet für Studenten die Hälfte des regulären Preises.
- Manche **Fluggesellschaften** gewähren Studierenden unter 27 Jahren – in Abhängigkeit von der Saison – Sonderpreise.
- Dies gilt auch **für überregionale Hotelketten** in Abhängigkeit von deren Auslastung.
- Sondertarife gewähren ebenfalls Automobil-Clubs.
- Kindern von Studierenden im Alter von drei bis sechs Jahren steht eine begrenzte Anzahl an kostenlosen Plätzen in den **Kinderkrippen und Kindertagesstätten** des Studentenwerks zur Verfügung.

- Im Falle von juristischen Streitigkeiten können Studenten mit geringem Einkommen eine **kostenlose Rechtsberatung** sowie eine **Prozesskostenhilfe** in Anspruch nehmen.
- Banken und Sparkassen bieten für Studenten **eine kostenlose Kontoführung** an.
- Weitere Vergünstigungen ergeben sich aus dem **Studentenausweis**, zum Beispiel reduzierte Eintrittspreise in Museen und bei Messen sowie eine preisgünstige Benutzung des Öffentlichen Nahverkehrs (**Semester-Ticket**).

Weitere Tipps

Weitere wertvolle Tipps und Informationen zur Finanzierung des Studiums und zu Vergünstigungen finden Sie in dem Werk von :

- Dichtl/Lingenfelder (Hg.): *So finanziere ich mein Studium*, 1999, und
- E. Schmauß: *Geld im Studium: Wegweiser für Studierende und ihre Eltern*, 2003.

3 Qualifikationen während des Studiums

Betriebswirtschaftslehre ist seit mehr als zehn Jahren das beliebteste Studienfach in Deutschland. Jeder 13. Hochschüler strebt ein BWL-Diplom an, wobei der Anteil der Frauen mittlerweile bei 38,6 Prozent liegt. Auch wenn derzeit selbst BWL-Absolventen von der Jobflaute betroffen sind, so bleiben doch, langfristig gesehen, die beruflichen Chancen für Betriebs- und Volkswirte gut.

Bereits während des Studiums lassen sich die **Weichen für den späteren beruflichen Erfolg** stellen. Zum einen gilt es, die Studieninhalte durch geeignete und sinnvolle Spezialisierungsfächer zu wählen. Zum anderen bietet ein Engagement außerhalb der Hochschule die Möglichkeit, den Horizont durch praktische Tätigkeiten zu erweitern und Zusatzqualifikationen zu erwerben.

3.1 Spezialisierungsfächer

In den Wirtschaftswissenschaften weichen die Studien- und Prüfungsordnungen im Hinblick auf die möglichen Spezialisierungsfächer von Hochschule zu Hochschule erheblich voneinander ab. Es ist nötig, über die **Spezialisierungsrichtung**, über das Wahlfach bzw. die **Wahlfächer** und ggf. über ein **Zusatzfach** zu entscheiden.

Der Kern des Problems besteht darin, sich über die fachliche Auffüllung des Pflichtpensums durch Wahlfachalternativen bzw. ein angemessenes Zusatzfach klarzuwerden. Die Entscheidung über den wählbaren Anteil Ihres Studiums müssen Sie **zu Beginn des Hauptstudiums** treffen.

Auf keinen Fall sollten Sie Ihre Spezialisierung oder Ihr Wahl- oder Zusatzfach im Hinblick auf **aktuelle** Anforderungen des Arbeitsmarktes wählen.

Die Entwicklung der letzten 15 Jahre hat deutlich gezeigt, dass sich die Situation auf dem Arbeitsmarkt zuweilen schneller dreht als der Wind. Bis Sie Ihr Studium beendet haben, ist möglicherweise die gerade bestehende „Marktlücke" auf dem Arbeitsmarkt schon längst wieder geschlossen.

Daher sollten Sie die **Wahlfreiheit** innerhalb Ihres Studiums konsequent dazu **nutzen**, Ihren persönlichen Neigungen und Interessen zu folgen.

❌ Erfahrungsgemäß liegen im Bereich der individuellen Neigungen auch die **größten Fähigkeiten**. Gerade diese sind es, die zu Spitzenleistungen führen können und damit Chancen im späteren Berufsleben eröffnen.

Wahlfächer

Die **Vielfalt** der angebotenen Wahlfächer ist verwirrend. Sie lassen sich grob in drei Bereiche einteilen:

1. betriebswirtschaftliche Wahlfächer,
2. volkswirtschaftliche Wahlfächer,
3. andere Wahlfächer.

Zu den **betriebswirtschaftlichen Wahlfächern** gehören

- die **institutionellen**, das heißt die nach Branchen – wie Automobilwirtschaft, Bankbetriebslehre, Tourismus usw. – systematisierten, Fächer,
- die **funktionellen**, also nach Unternehmensfunktionen – wie Finanzierung, Investition, Organisation, Personalwesen usw. – geordneten Fächer und
- **sonstige** Fächer, die diesen beiden Gruppen nicht zugeordnet sind, wie Europäisches Management und Mittelstandsökonomie usw.

Die **volkswirtschaftlichen Wahlfächer** sind nur schwer klassifizierbar und umfassen ganz verschiedenartige Bereiche, deren Angebot von der jeweiligen Hochschule abhängig ist. Beispielsweise fallen folgende Fächer darunter: Agrarökonomie/-politik, Bevölkerungswissenschaft, Finanzpolitik und Transferökonomie, Internationale Wirtschaftsbeziehungen, Konsumökonomik, Mathematische Wirtschaftstheorie, Wirtschaftsgeschichte, Umweltökonomie, Außenwirtschaftslehre.

Zu den **sonstigen Wahlfächern** gehören

- Fremdsprachen,
- ingenieurwissenschaftliche Wahlfächer,
- Philosophie/Ethik,
- Psychologie,
- Rechtswissenschaften,
- Soziologie und Politikwissenschaften.

Diese Fächer sind nicht beliebig mit einem wirtschaftswissenschaftlichen Studium kombinierbar.

🔔 Es ist ratsam, sich vor der Wahl eines außerwirtschaftlichen Faches zu erkundigen, ob die **Prüfungsordnung** die Wahl gestattet.

Außerdem sollte bei jeder grundsätzlichen Entscheidung zuvor die **Studienordnung** des zuständigen Fachbereiches sorgfältig gelesen werden. Sie erhalten die aktuell gültige Studienordnung bei Ihrem Prüfungsamt.

Kein Problem gibt es, wenn ein solches Fach als **Zusatzfach** statt als Wahlfach belegt wird. Allerdings bedeutet das Studium eines Zusatzfaches auch einen erheblich größeren Zeit- und Arbeitsaufwand, der vorher genau bedacht werden sollte.

Lehrveranstaltungen mit Praxisbezug

Eine weitere Möglichkeit zur Anreicherung des wirtschaftswissenschaftlichen Studiums mit Praxisbezug bietet der Besuch von Lehrveranstaltungen, die von **Lehrbeauftragten aus der Wirtschafts-**

praxis durchgeführt werden. Da solche Veranstaltungen nicht examensrelevant sind, werden sie häufig von den Studenten nicht beachtet. Gerade sie eröffnen jedoch die Möglichkeit, die Wirtschaftspraxis kennen zu lernen.

Empfehlenswert ist auch der Besuch von **Vorträgen**, die oft von **Wirtschaftspraktikern** an den Hochschulen gehalten werden. Häufig sind sie eingebunden in Vortragsreihen. Derartige Vorträge bieten nicht nur interessante Einblicke in das Wirtschaftsleben, sondern ermöglichen es auch, **Manager kennen zu lernen** und wertvolle Kontakte zu knüpfen.

3.2 Wahl des Studienabschlusses

Seit mehreren Jahren gibt es an verschiedenen Hochschulen und in verschiedenen wirtschaftswissenschaftlichen Studiengängen die Möglichkeit, das Studium statt mit dem **Diplom** mit einem **Bachelor** (BA) oder **Master** (MA) abzuschließen. Vorreiter auf diesem Gebiet waren zunächst die privaten Hochschulen, doch mehr und mehr ziehen auch die staatlichen Hochschulen nach, nachdem sich die EU-Bildungsminister auf einen „gemeinsamen europäischen Hochschulraum" und eine Vereinheitlichung der Studienabschlüsse bis 2010 geeignigt haben (siehe Infokasten zum Bologna-Prozess, Seite 117).

Mittlerweile machen die Bachelor- und Master-Studiengänge im Bereich der Rechts-, Wirtschafts- und Sozialwissenschaften schon 35 Prozent aller Studienangebote aus. Mit einem weiteren Anstieg ist zu rechnen.

Vorteile gegenüber dem Diplom: Der **Bachelor als berufsqualifizierender Hochschulabschluss** ist bereits nach drei Jahren Studienzeit zu erlangen und eignet sich darum für alle, die ihr Studium schnell und zügig durchziehen wollen oder müssen. Im Anschluss an den Bachelor kann der **Master** durch drei bis vier weitere Semester „draufgesattelt" werden. Die Trennung zwischen Bachelor und Master ermöglicht es, **Studium und Berufseinstieg flexibler** zu **gestalten** als beim Diplom. So ist es durchaus empfehlenswert, nach dem Bachelor erst einmal eine Studienpause einzulegen, um Erfahrungen in einem qualifizierten Beruf zu sammeln und sich später zu entscheiden, ob die Fortsetzung des Studiums sinnvoll ist. Denn mit dem Bachelor lassen sich bereits qualifizierte Arbeitsplätze finden.

Doch während die neuen Studiengänge auf der einen Seite bei Studenten immer beliebter werden, sind sie dennoch nicht ganz unumstritten. Die momentane Situation stellt sich etwas widersprüchlich dar.

So zeigen aktuelle Untersuchungen einerseits, dass **viele Arbeitgeber** über die neuen Studienabschlüsse **häufig noch gar nicht informiert** sind. Andererseits beschäftigt bereits jedes zehnte Unternehmen Bachelor- oder Masterabsolventen. Die nachfolgende Tabelle zeigt, dass es längst nicht mehr nur Großunternehmen sind, die Interesse an BA- und MA-Absolventen haben.

Prozent-Zahl der Unternehmen, die Bachelor- oder Master-Absolventen deutscher Hochschulen einstellen würden:

Anzahl der Mitarbeiter	Bachelor	Master
1 bis 49	66,4	63,8
50 bis 499	82,2	79,6
500 und mehr	83,3	78,7
Insgesamt	76,8	73,7

Quelle: Institut der deutschen Wirtschaft, Köln 2004

Außerdem hat der Stifterverband für die Deutsche Wissenschaft herausgefunden, dass die neuen Studiengänge meist nicht wirklich anders sind als die alten, sondern **vielfach nur neuer Wein in alte Schläuche** gegossen wurde. Anstatt dass also die alten Diplomstudiengänge angemessen entschlackt und an die neuen Bedürfnisse einer veränderten Zeitplanung und eines schnelleren Berufseinstiegs angepasst wurden, hat man ihnen vielfach nur einen neuen Stempel verpasst. Der Stifterverband sieht die Praxistauglichkeit und Internationalität der Curricula und Prüfungsmodalitäten bei vielen Studiengängen nicht gegeben. Auch werde die Forderung, ein Bachelor-Abschluss solle berufsbefähigend sein, von den Hochschulen nicht ernst genug genommen.

Lediglich einen einzigen Studiengang konnte der Stifterverband im wirtschaftlichen Bereich als wirklich **vorbildlich** empfehlen, und zwar den Studiengang **„Philosophy & Economics" an der Universität Bayreuth**. Diesem Studiengang wird bescheinigt, dass er flexibel und praxisorientiert ist und der modernen Arbeitswelt eher gerecht wird als so mancher altgediente Diplomstudiengang.

Bevor Sie sich für einen Bachelor- oder Masterstudiengang entscheiden, sollten Sie feststellen, ob er überhaupt schon zertifiziert ist und inwieweit er sich von einem entsprechenden Diplomstudiengang unterscheidet. Befragen Sie dazu zum Beispiel ältere Kommilitonen.

Viele BA- und MA-Studiengänge sind interdisziplinär und verknüpfen zum Beispiel die Geistes- oder Rechtswissenschaften mit wirtschaftswissenschaftlichem Know-how. Von daher sollten Sie auch prüfen, inwieweit Ihre persönlichen Interessen mit den jeweiligen Fachgebieten übereinstimmen.

Generell sind **Bachelor- und Masterstudiengänge empfehlenswert**, auch wenn es momentan noch Übergangsprobleme zwischen alten und neuen Studienangeboten gibt. Bisherige BA- und MA-Absolventen fanden überraschend schnell ihren Weg in den Beruf, wie Untersuchungen belegen.

BA- und MA-Abschlüsse sind aber **kein genereller Türöffner** für anglo-amerikanische Universitäten, die akademische Vorleistungen stets individuell prüfen und anrechnen.

Ein Überblick über die verschiedenen Studiengänge und deren staatliche wie auch private Anbieter inklusive Links findet sich im Internet unter

- www.hochschulkompass.de
- www.studienwahl.de
- www.unicum.de
- www.studieren.de
- www.bildungsserver.de

Der Bologna-Prozess in Grundzügen

Der Bologna-Prozess begann im Mai 1998, als die für Hochschulbildung zuständigen Minister Frankreichs, Italiens, Großbritanniens und Deutschlands anlässlich des 800-jährigen Jubiläums der Sorbonne in Paris die so genannte **Sorbonne-Erklärung** zur „Harmonisierung der Struktur des europäischen Hochschulsystems" unterzeichneten. Weitere Länder schlossen sich an. Daraus folgte die Bologna-Konferenz am 19. Juni 1999, wo 31 europäische Bildungsminister aus 29 Staaten die **Bologna-Erklärung** zur **Einrichtung eines einheitlichen europäischen Hochschulraums bis 2010** unterzeichneten. Schwerpunkte sind:
- Einführung eines Systems verständlicher und vergleichbarer Abschlüsse,
- Einführung eines zweistufigen Studiensystems (undergraduate/graduate),
- Schaffung eines einheitlichen Leistungsnachweis- bzw. Kreditsystems (wie ECTS),
- Förderung der Mobilität und Abbau von Mobilitätshindernissen,
- Förderung der europäischen Zusammenarbeit durch Qualitätssicherung,
- Förderung der europäischen Dimension in der Hochschulausbildung.

Die Nachfolgekonferenz im Mai 2001 in Prag bestätigte unter anderem die Bologna-Ziele, würdigte die konstruktive Unterstützung der Europäischen Kommission und konkretisierte die anstehenden Aufgaben:
- Akkreditierung und Qualitätssicherung,
- Schaffung und Anerkennung eines Leistungspunktesystems (ECTS-Modell),
- Entwicklung gemeinsamer Abschlüsse und Qualifikationsstrukturen,
- lebenslanges Lernen,
- Einbindung der Studierenden,
- Abbau von Mobilitätshemmnissen,
- Förderung der Attraktivität und Wettbewerbsfähigkeit des europäischen Hochschulraums weltweit (einschließlich transnationaler Aspekte).

Die zweite Folgekonferenz im September 2003 in Berlin fügte unter anderem einen weiteren Aspekt hinzu: die engere Verbindung zwischen Hochschule und Forschung in Europa. So soll das zweistufige System um die **Doktorandenausbildung als dritte Stufe** erweitert werden. Als Aufgabenschwerpunkte bis zur dritten Folgekonferenz im Mai 2005 im norwegischen Bergen wurden unter anderem definiert:
- Qualitätssicherung,
- Implementierung der zweistufigen Studiensysteme (Bachelor/Master) und
- die Anerkennung von Studienabschlüssen und -abschnitten.

Am Bologna-Prozess beteiligen sich mittlerweile auch Albanien, Andorra, Bosnien und Herzegowina, Russland, Serbien, Montenegro und Mazedonien; insgesamt umfasst der **Bologna-Prozess 40 europäische Staaten.** Die Mitgliedschaft im Europäischen Hochschulraum steht heute allen Vertragsstaaten des Europäischen Kulturabkommens offen, sofern sie in ihrem eigenen Hochschulbereich die Bologna-Ziele anstreben.

Mehr Hintergrund-Informationen und Aktuelles zum Bologna-Prozess finden Sie unter:
- www.bmbwk.gv.at/europa/bp/hochschul.xml, www.bologna-berlin2003.de und
- www.hrk-bologna.de (Seite der HRK-Service-Stelle Bologna, noch im Aufbau.

Unter 🖥 www.hrk.de (Homepage der Hochschulrektorenkonferenz) finden Sie die Adressen aller deutschen Hochschulen. Auch unter 🖥 www.uni24.de „Community für Studenten" sind die Online-Adressen der meisten deutschen Hochschulen gelistet.

3.3 Staatliche und private Hochschulen

Das Angebot an betriebswirtschaftlich orientierten Studiengängen ist überaus groß und wächst kontinuierlich. Neben den staatlichen Hochschulen (Universitäten) und Fachhochschulen gibt es eine wachsende Zahl von **privaten Business-Hochschulen**, deren Bedeutung in den letzten Jahren kontinuierlich gestiegen ist. Beim Bundesministerium für Bildung und Forschung (BMBF) ist unter dem Titel *Nichtstaatliche Hochschulen in der Bundesrepublik Deutschland* eine umfangreiche Broschüre erhältlich (Kontakt: ✉ information@bmbf.bund400.de).

Auch an den privaten Hochschulen gibt es zahlreiche **Bachelor-** und **Master-Studiengänge** in Fächern wie Business Administration und Internationales Management. (Gemeint sind hier nicht die postgradualen Studiengänge, sondern **Vollzeitstudiengänge**, die unmittelbar nach dem Erwerb der Hochschulreife absolviert werden können.)

Die **Internationalität** gehört zum Credo der privaten Hochschulen, die auf eine internationale Zusammensetzung ihrer Studentenschaft großen Wert legen. Die Lehrveranstaltungen werden zum Teil in englischer Sprache abgehalten. Dabei lernen die Studenten – inklusive Betriebspraktika, Firmenbesuchen, Gastvorträgen und Kulturprogrammen – pro Jahr fast vier Monate länger als an den staatlichen Hochschulen.

Die privaten Hochschulen werden überwiegend von internationalen Industrieunternehmen wie DaimlerChrysler, Siemens, ThyssenKrupp, SAP, IBM usw. finanziert, die auch einen großen Teil der Stipendien übernehmen. Die Studiengebühren bewegen sich pro Jahr zwischen 10.000 und 20.000 €.

Qualität privater und staatlicher Hochschulen

Nachdem in den vergangenen Jahren mehrfach die Qualität privater Hochschulen im Blickpunkt der Öffentlichkeit gestanden hat, erhalten jetzt auch wieder die staatlichen Hochschulen vermehrt Aufmerksamkeit.

Für **private Hochschulen** nach wie vor repräsentativ ist die sehr gründliche Untersuchung des Stifterverbandes für die Deutsche Wissenschaft aus dem Jahre 2001. Die umfassende Einschätzung nach den Kriterien Profil, Qualitätssicherung, Kooperationen und Finanzierung erfolgte einerseits auf der schriftlichen Selbstdarstellung der Unis, andererseits auf einer 45-minütigen Befragung.

Die Bewertungen im Einzelnen und die ausführlichen Kommentare sind abrufbar unter:
🖥 www.stifterverband.org/pdf/private_internationale_hochschulen_print.pdf

There are three kinds of people, those who make things happen, those who watch things happen, and those who wonder what happened.

Management Consultants mit Unternehmergeist

CTcon ist ein unabhängiges, ambitioniertes und sehr erfolgreiches Beratungs- und Trainingsunternehmen, das auf Unternehmenssteuerung und Controlling spezialisiert ist. Als Spin-Off der Wissenschaftlichen Hochschule für Unternehmensführung (WHU) 1992 in Vallendar gegründet, verfügt CTcon heute über vier Standorte. Herausragende Kompetenz, partnerschaftliches Verhalten und der Wille zum Erfolg aller bilden das gemeinsame Fundament.

Führende Konzerne und bedeutende öffentliche Organisationen setzen auf unsere Expertise. In enger und vertrauensvoller Zusammenarbeit entwickeln wir mit unseren Klienten maßgeschneiderte Problemlösungen: Strategiekonforme Steuerungsansätze und deren Umsetzung in Prozesse, Strukturen, Systeme und Anreizmodelle zählen ebenso dazu wie Managementtrainings, die Führungskräfte nachhaltig zu substantiellen Veränderungen befähigen.

Für die weitere Entwicklung von CTcon suchen wir ausgezeichnete Universitätsabsolventen wirtschaftswissenschaftlicher Fachrichtungen mit sehr guten Englischkenntnissen. Doppelqualifikationen wie MBA, Zweitstudium oder Promotion schätzen wir. Unternehmergeist, hohe Sozialkompetenz und Humor sollten Sie auszeichnen.

CTcon GmbH

Thomas Erfort
Burggrafenstraße 5a
40545 Düsseldorf
Fon: +49 (0)211-577 903-62
Mail: recruiting@ctcon.de

Bonn | Düsseldorf | Frankfurt | Vallendar

Die **staatlichen Hochschulen** wurden 2004 in einem bundesweiten Ranking des Centrums für Hochschulentwicklung (CHE), einer gemeinsamen Einrichtung der Bertelsmann-Stiftung und der Hochschulrektorenkonferenz, unter den Faktoren Studentenurteil, Reputation, Studiendauer und Forschungsleistung analysiert. Ergebnis: Spitzenplätze in der Zufriedenheit der Studenten nehmen Baden-Württemberg und Mecklenburg-Vorpommern ein, während Schleswig-Holstein und Hamburg die Schlusslichter bilden (vgl. auch Kapitel 1.1 Hochschulrankings).

Deutsche Hochschulen im Ländervergleich

Bundesland	Spitzenplätze gesamt	Spitzenplätze je Fakultät
Baden-Württemberg	165	1,49
Bayern	159	1,19
Meckl.-Vorpommern	35	1,13
Thüringen	27	1,04
Sachsen	51	0,88
Hessen	58	0,71
Sachsen-Anhalt	24	0,71
Bremen	11	0,69
Rheinland-Pfalz	33	0,67
Berlin	31	0,65
Brandenburg	15	0,63
Nordrhein-Westfalen	101	0,56
Niedersachsen	49	0,55
Saarland	7	0,47
Schleswig-Holstein	9	0,41
Hamburg	8	0,38

Quelle: CHE-Länderranking, 2004

 Ausführliche Erläuterungen dazu unter
www.manager-magazin.de/koepfe/artikel/0,2828,326416,00.html

3.4 Existenzgründung als Studienfach

Dass die wirtschaftswissenschaftliche Ausbildung an deutschen Hochschulen im Gegensatz zu anderen europäischen Ländern und den USA zu praxisfremd und zu sehr auf Großunternehmen ausgerichtet ist, wird seit langem beklagt. Ein relativ neuer Studiengang **Existenzgründung (Entrepreneurship)**, der sich speziell an Studenten mit Unternehmerambitionen wendet, soll hier Abhilfe schaffen.

Inzwischen sind in Deutschland 35 Studiengänge für Existenzgründer eingerichtet worden. Gründungslehrstühle existieren sowohl an Fachhochschulen wie Bochum, Deggendorf und Gelsenkirchen als auch an anderen Hochschulen wie der Humboldt-Universität Berlin, der Fernuniversität Hagen, den Universitäten Kaiserslautern, Karlsruhe und Münster, privaten Hochschulen wie der European Business School Oestrich-Winkel und der WHU Koblenz. Weitere Lehrstühle, wie zum Beispiel an der Universität zu Köln, sind in der Planung.

Darüber hinaus ist es an einigen (Fach-) Hochschulen möglich, im Rahmen eines betriebswirtschaftlichen Studiums das Fach Existenzgründung als Schwerpunkt zu belegen, so in Aachen, Hannover, Jena, Marburg, München, Regensburg, Saarbrücken, Siegen und Trier.

Der Studiengang Existenzgründung oder die Spezialisierung auf dieses Fachgebiet innerhalb des Studiums ist empfehlenswert für Studenten,

- die nach dem Studium eine Unternehmensgründung oder
- die Übernahme eines Unternehmens planen oder
- die sich als Existenzgründungsberater qualifizieren wollen.

3.5 Studieren im Netz

Fernstudien werden immer interessanter, und nahezu alle Universitäten erweitern ständig ihre Möglichkeiten, über das Internet ein Vordiplom-Studium, Zusatz- und Aufbaustudiengänge für Graduierte oder aber komplette Studiengänge zu absolvieren. Die Fernuniversität Hagen bietet an, das Fach Existenzgründung zur Gänze vom heimischen Schreibtisch aus zu studieren. Unter folgenden Websites finden Sie aktuelle Informationen über virtuelle Studiengänge: www.studieren-im-netz.de und www.studienwahl.de.

Ein Fern- bzw. Internetstudium sollte erwägen,

- wer zum Beispiel aufgrund einer Behinderung oder als Erziehungsberechtigter eines kleinen Kindes nur bedingt das Haus verlassen kann,
- wer einen zeitaufwendigen Job mit festen Arbeitszeiten neben dem Studium bewältigen muss oder will und
- wer genügend Disziplin und Selbstmanagement aufbringt, auch ohne „Druck von außen" die geforderten Studienleistungen in Eigenregie zu erbringen.

 Unter den **Online-Universitäten** gibt es immer mehr **dubiose Anbieter,** die – zum Teil in den USA ansässig und mit wohl klingenden Namen geschmückt – Internationalität und Seriosität suggerieren, obwohl es sich um reine Briefkastenfirmen mit teuren Abzockerangeboten und wertlosen Titeln handelt! Erkundigen Sie sich vorher bei der Kultusministerkonferenz Bonn, welche privaten ausländischen Universitäten seriös sind.

3.6 Duale Studiengänge

In den letzten Jahren ist eine Reihe von Studiengängen entstanden, die Praxisorientierung und wissenschaftliche Ausbildung miteinander kombinieren.

Diese **dualen oder Verbund-Studiengänge** zeichnen sich durch eine wechselseitige Integration von praktischer Berufstätigkeit und akademischem Wissenserwerb aus.

So findet das **Studium phasenweise im Unternehmen und in der Hochschule** statt, was eine enge Zusammenarbeit zwischen Hochschule und Firmen voraussetzt. Häufig werden auch die Auswahlverfahren für die Aufnahme von Studenten in gemeinsamer Zusammenarbeit von der Hochschule und den kooperierenden Unternehmen durchgeführt.

Das Angebot an dualen Studiengängen reicht von bloßen **Ergänzungs- bis zu Vollzeitstudiengängen.** Entsprechend variiert auch die Einbeziehung des Praxisanteils: Zum Teil wird nur die vorlesungsfreie Zeit für die praktische Tätigkeit im Unternehmen genutzt, zum Teil ist es aber auch

3. Qualifikationen während des Studiums

umgekehrt: Die Studierenden verlassen den Betrieb nur maximal einen Nachmittag in der Woche. Dazwischen liegen zahlreiche weitere Organisationsformen zur Verbindung von Theorie und Praxis.

Es gibt ca. **30 duale Studiengänge** allein im wirtschaftswissenschaftlichen Bereich (einen Überblick gibt das Werk von Konegen-Grenier/Kramer 2001).

Die Studiendauer schwankt

- zwischen 3 und 4,5 Jahren (an Fachhochschulen) und
- bis zu 5,5 Jahren (an Universitäten).

Vorteile dualer Studiengänge

- Bereits während des Studiums besteht ausgiebig Gelegenheit, die wirtschaftliche Praxis kennen zu lernen.
- Der **Praxisbezug** fördert die soziale Kompetenz: Teamfähigkeit und Kommunikationsvermögen werden trainiert.
- Die Kombination von Theorie und Praxis fördert die **Transferfähigkeit.** Das an der Hochschule erworbene Wissen kann in der betrieblichen Praxis unmittelbar umgesetzt werden.
- Die Studierenden sind während des Studiums durch eine Praktikantenvergütung oder ein Teilzeitgehalt **finanziell abgesichert.** Im Gegenzug verpflichten sie sich, nach erfolgreichem Abschluss des Studiums einige Jahre im fördernden Unternehmen tätig zu sein.

3.7 Doppeldiplom-Studiengänge

Doppeldiplom-Studiengänge bieten die Möglichkeit, **zwei akademische Abschlüsse mit einem Studium** zu erlangen. Dabei wird ein Diplom im Inland und ein zweites an einer **ausländischen Hochschule** erworben, wobei der Auslandsanteil in der Regel mindestens drei Semester beträgt.

Doppeldiplom-Studiengänge werden sowohl von Universitäten als auch von Fachhochschulen angeboten, die mit spanischen, englischen, holländischen und italienischen Hochschulen zusammenarbeiten.

Absolventen **binationaler Studiengänge,** die in Kooperation von Hochschulen zweier Länder stattfinden, haben auf dem deutschen Arbeitsmarkt **besonders gute Chancen.** Dies ist das Ergebnis einer Untersuchung des Instituts der deutschen Wirtschaft, die im Auftrag des DAAD durchgeführt wurde. Demnach sind für 53 Prozent der befragten Unternehmen Absolventen mit binationalem Doppeldiplom attraktiv oder sehr attraktiv.

Bei den gewünschten Sprach- und Landeskenntnissen stehen aktuell vor allem Erfahrungen in den neuen EU-Mitgliedsstaaten auf der Wunschliste der Arbeitgeber, gefolgt von Großbritannien, USA und Frankreich. Generell wird **ein längeres Auslandsstudium höher eingeschätzt als ein einsemestriger Auslandsaufenthalt.**

Eine umfassende Übersicht über alle Doppeldiplom-Studiengänge wie auch die Ergebnisse der Studie *Internationale Doppelabschlüsse* sind im Internet unter www.daad.de zu finden.

Besonders umfangreich ist das Angebot an **deutsch-französischen Studiengängen** mit zwei Diplomen.

Eine umfassende **Übersicht** über alle Doppeldiplom-Studiengänge ist erhältlich beim **Deutschen Akademischen Austauschdienst,** Bonn (siehe Adressenverzeichnis) und im Internet: www.daad.de.

Vorteile von Doppeldiplomen

- Schon während des Studiums besteht die Möglichkeit, **gezielt Auslandserfahrungen** zu sammeln.
- Doppeldiplomierte Absolventen haben besonders gute Chancen beim Berufseinstieg, insbesondere bei **international ausgerichteten Unternehmen.**

3.8 Lehre plus Studium?

In Anbetracht des sinkenden Angebots an Lehrstellen ist für viele eine Lehre vor Aufnahme eines Studiums nur noch schwer zu realisieren, obwohl dadurch bereits eine Reihe der später verlangten Zusatzqualifikationen frühzeitig erworben werden kann. Auch wird die Lehre nicht von allen Arbeitgebern ausschließlich positiv eingeschätzt.

Zum geringeren Teil unterstellt man den Hochschulabgängern, sie hätten sich mit der Lehre gegen ein Scheitern im späteren Berufsleben rückversichern wollen oder sich ein Studium nicht von Anfang an zugetraut. Bei Fachhochschulabsolventen hingegen wird eine Lehre immer als vorteilhaft angesehen.

Eine Lehre vor dem Studium ist nur sinnvoll, wenn sie zum individuellen Berufsweg passt. Sie sollte **„auf einer Linie" mit dem angestrebten Berufsziel** liegen. Eine Lehre zu absolvieren, um Praktika oder anderen geforderten Zusatzqualifikationen aus dem Weg zu gehen, ist nicht empfehlenswert.

3.9 Zusatzqualifikationen

Von Unternehmen wird gern bemängelt, dass das Studium sehr theoretisch ausgerichtet sei und daher in vielen Fällen allein nicht ausreiche, um auf die spätere Berufstätigkeit vorzubereiten. Fast alle Unternehmen erwarten daher neben einem akademischen Abschluss von den Bewerbern Praxiserfahrungen in Form von **Zusatzqualifikationen,** die sich bereits während des Studiums erwerben lassen. Zu den **wichtigsten zusätzlichen Qualifikationen** gehören:

- Fremdsprachenkenntnisse,
- EDV-Kenntnisse,
- praktische Tätigkeiten und
- berufsqualifizierende Praktika.

Angesichts der immer internationaler werdenden Wirtschaftsbeziehungen werden gute **Englischkenntnisse** heute vielfach als selbstverständlich vorausgesetzt. **Französisch** und **Spanisch** als weitere wichtige Handelssprachen können den persönlichen Marktwert erheblich steigern. Daneben gewinnen die Sprachen der osteuropäischen und der ost- und südostasiatischen Länder zunehmend an Bedeutung.

3. Qualifikationen während des Studiums

EDV-Kenntnisse lassen sich am eigenen PC oder auch an hochschuleigenen Rechnern trainieren. Die Anschaffung eines eigenen PC oder eines Laptops sollte bei den stetig sinkenden Preisen der Computerbranche auch für Studenten kein Problem mehr sein und ist **sehr empfehlenswert, zumal die Software vergünstigt bezogen werden kann.** Der eigene Computer bietet neben dem Training der EDV-Kenntnisse auch die Möglichkeit, die im Studium geforderten Hausaufgaben schnell und effizient zu erledigen.

Praktische Tätigkeiten

Als „praktisch" sind alle Aktivitäten zu werten, die nicht unmittelbar mit dem Studium und dem akademischen Abschluss zu tun haben. Sie können innerhalb der Hochschule, aber auch außerhalb stattfinden. Infrage kommen zum Beispiel

- die Arbeit als (an der Hochschule angestellte) **studentische Hilfskraft**, eine auf maximal dreieinhalb Jahre befristete Tätigkeit,
- das politisch-soziale Engagement in Studentenvertretungen oder Fachschaften,
- die Tätigkeit in fachbezogenen Studentenvereinigungen wie **AIESEC, Market Team oder Marketing zwischen Theorie und Praxis (MTP),**
- das Engagement in Berufsverbänden oder Vereinen, zum Beispiel im **Bundesverband deutscher Volks- und Betriebswirte (bdvb),**
- eine Tätigkeit in Kirche, Politik, Sportvereinen oder in Naturschutzverbänden,

- eine freiberufliche Tätigkeit, zum Beispiel in einer studentischen Unternehmensberatung.

Es kommt bei diesen praktischen Tätigkeiten nicht darauf an, dass ein direkter Bezug zum Studienfach oder zum Studienschwerpunkt bzw. Wahlfach gegeben ist. Was in den Augen späterer Arbeitgeber zählt, ist vielmehr die **Praxiserfahrung** als solche. Sie wird gewertet als Engagement und Belastbarkeit, als Fähigkeit, tragfähige Zielvorstellungen zu entwickeln, im Team zu arbeiten und frei zu reden.

Arbeiten Sie **rechtzeitig während des Studiums** auf den Erwerb von Zusatzqualifikationen hin. Keinesfalls sollten Sie erst am Ende Ihrer Studienzeit damit beginnen. Suchen Sie sich ein lohnendes Tätigkeitsfeld aus, das Ihnen Spaß macht!

Fremdsprachenkenntnisse lassen sich schon in den ersten Semestern des Studiums erwerben. Besonders, wenn Sie nach Ihrem Hauptstudium ein **Auslandspraktikum oder -semester** planen, ist es sinnvoll, so früh wie möglich eine Fremdsprache zu erlernen bzw. die vorhandenen Kenntnisse zu vertiefen.

EDV-Kenntnisse lassen sich verteilt über das gesamte Studium „kontinuierlich" erwerben. Bei den praktischen Tätigkeiten sieht es zum Teil ähnlich aus.

Häufig – zum Beispiel bei einer Arbeit als studentische Hilfskraft oder bei einer freiberuflichen Tätigkeit – wird jedoch ein **abgeschlossenes Grundstudium** vorausgesetzt.

3.10 Jobs für Studenten

Jobs wie auch praktische Tätigkeiten sind für fast alle ein fester Bestandteil des Studentenlebens.

Es gibt viele **Wege, um an Jobs zu kommen**, zum Beispiel

- die studentische Arbeitsvermittlung der Arbeitsämter,
- die Gremien der Studentenschaft (zum Beispiel ASTA),
- Studentenverbindungen und -vereinigungen,
- die Nachfrage beim betreffenden Lehrstuhlinhaber,
- Stellenangebote und -anzeigen in den örtlichen Tageszeitungen und Anzeigenblättern,
- die Web-Sites der Unternehmen im Internet
- oder auch die Nachfrage bei interessanten Firmen „auf gut Glück" vor der großen Urlaubszeit im Sommer.

Besondere Fähigkeiten wie Sprachkenntnisse, ein Führerschein Klasse 2 und Computerwissen können zu interessanten Tätigkeiten verhelfen. Das Honorar liegt je nach Job meist zwischen 7 und 20 € pro Stunde.

Es gibt natürlich viele Jobangebote. Zum Beispiel haben sich mittlerweile einige **Zeitarbeitsvermittler** darauf spezialisiert, für Studenten kurzfristige Einsätze in Full-Time-Jobs sowie langfristige Aushilfstätigkeiten mit 15 bis 20 Stunden pro Woche zu organisieren.

So haben Studenten die Möglichkeit, sich frühzeitig und praxisorientiert über **unterschiedliche Branchen** zu informieren und schon während des Studiums bei potenziellen Arbeitgebern Erfahrungen zu sammeln.

 Nähere Informationen zur Zeitarbeit gibt es beim *Logo Repetitorium der Wirtschaftswissenschaften* (siehe Adressenverzeichnis) und im Internet:

- www. job-fuer-studenten.de und
- www.studentenvermittlung.de

Studentische Unternehmensberatungen bieten als Dienstleister Consulting-Tätigkeiten für Wirtschaftsunternehmen an.

Die Mitarbeit in einer solchen Unternehmensberatung eröffnet die Möglichkeit, die **Unternehmenspraxis kennen zu lernen** und in verschiedene Branchen und Arbeitsbereiche hineinzuschnuppern. Zudem ist die gezielte Lösung von Unternehmensproblemen eine exzellente Vorbereitung auf die spätere berufliche Tätigkeit.

 Eine Übersicht über studentische Unternehmensberatungen gibt es beim

Bundesverband Deutscher Studentischer Unternehmensberatungen (BDSU)
Gustav-Lorenz-Straße 9
64283 Darmstadt
☎ 0 61 51 / 29 57 54 und unter:
- www.bdsu.de
- kontakt@bdsu.de

Weitere interessante Job-Angebote in verschiedenen Branchen finden Sie im Internet unter vielen Adressen, zum Beispiel in folgender Auswahl:

- www.forum-jobline.de
- www.jobware.de
- www.perspektiven-online.de

- www.jobber.de
- www.monster.de
- www.unicum.de/impressum/index_jobs.html
- www.allstudents.de
- www.studentenjobs24.de
- www.opusforum.de

3.11 Berufsqualifizierende Praktika

Die Zahl der Hochschulen, die ein **Pflichtpraktikum** in einem Unternehmen für das Examen voraussetzen, ist in den letzten Jahren ständig gestiegen. Außer von Fachhochschulen wird auch von etlichen Universitäten ein Pflichtpraktikum in den Fächern Betriebswirtschafts-, Volkswirtschaftslehre und in Wirtschaftsinformatik verlangt; im Wirtschaftsingenieurwesen und in Wirtschaftspädagogik ist ein Praktikum fast überall Pflicht. Interessanterweise ist die Studienzeit in Studiengängen, die ein Pflichtpraktikum verlangen, kürzer als in solchen ohne Praktikum.

Auch dann, wenn an Ihrer Hochschule das Praktikum nicht Pflichtbestandteil des Studiums ist, sollten Sie sich darum bemühen. Im Zweifelsfall sollten Sie **so früh wie möglich** ein Praktikum absolvieren, um sich vor dem Examen zeitlichen Freiraum zu verschaffen.

Für ein Praktikum sprechen die folgenden Argumente:

- Studieninhalte können **praktisch erprobt** werden.
- Sie gewinnen einen **Einblick** in die Verhältnisse und Tätigkeiten in Unternehmen.
- Lerninhalte können in die Praxis **umgesetzt** werden.
- Erfolgreiche Praktikanten bekommen häufig ein **Angebot ihres Betriebes für eine Einstellung** nach Beendigung der Studienzeit.
- Ein Praktikum erleichtert den Übergang vom Hochschul- ins Berufsleben. Es **vermindert den „Praxisschock"**.

Es ist notwendig, ein Praktikum mit einem Vorlauf von **mindestens sechs Monaten** zu planen, um sich eine Praktikantenstelle zu sichern.

Eine **Praktikantenbörse** zum Finden des geeigneten Unternehmens bietet zum Beispiel die Industrie- und Handelskammer zu Köln und der Ring Christlich Demokratischer Studenten (RCDS) in Erlangen.

Speziell für **Studierende in Hessen** stellen die Industrie- und Handelskammern in Hessen eine **Datenbank** zur Verfügung, die neben studentischen Dauerjobs und praxisbezogenen Diplomarbeiten auch Praktika vermittelt. Die Datenbank wird vom hessischen Wirtschaftsministerium gefördert und ist als Diskettenversion bei allen hessischen IHKs einsehbar. Auskünfte gibt es bei den hessischen Hochschulen und bei der

Werden Sie Gesundheitspionier

Roche gehört zu den Pionieren unter den Gesundheitsunternehmen. Wir gehen neue Wege, um die Lebensqualität der Menschen zu verbessern und schaffen umfassende Lösungen für die Gesundheit. Heute bestimmen wir als Nummer eins den globalen Diagnostikamarkt. Und auch in der Pharmabranche gehören wir zu den führenden Unternehmen der Welt. Die Grundlage unseres Erfolges: Mitarbeiterinnen und Mitarbeiter, die in allen Bereichen unseres Unternehmens Pionierarbeit leisten.

Haben Sie auch das Zeug zum Pionier? Sie haben Ihr Studium zielstrebig und mit überdurchschnittlichen Ergebnissen abgeschlossen. Ihr Lebenslauf lässt weder Auslandserfahrung noch Praktika vermissen. Und jetzt wollen Sie etwas bewegen? Dann starten Sie Ihre Karriere bei Roche Diagnostics in Mannheim oder Penzberg. Talentierten

Wirtschaftswissenschaftlern

bieten wir einen optimalen Berufsstart nach Maß! Unser **Management Start up Programm Classic** bereitet Sie optimal auf die Herausforderungen Ihrer zukünftigen Aufgabe vor – mit interessanten Projekten sowie intensiven Trainings on und off the Job. Umfassend betreut durch ein erfahrenes Entwicklungsteam und Ihren ganz persönlichen Mentor absolvieren Sie zwei Jahre Job-Rotation und sammeln interkulturelle Erfahrung durch Auslandsprojekte.

Sie wollen lieber gleich in Ihr Fachgebiet einsteigen und Step by Step immer mehr Verantwortung übernehmen? Dann starten Sie via **Direkteinstieg** und entwickeln Ihre Fähigkeiten bei spannenden Projekten weiter.

Wollen Sie die Zukunft als Gesundheitspionier aktiv mitgestalten? Dann bewerben Sie sich jetzt am besten online unter **www.roche.de/jobs**. Hier können Sie sich auch über weitere interessante Angebote bei Roche Diagnostics GmbH informieren.

Roche Diagnostics GmbH
Recruiting-Center
68305 Mannheim

Industrie- und Handelskammer Gießen

Lonystraße 7
35390 Gießen
☎ 06 41 / 7 95 40
🖥 www.giessen-friedberg.ihk.de

Universitäten, die ein **Pflichtpraktikum** verlangen, haben in der Regel eine eigene Praktikantenbörse oder ein Praktikantenamt.

Auch im **Internet** finden sich zahlreiche Angebote für Praktikantenstellen, beispielsweise unter:

- 🖥 www.jungekarriere.com
- 🖥 www.unicum.de
- 🖥 www.studieren.de
- 🖥 www.student.de
- 🖥 www.allstudents.de

sowie unter den auf Seite 121 genannten Jobbörsen.

Auf Messen kann man Firmen häufig „vor Ort" kennen lernen und Kontaktpersonen unkompliziert und direkt auf ein mögliches Praktikum ansprechen.

Angesichts der vielfältigen Möglichkeiten, ein Praktikum zu absolvieren, sollten Sie sich vor Ihrer Wahl einer Praktikantenstelle darüber im Klaren sein, **welche Art von Firmen und Branchen** Sie bevorzugen. Nur unter dieser Voraussetzung werden Sie Ihr Praktikum mit Freude und Erfolg absolvieren.

CHECKLISTE
Merkmale eines guten Praktikums

- Ein Praktikum ermöglicht die Mitarbeit an einem konkreten Projekt.
- Das gewählte Projekt fördert eigenverantwortliches Arbeiten an anspruchsvollen Aufgaben.
- Es bietet die Möglichkeit zur Teamarbeit.
- Das Unternehmen betreut den/die Praktikanten individuell.
- Das Praktikum dauert mindestens zwei bis drei Monate.
- Es bietet die Möglichkeit, verschiedene Teilbereiche des Unternehmens kennen zu lernen.
- Es lässt (im Gegensatz zu einer praktischen Tätigkeit) einen Zusammenhang mit dem Studienziel und den Berufsplänen erkennen.
- Es bereitet (zum Beispiel durch die Wahl des Unternehmens oder der Branche) den Boden für die spätere Berufstätigkeit.

Auslandspraktika

Zunehmend rekrutieren nicht mehr nur Großunternehmen, sondern auch Mittelständler ihren Führungsnachwuchs aus dem Kreis auslandserfahrener Absolventen. Daher haben ein Auslandspraktikum oder auch mehrere Auslandssemester **Vorteile** für alle, die eine internationale Karriere bzw. eine Karriere in einem international ausgerichteten Unternehmen anstreben.

Weil die Bewerbung im Ausland auf größere Schwierigkeiten als im Inland stößt, sollte der Studierende seine wirtschaftswissenschaftliche Grundausbildung vorher abgeschlossen und ein **mindestens zweimonatiges Inlandspraktikum** absolviert haben, bevor er sich um ein Praktikum im Ausland bemüht.

 Planen Sie ein Auslandspraktikum **mindestens ein Jahr im Voraus**.

Sofern man ein Auslandspraktikum nicht selbst arrangieren will, bietet sich eine Reihe von Institutionen an, die bei der Organisation helfen:

 Am einfachsten ist die direkte Nachfrage bei **international tätigen Konzernen**. Recherchieren Sie im Internet, in welchen Ländern die Firmen präsent sind, und erkundigen Sie sich in der zentralen Personalabteilung, wer für Auslandsbewerbungen zuständig ist. Die **AIESEC** als internationale Vereinigung von wirtschaftlich interessierten Studenten vermittelt im Tauschverfahren Plätze im Ausland, sorgt für die Stellenvermittlung, hilft, ein Visum und eine Arbeitserlaubnis zu bekommen, und betreut auch vor Ort. Lokalkomitees der AIESEC sind an nahezu allen Hochschulen vertreten. Die AIESEC hilft auch Studierenden anderer Fachbereiche, zum Beispiel Natur- und Geisteswissenschaftlern, bei einem angestrebten Auslandspraktikum.

Behilflich sind weiterhin zum Beispiel der schon erwähnte **RCDS** sowie der **Bundesverband deutscher Volks- und Betriebswirte (bdvb)**.

Die **Zentralstelle für Arbeitsvermittlung** (ZAV), Abteilung Ausland, in Frankfurt am Main, bietet Studenten Arbeitsprogramme für Europa und Übersee.

Programme zur beruflichen Weiterbildung im Ausland gibt es bei der **Carl Duisberg Gesellschaft** (CDG) in Köln, die in ihrer Informations- und Beratungsstelle für die berufliche Weiterbildung im Ausland (IBS) zudem über Programme anderer Austauschorganisationen berät. Eine Broschüre kann man bei der IBS anfordern.

Bei den **Berufsinformationszentren der örtlichen Arbeitsämter** (BIZ) kann die Broschüre *Jobs und Praktika im Ausland*, die jährlich im November aktualisiert wird, angefordert werden. Die Informationsschrift ist auch im Internet unter **www.arbeitsagentur.de** abrufbar.

Weitere Adressen finden Sie im Anhang.

Auslandssemester

Die Möglichkeit, fremdsprachliche Kenntnisse zu erwerben und zu trainieren, wenn auch ohne wirtschaftlichen Praxisbezug, bietet ein Auslandssemester. Es ist sinnvoll, hier die von der jeweiligen Hochschule oder dem Fachbereich organisierten Austauschprogramme zu nutzen.

Die Wahl der Hochschule ist für ein Auslandssemester nicht so bedeutend wie für ein Auslandsstudium. Denn es geht in erster Linie darum, den eigenen **Horizont zu erweitern** und mit einer fremden Kultur vertraut zu werden. Spätere Arbeitgeber werten dies als Bereicherung für die Persönlichkeitsentwicklung (weitere Hinweise in Kapitel 9).

3.12 Diplomarbeit mit Praxisbezug

Die Diplomarbeit ist, neben dem Examen, der krönende Abschluss des wirtschaftswissenschaftlichen Studiums. Mit ihr stellt der Studierende unter Beweis, dass er in der Lage ist, selbstständig wissenschaftlich zu arbeiten.

Häufig wird das Thema der Diplomarbeit vom Lehrstuhlinhaber vorgegeben. Es gibt jedoch an vielen Lehrstühlen auch die Möglichkeit, eine **externe Arbeit in Kooperation mit einem Unternehmen** zu verfassen – und damit ein praxisorientiertes Thema zu bearbeiten, was bei der späteren Bewerbung von Vorteil sein kann.

Wenn Sie die Möglichkeit dazu haben, dann suchen Sie sich das Thema Ihrer Diplomarbeit selbst aus. Inwieweit Sie als Student Einfluss auf die Themenstellung der Diplomarbeit haben, ist in der Prüfungsordnung Ihres jeweiligen Fachbereiches festgelegt.

Wenn Sie **selbst das Thema wählen** können, haben Sie die Chance, in einem Bereich zu arbeiten, der Ihren Neigungen und Fähigkeiten entspricht. Zudem können Sie mit der Themenwahl beruflich bereits eine wichtige Weichenstellung vornehmen.

Vorteile für Sie

Obwohl externe Arbeiten meist zwei Monate länger dauern als interne (die durchschnittliche Bearbeitungszeit liegt bei drei bis vier Monaten), lohnt es sich in jedem Fall, sich um ein praxisrelevantes Thema zu bemühen.

Der **Nutzen** solcher Diplomarbeiten wird von den Unternehmen meist als **sehr hoch** eingeschätzt. Bis zu 75 Prozent der Diplomanden werden später von den Unternehmen, mit denen sie zusammengearbeitet haben, eingestellt.

Allgemein wird bei der Bewerberauswahl eine praxisorientierte Diplomarbeit einer rein theoretischen vorgezogen.

Die Auswahl eines geeigneten Unternehmens

Manche Unternehmen arbeiten direkt mit einzelnen Lehrstühlen zusammen, sodass es möglich ist, ein praxisbezogenes Thema **direkt von der Hochschule** zu bekommen. Doch selbst wenn dies nicht der Fall ist, so gibt es zahlreiche Möglichkeiten, an ein solches Thema zu kommen.

An vielen Hochschulen existieren **Transferstellen**, die Kontakte zur Wirtschaft vermitteln. Auch örtliche **Industrie- und Handelskammern** – unter anderem die IHKs in Köln, Münster und Hamburg – führen Diplomarbeitsbörsen, bei denen interessierte Studenten auf Anfrage Listen mit Themen und Ansprechpartnern verschiedener Unternehmen zugeschickt bekommen. In manchen **Kammerzeitschriften** besteht die Möglichkeit, eine Anzeige mit Themenwunsch zu schalten. Auch viele der in diesem Buch vorgestellten Unternehmen sind für praxisorientierte Diplomarbeiten offen, wie Sie bei Durchsicht der Unternehmensprofile in Kapitel 8 feststellen können.

Einen aktuellen Überblick über die von Unternehmen angebotenen Diplomarbeitsthemen veröffentlicht halbjährlich die *Junge Karriere* des **Handelsblattes** (🖳 www.jungekarriere.com und 🖳 www.jobware.de).

Weitere Hinweise finden Sie unter 🖳 www.forum-jobline.de und eine Reihe wertvoller Links unter 🖳 www.student.de.

Manche Unternehmen führen Listen mit Wunschthemen, aus denen Studenten auswählen können. Andere wiederum warten darauf, dass Diplomanden selbst mit konkreten Themenvorschlägen kommen. In vielen Unternehmen sind auch beide Alternativen möglich.

Die **Firmenporträts** in diesem Buch (Kapitel 8) geben Ihnen einen Einblick, welche Unternehmen für praxisorientierte Diplomarbeiten offen sind.

Neben Industrieunternehmen sind Handels- und Dienstleistungsfirmen wie Banken, Versicherungen und Unternehmensberatungen für Diplomarbeiten aufgeschlossen. Nicht zu vergessen ist, dass neben Firmen auch die öffentliche Hand – Kommunen und kommunale Betriebe – Themen vergibt.

Vorteile für Unternehmen

Die Vorteile, die sich Unternehmen von praxisorientierten Diplomarbeiten versprechen, sind folgende:

- **Lösung von Problemen,** zu deren Bearbeitung der betriebliche Alltag keine Zeit lässt,
- preisgünstiger Erwerb **neuen Know-hows,**
- **Gewinnung von Mitarbeitern** mit geeignetem Fähigkeitsprofil.

Die wissenschaftlichen Anforderungen

Neben den Vorteilen einer praxisorientierten Diplomarbeit soll nicht verschwiegen werden, dass es auch eine Reihe von **Schwierigkeiten** gibt, die überwunden werden müssen.

Die Wahl des Themas setzt eine **genaue Absprache** des Diplomanden mit dem betreffenden Lehrstuhlinhaber und dem Unternehmen voraus. Das Thema muss so gewählt werden, dass die wissenschaftlichen Anforderungen der Hochschule und die konkreten betrieblichen Erwartungen des Unternehmens gleichermaßen erfüllt werden können. Sonst ist das gesamte Projekt von vornherein zum Scheitern verurteilt.

Oft ist ein **Kompromiss** zwischen Theorie und Praxis nötig: Die wissenschaftliche Gründlichkeit und theoretische Fundierung steht der Praxisrelevanz entgegen. Unternehmen haben zudem häufig Probleme damit, dass durch die wissenschaftliche Veröffentlichung der Arbeit betriebsinterne Daten und Fakten allgemein bekannt werden.

Dies erfordert zuweilen, dass zwei Versionen der Arbeit geschrieben werden müssen: eine für die Hochschule und eine für den Betrieb, was natürlich mehr **Arbeitsaufwand** bedeutet.

Es empfehlen sich daher eine rechtzeitige Absprache mit beiden Seiten sowie eine langfristige und detaillierte Planung der Themenstellung. Sie müssen auf jeden Fall mit der Beratung Ihres Professors arbeiten.

Fangen Sie vier bis fünf Monate vor dem geplanten Beginn Ihrer Diplomarbeit an, mit Ihrer Hochschule und dem betreffenden Unternehmen ein Thema festzulegen.

Neben dem Thema ist selbstverständlich die Erfüllung **wissenschaftlicher Standards** wichtiger Bestandteil der Diplomarbeit (vgl. dazu Kapitel 1).

**CHECKLISTE
Themenfindung und -festlegung**

- Wie sieht der **Ablauf der Bewerbung** um ein Thema in den infrage kommenden Unternehmen aus?
- Gibt es eine **Themenliste**, oder bemüht man sich selbst um die Themenfindung?
- Gibt es seitens der Unternehmen **Bewerbungs- und Antwortfristen**?
- Welche Unterlagen und Informationen erwartet das Unternehmen bei einer **Bewerbung**?
- Welche **Voraussetzungen und Bedingungen** gibt es von Seiten der Hochschule?
- Wie lassen sich die **Anforderungen von Hochschule und Unternehmen** in Einklang bringen?
- Ist das **Ziel** der Arbeit genau festgelegt?
- Ist die **praktische Verwertung** der Arbeit im Unternehmen besprochen worden?
- Welche einzelnen **Arbeitsschritte** und -maßnahmen sind erforderlich?
- Ist der **Zeitplan** mit allen Zwischenschritten erarbeitet?

Plagiate

Zu einem wachsenden Problem an den Hochschulen haben sich Plagiate in allen Prüfungsstadien – von der Seminar- bis zur Diplomarbeit – entwickelt. Das Abschreiben aus dem Internet per „copy and paste" oder das Zusammenschustern ganzer Abhandlungen aus anderen Schriften scheint für Studenten einfach und schnell zu gehen, wird **aber immer weniger von den Hochschulen geduldet.**

Mittels spezieller Software und verschärften Prüfungsordnungen gehen die Hochschulen immer konsequenter gegen den Plagiarismus vor – zu Recht. Betrüger werden mit der **Note „mangelhaft" oder „ungenügend"** bewertet, müssen mindestens ein Semester wiederholen oder verlieren den Anspruch, ein Diplom erwerben zu können.

 Plagiate sind **kein Kavaliersdelikt** und **verstoßen gegen das Urheberrechtsgesetz!** Außerdem bringt sich der Plagiator selbst um die Erkenntnisse und den Gewinn, die er aus seiner wissenschaftlichen Arbeit bei redlichem Vorgehen ziehen könnte. Bleiben Sie daher ehrlich und geben Sie eine Arbeit ab, die Sie wirklich selbst verfasst haben. Das Risiko, mit Plagiaten aufzufallen, ist größer, als Sie vielleicht glauben!

Betreuung durch das Unternehmen

Auf Seiten des Unternehmens sollte gewährleistet sein, dass der Diplomand fachlich betreut und unterstützt wird.

- Zum einen erfordert die Arbeit die zeitweise **Anwesenheit des Diplomanden im Betrieb.** Er braucht also einen eigenen Arbeitsplatz mit Schreibtisch, Telefon, PC und ggf. mit weiteren Arbeitsmitteln, die ihm das Unternehmen zur Verfügung stellen sollte.

- Zum anderen ist auch eine **materielle Vergütung** üblich, die sich häufig aus verschiedenen Bestandteilen zusammensetzt:

- einer monatlichen **Grundvergütung**,
- einer meist erfolgsabhängigen **Abschlussprämie**,
- einem **Zuschuss** zu den Lebenshaltungskosten, die mit der Arbeit vor Ort verbunden sind (zum Beispiel Unterkunft am Sitz des Unternehmens) und
- dem Ersatz von **Reisespesen**.

Die meisten Unternehmen schließen für die Dauer der Arbeit mit dem Diplomanden einen **Arbeitsvertrag**, der für ihn unter anderem auch den Vorteil des Versicherungsschutzes hat.

CHECKLISTE
Absprache mit dem Unternehmen

- Ist ein **Ansprechpartner** und Betreuer im Unternehmen festgelegt?
- Hat der Diplomand einen eigenen **Arbeitsplatz** im Unternehmen?
- Erhält er die notwendigen **Arbeitsmittel**?
- Wie wird seine Arbeit **vergütet**?
- Gibt es eine **Abschlussprämie**?
- Trägt das Unternehmen die **Spesen und die Kosten** vor Ort?
- Sind im **Arbeitsvertrag** alle oben genannten Punkte geregelt?

Diplomarbeit im Ausland

Ein Sonderfall ist die Diplomarbeit im Ausland. Für sie ist eine **längere und intensive Vorbereitung** erforderlich. Der Sprung ins Ausland wird in der Regel nur gelingen, wenn bereits vorher Kontakte geknüpft wurden, zum Beispiel während eines Auslandssemesters, eines -praktikums oder eines -studiums.

Manchmal ist es einfacher, sich im Ausland statt um eine Diplomarbeit um ein **Projektpraktikum** zu bewerben, da dies weniger wissenschaftlichen Auflagen unterliegt. Daraus kann später dann eine Diplomarbeit entstehen.

 In jedem Falle erfordert eine solche Arbeit im Ausland **exzellente Sprachkenntnisse**. Darüber hinaus ist eine Fassung der **Diplomarbeit in zwei Sprachen** so gut wie immer unumgänglich: eine Version in der Muttersprache für die deutsche Hochschule und eine Version in der Landessprache des Unternehmens.

Verwertung von Diplomarbeiten

Gleich, ob Ihre Diplomarbeit von einem Unternehmen betreut wurde oder eher theoretisch als praxisbezogen ist, sollten Sie die Möglichkeit nutzen, Ihre **fertige Arbeit** zu **verkaufen**.

Es gibt mittlerweile mehrere **Agenturen**, die Diplomarbeiten professionell vermarkten und an Unternehmen vermitteln. Sie erstellen für Unternehmen verschiedener Branchen Diplomarbeiten-Kataloge, die regelmäßig aktualisiert werden.

Manche Agenturen haben sich auf **Prädikatsarbeiten** mit einer Benotung von mindestens 2,5 spezialisiert, andere wiederum vermitteln notenunabhängig und vermarkten neben Diplomarbeiten auch **Doktor- und andere Studienarbeiten**.

Der Student kann bei einem Vermittlungserfolg mit einem Honorar von 100 bis 150 € rechnen. Der Haupterfolg liegt jedoch sicherlich in der Befriedigung, dass die **Diplomarbeit anerkannt wertvoll und nützlich** ist.

**ZUSAMMENFASSUNG
Tipps zur Qualifikation**

- Achten Sie bei den Wahlfächern auf eine **Fächerkombination**, die Ihren Neigungen und Interessen entspricht und zugleich mit der Prüfungsordnung vereinbar ist.

- Wenn Sie ein gleichwertiges Interesse an Theorie und Praxis haben, empfiehlt sich das Studium in einem **dualen Studiengang**.

- Bei starkem Interesse an einer späteren Tätigkeit im Ausland oder in einem internationalen Unternehmen ist ein **Doppeldiplom-Studiengang** mit Auslandssemestern empfehlenswert.

- Erwerben Sie während des Studiums zu einem möglichst frühen Zeitpunkt **Fremdsprachen- und EDV-Kenntnisse**.

- Erwerben Sie studienbegleitend **praxisrelevante Erfahrungen** durch praktische Tätigkeiten innerhalb oder außerhalb der Hochschule. Folgen Sie dabei Ihren Neigungen, ohne eine zu enge Verbindung mit den Studieninhalten herstellen zu wollen.

- Absolvieren Sie in jedem Fall während des Hauptstudiums ein **Praktikum** in einem Unternehmen, selbst wenn es in Ihrem Studiengang nicht verlangt wird.

- Achten Sie beim Praktikum darauf, dass es einen erkennbaren inhaltlichen **Bezug zu** Ihren **Studienschwerpunkten und Berufszielen** aufweist.

- Ein **Auslandssemester oder -praktikum** ist für eine Laufbahn in einem internationalen Unternehmen von Vorteil.

- Eine **Diplomarbeit** mit einem praxisrelevanten Thema erweist sich bei späteren Bewerbungen als positiv.

 Informationen finden Sie im Adressenverzeichnis und im **Internet** unter:

- www.diplom.de
- www.examicus.de
- www.hausarbeiten.de
- www.akadip.de
- www.diplomarbeit.biz
- www.diplomarbeiten24.de
- www.diplomarbeit.de

Daneben vermittelt auch eine Reihe von Industrie- und Handelskammern Diplomarbeiten.

IHRE CHANCE IM CENTRAL BANKING

Die Deutsche Bundesbank ist eine der großen Notenbanken im Europäischen System der Zentralbanken mit vielfältigen und spannenden Aufgaben:

▌ Wir wirken an der Umsetzung der europäischen Geldpolitik mit und tragen zur Stabilität unserer gemeinsamen Währung bei.

▌ In zahlreichen europäischen und internationalen Gremien beschäftigen wir uns mit Fragen der internationalen Wirtschafts- und Währungspolitik sowie der globalen Finanzsysteme.

▌ Als „Bank der Banken" stellen wir den Kreditinstituten Zentralbankgeld zur Verfügung, bringen Eurobanknoten und -münzen in Umlauf und sorgen für die reibungslose Abwicklung des Zahlungsverkehrs im Inland und mit dem Ausland.

▌ Neben dem Management der offiziellen Währungsreserven der Bundesrepublik Deutschland sind wir darüber hinaus auch in der Bankenaufsicht aktiv und spielen eine bedeutende Rolle bei der Sicherstellung der Stabilität und Funktionsfähigkeit des Finanzsektors.

Für Fragen zu unseren nebenstehenden Einstiegsmöglichkeiten steht Ihnen Frau Franziska Mottok, Telefon 069 9566-4188, gern als Ansprechpartnerin zur Verfügung.

Informationen und
Online-Bewerbung unter
www.bundesbank.de

Die Deutsche Bundesbank bietet Ihnen folgende Einstiegsmöglichkeiten:

DIREKTEINSTIEG
für Hochschulabsolvent(inn)en diverser Fachrichtungen, die als Spezialist(inn)en im Angestelltenverhältnis in einem unserer attraktiven Tätigkeitsfelder eingesetzt werden.

TRAINEE-PROGRAMM
für Absolvent(inn)en eines Universitätsstudiums mit wirtschaftswissenschaftlicher Ausrichtung. Das 12-monatige praxisorientierte Einstiegsprogramm bereitet Sie darauf vor, als Angestellte(r) anspruchsvolle Aufgaben in ausgewählten Tätigkeitsbereichen unserer Zentrale zu übernehmen.

BUNDESBANK-REFERENDARIAT
für Universitätsabsolvent(inn)en eines Studiums der Wirtschafts- oder Rechtswissenschaften. Im Rahmen einer 21-monatigen generalistischen Ausbildung werden Sie für die Beamtenlaufbahn des höheren Bankdienstes in grundsätzlich allen Tätigkeitsfeldern der Bundesbank qualifiziert.

PRAKTIKUM
für Student(inn)en diverser Fachrichtungen, die sich im Hauptstudium befinden.

Deutsche Bundesbank -Zentrale-
Abteilung Personalmanagement
Postfach 10 06 02
60006 Frankfurt am Main

Special

Wirtschaftsrecht

Der Studiengang Wirtschaftsrecht ist ein relativ neuer Studiengang, der **betriebswirtschaftliche** und **rechtliche Inhalte** miteinander verbindet. Recht und Wirtschaft werden so zu einem **eigenständigen Fach** verschmolzen. Im Rahmen der Rechtsfächer werden wirtschaftliche Bezüge mitbehandelt und umgekehrt.

Die dadurch erworbenen Qualifikationen im Überschneidungsbereich von Recht und Wirtschaft werden im mittleren Management von Unternehmen stark nachgefragt, denn unternehmerische Entscheidungen müssen sowohl betriebswirtschaftlich abgewogen als auch rechtlich abgesichert getroffen werden.

Neben Rechtskenntnissen und betriebswirtschaftlichem „Rüstzeug" vermittelt die Ausbildung zusätzlich für die Wirtschaft sehr wichtige **Schlüsselqualifikationen**, zum Beispiel **Verhandlungsführung, Rhetorik** und **Präsentation**.

Obwohl Wirtschaftsrecht als eigener Studiengang erst seit wenigen Jahren angeboten wird, **übersteigt die Nachfrage nach Studienplätzen** an vielen Fachhochschulen längst **das Angebot**.

Die wachsende Beliebtheit dieses Studiums erklärt sich zum einen aus der praxisnahen, zeitlich überschaubaren Ausbildung und zum anderen aus dem großen Bedarf insbesondere mittelständischer Unternehmen an Mitarbeitern mit der vermittelten Mischqualifikation, der den Absolventen vielfältige und interessante **Beschäftigungsmöglichkeiten** vorwiegend in den Bereichen **Personal, Vertrieb** und **Steuern** bietet.

Die **Ausbildung zum Wirtschaftsjuristen** füllt die Lücke zwischen dem Volljuristen einerseits, dem trotz durchschnittlich acht- bis neunjähriger Ausbildung für eine Tätigkeit in der Wirtschaft grundlegende betriebswirtschaftliche Kenntnisse fehlen, und dem Betriebswirt andererseits, dem es an den notwendigen juristischen Fachkenntnissen und Kompetenzen mangelt. Die kurze Studiendauer entspricht den Bedürfnissen der Studierenden und einer allgemeinen europaweiten Tendenz.

1. Das Studium

1.1 Das Angebot der Hochschulen

Der Studiengang Wirtschaftsrecht wird hauptsächlich von **Fachhochschulen**, aber auch an einigen **Universitäten,** zum Beispiel in Augsburg, Erlangen und Osnabrück, angeboten.

Special

Wirtschaftsrecht

Allerdings **unterscheiden sich** die Studiengänge der verschiedenen Fachhochschulen im Hinblick auf Ausbildungsinhalte und -dauer, Schwerpunkte, Organisation und Prüfungen teilweise erheblich voneinander. Aufgrund dieser Unterschiede gibt es kein Ranking der Hochschulen.

Der Studiengang Wirtschaftsrecht wird zurzeit (Stand: SS 2005) an folgenden Fachhochschulen und Universitäten angeboten:

Anhalt HS (Bernburg)	Wirtschaftsrecht, Diplom (FH), WS	💻 www.hs-anhalt.de
Aschaffenburg FH	Betriebswirtschaft und Recht, Diplom FH, WS	💻 www.fh-aschaffenburg.de
Augsburg U	Rechts- und Wirtschaftswissenschaften, Diplom, WS	💻 www.uni-augsburg.de
Berlin FHTW	Wirtschaftsrecht, Diplom (FH)	💻 www.fhtw-berlin.de
Bielefeld FH	Betriebswirtschaft/Wirtschaftsrecht (Verbundstudiengang), Verbundstudiengang mit Südwestfalen, Hagen und Niederrhein FH Mönchengladbach, auch berufsbegleitend mit Präsenzphasen, Wirtschaftsrecht, Diplom (FH)	💻 www.fh-bielefeld.de
Braunschweig/ Wolfenbüttel FH (Wolfenbüttel)	Recht der Informationstechnologie und Kommunikationswirtschaft, Diplom (FH), SS, Wirtschaftsrecht Diplom (FH)	💻 www.fh-wolfenbuettel.de
Bremen H	Steuer- und Wirtschaftsrecht, Diplom (FH), WS, internationaler Studiengang in Kooperation mit der Hochschule für öffentliche Verwaltung in Bremen	💻 www.hs-bremen.de
Darmstadt FH	Informationsrecht, Diplom (FH), WS	💻 www.fh-darmstadt.de
Erlangen-Nürnberg U (Erlangen)	Internationales Wirtschaftsrecht, Diplom, WS	💻 www.uni-erlangen.de
Essen FOM	Wirtschaftsrecht, Diplom (FH), berufsbegleitend bzw. Duales Studium	💻 www.fom.de

Special

Wirtschaftsrecht

Essen FOM (Neuss)	Wirtschaftsrecht, Diplom (FH), berufsbegleitend bzw. Duales Studium	www.fom.de
Frankfurt am Main FH	Wirtschaftsrecht, Diplom (FH)	www.fh-frankfurt.de
Gelsenkirchen FH	International Business Law and Business Management, Bachelor, WS, internationaler Studiengang, Wirtschaftsrecht, Diplom (FH), WS	www.fh-gelsenkirchen.de
Greifswald U	Wirtschaftsrecht, Bachelor of Laws (LL.B.)	www.uni-greifswald.de
Hamburg HWP	Rechtswissenschaft, Diplom mit Zusatz (Bachelor Honours); Diplom-Wirtschafts- und Arbeitsjurist (HWP)	www.hwp-hamburg.de
Heide/Holstein FH	Wirtschaftsrecht, Bachelor, Master (ab WS 2005/2006)	www.fh-westkueste.de
Heidelberg FH	Wirtschaftsrecht, Diplom (FH)	www.fbsgw.fh-heidelberg.de
Kassel, U	Wirtschaftsrecht, Bachelor, Master	www.uni-kassel.de
Köln Rhein FH	Wirtschaftsrecht, Diplom (FH), auch berufsbegleitend, im Praxisverbund bzw. Duales Studium	www.rfh-koeln.de
Köln FH	Wirtschaftsrecht, Diplom (FH)	www.fh-koeln.de
Lüneburg, U	Wirtschaftsrecht, Diplom	www.uni-lueneburg.de
Mainz FH	Wirtschaftsrecht, Diplom (FH)	www.fh-mainz.de
Niederrhein HS	Betriebswirtschaft/Wirtschaftsrecht (Verbundstudiengang) Diplom (FH), WS, Verbundstudiengang mit Südwestfalen FH Hagen und Bielefeld FH, berufsbegleitend mit Präsenzphasen	www.fh-niederrhein.de
Nordhessen FH (Bad Sooden-Allendorf)	Wirtschaftsrecht, Diplom (FH), staatlich anerkannt	www.fh-nordhessen.de

Special
Wirtschaftsrecht

Nordhessen FH (Kassel)	Wirtschaftsrecht, Diplom (FH); berufsbegleitendes Fernstudium	www.fh-nordhessen.de
Nürtingen FH (Geislingen)	Wirtschaftsrecht, Diplom (FH)	www.fh-nuertingen.de
Oestrich-Winkel EBS	Wirtschaftsrecht, Diplom, WS, Studienrichtung in Betriebswirtschaftslehre	www.ebs.de/ebs/home.php
Osnabrück FH	Wirtschaftsrecht, Diplom (FH), WS	www.fh-osnabrueck.de
Osnabrück U	Wirtschaftsrecht, Bachelor, WS, akkreditierter Studiengang	www.uni-osnabrueck.de
Pforzheim FH	Wirtschaftsrecht, Diplom (FH)	www.fh-pforzheim.de
Schmalkalden FH	Wirtschaftsrecht, Diplom (FH), WS	www.fh-schmalkalden.de
Siegen U	Deutsches und Europäisches Wirtschaftsrecht, Diplom; Studienbeginn WS empfohlen	www.uni-siegen.de
Südwestfalen FH (Hagen)	Betriebswirtschaft/Wirtschaftsrecht (Verbundstudiengang mit Niederrhein FH Mönchengladbach und Bielefeld FH; auch berufsbegleitend)	www.fh-swf.de
Trier FH (Birkenfeld)	Wirtschafts- und Umweltrecht, Diplom (FH)	www.fh-trier.de www.umwelt-campus.de
Wiesbaden FH	Business Law, Bachelor; akkreditierter Studiengang; Masterstudium ab WS 07/08 geplant	www.fh-wiesbaden.de
Wildau TFH	Wirtschaft und Recht, Diplom (FH), WS; Dienstleistungsmanagement; Wirtschaftsrecht	www.tfh-wildau.de
Wismar FH	Wirtschaftsrecht, Diplom (FH), WS	www.fh-wismar.de

Special

Wirtschaftsrecht

1.2 Zulassungsvoraussetzungen

Die Einschreibevoraussetzungen sind bei den einzelnen Fachhochschulen bzw. Universitäten unterschiedlich und müssen dort direkt erfragt werden. Neben der **Hochschul- bzw. Fachhochschulreife** wird teilweise auch der **Nachweis eines Praktikums** verlangt. Wegen der großen Nachfrage gibt es an mehreren staatlichen Fachhochschulen inzwischen einen **Numerus clausus**, der sich im Bereich zwischen 1,6 und 1,9 für den Beginn im WS und zwischen 2.0 und 2,5 für den Beginn im SS bewegt. Die privaten Fachhochschulen haben in der Regel keinen Numerus clausus. Sie führen aber teilweise **Auswahltests** und/oder **Auswahlgespräche** durch.

1.3 Persönliche Voraussetzungen

Wenn Sie juristisch in der Wirtschaft tätig sein wollen, kann Ihnen das Studium des Wirtschaftsrechts eine sinnvolle Alternative zu den Studiengängen Jura oder Betriebswirtschaft bieten, da die Ausbildung kürzer, praxisnäher und damit insgesamt Erfolg versprechender ist. Sie werden sich in diesem Studiengang wohl fühlen, wenn Sie **Sachverhalte klar analysieren** und **komplexe Themen abstrahieren** können, **gerne argumentieren** und **präzise formulieren** können.

Die kurze Studiendauer und die damit verbundene komprimierte Wissensvermittlung erfordern jedoch ein hohes Maß an **Einsatzbereitschaft** und **Lernwillen**. Raum für zeitaufwändige Hobbys oder Nebentätigkeiten wird Ihnen in dieser Zeit kaum bleiben.

1.4 Inhalt des Studiums

Der Studiengang Wirtschaftsrecht vermittelt neben wirtschaftsorientiertem juristischem Wissen und volks- und betriebswirtschaftlichen Kenntnissen auch die so genannten **Schlüsselqualifikationen**. Das sind in erster Linie

- Internationalität und Sprachen,
- Verhandlungs- und Managementtechniken,
- Teamfähigkeit und
- EDV-Anwendungskenntnisse.

Sie erwerben also nicht nur juristische und ökonomische Fachkenntnisse, sondern lernen auch, wissenschaftliche Methoden anzuwenden und in die Praxis umzusetzen. Beispielsweise gehört die **Gestaltung von Verträgen** zu den wichtigeren Studieninhalten.

Special
Wirtschaftsrecht

Zudem sorgen Blockveranstaltungen zu **Rhetorik**, **Präsentation**, **Mediationstechnik** u. Ä. für den Erwerb von **Soft Skills**, die in der Wirtschaftspraxis manchmal wichtiger als die klassischen Fachkenntnisse werden können.

Wesentlicher Bestandteil des Studiums sind **Praxissemester**, die dazu dienen, das Gelernte im konkreten Alltag des Betriebs anzuwenden, den eigenen Kenntnisstand an den Anforderungen des Berufsalltags zu messen und daraus Impulse für das weitere Studium zu ziehen. Im Praxissemester können Sie auch praxisbezogene Themen für die **Diplomarbeit** auswählen und diese möglicherweise auch schon vorbereiten.

Die **Gewichtung des Lehrangebots** fällt an den einzelnen Fachhochschulen und Universitäten jedoch **unterschiedlich** aus. So entfallen an vielen FHs, beispielsweise in Osnabrück (www.fh-osnabrueck.de), Wismar (www.fh-wismar.de) und Wiesbaden (www.fh-wiesbaden.de) etwa 60 Prozent des Lehrstoffs auf wirtschaftsrelevante Rechtsgebiete, etwa 30 Prozent auf betriebswirtschaftliche Fächer und 10 Prozent auf die Vermittlung von Schlüsselqualifikationen wie Wirtschaftsenglisch, Rhetorik, Präsentation, Projektplanung, Teamarbeit u. Ä. Anders gewichtet dagegen der Verbundstudiengang Wirtschaftsrecht (www.vswr.verbundstudium.de, siehe unter 3.1): betriebswirtschaftliche und juristische Lerninhalte haben einen Anteil von jeweils 40 Prozent (www.fh-swf.de).

1.5 Aufbau des Studiums

Das Studium kann einschließlich der Diplomprüfung in einer **Regelstudienzeit von acht Semestern** abgeschlossen werden. Es gliedert sich in ein viersemestriges Grund- und ein viersemestriges Hauptstudium. In der Regel sind in das Studium ein bis zwei **Praxissemester** integriert, die eine enge Verbindung zur Wirtschaftspraxis sicherstellen.

Das **Grundstudium** vermittelt Grundlagen des Rechts und der Rechtsanwendung sowie Wirtschaftsprivatrecht, Unternehmensrecht, Steuerrecht, Europarecht, Öffentliches Recht, Rechnungswesen, Allgemeine Betriebswirtschaftslehre und Volkswirtschaftslehre. Dabei sind im Grundstudium die wirtschafts- und rechtswissenschaftlichen Inhalte etwa gleich verteilt.

Das **Hauptstudium** dient vor allem der Erweiterung und Vertiefung sowie der Schwerpunktsetzung. Jetzt überwiegen die juristischen Anteile.

Wahlfächer aus unterschiedlichen rechtswissenschaftlichen und betriebswirtschaftlichen Bereichen sind beispielsweise: Arbeitsrecht, Unternehmenssteuerrecht, internationales Wirtschaftsrecht, Bilanzwesen, Insolvenz und Sanierung.

Special

Wirtschaftsrecht

Bereits im Studium wird so eine individuelle Ausrichtung auf bestimmte Berufsfelder wie Steuern und Prüfungswesen, Finanzdienstleistungen oder Personalmanagement möglich. Die **FH Birkenfeld** (Trier) bietet beispielsweise die Studienschwerpunkte Wirtschaftsrecht und Umweltrecht an. Das spezielle Lehrangebot beruht auf der Erfahrung, dass sich Betriebe und Unternehmen im Rahmen der betrieblichen Eigenüberwachung zunehmend umweltbezogenen Fragestellungen widmen müssen.

Am **Ende** des Studiums ist eine **Diplomarbeit** zu schreiben. Mit dem erfolgreichen Abschluss des Studiums erwerben die Absolventen den Titel **Diplom-Wirtschaftsjurist/in (FH)**. Alternative Abschlüsse sind **Bachelor** und **Master**.

1.6 Studienziel

Das Studium will die Studierenden auf Tätigkeiten vorbereiten, die sich durch eine starke Verknüpfung von rechtlichen und betriebswirtschaftlichen Fragen und Themen auszeichnen. Die Studierenden sollen befähigt werden, auch komplexe wirtschaftliche Sachverhalte aus rechtlicher und betriebswirtschaftlicher Sicht zu bearbeiten und einer praxisgerechten Lösung zuzuführen.

Im Vordergrund stehen hierbei:

- die Fähigkeit zur rechtlichen Gestaltung von unternehmerischen Planungs- und Entscheidungsprozessen (Aushandlung und Erarbeitung von Verträgen etc.),
- vertiefte Kenntnisse in wirtschaftsrelevanten Rechtsgebieten (zum Beispiel Steuerrecht, Gesellschaftsrecht, Arbeitsrecht) und
- Kenntnisse in den Wirtschaftswissenschaften.

Der Studiengang ist **berufsqualifizierend**: Direkt nach dem erfolgreichen Abschluss können Sie – erfolgreiche Stellensuche vorausgesetzt – berufstätig werden.

2. Die Chancen auf dem Arbeitsmarkt

Die Einsatzgebiete von Juristen mit betriebswirtschaftlichem Know-how sind dank der interdisziplinären Ausbildung breit gefächert. Nach erfolgreichem Abschluss des Studiums können Sie sowohl als Generalist wie auch als Fachspezialist in den verschiedenen Abteilungen eines Unternehmens tätig werden.

Die Attraktivität der Absolventen für die Unternehmen besteht ja gerade in ihrer **Wissenskonzentration** auf der einen und ihrer **Flexibilität** auf der anderen Seite. Beschäftigungs-

Wirtschaftsrecht
Special

möglichkeiten bieten sich daher nicht nur in den **Rechtsabteilungen**, sondern auch in den **Finanz-, Vertriebs-, Beschaffungs-** und **Personalabteilungen** der Unternehmen.

Potenzielle Arbeitgeber sind sowohl industrielle **Großunternehmen** als auch **kleinere und mittlere Betriebe** ohne eigene Rechtsabteilung. Gerade sie haben ein starkes Interesse an juristisch ausgebildeten Mitarbeitern, die in unterschiedlichen kaufmännischen Abteilungen flexibel eingesetzt werden können. **Handel, Banken, Versicherungen, das Dienstleistungsgewerbe, Wirtschaftsverbände** sowie **Unternehmensberatungen** und **Insolvenzverwaltungen** kommen für eine Tätigkeit ebenfalls in Betracht.

Focus online (🖳 www.focus.de) hat im Februar 2004 in der Rubrik „Beruf und Karriere" **25 Jobs mit Zukunft** aufgelistet. Die meisten aufgeführten Beschäftigungen wären für Wirtschaftsjuristen ausgesprochen gut geeignet, weil sie eine Kombination aus rechtlichem und betriebswirtschaftlichem Know-how erfordern.

Trotz generell guter Berufsaussichten haben die Unternehmen derzeit jedoch die freie Wahl unter **vielen Bewerbern**. Wenn Sie als Wirtschaftsjurist eine geeignete Stelle suchen, müssen Sie sich daher **von den Mitbewerben abheben**, sei es durch eine bestimmte Spezialisierung, einen interessanten Lebenslauf, spezifische Weiterbildung, Praxiserfahrung etc. (vgl. Kapitel 5 Erfolgsprogramm Bewerbung). Sie dürfen sich keinesfalls auf Ihrem Diplom ausruhen!

Die Nachfrage der Privatwirtschaft nach an Fachhochschulen ausgebildeten Wirtschaftsjuristen wird durch mehrere Untersuchungen belegt. Insbesondere zwei ausführliche **Berufsfelduntersuchungen in Berlin und Lüneburg** bestätigen einen ständig steigenden Bedarf an derart ausgebildeten Juristen. Auch die bisherigen Erfahrungen der Absolventen sprechen für gute Berufsaussichten.

2.1 Berufsfelduntersuchung der FH in Lüneburg 2001

Die Berufsfelduntersuchung der FH Nordostniedersachsen in Lüneburg, die derzeit mit der Universität Lüneburg zur Modelluniversität Lüneburg fusioniert, wurde im Jahre 2001 mit 210 Absolventen durchgeführt. Die Untersuchung hat ergeben, dass rund ein Drittel der Absolventen im Bereich der **Steuerberatung und Wirtschaftsprüfung** tätig ist, überwiegend bei den großen WP-Gesellschaften. Einen weiteren Bereich stellt das **Personalwesen** mit ca. 13 Prozent dar, gefolgt von **Banken** (ca. 10 Prozent) und **Geschäftsführung und Assistenz** (ca. 9 Prozent) sowie **Versicherungen** und **Risk Management** (ca. 5 Prozent). Der Anteil an Wirtschaftsjuristen in Rechtsabteilungen ist dagegen mit ca. 3 Prozent relativ gering.

Special

Wirtschaftsrecht

Die Beschäftigungsverteilung der jungen Wirtschaftsjuristen auf einzelne Branchen wird in der nachfolgenden Tabelle deutlich.

Berufseinstieg von Wirtschaftsjuristen nach Branchen und Funktionen

Handels- und Industrieunternehmen: 39 (18,6 %)	Unternehmensberatungen, Wirtschaftsprüfungs- und Steuerberatungsgesellschaften: 74 (35,2 %)	Banken: 22 (10,5 %)	Versicherungen: 12 (5,7 %)
Telekommunikation/ Neue Medien: 12 (5,7 %)	Öffentlicher Dienst: 5 (2,3 %)	sonstige Dienstleistungsunternehmen: 19 (9 %)	Selbstständige: 6 (2,9 %)

Die ausgeübten Tätigkeiten lassen sich wie folgt aufschlüsseln:

Steuerberatung: 40 (19 %)	Personalreferenten: 27 (12,9 %)	Wirtschaftsprüfung: 25 (11,9 %)	Bankgeschäfte: 20 (9,5 %)
Geschäftsführung/ Assistenz Geschäftsleitung: 18 (8,6 %)	Versicherungsgeschäft: 11 (5,2 %)	sonstige Unternehmensberatung: 9 (4,3 %)	Contrast Management: 7 (3 %)
Insolvenzverwaltung: 7 (3,3 %)	Marketing: 6 (2,9 %)	Rechtsabteilungen: 6 (2,9 %)	Controlling: 3 (1,4 %)
Öffentliche Verwaltung: 3 (1,4 %)	Einkauf: 2 (1 %)	Immobiliengeschäft: 2 (1 %)	Vertrieb: 2 (1 %)

Quelle: Thomas Schomerus, *Berufseinstieg von Diplom-Wirtschaftsjuristen (FH)*, in: JuS (Juristische Schulung) 2001, Seite 1246.

Da der Studiengang Wirtschaftsrecht erst seit einigen Jahren angeboten wird, ist das **Berufsfeld des Wirtschaftsjuristen** einigen Arbeitgebern bzw. Personalchefs noch nicht bzw. **nicht ausreichend bekannt**.

In solchen Fällen liegt es an Ihnen, Ihr Gegenüber von der Qualität Ihrer Ausbildung zu überzeugen. **Praktische Hilfe** bietet hier die vom Bundesverband der Wirtschaftsjuristen von Fachhochschulen herausgegebene **Broschüre** *Wirtschaftsrecht, Ein interdisziplinärer Studiengang*, die Sie auch Ihrer Bewerbung beilegen können.

Special

Wirtschaftsrecht

 Diese Broschüre und weitere Informationen erhalten Sie vom **Bundesverband der Wirtschaftsjuristen von Fachhochschulen e. V.**

Postfach 4354
55033 Mainz
☎ und 📠 07 00 / 22 55 95 34
🖥 www.wjfh.de oder
🖥 www.wirtschaftsrecht-fh.com
✉ info@wjfh.de

 Klassische juristische Berufe wie Richter oder Rechtsanwalt kommen für Absolventen des Studiengangs Wirtschaftsrecht selbstverständlich **nicht in Betracht**, ebenso wenig wie Tätigkeiten als Verwaltungsjuristen im höheren Dienst öffentlicher Verwaltungen. **Diese Bereiche sind Volljuristen vorbehalten**, da sie den Nachweis von zwei bestandenen Staatsexamen erfordern. Eine grundlegende Reform der Juristenausbildung ist trotz verschiedener Ansätze im Moment nicht zu erwarten.

2.2 Einstiegsgehalt

Das durchschnittliche Einstiegsgehalt der Fachhochschulabsolventen liegt bei rund 30.000 bis 40.000 €/Jahr. Dabei ergeben sich naturgemäß Schwankungen, die sowohl von der persönlichen Qualifikation und dem Persönlichkeitsprofil der Absolventen als auch von der wirtschaftlichen Ausprägung der Region und der branchenspezifischen Nachfrage abhängen.

Eher **unterdurchschnittlich** hoch fallen die Gehälter in den **neuen Bundesländern** und im **öffentlichen Dienst** aus.

3. Weiterbildung zum Wirtschaftsjuristen (FH)

3.1 Berufsbegleitendes Studium

Wenn Sie bereits eine kaufmännische Ausbildung abgeschlossen, erste Berufserfahrungen gesammelt haben und sich für anspruchsvolle Manageraufgaben qualifizieren möchten, könnte ein berufsbegleitendes Studium des Wirtschaftsrechts für Sie das Richtige sein: Sie üben weiter Ihren Beruf aus und erwerben gleichzeitig einen Hochschulabschluss, der Ihnen neue Karriereperspektiven eröffnet.

Special

Wirtschaftsrecht

Das **berufsbegleitende Studium** wird von mehreren nordrhein-westfälischen Fachhochschulen als **Verbundstudium** angeboten.

Online-Infos: www.verbundstudium.de

Zurzeit haben sich die FHs Südwestfalen, Niederrhein und Bielefeld auf ein gemeinsames Studienangebot für das berufsbegleitende Studium geeinigt. Kontakt und Informationen:

Institut für Verbundstudien

FH Südwestfalen
Dagmar Driesen
☎ 0 23 31 / 9 87 - 46 31
www.fh-swf.de

FH Bielefeld
Fachbereich Wirtschaft-Verbundstudiengang
☎ 05 21 / 1 06 - 50 68
www.fh-niederrhein.de

FH Niederrhein
Fachbereich Wirtschaftswissenschaften
☎ 0 21 61 / 18 68 02
www.fh-bielefeld.de

Das **Verbundstudium** ist ein ganz neuartiger Studiengang. Er richtet sich an Berufstätige, die sich durch ein Fachhochschulstudium weiterbilden wollen. Neben **Selbststudienphasen**, die etwa 70 Prozent des Studiums ausmachen, werden **praxisorientierte Präsenzveranstaltungen** durchgeführt, die in der Regel samstags und/oder an ein bis zwei Abenden in der Woche stattfinden. Pro Studienhalbjahr fallen zum Beispiel an der FH Bielefeld acht bis zehn Präsenztermine an. Die Präsenzveranstaltungen wie Übungen, Praktika und Seminare finden in kleineren Gruppen mit ca. 20 Teilnehmern statt. Inhalte des Studiums, die sonst durch Vorlesungen vermittelt werden, sind in **Lehrbriefen** zusammengefasst. Diese müssen im Selbststudium durchgearbeitet werden. Die **Regelstudienzeit** beträgt **zehn Semester**.

Ein berufsbegleitendes Studium erfordert ein **enormes Maß an Einsatzbereitschaft** und **Durchhaltevermögen**. Bedenken Sie, dass ca. 70 Prozent des Lehrstoffes eigenverantwortlich erarbeitet werden muss! Wenn Sie eine Familie haben, ist die Belastung durch die Präsenzveranstaltungen abends und an Wochenenden hoch. Der Einsatz wird aber in den meisten Fällen durch einen deutlichen Karrieresprung belohnt.

Special

Wirtschaftsrecht

Wirtschaftsrecht als berufsbegleitendes Studium wird außerdem von der

- Fachhochschule für Oekonomie und Management (FOM) in Essen und Neuss (www.fom.de),
- der Rheinischen Fachhochschule in Köln (www.rhfh.de) und
- der Fachhochschule Nordhessen (Kassel, www.fh-nordhessen.de)

angeboten.

3.2 Zusatz- oder Zweitstudium

Auch wenn Sie bereits einen Hochschulabschluss aus dem Bereich Wirtschaftswissenschaften besitzen und sich weiterbilden möchten, bietet sich Wirtschaftsrecht als sinnvolles **Zusatzstudium** an. Sie können in vier Semestern die Zusatzqualifikation Wirtschaftsjurist (FH) erwerben und sich damit für weiterführende Aufgaben qualifizieren.

Wirtschaftsrecht als Zusatzstudium wird angeboten von der Fachhochschule für Oekonomie und Management (FOM) in Essen (www.fom.de).

4. Interview mit Professor Dr. Thomas Schomerus, Lüneburg

Im folgenden Interview skizziert ein Insider aus dem Lehrbetrieb die wichtigsten Eckdaten und Vorteile des neuen Studiengangs sowie die Chancen der künftigen Wirtschaftsjuristen auf dem Arbeitsmarkt. Studien- und Berufsanfänger erhalten konkrete Tipps für einen berufsorientierten Lebenslauf und einen guten Start in die Karriere.

Professor Dr. Thomas Schomerus ist Professor für öffentliches Recht, insbesondere Wirtschaftsverwaltungsrecht, an der Modelluniversität Lüneburg.

> Der Studiengang Wirtschaftsrecht ist noch relativ neu und sehr erfolgreich. Wie grenzt er sich vom herkömmlichen Jurastudium und vom Studium der Betriebswirtschaft ab?

Der Studiengang Wirtschaftsrecht stellt ein aliud im Verhältnis zur herkömmlichen Juristenausbildung und zum Betriebswirtschaftsstudium dar. Anders als im Jurastudium wird von vornherein großes Gewicht auf die Rechtsfächer gelegt, die für die Wirtschaftspraxis

Special

Wirtschaftsrecht

von Bedeutung sind. Dazu zählen das Wirtschaftsprivatrecht mit dem Vertragsrecht, das Arbeitsrecht, Steuerrecht, Unternehmensrecht, das öffentliche Wirtschafts- wie auch das internationale Wirtschaftsrecht. Fächer wie Rechtsgeschichte und -philosophie oder das Straf-, Familien- oder Erbrecht werden nur gelehrt, soweit sie wirtschaftlich relevant sind. Große Bedeutung wird dabei auf Kenntnisse der Rechtsstrukturen und Methoden gelegt. Hierdurch werden die Studierenden befähigt, sich schnell auch in unbekannte neue Rechtsgebiete einzuarbeiten. Betriebswirtschaft wird nicht in der vollen Breite, sondern nur im unbedingt notwendigen Umfang gelehrt; auf Mathematik oder Statistik wird zum Beispiel weitgehend verzichtet. Hinzu kommen Schlüsselqualifikationen wie Rhetorik, Verhandlungsführung etc. und Sprachen, insbesondere englische Rechts- und Wirtschaftssprache. Ein wirtschaftsrechtlicher Studiengang sollte einen Anteil von mindestens 50 Prozent an wirtschaftsrechtlichen Fächern, mindestens 25 Prozent BWL und mindestens 10 Prozent Schlüsselqualifikationen und Sprachen enthalten (siehe auch 🖳 www.wirtschaftsrecht-fh.de).

Welche Vorteile sehen Sie gegenüber der Ausbildung zum Volljuristen oder zum Diplom-Kaufmann?

Der wesentliche Vorteil liegt in der Interdisziplinarität. Wirtschaftsjuristen erhalten eine breitere Ausbildung als Volljuristen und Diplom-Kaufleute, die sie besser auf Anforderungen der Praxis vorbereitet. Häufig stellen sich in der Praxis Rechtsfragen, die ein Betriebswirt nicht beurteilen kann. Ein Wirtschaftsjurist hat die Kompetenz, wirtschaftsrechtliche Fragen zu bewerten und zu erkennen, ob eine Rechtsfrage von ihm selbst bearbeitet werden kann oder ob Spezialkompetenz von außen, etwa durch ein spezialisiertes Anwaltsbüro, gefordert ist. Andererseits sind Volljuristen nach ihrer Ausbildung regelmäßig nicht in der Lage, ökonomische Fragen zu beantworten, zum Beispiel wenn es darum geht, eine Bilanz zu interpretieren. Die wirtschaftsrechtlich relevanten Fächer werden in der Regel nicht in derselben Tiefe studiert wie im Wirtschaftsrechtsstudium, so dass Absolventen des Studiengangs Wirtschaftsrecht insoweit besser vorbereitet werden.

Der Studiengang Wirtschaftsrecht wird zurzeit hauptsächlich von den Fachhochschulen, aber auch von einigen Universitäten angeboten. Wodurch unterscheidet sich die Ausbildung?

Die Fachhochschulen haben mit dem „Lüneburger Modell" und dem Mainzer Studiengang als Erste den Lehrbetrieb an wirtschaftsrechtlichen Studiengängen aufgenommen

Special
Wirtschaftsrecht

und haben sich seitdem am Markt bewährt. 2003 konnte Wirtschaftsrecht an 20 Fachhochschulen studiert werden, die Gesamtzahl der Studierenden liegt über 6.000 und über 700 Absolventen pro Jahr gelangen auf den Arbeitsmarkt. Weitere Studiengänge Wirtschaftsrecht sind in Planung. Die universitären Studiengänge Wirtschaftsrecht wie etwa an der Universität Augsburg haben sich inhaltlich an den Fachhochschulstudiengängen orientiert und sind erst wesentlich später gegründet worden, so dass sie über geringere Erfahrungen verfügen. Im Übrigen ist darauf hinzuweisen, dass sich ggf. bestehende Unterschiede durch die Umstellung auf Bachelor-/Masterstudiengänge noch weiter verringern werden.

Was ist das eigentliche Berufsfeld des Wirtschaftsjuristen? Für welche beruflichen Ziele bietet sich der Studiengang besonders an?

Da die Ausbildung im Kern generalistisch angelegt ist, sind auch die möglichen Berufsfelder vielseitig. Aus den Lüneburger Erfahrungen kann ich berichten, dass viel von der Schwerpunktwahl im Hauptstudium abhängt. Studierende im Schwerpunkt Steuern und Prüfungswesen gehen später in aller Regel in die Wirtschaftsprüfung bzw. streben die Steuerberaterprüfung an (nebenbei bemerkt: für die Ausbildung in diesem Lüneburger Schwerpunkt spricht, dass bislang fast alle Absolventen die Steuerberaterprüfung auf Anhieb geschafft haben). Dieses Berufsfeld ist besonders geeignet, weil sich hier in idealer Weise (steuer-)rechtliche und betriebswirtschaftliche Fragestellungen mischen. Studierende des Schwerpunkts Finanzdienstleistungen haben häufig bereits eine Bank- oder Versicherungsausbildung hinter sich und erhalten verantwortungsvolle Positionen in Großbanken, zum Beispiel im Firmenkundenkreditgeschäft oder in Versicherungen, etwa im Bereich der Rückversicherung. Absolventen, die sich im Hauptstudium auf Personal und Arbeitsrecht spezialisiert haben, werden später Personalreferenten oder -leiter in mittelständischen oder Großunternehmen. Wer sich im Hauptstudium auf Internationalen Wirtschaftsverkehr spezialisiert hat, arbeitet im Beruf häufig in Handelsunternehmen im In- und Ausland. Ein gutes (und leider stark wachsendes) Betätigungsfeld bietet auch die Insolvenzverwaltung. Die besten „Kunden" des Lüneburger Studiengangs sind die großen Wirtschaftsprüfungs- und Beratungsunternehmen, die über ein Fünftel der Absolventen übernommen haben. All die aufgeführten Tätigkeiten haben gemeinsam, dass sowohl betriebswirtschaftliche wie auch juristische Kompetenz gefragt ist.

Special

Wirtschaftsrecht

Welche Faktoren spielen für den beruflichen Erfolg des Wirtschaftsjuristen eine Rolle?

Wesentliche Faktoren für den beruflichen Erfolg sind neben der individuellen Persönlichkeit des Absolventen folgende:

- Ein zügiges Studium, um noch relativ jung in den Arbeitsmarkt eintreten zu können. Eine Überschreitung der Regelstudienzeit um ein Semester schadet noch nicht, insbesondere dann nicht, wenn sie sich durch Auslandssemester bzw. -praktikum begründen lässt.

- Das Bemühen um gute Noten. Die Erfahrung zeigt zwar, dass auch Absolventen mit mittelmäßigen Noten später durchaus erfolgreich sein können, dennoch bleibt eine gute Diplomnote der beste Beweis für die Kenntnisse und Fähigkeiten des Absolventen.

- Ein Studien- oder Praxissemester im Ausland, am besten beides. Ein einjähriger Auslandsaufenthalt ist vorzuziehen, wenn sich das Jahr in das Studienkonzept einfügt. Zum Beispiel wird in Lüneburg die Möglichkeit geboten, im Rahmen des Wirtschaftsrechtsstudiums innerhalb von zwei Semestern an einer englischen Universität einen Bachelor-Abschluss zu erwerben.

- Fremdsprachen lernen. Für nahezu jeden Absolventen ist die verhandlungssichere Beherrschung von Rechts- und Wirtschaftsenglisch unbedingte Voraussetzung. Von Vorteil ist eine weitere Fremdsprache, die zum Beispiel im Auslandssemester bzw. -praktikum vertieft werden kann.

- Die richtige Auswahl des Praxissemesters. Dieses ist häufig eine Fahrkarte für die spätere Diplomarbeit und den Berufseinstieg.

- Eine praxisnahe Diplomarbeit, die möglichst in einem Unternehmen geschrieben wird.

Worauf sollten Studienanfänger besonders achten?

Studienanfänger sollten darauf achten, an ihrem Lebenslauf zu „stricken". Das Grundstudium dient noch der Orientierung, aber spätestens im Hauptstudium sollte ein gewisses fachliches Profil deutlich werden. Sie sollten also ihr Studium stringent und konsequent planen. Sie sollten auch in Erwägung ziehen, sich frühzeitig um eine Förderung durch ein Stipendium zu bemühen. Die meisten Stiftungen verlangen, dass die Bewerber noch nicht über das zweite Semester hinaus sind. Studienanfänger sollten aber auch berücksichtigen, dass das Leben nicht nur aus dem Studium besteht. Von Personalern wird regelmäßig ge-

Wirtschaftsrecht | Special

schätzt, wenn Studierende sich engagieren, sei es in der Hochschule im Studentenparlament etc. oder außerhalb der Hochschule, in politischen, sozialen, ökologischen, kulturellen oder sonstigen Initiativen. Aus vielen Gesprächen mit Studierenden weiß ich, dass dieser Punkt leider viel zu kurz kommt. Nicht zuletzt soll das Studium auch Spaß machen. Studierende sollten sich nicht abschotten, sondern beim Studium Freunde finden, feiern etc., zum Beispiel ist die so genannte Haifischparty der Lüneburger Wirtschaftsjuristen äußerst beliebt.

Ist es empfehlenswert, sich bereits im Studium zu spezialisieren?

Dazu wurde bereits oben einiges gesagt. Studierende sollten sich aber trotz Spezialisierung eine gewisse Offenheit für andere Bereiche erhalten. Zum Beispiel ist einer meiner Diplomanden, der eine öffentlich-rechtliche Arbeit geschrieben hatte, jetzt sehr erfolgreich bei einem Rückversicherungsunternehmen tätig. Schon recht extrem ist der Fall eines anderen meiner Diplomanden, der sich trotz mehrerer Angebote von großen Einzelhandelsunternehmen bei der Lufthansa bewarb und dort jetzt eine Ausbildung zum Verkehrspiloten durchläuft.

Welche Aufstiegschancen bzw. welche Möglichkeiten der Weiterqualifizierung haben die Absolventen?

Da wir schon 1998 die ersten Absolventen hatten und deren Berufswege auch intensiv verfolgen, haben wir in Lüneburg eine gute Datenbasis. Von vielen Absolventen wird betont, dass das Wirtschaftsrecht eine gute Basis für den späteren Aufstieg bietet. Dass man nach nur zwei Jahren Partner in einer der großen WP-Gesellschaften wird, ist sicher nicht die Regel. Viele machen einen steilen Aufstieg, etwa vom Personalreferenten zum Personalleiter bei großen Unternehmen. Andere machen ihr Hobby zum Beruf, wie der Fall eines Absolventen zeigt, der aktiver Fußballer war und nunmehr einer der führenden Sportversicherer in Deutschland ist. Ich bin persönlich immer wieder beeindruckt, welch vielseitige und zum Teil steile Karrieren unsere Absolventen in kurzer Zeit gemacht haben. Dass das Diplom an der FH gemacht wurde, wird dabei immer mehr zum Qualitätsmerkmal.

Für uns Professoren hört die Betreuung nicht mit dem Diplom auf. Eine Reihe von Absolventen hat Masterstudiengänge angeschlossen, zum Beispiel in den USA zum MBA oder in Irland zum LLM. Die Absolventen werden von uns gezielt dorthin vermittelt. In der Regel ist es allerdings sehr viel leichter, an einer guten ausländischen Universität einen Master zu

Special

Wirtschaftsrecht

machen als in Deutschland. Hier lehnen Universitäten häufig noch FH-Absolventen aus überholten Standeserwägungen heraus trotz nachgewiesener fachlicher Qualifikation grundsätzlich ab.

Haben Sie spezielle Tipps für Wirtschaftsjuristen, die sich um eine Stelle bewerben?

Auch an den Wirtschaftsjuristen geht die derzeitige schlechte Arbeitsmarktlage nicht vorbei. Zwar haben immer noch viele Absolventen mit dem Diplom auch den Job in der Tasche, anders als noch vor zwei bis drei Jahren müssen sich viele aber auf eine mehrmonatige Bewerbungszeit einstellen. Man sollte also nicht verzagen, wenn es nach einem halben Jahr noch nicht mit dem Idealjob geklappt hat. Meine Erfahrung zeigt, dass fast alle Absolventen schließlich adäquate Positionen gefunden haben. Man sollte sich vielseitig bewerben, also nicht auf Stellenzeigen beschränken, die nur auf Betriebswirte oder Volljuristen gerichtet sind. Einigen Arbeitgebern ist immer noch nicht bewusst, dass Wirtschaftsjuristen für die ausgeschriebenen Stellen häufig besser qualifiziert sind. Bewerber sollten daher darauf vorbereitet sein, die Inhalte ihres Studiums genauer zu beschreiben. In Gehaltsverhandlungen sollte man Flexibilität zeigen, sich aber auch nicht unter Wert „verkaufen". Allerdings muss man beim Einstiegsgehalt mit Einbußen rechnen. Das durchschnittliche Einstiegsgehalt von 35.000 bis 40.000 €, das noch vor zwei Jahren zu erzielen war, wird sich nicht immer realisieren lassen. Wichtiger als das Einstiegsgehalt sind jedoch die Aufstiegschancen.

Welche persönlichen Voraussetzungen sollte der künftige Wirtschaftsjurist mitbringen?

Wichtig sind zunächst eine offene Persönlichkeit, soziales Verhalten, Gewandtheit im Umgang und Flexibilität bei der Lösung von Konflikten. Derartige Kompetenzen werden zum Beispiel in den Schlüsselqualifikationsveranstaltungen geübt. Gute Wirtschaftsjuristen denken interdisziplinär und orientieren sich nicht nur an nationalen, sondern immer mehr an internationalen Maßstäben. Wirtschaftsjuristen sollten in der Lage sein, neue Probleme unter Anwendung ihrer Kenntnisse der rechtlichen und wirtschaftlichen Strukturen und ihrer Methodenkompetenz zu lösen. Dabei müssen sie aber auch ihre Grenzen kennen und zum Beispiel Schaden von ihrem Unternehmen abwenden, indem sie geeignete Spezialisten mit der Problemlösung betrauen.

Wirtschaftsrecht

Special

5. Nach dem Examen – Erfahrungsberichte

Die folgenden Erfahrungsberichte sind von Absolventen der Fachhochschule Nordostniedersachsen (seit 2005 Modelluniversität Lüneburg) und Trier/Birkenfeld verfasst worden. Sie geben einen Einblick sowohl in die unterschiedlichen Schwerpunkte, die die jeweiligen Fachhochschulen anbieten, als auch in die interessanten Berufswege.

Weitere Erfahrungsberichte finden Sie in *10 Jahre Wirtschaftsrecht in Lüneburg*, hrsg. von Thomas Schomerus und Eduard Zenz, erschienen 2004 im Nomos-Verlag, 29,– €, ISBN 3-8329-11324.

Silke Donath – Absolventin 2000, Lüneburg/FH Nordostniedersachsen

Mein Berufseinstieg bei der Avacon AG

Auf meinen heutigen Arbeitgeber bin ich durch eine Stellenanzeige in der Zeitung aufmerksam geworden. Ich hatte mich schon viel beworben, aber bei den in dieser Anzeige angebotenen Inhalten hatte ich endlich mal wieder das Gefühl, dass es genau das sein könnte, was ich machen wollte. Und dieses Gefühl hatte ich nur bei wenigen Angeboten. Deshalb ließ ich mich nach einigen Überlegungen auch nicht von dem Standort Helmstedt abschrecken und verschickte eine Bewerbung. Nach zwei Vorstellungsgesprächen dort hatte ich es dann auch geschafft, und mir wurde mein jetziger Arbeitsplatz angeboten. Vielleicht freut es einige Wirtschaftsjuristen zu hören, dass ich mich dabei gegen einige „normale" Juristen durchsetzen konnte. Auch wenn der Standort nicht das Traumarbeitsziel ist, so ist dieser Standortnachteil für Berufsanfänger doch eine Chance, an einen Job zu kommen, der in einer Stadt wie Hamburg oder München höchstwahrscheinlich nicht mit einem Berufseinsteiger besetzt würde.

Mein Job

Ich arbeite in der Rechtsabteilung („Juristische Dienste") zusammen mit vier weiteren Juristen. Ich betreue unseren Vertrieb und das Marketing bei allen rechtlichen Fragestellungen. Dabei handelt es sich vor allem um *Vertragsarbeit*. Hauptsächlich überprüfe ich Vertragsentwürfe, die die einzelnen Fachabteilungen vorbereiten, oder erarbeite in Arbeitsgruppen neue Vertragsmuster. Außerdem werden mir Verträge von Lieferanten zur rechtlichen Prüfung vorgelegt. Zu meinen Aufgaben gehört auch die Überprüfung von Marketingmaßnahmen wie Anzeigen, Prospekte, Gestaltung neuer Produkte oder Kundenbindungsprogramme. Einen weiteren Teil nimmt die Beantwortung von Anfragen von Kunden, Lieferanten oder Behörden ein.

Special

Wirtschaftsrecht

Die Aufnahme in der Firma
In der Rechtsabteilung wurde ich gleich als vollwertiges Mitglied aufgenommen. Auch wenn man mir als Berufsanfänger etwas Zeit gab und mir Nachfragen zugestand, wurde ich vom ersten Tag an in die Arbeit geworfen. Eine Einarbeitungsphase fiel aus Zeitmangel aus, da bei meinem Berufsantritt auch noch ein Kollege für mehrere Wochen erkrankte. Ich konnte allerdings immer meine neuen Kollegen befragen, wenn ich nicht weiter wusste, und bekam dann Informationen und Unterstützung. Es wurde jedoch von Anfang an viel **Eigenverantwortung** und **selbstständiges Arbeiten** gefordert: Jeder ist für seinen Bereich verantwortlich und genießt auch weitestmögliche Freiheit. Sehr zu schätzen gelernt habe ich auch eine regelmäßig stattfindende Abteilungsrunde, in der jeder berichtet, an welchen Dingen er gerade arbeitet, und man sich abspricht und gegenseitig austauscht.

Schlusswort
Mittlerweile habe ich mich eingewöhnt, obwohl mir manchmal doch noch etwas mulmig wird, wenn es wieder „größere" Dinge von mir ganz allein zu entscheiden gibt, aber so behält man immer den nötigen Respekt und die nötige Vorsicht, um umsichtige und wohl durchdachte Entscheidungen zu treffen. Das Studium hat mir sehr geholfen, mit dieser Rolle fertig zu werden, und ich finde, dass das Studium mich gut auf meinen Beruf vorbereitet hat. Es liegt aber an jedem selbst, was er aus den Erfahrungen im Studium macht und wie weit jeder Einzelne seine Persönlichkeit in dieser Zeit zu entwickeln vermag. Der Fachbereich animiert jeden, selbst Initiative zu ergreifen, und gerade dies und die daraus gesammelten Erfahrungen in der Praxis sind das, was einem den Start im Berufsleben erleichtert. – Dieser kurze Bericht kann nur anreißen, was wohl jeder in der spannenden Zeit nach dem Studium erlebt.

Michael Witiska – Absolvent 2002, Lüneburg/FH Nordostniedersachsen

Welchen Schwerpunkt wählten Sie im Hauptstudium?
Steuer-Prüfungswesen, gleichzeitig habe ich diesen Schwerpunkt mit Scheinen aus dem Bereich der Finanzdienstleistungen ergänzt. Aus der jetzigen beruflichen Perspektive eine sinnvolle Entscheidung.

Bei welchem Arbeitgeber waren Sie nach Abschluss des Studiums beschäftigt und – falls Sie Ihren Arbeitgeber gewechselt haben – in welchem Unternehmen sind Sie jetzt tätig?
Seit gut eineinhalb Jahren bin ich Assistent der Geschäftsführung einer Holding Gesellschaft und dort organisatorisch dem Geschäftsführer für Recht, Steuern und Finanzen zugeordnet.

Wirtschaftsrecht | Special

Wie empfanden Sie die Bewerbungsphase?
Meine Anstellung ergab sich aus dem Projekt der Diplomarbeit in diesem Unternehmen. Nebenbei habe ich nur drei Bewerbungen verschickt. Eine davon hätte in die nächste Runde geführt, jedoch hatte ich bei der genannten Firma bereits unterschrieben.

Wie sieht Ihr aktueller Einsatzbereich aus und was sind Ihre Hauptaufgaben?
Mein Arbeitgeber ist sehr mittelständisch geprägt. Entsprechend fehlen die Fachabteilungen, vor allem auf Ebene der Holding. Mein Chef, selbst Wirtschaftsprüfer und Steuerberater, zieht externe Berater bei Fachproblemen hinzu und nutzt meine Kapazität für unterschiedlichste Arbeitsbereiche im Tagesablauf oder bei Fachproblemen.

Zurzeit unterstütze ich die Konsolidierung der Konzernbilanz und arbeite parallel an diversen Finanzprojekten, unter anderem Vorbereitung (IAS) und auch im Controlling. Jedoch auch operative Themen aus den Tochtergesellschaften können kurzfristig auf mich zukommen, zum Beispiel Prozesskostenkalkulationen. Wichtig ist Flexibilität.

Die Assistenzzeit begann mit einem USA-Aufenthalt in einem Tochterunternehmen, beinhaltete ein konkretes Investitionsprojekt und diente der sprachlichen Weiterbildung. Circa ein Drittel des Schriftverkehrs und der Konversation erfolgt täglich im Englischen.

Können Sie das während des Studiums Gelernte dabei anwenden?
Das Studium in Lüneburg ist trotz fachlicher Spezialisierung auf dem Gebiet des Wirtschaftsrechts erstaunlich breit angelegt. Nicht zuletzt durch die Vereinigung von Wirtschaft, Recht und Sprachen sowie die sehr nützlichen Schlüsselqualifikationen.

Durch diesen ganzheitlichen Ansatz werde ich durch das Erlernte in meinem Beruf gut unterstützt. Was nicht bedeuten soll, dass die so genannten Hard Facts fehlen. Dieses Fachwissen brauche ich regelmäßig, vor allem auf dem Gebiet des Bilanzrechts, aber auch reine Zivilrechtsfragen lagen mir schon vor. Absolut wichtig sind auch die internationalen Rechtsfächer gewesen, die in meinem beruflichen Umfeld sehr gut zu gebrauchen sind.

Wie ist Ihr persönliches Fazit zum Studium in Lüneburg?
Das Lüneburger Modell ist eine moderne Form der wirtschaftsorientierten Juristenausbildung, die mir neben den fachlichen Qualifikationen auch in der Form der Wissensvermittlung sehr viel Spaß gemacht hat. Professoren sind sehr engagiert und eher Partner als autoritäre Lehrer. Die Internationalität wurde auch durch meinen Erasmus-Aufenthalt in Limerick nahe gebracht, im Zeitalter der Globalisierung ein absolutes Muss.

Der Idealismus der Gründer des Studienganges ist auch bei den Studenten noch zu spüren und die Chance des Kleinen, der in einen neuen konservativen Bereich wie Jura eindringt,

Special

Wirtschaftsrecht

führte zu guter Motivation. Ich hoffe, Lüneburg bewahrt diese Mentalität. Der Stolz der guten Ausbildung sollte jedoch nicht dazu führen, dass die „Eier legende Wollmilchsau" aus Lüneburg im Prinzip den wirtschaftsorientierten Volljuristen und BWLer mal eben ersetzt. Es ist vielmehr eine sinnvolle Ergänzung, die in guter Atmosphäre in Lüneburg gelehrt wird.

Mathias Paulokat – Absolvent 2002, Lüneburg/FH Nordostniedersachsen

Leben und Lernen
Was eigentlich habe ich mir dabei gedacht? – Vor rund sieben Jahren, als ich meine Bewerbungsunterlagen in den Schlitz des Briefkastens der Fachhochschule Nordostniedersachsen schob.

Nun, eine ganze Menge – ich erinnere mich noch ziemlich präzise: Wirtschaftsrecht sollte es sein. So viel stand fest. Dieses – in machen Artikeln als Rebellentum bezeichnete – engagierte Treiben einer noch dazu staatlichen Hochschule gefiel, ja imponierte mir. Mal was wirklich Neues. Ein spürbarer Aufbruch, Umbruch – Bruch mit gewissen Konventionen. Irgendwie anders, spannend und irgendwie einfach gut. Soweit die Stellungnahme aus dem Bauch heraus.

Der Kopf lieferte rasch die vernunftmäßigen Argumente hinzu: Eine Kombination aus wirtschaftlichen und rechtlichen Inhalten ist einfach genial, weil sie zwei in der Praxis ohnehin auf das Engste miteinander verwobene Inhalte auch in der Lehre verbindet. Also, die ideale Ergänzung zu deiner Banker-Ausbildung. Auch wenn ich meinen Verstand bislang immer als erfolgreichen Gegenpart zu meinen Emotionen erlebte, hier zogen beide ausnahmsweise an einem Strang. Ein gutes Zeichen? Das Plädoyer wenigstens war eindeutig: Do it!

Ich tat, ließ los, das Kuvert schlug auf dem Boden des Briefkastens auf und ich dachte in diesem Moment nur: Na, hoffentlich geht das gut!

Es ging. Und sogar bedeutend mehr, als ich mir ursprünglich von meinem persönlichen Projekt Wirtschaftsrecht erhofft hatte. In einer Einschätzung habe ich mich allerdings total getäuscht. Die acht Semester schienen zum Zeitpunkt des Starts eine endlos lange Strecke, das Hauptstudium in weiter Ferne und das Diplom, meine Güte, wer dachte schon an das Diplom, wenn es im ersten Semester Klausuren wie die des berüchtigten Wirtschaftsprivatrechts zu bestehen galt! Und ein Praxissemester? Ach ja, das sollte man auch noch bewerkstelligen. So ein Auslandssemester sei im Übrigen auch eine gute Sache, rieten alle. Kein Wunder, dass Studenten ewig bis zum Abschluss brauchen.

Special

Wirtschaftsrecht

Genau darin aber irrte ich mich. Mein Studium verging sprichwörtlich wie im Fluge. In allen Semestern ein volles Curriculum. Vorlesungen und Workshops auch mal an den Wochenenden oder in den Abendstunden – gängige Praxis. Klausuren und Hausarbeiten, die alles, nur keine Sandkastenspielchen mehr waren. Und dann die Projekte. Wahrscheinlich die Ursache dafür, dass ich bis heute zu keinem Zeitpunkt mehr Espresso als während des Hauptstudiums konsumierte. Auch das Auslandssemester war zu Beginn des Hauptstudiums richtig terminiert. Eine gute Gelegenheit, einmal umzuschalten und für neue Eindrücke offen zu sein.

Seven eleven
Im Hauptstudium fiel die Entscheidung zu Gunsten des Schwerpunktes Finanzdienstleistungen leicht, da hier die Bezüge zu meinem bisherigen Beruf und der geplanten zukünftigen Tätigkeit am deutlichsten schienen. Bestätigt wurde diese Erwartung in den praxisorientierten Vorlesungen beispielsweise zur Bilanzanalyse, zum Bankmanagement oder auch zum Themenfeld Investor Relations. Im Rückblick komme ich hier aber auch zu der Auffassung, dass in diesem Schwerpunkt ein wenig mehr Kapitalmarktrecht durchaus von Nutzen für die berufliche Praxis sein kann.

Wichtig war mir bei dem ganzen Vorhaben auch, stets enge Bezüge und Transfers zu dem auf Teilzeit reduzierten Beruf bei der Bank zu knüpfen. Dies gelang unter anderem in Projekten, die ich für die Firma in Hamburg und Frankfurt mitbegleiten konnte. Ein schönes Transfererlebnis der etwas anderen Art war die Visite bei dem Londoner Investmentableger meines Arbeitgebers, zu dem eine Studiengruppe der FH im Rahmen eines Studienprojektes des Schwerpunktes Handel und Industrie eingeladen wurde. Oder auch eine längere Interviewstrecke mit Prof. Dr. Heinrich Degenhart, die wir für ein Finanzmagazin produzieren konnten.

Am Ende waren es bei mir bis zum Kolloquium der Diplomarbeit sieben Semester Wirtschaftsrecht. Sieben Semester mit durchschnittlich vielleicht elf Stunden Zeitinvestment pro Tag, in Studium und on-the-job. Nicht wenig, jedoch: Die Formel ging auf. Denn auch an Lebensqualität hat es in den dreieinhalb Jahren nicht gemangelt. Allein eine gute Zeitplanung war der Schlüssel zu manchen Freiräumen, in denen die Beschäftigung mit Dingen blieb, die ausnahmsweise einmal nichts mit Studium, Firma und Beruf zu tun hatten. Auch das ist wichtig: Den Kopf frei zu bekommen, neue Energie zu tanken und abschalten zu können.

Special

Wirtschaftsrecht

Perspektive Erfolg?
Für angehende Diplomanden, Studierende, vielleicht aber auch für diejenigen, die in diesem Augenblick überlegen, ob sie sich für den Studiengang Wirtschaftsrecht einschreiben sollen, von überragender Bedeutung: die Bewerbungsphase und der Wechsel in den Beruf. Ein Zeitabschnitt, über den ich mir vor zwei Jahren offen gestanden kaum Gedanken gemacht hatte.

Tatsächlich hat sich das wirtschaftliche Umfeld in den vergangenen drei, vier Jahren dramatisch verändert. Aus zahlreichen Gesprächen mit noch Studierenden und Neueinsteigern in den Beruf weiß ich nur zu gut, dass heute deutlich mehr Bewerbungen auszusenden sind, leider auch mehr Absagen eingehen, geringere Einstiegsgehälter gezahlt werden und bei einigen die Perspektiven gegenwärtig nicht mehr die sind, die sich bei Studienantritt vielleicht noch ankündigten.

Für mich gestaltete sich der Wechsel in den Job ausgesprochen naht- und reibungslos. Nach einem Praktikum im Investmentbanking in Frankfurt und einer Station in London bin ich Ende 2001 als Mitarbeiter der Geschäftsleitung der Bank gestartet. Eine Tätigkeit, die bis heute spannend ist. Es mag ein wenig paradox klingen, aber gerade dann, wenn es in einer Branche richtig rumort, bieten sich Chancen, tolle Gestaltungs- und Lernmöglichkeiten. In Nischen zwar, nicht sofort zugänglich vielleicht, aber sie sind da. Die Erfolgsperspektive eröffnet sich gegenwärtig primär eben nicht auf der Straße des Mainstreams, sondern auf den weniger ausgetretenen Pfaden in das Berufsleben.

Und: Was bleibt?
Bleibt schließlich die Frage nach dem Return: Was hat das Ganze gebracht, neben den Eindrücken und Erfahrungen, die ich bereits geschildert habe? Nun, zunächst eine gewisse Ernüchterung: Denn gebracht hat das Studium vor allem die Erkenntnis, das Lernen niemals aufhören kann. An der alten Weisheit ist tatsächlich einiges dran: Je mehr Dinge man zu wissen glaubt, desto mehr Dinge warten darauf, noch entdeckt und verstanden zu werden.

Ich habe diese Erkenntnis dahingehend aufgegriffen, dass ich mich im Sommer 2002 für ein Executive MBA-Programm an der FH Nordakademie in Elmshorn eingeschrieben habe. Ein Studium neben dem Beruf in den Griff zu bekommen, ist noch einmal eine neue Herausforderung. Für die Entscheidung zum MBA-Programm habe ich im Übrigen deutlich weniger lang überlegen müssen. Und für mich steht heute fest: Sie war gut und richtig.

Special

Wirtschaftsrecht

Die Inhalte des Lüneburger Studiums sollten also als erstes, zweifelsohne gutes, Rüstzeug für die weitere Karriere betrachtet und genutzt werden. In meiner täglichen Arbeit hilft mir die eher programmhafte juristische Arbeitsweise genauso wie die kreative Denke des Marketings oder das Wissen um Softskills in Arbeitstreffen und Besprechungen. Kurzum, die Entscheidung, das Kuvert mit den Bewerbungsunterlagen im Briefkasten zu deponieren, habe ich nicht bereut.

Eine ehrliche Reflexion der zurückliegenden Studienjahre sollte aber nichts unterschlagen müssen. Auch nicht kritische Gedanken. Wenn nun der Lüneburger Studiengang Wirtschaftsrecht mittlerweile „etabliert, arrondiert, konsolidiert und respektiert ist", wie einer der Professoren anlässlich einer Festrede sinngemäß schrieb, wünsche ich mir, dass er weiterhin – getreu dem Motto der FH – auch in Bewegung bleibt.

So viel Kritik sei erlaubt: Zum Ende meines Studiums hin vermisste ich doch die Dynamik der Aufbruchjahre – alles war eben einigermaßen gesetzt, arrangiert und routiniert. Aber eben auch nicht mehr ganz so spannend, motiviert und ehrgeizig wie früher.

Ich wünsche mir sehr anlässlich dieses zehnjährigen Jubiläums, dass diese Charakteristika mit neuen und engagierten Studierenden wieder entdeckt werden und dass Lüneburger Wirtschaftsrecht, um in der Wortwahl zu bleiben, in den kommenden Jahren auffallend reüssiert.

Dr. jur. Sven Oliver Bäuml – Absolvent 2002 Trier/Birkenfeld

Wesentliches Motiv für meine Wahl des Studiums des Wirtschaftsrechts war die überzeugende Verbindung von juristischen und betriebswirtschaftlichen Fachinhalten, die – abgerundet durch Fremdsprachen und andere Schlüsselqualifikationen – den Anforderungen entspricht, die an einen im Wirtschafts- und Steuerrecht tätigen Juristen im Berufsleben gestellt werden.

Aus heutiger Sicht kann ich diese Einschätzung nur unterstreichen, zumal ich – gerade in den wirtschaftsrelevanten Fachgebieten wie zum Beispiel Steuerrecht, Vertragsgestaltung, Gesellschafts-, Kartell- und Insolvenzrecht – durchaus qualitative Vorteile des Wirtschaftsrechtsstudiums gegenüber den klassischen Ausbildungsinhalten des – nach wie vor als Vorbereitung auf das Richteramt ausgelegten – Studiums der Rechtswissenschaften an den Universitäten sehe.

Special

Wirtschaftsrecht

Durch das Studium des Wirtschaftsrechts, in meinem Fall mit Schwerpunkt Steuerrecht, habe ich eine optimale Vorbereitung auf meine heutige Tätigkeit im Bereich der steuerlichen Gestaltungs- und Nachfolgeberatung einer großen internationalen Wirtschaftsprüfungsgesellschaft (Ernst & Young AG) in Stuttgart erhalten. Gerade in der steuerlichen Beratung helfen mir die Kenntnisse sowohl der betriebswirtschaftlichen als auch der juristischen Seite, eine Erfahrung, die ich bereits im Rahmen des Praxissemesters bei einer internationalen Anwaltssozietät in Frankfurt machte.

Die Verbindung beider Fachbereiche findet sich auch in meiner Dissertationsschrift *System und Reform der Besteuerung privater Veräußerungsgeschäfte* wieder, die das Thema aus ökonomischer und juristischer Sicht beleuchtet. Gerade diese Kombination hat meine Betreuer an der Juristischen Fakultät der Martin-Luther-Universität Halle-Wittenberg überzeugt.

Ob die 2004 erfolgte Promotion zum Dr. iur. mit einem steuerrechtlichen Thema für meinen weiteren beruflichen Werdegang hilfreich ist, wird sich erweisen. Doch haben mich die positiven Reaktionen meines Arbeitgebers auf das Promotionsvorhaben sicherlich bestärkt, den Weg einer nebenberuflichen Promotion zu gehen. Unmittelbare positive Folge der Promotion ist jedenfalls ein Lehrauftrag in den Bereichen Unternehmensnachfolge und Europäisches Steuerrecht an der FH Trier/Umwelt-Campus Birkenfeld.

4 Qualifikationen nach dem Studium

4.1 Was Arbeitgeber erwarten

Nach Abschluss Ihres Studiums geht es darum, sich um eine Einstiegsposition zu bewerben. Das während des Studiums erlernte Wissen und die erworbenen Zusatzqualifikationen bzw. Praxiserfahrungen sind die wichtigsten Bausteine für eine erfolgreiche Bewerbung.

Auswahlkriterien für Bewerber

Die wesentlichsten Kriterien, die **Arbeitgeber** bei der Auswahl von Bewerbern zugrunde legen, sind:

- die **fachliche Qualifikation**, insbesondere die Praxisnähe der Fächerkombination,
- das Thema der **Diplomarbeit**, vor allem dessen Praxisbezug,
- die **Examensnote**,
- das **Alter** des Bewerbers,
- die während des Studiums erworbenen **praktischen Erfahrungen**,
- die Absolvierung von **Praktika**,
- gegebenenfalls je nach Position **spezielle Kenntnisse und Erfahrungen**, zum Beispiel Auslandsaufenthalte, Fremdsprachen- und PC-Kenntnisse.

 Die **Fächerkombination** bzw. die Wahl von Zusatz- oder Wahlfächern sowie die Absolvierung von Praktika und ggf. auch das Thema der Diplomarbeit sollten in einem erkennbaren Zusammenhang mit der angestrebten Position stehen.

Beispielsweise wirkt es unglaubwürdig, wenn der Bewerber während seines Studiums den Schwerpunkt Personalwesen gewählt und darüber seine Diplomarbeit geschrieben hat, sich dann aber auf eine Position im Marketing bewirbt. Doch auch in einem solchen Fall lässt sich mit einer guten Begründung vieles erreichen.

Die Bedeutung der **Examensnote** wird von Personalverantwortlichen unterschiedlich beurteilt. Zwar ist es im Allgemeinen wichtiger, Praxiserfahrungen vorweisen zu können, als ein Prädikatsexamen abgelegt zu haben; aber im Hinblick auf die heutzutage hohe Anzahl der eingehenden Bewerbungsunterlagen auf jede Position kann es möglich sein, dass die Bewerber zunächst einmal nach ihren Noten „gesiebt" werden. Bewerber mit schlechten Noten werden dann schnell aussortiert, ohne dass deren Unterlagen genau studiert werden.

4. Qualifikationen nach dem Studium

Als obere Bewerbungsgrenze gilt ein **Alter von 30 Jahren**, bei Trainee-Stellen sogar 28 Jahre. Wer sein Diplom- oder Master-Studium innerhalb von acht bis zwölf Semestern zügig absolviert hat, dokumentiert damit Belastbarkeit und effiziente Arbeitsorganisation. Falls Sie für Ihr Studium länger gebraucht haben, sollten Sie dies glaubhaft begründen können.

Außeruniversitäres Engagement und Praktika werden nicht nur als praxisrelevant eingestuft, sondern auch als persönlichkeitsformend: Sie zeugen von Teamfähigkeit und sozialer Kompetenz.

4.2 Weitere Qualifikationen?

In der Regel sollten Sie sich nach Abschluss des Studiums bzw. in der Endphase Ihres Examens möglichst umgehend um eine Stelle bewerben. Es kann jedoch sinnvoll sein, eine **postgraduale Qualifikation** zu erwerben – zum Beispiel zu promovieren –, bevor Sie ins Berufsleben starten.

Keinesfalls sollten Sie eine postgraduale Qualifikation anstreben, um Mängel in Ihrer bisherigen Ausbildung oder Ihrer Praxiserfahrung auszugleichen. Statt Mängel zu kompensieren, ist es meist besser, bereits **vorhandene Stärken weiter auszubauen**. Denn eine berufliche Position erhält man aufgrund dessen, was man besonders gut kann, und nicht aufgrund dessen, was man nicht oder nicht besonders gut beherrscht. Stärken lassen sich häufig besser in der Praxis als in einer weiteren theoretischen Ausbildung ausbauen.

Sie sollten sich auch **nicht** in eine Zusatzausbildung stürzen, um der schwierigen und manchmal langwierigen Phase der **Bewerbung aus dem Weg zu gehen**. Es gilt hier, ehrlich mit sich selbst zu sein und die eigene Motivation genau zu prüfen.

Unter Umständen kann eine postgraduale Qualifikation sogar kontraproduktiv wirken und von späteren Arbeitgebern als „intellektuelle Überqualifikation" oder als **zu langes Verweilen an der Hochschule** negativ gewertet werden. Dies gilt insbesondere dann, wenn die Regelstudienzeit von acht bis zwölf Semestern bzw. das 30. Lebensjahr bereits überschritten ist.

Es ist jeweils im Einzelfall zu prüfen, ob der Erwerb einer weiteren Qualifikation nach dem Studium für Sie wirklich einen deutlichen Wissens- und Erfahrungszuwachs bringt, der auch von möglichen Arbeitgebern positiv gesehen wird.

Wenn nach Prüfung aller Umstände für Ihre Wunschposition eine weitere Qualifikation nötig ist und Sie das 30. Lebensjahr noch nicht vollendet haben, dann ist es ratsam, eine postgraduale Qualifikation anzustreben. In jedem Fall ist zu bedenken, dass nicht nur äußerliches Streben nach beruflicher Karriere, sondern die eigene **persönliche Entwicklung** den Ausschlag geben sollte.

4.3 Zusatzstudiengänge

Folgende **postgraduale Ausbildungen** kommen infrage:

- ein Aufbau-, Zusatz- oder Ergänzungsstudiengang,
- ein Zweitstudium,
- eine Promotion,
- ein MBA-Abschluss (Master of Business Administration).

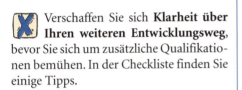 Verschaffen Sie sich **Klarheit über Ihren weiteren Entwicklungsweg**, bevor Sie sich um zusätzliche Qualifikationen bemühen. In der Checkliste finden Sie einige Tipps.

 **CHECKLISTE
Klarheit über den weiteren Weg**

- Welche sind Ihre beruflichen und persönlichen **Stärken und Schwächen**?
- Welches sind Ihre **Berufsziele**? (Trennen Sie sorgfältig fremdbestimmte von eigenbestimmten Zielen! Was wollen Sie wirklich?)
- Informieren Sie sich über **Berufsentwicklungswege** in Ihrer Sparte!
- Nehmen Sie, wenn möglich, professionelle **Beratung** in Anspruch: Fragen Sie Personalleiter und Führungskräfte von Unternehmen, mit denen Sie schon Kontakt hatten. Fragen Sie auch (selbstständige) **Personal- und Karriereberater**. Erkundigen Sie sich bei Studienberatungen und studentischen Verbänden – und bei allen Personen Ihres Vertrauens.

Unter Aufbau-, Zusatz- und Ergänzungsstudiengängen sind solche zu verstehen, die auf einem abgeschlossenen Diplom- oder Master-Studium aufbauen und ca. zwei bis vier Semester dauern. Neben Vollzeitstudiengängen existieren auch **Teilzeitprogramme** und **berufsbegleitende Formen**, die teils als Abendstudium, teils als Nachmittagsveranstaltungen oder als Fernstudium mit Präsenzblöcken durchgeführt werden.

Ein **Aufbaustudium** dient der Vertiefung eines vorangegangenen Erststudiums im gleichen Studienfach. Der Zugang zu Aufbaustudien, die Durchführung und der Abschluss sind je nach Hochschule unterschiedlich geregelt. Häufig sind ein oder mehrere Auslandssemester fester Bestandteil eines Aufbaustudiums.

Das **Zusatzstudium** dient der Erweiterung fachlicher Kenntnisse in einem Studienfach, das im Rahmen des Erststudiums nicht genügend berücksichtigt wurde.

Das **Ergänzungsstudium** richtet sich an Absolventen von Fachhochschulen und von nicht-wirtschaftlichen Studiengängen.

Das **Angebot** an solchen Studiengängen ist sehr groß und kann hier nicht im Einzelnen vorgestellt werden, da die Angebote sich von Hochschule zu Hochschule stark unterscheiden. Es gibt bereits ca. 1.300 derartige Studiengänge. Eine Übersicht findet sich im Internet unter 💻 www.hochschulkompass.hrk.de (vgl. dazu auch Kapitel 3.5 Studieren im Netz).

4. Qualifikationen nach dem Studium

4.4 Postgraduale Studiengänge im Ausland

Eine ganze Reihe von deutschen Universitäten und Fachhochschulen haben mittlerweile **internationale Studiengänge** eingerichtet, darunter auch solche, die **nach** einem Universitäts- oder Fachhochschulabschluss belegt werden können.

Wer keinen Doppeldiplom-Studiengang absolviert hat, keinen MBA-Titel anstrebt und während seines Studiums in Deutschland keine Auslandssemester absolviert hat, der kann während eines solchen postgradualen Studiengangs innerhalb von ein bis zwei Jahren **Auslandserfahrungen** sammeln.

Umfangreiche Dokumentationen über internationale Studiengänge im Ausland gibt es bei der **Kultusministerkonferenz (KMK)**, Postfach 22 40, 53012 Bonn, ☎ 0228/5010, 🖥 www.kmk.org sowie beim Bundesministerium für Bildung und Forschung (BMBF) (✉ information@bmbf.bund.de).

4.5 Zweitstudium

Ein Zweitstudium ist mit erheblichem Zeit- und Arbeitsaufwand verbunden. **Es verdoppelt** die an der Hochschule zugebrachte **Zeit** und sollte daher genauestens bedacht werden.

In der Regel ist es besser, statt eines Zweitstudiums im Erststudium ein **entsprechendes Zusatzfach** zu wählen, dessen Qualifikation inhaltlich dem eines Zweitstudiums nahekommt.

In der Regel führt ein Zweitstudium nicht zu verbesserten Einstiegs- oder Gehaltschancen, weil Personalverantwortliche dem Bewerber häufig eine Überqualifikation oder Praxisfremdheit unterstellen.

Auch das vergleichsweise hohe Lebensalter der Absolventen spricht gegen verbesserte Berufschancen durch ein Zweitstudium.

4.6 Promotion

Die Promotion ist Ausdruck analytischen, eigenständigen Erarbeitens von wissenschaftlichen Themenstellungen. Während bei der Diplomarbeit der Transfer erworbenen Wissens auf einen neuen oder bereits erforschten Bereich im Vordergrund steht, muss die Dissertation **erkennbar neue wissenschaftliche Ergebnisse** ausweisen.

Das Thema der Arbeit darf noch nicht wissenschaftlich bearbeitet worden sein; es muss sich also auf eine „Forschungslücke" konzentrieren.

Wann lohnt sich eine Promotion?

Untersuchungen haben ergeben, dass Doktoranden **im Durchschnitt vier Jahre** an ihrer Promotion arbeiten und bis zum Erhalt des Titels noch ein weiteres Jahr vergeht. Das Durchschnittsalter von Doktoranden bei Abschluss ihrer Promotion liegt bei 31,5 Jahren. Angesichts des hohen Zeitaufwandes ist auch hier genau zu bedenken, ob sich der Erwerb des Titels lohnt.

Sei neugierig.

Ausgetretene Pfade führen in Assurance and Advisory Business Services, Tax Services, Transaction Advisory Services und Real Estate Advisory Services nur selten zu ausgezeichneten Lösungen. Doch genau diese Lösungen suchen wir. Wie wir sie finden? Mit Hilfe von Menschen, die jenseits von Schubladen und weit über den Tellerrand hinaus denken. Weil sie auf eines neugierig sind: die beste aller möglichen Lösungen für unsere Mandanten. Um diesen kompromisslosen Qualitätsanspruch auch in Zukunft zu erfüllen, fördern wir jeden unserer Mitarbeiter individuell – durch Weiterbildung, fachübergreifendes Knowledge-Sharing und Tätigkeiten im Rahmen unseres weltweiten Netzwerks. Wenn auch Sie an großen Aufgaben wachsen wollen, dann bleiben Sie neugierig und bewerben Sie sich bei Ernst & Young.

Partner von
www.**JobStairs**.de
The Top Company Portal!

www.de.ey.com/karriere

ERNST & YOUNG
Quality In Everything We Do

4. Qualifikationen nach dem Studium

 **CHECKLISTE
Motive für die Promotion**

Eine Promotion könnte sinnvoll sein für Absolventen,

- die **Spaß am intensiven wissenschaftlichen Arbeiten** – über das Diplom hinaus – haben,
- die eine Position in der **Grundlagenforschung und -entwicklung** oder bei **Verbänden** anstreben,
- die als **Unternehmensberater** tätig werden möchten,
- die eine **Assistententätigkeit** auf höchster Ebene (Assistent der Geschäftsführung oder des Vorstandes) anstreben,
- die eine **Hochschullaufbahn** einschlagen möchten,
- die noch **nicht älter als 28 Jahre** sind,
- die später als **Selbstständiger** Kunden und Klienten akquirieren müssen,
- die in Positionen mit **Repräsentationspflichten** gelangen wollen,
- die **nicht** an einem **Trainee-Programm** teilnehmen möchten (die Altersgrenze für Trainee-Programme liegt oft bei 28 Jahren).

Wissenschaftliche Anforderungen

Die Promotion verlangt zeitlich vollen Einsatz und ist **nur sehr schwer neben einer beruflichen Tätigkeit** zu schaffen. Dies liegt unter anderem daran, dass außer der Anfertigung der Dissertation weitere Anforderungen gestellt werden: Beispielsweise sind zusätzliche Scheine zu erwerben, und die Lehrveranstaltungen, deren Besuch Pflicht ist, finden zu Tageszeiten statt, an denen Berufstätige arbeiten müssen. Vor allem aber gewährt eine berufliche Tätigkeit kaum die nötige Ruhe und Freiheit, um ein Dissertationsthema intensiv und gründlich zu bearbeiten.

Einige nationale und internationale Business Schools nehmen sich inzwischen des Problems des hohen Zeitaufwandes für eine Dissertation an und versuchen durch spezielle Programme, Nachwuchsforscher **schneller als üblich zur Promotion** zu bringen.

Der **Zugang zur Promotion** ist von Hochschule zu Hochschule verschieden. An einigen Universitäten wird beispielsweise ein Prädikatsexamen (Note: gut oder sehr gut) verlangt, an anderen nicht.

Zur Erlangung des Doktortitels sind in der Regel folgende **Schritte** nötig:

- Anfertigung einer schriftlichen **Dissertation**,
- Ablegen einer mündlichen **Prüfung** (Rigorosum),
- an manchen Hochschulen auch eine mündliche Verteidigung der Doktorthese (Kolloquium bzw. **Disputation**),
- je nach Universität zum Teil der Nachweis verschiedener Qualifikationen in Form von Eignungsprüfungen oder **Scheinen**.

Promotion für Fachhochschulabsolventen

Früher mussten Fachhochschulabsolventen stets einen Universitätsabschluss nachholen, bevor sie zur Promotion zugelassen wurden. Seit kurzem bieten jedoch die meisten Universitäten qualifizierten FH-Absolventen der Wirtschaftswissenschaf-

4.6 Promotion

ten auch **ohne Universitätsdiplom** die Chance zu promovieren. Die Zulassungsvoraussetzungen unterscheiden sich allerdings je nach Promotionsordnung und Universität.

An allen Universitäten müssen FH-Absolventen bestimmte Kriterien erfüllen. So müssen sie sich in der Regel einem **Eignungsverfahren** unterziehen, das zwei bis vier Semester dauert. Entscheidend ist in allen Fällen auch die Note des FH-Diploms.

Spezielle **Informationen für Fachhochschüler**, die promovieren wollen, sind bei der Kultusministerkonferenz, bei der Hochschulrektorenkonferenz, bei der Deutschen Forschungsgemeinschaft (alle in Bonn und im Internet) und beim Thesis-Doktoranden-Netzwerk e. V. erhältlich.

Weiterführende Informationen im Internet unter www.promotion-fh.de. und www.unister.de.

Planung der Promotion

Eine besondere Schwierigkeit stellen die Personalengpässe an den Hochschulen dar. Das Zahlenverhältnis zwischen Betreuern und Betreuten hat sich in den letzten Jahren ständig verschlechtert: **Immer weniger betreuende Professoren** müssen sich um immer mehr Studenten kümmern.

Eines der Kernprobleme bei der Planung der Promotion besteht deshalb darin, einen **Doktorvater** zu **finden**, der bereit ist, die Betreuung der Dissertation zu übernehmen, und der für das gewählte Thema offen ist.

Unter www.wiwi-online.de findet sich eine **Datenbank mit Wirtschaftswissenschaften**. Hier sind die Lehr- und Forschungsschwerpunkte deutscher Professoren verzeichnet, was die Suche nach einem Doktorvater erleichtert. Unter www.hochschulkompass.de findet sich eine Liste aller deutschen Hochschulen, die Promotionsmöglichkeiten bieten.

Das zweite Problem besteht darin, ein **geeignetes Thema** für die Dissertation zu finden. Manche Professoren geben den Studenten im Rahmen der von ihnen geleiteten größeren Forschungsprogramme ein Thema vor, andere wiederum überlassen die Themenwahl den Promovierenden.

Die Einbindung in ein **Forschungsprogramm** hat den Vorteil der finanziellen Absicherung während der Zeit der Promotion. Diese Programme sehen für Doktoranden in der Regel neben der Bereitstellung der nötigen Arbeitsmittel eine monatliche Vergütung vor, die den Lebensunterhalt deckt.

Allerdings besteht der Nachteil darin, dass der Doktorand ein vorgegebenes Thema bearbeiten muss, das er nicht auf seine beruflichen Ziele und seine persönlichen Interessen abstimmen kann.

Wenn Sie die Möglichkeit dazu haben, **wählen Sie Ihr Dissertationsthema selbst**. Ein Thema, das im Rahmen der beruflichen Ziele Sinn macht, wirkt sich als Bewerbungsvorteil aus.

Aus Platzgründen ist es nicht möglich, hier auf die verschiedenen Promotionsmöglichkeiten an den Universitäten sowie auf die unterschiedlichen Anforderungen an Doktoranden und Dissertationsthemen in allen Einzelheiten einzugehen. Allein in

4. Qualifikationen nach dem Studium

den deutschsprachigen Ländern gibt es ca. 1.400 Lehrstühle in wirtschaftswissenschaftlichen und in wirtschaftsnahen Fächern, die für eine Promotion infrage kommen. Interessenten seien verwiesen auf die Werke: Helga Knigge-Illner: *Der Weg zum Doktortitel*, 2002, und Robert Baring: *Wie finde ich einen guten und schnellen Doktorvater an einer deutschen Universität*, 2003.

Doktoranden-Netzwerke

Eines der häufigsten Probleme, mit dem Doktoranden zu kämpfen haben, ist die **Isolierung und Vereinzelung**, der sie während der Anfertigung ihrer Arbeit oft über mehrere Jahre ausgesetzt sind. Die Isolation führt häufig dazu, dass Doktoranden vorzeitig ihr Ziel aufgeben und ihre Doktorarbeit nicht beenden.

Um diesem Problem abzuhelfen, haben sich inzwischen verschiedene Netzwerke gebildet, deren Ziel es ist, den **Kontakt** zwischen Doktoranden zu **fördern** und die geplante Promotion zu unterstützen.

Innerhalb der Netzwerke besteht die Möglichkeit, sich **persönlich kennen zu lernen** und regelmäßig mit Kommilitonen über die wissenschaftlichen Fragestellungen der Doktorarbeit auszutauschen. Darüber hinaus werden Hilfen bei der Finanzierung der Promotion und der Arbeitsorganisation angeboten, der interdisziplinäre Dialog mit Wissenschaftlern gefördert und Promotionen im Ausland unterstützt.

Das *Thesis-Doktoranden-Netzwerk e. V.* (www.thesis.de) bietet eine Mitgliedschaft zu einem geringen Jahresbetrag an (siehe Adressenverzeichnis).

Praxisorientierte Dissertationen

Ähnlich wie bei Diplomarbeiten gibt es auch bei Dissertationen die Möglichkeit, ein praxisorientiertes Thema zu wählen und dadurch eine **Kooperation mit einem Unternehmen** einzugehen.

Etliche Unternehmen ebenso wie öffentliche und gemeinnützige Institutionen sind bereit, **Dissertationen zu unterstützen**, erwarten jedoch die Eigeninitiative von entsprechenden Bewerbern. Lediglich Unternehmensberatungen signalisieren offen die Bereitschaft, Promotionen zu fördern. Beachten Sie dazu die Angebote der in diesem Buch porträtierten Unternehmen.

 Es kommt auf die **Themenwahl, das Geschick und die Überzeugungskraft** des Studenten an, ob eine praxisorientierte Dissertation zustande kommt, die von einem Unternehmen oder einer Institution finanziell unterstützt wird.

Ähnlich wie bei Diplomarbeiten kann es auch bei Dissertationen zu **Zielkonflikten** zwischen den Anforderungen des Doktorvaters und des betreffenden Unternehmens kommen. Für das Unternehmen steht die vertrauliche Behandlung von firmeninternem Datenmaterial im Vordergrund. Demgegenüber verlangt gerade die Promotion die Veröffentlichung der wissenschaftlichen Ergebnisse. Denn ohne Publikation der Arbeit wird der Doktortitel nicht zugesprochen. Eine ausführliche **Klärung rechtlicher Fragen** zwischen Unternehmensvertretern und betreuendem Professor ist daher unerlässlich.

Ähnlich wie bei praxisbezogenen Diplomarbeiten sind auch bei Doktorarbeiten **zeitliche Verzögerungen** einzukalkulieren, zum Beispiel wenn das kooperierende Unternehmen nicht zum verabredeten Zeitpunkt die geforderten Daten zur Verfügung stellen kann.

>
> **CHECKLISTE**
> **Hinweise zum Vorgehen**
>
> - Suchen Sie zunächst einen **Doktorvater** für Ihr Thema, und grenzen Sie es in Absprache mit diesem unternehmensspezifisch ein.
> - Bevor Sie mit den Literaturrecherchen beginnen, suchen Sie den **Kontakt** zu einem oder mehreren Unternehmen, die für Ihr Projekt infrage kommen.
> - Klären Sie **rechtliche Probleme** mit dem Unternehmen (Veröffentlichung von Datenmaterial usw.) bereits in der ersten Phase.
> - Seien Sie flexibel bei der **Themenfindung**, und zeigen Sie Bereitschaft, das Thema in mehreren Arbeits- und Abstimmungsrunden mit dem Unternehmen und dem Doktorvater genauer festzulegen.

Kosten

Die Promotion setzt voraus, dass die **Lebenshaltungskosten** für ca. zwei bis vier Jahre gedeckt sind.

Nicht zu vergessen sind auch die Kosten für die individuelle **Literaturbeschaffung**, die in den letzten Jahren deutlich gestiegen sind. Aufgrund der finanziellen Kürzungen im Hochschulbereich ist der Etat vieler Bibliotheken zur Neuanschaffung von wissenschaftlichen Publikationen stark eingeschränkt. So bleibt dem Doktoranden oft keine andere Wahl, als viel der notwendigen Literatur selbst zu erwerben.

 Unter www.uni-goettingen.de ist eine Übersicht über alle deutschen Förderungswerke und Stiftungen zu finden, die **Promotionsstipendien** vergeben.

Ein weiterer nicht zu unterschätzender Kostenfaktor ist die **Publikation der Dissertation** im Anschluss an die bestandene Prüfung. Die Vergabe des Doktortitels ist in Deutschland zwingend an die Veröffentlichung gebunden.

Die Kosten bewegen sich – je nach Publikationsart, Auflagenhöhe und Verlag – derzeit zwischen ca. 500 und 15.000 €.

Es lohnt sich, Preise und Verlage sorgfältig zu vergleichen und auch alternative Publikationsformen (Selbstverlag, Book on demand, E-Book, Copyshop) in Betracht zu ziehen.

Dissertation online

Eine zukunftsweisende und kostengünstige Alternative zur Veröffentlichung der Doktorarbeit in Buchform bietet die **Publikation im Internet**. Diese Form der Veröffentlichung findet immer mehr Akzeptanz an den Hochschulen.

Erkundigen Sie sich an Ihrer Hochschule, ob eine Publikation Ihrer Dissertation im Internet der **Veröffentlichungspflicht** Genüge leistet. Informationen im Internet unter: www.thesis.de mit einer Übersicht über die Promotionsordnungen verschiedener Hochschulen, www.dissonline.de.

4. Qualifikationen nach dem Studium

Verwertung von Dissertationen

Für Dissertationen gibt es ebenso wie für Diplomarbeiten die Möglichkeit des **Verkaufs an Unternehmen** über spezielle **Vermittlungsagenturen**. Eine Vermittlung ist unabhängig davon, ob die Dissertation in Kooperation mit einem Unternehmen entstanden ist oder nicht.

Haben Sie Ihre Dissertation in Zusammenarbeit mit einem Unternehmen erstellt, so sollten Sie vorher abklären, ob Sie Ihre Arbeit auch anderen Unternehmen zum Kauf anbieten dürfen oder ob firmenspezifisches Datenmaterial dagegen spricht.

Zur Verwertung von Dissertationen vgl. die Informationen in Kapitel 3.12, Seite 133 f., unter „Verwertung von Diplomarbeiten" sowie Adressenverzeichnis.

Finanzielle Förderung

Eine Umfrage ergab folgendes Bild der finanziellen **Unterstützung von Unternehmen:**

- 73 Prozent der Unternehmen bieten **keine Promotionsstipendien** an,
- 23 Prozent tun dies **im Einzelfall,** und
- 3 Prozent bieten **Vergütungen** in Form von BAT-IIa/2-Stellen (also entsprechend den Tarifen des Öffentlichen Dienstes).

Die Höhe des **Stipendiums** beläuft sich auf 900 bis 1.400 € pro Monat für anderthalb bis drei Jahre. 51 Prozent der Unternehmen bieten Teilzeittätigkeiten für Promovierende an, wobei etwa die Hälfte der Unternehmen **Halbtagsstellen** vergibt.

Insgesamt zeigt sich, dass die Unternehmen durchaus zur Kooperation bei Dissertationen bereit sind und häufig ganz **individuelle Absprachen** zur finanziellen Förderung mit den Doktoranden treffen.

Eine weitere Möglichkeit der Finanzierung besteht darin, für die Zeit der Promotion **an der Universität eine Stelle** als wissenschaftlicher Mitarbeiter, Hilfskraft (Hiwi) oder Assistent zu bekommen. Es empfiehlt sich, mindestens ein halbes Jahr vor der geplanten Promotion beim Lehrstuhlinhaber nachzufragen, ob eine solche Stelle frei ist oder wird. Nicht zu vergessen ist, dass es auch eine Reihe von **öffentlichen Institutionen** zur Studienförderung gibt, die Promotionsstipendien vergeben (vgl. dazu Kapitel 2).

Promovieren im Ausland

„Euro-Land" und die internationalen Wirtschaftsbeziehungen bieten zahlreiche Möglichkeiten, im Ausland zu promovieren. Wer später in einem internationalen Unternehmen arbeiten möchte, dem ist die Promotion im Ausland zu empfehlen, insbesondere wenn Gelegenheit besteht, an einer hochrenommierten internationalen Hochschule den Doktortitel zu erwerben. Unter deutschen Doktoranden am beliebtesten sind England und die USA, daneben auch Frankreich, Spanien und Italien.

In den **angelsächsischen Ländern** gibt es ein eigenes Promotionsstudium, das neben der Anfertigung der Dissertation umfangreichere Leistungsnachweise und den regelmäßigen Besuch von Pflichtveranstaltungen voraussetzt. Der dort vergebene Titel des **Ph. D.** (Philosophical Doctor) ist die höchste wissenschaftliche Qualifikation, da es keine Habilitation gibt.

In **Frankreich** ist es besonders wichtig, zuerst einen betreuenden Professor zu finden, da die Zulassung zum Promotionsstudium entscheidend von ihm abhängt.

Weniger bekannt ist, dass auch **Holland** interessante Möglichkeiten für Postgraduierte bietet. Die Vorlesungen finden in Englisch statt und die Studiengebühren sind deutlich niedriger als in den angelsächsischen Ländern. Weitere Infos unter www.spiegel.de/unispiegel/studium/0,1518,194525,00.html.

Zu klären ist bei einer Promotion im Ausland die Frage, ob der im Ausland erworbene Doktortitel auch in Deutschland geführt werden darf. Die **Anerkennung von Doktortiteln** aus dem westeuropäischen Ausland ist kein Problem, allerdings gibt es bei den osteuropäischen Universitäten zum Teil Vorbehalte.

 Zuständig für die Anerkennung der Titel sind die **Bildungsministerien** der jeweiligen Bundesländer.

Auch für Promotionen im Ausland ist es möglich, **Doktorandenstipendien** zu bekommen. Sie werden beispielsweise vom DAAD vergeben. Verschiedene Nachschlagewerke informieren über die umfangreichen Möglichkeiten:

- Momme von Sydow: *Handbuch Studium und Praktikum im Ausland. Austauschprogramme, Stipendien und Sprachkurse,* Frankfurt am Main 2004.

- Gundolf Seidenspinner: *Durch Stipendien studieren,* München 1999.

Gekaufte Titel

Der Weg zum Doktortitel ist oft steinig und beschwerlich. Dies verleitet so manchen dazu, einen vermeintlich einfacheren Weg zu beschreiten, um an den begehrten Titel zu kommen.

Häufig führt dann der Gang zu einem so genannten **Promotionsberater**, der freiberuflich tätig ist und gegen finanzielle Vergütung verspricht, beim Erwerb des Doktortitels behilflich zu sein.

 Vor dieser Art der „Promotion" muss jedoch **deutlich gewarnt** werden: Die meisten so genannten Promotionsberater sind **unseriös**.

Vielfach schreiben sie gegen ein stattliches Entgelt als **Ghostwriter** gleich die ganze Arbeit und versprechen auch, diese bei einem Doktorvater unterzubringen.

Eine neuere Betrugsvariante besteht darin, dass Promotionswillige von Agenturen oder Kanzleien durch **falsche Professoren** – in Wahrheit Schauspieler – getäuscht werden. So deckte die Staatsanwaltschaft in Berlin zum Beispiel einen bundesweiten Handel mit gefälschten Promotionsurkunden der Kanzlei Academus auf.

 Wer seine Doktorarbeit nicht selbst schreibt, sondern schreiben lässt, begeht eine **strafbare Handlung**. Jeder Doktorand muss schriftlich eine eidesstattliche Erklärung abgeben, dass er seine Arbeit selbst verfasst hat. Kommt heraus, dass er gelogen hat, so kann der Doktortitel wieder aberkannt werden (vgl. auch Kapitel 3.12 Plagiate, Seite 132).

Ein weiterer ebenfalls nur vermeintlich leichter Weg zur Promotion führt über einige ausländische Universitäten von zweifelhaftem Ruf. In vielen Ländern, auch in einigen europäischen, kann sich **jede Institution „Universität"** nennen, ohne dass diese Bezeichnung besonders geschützt wäre.

Manche ausländischen Institutionen, die nicht im entferntesten den Anspruch einer Lehrakademie erheben können, nutzen dies weidlich aus; häufig bestehen diese „Universitäten" nur aus einem kleinen Büro mit einem einzigen „Professor" bzw. Chef.

Solche „Universitäten" verlangen für die **Verleihung eines Doktortitels** wenig mehr als einen Lebenslauf und die Vorlage der schon zu einem früheren Zeitpunkt verfassten Diplomarbeit – zuzüglich einer stattlichen Geldsumme.

Das böse Erwachen des auf diese Weise vermeintlich Promovierten folgt dann meist erst in Deutschland. Denn ausländische Doktortitel müssen von den Kultusministerien der jeweiligen Bundesländer anerkannt werden.

Die **unseriösen „Universitäten" des Auslandes** sind bei den deutschen Behörden einschlägig bekannt. Wer dort einen Doktortitel käuflich erworben hat, hat keine Chance, diesen Titel auch in Deutschland tragen zu dürfen, wenn er sich nicht strafbar machen will.

Zum Teil findet sich auch eine Kombination beider unseriöser Wege zum Erwerb eines Doktortitels: Promotionsberater vermitteln einen Promotionswilligen an eine ausländische „Universität", die diesen Namen nicht verdient.

Nur eine auf ehrlichem Wege erworbene Promotion bringt **berufliche Vorteile** – gerade weil sie mit einem hohen Zeit- und Arbeitsaufwand erworben wurde.

Die Bedeutung der Promotion für den Beruf

Arbeitgeber bewerten die Promotion als überdurchschnittliche fachliche Qualifizierung, die keine Aussagen über persönlichkeitsrelevante Merkmale wie Teamfähigkeit oder soziale Kompetenz zulässt, aber dafür von Durchhaltekraft und der Bewältigung eines schwierigen Themas zeugt.

Die meisten Unternehmen stellen Promovierte ein, aber nicht alle im gleichen Umfang und mit der gleichen Aufgeschlossenheit. Als **Einstellungshöchstalter** geben 60 Prozent der Firmen 32 Jahre an; 40 Prozent der Unternehmen stellen jedoch auch jenseits dieser Grenze promovierte Bewerber ein, die dann oft bessere Karrierechancen haben.

Eine Untersuchung gibt Aufschluss darüber, wie hoch das **Interesse an Bewerbern mit Doktorhut** ist:

- **41 Prozent** der befragten Unternehmen stellen **gezielt** Promovierte ein,
- **63 Prozent** stellen **unter anderem** Promovierte ein, und
- **3 Prozent** aller Unternehmen stellen **grundsätzlich keine** Promovierten ein, und zwar aufgrund des zu hohen Einstiegsalters.

48 Prozent der Unternehmen zahlen Promovierten ein **höheres Anfangsgehalt**. Im Durchschnitt verdienen promovierte Berufseinsteiger etwa zehn Prozent mehr als nicht-promovierte. Dabei wird nicht der Doktortitel als solcher vergütet, sondern vielmehr der **erwartete größere Wissenshorizont**.

Es dauert allerdings mehrere Jahre, bis sich der finanzielle Vorteil der Promotion wirklich amortisiert hat: Der Doktorand hat während der mehrjährigen Phase seiner Promotion **im Vergleich** zu einem diplomierten Kollegen, der sofort nach dem Diplom mit seiner Berufstätigkeit begonnen hat, recht unterdurchschnittlich verdient und manchmal nur vom Existenzminimum gelebt. Derweil hat ein nicht-promovierter Berufskollege aber schon mehrere zigtausend Euro verdient.

Berechnungen ergeben, dass sich dieser **Einkommensunterschied** innerhalb von vier bis fünf Jahren zu rund 125.000 € aufsummiert. Diesen Einkommensnachteil muss der Promovierte, der später ins Berufsleben einsteigt, erst einmal aufholen.

Im Laufe eines ca. 30-jährigen Berufslebens verdient ein promovierter Berufstätiger im Durchschnitt etwa 400.000 bis 450.000 € mehr als ein nicht-promovierter.

> **CHECKLISTE**
> **Promotion**
>
> - Lassen das Lebensalter und die angestrebte berufliche Position eine Promotion als **sinnvoll** erscheinen?
> - Sind die **formalen Voraussetzungen** für eine Promotion erfüllt (Art des Examens und Examensnote, eventuell Eignungsprüfung)?
> - Ist ein **betreuender Professor** gefunden?
> - Lässt sich ein praxisorientiertes Thema in **Kooperation mit einem Unternehmen**, einer öffentlichen oder gemeinnützigen Institution finden?
> - Ist die **finanzielle Seite** geklärt (Unterstützung durch ein Unternehmen, im Rahmen eines universitären Forschungsprogramms oder durch ein Stipendium)?

4.7 MBA

Während die Promotion für selbstständiges **wissenschaftliches** Arbeiten spricht, steht der **Master of Business Administration** (MBA) für selbstständiges **wirtschaftliches** Arbeiten.

Der MBA ist ein ursprünglich aus den USA stammender akademischer Abschluss, der nicht als wirtschaftswissenschaftliches Studium, sondern als **praxisnahe Schulung von Managern** konzipiert wurde. Der MBA ist mittlerweile außer in den USA auch überall in Europa und in Deutschland verbreitet. Die Ausbildung wird von privaten, miteinander konkurrierenden **Business Schools** durchgeführt.

4. Qualifikationen nach dem Studium

Der Wert des MBA

Inzwischen hat der MBA-Titel sein zeitweiliges Tief überwunden. Seit zwei Jahren haben MBA-Absolventen auf dem Arbeitsmarkt wieder **erstklassige Chancen.** Was den MBA für Unternehmen attraktiv macht, ist vor allem die **hochgradig praxisbezogene Ausbildung,** die sich deutlich von dem sehr theoretisch ausgerichteten Studium in Deutschland unterscheidet.

Allerdings sind die **Unterschiede zwischen** den **einzelnen Branchen wie auch der Wertigkeit der Abschlüsse** der verschiedenen Business Schools nun ausgeprägter denn je. Wer seinen Titel an einer der Top-Schools, wie zum Beispiel INSEAD oder London BS, erworben hat, besitzt fast schon eine Einstiegsgarantie ins Berater- oder Bankgeschäft. Absolventen anderer Wirtschaftsschulen mit nationaler oder internationaler Bedeutung haben aber auch gute Chancen im deutschen Mittelstand.

Doch auch der MBA-Titel ist letztlich keine Arbeitsplatzgarantie, sofern der Absolvent nicht von Anfang an ein klares Ziel vor Augen hat und daraufhin die geeignete Business School auswählt. Daher sollte sorgfältig überlegt werden, ob ein bereits mit Diplom abgeschlossenes **Studium** sinnvollerweise durch den Erwerb eines MBA-Titels **um mindestens zwei Jahre verlängert** wird.

Ein Vorteil des MBA-Titels kann eventuell in der stärkeren internationalen Anerkennung bestehen, da der Titel international bekannt ist.

Wann lohnt sich ein MBA-Studium?

 Da die meisten Business Schools eine mehrjährige Berufserfahrung zur Aufnahmebedingung machen, erweist es sich als sinnvoll, ein **MBA-Programm erst nach vier bis fünf Berufsjahren** zu beginnen.

Unter dieser Voraussetzung und wenn die Business School im Hinblick auf die angestrebte berufliche Position sorgfältig ausgewählt wird, kann der MBA-Titel die **Karriere fördern.**

Der MBA-Titel kann unter Umständen auch **Absolventen anderer Fachrichtungen** – zum Beispiel Ingenieuren und Natur- oder Geisteswissenschaftlern – zu attraktiven Positionen verhelfen, wenn die Business School hinsichtlich ihres Lehrangebots einen überdurchschnittlichen Kenntniszuwachs im wirtschaftswissenschaftlichen Bereich verspricht.

Auch **Fachhochschulabsolventen** kann das MBA-Studium Vorteile bringen, da der MBA-Titel akkreditierter Business Schools in Deutschland als **dem Universitätsdiplom gleichgestellt** gilt. Formal gesehen gibt das Master-Studium somit FH-Absolventen die Chance, mit Universitätsabsolventen gleichzuziehen. Dies kann sich bei den Einstellungschancen wie auch beim Gehalt positiv auswirken.

Ein MBA-Studium ist auch dann ratsam, wenn Sie später **im Ausland promovieren** wollen. Der MBA-Titel gilt vielfach als Voraussetzung für ein weiterführendes PhD-Studium.

Ein **spezieller Tipp für Frauen:** Wer nach mehrjähriger Berufstätigkeit eine Familienpause eingelegt hat, kann

sich durch ein anschließendes MBA-Studium – eventuell in Form eines Teilzeit- oder Fernstudiums – beruflich wieder auf den neuesten Stand bringen und hat auf diese Weise bessere Startchancen in das „zweite" Berufsleben.

Wer unbedingt bereits mit einem MBA-Titel beruflich **starten** möchte, dem ist zu empfehlen, ein wirtschaftswissenschaftliches **Studium in Deutschland mit einem MBA-Studium im Ausland zu koordinieren.**

Dies ist zum Beispiel möglich, indem man **nach Abschluss des Vordiploms** plus zwei Semester Hauptstudium oder des Bachelors ein MBA-Studium absolviert. In diesem Fall kann der MBA-Titel das Diplom oder den Master ersetzen bzw. der Titel kann in ein entsprechendes deutsches Diplom umgewandelt werden.

Möglich ist im Fall der gezielten Koordination auch der Erwerb einer **Doppelqualifikation.** Nach Rückkehr an die deutsche Hochschule kann sich der Student noch fehlende Studienleistungen des Hauptstudiums durch entsprechende Kurse des MBA-Curriculums anrechnen lassen. Einige Diplomprüfungsämter, zum Beispiel das der Universität zu Köln, erlassen bei Vorlage eines MBA-Zeugnisses die Teilprüfung in Allgemeiner Betriebswirtschaftslehre und den dazugehörigen Hauptstudienschein.

Die Koordination von MBA- und wirtschaftswissenschaftlichem Studium führt dazu, dass die **Ausbildungszeit nicht wesentlich verlängert** wird und sich damit das berufliche Einstiegsalter kaum erhöht.

Zulassungsvoraussetzungen

Die Messlatte für die Aufnahme an einer Business School liegt sehr hoch. Die MBA-Ausbildung hat **internationalen Charakter** – selbst dann, wenn sie in Deutschland erfolgt –, und dementsprechend gestaltet sind auch die Eintrittsbedingungen.

Außerdem hängt der **Ruf der Business Schools** zum Teil auch von den Zulassungsvoraussetzungen ab: Je höher die Anforderungen, desto teurer die Business School und desto besser die Ausbildung.

Die meisten Business Schools verlangen einen **akademischen Abschluss und zwei bis drei Jahre Berufserfahrung.** Neben einem Universitätsabschluss akzeptieren viele Schulen auch ein Fachhochschuldiplom, zum Teil ebenfalls ein Diplom einer Verwaltungs- und Wirtschaftsakademie bzw. einer Berufsakademie.

Unabdingbar ist weiterhin der TOEFL (**Test of English as a Foreign Language**). Dabei handelt es sich um einen zweieinhalbstündigen **Multiple-Choice-Sprachtest**, der das Hörverstehen, die Grammatik-Kenntnisse, das Leseverstehen und das Vokabular testet. Zudem muss in 30 Minuten ein Essay in englischer Sprache verfasst werden.

Die beim TOEFL erreichte Punktzahl muss mindestens 600 betragen. Jede Business School erwartet ein bestimmtes Ergebnis, das entsprechend ihrem Ruf höher oder niedriger angesiedelt ist, in der Regel aber 500 Punkte nicht unterschreitet. Hat der Kandidat jedoch schon beim GMAT die notwendige Punktzahl erreicht, so wird dem TOEFL nur geringe Beachtung geschenkt.

Informationen zum TOEFL gibt es beim **Educational Testing Service (ETS)** in Princeton sowie im Internet unter 🖥 www.review.de. Dort sind auch Trainingspakete erhältlich. Der TOEFL-Test wird monatlich in verschiedenen deutschen Städten durchgeführt. Seit einiger Zeit gibt es auch eine spezielle Software, die auf die Anforderungen des TOEFL gezielt vorbereitet (*The Heinemann TOEFL Preparation Course*, Hueber Verlag).

Eine weitere wichtige Zulassungsvoraussetzung ist der **GMAT** (**General Management Admission Test**). Es handelt sich dabei um einen in Englisch durchgeführten universalen Test, der sprachliche Fähigkeiten, logisches und mathematisches Denken testet.

Der Test stellt hohe Anforderungen an die Stressresistenz des Prüflings, denn es müssen innerhalb von dreieinhalb Stunden 170 Fragen beantwortet werden, die zwar keine wirtschaftlichen Fachkenntnisse, aber mathematisches Grundlagenwissen und gute Kenntnisse der englischen Sprache voraussetzen. Es empfiehlt sich eine **gründliche Vorbereitung** dieses Tests, weil die Durchfallquoten hoch sind. Einziger Trost: Der GMAT darf bei Nichtbestehen bis zu fünf Mal wiederholt werden.

Auch beim GMAT werden **Punkte** vergeben, wobei der Kandidat zwischen 200 und 800 Punkte erreichen kann, aber von Deutschen selten mehr als das Minimun, nämlich 600 Punkte erreicht werden. Die Höhe der geforderten Testpunkte ist wiederum ein Indikator für die Qualität der Business School.

Informationen zum GMAT können über CITO in Arnheim (Niederlande) angefordert werden. Der GMAT-Test wird viermal jährlich in verschiedenen deutschen Städten durchgeführt. Unter 🖥 www.review.de kann der Test ausgiebig trainiert werden.

Ein weiteres Kriterium für die Aufnahme betrifft die Selbstdarstellung. Ein **Essay** gibt Aufschluss über das Persönlichkeitsprofil und den individuellen Bildungsweg und sollte Motive und Eignung für das MBA-Studium deutlich herausarbeiten.

Empfehlungsschreiben von Vorgesetzten oder Professoren sind ebenfalls entscheidend für die Zulassung und sollten ausführlicher ausfallen als hierzulande üblich. Da sie ein nicht unwesentlicher Teil der Bewertung sind, ist eine sorgfältige Auswahl der Aussteller unbedingt erforderlich.

 ZUSAMMENFASSUNG
MBA-Studium

Die wichtigsten **Zulassungsvoraussetzungen** für ein MBA-Studium sind:
- ein abgeschlossenes **Studium**,
- zwei bis drei Jahre **Berufserfahrung**,
- eine angemessene Punktzahl im **TOEFL-Test** und im **GMAT-Test**,
- ein individueller **Essay**, der Auskunft über die Persönlichkeit des Bewerbers und seinen beruflichen Werdegang gibt, sowie
- zwei bis drei **Empfehlungsschreiben** von Universitätsprofessoren oder Arbeitgebern.

4. Qualifikationen nach dem Studium

Grundsätzlich gibt es drei Arten von Programmen:

1. das **Vollzeitprogramm**, das einem normalen Studium entspricht und als akademische Erstausbildung konzipiert ist,
2. das **Teilzeitprogramm** (Executive-MBA), das sich an Leute mit mehrjähriger Berufserfahrung richtet und eine akademische Zusatzausbildung vermitteln will,
3. das **Fernstudienprogramm**.

Die Programme verlangen jeweils einen unterschiedlichen zeitlichen Einsatz. Beim **Vollzeitprogramm** gibt es zwei Varianten: zum einen die klassische Zwei-Jahres-Version, wobei bereits eine vorausgegangene College-Grundausbildung von vier Jahren und ein Abschluss als Bachelor of Business Administration (BBA) bzw. ein Vordiplom, ein FH-Diplom, ein Bachelor oder Master vorausgesetzt wird. Neben der zweijährigen Ausbildung nach US-amerikanischem Vorbild gibt es die Ein-Jahres-Version, die häufig an europäischen Hochschulen vorkommt und auf einer Komprimierung der Lerninhalte basiert.

Das **Teilzeitprogramm** nimmt ca. zwei bis zweieinhalb Jahre in Anspruch. Es hat den Vorteil, dass es neben einer beruflichen Tätigkeit durchgeführt werden kann. Im Blockstudiensystem wechseln sich Präsenzphasen in Abend- oder Wochenendveranstaltungen und Phasen der Hausarbeit ab.

Das **Fernstudium** ist auf zwei bis vier Jahre angelegt, kann aber häufig auf sieben Jahre verteilt werden. Auch diese Programmform ist mit einer gleichzeitigen Berufstätigkeit vereinbar. Der Arbeitsaufwand für die **zu Hause zu erledigenden Aufgaben** wird mit mindestens 15 Stunden pro Woche angegeben, liegt aber häufig darüber.

Der Inhalt des MBA-Studiums

Jedes MBA-Programm zielt ab auf eine internationale, praxisorientierte und generalistische Ausbildung. Ziel ist nicht nur der theoretische Wissenserwerb, sondern auch die Schulung von Fähigkeiten, die im Management unabdingbar sind: Teamfähigkeit, Problemerkennung und -analyse, Durchsetzungsvermögen, Konflikt- und Konkurrenzverhalten, Argumentationskunst und Entscheidungsfreudigkeit. Die **Persönlichkeitsentwicklung** ist also genauso wichtig wie der **Erwerb theoretischer Kenntnisse**.

Der Unterricht läuft völlig anders ab, als es an deutschen Universitäten üblich ist. Entsprechend dem ursprünglichen amerikanischen Vorbild hat neben Vorlesungen und Vorträgen der **interaktive Teil** in Form von Rollenspielen und Projektarbeiten eine wichtige Bedeutung. In den bekannten „**case studies**" wird in kleinen Gruppen anhand spezifischer Fälle aus der Unternehmensrealität die Analyse- und Entscheidungskraft im Team trainiert. Ergänzend gibt es außerdem Diskussionen mit prominenten Managern und Experten.

Die Durchführung ist insgesamt **stark verschult**: Es besteht Präsenzpflicht, und die strikte Supervision und Benotung sowie der Leistungsdruck zielen darauf ab, die **persönliche Effektivität** zu erhöhen.

Die Kosten eines MBA-Studiums

Die Kosten für ein MBA-Studium sind erheblich. Sie bewegen sich ca. zwischen 12.000 und 45.000 €.

Tendenziell kann man sagen, dass der Preis der Schule auch ein Indikator für ihre Qualität ist. Das teuerste Programm ist das der **Harvard Universität**, das bei 100.000 € liegt.

Zu den Studiengebühren kommen die Lebenshaltungskosten, die Kosten für Unterrichtsmaterial, für einen eigenen PC und für Reisen bzw. Wohnen bei Blockstudien, die im Ausland stattfinden.

Ungefähre Kosten des MBA	
Vollzeitprogramm	25.000–45.000 €
Teilzeitprogramm	20.000–34.000 €
Fernstudienprogramm	12.000–17.000 €

Im Gegensatz zu anderen postgradualen Studiengängen gibt es für ein MBA-Studium nur wenige **Fördermöglichkeiten**.

Die meisten Chancen auf eine finanzielle **Förderung** hat ein Vollzeitstudium in den **USA**, wo es nicht nur ein sehr reichhaltiges Angebot an **privaten Stipendiengebern** gibt, sondern auch die Möglichkeit eines **Work Study Programs** mit einer Teilzeittätigkeit an der Business School.

Darüber hinaus sind die Fördermöglichkeiten jeweils bei den einzelnen Business Schools zu erfragen. Manche Schulen vergeben eigene Stipendien.

An **deutschen Fachhochschulen** liegt der Preis für ein MBA-Studium durchschnittlich bei lediglich 500 €.

Die Anerkennung des MBA-Titels in Deutschland

Auch wenn das MBA-Studium in Deutschland absolviert und die Prüfung abgelegt wurde, bedeutet dies noch **nicht automatisch** die Anerkennung des MBA-Titels. Der Titel darf nur von einer staatlich anerkannten Hochschule verliehen werden, sofern die Ausbildung einem deutschen Hochschulstudium entspricht. Keine Probleme gibt es in der Regel dann, wenn ein deutsches Institut unter Aufsicht einer ausländischen Business School steht. Dies ist der Grund dafür, warum viele Schulen in Deutschland als Repräsentanten amerikanischer oder europäischer Business Schools auftreten.

In Deutschland wird jede ausländische Bildungsinstitution von den **Kultusministerien der Bundesländer** auf ihre Qualität hin geprüft. Besonders wichtig ist dabei, ob die jeweilige Business School in ihrem Heimatland akkreditiert ist.

Die im **deutschsprachigen Raum** von der FIBAA (Foundation of International Business Administration Accreditation) akkreditierten MBA-Studiengänge sind in einem speziellen **MBA Guide 2002** abrufbar. Nähere Infos unter www.fibaa.de. Zu den akkreditierten Hochschulen gehören unter anderem:

Fachhochschule Esslingen
Kanalstraße 33
73728 Esslingen
🖥 www.fht-esslingen.de

**EWS-international campus
Europäische Wirtschafts- und
Sprachenakademie**
Hardefuststraße 1
50677 Köln
🖥 www.international-campus.de

**International Management School
Malente**
Eutiner Straße 43
23714 Bad Malente
🖥 www.intermas-malente.de

**IMADEC
International Business School**
Handelskai 388/Top 543
A-1020 Wien
🖥 www.imadec.com

Webster University
Berchtoldgasse 1
A-1220 Wien
🖥 www.webster.ac.at

Wenn Sie klären wollen, ob der MBA-Titel einer Business School in Deutschland anerkannt wird, erkundigen Sie sich entweder beim **Kultusministerium** Ihres Bundeslandes oder bei der **Zentralstelle für ausländisches Bildungswesen** in Bonn.

Eine der ersten Hochschulen in Deutschland, die den MBA-Titel eigenständig vergeben darf, ist die FH Nürnberg. Wer dort den **Weiterbildungsstudiengang Internationale Betriebswirtschaft (WIB)** absolviert, kann zum Master of Business Administration graduieren.

Die Qualität der Business Schools

In den USA gibt es mittlerweile knapp 800, in Europa ca. 220 und in Deutschland ca. 120 MBA-Programme an privaten und an staatlichen Hochschulen. Nicht alle Programme sind gleich gut. Es ist daher wichtig, darauf zu achten, dass **das ausgewählte Programm auch anerkannt** ist. Die Akkreditierung gewährleistet neben der Anerkennung des Titels vor allem die Qualität des Programms, die auch bei einer späteren Bewerbung bei einem Arbeitgeber entscheidend sein kann.

 Auskunft darüber, welche Programme in Deutschland, Österreich und der Schweiz akkreditiert sind, erteilt die **FIBAA (Foundation for International Business Administration Accreditation)** in Bonn:

🖥 www.akkreditierungsrat.de und
🖥 www.fibaa.de

Über die Qualität der Programme entscheidet nicht nur die **Qualifikation der Dozenten**, sondern auch die **Ausstattung** der Schule und in Europa die Kooperation mit ausländischen Business Schools.

Da es schwierig ist, einen Überblick über das breite Angebot der Programme und Schulen zu bekommen, ist es nach amerikanischer Art üblich geworden, **Rankings** zu veranstalten, in denen die verschiedenen Business Schools nach ihrer Qualität bewertet werden. Die Methoden der Bewertung sind jedoch sehr verschieden. **Krite-**

rien für einen Platz auf der Ranking-Skala können beispielsweise folgende sein:

- die **Einstiegsgehälter** der MBA-Absolventen nach Abschluss des Studiums,
- die Zahl der **Publikationen** der Dozenten,
- die von **Unternehmen** vorgenommenen Bewertungen der Schulen,
- die von den **MBA-Schülern** selbst vorgenommenen subjektiven Bewertungen.

Ein Leistungswettbewerb der Schulen untereinander in Form von Rankings ist sinnvoll, da diese in Konkurrenz zueinander stehen.

Die renommierte Firma topmba.com, die jährlich unter anderem MBA-Messen ausrichtet, hat die **Top-100-Gobal-Business-Schools** auf der ganzen Welt ermittelt. Hier ein Auszug aus dem Ranking:

Auszug aus den TOP-40-Europa			
Universität	Rang im Jahre 2002	GMAT Score	Internationalität der Studenten
INSEAD	1	696	90 %
London BS	2	690	79 %
IESE	3	660	64 %
IMD	4	630	95 %
Rotterdam School of Management	5	622	96 %
WHU Koblenz-Kellogg	24	–	–
St. Gallen University	32	580	–
Stuttgart IM	37	600	85 %

Quelle: topmba.com, 2002, und *manager magazin*, 2003

Der Platz auf der jeweiligen Ranking-Liste sagt wenig darüber aus, welche Schule **individuell** für den einzelnen Bewerber **geeignet** ist. Die in den Rankings zugrunde gelegten Kriterien decken sich nicht mit denen, die für den einzelnen bei seiner Auswahl entscheidend sind. Daher können die Rankings kaum als alleiniges Kriterium für die Auswahl der passenden Business School angesehen werden.

Die Auswahl der richtigen Business School

Die Qualität des Studiums, sein Nutzen für den beruflichen Aufstieg und die Anerkennung des MBA-Titels in Deutschland sowie durch den Arbeitgeber steht und fällt mit der Auswahl der richtigen Business School. Die rund 1.100 Business Schools in den USA und in Europa einschließlich Deutschland unterscheiden sich nicht nur in ihrer Qualität und in ihrem Akkreditierungsstatus, sondern auch in ihrem **inhaltlichen Angebot**.

Es gibt nicht, ähnlich wie an deutschen Universitäten, eine verbindliche Studienordnung, die nur in Details und einigen Wahlfächern voneinander abweicht. Das Verhältnis von Pflicht- und Wahlkursen variiert von Schule zu Schule. Der Student hat an vielen Business Schools die Möglichkeit, sich **individuell** ein auf seine persönlichen Ziele **abgestimmtes Lernprogramm** zusammenzustellen.

Hinzu kommt, dass sich die Business Schools auch erheblich in den von ihnen **anvisierten Klienten** unterscheiden. Nicht alle Business Schools richten sich an Wirtschaftswissenschaftler, sondern viele auch an Absolventen anderer Fachrichtungen. Grob gesehen, gibt es eine Dreiteilung:

Programmtypen des MBA

Typ	Zielgruppe
Basis-MBA	Ingenieure, Natur- und Geisteswissenschaftler
MBA für strategische Unternehmensführung	ausgebildete Betriebswirte, die eine Führungskarriere anstreben
MBA für Selbstständige	alle, die eine Existenzgründung planen

Die Gefahr, bei der Auswahl der individuell richtigen Business School Fehler zu machen, also **das Falsche zu studieren,** dadurch viel Geld zu verlieren und den beruflichen Aufstieg nicht wie gewünscht zu fördern, ist groß – zumal es nahezu unmöglich ist, sich über **alle** existierenden Business Schools einen Überblick zu verschaffen. Ganz besonders gewarnt werden muss vor dem **illegalen Titelhandel,** der mittlerweile auch vor dem MBA keinen Halt macht. International gibt es etwa 300 Titelhändler, die nicht davor zurückschrecken, auf attraktiven Homepages mit den einladenden Anlagen von MBA-Instituten zu werben, auch wenn diese gar nicht existieren!

Eine unerlässliche Hilfe im unübersichtlichen MBA-Dschungel gibt es im Internet unter 💻 **www.mba-gate.de** und 💻 **www.mba-info.de** sowie unter 💻 **www.topmba.com** und 💻 **www.stellenboerse.de.** Dort finden Sie neben vielen Informationen und weiterführenden Links auch Hinweise auf die neuerdings jährlich in Frankfurt am Main und München stattfindende MBA-Messe, auf der sich MBA-Anbieter aus aller Welt vorstellen. Nutzen Sie diese Chance, auf der **World MBA Tour** die Schulen und ihre Angebote näher kennen zu lernen.

 CHECKLISTE
MBA-Ausbildung

- Ist das **berufliche Ziel,** das mit der MBA-Ausbildung erreicht werden soll, klar?
- Wie viel **Zeit** können/wollen Sie neben Ihrer Berufstätigkeit in die MBA-Ausbildung investieren (Vollzeit-, Teilzeit-, Fernstudienprogramm)?
- Sind die **Zulassungsvoraussetzungen** für ein MBA-Studium (Hochschulstudium, Berufserfahrung, TOEFL, GMAT, Essay) erfüllt?
- Ist die **individuell passende Business School** gefunden?
- Sind die betreffende Business School und ihr Programm **akkreditiert**?
- Ist die **Anerkennung des MBA-Titels** in Deutschland gewährleistet?

4.8 Weiterbildung im Berufsleben

Gezielte Weiterbildung – während des gesamten Berufslebens – ist heute **ein Muss.** Das Wissen der Menschheit verdoppelt sich etwa alle zehn Jahre; in diesem Zeitraum ist auch das während der Berufsausbildung erlernte Wissen veraltet. Die Globalisierung vieler Branchen und die sich ständig weiterentwickelnde Technik erfordern es ebenfalls, auf dem Laufenden zu bleiben, um den beruflichen Anschluss nicht zu verpassen.

In Deutschland verfügt nur jedes 13. Unternehmen – insbesondere Großunternehmen und Mittelständler – über eine eigene Fortbildungsabteilung. Deshalb ist es notwendig, die **Weiterbildung selbst in die Hand zu nehmen**. Immerhin beteiligen sich viele Unternehmen finanziell an der Weiterbildung ihrer Mitarbeiter, sofern diese eigene Initiative entwickeln, ihre Zeit einsetzen und sich – je nach Kosten – für einen bestimmten Zeitraum verpflichten, im Unternehmen zu verbleiben.

Etliche Unternehmen finanzieren ihren Mitarbeitern ganz oder teilweise die Promotion oder die MBA-Ausbildung oder auch andere, zum jeweiligen Tätigkeitsbereich passende Weiterbildungsmaßnahmen.

Es gibt ca. 30.000 private und öffentliche Anbieter von beruflichen Weiterbildungskursen – ein riesiger Markt, der sehr unübersichtlich ist. Das Angebot reicht von **Vollzeitprogrammen**, über ein- bis mehrtägige **Seminare, Wochenendkurse**, bis hin zu mehrwöchigen **Lehrgängen** und ein- bis dreijährigen **Zusatzausbildungen**. Daneben gibt es noch die Möglichkeit, mit **Fernunterricht** weiterzukommen.

Achten Sie darauf, dass von Ihnen ausgewählte Fernlehrgänge das **Gütesiegel** der Zentralstelle für Fernunterricht (ZFU) in Köln erhalten haben. Eine Information über die von der ZFU anerkannten Lehrgänge erhalten Sie bei der Zentralstelle in Köln unter www.zfu.de.

Eine Reihe von Anbietern ist im Adressenverzeichnis aufgelistet. Empfehlenswert ist außerdem die Durchsicht **von Weiterbildungszeitschriften** wie *managerSeminare* sowie *wirtschaft & weiterbildung*. Diese zweimonatlich erscheinenden Zeitschriften – wie auch andere Fachzeitschriften – informieren ständig über den aktuellen Weiterbildungsmarkt und enthalten Übersichten über aktuelle Seminare verschiedener Veranstalter einschließlich Terminen.

Nicht zu vernachlässigen ist neben der rein beruflichen Weiterbildung auch die **Persönlichkeitsentwicklung**. Häufig mangelt es beim beruflichen Fortkommen weniger am fachlichen Wissen als an Soft Skills wie Teamfähigkeit, Führungsfähigkeit, Umgang mit Mitarbeitern und Selbstdarstellung. Auch für das Erlernen dieser Fähigkeiten gibt es ein breites Kursangebot.

CHECKLISTE
Auswahl von Weiterbildungsmaßnahmen

- Welche **Bildungseinrichtungen** bieten Seminare zum Erlernen der gewünschten Fähigkeiten an?
- Ist die **Qualität der Bildungseinrichtung** gewährleistet (Referenzen, Anfrage beim Verbraucherschutz)?
- Sind **Thema, Ziel und Lehrmethode** der Lehrveranstaltung klar genannt?
- Wie ist das Verhältnis des **Zeitaufwandes** zu den **Kosten**?
- Trägt das **Unternehmen** die Kosten?
- Ist der Seminarleiter bzw. Dozent fachlich und didaktisch **qualifiziert**?

Auch im **Internet** gibt es Orientierungshilfen für Weiterbildungsangebote, unter anderem:

- www.bildungsserver.de liefert eine der vollständigsten Übersichten über Weiterbildungsinstitutionen in ganz Deutschland.
- www.buschcollege.com bietet einen gutsortierten Katalog mit deutschen Weiterbildungsangeboten;
- unter www.focus.de, Rubrik *Jobs und Karriere* werden Seminare verschiedenen Inhalts unter die Lupe genommen;
- www.global-learning.de ist ein Lernservice der Deutschen Telekom, der sich besonders mit E-Learning befasst;
- unter www.zfu.de finden Sie eine Übersicht über die deutschen Fernlehrgänge;
- unter www.arbeitsagentur.de findet sich eine umfangreiche Datenbank zur Aus- und Weiterbildung;
- www.caso.com bietet eine umfassende Übersicht über Online-Kurse und -Kursmaterialien.

 ZUSAMMENFASSUNG
Qualifikationen nach dem Studium

- **Postgraduale Qualifikationen** sollten Sie nur erwerben, wenn sie für Ihren weiteren Berufsweg unerlässlich sind, nicht aber, um Schwächen in Ihren Berufserfahrungen auszugleichen.
- **Aufbau-, Zusatz- und Ergänzungsstudiengänge** bauen auf einem abgeschlossenen Studium auf und dauern ca. zwei bis vier Semester.
- **Postgraduale internationale Studiengänge** geben die Möglichkeit, Auslandserfahrungen zu sammeln.
- Ein **Zweitstudium** verdoppelt die an der Hochschule zugebrachte Zeit und sollte nur dann absolviert werden, wenn sich nicht parallel zum Erststudium ein entsprechendes Zusatzfach studieren lässt.
- Eine **Promotion** lohnt sich unter Karrieregesichtspunkten nur für Absolventen, die jünger als 30 Jahre sind, ein wissenschaftliches Interesse mitbringen und eine Position anstreben, für die eine Promotion unerlässlich ist.
- Der **Master of Business Administration (MBA)** ist eine praxisnahe Managementschulung, die in der Regel erst nach vier bis fünf Berufsjahren empfehlenswert ist.
- Auch nach Eintritt ins Berufsleben ist **Weiterbildung** ein **Muss**. Es gibt zahlreiche Institutionen, die Weiterbildungveranstaltungen zur fachlichen und persönlichen Entwicklung anbieten.

5 Erfolgsprogramm Bewerbung

5.1 Beruf heute

Der Berufseinstieg

In Anbetracht der angespannten Lage auf dem Arbeitsmarkt müssen auch Hochschulabsolventen heute größere Anstrengungen unternehmen, um einen Arbeitsplatz zu finden, als in früheren Jahren.

Zwar ist die Arbeitslosigkeit unter Akademikern weitaus geringer als unter Arbeitnehmern mit anderen Berufsausbildungen, aber gerade die Berufseinstiegsphase ist für Hochschulabsolventen kritisch und nicht einfach.

Viele Berufsanfänger erhalten in der Phase des Berufsstarts keine feste Anstellung mehr, sondern lediglich Werkverträge oder schlecht bezahlte Praktikantenplätze. Auch eine vorübergehende Phase der Arbeitslosigkeit bis zur ersten Festanstellung ist keine Seltenheit mehr.

Besser kommt weg, wer als **freier Mitarbeiter** eines oder mehrerer Unternehmen eine – meist projektbezogene – Aufgabe findet.

Häufig kann die freie Mitarbeit nach zwei bis drei Berufsjahren in eine feste Anstellung umgewandelt werden, sobald ein passender Arbeitsplatz vakant wird.

In jedem Fall sollten Sie sich darauf einstellen, dass Sie nicht gleich zu Beginn die gewünschte Position antreten können. **Flexibilität** ist also angesagt.

Wichtiger als eine feste Anstellung „um jeden Preis" ist es zu Beginn des Berufslebens, dass Sie im richtigen, im von Ihnen **gewünschten Tätigkeitsbereich oder Berufsfeld** arbeiten. „Den Fuß in der Tür zu haben" kann ein wichtiges Etappenziel sein auf dem Weg zum Traumjob. Früher oder später wird es dann leichter, die gewünschte Stelle zu bekommen.

In diesem Kapitel bekommen Sie die wichtigsten Werkzeuge an die Hand, um Ihren Berufseinstieg zu meistern: Es geht um Ihr **Selbstmarketing**.

5. Erfolgsprogramm Bewerbung

Im Einzelnen wird behandelt:

- das individuelle Stärkenprofil bzw. das Finden des geeigneten Berufsfeldes,
- die verschiedenen Bewerbungswege und -arten,
- das Erstellen professioneller Bewerbungsunterlagen,
- das Vorstellungsgespräch und
- die von Arbeitgebern angewendeten Auswahlverfahren für Bewerber.

Was bei Unternehmen heute zählt

Die Unternehmensstrukturen haben sich in den letzten Jahren stark verändert. **Lean Management** und **Re-Engineering** haben die Führungsebenen zusammenschrumpfen lassen. So sind hierarchische Strukturen von projektorientierter Teamarbeit abgelöst worden. Führungspositionen sind weggefallen, und Autorität ist zum Teil durch Kooperation und Teamgeist ersetzt worden.

Das **Outsourcing** – die Auslagerung von ursprünglich unternehmensinternen Funktionen an andere Betriebe – führt dazu, dass es immer mehr freie Mitarbeiter und Selbstständige gibt. Unterstützt von der modernen Technik (Telearbeitsplätze usw.), lassen sich problemlos Teams für bestimmte Projekte netzwerkartig miteinander verbinden und nach Beendigung der Projekte wieder auflösen. Dieser **Trend** zur Selbstständigkeit in Form von **Heimarbeitsplätzen** und/oder eine unbeschränkte Mobilität werden sich in den nächsten Jahren noch weiter verstärken.

Neben fachlichen Qualifikationen, die heutzutage immer schneller veralten, gewinnen in wachsendem Maße die so genannten **Soft Skills** an Priorität. Dazu gehören insbesondere Teamdenken, Kooperationsfähigkeit, Motivationsfähigkeit, Flexibilität, Transparenz und Delegationsbereitschaft. Diese Fähigkeiten werden von manchen Unternehmen sogar als **Schlüsselqualifikationen** gewertet.

Dementsprechend sind auch die **Prüfungskriterien**, die bei **Bewerbungen** angewandt werden, weit von den Anforderungen und der Ausbildung der Hochschule entfernt. Gefragt sind persönliche Kompetenzen und eine gründlich erarbeitete **Marktorientierung**.

Das Bewerbungsverfahren

Wer sich heute bewirbt, muss sich häufig gegen Hunderte von anderen Bewerbern bzw. Konkurrenten auf dem Markt durchsetzen.

Das Bewerbungsverfahren hat – drastisch ausgedrückt – den Charakter einer **Verkaufsverhandlung** für ein Produkt, das durch Marketingstrategien platziert werden muss. Das erstklassige Produkt, das Sie auf den Markt bringen wollen, ist Ihre **persönliche und fachliche Kompetenz sowie Einsatzbereitschaft**.

Bedingung für den „Verkauf" ist, dass so viele Informationen wie möglich über das „Produkt" (den Bewerber) und den „Kunden" (die Branche und die potenziellen Arbeitgeber) gesammelt und ausgewertet werden. Jede Bewerbung ist eine Werbung für den Stellensuchenden selbst.

In der Phase der Bewerbungsaktivität haben Sie also eine spannende und anspruchsvolle Aufgabe zu erledigen: Sie sind Produktmanager Ihrer selbst.

Sie haben Ideen.

Wie lange wollen Sie die noch für sich behalten?

Als Medienunternehmen sind wir auf frisches Denken angewiesen. Deshalb bieten wir Hochschulabsolventen den idealen Nährboden für neue Ideen. Und wer als Trainee Ideen mit Engagement in die Tat umsetzt, sieht schnell, was er davon hat: beste Perspektiven und neue Herausforderungen. Sie sind am Zug.

WEITER DENKEN – WEITER KOMMEN.

Druck und Verlag von weltweit 120 Zeitschriften und Zeitungen in 10 Ländern, unter anderem Stern, GEO, Capital, Brigitte, Schöner Wohnen, Financial Times Deutschland. Multimedia. Handel und Vertrieb. Gruner + Jahr AG & Co, Trainee-Programm, Katrin Strohbach, 20444 Hamburg. Bewerben Sie sich online: www.guj.de

Dementsprechend ist es bedeutsam, dass Sie eine realistische **Selbsteinschätzung** vornehmen, Ihre Stärken und Schwächen ausloten und vor allem herausfinden, welche Ziele Sie wirklich haben und in welchem Berufsfeld Sie tätig werden möchten.

>
> **ZUSAMMENFASSUNG**
> **Arbeitssuche**
>
> Aufgrund der sich wandelnden Strukturen in den Unternehmen und auf dem Arbeitsmarkt sind für Hochschulabsolventen auf Arbeitssuche die folgenden Punkte unerlässlich:
> - praktische berufliche Erfahrungen neben dem Studium,
> - persönliche und soziale Kompetenzen sowie
> - eine gründlich geplante und vorbereitete Bewerbung.

5.2 Selbstmarketing

Zum Selbstmarketing gehören:

> - eine gründliche Selbstanalyse einschließlich der beruflichen Ziele,
> - Informationen über potenzielle Arbeitgeber und Bewerbungswege,
> - die Erstellung der Bewerbungsunterlagen und
> - die Vorbereitung auf das Vorstellungsgespräch.

Nehmen Sie Ihr Selbstmarketing ernst. Erledigen Sie diese Aufgabe genauso gründlich und gewissenhaft, wie Sie an eine Aufgabe an Ihrem neuen Arbeitsplatz herangehen würden. Nur so können Sie das Vertrauen potenzieller Arbeitgeber erwerben.

Die Selbstanalyse

Zur Selbstanalyse gehören folgende Elemente:

> - die Kenntnis des persönlichen Stärken- und Schwächenprofils einschließlich der beruflichen Wünsche und Ziele,
> - die Kenntnis des Marktes und der Branche, in der Sie sich bewerben wollen, und
> - die Kenntnis des Anforderungsprofils der Position, für die Sie sich bewerben.

Um sich selbst überzeugend darzustellen und selbstbewusst zu präsentieren, müssen Sie als Erstes genaue **Recherchen über sich selbst** anstellen.

Die Recherchen gliedern sich in drei Teile: die Analyse der **fachlichen** Qualifikation, der **beruflichen** Qualifikation und der **persönlichen** Qualifikation.

Die folgenden Fragen und Aufgaben dienen dazu, Ihre **Qualifikationen klar herauszuarbeiten**. Beantworten Sie sie daher in Ihrem eigenen Interesse der Reihe nach und sorgfältig – auch dann, wenn Ihnen die eine oder andere Frage „dumm" oder überflüssig vorkommt. Lassen Sie sich genügend Zeit, und notieren Sie alles schriftlich.

5.2 Selbstmarketing

Die Beantwortung der Fragen gibt Ihnen den Schlüssel an die Hand, um Ihre **beruflichen Ziele zu verwirklichen!**

Die Fragen stecken einen sehr weiten Radius ab. Dies ist wichtig, damit Sie wirklich **alle Ihre beruflichen Möglichkeiten ins Auge fassen** und sich nicht voreilig auf ein einziges berufliches Tätigkeitsfeld oder eine zu eng eingegrenzte Gruppe potenzieller Arbeitgeber festlegen.

Vorteile der Selbstanalyse

Die gründliche Selbstanalyse hilft,

- alle Informationen zusammenzutragen, die im Hinblick auf Ihre Kompetenzen Aussagekraft haben,
- Ihre Wahrnehmung auf Ihre Stärken auszurichten,
- Ihre Aufmerksamkeit auf Ihre beruflichen Chancen zu lenken,
- potenzielle Arbeitgeber gezielt ausfindig zu machen und
- die Bewerbungsunterlagen optimal und maßgeschneidert zu gestalten.

Die fachliche Qualifikation

 Im ersten Schritt analysieren Sie Ihre fachliche Qualifikation. Damit sind diejenigen Qualifikationen gemeint, die Sie durch Ihr Studium bzw. während Ihres Studiums erworben haben, also **Fachwissen und Kenntnisse.**

Es gilt, die Studienzeit noch einmal Revue passieren zu lassen, und zwar anhand der folgenden Fragen:

> **CHECKLISTE**
> **Fachwissen und Kenntnisse**
>
> - Welche **Schwerpunkte** haben Sie während Ihres Studiums gelegt – im Hinblick auf das Studienfach und die Wahl- oder Zusatzfächer?
> - Welche Schwerpunkte ergeben sich aus eventuell absolvierten **Aufbau-, Zusatz- oder Ergänzungsstudiengängen** oder aus einem Zweitstudium?
> - Denken Sie auch an Studienfächer, die Sie **abgebrochen** haben, bevor oder nachdem Sie Wirtschaftswissenschaften studiert haben.
> - Welche **Kenntnisse** haben Sie besonders gern erworben?
> - Mit welchen **Themen** haben Sie sich während Ihres Studiums befasst (in Seminararbeiten oder in der Diplomarbeit)?
> - Welche Themen haben Ihnen besonders viel Spaß gemacht?
> - Welche besonderen Kenntnisse haben Sie **außerhalb des Studiums** erworben (Fremdsprachen, EDV usw.)?

Häufig wird der Fehler gemacht, dass der Unterschied in der fachlichen Qualifikation nur **formal** in der Wertigkeit des akademischen Abschlusses (Diplom oder Doktor und/oder MBA) gesehen wird. Wichtiger für das Finden eines Arbeitsplatzes ist es jedoch, **inhaltliche** Unterschiede herauszuarbeiten – dies um so mehr, als die meisten wirtschaftswissenschaftlichen Studiengänge sehr ähnliche Anforderungen stellen. Die nächsten Fragen zielen darauf, dass Sie Merkmale herausarbeiten, in denen Sie sich von **Mitbewerbern auf dem Arbeitsmarkt unterscheiden.**

5. Erfolgsprogramm Bewerbung

**CHECKLISTE
Einzigartigkeit**

- Haben Sie aufgrund der von Ihnen gelegten Schwerpunkte, der bearbeiteten Themen oder auch der Fächerverbindungen besondere Qualifikationen erworben?
- Welche dieser Qualifikationen unterscheiden Sie von anderen Hochschulabsolventen, die dasselbe Studienfach studiert haben? (Halten Sie die Qualifikationen in einer Liste **schriftlich** fest.)

Auch wenn viele dasselbe entsprechend denselben Studienordnungen studiert haben, sind doch die erworbenen Fachkenntnisse aufgrund der persönlichen Vorlieben individuell verschieden.

Diese Unterschiede sind es, die die Ansätze für ein **Stärken- und ein Qualifikationsprofil** an die Hand geben. Wichtig ist außerdem, welche erworbenen fachlichen Qualifikationen Ihnen besonders viel Freude bereiten und auf welchen Gebieten Sie gerne auch in der Zukunft weiterlernen möchten.

Die berufliche Qualifikation

Das Berufsleben besteht bekanntlich nicht nur aus Fachwissen, und es geht in der Regel auch nicht darum, Fachwissen um seiner selbst willen zu erwerben. Vielmehr ist das erworbene Fachwissen Bestandteil von Problemlösungen. Auch Weiterbildung ist kein Selbstzweck, sondern zielt meist darauf ab, bessere praktische Problemlösungen im Unternehmen zu entwickeln.

Im Folgenden geht es darum, Ihre beruflichen Qualifikationen, also Ihre bisher gesammelten **praktischen und beruflichen Erfahrungen,** zu sichten und zu bewerten.

**CHECKLISTE
Praktische und berufliche Erfahrungen**

- Welche **beruflichen Tätigkeiten** haben Sie vor, während und nach Ihrem Studium ausgeübt? Listen Sie **alles** auf, auch solche Tätigkeiten, die „unter Ihrer Qualifikation" als Hochschulabsolvent liegen (z. B. Taxifahren, Sekretariatsarbeiten, Telefondienst, Kellnern).
- Denken Sie auch an **private und ehrenamtliche Tätigkeiten** in Vereinen, im Freundeskreis, in der Fachschaft usw.
- Welche **Praktika** haben Sie absolviert?
- Welche **Unternehmen** (Art, Größe, Branche) und welche Unternehmensbereiche haben Sie kennengelernt?
- Welche **Aufgaben** haben Sie bearbeitet?
- In welchen **Projekten** haben Sie mitgearbeitet (besonders in Praktika oder bei der Diplomarbeit)?
- Welche (Teil-)Projekte haben Sie **eigenständig bearbeitet** und zum Abschluss geführt?
- Welche **Fähigkeiten** haben Sie dabei trainiert?
- Welche **Probleme** haben Sie konkret gelöst?
- Haben Sie durch Ideen, Vorschläge oder ein besonderes Engagement dazu beitragen können, dass Abläufe effizienter werden?
- Welche **Erfolge** haben Sie erzielt? Schreiben Sie Ihre drei größten Erfolge auf!

Tragen Sie alle Informationen zusammen, die Sie außerhalb Ihres Studiums erworben haben, und denken Sie dabei nicht nur an Praktika, sondern zum Beispiel auch an Aushilfstätigkeiten und an Erfahrungen, die Sie im privaten Bereich gesammelt haben.

Wenn Sie etwas ausblenden, laufen Sie **Gefahr, bedeutsame Details zu übersehen**, die gerade für Ihre berufliche Entwicklung wichtig sein könnten.

Erfolge sind besonders wichtig! Sie gehören zu den „Highlights" und sind häufig der **Schlüssel zur beruflichen Entwicklung**. Wo die persönlichen Erfolge liegen, dort sind zumeist auch die persönlichen Neigungen und Fähigkeiten angesiedelt.

Denken Sie in punkto Erfolge auch an ungewohnte und neue Situationen, die Sie bewältigen mussten. Vielleicht waren Sie einmal damit konfrontiert, dass Sie überraschend für jemanden einspringen und sich schnell mit bis dahin für Sie unbekannten Sachverhalten und Aufgabengebieten vertraut machen mussten.

Oder vielleicht wurden Sie von Vorgesetzten oder Professoren „ins kalte Wasser" geworfen, indem Sie beispielsweise in letzter Minute mit der Präsentation der Ergebnisse eines Projekts oder einer Lehrveranstaltung betraut wurden.

Wenn es Ihnen schwerfällt, auf Anhieb Erfolgserlebnisse auszumachen, sollten Sie Ihre Antworten auf folgende Fragen heranziehen:

**CHECKLISTE
Erfolgserlebnisse**

- Welche **Krisensituationen** haben Sie erlebt, in denen Ihre Lösung den entscheidenden Anstoß gab?
- Wenn Sie nicht gehandelt hätten, was wäre dann passiert?
- Haben Sie schon einmal ein Projekt durchgeführt, das niemand anders hätte bewältigen können?
- Was wäre passiert, wenn jemand anders es durchgeführt hätte?

Wer genau weiß, welche **beruflichen Fähigkeiten** er in welchem Zusammenhang unter Beweis gestellt hat, kann auch einschätzen, welche **beruflichen Aufgaben** ihm für die Zukunft die besten Entwicklungschancen bieten und welche potenziellen Arbeitgeber für ihn infrage kommen.

Berufliche und fachliche Qualifikation

Im nächsten Schritt geht es darum, die Antworten auf die oben gestellten Fragen miteinander in Beziehung zu setzen, und zwar so, dass aus der bloßen Auflistung eine **Rangfolge** entsteht, die persönliche Neigungen und Eignungen erkennen lässt.

Die folgenden Fragen helfen dabei, aber ihre Beantwortung allein genügt nicht. Wichtig ist auch, dass Sie Ihre **Intuition** zu Hilfe nehmen, um Verknüpfungen herzustellen und bisherige Erfahrungen aus einer neuen Perspektive zu sehen.

5. Erfolgsprogramm Bewerbung

CHECKLISTE
Rangfolge Ihrer Fähigkeiten

- Wenn Sie alle Tätigkeiten, Projekte, Unternehmen und Erfolge zusammennehmen, wo ergeben sich dann **Schwerpunkte** im Bereich Ihrer **Fähigkeiten**?
- Ergeben sich **ungewöhnliche Kombinationen** von Fähigkeiten und Erfahrungen?
- Welche **speziellen Probleme** können Sie lösen bzw. haben Sie gelöst (zum Beispiel durch Ihre Erfolge)?

CHECKLISTE
Fähigkeiten zum Problemlösen

- Welche Probleme lösen Sie **besonders gerne**?
- Welche Probleme würden Sie gerne für Unternehmen lösen?
- Welche Unternehmen und Unternehmensbereiche kommen dafür infrage?
- Besteht eine Übereinstimmung zwischen Ihrer fachlichen und Ihrer beruflichen Qualifikation?
- Welche **beruflichen Tätigkeitsfelder** kommen aufgrund Ihrer fachlichen und beruflichen Qualifikation für Sie infrage? (Legen Sie sich in diesem Stadium noch nicht auf ein einziges Feld oder eine bestimmte Berufsbezeichnung fest!)
- Wie würden Sie die infrage kommenden beruflichen Tätigkeitsfelder beschreiben?
- Welche **potenziellen Arbeitgeber** kommen für die beruflichen Tätigkeitsfelder infrage? Was für Merkmale müssen diese Unternehmen haben, zu welchen Branchen könnten sie gehören?

Wir machen uns häufig nicht klar, dass das **Berufsleben im Wesentlichen** aus dem **Lösen von Problemen** besteht. Wenn jemand in einem Unternehmen eingestellt wird, dann wird er als Problemlöser betrachtet. Ein „Marketingfachmann" zum Beispiel ist ein „Problemlöser für die Vermarktung von Produkten", ein „Controllingexperte" ist ein „Problemlöser für die Unternehmenssteuerung".

Die **Problemlösefähigkeit** schafft die Basis für die **Definition der beruflichen Tätigkeit**, nicht umgekehrt.

Es ist daher sinnvoll, dass Sie sich zuerst Gedanken machen über die Probleme, die Sie für das Unternehmen lösen können, und sich dann erst für ein berufliches Tätigkeitsfeld entscheiden. Damit sind Sie auch besser auf die gefürchtete Frage im Vorstellungsgespräch vorbereitet: „Was glauben Sie, für unser Unternehmen tun zu können?"

Ziehen Sie bei den folgenden Fragen auch Ihre Ergebnisse zur **fachlichen Qualifikation** zu Rate:

Es ist möglich, dass Ihnen die **Selbstanalyse sehr leicht** gefallen ist. Dann steht Ihr beruflicher Weg vielleicht schon lange fest, oder er war von Anfang an sehr klar.

Es ist aber auch möglich, dass Sie sich **mit der Selbstanalyse schwertun**. Dann ist Ihr Stärkenprofil noch nicht so offensichtlich. Möglicherweise überwiegt bei Ihnen noch der Eindruck, dass Sie „dasselbe wie alle anderen gemacht" haben.

Be outstanding

Be-**Lufthansa**.com
Das Karriereportal des Aviation Konzerns

Falls Sie noch **Probleme mit der Selbstanalyse** haben, sind folgende Schritte empfehlenswert:

- Lassen Sie sich mehrere Tage Zeit, über Ihre Qualifikationen nachzudenken, und nehmen Sie Ihre Aufzeichnungen dann wieder zur Hand. Beantworten Sie die Fragen erneut, oder notieren Sie, was Ihnen in der Zwischenzeit an Änderungen oder Ergänzungen eingefallen ist.
- Bitten Sie Freunde und Familienangehörige, Ihnen bei der Selbstanalyse zu helfen. Häufig erkennen Außenstehende eher die eigenen Stärken und Fähigkeiten als man selbst.
- Holen Sie sich gegebenenfalls professionellen Rat bei Karriereberatern. Die Durchführung einer solchen Analyse ist fester Bestandteil von Karriereberatungen (dazu in diesem Kapitel noch Genaueres).
- Arbeiten Sie eventuell auch den Anfang des Kapitels 10 durch, wo unter Berücksichtigung anderer Aspekte ebenfalls ein Stärkenprofil erarbeitet wird.

Auch wenn Ihnen Ihr berufliches Tätigkeitsfeld jetzt schon klar ist, sollten Sie den dritten Schritt der Selbstanalyse nicht versäumen:

Persönliche Qualifikation

Persönliche Qualifikationen lassen sich in **soziale Kompetenzen** und **Leistungsbereitschaft** unterteilen. Auf beide legen Arbeitgeber heutzutage besonderen Wert.

Die folgenden Tabellen helfen Ihnen, Ihre Qualifikation in Form eines Profils herauszuarbeiten. Bewerten Sie jede Qualifikation mit einer Punktzahl zwischen 0 und 100.

Wenn Sie anschließend die Werte durch eine Linie miteinander verbinden, haben Sie ein **Profil Ihrer persönlichen Qualifikation** erstellt.

Fügen Sie ggf. weitere Kompetenzen hinzu, die Ihnen besonders wichtig sind und die hier nicht erwähnt wurden.

Auch bei der Bearbeitung dieser Tabellen sollten Sie eine Vertrauensperson einbeziehen, die Ihnen bei der Einschätzung Ihrer persönlichen Qualifikation hilft.

Wichtig ist auch, die Unterschiede zwischen der **Selbst- und der Fremdeinschätzung** herauszuarbeiten.

Am Ende sollte allerdings zwischen beiden Einschätzungen ein Konsens gefunden werden, der Ihre Qualifikation realistisch wiedergibt.

5.2 Selbstmarketing

Soziale Kompetenzen	
Qualifikation	**Punktzahl** 0 ...... 50 100
Teamorientierung	
Anpassungsfähigkeit	
Kommunikationsfähigkeit	
Aufgeschlossenheit	
Begeisterungsfähigkeit	
Kreativität	
Motivationsfähigkeit	
Kontaktfreude	
Überzeugungsfähigkeit	
Integrationsvermögen	
Kompromissfähigkeit	
Fähigkeit zuzuhören	
Freundlichkeit	
Innere Ausgeglichenheit	
Angenehmes Äußeres	
...	

Leistungsbereitschaft	
Qualifikation	**Punktzahl** 0 ...... 50 100
Durchsetzungsvermögen	
Unternehmerisches Denken	
Durchhaltevermögen	
Führungsfähigkeit	
Frustrationstoleranz	
Selbstständigkeit	
Verantwortungsbewusstsein	
Eigeninitiative	
Belastbarkeit	
Zielstrebigkeit	
Arbeitsmotivation	
...	

Ein Tipp für die Vorbereitung von Vorstellungsgesprächen

Da soziale Kompetenz und Leistungsbereitschaft von Arbeitgebern erwartet werden, finden sich in den Tabellen viele Begriffe, die auch in Stellenanzeigen vorkommen.

Wenn Sie sich bewerben, wird man Sie daher fragen, wie Sie darauf kommen, dass Sie die verlangten Eigenschaften bzw. Qualifikationen auch tatsächlich besitzen.

Überlegen Sie sich **beispielhafte Situationen** aus Ihrem Studium oder Berufsleben, in denen Sie die genannten Qualifikationen erfolgreich unter Beweis gestellt haben.

Selbstständigkeit zum Beispiel können Sie beweisen, indem Sie eine Situation darstellen, in der Sie aus eigener Initiative neue Vorschläge zur Lösung eines Problems erarbeitet und diese Ihrem Team, Ihren Kollegen oder Ihrer Arbeitsgruppe vorgestellt haben.

Halten Sie diese Situationen **schriftlich** fest, um sie sich einzuprägen.

Berufliche Ziele

Wenn Sie die fachliche, die berufliche und die persönliche Qualifikation erarbeitet haben, können Sie jetzt Ihre beruflichen Ziele definieren.

CHECKLISTE
Berufliche Ziele I

- Gibt es irgendwelche **herausragenden persönlichen Qualifikationen**, die ein neues Licht auf Ihren beruflichen Weg werfen?
- Welche Übereinstimmungen ergeben sich zwischen der Erarbeitung Ihres fachlichen und beruflichen Profils sowie Ihrer persönlichen Qualifikation?
- Gibt es irgendwo gravierende Differenzen?

Wenn Sie die Analyse der fachlichen und beruflichen Qualifikationen sorgfältig durchgeführt haben, dann dürften keine gravierenden Differenzen mehr auftauchen.

Wenn dies jedoch der Fall ist, sollten Sie noch einmal zurückgehen und die vorherigen Schritte überdenken.

CHECKLISTE
Berufliche Ziele II

- Wenn Sie jetzt alle Ergebnisse Ihrer drei Qualifikationsanalysen zusammennehmen, welche beruflichen Tätigkeitsfelder kommen für Sie infrage? (Welche Probleme können Sie im Unternehmen lösen?)
- Welches **Tätigkeitsfeld** von all den von Ihnen erarbeiteten würde Ihnen am meisten Spaß machen?
- Was ist die **Berufsbezeichnung**, die diesem Tätigkeitsfeld entspricht?

Ergebnis Ihrer Analyse sollte ein klar definiertes Berufsfeld oder ein Beruf sein, den Sie in Zukunft ausüben möchten. Sofern Sie die Analyse gründlich durchgeführt haben, sollten Sie jetzt **Ihren Traumberuf** gefunden haben! Er ergibt sich häufig aus der **Kombination** verschiedener Fähigkeiten und Kenntnisse.

- Welche **potenziellen Arbeitgeber** könnten einen Bedarf an dem von Ihnen bevorzugten Berufsfeld bzw. an der Problemlösung, die Sie bieten können, haben?
  Es ist wichtig, dass Sie sich bei der Beantwortung der Frage nicht zu eng auf eine einzige Branche beschränken, sondern zwei bis drei nennen können.
- Welche **weiteren Entwicklungsmöglichkeiten** sehen Sie für Ihren Berufsweg?

Ein Beispiel

So könnte das **Ergebnis einer Selbstanalyse in Kurzform** aussehen:

- **Fachliche Qualifikation:** Studium der Betriebswirtschaftslehre
- **Schwerpunktfach:** Absatzwirtschaft/ Marketing
- **Sonstige Kenntnisse:** sehr gutes Englisch
- **Berufliche Erfahrungen:** Mitarbeit in Projekten, in denen es um die Entwicklung von Multimedia-Werbung geht
- **Sonstige Erfahrungen** (aus dem privaten Bereich): Reparatur von Computern für Freunde und Bekannte, erfolgreiche Lösungen bei Online-Problemen
- **Persönliche Qualifikationen:** Teamorientierung, Kreativität, Eigeninitiative, Selbstständigkeit
- **Berufliche Tätigkeitsfelder,** die infrage kommen:
  1. Tätigkeit im Marketing/Vertrieb
  2. Tätigkeit im Multimedia-Bereich
- **Traumberuf:** Entwicklung von Multimedia-Werbung
- **Potenzielle Arbeitgeber:**
  1. Unternehmen aller Branchen, die Marketingfachleute einstellen und Multimedia-Werbemaßnahmen planen
  2. Werbeagenturen, die Multimedia-Werbung planen und durchführen
  3. Multimedia-Agenturen, die Unternehmen bei der Entwicklung von Werbung unterstützen
- **Weitere berufliche Entwicklungsmöglichkeiten:** mittelfristig zum Beispiel Existenzgründung mit einer eigenen Multimedia-Agentur

 Wichtig bei der Selbstanalyse ist, dass ein **Schlüssel-Schloss-Verhältnis** zwischen Ihrem angestrebten Beruf bzw. der von Ihnen gebotenen Problemlösung einerseits und dem möglichen Bedarf potenzieller Arbeitgeber andererseits entsteht.

Auf dieser Basis können Sie Ihre weitere Bewerbungsstrategie **aktiv** planen.

5.3 Bewerbungswege

Es gibt grundsätzlich zwei Wege, sich zu bewerben:

1. die **passive Bewerbung,** also die Antwort auf Stellenangebote,
2. die **aktive Bewerbung,** die auch andere Wege einschließt, zum Beispiel Initiativ- und Kurzbewerbungen.

 Noch immer ist es so, dass sich sehr viele Bewerber nur auf den passiven Weg beschränken. Davon ist jedoch dringend abzuraten. Wer sich bewirbt, sollte **alle Möglichkeiten und Wege ausschöpfen,** um einen Arbeitsplatz zu finden.

Im Folgenden werden die verschiedenen passiven und aktiven Bewerbungswege vorgestellt.

Die Reaktion auf Stellenangebote

Die Reaktion auf Stellenangebote in überregionalen Tageszeitungen, Branchen- und Fachmagazinen und Internet-Jobbörsen ist der klassische, passive Weg der Bewerbung.

5. Erfolgsprogramm Bewerbung

Sie sollten diese Art der Bewerbung **in jedem Fall nutzen**, aber sich nicht ausschließlich darauf beschränken.

Die ausschließliche Beschränkung auf Stellenangebote in der Bewerbungsphase zeigt häufig, dass man sich über die eigenen Qualifikationen und Berufsziele zu wenig Gedanken gemacht hat.

Wer nicht genau weiß, was er will, kann nur passiv reagieren. Eine aktive Bewerbung erfordert eine intensivere Vorbereitung und Klarheit über den eigenen Weg.

Nachteile

Auf eine einzelne Anzeige bewerben sich heute fast immer mehrere hundert Absolventen. Sie müssen sich also gegen eine massive Konkurrenz behaupten und gehen in der Masse leicht unter.

Die Chancen, auf diese Art einen Arbeitsplatz zu finden, sind also relativ gering. Wegen der großen Zahl von Bewerbern, die diesen Weg beschreiten, werden jedoch ca. 40 Prozent aller Arbeitsplätze auf diesem Weg vergeben. Bei Berufseinsteigern dürfte dieser Anteil noch höher liegen.

Bewerben Sie sich auf Stellenangebote nur dann, wenn Ihr **Profil zu mindestens 80 Prozent mit dem des Unternehmens übereinstimmt**.

Vorgehen

- Lesen Sie in der Bewerbungsphase regelmäßig die Stellenangebote der **überregionalen Zeitungen** wie *Frankfurter Allgemeine Zeitung, Süddeutsche Zeitung, Welt* und *Die Zeit*. Zumeist erscheinen die Stellenangebote am Samstag, in der *Zeit* am Donnerstag.
- Studieren Sie darüber hinaus auch die Stellenangebote in **Wirtschaftszeitungen und -magazinen** wie dem *Handelsblatt* oder den *VDI Nachrichten*.
- Vergessen Sie die **Branchenpresse** nicht. Jede Branche hat eine oder mehrere fachbezogene Zeitschriften, in denen häufig auch Stellenangebote veröffentlicht werden.
- Beziehen Sie in Ihre Stellensuche auch die **Internet-Jobbörsen** mit ein (siehe dazu das Kapitel 5.4).

Statt sich jede Woche mit einem Berg von Zeitungen und Zeitschriften einzudecken, gibt es auch einen einfacheren Weg: Beauftragen Sie einen Clipping Service.

Clipping Services werten die Stellenangebote von mehreren hundert regionalen und überregionalen Zeitungen gezielt aus. Gegen eine wöchentliche Grundgebühr von wenig mehr als 5 € zuzüglich ca. 1 € je zugesandtem Stellenangebot können Sie sich einen recht vollständigen Überblick über die Stellenangebote verschaffen, auch in Österreich und in der Schweiz.

 Clipping Services finden Sie im Internet unter: www.landaumedia.de, www.clipping.de, www.a-b-clipping-service.de, www.presswatch.de.

Noch leichter und schneller kommen Sie über das **Internet** an die Stellenangebote der einzelnen Zeitungen (siehe dazu das Kapitel 5.4).

Ist in einem Stellenangebot eine **Telefonnummer** angegeben, unter der Sie weitere Informationen beziehen können, so sollten Sie in jedem Fall anrufen. So bekommen Sie Informationen über das betreffende Unternehmen und erfahren Genaueres über die ausgeschriebene Stelle. Und Sie können prüfen, ob das Anforderungsprofil des Unternehmens mit dem Ihrigen zu mindestens 80 Prozent übereinstimmt.

Wenn Sie sich auf ein Stellenangebot bewerben, so lassen Sie sich genügend Zeit. Erscheint die Anzeige an einem Samstag, sollten Ihre Unterlagen nicht schon am darauffolgenden Montag im jeweiligen Unternehmen auf dem Tisch liegen, sondern erst fünf bis sieben Tage später.

Mit einer **zu schnellen Reaktion** signalisieren Sie, dass Sie es dringend nötig haben, einen Arbeitsplatz zu finden. Nehmen Sie sich Zeit, Ihre Bewerbungsunterlagen zu formulieren und optimal an die ausgeschriebene Stelle anzupassen.

Das Stellengesuch

Das Stellengesuch ist eine Form der **aktiven Bewerbung**: Anstatt auf die Anzeige eines Unternehmens zu reagieren, schalten Sie selbst eine Anzeige. Dies setzt voraus, dass Sie in der Selbstanalyse klar Ihre Berufswünsche und Qualifikationen herausgearbeitet haben und dass Sie wissen, wer als potenzieller Arbeitgeber für Sie infrage kommt.

CHECKLISTE
Stellengesuch

Folgende Elemente sollte ein Stellengesuch enthalten:
- Ausbildung,
- Alter,
- besondere Kenntnisse und Erfahrungen,
- eventuell Erfolge,
- Nutzen, den Sie einem Unternehmen bieten können,
- gesuchte Position,
- Weg der Kontaktaufnahme.

Hilfreich für das Texten einer Anzeige ist die Lektüre anderer Stellengesuche. Was gefällt Ihnen an anderen Anzeigen, was nicht? Hilfestellung geben Ihnen auch Anzeigenberater der jeweiligen Zeitung.

Vorgehen

- Überlegen Sie genau, welche potenziellen Arbeitgeber für Sie infrage kommen und welche Zeitungen und Zeitschriften von ihnen gelesen werden.
- Schalten Sie genau in diesen Medien eine Anzeige.
- Denken Sie auch an bundesweite Stellengesuche in den überregionalen Tageszeitungen sowie in den Internet-Jobbörsen.
- Beziehen Sie auch regionale Tageszeitungen wie die *Frankfurter Rundschau*, die *Stuttgarter Zeitung* und das *Hamburger Abendblatt* mit ein.
- Vergessen Sie die branchenbezogenen Fachzeitschriften nicht!

Beispiel für ein Stellengesuch

> **Diplom-Kaufmann**
>
> Schwerpunkt Absatzwirtschaft
>
> Mit Berufserfahrung in Multimedia-Werbung, sehr guten Englisch-Kenntnissen, 27 Jahre, sucht Einstiegsposition im Marketing. Stärken: teamorientiert, kreativ, selbstständig, mobil, Know-how in Online-Problemlösungen
>
> Zuschriften unter 1234 an den Verlag.

Reaktionen auf ein Stellengesuch

Ein Stellengesuch in einer überregionalen Zeitung kann bis zu 250 € kosten. Doch ist das Geld gut angelegt, denn Sie erhalten durchschnittlich **bis zu zehn Reaktionen**.

Stellengesuche in den gängigen Internet-Jobbörsen sind meist kostenlos.

Mit Zuschriften können Sie innerhalb von drei Wochen rechnen, bei Fachzeitschriften kann es auch bis zu zwei Monaten dauern.

Der größte Vorteil des Stellengesuchs ist, dass Sie bei der Bewerbung nicht gegen Hunderte von Konkurrenten antreten müssen. Kommt es zu einem Vorstellungsgespräch, so sind Sie häufig **der einzige Kandidat** und haben daher viel größere Erfolgsaussichten.

Die Initiativbewerbung

Die Initiativbewerbung ist eine „Bewerbung auf Verdacht". Sie setzt voraus, dass Sie eine genaue Kenntnis darüber haben, welche potenziellen Arbeitgeber einen Bedarf haben, den Sie mit Ihrem Anforderungsprofil decken könnten.

Ihr **Vorgehen** besteht darin, dass Sie potenziellen Arbeitgebern Ihre kompletten Bewerbungsunterlagen zusenden.

Auch bei dieser Art der aktiven Bewerbung haben Sie den **Vorteil**, dass Sie nicht direkt gegen Konkurrenten antreten müssen und daher bessere Chancen haben als bei der passiven Bewerbung.

Die Kurzbewerbung

Ebenso wie bei der Initiativbewerbung wenden Sie sich auch bei der Kurzbewerbung an potenzielle Arbeitgeber.

Der wesentlichste Unterschied zwischen der Initiativ- und der Kurzbewerbung besteht darin, dass Sie bei letzterer nicht die kompletten Bewerbungsunterlagen versenden, sondern lediglich **ein Schreiben von einer DIN-A4-Seite Länge**.

Auch hier gilt es, die potenziellen Arbeitgeber genau auszuwählen, was eine gründliche Selbst- und Arbeitsmarktanalyse voraussetzt.

Initiativ- und Kurzbewerbungen haben **gute Chancen**, denn der **latente Personalbedarf** auf dem Arbeitsmarkt ist sehr viel größer, als man denkt! Es werden – schon aus Kostengründen – von den Unternehmen längst nicht alle Stellen ausgeschrieben, für die ein Bedarf da ist.

CHECKLISTE
Kurzbewerbung

Folgende Elemente sollte Ihr Schreiben enthalten:

- Anschrift,
- Betreff,
- persönliche Anrede eines zuständigen Ansprechpartners (wenn möglich, telefonisch erfragen),
- Problemansprache und Ihr Angebot als Problemlöser,
- Selbstdarstellung mit Ihren beruflichen, fachlichen und persönlichen Qualifikationen,
- Weg der Kontaktaufnahme.

Beachten Sie, dass Ihr Schreiben **nicht den Eindruck eines Serienbriefes** erweckt, bei dem im Nachhinein die Adresse „eingeflickt" wurde. Sie sollten also keinesfalls einfach Kopien verschicken, sondern jedes Anschreiben extra ausdrucken. Außerdem sollten Sie im Voraus einen Ansprechpartner herausgefunden haben.

Kurzbewerbungen lassen sich – weil sie kostengünstiger sind als komplette Bewerbungsunterlagen – **in großer Zahl verschicken**.

Vorgehen

- Ermitteln Sie die Adressen von ca. 200 Firmen, die für Sie als potenzielle Arbeitgeber infrage kommen, zum Beispiel anhand der Unternehmensporträts in diesem Buch und mithilfe der Nachschlagewerke des Hoppenstedt Verlags, die in allen größeren Bibliotheken ausliegen.
- Ermitteln Sie, soweit möglich, die Namen der potenziellen Ansprechpartner in den Unternehmen.
- Verfassen Sie den Brief in der Form eines Geschäftsbriefes mit professionellem Äußeren.

Vorteile der Kurzbewerbung

- Die Kurzbewerbung bietet einen besseren **Kosten-Nutzen-Vorteil** als eine Stellensuchanzeige oder eine Initiativbewerbung.
- Wenn Sie Ihren Nutzen als Problemlöser überzeugend deutlich machen, können vom Unternehmen **neue Positionen geschaffen** werden, die ursprünglich nicht geplant waren.
- Sie **testen ohne Risiko**, ob der von Ihnen eingeschlagene Berufsweg der richtige ist. Bleibt die Resonanz aus, so zeigt dies, dass Sie Ihre beruflichen Ziele oder deren Präsentation noch einmal überdenken und korrigieren sollten.
- Bei daraus folgenden Vorstellungsgesprächen sind Sie wiederum der **einzige Kandidat**.
- Sie werden von potenziellen Arbeitgebern unter Umständen **weniger kritisch geprüft**, als wenn Sie noch Mitbewerber hätten.

❌ Personalexperten empfehlen die Kurzbewerbung als den **Königsweg** zu einem Arbeitsplatz. Dieser Bewerbungsweg hat überdurchschnittlich viel Erfolg.

Reaktionen auf Kurzbewerbungen

Von ca. 90 Prozent der angeschriebenen Unternehmen erhalten Sie keine **Rückmeldung**, aber ca. **8 Prozent** werden sich bei Ihnen melden, Ihre kompletten Bewerbungsunterlagen anfordern und Sie anschließend eventuell zu einem Vorstellungsgespräch einladen.

Kontaktaufnahme zu Personalberatern

Auf Stellengesuche melden sich häufig Personalberatungen. Sie werden von Arbeitgebern beauftragt und dafür bezahlt, passende Bewerber für eine zu besetzende Stelle zu finden. Den Bewerbern entstehen dadurch **keine Kosten**.

Die Personalberatung entwickelt dabei gemeinsam mit dem auftraggebenden Unternehmen ein **Anforderungsprofil**, schreibt die Stelle aus, nimmt die eingehenden Bewerbungen entgegen oder tritt in Kontakt zu geeigneten Bewerbern, zum Beispiel durch Direktansprache von Kandidaten, die dem Personalberater geeignet erscheinen (Head-Hunting). Die Bewerber, die nach Ansicht der Personalberatung zu dem auftraggebenden Unternehmen passen, werden diesem dann präsentiert. Dass das Unternehmen bei diesem Verfahren dem Bewerber gegenüber meistens **anonym** bleibt, hat unterschiedliche Gründe: Eine Stelle soll beispielsweise mit einem externen Bewerber besetzt werden, ohne dass dies intern bekannt wird und für Gerüchte sorgt. Auch die Konkurrenz erfährt nichts von der vakanten Position, da in Stellenanzeigen nicht der Name des Unternehmens, sondern der der Personalberatung erscheint.

❌ Der Wunsch der Kandidaten nach Anonymität kann bei diesem Verfahren ebenfalls berücksichtigt werden: Die Personalberatung sichert Ihnen bei einer Bewerbung auf alle Fälle **Diskretion** bzw. bestimmte Sperrvermerke zu, das heißt, Sie können Unternehmen angeben, an die Ihre Bewerbung auf keinen Fall weitergeleitet werden soll.

Ihre Chance liegt darin, dass Personalberatungen einen **latenten Bedarf an Bewerbern** haben. Sie sollten auf jeden Fall bei Personalberatungen nachfragen, ob Sie Ihre Unterlagen einschicken können. Vielleicht besteht gerade in diesem Moment ein Bedarf an Bewerbern mit Ihrer Qualifikation. Wenn dies nicht der Fall ist, nimmt die Personalberatung unter Umständen Ihre Bewerbung trotzdem gerne an und kommt dann bei Bedarf auf Sie zurück.

 Personalberatungen können Ihnen **Auskunft** darüber geben,

- welcher Bedarf an Hochschulabsolventen zurzeit besteht,
- welche Branchen aussichtsreich sind und welche besonderen Anforderungen von den Unternehmen gestellt werden.

Die **Erfolgschancen**, auf diesem Wege zu einem Arbeitsplatz zu kommen, sind **für Berufseinsteiger** als **relativ gering** einzustufen. Dennoch sollten Sie auch diese Chance nutzen.

5.3 Bewerbungswege

Karriereberater

Professionelle Hilfe im Bewerbungsprozess erhalten Sie bei Karriereberatern. Sie beraten in allen Fragen, die mit Ihrer Bewerbung in Zusammenhang stehen, und sind nicht von Unternehmen zur Personalsuche beauftragt.

- Karriereberater führen mit Ihnen eine Stärken-/Schwächenanalyse nach Art der beschriebenen Selbstanalyse durch,
- erstellen mit Ihnen die Bewerbungsunterlagen,
- helfen bei der Auswahl potenzieller Arbeitgeber und
- trainieren Vorstellungsgespräche sowie Assessment Center.

Der Stundensatz von Karriereberatern beginnt bei ca. 100 €. Doch die Investition lohnt sich, wenn Sie aufgrund der professionellen Hilfe einen Arbeitsplatz finden, bei dem Sie ein Jahresgehalt von ca. 27.500 bis 37.500 € beziehen.

Eine gute Möglichkeit, sich optimal auf die Bewerbungsstrategien vorzubereiten, sind die **MLP Seminare „Berufsstart und Finanzmanagement" für Studenten und Hochschulabsolventen** in der ganzen Bundesrepublik. Termine und Veranstaltungsorte erfahren Sie bei

 MLP Finanzdienstleistungen AG, Forum 7, 69126 Heidelberg, oder in jeder **MLP-Geschäftsstelle an Ihrem Hochschulstandort.** Im Internet finden Sie unter 🖥 www.mlp.de mehr zu den Seminaren.

Der Gang zur Arbeitsagentur

Auch die Arbeitsagentur sollten Sie in Ihre Bewerbungsaktivitäten einbeziehen. Die Fachvermittlungsdienste sind zwar aufgelöst worden, doch an deren Stelle gibt es nun die so genannten **Hochschulteams**, die Ihnen Berufsberatung und Arbeitsvermittlung gleichzeitig bieten. Sie erhalten durch diese Teams Hinweise auf lohnende Möglichkeiten der Arbeitssuche bzw. einen qualifizierten Überblick über die allgemeine Arbeitsmarktsituation.

 In Bonn gibt es die **Zentralstelle für Arbeitsvermittlung**, die für die Beratung und Vermittlung von Fach- und Führungskräften zuständig ist.

Zentralstelle für Arbeitsvermittlung (ZAV)
Villemombler Straße 76, 53123 Bonn
☎ 02 28 / 7 13 - 11 14, 📠 7 13 - 2 70
🖥 www.arbeitsagentur.de

Die ZAV hat darüber hinaus eine **Auslandsabteilung** für die internationale Arbeitsvermittlung. Auch die **EURES-Berater** stehen Ihnen dort zur Verfügung und informieren Sie über freie Arbeitsplätze im europäischen Ausland.

Die bei den Arbeitsagenturen erhältliche, monatlich erscheinenden Zeitschriften *Markt + Chance* sowie *UNI-Magazin. Perspektiven für Berufs- und Arbeitsmarkt* enthalten ebenfalls Stellenangebote aus dem In- und Ausland.

Auch online (🖥 www.arbeitsagentur.de) können Sie die verschiedenen Datenbanken der Arbeitsagenturen (Stellen-Informations-Service, Arbeitgeber-Informations-Service, Arbeitsagentur-Infothek) einsehen.

5. Erfolgsprogramm Bewerbung

Obwohl der Weg zur Arbeitsagentur zu den aktiven Bewerbungsformen gehört, wird er von Unternehmen oft nicht so interpretiert. Wer sich durch eine **Vermittlung der Arbeitsagentur** auf eine Stelle bewirbt, wird gerne als **passiver Bewerber** eingestuft. Versuchen Sie im Vorstellungsgespräch, den **Eindruck von Passivität abzuschwächen**. Betonen Sie, dass Sie auch andere Möglichkeiten nutzen, um einen Arbeitsplatz zu finden. Dies signalisiert potenziellen Arbeitgebern Engagement und Einsatzbereitschaft.

Private Arbeitsvermittler

Die Dienstleistung eines privaten Arbeitsvermittlers können Sie als Bewerber **kostenlos** in Anspruch nehmen; das Unternehmen, das auf der Suche nach geeigneten Bewerbern auf das Angebot eines Arbeitsvermittlers zurückgreift, bezahlt die Vermittlungsgebühr.

Generell hat sich diese Methode der Arbeitsvermittlung noch nicht durchgesetzt. Private Arbeitsvermittlungen berichten von ähnlichen Erfahrungen wie die Arbeitsämter: Melden sich Bewerber aus einer sicheren Position heraus, lassen sie sich ungleich leichter vermitteln als Arbeitslose.

Dennoch sollten Sie auch diese Möglichkeit der Stellensuche in Erwägung ziehen. Die **Vorteile** sind ähnlich wie bei der Kontaktaufnahme zu Personalberatungen: Die privaten Arbeitsvermittler haben einen **latenten Bedarf** an qualifizierten Bewerbern; wenn im Moment Ihrer Anfrage gerade kein Bewerber mit Ihrer Qualifikation gesucht wird, so kann dies durchaus zu einem späteren Zeitpunkt der Fall sein.

Adressen von privaten Arbeitsvermittlungen finden Sie im Branchenfernsprechbuch.

Beziehungen

Der Nutzen von **Kontakten zu qualifizierten Unterstützern oder Förderern** darf auf keinen Fall unterschätzt werden, wobei es natürlich nicht unbedingt die eigenen Eltern oder der Onkel sein sollten, die in einem Unternehmen eine Empfehlung für Sie aussprechen, wenn keine fachlichen Gründe dafür vorliegen.

Geeigneter ist beispielsweise Ihr **Professor**, der auch ein qualifiziertes Urteil über Ihre speziellen Fähigkeiten abgeben kann.

Haben Sie während Ihres Studiums Praktika oder Werkstudententätigkeiten in einem Unternehmen ausgeübt oder eine praxisbezogene Diplomarbeit geschrieben? Vielleicht haben Sie aus dieser Zeit noch **Kontakte zu Personalverantwortlichen** oder anderen Personen in dem jeweiligen Unternehmen, an die Sie sich nun mit der Bitte wenden könnten, Sie weiterzuempfehlen.

Generell gilt: **Verschaffen Sie sich so viele Kontakte, wie Sie nur können**. Ehemalige Kommilitonen, Freunde, Hochschullehrer, die in Ihrem (gewünschten) Berufsfeld tätig sind: Sie alle können Ihnen Einblicke geben, Sie mit **Insider-Informationen** „versorgen", die mitunter für den Berufseinstieg unerlässlich sind. Dieses „Netzwerk" ist auch für die spätere Karriere meist sehr wichtig (siehe auch Kapitel 6.7).

2 Steinböcke/ 3 Linkshänder/ 4 Nationalitäten/
7 Hochschulabschlüsse/ 28 Jahre Berufserfahrung/
37 neue Lösungsideen/ 720 Stunden gemeinsame Erfahrung

6 Querdenker von PricewaterhouseCoopers*

Assurance · Tax · Advisory

www.pwc-career.de

*connectedthinking

PRICEWATERHOUSECOOPERS

© 2004 PwC Deutsche Revision. PricewaterhouseCoopers refers to the German firm PwC Deutsche Revision and the other member firms of PricewaterhouseCoopers International Limited, each of which is a separate and independent legal entity.

5. Erfolgsprogramm Bewerbung

	Recruiting-Events (Auswahl)
www.access.de	Die Personalberatung Access – Gesellschaft für Personal- und Hochschulmarketing veranstaltet ca. 30-mal im Jahr dreitägige Workshops für Hochschulabsolventen und Vertreter von Unternehmen. Gegenstand der Workshops sind beispielsweise Fallstudien zu bestimmten Themen.
www.aiesec.de	Das Deutsche Komitee der studentischen Organisation AIESEC veranstaltet Firmenkontaktgespräche, die sich hauptsächlich an Wirtschaftswissenschaftler richten. Auf Wunsch arbeitet AIESEC nach der Annahme einer Bewerbung Terminpläne für Gespräche aus.
www.akademika.de	Die Akademika ist eine große Personalmesse im süddeutschen Raum, die einmal jährlich stattfindet. Zukunftsorientierte Unternehmen und qualifizierter Fach- und Führungsnachwuchs treffen hier zusammen. Veranstalter ist die WiSo-Führungskräfte-Akademie, ein Zusammenschluss der Friedrich-Alexander-Universität Erlangen-Nürnberg, der Grundig-Akademie sowie diversen Unternehmen.
www.bonding.de	Die dem Zusammenschluss Bonding angehörenden Hochschulen wollen mit den jährlich einmal stattfindenden Kontaktmessen eine Brücke zwischen Wirtschaft und Universität schlagen, und zwar in erster Linie für Ingenieure, Informatiker und Naturwissenschaftler. Veranstaltungsorte sind Kaiserslautern, Stuttgart, Bochum, Dresden, Braunschweig, Erlangen, Hamburg, Karlsruhe und Aachen.
www.characters.de	Characters wird von der FAZ, dem *manager magazin* und Westerwelle Consulting veranstaltet und bietet Hochschulabsolventen und Young Professionals die Gelegenheit, zu namhaften Unternehmen Kontakt aufzunehmen.
www.karrieretag.de	Münchener Job-Messe mit Informationen zum beruflichen Aufstieg. Der Besuch der Messe ist kostenlos und bedarf keiner Voranmeldung.
www.iqb.de	Die IQB – Initiative für Qualifikation und Beruf – ist Veranstalter von Personalmessen und bringt auf der jährlich stattfindenden JOBcon Hochschulabsolventen und Vertreter aus über 75 Unternehmen zusammen. Spezialmessen gibt es für Juristen, die JURAcon, sowie für die Finanzbranche, die JOBcon Finance.
www.ofw.de	Der Deutsche Wirtschaftskongress/World Business Dialogue ist der größte von Studenten organisierte Wirtschaftskongress in Europa. Er bietet Studenten die Möglichkeit, mit Persönlichkeiten aus Politik und Wirtschaft in Dialog zu treten und außerdem an Diskussionsforen teilzunehmen, die von Unternehmen organisiert werden. Die Teilnahme ist für Studenten kostenlos.
www.talents2005.de	Diese Jobmesse bietet ca. 1.200 vorausgewählten Kandidaten die Möglichkeit, sich den teilnehmenden Unternehmen als Fach- und Führungsnachwuchs zu empfehlen.

Kontaktmessen/Absolventenkongresse

Auf Kontaktmessen präsentieren sich Unternehmen den Hochschulabsolventen und bieten Gelegenheit zu einer ersten direkten und **zwanglosen Kontaktaufnahme**.

Der **Vorteil** dieser Kontaktmessen ist, dass Sie sich relativ schnell einen guten Überblick über die Marktsituation verschaffen können. Der **Nachteil** ist jedoch, dass es – wie eigentlich auf allen Messen – sehr hektisch zugeht und kaum Zeit bleibt für ein etwas intensiveres Gespräch. Außerdem sind viele Unternehmen nicht vertreten.

Wenn Sie also einen viel versprechenden Kontakt zu einem Firmenvertreter herstellen wollen, sollten Sie sich auf eine Begegnung entsprechend vorbereiten und zum Beispiel **Stichpunkte für ein Gespräch** notieren.

Sinnvoll kann es auch sein, im Vorfeld einer Messe – und dies gilt ebenso für Fachmessen – einen Termin mit einem Vertreter der Firma zu vereinbaren, für die Sie sich speziell interessieren.

Adressen von Veranstaltern dieser Kontaktmessen finden Sie im Anhang. Im Internet (siehe Tabelle auf Seite 168) finden Sie ebenfalls Termine der bzw. Informationen zu den einzelnen Recruiting-Events.

Virtuelle Kontaktmesse

In der Nische zwischen den realen Recruiting-Messen, die für alle Beteiligten recht aufwendig sind, und den Online-Stellenbörsen hat sich der Anbieter Jobfair24 platziert. Unter www.jobfair24.de präsentiert er die weltweit erste 3D-Online-Recruiting-Messe. An den monatlichen Messetagen können sich Absolventen, Diplomanden, Young Professionals und auch Praktikumsinteressenten mit einem eigenen Avatar in zehn virtuellen Messehallen umsehen und Informationen sammeln. An den Messeständen „stehen" Personalverantwortliche live für Fragen und Gespräche zur Verfügung – zunächst öffentlich. Wird das Gespräch intensiver, kann in einen privaten Einzel-Chat ausgewichen werden.

Zusätzlich zu den Messetagen finden mehrmals im Monat spezielle branchen- oder themenspezifische Firmen- und/oder Expertenchats statt.

5.4 Internet-Bewerbung

Die Bewerbung über das Internet ersetzt in den meisten Fällen nicht die konventionelle Bewerbung mit der Einsendung von schriftlichen Bewerbungsunterlagen.

Immer mehr Unternehmen fahren jedoch **zweigleisig**, das heißt, sie veröffentlichen ihre Stellenausschreibungen sowohl in den Printmedien als auch im Internet. Einer Studie des *Manager Magazins* zufolge platzieren 70 Prozent der Unternehmen ihre Stellenanzeigen auch im Internet.

Viele Bewerber mussten jedoch die Erfahrung machen, dass auf ihre elektronische Bewerbung gar nicht reagiert wurde oder nur sehr verspätet und dass selbst dann die konventionelle Einsendung der Bewerbungsunterlagen verlangt wurde.

Ein **Nachteil** der Bewerbung über das Internet besteht darin, dass die Bewerbung nur mit erheblichem Aufwand – also Programmkenntnissen und der entsprechenden technischen Ausrüstung – angemessen und visuell überzeugend gestaltet werden kann.

Allerdings haben sich einige Anbieter von Internet-Jobbörsen darauf spezialisiert, den Stellensuchenden das entsprechende Know-how und den Speicherplatz für ansprechend aufbereitete Bewerbungsunterlagen zur Verfügung zu stellen:

- www.absolweb.de
- www.job-office.com

Studenten können jedoch darauf hoffen, dass sie über das Internet **eher zu einem Praktikumsplatz** kommen oder als Werkstudenten eher in ein Unternehmen aufgenommen werden als über konventionelle Wege.

Worin liegt also der **Vorteil** der Nutzung dieses modernen Mediums im Rahmen Ihrer Arbeitssuche? Als Bewerber können Sie über die elektronischen Stellenmärkte auf ein weltweites aktuelles und exklusives Angebot zurückgreifen. Sie können sich damit ebenso einen schnellen und kostengünstigen **Einblick in Unternehmen** verschaffen und bekommen allgemeine Informationen über Firmen, über Anforderungsprofile, Personalentwicklungsmöglichkeiten usw. Für die meisten Unternehmen ist das Internet eine zeitgemäße Möglichkeit zur **Selbstpräsentation**.

Ein weiterer Vorteil des Internets im Hinblick auf Ihre Bewerbung ist, dass Sie dort Zugriff auf die jeweils aktuellste Ausgabe vieler verschiedener Zeitungen und damit auch deren **Stellenanzeigen** sowie auf andere Nachschlagewerke haben.

Es gibt **Medienkioske**, die Ihnen nach Sachgebieten geordnet einen Überblick über die vertretenen Zeitungen und Magazine geben.

Medienkioske

Unter www.gok.de finden Sie zum Beispiel einen solchen **Public Online Kiosk**, der mit Links zu den unterschiedlichsten Homepages und weiteren Informationsquellen ausgestattet ist.

Einen internationalen Medienkiosk finden Sie dort ebenfalls.

Stellenbörsen

Im Internet gibt es eine ständig wachsende Anzahl **Jobbörsen**, die Sie auf Stellenangebote prüfen können.

Die Stellenbörse der *Zeit* bietet dabei den besten Überblick, auch über andere Stellenbörsen im Internet.

Stellenbörsen speziell für Hochschulabsolventen können Sie aufsuchen und dort Ihr Stellengesuch veröffentlichen.

Auf den folgenden Seiten werden einige Internet-Adressen aufgelistet, wo Sie Stellenbörsen finden. Viele Stellenbörsen bieten nicht nur Angebote und Gesuche, sondern auch Links zu anderen Stellenbörsen.

5.4 Internet-Bewerbung

Stellenbörsen im Internet (Auswahl)	
www.abiw.de	„Absolventen im Web" ist ein Internet-Forum für den Berufseinstieg von Hochschulabsolventen.
www.absolvent.de	Kontaktdatenbank für Hochschulabsolventen und Unternehmen mit digitalisierten Bewerbungsmappen.
www.alma-mater.de	Einen Kontaktpunkt zwischen Hochschulen und Unternehmen will dieser Anbieter herstellen.
www.arbeit-online.de	Auch dieser Anbieter gehört zu den großen deutschen Internet-Stellenbörsen.
www.audimax.de	Auch die Hochschulzeitschrift *Audimax* hat Rubriken für Stellenangebote und Praktikumsplätze.
www.berufs-karriere.de	Jobbörse für Fach- und Führungskräfte.
www.berufsstart.de	Online-Stellenmarkt und -Karriereplaner, der auch jede Menge Praktikumsplätze anbietet.
www.berufswelt.de	Stellenangebote der Zeitung *Die Welt*.
www.business-channel.de	Unter dieser Adresse haben beispielsweise *manager magazin, capital, Börse Online* und der Gabler Verlag eine der größten Stellenbörsen eingerichtet.
www.cesar.de	Hier haben Sie nicht nur Zugriff auf Stellenangebote, sondern bekommen auch jede Menge Infos rund um Bewerbungsverfahren und Karriere.
www.consultants.de	Viele Anfragen von Arbeitgebern, Infos rund um das Thema Bewerbung und Newsgroups zum Thema finden Sie hier.
www.deutscher-stellenmarkt.de	Dieser Online-Stellenmarkt ist nach Branchen gegliedert.
www.dino-online.de	Übersicht und Links zu den gängigsten Online-Stellenbörsen.
www.djm.de	Homepage der Dr. Jäger Management Gruppe mit vielen Stellenangeboten.
www.emds.de	Unter dieser Adresse erreichen Sie den German Career Service, der Ihnen fast schon garantiert, dass Sie schnell einen Job finden.

5. Erfolgsprogramm Bewerbung

Stellenbörsen im Internet (Auswahl) Fortsetzung	
💻 www.focus.de	Die Homepage des Magazins *Focus* verfügt auch über einen Stellenmarkt.
💻 www.forum-jobline.de	Jobbörse der Konstanzer Absolventen-Zeitung *Forum*.
💻 www.germannews.com	Kostenloser Stellenmarkt für Anbieter und Bewerber.
💻 www.intern.de/ts_jobs.htm	Tabellarische Informationen (zu Preisen und Angeboten etc.) verschiedener großer Stellenmärkte im Internet.
💻 www.IQB.de	Schnittstelle zwischen Hochschule und Wirtschaft, möchte die Initiative für Qualifikation und Beruf sein, deren Homepage unter dieser Adresse zu erreichen ist.
💻 www.job-consult.com	Internet-Stellenmarkt mit BewerberTipps.
💻 www.joblink.de	Zusätzlich zu den Jobangeboten gibt es einen Newsletter, der Sie über Neuigkeiten auf dem Laufenden hält.
💻 www.jobnet.de	Die Homepages der beteiligten Unternehmen können direkt angesteuert werden.
💻 www.job-office.com	Wer selbst eine Bewerbungs-Homepage erstellen möchte, bekommt hier die nötige Hilfestellung.
💻 www.jobonline.de	Direkte Online-Bewerbung auf die Stellenangebote ist hier möglich. Die Schaltung von Gesuchen ist kostenlos.
💻 www.job-pages.de	Dieser Anbieter stellt Ihre kompletten Bewerbungsunterlagen ins Netz, und zwar für drei Monate.
💻 www.jobpilot.de	Mehr als 120.000 Jobangebote warten hier auf Bewerber.
💻 www.jobscout24.de	Stellenangebote und -gesuche können hier kostenlos geschaltet werden, auch eine Praktikumsbörse gehört zum Angebot.
💻 www.job24.de	Online-Jobbörse mit einer Extrarubrik für Hochschulabsolventen.

5.4 Internet-Bewerbung

Stellenbörsen im Internet (Auswahl) Fortsetzung

www.jobware.de	In dieser Stellenbörse schalten verschiedene große Konzerne ihre Stellenanzeigen.
www.jobworld.de/evita/	Meta-Suchmaschine mit vielen Links zu anderen Seiten.
www.karrieredirekt.de	Hier finden Sie die Stellenangebote vieler großer Zeitungen und Fachmagazine, unter anderem *Der Betrieb*, *Financial Times*, *Handelsblatt*, *Junge Karriere*.
www.mamas.de	Hier finden Sie eine Extrarubrik für Hochschulabsolventen.
www.stellenanzeigen.de	Stellenanzeigen für verschiedene Berufsgruppen und BewerbungsTipps.
www.stellenreport.de	Stellenbörse mit umfangreichen Links.
www.stepstone.com	Die internationale „Abteilung" von Careernet richtet sich an Hochschulabsolventen und Young Professionals.
www.stepstone.de	Bei den beteiligten Unternehmen sind Direktbewerbungen möglich.
www.sueddeutsche.de	Stellenangebote der *Süddeutschen Zeitung* mit vielen Links.
www.uni-gateway.de	Dies ist ein Web-Service, den MLP in Kooperation mit der Academic Networks GmbH anbietet: ein Online-Stellenforum für Studierende, Unternehmen und Hochschulen.
www.wirtschaftswoche.de	Über eine gut strukturierte Suchmaschine können Sie auf Stellenanzeigen folgender und anderer Publikationen zugreifen: *Handelsblatt*, *VDI-Nachrichten*, *Der Betrieb*, *Financial Times*.
www.wisu.de	Homepage des Magazins *Das Wirtschaftsstudium* mit branchenspezifischen Stellenangeboten.
www.zeit.de	Stellenbörse der *Zeit*, die den derzeit besten Überblick über andere Stellenbörsen im Internet bietet und auch deren Angebote über einen speziellen Suchroboter erfasst.

5. Erfolgsprogramm Bewerbung

 CHECKLISTE
Elektronische Bewerbung

- Geben Sie sich **ebenso viel Mühe wie bei einer klassischen Bewerbung**. Schlecht formulierte und fehlerhafte Anschreiben werden auch durch die moderne Art der Übermittlung nicht besser.
- Nennen Sie auch bei der elektronischen Bewerbung den „**Fundort**" **der Anzeige** und einen **Ansprechpartner**.
- Achten Sie unbedingt darauf, dass das **Anschreiben nicht zu lang** wird. Am Bildschirm ist leichtes und übersichtliches Lesen nicht ganz einfach.
- Schreiben Sie den Text des Anschreibens in den Body der Mail; schicken Sie keinesfalls das Anschreiben als Anhang mit.
- Verfallen Sie auf **keinen Fall** in einen **allzu lockeren Ton**.
- Geben Sie unbedingt auch Ihre **genaue Postadresse und Ihre Telefonnummer** an, am besten in Form einer Signatur, die am Ende der Mail platziert ist.
- Fügen Sie Ihre weiteren Unterlagen wie Lebenslauf, Berufserfahrungsliste, eventuell eingescannte Zeugnisse als **Attachment** an die E-Mail an. Der Empfänger kann sich die von Ihnen gestalteten Unterlagen ausdrucken und hat sie dann vor sich liegen.
- Wenn Sie nach ca. zehn Tagen immer noch nichts von dem Unternehmen gehört haben, **haken Sie telefonisch nach**, ob Ihre E-Mail angekommen ist.
- Wenn Sie eine eigene **Homepage** haben, können Sie in Ihrer elektronischen Bewerbung darauf verweisen. Auf der Homepage ist dann Platz für Arbeitsproben u. Ä.
- Unter www.job-office.com/primus finden Sie ein kostenfreies Programm zur **Erstellung einer Bewerbungshomepage**.

ZUSAMMENFASSUNG
Elektronische Bewerbung

- Unternehmen sind zwar im Internet präsent, auch mit ihren Stellenanzeigen, bevorzugt werden von den Firmen jedoch häufig noch die konventionellen Bewerbungswege.
- Das **Internet** ist dagegen hervorragend geeignet, um sich einen **Überblick** über die einzelnen Firmen, den Stellenmarkt der im Internet vertretenen Zeitungen und Zeitschriften und über die elektronischen Stellenmärkte zu verschaffen.
- Auch zum Bewerbungsverfahren bekommen Sie viele Tipps und Tricks im Internet genannt. Eine Auswahl finden Sie in der Tabelle „Bewerber-Tipps" auf den Seiten 214 f.
- Weitere Informationen zum Internet finden Sie in Kapitel 1.

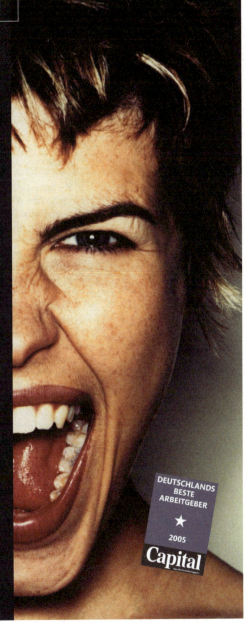

Sie sind nicht irgendwer!

Suchen Sie nicht irgendetwas!

Sie haben Talent. Und Ihre ganz eigenen Wünsche und Ziele. Auch wenn es um Ihre berufliche Zukunft geht. Denn Sie haben noch viel vor. Klar, dass Sie für Ihren Start ins Berufsleben ein Unternehmen suchen, das Sie und Ihre Vorstellungen ernst nimmt. Das Sie individuell fördert und Ihnen echte Perspektiven bietet. Perspektiven, die zu Ihnen passen!

Suchen Sie Pfizer!

Entfalten Sie Ihre Fähigkeiten – in einem Unternehmen, das weltweit zu den erfolgreichsten Arzneimittelherstellern gehört. Wen wir suchen? Studenten und Absolventen aus den Bereichen Wirtschafts- und Naturwissenschaften sowie Ingenieurwesen. Finden Sie heraus, was wir Ihnen alles bieten können – vom Praktikum über die Diplomarbeit bis hin zum Direkteinstieg oder einem unserer Traineeprogramme. Wo können Sie starten? Karlsruhe, Freiburg oder Illertissen.

Wir freuen uns darauf, Sie kennen zu lernen!

Pfizer Deutschland GmbH

Herrn Mathias Finkele,
mathias.finkele@pfizer.com

Frau Tina Christiansen
tina.christiansen@pfizer.com

Postfach 49 49, 76032 Karlsruhe
www.pfizer.de

Life is our life's work.

DEUTSCHLANDS BESTE ARBEITGEBER
★
2005
Capital

5. Erfolgsprogramm Bewerbung

Bewerber-Tipps (Auswahl)	
www.arbeitszeugnis.de	Auf dieser Website rund um das Thema Zeugniserstellung wimmelt es dagegen nur so von Standardfloskeln. Nützlich ist es trotzdem, über den Geheimcode der Arbeitgeber Bescheid zu wissen oder K.O.-Vokabeln zu kennen, die besser nicht im Zeugnis stehen sollten.
www.arbeitszeugnisse.de	Das Management-Internet-Institut Knobbe überprüft Bewerbungsunterlagen und Arbeitszeugnisse im Hinblick auf die Anforderungen des potenziellen neuen Arbeitgebers.
www.berufsberater.net	Angebot des Deutschen Verbandes für Berufsberatung. Über eine Suchmaschine kann nach Berufsberatern in der Nähe oder mit einem bestimmten Arbeitsschwerpunkt gesucht werden.
www.berufszentrum.de	Kostenlose Beratung zu Bewerbung und Karriere. Die umfangreichen Bewerbungstipps sind sehr detailliert, Musterbewerbungen helfen der eigenen Kreativität auf die Sprünge. Extra: ein englischsprachiger Bewerbungsservice.
www.coaching-web.de	Sehr gut gemachte Homepage des Coachs Andreas Knierim, der individuelle Karriereberatung und darüber hinaus viele Zusatzinfos rund um das Thema Coaching anbietet.
www.gehalts-check.de	Gehaltstabellen, -checks, Diagramme, Reports, Informationen zu Auslandsgehältern und Links zu verschiedenen Gehaltsrechnern gibt es auf dieser Seite. Die Datenbank kann jede/r selbst durch anonyme Eingabe des eigenen Gehalts aufstocken.
www.geva-institut.de	Das Geva-Institut München (Gesellschaft für Verhaltensanalyse und Evaluation) bietet ausführliche Testverfahren zur beruflichen Standortbestimmung, auch in Form von Online-Tests. Die Teilnehmer erhalten nach Auswertung der Tests (beispielsweise zu Potenzialanalyse, Führungsstil, Stress, Selbstmanagement, Kommunikation, Berufsumorientierung, Verhandlungsstil) ein ausführliches Gutachten.
www.ihk.aachen.de	Im Bereich „Download" hält die IHK in Aachen Musterverträge für Sie bereit. Wer sich vor Abschluss eines Arbeitsvertrages über Inhalt und Gestaltung informieren möchte, kann sich die unterschiedlichsten Mustertexte herunterladen.

5.4 Internet-Bewerbung

	Bewerber-Tipps (Auswahl) Fortsetzung
www.jobpilot.de	Bei Jobpilot – eigentlich eine Stellenbörse – wird eine aktive „Community" gepflegt: In Chats und Foren tauschen sich Bewerber und Experten zum Thema Bewerbung aus.
www.jobsearchtech.about.com/msub12-samples.htm	Internationale Praktikumsplätze, Jobs, Fortbildungen – ohne Bewerbungsschreiben und Lebenslauf sind sie in der Regel nicht zu bekommen. Diese Website bietet ausführliche und konkrete Formulierungshilfen und Beispiele für die Gestaltung der entsprechenden Unterlagen, wobei die Tipps keine bloßen Textbausteine sind, sondern viel eher den Charakter einer Anleitung für kreatives Schreiben annehmen.
www.jova-nova.com	Eine der besten Websites zum Thema Bewerbung. Standardfloskeln sucht man hier vergeblich. Dafür gibt es ungewöhnliche und originelle Beispiele für Bewerbungsunterlagen.
www.karrierekick.de	Professionelle Karriereberatung gibt es unter dieser Adresse: Optimierung der Bewerbungsunterlagen, Analyse/Erstellung der Arbeitszeugnisse, ManagerCoaching, alles zu moderaten Preisen bzw. reduzierten Preisen für Hochschulabsolventen/Berufseinsteiger. Gut strukturierte und ausführliche Bewerbungstipps runden das Angebot ab.
www.karriere-management.de	Die Diplom-Psychologin Madeleine Leitner bietet Seminare, Beratung und Workshops zum Thema Karrieremanagement an und benutzt dabei den Ansatz von Richard Nelson Bolles, Autor des Bewerbungsklassikers „What Color is your Parachute", der unter dem Titel „Durchstarten zum Traumjob" auch in Deutschland erschienen ist.
www.romling.com	Karriereplanung für Studenten. Herzstück ist eine Firmendatenbank mit über 1.000 Firmenprofilen, die nach Branche und Ort durchsucht werden kann. Zum jeweiligen Profil sind dann Informationen über Jobs, Diplomarbeiten, Karrierechancen abrufbar.
www.zeugnis-doktor.de	Hier können Sie online überprüfen, ob Ihr Arbeitszeugnis gut oder schlecht ausgefallen ist, ein Zeugnis gratis erstellen lassen, Firmenadressen recherchieren oder Karriere-Tipps abrufen.

5.5 Erste Kontakte knüpfen

Wenn Sie wissen, wo Ihre Stärken und Schwächen liegen, welche fachlichen Anforderungen Sie erfüllen können, welche Problemlösungsfähigkeiten Sie haben – kurz: welchen Nutzen Sie einem Unternehmen bieten können –, sollten Sie die **Unternehmen suchen**, die Ihr spezielles Profil und Angebot brauchen.

Folgende Quellen stehen Ihnen hierfür zur Verfügung:

- Klassische Nachschlagewerke, wie beispielsweise die des Hoppenstedt Verlags:
  1. *Handbuch der Großunternehmen*,
  2. *Handbuch der mittelständischen Unternehmen*,
  3. *Handbuch der Verbände, Behörden, Organisationen der Wirtschaft*,
  4. *Adressbuch Wirtschaft*,
  5. Liedtke: *Wem gehört die Republik? Die Konzerne und ihre Verflechtungen*, 2004.

Unter der Adresse www.firmendatenbank.de finden Sie die Datenbank des Hoppenstedt Verlags im Internet.

- Diese und ähnliche Nachschlagewerke liegen in allen größeren Bibliotheken zur Einsicht aus.

- Bei den örtlichen Industrie- und Handelskammern können Sie **Branchenverzeichnisse und Datenbanken** erhalten, die Informationen über Unternehmen bereithalten.

- Lesen Sie regelmäßig den **Anzeigenteil** der gängigen Tages- und Fachpresse. Aus Stellenanzeigen können Sie viele Informationen über Unternehmen entnehmen.

- **Messekataloge** von Kontakt- oder von Fachmessen liefern Ihnen ebenfalls einen Überblick über interessante Unternehmen, bei denen sich eine Kontaktaufnahme lohnen könnte.

- Nicht zu vergessen: die **Gelben Seiten**!

- Auch auf CD-ROM gibt es mittlerweile **Firmendatenbanken**, so zum Beispiel auf *Perspektiven. Interaktive Berufsplanung für den Fach- und Führungsnachwuchs (FAZ)*, wo nicht nur Unternehmen präsentiert, sondern auch Tipps zu Bewerbungen und viele andere Informationen gegeben werden.

- Die **Spitzenverbände der deutschen Wirtschaft** lassen Ihnen gerne Informationsmaterial über Unternehmen zukommen, beispielsweise der Bundesverband der Deutschen Industrie oder die Bundesvereinigung der Deutschen Arbeitgeberverbände. Die Adressen dieser Verbände finden Sie im Anhang.

Wenn Sie die Adressen der Unternehmen, die Ihnen am interessantesten erscheinen, herausgefunden haben, sollten Sie – im Zuge der Vorbereitung auf Ihre erste Kontaktaufnahme – **weitere Informationen** einholen.

5.5 Erste Kontakte knüpfen

CHECKLISTE
Informationen über Unternehmen

- **Stammsitz, Niederlassungen und Tochterfirmen** des Unternehmens, sowohl im In- als auch im Ausland
- **Produktpalette:** Welche Produkte oder Dienstleistungen verkauft das Unternehmen?
- **Marktposition:** Ist das Unternehmen Marktführer in seiner Branche bzw. welchen Bereich deckt es mit seinen Produkten/Dienstleistungen ab?
- **Zukunftsaussichten** des Unternehmens und auch der Branche
- **Umsatzzahlen**
- **Zahl der Mitarbeiter**
- **Geschäftsleitung:** Wer ist Mitglied der Geschäftsleitung und gegebenenfalls des Aufsichtsrats?
- **Konkurrenten** des Unternehmens: Auf welchen Gebieten hat das Unternehmen Konkurrenz, worin besteht diese?
- **Aktienkurs**
- **Firmengeschichte**
- **Image des Unternehmens**
- **Unternehmensphilosophie**
- **Führungsstil**
- **Ihre Aufstiegschancen**

Das **Internet** ist eine gute Quelle für die benötigten Informationen.

Rufen Sie unverbindlich die **PR- oder Presseabteilung** der Firmen an und bitten Sie um Übersendung von Geschäftsberichten, Imagebroschüren, Produktinformationen: einfach alles, was dazu geeignet ist, Sie über die Firma zu informieren.

Auch die **Werbung**, die ein Unternehmen schaltet – sei es nun im Fernsehen, in Zeitungen oder anderen Medien – gibt Ihnen eine Vorstellung von dem Selbstverständnis des jeweiligen Unternehmens.

Brancheninterne Publikationen stellen ebenfalls eine gute Quelle für Informationen über die von Ihnen anvisierte Branche und die darin tätigen Unternehmen dar.

Eine **Recherche in einer Bibliothek** kann unter Umständen Bücher oder Artikel über Ihre Ziel-Firmen und die jeweilige Branche zutage fördern.

Telefonische Kontaktaufnahme

Ausgestattet mit diesen Informationen, die Sie im Hinblick auf die Frage „Warum sollte dieses Unternehmen gerade mich einstellen?" gesammelt haben, können Sie sich nun an eine erste **Kontaktaufnahme,** beispielsweise per Telefon, machen.

Vor dem Anruf sollten Sie unbedingt klären – und **schriftlich** festhalten –, was das **Ziel** Ihres Anrufs ist und welche Fragen Sie stellen wollen. Bedenken Sie, dass Sie für ein solches Telefonat unbedingt Ruhe brauchen, also einen Ort, an dem Sie ungestört sind.

Auch den günstigsten Zeitpunkt für ein solches Gespräch sollten Sie sich vorher überlegen. Kurz vor der Mittagspause anzurufen ist dabei ebenso ungünstig wie freitags um 17 Uhr oder in der oft hektischen Vorweihnachtszeit. Generell ist die Mittagszeit zwischen 12 Uhr und 13.30 Uhr für Gespräche ungeeignet.

Fragen Sie nach dem zuständigen Gesprächspartner, und machen Sie sich **Notizen über den Gesprächsverlauf**. Auf alle Fälle sollten Sie Ihre Unterlagen, zum Beispiel Ihren Lebenslauf, während des Gesprächs bereithalten.

Lassen Sie sich einen **Ansprechpartner für eine Kurzbewerbung** und darüber hinaus spezielle **Angebote und Anforderungen** des Unternehmens für Hochschulabsolventen bzw. Einstiegspositionen nennen.

Achten Sie darauf, dass Sie den jeweiligen Gesprächspartner fragen, ob er gerade Zeit für ein kurzes Gespräch mit Ihnen hat. Bieten Sie immer an, zu einem späteren Zeitpunkt noch einmal anzurufen.

Formulieren Sie dann Ihren Wunsch nach einer Bewerbung in dem jeweiligen Unternehmen. Günstig ist es dabei, wenn Sie sich auf eine **Empfehlung** von jemandem berufen können, der dem Unternehmen bekannt ist.

Bieten Sie daraufhin Ihre speziellen Problemlösungsfähigkeiten an – natürlich immer bezogen auf die Anforderungen des Unternehmens.

Haben Sie Ihre Bewerbungsunterlagen dann verschickt, besteht immer die Möglichkeit, dass man sich telefonisch an Sie wendet – sei es, um einen Termin für ein Gespräch mit Ihnen auszumachen oder weil man vor einer solchen Einladung noch einmal persönlich Ihre Eignung überprüfen möchte.

Wenn Sie also Bewerbungen „laufen" haben, sollten Sie darauf achten, dass Sie Ihre **Bewerbungsunterlagen griffbereit** haben, darüber hinaus eine Liste der Unternehmen (mit den Ansprechpartnern), die Ihre Unterlagen bekommen haben, sowie Papier und funktionstüchtige Stifte, damit Sie sich während des Gesprächs Notizen machen können.

Informieren Sie auch die Mitglieder Ihres Haushalts oder Ihrer Wohngemeinschaft darüber, dass Anrufe von Unternehmen eingehen können, und bitten Sie darum, dass der Name des Anrufers sowie die Zeit des Gesprächs und die Telefonnummer festgehalten wird, unter der Sie zurückrufen können.

Sie sollten nicht gerade laute Musik oder andere Geräuschbelästigungen im Hintergrund laufen haben. Unter Umständen ist es daher günstig, wenn während der Zeit Ihrer Bewerbungsaktivitäten – im Falle Ihrer Abwesenheit – der **Anrufbeantworter** eingeschaltet ist – natürlich mit einem seriösen, sachlichen Ansagetext.

5.6 Die Sicht der Unternehmen

Personalberater geben Tipps

Generell gilt: Ein Schema für die perfekte Bewerbung und den perfekten Kandidaten gibt es nicht.

Auch an den allgemeinen Tipps, die Personalberater Ihnen geben, kann das festgestellt werden (vgl. die Checkliste auf der folgenden Seite).

5.6 Die Sicht der Unternehmen

CHECKLISTE
Tipps von Personalberatern

- Geben Sie in der Bewerbungssituation nicht ein falsches Bild von sich ab! Sie wirken sonst aufgesetzt und unglaubwürdig. Werden Sie sich selbst nicht untreu, sondern seien Sie **authentisch**. Am wichtigsten ist, dass Sie eine persönliche Beziehung zu Ihrem Gegenüber in einem Vorstellungsgespräch aufbauen.
- Berücksichtigen Sie bei der Entscheidung für oder gegen einen bestimmten Arbeitsplatz, dass dort auch die **Atmosphäre** stimmen muss. Schließlich werden Sie einen Großteil Ihrer Zeit dort verbringen.
- Auch aus **Ablehnungen** können Sie etwas lernen! Worin besteht der Grund für die Ablehnung? Rufen Sie an, und fragen Sie nach. Was gibt es an Ihrer Bewerbung zu verbessern?
- Wenn ein Unternehmen Sie nicht haben will, bedeutet das oft auch, dass Sie dort nicht hineingepasst hätten, also diese Stelle Sie auf Dauer nicht zufriedengestellt hätte. Vielleicht können Sie froh sein, dort nicht „gelandet" zu sein.
- **Üben** Sie das Vorstellungsgespräch, spielen Sie es mit Freunden durch!
- Sprechen Sie, wenn möglich, **Personalberater** auf eventuell ausgeschriebene Stellen an, denn diese können Ihnen genaue Informationen zu den Anforderungsprofilen und dem Bedarf der einzelnen Unternehmen geben.
- Entspricht Ihre **Studiendauer** nicht der Regelstudienzeit, sollten Sie in der Bewerbung auf die Gründe eingehen.
- Wichtig ist, für alle Fakten des Lebenslaufs eine **gute Begründung** zu bieten.

Auswahl- und Einstellungskriterien der Unternehmen

Das gängige Auswahlverfahren bei der Besetzung einer Position besteht in der Analyse der Bewerbungsunterlagen, im Vorstellungsgespräch, im Assessment Center und in Gruppenauswahlgesprächen. Solche Auswahlverfahren werden in diesem Kapitel (siehe unten) vorgestellt.

Bei der Durchsicht der Bewerbungsunterlagen scheiden übrigens 80 Prozent der Bewerber schon aus, und zwar aufgrund von **formalen Fehlern** wie: fehlende oder nicht korrekte persönliche Anrede, Schachtelsätze, falsche Anschrift und orthographische Mängel.

Ihre persönlichen und fachlichen Qualifikationen werden in folgende Kategorien eingeteilt:

1. Als Erstes in die so genannten **Hard Skills**, die fachlichen Anforderungen. Diese beziehen sich auf Studienverlauf, Zusatzqualifikationen, praktische Erfahrungen, Hochschulart, Alter.

2. Die persönlichen Anforderungen (**Soft Skills**) werden wie folgt eingeteilt:

   a. die **personalen Eigenschaften** (Mobilität, Flexibilität),

   b. die **sozialen Kompetenzen** (Teamfähigkeit, Kommunikations- und Kontaktfähigkeit etc.),

   c. die **kognitiven Kompetenzen** (analytisches und praxisorientiertes Denken) und

   d. **Persönlichkeitsmerkmale** (Interessenbreite und Allgemeinbildung).

Rangfolge Hard Skills

Auf dem Gebiet der fachlichen Anforderungen, der **Hard Skills**, haben für die Unternehmen folgende Punkte eine hohe Bedeutung, und zwar in dieser Rangfolge:

- Praxisorientierung des Studiums,
- absolvierte Praktika,
- Englisch-, daneben Französisch- und Spanischkenntnisse,
- EDV-Kenntnisse,
- Abschluss an einer staatlichen Universität,
- Fächerkombination,
- Studiendauer (maximal 12 Semester),
- Diplomnote (nicht schlechter als 2,5),
- Berufsausbildung/Lehre,
- Auslandspraktikum,
- Alter (höchstens 30 Jahre),
- Auslandsstudium,
- Thema der Diplomarbeit,
- ehrenamtliche Tätigkeiten,
- Abiturnote,
- Vordiplomnote,
- MBA,
- Promotion.

Bemerkenswert an dieser Liste ist, dass im Allgemeinen sowohl der **MBA** als auch die **Promotion** nur eine geringe Relevanz im Rahmen der Arbeitssuche zu haben scheinen, die Praxisorientierung der Ausbildung dagegen als wichtigste fachliche Anforderung genannt wird.

 Ausschlusskriterien sind – aufgrund der leichten Überprüfbarkeit – die Note, die Anzahl der Semester und das Alter der Bewerber.

Rangfolge Soft Skills

Bei den **Soft Skills**, den außerfachlichen Kriterien, achten die Personalverantwortlichen auf Folgendes:

- Leistungsbereitschaft,
- Engagement,
- Kommunikations-/Kontaktfähigkeit,
- Teamfähigkeit,
- Lernfähigkeit,
- Problemlösungsfähigkeit,
- praxisorientiertes Denken,
- Verantwortungsbewusstsein,
- Belastbarkeit,
- Persönlichkeitsbild,
- Zielstrebigkeit,
- Flexibilität,
- unternehmerisches Denken,
- Selbstständigkeit,
- Effektivität,
- analytisches Denken,
- Mobilität.

 Auf **deutlich geringes Interesse** stoßen nach den Angaben der Unternehmen Kreativität, Allgemeinbildung und die Interessenbreite.

In der Regel, das heißt von mehr als 50 Prozent der Unternehmen, werden die fachlichen Qualitäten **höher** bewertet als die außerfachlichen. Das heißt, ca. ein Viertel der Unternehmen stuft die fachlichen und außerfachlichen Kriterien als gleichwertig ein.

Eine deutliche Diskrepanz besteht zwischen den angeführten Kriterien, nach denen Ihre Bewerbungsunterlagen beurteilt werden, und Ihrer Bewertung im Rahmen des Vorstellungsgesprächs. Dort fallen vor allem Kriterien ins Gewicht, die sehr eng mit Ihrer **Persönlichkeit** und Ihrem **Auftreten** zusammenhängen.

Natürlich werden im Bewerbungsgespräch Ihre **Leistungsbereitschaft** (Engagement, Initiative, Identifikation mit dem Unternehmen und der Aufgabe) und Ihre **Kompetenz** (arbeitsplatzrelevante Erfahrungen und Kenntnisse) überprüft, soweit dies möglich ist.

 Ganz wichtig im Vorstellungsgespräch ist jedoch, dass Sie **Sympathien** für sich mobilisieren können.

Dies stellt natürlich immer einen gewissen **Unsicherheitsfaktor** dar, der im Vorfeld schlecht eingeschätzt werden kann und auf den Sie sich schlecht oder gar nicht vorbereiten können. Sie sollten sich möglichst unverkrampft und natürlich geben.

Daher ist es wichtig zu wissen, wie Sympathien – in der Bewerbungssituation – geweckt werden. Dies geschieht maßgeblich durch folgende Eigenschaften:

- Vertrauenswürdigkeit,
- Anpassungsfähigkeit,
- Identifikation mit der Institution,
- sichere Ausdrucksfähigkeit.

Auf diese Punkte wird im Kapitel 5.8 „Das Vorstellungsgespräch" (Seite 240) eingegangen.

 Es geht darum, sich ein gewisses **Grundwissen der Selbstdarstellung** anzueignen. Dies darf jedoch nicht auf Selbstverleugnung oder Heuchelei hinauslaufen.

5.6 Die Sicht der Unternehmen

Es ist vielmehr wichtig, dass Sie bei Ihrem Gesprächspartner **Sympathie** wecken und ihm beweisen, dass Sie genau der passende Bewerber für die Stelle sind.

Das wird Ihnen gelingen, wenn Sie anhand von **Beispielsituationen** aus Ihrem Studien- oder Berufsleben die oben genannten Eigenschaften illustrieren.

Auch durch körpersprachliche Signale können Sie Gesprächspartner für sich einnehmen und dadurch Ihr Interesse und Ihre Motivation für den jeweiligen Arbeitsplatz demonstrieren.

>
> ### ZUSAMMENFASSUNG
> **Bewerbung**
>
> - Bevor Sie sich bewerben, sollten Sie eine **gründliche Selbstanalyse** Ihrer fachlichen, beruflichen und persönlichen Qualifikationen durchführen.
> - Werden Sie sich über Ihr **berufliches Ziel** und Ihre potenziellen Arbeitgeber klar.
> - Schöpfen Sie **alle Bewerbungswege** aus, sowohl die passiven (Antwort auf Stellenanzeigen, Arbeitsamt) als auch die aktiven (Stellengesuch, Initiativ- und Kurzbewerbung, Kontakt zu Personal- und Karriereberatern, private Arbeitsvermittler, Kontaktmessen und Internet-Bewerbung).
> - Stellen Sie **Adressen** potenzieller Arbeitgeber zusammen, und knüpfen Sie telefonische **Kontakte**.
> - Eignen Sie sich ein Grundwissen über die **Auswahl- und Entscheidungskriterien** von Unternehmen an, und trainieren Sie Ihren Auftritt im Vorstellungsgespräch.

5.7 Bewerbungsunterlagen

Tipps

Auch für die Bewerbungsunterlagen gilt die Regel: **Patentrezepte gibt es nicht!** Grundsätzlich sollten Sie sich jedoch immer vor Augen halten: Das Erstellen professioneller Bewerbungsunterlagen ist Schwerarbeit, die Sie keinesfalls auf die leichte Schulter nehmen dürfen! Mit der Konzeption eines Anschreibens und eines auf die jeweilige Position abgestimmten Lebenslaufes sowie einer Berufserfahrungsliste werden Sie **etliche Stunden** zubringen. Je mehr Bewerbungen Sie geschrieben haben, desto schneller wird es natürlich gehen.

Hier noch allgemeine Tipps, die Sie bei der Gestaltung Ihrer Bewerbungsunterlagen beachten sollten:

1. Begreifen Sie Ihre Bewerbungsunterlagen immer als eine **Informationsbroschüre** in eigener Sache und auch als eine erste **Arbeitsprobe**, anhand derer Ihr zukünftiger Arbeitgeber sehen kann, wie sorgfältig, zielstrebig und einfühlsam Sie mit den Aufgaben umgehen werden, die er Ihnen anvertraut.
2. Verwenden Sie auf keinen Fall dasselbe Anschreiben oder denselben Lebenslauf für Bewerbungen bei verschiedenen Unternehmen. Stimmen Sie Ihre Unterlagen immer auf die **unterschiedlichen** Gegebenheiten und **Anforderungen** des jeweiligen Unternehmens ab.
3. Stellen Sie den konkreten **Praxisbezug** Ihres Studiums, Ihrer universitären Projekte und außeruniversitären Tätigkeiten dar. Belegen Sie diese Praxisrelevanz durch anschauliche Beispiele.
4. Unerlässlich ist, dass Sie schon im Anschreiben die fachlichen **Anforderungen des jeweiligen Berufsfeldes** nennen und Ihre fachliche Eignung hervorheben.
5. Wenn Sie selbst in den Bewerbungsunterlagen Ihre Fähigkeiten bewerten, wirken Sie schnell überheblich. Überlassen Sie darum die **Bewertung** anderen.

Vorsicht bei der Angabe von **Referenzen**! Sie sollten vorher sicherstellen, dass die betreffende Person vorgewarnt ist. Vereinbaren Sie mit ihr ungefähr, welche Informationen sie weitergeben darf.

Vorsicht ist auch bei vermeintlich **witzigen Bewerbungen** geboten. Wenn Sie sich nicht gerade als Creative Director in einer Werbeagentur bewerben, sollten Sie Ihre **Kreativität** dadurch ausleben, dass Sie Ihre Bewerbung individuell auf das jeweilige Unternehmen und die Anforderungen der Position abstimmen.

Die formale Gestaltung

Bei der formalen Gestaltung Ihrer schriftlichen Bewerbungsunterlagen gilt weitgehend die Devise: **Erlaubt ist, was gefällt!** Unbekannt ist natürlich, welchen Geschmack der Personalverantwortliche im Unternehmen hat. Ein wenig kann man sich nach dem Stil der Gestaltung der Stellenanzeige (konservativ – modern) und der übrigen Selbstdarstellung des Unternehmens richten.

Ob Sie nun weißes oder dezent getöntes (keine schrillen Farben!) Papier bevorzugen, den Lebenslauf rückwärts- oder vorwärts-chronologisch verfassen: Es gibt eine Vielzahl von Möglichkeiten, die Sie in Erwägung ziehen können.

5.7 Bewerbungsunterlagen

CHECKLISTE
Formalia

- Achten Sie auf die **Vollständigkeit** und die **Reihenfolge** Ihrer Unterlagen, also: Anschreiben, Lebenslauf mit Foto, gute Kopien Ihrer Zeugnisse und Berufserfahrungsliste.
- Erstellen Sie Ihre Unterlagen nicht mit der Schreibmaschine, sondern mit dem **PC** und vor allem mit einem guten Tintenstrahl- oder Laserdrucker. Achten Sie auf hundertprozentig **korrekte Rechtschreibung** (immer von kompetenten Personen gegenlesen lassen!), und fügen Sie im nachhinein auf gar keinen Fall Korrekturen mehr ein, beispielsweise mit Tipp-Ex oder Ähnlichem. Bei einem Fehler müssen Sie die Seite neu ausdrucken.
- Verwenden Sie für das **Anschreiben** keinen Block-, sondern **Flattersatz** mit genügend breiten Rändern (3 bis 4 Zentimeter). Achten Sie auf eine übersichtliche Gliederung durch sinnvolle Absätze, und vermeiden Sie Löcher im Text durch Eingabe der Silbentrennung in der Textverarbeitungsdatei. Wählen Sie eine Schriftgröße, die nicht kleiner als elf bis zwölf Punkt ist.
- Vergessen Sie keinesfalls Ihre **Unterschrift** (am besten mit dem Füllfederhalter in blau oder schwarz) auf dem Anschreiben. Auf dem Lebenslauf ist sie nicht unbedingt erforderlich.
- Zerknitterte oder verschmutzte Unterlagen machen einen extrem schlechten Eindruck und werden sofort aussortiert. Es gilt darum, eine **Verpackung** zu finden, die die Unterlagen angemessen schützt, aber das Lesen nicht erschwert.
- Zu vermeiden sind spiegelnde Folien oder auch Mappen, die sich beim freihändigen Lesen sofort wieder schließen. Informieren Sie sich in einem Schreibwarengeschäft oder in einem Copy-Shop, welche Möglichkeiten es gibt. Spiralbindesysteme oder **Plastikmappen** mit einer Befestigungsschiene stellen sicherlich angemessene Präsentationsformen dar.
- Unter www.business-line.net finden Sie einen Anbieter origineller und ansprechender Bewerbungsmappen.
- Verwenden Sie **keine Klarsichthüllen** für die einzelnen Seiten. Dies sieht immer nach Massenbewerbung aus.
- Sehr wichtig ist bei der Einheftung der Unterlagen, dass das **Anschreiben gesondert** und daher leicht zugänglich obenauf liegt, also auf keinen Fall mit in die Mappe eingeheftet wird.
- Achten Sie darauf, dass der **Umschlag**, in dem Sie Ihre Unterlagen verschicken, stabil ist, also mindestens einen kartonierten Rücken hat. Noch besser sind allerdings Umschläge aus Karton.
- Wenn Sie die Möglichkeit haben, **Adressetiketten** zu drucken, sollten Sie diese der handschriftlichen Beschriftung des Umschlags vorziehen. Dasselbe gilt für die Absenderangabe.
- **Falsch frankierte oder falsch adressierte** Briefsendungen haben natürlich keine Chance!
- Erstellen Sie Ihre Unterlagen immer in einer **doppelten Ausführung**, die Sie aufbewahren. Im Falle einer Rückmeldung wissen Sie dann, wer welche Unterlagen von Ihnen bekommen hat.

Das Anschreiben

Das Anschreiben ist die **Visitenkarte** des Bewerbers und einer der wichtigsten Bestandteile der Bewerbungsmappe. Mit dem Anschreiben nehmen Sie den Kontakt zu Ihrem Gesprächspartner im Unternehmen auf. Personalverantwortliche verwenden das Schreiben als Entscheidungskriterium darüber, ob sie eine Bewerbung überhaupt lesen oder gleich aussortieren.

Da das Schreiben über den so wichtigen **ersten Eindruck** entscheidet, sollte es besonders sorgfältig gestaltet sein.

 Zwei **Kardinalfehler**, die Bewerber immer wieder machen:

1. Sie verwechseln das Schreiben mit einem **Rechenschaftsbericht**, der sich liest wie eine schlechte Begründung dafür, warum sie sich beworben haben.
2. Sie **wiederholen** im Schreiben die Elemente ihres Lebenslaufes und der Berufserfahrungsliste.

Beides ist jedoch nicht Sinn und Zweck des Briefes.

 Das Schreiben soll **Interesse wecken**, sich mit der Bewerbungsmappe zu beschäftigen, aber nichts Wesentliches vorwegnehmen.

Es sollte dem Leser in Form einer kurzen und prägnanten **Argumentation** aufzeigen, warum Sie für die Position geeignet sind.

Dementsprechend sollte der Brief nicht länger als eine DIN-A4-Seite sein. Häufig reicht jedoch schon eine halbe Seite Text vollkommen aus.

Was Sie vermeiden sollten

 Formelhafte Sätze, die keine Aufmacher-Qualität haben und kaum zum Weiterlesen anregen, wie zum Beispiel:

„Mit großem Interesse habe ich gelesen ..." oder „Hiermit möchte ich mich um ... bewerben".

Schlecht ist auch, wenn Sie das Anschreiben mit einer **Wiederholung des Anzeigentextes** beginnen.

Dasselbe gilt für die Anrede „Sehr geehrte Damen und Herren". Sie sollten schon im Vorfeld in Erfahrung gebracht haben, wer Ihr **Ansprechpartner** ist.

 Auch die **Abkürzungen** „z. Hd." (zu Händen), „Betr." (Betreff) oder „Bzg." (Bezug) sind nicht mehr zeitgemäß und machen einen eher altertümlichen Eindruck.

Die Formel „Alles Weitere können Sie meinen Zeugnissen und Arbeitsproben entnehmen" zählt ebenfalls zu den **Stereotypen**, die Sie in jedem Fall vermeiden sollten.

Aufbau des Schreibens

Grundsätzlich möchte der potenzielle Arbeitgeber Antwort auf die folgenden Fragen haben:

> - Aus welchen Gründen bewerben Sie sich um die Stelle?
> - Welche Probleme können Sie lösen?
> - Warum bewerben Sie sich gerade bei diesem Unternehmen?
> - Welche beruflichen Ziele haben Sie?

Wichtig ist nach der persönlichen Anrede ein gelungener Einstieg, ein spannender **Aufhänger**, der zum Weiterlesen motiviert.

Geschickt ist es, wenn Sie sich in der Einleitung auf eine **Empfehlung** oder ein **Telefonat** beziehen können, das Sie mit dem Personalverantwortlichen oder einer anderen zuständigen Person geführt haben.

Im **Mittelteil** sollten Sie dem Leser die vier genannten Fragen beantworten.

Beziehen Sie sich auf die **Anforderungen**, die Sie entweder recherchiert haben oder die in der Stellenanzeige genannt werden und denen Sie entsprechen können. Belegen Sie diese Entsprechung an konkreten Beispielen.

Greifen Sie dafür auf Ihre Selbstanalyse zurück. Dort sollten Sie genügend beispielhafte Situationen festgehalten haben, die Ihre speziellen **Fähigkeiten** dokumentieren. Gegebenenfalls können Sie Ihre Selbstanalyse vervollständigen.

Im **Schlussteil** sollten Sie selbstbewusst Ihrer Freude auf ein Vorstellungsgespräch Ausdruck verleihen, also nicht den Konjunktiv verwenden wie in dem Satz: „Über eine Einladung ... würde ich mich freuen". Schreiben Sie statt dessen: „Auf eine Einladung ... freue ich mich".

Als Grußformel ist „Mit freundlichen Grüßen" am besten geeignet, die Formulierungen „... verbleibe ich", „Hochachtungsvoll" oder ähnliche Wendungen sind überholt. **Unterschreiben** Sie – leserlich! – mit Vor- und Nachnamen.

Wenn Sie noch zusätzlich Aufmerksamkeit erregen wollen, ist ein **Postscriptum** (PS) angebracht. Auf einem Anschreiben erfährt das PS gesteigerte Aufmerksamkeit und wird beim Überfliegen sogar oft zuerst gelesen. Das Postscriptum ist somit eine gute Chance, auf eine weitere Qualifikation Ihrerseits aufmerksam zu machen.

Der Hinweis auf die **Anlagen** darf in keinem Anschreiben fehlen. Wenn Sie Platz genug haben, sollten Sie auch anführen, was genau Sie als Anlage beigefügt haben.

Der strukturelle Aufbau

Beginnend mit der zweite Zeile schreiben Sie links Ihre **Anschrift** mit Telefonnummer. In die rechte obere Ecke kommt der **Ort** und das **Datum**. Einen guten Eindruck macht es, wenn Sie eigenes Briefpapier verwenden, aber auch mit einem guten Drucker können Sie ansprechende Briefköpfe gestalten.

Nach vier bis fünf Leerzeilen folgt die **Anschrift** des Unternehmens, wobei zuerst das Unternehmen und dann der Name der **Ansprechperson** genannt werden. Lassen Sie vor dem Ort wiederum eine Leerzeile.

Nach weiteren vier Leerzeilen folgt die **Bezugzeile**, die Sie fett drucken sollten. Schreiben Sie: „Ihre Anzeige vom 23.3.2005 in der Frankfurter Rundschau" bzw. bei einer Kurz- oder Initiativbewerbung „Bewerbung als Diplombetriebswirt".

Zwei bis drei Leerzeilen darunter folgt die **Anrede**, die unbedingt persönlich sein sollte.

Nach einer weiteren Leerzeile folgt der eigentliche Text, gegliedert in **Einleitung, Mittel- und Schlussteil** und jeweils durch eine Leerzeile voneinander getrennt.

Die **Unterschrift** sollte je nach vorhandenem Platz durch drei bis fünf Leerzeilen vom restlichen Text abgehoben sein.

Am Ende der Seite folgen eventuell das PS und der **Vermerk über die Anlagen**.

Beispiele für Anschreiben

Im Folgenden erhalten Sie einige Anregungen, wie Sie die maßgeblichen Textblöcke (Einleitung, Mittel- und Schlussteil) gestalten können.

Bei der Konzeption Ihrer Bewerbung sollten Sie die Beispiele keinesfalls übernehmen, sondern darauf achten, dass Ihre Unterlagen auf die **Anforderungen** des jeweiligen Unternehmens ausgerichtet sind.

Standardisierte oder übernommene Formulierungen fallen den Personalverantwortlichen in der Regel sofort auf, und als Ergebnis der scheinbar eingesparten Arbeit und Zeit werden Ihre Unterlagen meist einfach aussortiert.

Gestaltung des Aufhängers

Formulierungen wie die folgenden könnten in der Einleitung Ihres Anschreibens stehen:

- „Wie mit Ihrem Mitarbeiter Herrn Müller heute telefonisch besprochen, sende ich Ihnen meine Bewerbungsunterlagen für die Position als ... zu."
- „Auf Empfehlung von ... erhalten Sie heute meine Bewerbungsunterlagen. Hier eine kurze Beschreibung meiner fachlichen und persönlichen Qualifikationen ..."
- „Vielen Dank für das interessante Telefonat. Es hat meinen Wunsch verstärkt, mich bei Ihnen als ... für die Position des ... zu bewerben."
- „Für das informative telefonische Gespräch am ... bedanke ich mich noch einmal. Gerne möchte ich für Ihr Haus tätig werden und schicke Ihnen darum meine Bewerbungsunterlagen für die Position eines ... zu."

Gestaltung des Mittelteils

Im **Mittelteil** Ihres Anschreibens müssen Sie dem Leser verdeutlichen, wer Sie sind, warum Sie sich bewerben und was Sie ihm anbieten können. Hier einige Vorschläge:

- „In meiner Diplomarbeit habe ich mich mit ... beschäftigt."
- „Eine praxisorientierte Ausrichtung meines Studiums war für mich wesentlich. Als Ergänzung der theoretischen Ausbildung leitete ich eigenverantwortlich das Projekt ..."
- „Während meiner Praktika konnte ich darüber hinaus Erfahrungen sammeln, vor allem im Bereich ..."

Markus Müller
Wiesenweg 4
63456 Grünthal
Tel. 06 78 / 12 34

12.02.2005

ABC-Vertriebs GmbH
Herrn H. Maier
Kaufstraße 23
78910 Handelstadt

Trainee im Vertrieb
Ihre Anzeige in der FAZ vom 08.02.2005

Sehr geehrter Herr Maier,

vielen Dank für das informative Telefonat. Wie besprochen schicke ich Ihnen meine vollständigen Bewerbungsunterlagen.

Im Juni 2005 werde ich voraussichtlich mein Studium der Betriebswirtschaftslehre als Diplomkaufmann abschließen. Ich bin 26 Jahre alt, uneingeschränkt mobil und an einer herausfordernden Aufgabe interessiert. Durch verschiedene Praktika, die ich in den Bereichen Vertrieb und Multimedia erfolgreich absolviert habe, wird mein Interesse an der Medienbranche deutlich.

Die ABC-Vertriebs GmbH ist mir durch ihre Produkte und als innovatives Unternehmen bekannt, in das ich mein Know-how sehr gerne einbringen würde.

Die fachlichen Anforderungen, die Sie in Ihrer Anzeige nennen, kann ich erfüllen. Die XYZ, bei der ich ein dreimonatiges Vertriebspraktikum absolvieren konnte, hatte ebenfalls Multimedia-PCs im Programm. Meine Diplomarbeit befasst sich mit Werbemöglichkeiten in Neuen Medien.

Bei meinen Praktika hat mir der direkte Kontakt mit Kunden besonderen Spaß gemacht. Durch meine persönlichen und fachlichen Interessen und durch einen längeren Aufenthalt in Amerika verfüge ich über sehr gute Englischkenntnisse.

Auf eine Fortsetzung unseres Gesprächs freue ich mich sehr.

Mit freundlichen Grüßen

Markus Müller

- „Die dabei erworbenen Qualifikationen würde ich gerne in die Arbeit für Ihr Unternehmen einbringen."
- „Auf dem Gebiet der ... möchte ich mich weiterentwickeln und suche daher eine Tätigkeit in einem expandierenden und international ausgerichteten Unternehmen."
- „Seit kurzem bin ich Diplomkauffrau. Mein Studium schloss ich nach 8 Semestern mit der Note gut ab."
- „Durch verschiedene Praktika verfüge ich über berufliche Erfahrungen in den Bereichen ..."
- „Zudem konnte ich durch ein Auslandspraktikum und mehrere Sprachkurse meine Spanischkenntnisse ausbauen. Meine persönlichen Stärken sind Kommunikationsfähigkeit und Effektivität."
- „Meine Erfahrungen, die ich während eines Praktikums im Bereich ... sammeln konnte, haben mein Interesse an Ihrer Branche geweckt."
- „Durch Ausbildung und Studium verfüge ich über fundierte Kenntnisse im Bereich ..."
- „Während meiner Ausbildung und meiner Praktika konnte ich neben Leistungsbereitschaft auch analytische Fähigkeiten und Organisationstalent beweisen."
- „Vor kurzem schloss ich mein Studium der Wirtschaftswissenschaften (Schwerpunkt Marketing) mit der Gesamtnote 2,3 ab. Durch verschiedene Praktika konnte ich intensive Erfahrungen in den Bereichen ... und ... sammeln."
- „Folgende Kenntnisse kann ich in Ihr Unternehmen einbringen: ..."

Gestaltung des Schlussteils

Ihr Schlussteil könnte lauten:

- „Auf eine Einladung zu einem Vorstellungsgespräch freue ich mich."
- „Auf eine Fortsetzung unseres Gesprächs freue ich mich sehr."
- „Auf ein persönliches Gespräch freue ich mich."
- „Ich freue mich darauf, von Ihnen zu hören."
- „Für ein Gespräch stehe ich Ihnen gerne zur Verfügung."

Der Lebenslauf

Der Lebenslauf ist das Kernstück der Bewerbungsunterlagen. Er zeigt die wichtigsten Stationen, Ereignisse und Daten im Leben eines Menschen.

Auch wenn die Daten und Ereignisse eines Lebenslaufes feststehen, sollte er nicht in allen Bewerbungen, die Sie verschicken, gleich sein. Es besteht die Möglichkeit, ihn je nach den vom potenziellen Arbeitgeber geforderten Kriterien anzupassen.

Jede Position hat ein anderes Anforderungsprofil. Die **individuelle Ausrichtung** ist ein Hinweis darauf, dass Sie sich gut vorbereitet haben, Ihre Aufgabe ernst nehmen und sie sorgfältig ausführen. Ihrem potenziellen Arbeitgeber zeigt dies, wie Sie mit den Aufgaben umgehen werden, die er Ihnen anvertraut.

Bausteine des Lebenslaufs

- Persönliche Daten,
- Schulausbildung,
- Angaben zum Wehr- oder Zivildienst,
- Hochschulausbildung,
- Berufstätigkeit,
- Weiterbildung,
- Zusatzqualifikationen,
- Interessen und Hobbys,
- Ort, Datum, Unterschrift.

Gliederung

Der Lebenslauf lässt sich auf verschiedene Weise gliedern:

- **chronologisch**, also zeitlich gegliedert, und zwar entweder vorwärts- oder rückwärts-chronologisch,
- **funktional** bzw. thematisch, also nach sachlichen Gesichtspunkten geordnet.

Für ein **rückwärts-chronologisches Vorgehen** spricht, dass der Leser die wichtigsten Informationen, also die über Ihre aktuellsten Tätigkeiten und Qualifikationen, zuerst erhält.

Wann Sie Ihr Abitur gemacht haben und welche Schulen Sie besucht haben, ist von geringerem Interesse und im rückwärts-chronologischen Lebenslauf dementsprechend am Ende platziert.

Für eine **thematische bzw. funktionale Gliederung** spricht, dass sie übersichtlicher und schneller zu erfassen ist. Der Leser kann sich nach dem Überfliegen einzelne Textblöcke herausgreifen und gesondert lesen.

Der **Stil** sollte kurz und knapp, jedoch nicht telegrammartig sein.

Vollständigkeit

Ein Lebenslauf sollte grundsätzlich vollständig und lückenlos den Werdegang eines Bewerbers aufzeigen. **Lücken** – zum Beispiel Zeiten vorübergehender Arbeitslosigkeit oder „Auszeiten", die man sich genommen hat – kann man zwar nicht wegliegen, aber man kann die Darstellung so wählen, dass sie nicht auffallen.

Lücken von mehr als zwei Monaten nach dem Abitur oder Studium können Sie in einem **thematisch** gegliederten Lebenslauf gut verstecken.

 In einem **chronologisch** gegliederten Lebenslauf geben Sie am besten nur die Jahreszahlen an und nicht die genauen Daten. Auch auf diese Weise fallen Lücken von einigen Monaten nicht auf.

Leerläufe oder auch unqualifizierte Aushilfsjobs lassen sich ggf. umdeuten, indem Sie die Betonung auf Aspekte oder Kompetenzen legen, die für den jeweiligen Arbeitsplatz relevant sind.

Der Lebenslauf wird bei einem Berufsanfänger meist nicht länger als **eine DIN-A4-Seite** sein, sollte aber zwei Seiten auf keinen Fall überschreiten.

Optische Aufteilung

Die Daten und die Ereignisse bzw. Fakten sollten optisch voneinander getrennt sein. Dies ist bei der **tabellarischen Form** kein Problem.

Mit unseren starken Marken Bahlsen und Leibniz bieten wir ein vielfältiges Sortiment, das den Geschmack der Zeit trifft. Das hat uns zum Marktführer in Deutschland und europaweit zu einem der führenden Anbieter von Süßgebäck gemacht.

BERUFSSTART MIT GESCHMACK!

Wir bieten Ihnen als Wirtschaftswissenschaftler oder Ingenieur in den Bereichen Vertrieb, Logistik, Produktion, Materialwirtschaft, Marketing oder Personal:

- ein auf Sie zugeschnittenes individuelles 24 monatiges Einstiegsprogramm
- gezielte Vorbereitung auf Ihre zukünftige Tätigkeit
- vom ersten Tag an Übernahme von Verantwortung im operativen Geschäft

Wenn Sie Ihr Grundstudium abgeschlossen haben, bieten wir Ihnen bereits während des Studiums die Möglichkeit:

- ein sechsmonatiges Praktikum zu absolvieren
- den Arbeitsalltag bei einem Markenartikler „live" zu erleben
- einen bestimmten Bereich kennenzulernen
- als vollwertiges Teammitglied im Tagesgeschäft und an Projekten mitzuarbeiten

Sie sind auf den Geschmack gekommen? Dann bewerben Sie sich bitte unter Angabe Ihres Wunschbereiches bei:

Bahlsen · Personalmanagement · Podbielskistraße 11 · 30163 Hannover

Weitere Informationen erhalten Sie telefonisch unter 0511 960-0 oder besuchen Sie uns einfach auf unserer Homepage: www.Bahlsen.com

Sie ist zur gebräuchlichsten geworden und bietet dem Leser visuell die beste Hilfe, sich im Text zurechtzufinden.

Sie können die Daten auf die eine und die Ereignisse auf die andere Seite der Tabelle stellen.

Die **persönlichen Daten** können Sie entweder als Block in die linke obere Seite Ihres Lebenslaufes setzen oder genauso wie die anderen Themenblöcke behandeln.

 Das **Foto** sollte seinen Platz immer in der rechten oberen Ecke auf der ersten Seite haben.

Bestandteile des Lebenslaufs

Die folgende Auflistung folgt einer vorwärts-chronologischen Ordnung.

Persönliche Daten

Zu diesen Daten gehören Ihr Name, Ihre **Berufsbezeichnung** bzw. Ihr **akademischer Titel**, Ihre **Anschrift** und **Telefonnummer** (für den Fall, dass Ihr Anschreiben vom Lebenslauf getrennt wird und das Unternehmen Sie schnell erreichen möchte). Geburtsdatum und Geburtsort dürfen ebensowenig fehlen wie die Angaben zu Ihrem **Familienstand** und zur Anzahl Ihrer **Kinder**.

Bei den persönlichen Daten **fehl am Platz** sind Namen und Berufe Ihrer Eltern, Geschwister und Ehepartner. Ihre Religionszugehörigkeit sollten Sie nur im Falle einer Bewerbung bei einer konfessionell geprägten Organisation angeben.

Schulausbildung

Geben Sie die **Jahreszahlen**, die **Schularten** und den **-ort** an. Bei Ihrem (Fach-) Abitur können Sie das genaue Datum und gegebenenfalls die Note nennen. Machen Sie dagegen keine Angaben zu eventuell wiederholten Klassen.

Angaben zum Wehr- oder Zivildienst

Diese Angaben (mit Monat und Jahr, eventuell Waffengattung, Dienstgrad und Ort) dürfen nicht fehlen, zumal die Tatsache, ob Sie nun Wehr- oder Zivildienst absolviert haben, auch ein gewisses Licht auf Sie wirft.

Lehre

Nennen Sie die Firma, den Ort und die Art der Lehre sowie Ihre erworbene Abschlussqualifikation.

Studium

Nennen Sie die **Fachhochschule** bzw. die **Universität** und den Ort, Ihre **Studienfächer** und den **Abschluss** bzw. absolvierte Zwischenprüfungen. Es genügt die Angabe von Monat und Jahr.

Hinweise auf Schwerpunkte und das **Thema Ihrer Abschlussarbeit** sind ebenso möglich wie die Nennung Ihrer Note.

Verfahren Sie genauso, wenn Sie Ihr Studium ohne Diplom beendet haben, und zwar ohne weitere Erklärungen. Diese können im Anschreiben stehen.

Berufstätigkeit

Hierher gehören Angaben über absolvierte Praktika und andere Jobs mit Monats- und Jahresangabe. Stellen Sie diejenigen Tätigkeiten ausführlicher dar, die einen direkten Bezug zu den geforderten Qualifikationen der Stelle haben, für die Sie sich bewerben.

5.7 Bewerbungsunterlagen

Die Kunst besteht darin, auch scheinbar **irrelevante Tätigkeiten** so darzustellen, dass sie Kompetenzen (wie beispielsweise Anpassungsfähigkeit oder Verantwortungsbewusstsein) im besten Licht zeigen.

Weiterbildung

Wiederum mit Monats- und Jahresangabe sollten Sie solche Weiterbildungskurse nennen, die Ihrem beruflichen Fortkommen dienen.

Veranstaltungen, die nicht unmittelbar mit Ihrer beruflichen Qualifikation zu tun haben, sollten Sie nicht im Lebenslauf aufführen, sondern in einer separaten Liste beifügen.

Zusatzqualifikationen

Dazu gehören **Sprachkenntnisse, EDV-Kenntnisse** und **sonstige** zusätzliche **Qualifikationen**.

Hobbys

Bei der Nennung von Interessen und Hobbys bedarf es eines gewissen Fingerspitzengefühls. Nicht jedes Hobby ist erwähnenswert. Unter Umständen kann ein Hobby aber auch einen **wichtigen Bezug** zu der Branche haben, in der Sie sich bewerben, oder auf andere Weise bedeutsam sein.

Einerseits bieten Hobbys im Vorstellungsgespräch interessante Anknüpfungspunkte, auf die Ihr Gesprächspartner zurückkommen kann.

Andererseits können Hobbys auf ein ausgeglichenes Berufs- und Privatleben hindeuten, das vor einem **einseitigen Karrieredenken** schützt.

Aber nicht alle potenziellen Arbeitgeber interpretieren dies so. Manche deuten die Angabe von Hobbys auch als **freizeitorientierte Schonhaltung** des Bewerbers und schließen auf wenig oder unzureichendes Interesse am Beruf und am Unternehmen.

Bei manchen Hobbys ist es klüger, sie unerwähnt zu lassen, zum Beispiel bei solchen, die beim Leser sofort Vorstellungen von eingegipsten Körperteilen und dementsprechenden **beruflichen Ausfallzeiten** hervorrufen.

Ob und welche Hobbys Sie angeben, sollten Sie jeweils bei jeder Bewerbung sorgfältig bedenken und entscheiden.

Ort, Datum, Unterschrift

Die Angabe von Ort und Datum am Ende des Lebenslaufes dokumentiert dessen Aktualität. Wenn Sie möchten, können Sie den Lebenslauf unterschreiben, aber dies ist nicht unbedingt erforderlich.

Das Foto

Die **Macht der Bilder** darf im Bewerbungsverfahren nicht unterschätzt werden. Auch wenn viele Personalverantwortliche es nicht zugeben: Zuerst – noch bevor sie das Anschreiben oder den Lebenslauf überfliegen – schauen sie sich das Bild an.

Viele Bewerber sind sich über die Bedeutung eines guten Bewerbungsfotos nicht im Klaren.

 Verwenden Sie auf keinen Fall Automaten- oder hässliche Passfotos, sondern **Porträtfotos**.

Lebenslauf

Foto

Zur Person

Name	Markus Müller
Anschrift	Wiesenweg 4 63456 Grünthal Tel. 06 78 / 12 34
Geboren am	05.02.1979
Familienstand	Ledig
Staatsangehörigkeit	Deutsch
Hobbys	Tischtennis, Klavier

Ausbildung

Gymnasium	1988–1997 in Bilderstadt
Zivildienst	1997–1999 in St. Peter-Ording, Kinderklinik
Johann-Wolfgang-Goethe-Universität, Frankfurt	1999–2004 Studium der Betriebswirtschaftslehre mit dem Schwerpunkt Marketing/Vertrieb Abschluss: Diplomkaufmann
ABC-Multimedia, Frankfurt	2000–2003 Studentische Hilfskraft
XY-Handels GmbH, Hamburg	2003 Praktikum

Folgende Punkte sollten Sie bei Ihrem Bewerbungsfoto berücksichtigen:

- Bei der **Größe** sollten Sie ca. 6 cm auf 4,5 cm wählen; das Porträtfoto sollte nicht nur den Kopf, sondern auch die Schultern zeigen.
- Ob Sie ein **schwarzweißes** oder ein **buntes** Foto bevorzugen, ist sicherlich eine Frage des Geschmacks. Grundsätzlich wirken schwarzweiße Fotos seriöser und zurückhaltender, doch auch farbige Fotos können, wenn sie gut gemacht sind, diesen Eindruck vermitteln. Heute sind farbige Fotos die Norm.
- Investieren Sie unbedingt das Geld, das ein guter **Fotograf** kostet.
- Lassen Sie immer **mehrere verschiedene** Bilder anfertigen, und entscheiden Sie sich anhand der Kontaktabzüge für eines. Befragen Sie auch Freunde oder Verwandte, welches Foto Sie in ihren Augen am besten darstellt.
- Kleiden Sie sich für den Fototermin passend – etwa so, wie Sie sich auch für ein Vorstellungsgespräch anziehen.
- **Beschriften** Sie das Foto auf der Rückseite mit Ihrem Namen, Ihrer Adresse und Telefonnummer, aber achten Sie darauf, dass die Schrift nicht durchdrückt. Befestigen Sie das Foto an der dafür vorgesehenen Stelle, und zwar mit löslichem Klebstoff, Haftpunkten oder ähnlichem, auf keinen Fall mit Büro- oder Heftklammern.
- Sorgen Sie dafür, dass Sie in der Zeit, in der Sie sich bewerben, immer einen ausreichenden **Vorrat** an Fotos haben. Wenn jemand kurzfristig Ihre Unterlagen haben möchte, macht es keinen guten Eindruck, ihn warten zu lassen, weil Sie noch Fotos machen lassen müssen.

Die Zeugnisse

Die wichtigsten Zeugnisse sind

- Ihr Schulabschlusszeugnis,
- das Zeugnis Ihrer Hochschule,
- Zeugnisse über wichtige Weiterbildungsveranstaltungen,
- ggf. Praktikumszeugnisse und
- andere Arbeitszeugnisse.

Praktikums-/Arbeitszeugnisse

 Grundsätzlich wird zwischen **qualifizierten** und **einfachen** Zeugnissen unterschieden.

Ein **einfaches** Zeugnis enthält lediglich Angaben über die Dauer und Art der Tätigkeit.

Das **qualifizierte** Zeugnis dagegen beurteilt darüber hinaus Ihre Leistungen und Ihre fachlichen Qualifikationen. Es werden zwar nicht direkt „Noten" vergeben, aber die Art und Weise der Formulierung kommt einer Benotung durchaus gleich.

Allerdings benutzen nicht alle Aussteller von Zeugnissen die Formulierungen in dieser Bedeutung. Dadurch entsteht manchmal eine Unschärfe in der Beurteilung.

Je nachdem, wie viele Zeugnisse Sie in der Anlage beifügen (bei ca. fünf und mehr), könnten Sie eine zusätzliche Seite mit einem **Inhaltsverzeichnis** für die Zeugnisse anlegen.

Legen Sie Ihren Bewerbungsunterlagen grundsätzlich immer **Kopien** der Zeugnisse bei, niemals Originale.

5. Erfolgsprogramm Bewerbung

Die Zeugnisse sollten Sie entsprechend Ihrem Lebenslauf entweder vorwärts-chronologisch oder rückwärts-chronologisch ordnen.

Die folgende Tabelle zeigt Ihnen, welchen Bewertungen die gängigen Formulierungen in Zeugnissen entsprechen.

Die Berufserfahrungsliste

Viele Zeugnisse geben nur einen recht oberflächlichen und pauschalen Eindruck von all den Tätigkeiten und Aufgaben, die Sie in verschiedenen Unternehmen als Praktikant, Werkstudent oder ähnliches ausgeübt haben.

Im Arbeitszeugnis ist häufig die **Benotung wichtiger** als die genaue Beschreibung Ihrer Aufgaben.

Für manche Tätigkeiten, die für Ihre Bewerbung wichtig sind, haben Sie möglicherweise gar kein Zeugnis bekommen, weil es sich nur um eine Aushilfsarbeit oder einen 325-€-Job gehandelt hat. Diese Lücken können Sie mithilfe der Berufserfahrungsliste füllen.

Bewertungen in Zeugnissen

Benotung	Formulierung
Sehr gut	• ... hat die ihm übertragenen Arbeiten stets zu unserer vollsten Zufriedenheit erledigt. • Wir waren mit seinen Leistungen stets sehr zufrieden. • ... hat unseren Erwartungen in jeder Hinsicht und in allerbester Weise entsprochen.
Gut	• ... hat die ihm übertragenen Arbeiten stets zu unserer vollen Zufriedenheit erledigt. • ... wir waren mit seinen Leistungen voll und ganz zufrieden. • ... hat unseren Erwartungen in jeder Hinsicht entsprochen.
Befriedigend	• ... hat die ihm übertragenen Arbeiten zu unserer vollen Zufriedenheit erledigt. • ... wir waren mit seinen Leistungen voll zufrieden. • ... hat unseren Erwartungen in jeder Hinsicht entsprochen.
Ausreichend	• ... hat die ihm übertragenen Arbeiten zu unserer Zufriedenheit erledigt. • ... wir waren mit seinen Leistungen zufrieden. • ... hat zufriedenstellend gearbeitet.
Mangelhaft	• ... hat die ihm übertragenen Arbeiten im großen und ganzen zu unserer Zufriedenheit erledigt. • ... hat sich bemüht, die ihm übertragenen Aufgaben zu erledigen. • ... seine Leistung hat unseren Erwartungen entsprochen.

Die Berufserfahrungsliste, von manchen auch als **Qualifikationsprofil** oder **Berufsprofil** bezeichnet, ist ein relativ neues Bewerbungsinstrument, das von Karriereberatern empfohlen wird und schon vielfach mit Erfolg eingesetzt wurde.

Sinn der Berufserfahrungsliste ist es, alle praktischen beruflichen Erfahrungen aufzuführen, die für die Position, um die Sie sich beworben haben, relevant sind. Es kommt nicht darauf an, dass Sie auch für alle Tätigkeiten ein Zeugnis oder einen Beleg nachweisen können.

Die Liste hat vier **entscheidende Vorteile**:

- Sie **entlastet** das **Bewerbungsanschreiben** von unnötigem Ballast, der unweigerlich dann entsteht, wenn man seine beruflichen Erfahrungen umfassend darstellen will.
- Sie hilft, den **Lebenslauf kurz und prägnant zu halten** und auf wesentliche Daten und Fakten zu beschränken.
- Sie ermöglicht es, auch solche Berufserfahrungen darzustellen, für die keine Zeugnisse existieren.
- Sie dokumentiert Ihre beruflichen Erfahrungen umfangreicher und gründlicher, als Zeugnisse allein es können.

Mithilfe der Berufserfahrungsliste kann sich der potenzielle Arbeitgeber ein genaueres Bild von Ihren Qualifikationen machen, als wenn er nur auf die Zeugnisse, den Lebenslauf und das Anschreiben angewiesen ist.

CHECKLISTE
Formale Gestaltung

- Die Liste sollte bei Berufsanfängern **maximal eine DIN-A4-Seite** lang sein.
- Sie lässt sich wie der Lebenslauf **in tabellarischer Form** gestalten und stichwortartig formulieren. Die formale Gestaltung der Liste bleibt Ihnen überlassen.
- Sinnvoll ist eine Gliederung nach **Schlüsselbereichen** bzw. -qualifikationen. Beispielsweise können Sie in der linken Spalte Ihre beruflichen Aufgaben aufführen und in der rechten die Resultate bzw. Erfolge, die Sie erzielt haben.
- Lassen Sie in der Liste sämtliche Firmen-, Orts- und Jahresangaben weg.
- Die Liste sollte **nur praktische Erfahrungen** enthalten, keine Hinweise auf Fachwissen oder theoretische Kenntnisse.
- Formulieren Sie Ihre Erfahrungen **präziser**, als es in den Zeugnissen zumeist der Fall ist. Schreiben Sie zum Beispiel nicht einfach „Telefondienst", sondern „telefonische Vereinbarung von Kundenterminen für den Außendienst" – eine Erfahrung, die beispielsweise wichtig sein könnte, wenn Sie sich im Vertrieb oder Marketing bewerben oder eine andere Position anstreben, bei der ein direkter Kundenkontakt wichtig ist.
- Setzen Sie als Berufsanfänger in der Liste diejenigen Erfahrungen an den **Anfang**, die für die Position, um die Sie sich bewerben, am wichtigsten sind.
- Erfahrungen, die „unter ferner liefen" rangieren und nur ganz allgemein dokumentieren, dass Sie praktisch tätig waren, kommen ganz ans Ende der Liste.

Markus Müller

Berufserfahrungen

- Hilfskraft in einer Multimedia-Agentur. Mitarbeit bei der Entwicklung von Internet-Werbeseiten und CD-ROMs. Spezialgebiet: Screen-Design
- Reparatur von PCs
- Lösung von Online-Problemen
- Praktikum im Vertrieb: telefonische Vereinbarung von Kundenterminen für den Außendienst; Verfassen von Direct Mailings

Zusatzausbildungen neben dem Studium

- Englisch-Kurs: ein Auslandssemester in London (SS 2003)
- Seminar „Marketing-Mix" (zwei Wochen) beim XY-Marketing-Verband; Aneignung von speziellen Kenntnissen im Direktmarketing.

Die Berufserfahrungsliste sollte Ihr spezielles berufliches Profil dokumentieren. Sie sollte Ihre beruflichen Leistungen und Erfolge **konkret, konsequent, sachlich und in Richtung auf die angestrebte Position** darstellen.

Sofern Sie Ihr **berufliches Qualifikationsprofil** in der Selbstanalyse sorgfältig ermittelt haben, dürfte es kein Problem sein, die Liste anzulegen.

Passen Sie die Liste bei jeder Bewerbung wieder von neuem den Anforderungen der entsprechenden Position an, und stellen Sie die jeweils **wichtigsten Erfahrungen an den Anfang**.

Weiterbildungsliste

Eine **Weiterbildungsliste** ist empfehlenswert, falls Sie außerhalb der Hochschule intensiv Weiterbildungsangebote (VHS-Kurse, Fernlehrgänge und andere Veranstaltungen) genutzt haben und die dort gewonnenen Erfahrungen wichtig sind für die Stelle, um die Sie sich bewerben.

Auch hier kommt es nicht darauf an, dass Sie für die belegten Veranstaltungen Nachweise oder Teilnehmerscheine vorweisen können.

Die Liste sollte **tabellarisch gegliedert** sein. Optimal ist eine Gliederung in drei Spalten:

- Auf der linken Seite steht der genaue Seminartitel,
- in der Mitte die veranstaltende Organisation, der Referent und der Ort,
- rechts das Datum (Jahreszahl genügt).

CHECKLISTE
Bewerbungsunterlagen

- Anschreiben (lose auf die Mappe gelegt),
- Deckblatt der Bewerbungsmappe (mit Anschrift des Bewerbers und Inhaltsverzeichnis, sofern der Inhalt sehr umfangreich ist),
- Lebenslauf mit Foto,
- Liste der Berufserfahrungen,
- Praxiszeugnisse, das neueste zuoberst,
- Ausbildungszeugnisse (Hochschul- und Abiturzeugnis),
- Liste der Weiterbildungsveranstaltungen,
- sonstige Nachweise, zum Beispiel Referenzen oder Arbeitsproben.

Präsentation der Bewerbungsunterlagen

Wenn alle Bewerbungsunterlagen zusammengestellt sind, erhebt sich jedes Mal von neuem die Frage: In welcher Mappe, welchem Ordner oder Hefter sollten der Lebenslauf, die Zeugnisse und sonstigen Nachweise zusammengefügt und verschickt werden? Welche der diversen, im Handel angebotenen Mappen hinterlässt den besten Eindruck?

Auf keinen Fall sollten Sie Ihre Unterlagen in **Klarsichtfolien** einlegen, denn dies erweckt bei Arbeitgebern immer den Eindruck einer Massenbewerbung. Auch Schnellhefter sind nicht viel besser. Die in Kaufhäusern mittlerweile in großer Zahl angebotenen Mappen, häufig mit dem deutlichem Aufdruck „Bewerbung", sehen hingegen ansprechender aus.

Von vielen Personalexperten aufgrund ihrer Übersichtlichkeit übereinstimmend als **erstklassig** bewertet werden die Bewerbungsmappen von *Business Line*. Diese erhalten Sie günstig in den MLP Geschäftsstellen. Die Adressen der Geschäftsstellen in Ihrer Nähe finden Sie über die MLP Homepage: www.mlp.de.

ZUSAMMENFASSUNG
Bewerbungsunterlagen

- Bei der Erstellung Ihrer Bewerbungsunterlagen betreiben Sie **Werbung in eigener Sache**. Gehen Sie genauso sorgfältig, kreativ und engagiert vor, wie Sie es auch an Ihrem neuen Arbeitsplatz tun würden – denn dies wird Ihr potenzieller neuer Arbeitgeber aus Ihren Unterlagen herauslesen.
- Unterschätzen Sie nicht die **Zeit**, die Sie dafür aufwenden müssen – zwei Tage intensiver Arbeit sollten Sie in jedem Fall dafür einkalkulieren.

5.8 Das Vorstellungsgespräch

Vom Versand der Bewerbung bis zum Vorstellungsgespräch

Die Zeit, die zwischen dem Versenden der Bewerbungsunterlagen und der Rückmeldung durch das betreffende Unternehmen vergeht, empfinden viele Bewerber als zermürbend. Manche werden schon nach 14 Tagen unruhig, wenn sie bis dahin noch nichts gehört haben.

Von der **Versendung der Unterlagen bis zu einer Einladung zu einem Gespräch** können jedoch **drei bis fünf Wochen** vergehen. Häufig dauert es auch länger, wenn auf eine Stellenanzeige 200 oder mehr Bewerbungen eingegangen sind, was heutzutage keine Seltenheit ist. Meist bestätigen die Personalabteilungen den Eingang der Unterlagen jedoch innerhalb von 14 Tagen.

Werden Sie nicht nervös, wenn Sie Ihre Bewerbungsunterlagen verschickt haben. Wenn Sie **nach drei Wochen** noch gar nichts von einem Unternehmen gehört haben – auch keine Eingangsbestätigung erhalten haben –, dann rufen Sie an und fragen nach, ob die Bewerbung überhaupt eingetroffen ist oder ob noch weitere Informationen gewünscht werden. Fragen Sie, bis wann Sie eventuell mit einem Gespräch rechnen können.

Wenn Sie sich **zu früh** nach dem Versenden Ihrer Unterlagen beim Unternehmen melden oder gar **jede Woche anrufen**, um zu fragen, wie es steht, hinterlassen Sie einen schlechten Eindruck und verbauen sich eventuell Ihre Chancen. Sie wirken dann wie jemand, der es unbedingt nötig hat, eine Stelle zu bekommen.

Statt zu früh oder zu oft im Unternehmen anzurufen, gibt es etwas anderes, das Sie sinnvollerweise tun können, um die Zeit zu überbrücken und die nächsten Schritte vorzubereiten:

Was wird aus Ihrer Zukunft?

Machen wir etwas draus!

Absolventen (m/w)
www.oetker.de

Wirken Sie mit bei dem faszinierenden Business, durch innovative Produktideen schöner essen zur Selbstverständlichkeit zu machen. Seit über 100 Jahren ist das bei uns Tradition. Und so sind wir heute eines der bekanntesten internationalen Lebensmittelunternehmen. Auf den Märkten die Nr. 1. Einmal auch die Nr. 2. Danach ist Schluss.

Für Sie als **Wirtschaftswissenschaftler (m/w)** eine gute Basis, um als Direkteinsteiger oder internationaler Trainee bei uns zu starten. Auch für Absolventen anderer Fachrichtungen bieten sich bei uns Möglichkeiten. Informieren Sie sich! Für die besten Produkte brauchen wir die besten Mitarbeiter. Deshalb tun wir alles, um Ihr Können voll zur Entfaltung zu bringen. Mit einem breit gefächerten Weiterbildungsangebot und der Möglichkeit, Ihre Karriere international auszurichten.

Sie möchten schnell Verantwortung übernehmen und gleich in konkreten Projekten mitwirken? In jedem Fall bieten wir Ihnen ideale Voraussetzungen für eine Zukunft mit Perspektive. National wie international. Fachlich und persönlich. Und zum Wohlfühlen auch. Denn ein gutes Betriebsklima gehört bei uns zur Tradition. Schließlich arbeiten Sie bei uns in einem Familienunternehmen – auch wenn wir in der Welt zu Hause sind!

Haben wir Ihr Interesse geweckt? Dann informieren Sie sich über unsere aktuellen Einstiegsmöglichkeiten:
Dr. August Oetker
Nahrungsmittel KG,
Personal und
Organisation,
Lutterstraße 14,
33617 Bielefeld.
Oder im Internet:
www.oetker.de
Für Bewerbungen nutzen Sie bitte unser Online-Bewerbungsformular.

Dr. Oetker – Qualität ist das beste Rezept.

5. Erfolgsprogramm Bewerbung

❌ Legen Sie sich eine **Liste** an, welchen Unternehmen Sie welche Unterlagen zugeschickt haben. Halten Sie schriftlich fest, ob und wann der Eingang bestätigt wurde, wann ein Telefonanruf oder die erste Kontaktaufnahme erfolgte, wann Vorstellungsgespräche stattgefunden haben, ob Absagen gekommen sind usw. So behalten Sie jederzeit den **Überblick über die gesamte Bewerbungsaktion**.

Notieren Sie sich wichtige Daten – vor allem die Daten von Vorstellungsgesprächen – in einem **Terminkalender** oder Zeitplanbuch.

Wenn Sie dann eine Einladung zu einem Vorstellungsgespräch bekommen, haben Sie die erste Hürde – die Prüfung Ihrer Bewerbungsunterlagen – bereits erfolgreich genommen. Herzlichen Glückwunsch!

Die Vorbereitung

Nun gilt es, sich auf diese erneute Prüfungssituation gründlich vorzubereiten, denn eine gute Vorbereitung ist das A und O. Vor allem ist es wichtig, dass Sie wissen, was auf Sie zukommt. Die Gefahr, bei dieser **Prüfung** durchzufallen, ist zwar vergleichsweise groß, aber dafür haben Sie viele Chancen zu einer Wiederholung.

❌ Gut ist, wenn es Ihnen gelingt, auch zu einem Vorstellungsgespräch für eine Stelle eingeladen zu werden, auf die Sie eigentlich gar nicht so erpicht sind. Dieses Gespräch können Sie dann als Übung und die daraus gewonnenen Erfahrungen für die erfolgreiche Bewältigung des Gesprächs **für denjenigen Arbeitsplatz benutzen, den Sie wirklich möchten. Übung macht auch in einem Vorstellungsgespräch den Meister!**

❌ Das Vorstellungsgespräch dient der Beantwortung zweier Fragen des Unternehmens: **Warum sollten wir gerade Sie einstellen?** Welchen Nutzen können Sie uns bieten, den andere Bewerber uns nicht bieten können?

Neben der fachlichen Ebene geht es in einem Vorstellungsgespräch darum, **Sympathien zu mobilisieren**, also den Gesprächspartner durch Ihre Ausstrahlung für Ihre Persönlichkeit einzunehmen.

Aspekte Ihrer Persönlichkeit entscheiden zu 80 Prozent den Ausgang des Vorstellungsgesprächs! Natürlich werden auch Ihre fachlichen Qualifikationen noch einmal abgeklopft, doch darüber hat man sich schon anhand Ihrer Bewerbungsunterlagen ein Bild verschafft. Die fachliche Seite wird im Gespräch ggf. noch vertieft, wenn Fragen zu Ihren Unterlagen entstanden sind.

Die Mobilisierung von Sympathie ist größtenteils nicht planbar. Man kann sie eigentlich nicht vorbereiten und sie auch nicht wie andere Teile eines Vorstellungsgesprächs einstudieren und üben. Letztendlich hängt es von ziemlich irrationalen Beweggründen ab, ob man eine andere Person als sympathisch empfindet oder nicht.

Dennoch gibt es einige **simple Grundregeln**, wie man Menschen für sich einnehmen kann:

1. Geben Sie Ihrem Gesprächspartner das Gefühl, dass Sie sich für das interessieren, was er Ihnen sagt, und dass Sie ihn ernst nehmen. Nicken Sie freundlich-zustimmend. **Sprechen Sie ihn mit seinem Namen an!**
2. Signalisieren Sie auch durch Ihre Körperhaltung und Ihre Mimik **Offenheit und Interesse.** Also: keine verschränkten Arme, verknoteten Hände und verkrampften Gesichtszüge. Lächeln Sie, schauen Sie Ihrem Gegenüber in die Augen!
3. Bleiben Sie **gelassen und souverän.** Zeigen Sie keine Nervosität.
4. Sprechen Sie **deutlich** und keinesfalls hektisch. Gehen Sie auf das Gesagte ein. Reißen Sie das Gespräch aber nicht an sich.

In einem Vorstellungsgespräch stehen in erster Linie Ihre persönlichen Kompetenzen auf dem Prüfstand, insbesondere Ihre

- **Anpassungs- und Einordnungsfähigkeit,**
- **Leistungsmotivation,**
- der Grad **Ihrer Identifikation mit dem Unternehmen** und
- Ihr **Auftreten.**

 Die Vorbereitung auf ein Bewerbungsgespräch ist – zumindest beim ersten Mal – eine zeit- und arbeitsintensive Angelegenheit. **Planen Sie also genügend Zeit dafür ein, mindestens jedoch zwei Tage.**

Personalverantwortliche haben in jedem Fall viel Erfahrung mit solchen Gesprächen und die daraus erwachsende Menschenkenntnis. Sie durchschauen viele Fassaden.

 CHECKLISTE Vorbereitung

- Kenntnis Ihrer eigenen Position,
- Informationsrecherche über den potenziellen Arbeitgeber,
- Rahmenbedingungen (Kleidung, Anreise etc.),
- Gesprächspsychologie,
- Ablauf eines Vorstellungsgesprächs,
- Fragen, mit denen Sie konfrontiert sein werden,
- Körpersprache,
- Gehaltsverhandlung.

Kenntnis Ihrer eigenen Position

Ihre Selbstanalyse ist die Grundlage für die Kenntnis Ihrer eigenen Position.

Nur mit einem realistischen Selbstbild und einem reflektierten Selbstbewusstsein, das aus der **Kenntnis der eigenen Stärken** und Schwächen resultiert, können Sie auch andere von sich überzeugen.

Gewinnen Sie Ihren potenziellen Arbeitgeber dafür, dass Sie der richtige Bewerber sind, dass ein **Schlüssel-Schloss-Verhältnis** zwischen Ihren Qualifikationen und den Anforderungen des Unternehmens besteht.

Das sollte kein Problem sein, wenn Sie sich nicht einfach „blind" beworben, sondern Ihre potenziellen Arbeitgeber sorgfältig in Übereinstimmung mit Ihren Qualifikationen und beruflichen Zielen ausgewählt haben.

Informationsrecherche über den potenziellen Arbeitgeber

Diese Fakten über Ihren potenziellen Arbeitgeber sollten Sie kennen:

- Stammsitz, Niederlassungen und Tochterfirmen des Unternehmens, auch im Ausland,
- Produktpalette: Welche Produkte oder Dienstleistungen verkauft das Unternehmen?
- Marktposition: Ist das Unternehmen Marktführer in seiner Branche? An welcher Stelle steht es?
- Zukunftsaussichten des Unternehmens und der Branche,
- Umsatzzahlen,
- Zahl der Mitarbeiter,
- Geschäftsleitung: Wer ist Mitglied der Geschäftsleitung und gegebenenfalls des Aufsichtsrats?
- Konkurrenten des Unternehmens: Auf welchen Gebieten hat das Unternehmen Konkurrenz, worin besteht diese? Wer sind die wichtigsten Mitbewerber?
- Aktienkurs,
- Firmengeschichte,
- Image des Unternehmens,
- Unternehmensphilosophie,
- Führungsstil,
- Ihre Aufstiegschancen.

Darüber hinaus sollten Sie sich über folgende Fragen Gedanken machen: Wie sieht der **typische Kunde** dieser Firma oder der Abteilung, für die Sie tätig werden wollen, aus? Wer oder was bildet demnach die **Haupteinnahmequelle** des Unternehmens? Von wem oder was hängt Ihr potenzieller Arbeitgeber geschäftlich ab?

Ferner können Sie Zeit investieren und sich fragen, in welchen Bereichen oder auf welchen Gebieten der potenzielle neue Arbeitgeber seinen **Gewinn steigern** oder durch welche innovativen Vermarktungsstrategien er den Absatz seiner Produkte verbessern könnte.

Anregungen dafür können Sie sich holen, wenn Sie sich anschauen, welche **Strategien die Wettbewerber** des Unternehmens anwenden.

Das Einbringen eines solchen Vorschlags in das Vorstellungsgespräch bedarf natürlich besonderer Vorsicht und eines guten Gespürs. Doch wenn Sie sich darüber Gedanken machen, unterscheiden Sie sich von Ihren Konkurrenten.

Informationsquellen

- Rufen Sie in der **PR- oder der Presseabteilung** der Firma an, und bitten Sie um Zusendung von **Informationsmaterialien** wie beispielsweise Geschäftsberichten, Imagebroschüren, Produktinformationen, Mitarbeiter- und Kundenzeitschriften, Festschriften etc.

- Das **Internet** ist ebenfalls eine gute Quelle für Informationen über Unternehmen, die das Medium als Plattform zur Selbstpräsentation nutzen. Und das tun heute viele Unternehmen!

- Lassen Sie sich auch, wenn möglich, **Presseartikel** des letzten Jahres zuschicken. Sie geben einen guten Eindruck, wie das Unternehmen in der Öffentlichkeit gesehen wird (Image). Falls das Unternehmen keine eigene Presseabteilung haben sollte – was bei mittelständischen und kleinen Betrieben häufig der Fall ist –, können Sie sich an **Presseausschnittbüros** mit einem Suchauftrag wenden.

- Es ist auch legitim, wenn Sie in der **Personalabteilung** des Unternehmens anrufen und um die Zusendung einer eventuell vorhandenen **Stellenbeschreibung** bitten. Sollte es eine solche nicht geben, fragen Sie, ob es möglich ist, eine kurze mündliche Zusammenfassung des Anforderungsprofils zu bekommen.
- Durchforsten Sie in einer größeren **Bibliothek** die Bestände nach Büchern und Artikeln über die Firma. Auch **Fach- und Branchenpublikationen** – deren Lektüre für eine gründliche Vorbereitung auf ein Vorstellungsgespräch unerlässlich ist! – finden Sie dort.
- Auch **Nachschlagewerke** liefern Ihnen Zahlen, Daten und Fakten.
- **Industrie- und Handelskammern** halten Datenbanken und Branchenverzeichnisse bereit, aus denen Sie ebenfalls wertvolle Informationen beziehen können.
- **Verbände der Deutschen Wirtschaft** (Bundesverband der Deutschen Industrie, Bundesvereinigung der Deutschen Arbeitgeberverbände u. a.) versorgen Sie unter Umständen mit Materialien zu einzelnen Unternehmen und Branchen. Die Adressen finden Sie im Anhang.
- **Firmendatenbanken** auf CD-ROM liefern Ihnen ebenfalls wertvolle Informationen.
- **Stellenanzeigen** und vor allem die Werbung, die ein Unternehmen veröffentlicht, lassen Rückschlüsse auf dessen Selbstverständnis zu.

Empfehlungen zum Outfit

Bei der Vorbereitung auf Ihr Vorstellungsgespräch sollten Sie unbedingt beachten, dass Ihr Auftreten und somit Ihr äußeres Erscheinungsbild ganz erheblich zu einem positiven Eindruck beitragen.

Eindeutige Vorschriften gibt es nicht. Auch das gängige Vorurteil, die äußere Hülle spiegele den inneren (Seelen-)Zustand wider, gilt nur sehr bedingt. Orientieren Sie sich an der für den jeweiligen Berufsstand, die Branche und die Position **üblichen Kleidung**. Seien Sie nicht „overdressed", aber auch nicht „underdressed".

Generell sollten Sie **eher zurückhaltend** sein. Wählen Sie kein schrillbuntes Outfit, gehen Sie sparsam mit Make-up und Accessoires – die auf die Gesamterscheinung abgestimmt sein sollten – um.

Mit fleckiger, ungebügelter oder gar löchriger Kleidung haben Sie natürlich keine Chance!

Sorgen Sie für einen **gepflegten Haarschnitt**, und tragen Sie als Mann **keine weißen Socken** zu dunklen Hosen. Auch Bartträger sind manchmal benachteiligt.

Selbst wenn Sie das Outfit für Ihr Vorstellungsgespräch zunächst als Kostümierung empfinden sollten: Für Ihre positive und harmonische Ausstrahlung ist es wichtig, dass Sie sich darin so wohl wie möglich fühlen. Achten Sie darauf, dass alles gut passt, Hose oder Rock nicht zu eng sind, nichts kneift oder drückt.

Am besten **tragen Sie die Sachen schon** einmal **vorher**, damit Sie sich daran gewöhnen.

**CHECKLISTE
Anreise**

- Nehmen Sie sich für den Tag des Bewerbungsgesprächs nichts anderes vor. **Entlasten Sie sich** von allen sonstigen Verpflichtungen. Hektik an diesem wichtigen Tag kann den optimalen Auftritt verhindern.
- Sie vermeiden unnötigen Stress, indem Sie **bereits am Vortag** Ihre Unterlagen zusammenstellen, die günstigste Fahrstrecke oder die besten Verkehrsverbindungen heraussuchen, Ihre Kleidung auswählen und bereitlegen.
- **Kommen Sie niemals zu spät!** Wer nicht in der Lage ist, seine Anreise – inklusive Verzögerungen wie Staus, schlechte Wetterverhältnisse, Zugverspätungen und -anschlüsse etc. – so zu planen, dass er pünktlich erscheint, wird auch im Beruf kaum eine Chance auf Erfolg haben.
- Lassen Sie sich vom Unternehmen eine **genaue Wegbeschreibung** geben. Fahren Sie die Strecke – wenn es die Entfernung erlaubt – am besten schon einmal im Voraus ab, um diesen Stressfaktor am Tag X auszuschalten.
- Kommen Sie lieber zu früh als 10 Minuten zu spät an. Betreten Sie das Unternehmensgebäude **nicht mehr als 5 bis 10 Minuten vor der vereinbarten Zeit**. Falls Sie zu früh sind, vertreiben Sie sich die Zeit mit einem Spaziergang oder in einem Café.
- Wenn das Vorstellungsgespräch an einem entfernteren Ort und zudem vormittags stattfindet, überlegen Sie, ob es nicht sinnvoller ist, **schon am Vorabend anzureisen** und eine Übernachtung einzuplanen.

Was Sie noch beachten sollten

 Wer zu einem Vorstellungsgespräch **ohne Unterlagen** erscheint, vermittelt den Eindruck eines Uninteressierten oder ahnungslosen Anfängers.

Der Gesprächspartner erwartet **in der Hand** des Bewerbers eine Art **Akte oder den Vorgang der Bewerbung**. Dazu zählen zum Beispiel Materialien über das Unternehmen, die Sie recherchiert haben (Anzeigenausschnitte, Prospekte, eventuell auch eigene Arbeitsproben).

Sinnvoll ist es, wenn Sie sich die **Fragen**, die Sie im Gespräch stellen wollen, schriftlich notieren und zu Ihren Unterlagen legen. Sie können Sie daraus ablesen und haben die Gewissheit, nichts zu vergessen.

Gehen Sie ruhig und gelassen in das Gespräch. Machen Sie sich klar: Sie haben **nichts zu verlieren** (eine Stelle, die Sie noch nicht haben, können Sie auch nicht verlieren); Sie haben aber **eine gute Chance zu gewinnen**.

 Visualisieren Sie Ihren Erfolg. Drehen Sie einen Erfolgsfilm in Ihrem Kopf: Welche Fragen wird Ihr Gegenüber stellen? Welche Antworten werden Sie geben? Was werden Sie sonst noch sagen? Wie wird das Gespräch ausgehen?

Gesprächspsychologie

In Bewerbungsgesprächen befinden Sie sich in einer **defensiven Situation**. Das heißt, Sie müssen auf die Fragen, die Ihnen gestellt werden, in angemessener Form reagieren.

Es kann passieren, dass Ihr Gegenüber im Vorstellungsgespräch bis zu 80 Prozent der gesamten Zeit redet und Sie zuhören, freundlich-zustimmend nicken und hin und wieder eine kluge, den Gesprächspartner bestätigende Bemerkung oder Frage fallenlassen. Aber auch die umgekehrte Situation kann eintreten: Durch geschickt gestellte Fragen möchte Ihr Gesprächspartner Sie zum Reden bringen und Ihnen den Hauptanteil des Gesprächs überlassen. Dadurch erhofft er sich Informationen über Sie:

- Werden Sie schnell nervös?
- Wie gehen Sie mit Stresssituationen um?
- Können Sie über einen längeren Zeitraum frei reden, ohne den roten Faden zu verlieren oder sich zu verzetteln?
- Können Sie strukturiert denken und Wichtiges von Unwichtigem unterscheiden?

Im Allgemeinen können Sie davon ausgehen, dass Fragen, die Sie zu einem längeren Vortrag veranlassen sollen, zwar eventuell gestellt werden, aber nicht das gesamte Bewerbungsgespräch bestimmen werden.

Rechnen Sie damit, dass Sie **Fragen beantworten** müssen, wie sie auf den folgenden Seiten beispielhaft aufgeführt werden. Zur Passivität sind Sie gleichwohl nicht gezwungen; auch Sie sollten Fragen stellen und so das Gespräch aktiv mitbestimmen.

Im Vorstellungsgespräch kommt es darauf an, dass Sie Ihre **Stärken präsentieren, sachlich kompetent auftreten** und eine **persönlich gefestigte und integre Position** beziehen. Zwar ist Anpassung erforderlich, aber diese sollte nicht mit Opportunismus und Liebedienerei verwechselt werden.

Es geht nicht darum, dass Sie sich innerlich „verbiegen", nur um eine Stelle zu bekommen. Über kurz oder lang werden Sie nicht glücklich mit einer Position, die Ihren beruflichen Zielen nicht entspricht, oder in einem Unternehmen, in dem Ihrer Empfindung nach das Klima nicht stimmt.

Ablauf eines Vorstellungsgesprächs

Jedes Unternehmen und jeder Personalverantwortliche hat seine eigene Vorgehensweise. Dennoch lassen sich gewisse Gesprächsphasen ausmachen, die in jedem Bewerbungsgespräch vorkommen:

- Aufwärmphase: Begrüßung, Vorstellung,
- Informationen über den Arbeitgeber und die Arbeitsbedingungen,
- Fragen zu Ihrer Ausbildung und Ihren beruflichen Erfahrungen,
- Fragen zu Ihrer fachlichen Eignung und Ihrer Motivation für die jeweilige Stelle,
- Fragen zur Motivation Ihrer Bewerbung und Ihrer Leistungsbereitschaft,
- Fragen zu Ihrem persönlichen Hintergrund und Lebenslauf,
- Fragen des Bewerbers,
- Abschluss des Vorstellungsgesprächs.

Die folgenden Fragen helfen, den eigenen Standpunkt zu überprüfen (Selbstanalyse) und ein höheres Maß an Selbstsicherheit zu gewinnen.

Überlegen Sie sich auf die Fragen Ihre persönlichen Antworten, und **spielen Sie die Gesprächssituation** realistisch mit Freunden **durch**. Es macht einen Unterschied, ob man sich die Antworten nur im Kopf überlegt oder auch eloquent vortragen kann.

Begrüßung und Vorstellung

Die ersten Sekunden des Gesprächs sind sehr wichtig. Hier entsteht auf beiden Seiten der so bedeutsame **erste Eindruck**.

Gehen Sie offen auf Ihren oder Ihre Gesprächspartner zu, lächeln Sie, und merken Sie sich bei der folgenden Vorstellung die **Namen**, die Ihnen genannt werden, damit Sie Ihr Gegenüber namentlich ansprechen können. So machen Sie einen sympathischen ersten Eindruck, der durch einen festen Händedruck verstärkt wird.

Aufwärmphase

„Haben Sie gut hergefunden?" „Waren Sie schon einmal hier in der Stadt?" „War viel Verkehr auf der Autobahn?"

Die Begrüßungsphase soll dazu dienen, eine lockere und angenehme Gesprächsatmosphäre herzustellen und Ihnen die Nervosität zu nehmen. Reagieren Sie kurz und freundlich-positiv darauf.

Beklagen Sie sich **auf keinen Fall** darüber, dass Sie schon so früh aufstehen mussten, um pünktlich da zu sein, dass die Autobahn völlig verstopft war und Sie sich im Stadtverkehr auch noch zweimal verfahren haben. „Alles kein Problem" sollte Ihr Motto für die Beantwortung sein.

 Bietet man Ihnen **Getränke** an, sollten Sie dankend annehmen. Alkohol und Zigaretten sind jedoch in jedem Fall tabu.

Arbeitgeber und Arbeitsbedingungen

Nun stellt sich Ihnen das Unternehmen vor, und Sie werden noch einmal über das **Anforderungsprofil** der ausgeschriebenen Position informiert.

In diesem Gesprächsteil geht es für Sie darum, aufmerksam, interessiert und **aktiv zuzuhören**. Schauen Sie Ihr Gegenüber direkt an, nicken Sie zustimmend, lächeln Sie zwischendurch, und lassen Sie hin und wieder eine kluge Zwischenbemerkung fallen.

Auch Fragen sollten Sie stellen – allerdings nicht solche, die den Rückschluss zulassen, dass Sie sich nicht gründlich vorbereitet haben.

Während dieser Phase des Vorstellungsgesprächs haben Sie es somit relativ leicht, Sympathiepunkte zu sammeln.

Ausbildung und berufliche Erfahrungen

„Warum haben Sie sich für Ihr Studienfach entschieden?"

Für die Beantwortung dieser Frage haben Sie sich die Voraussetzungen in der Selbstanalyse erarbeitet. Begründen Sie jetzt ausführlich und überzeugend die Wahl Ihres Studienfaches.

5.8 Das Vorstellungsgespräch

Das Unternehmen möchte Einblick erhalten in Ihre Motivation und erfahren, ob Sie Ihre Ausbildung geplant oder eher dem Zufall überlassen haben.

❌ „Haben Sie gerne studiert?" „Würden Sie Ihr Fach noch einmal studieren?" „Was würden Sie dann anders machen?" „Warum haben Sie gerade an dieser Hochschule studiert?"

In der Antwort sollte Ihre Zielorientierung klar erkennbar sein.

Bei diesen Fragen kann es aber auch darum gehen, in welcher Art und Weise Sie Ihre Kritik an Studienfach oder Hochschule vorbringen.

Formulieren Sie vorsichtig und verständnisvoll. Betonen Sie, dass Sie im Rahmen der gegebenen Möglichkeiten das Beste aus Ihrer Studienzeit gemacht haben.

❌ Äußern Sie sich in keinem Fall negativ über Professoren, Vorgesetzte oder andere Personen. Dies wird Ihnen als **illoyales Verhalten** ausgelegt.

Über eine Ihrer Auffassung nach ungerechte Beurteilung schweigen Sie sich besser aus. Oberstes Gebot ist es, dass Sie sich loyal gegenüber dem Professor zeigen, der Ihnen die jeweilige Note gegeben hat.

❌ „Welche Schwerpunkte haben Sie in Ihrer Ausbildung gesetzt?" „Berichten Sie uns von Ihren Erfolgen!"

Setzen Sie in Ihrer Antwort Ihre erworbene Qualifikation in Beziehung zu den Anforderungen der Position, um die Sie sich beworben haben, und auch zu Ihren beruflichen Zielen.

❌ „Würden Sie gerne noch ein Studium aufnehmen?" „Warum haben Sie nicht promoviert?"

Mit diesen Fragen erhofft man sich einen Einblick in Ihre Leistungsbereitschaft.

Signalisieren Sie, dass Sie begierig darauf sind, Ihre in der Ausbildung gesammelten Erfahrungen endlich praktisch umzusetzen und sie in die Anforderungen einer beruflichen Tätigkeit einzubringen.

Das Studium – mithin Ihre Ausbildung – liegt hinter Ihnen, und nun wollen Sie Ihre Karriere starten, und zwar jetzt und in diesem Unternehmen. Bleiben Sie in Ihren Antworten aber immer **natürlich und ehrlich**.

❌ „Welche Praxiserfahrungen haben Sie gesammelt?" „Bei welchen Unternehmen und in welchen Jobs?"

Für ein Unternehmen ist die Praxiserfahrung eines Hochschulabsolventen eine der wichtigsten Anforderungen. Bringen Sie bei der Beantwortung dieser Frage also alles an, was dazu geeignet sein könnte, Ihre Praxisorientierung zu demonstrieren.

Verweisen Sie auf Ihre Berufserfahrungsliste. Erläutern Sie die dort kurz angegebenen Tätigkeiten genauer.

❌ „Warum hat Ihr Studium so lange gedauert?" „Warum haben Sie so schlechte Noten?"

Diese Fragen sollen Sie provozieren. Bleiben Sie gelassen und souverän! Man möchte sehen, wie Sie auf unangenehme Fragen reagieren und ist eigentlich gar nicht so sehr an Ihren angeblich schlechten Noten interessiert.

5. Erfolgsprogramm Bewerbung

Verwickeln Sie sich also nicht in ausführliche Erklärungs- und Rechtfertigungsversuche. Geben Sie unter Umständen zu, dass Ihre Noten besser hätten sein können oder Ihr Studium kürzer, wenn dies tatsächlich der Fall sein sollte.

Führen Sie dann aber an, dass Sie besondere Interessen hatten, bzw. einen besonderen Schwerpunkt auf praxisrelevante Projekte oder außeruniversitäre berufliche Erfahrungen gelegt haben.

 „Was war das Thema Ihrer Diplomarbeit?"

Sind Sie in der Lage, auch komplizierte wissenschaftliche Sachverhalte kurz und verständlich darzustellen? Können Sie einen Zusammenhang zwischen dem Thema Ihrer Diplomarbeit und deren praktischer Umsetzung herstellen?

Fachliche Eignung und Motivation

 „Wie gut kennen Sie unser Unternehmen?" „Was wissen Sie über die Entwicklungen in unserer Branche?"

Mithilfe der Informationsquellen, die Sie sich schon vorher erschlossen haben, dürfte es Ihnen nicht schwerfallen, diese Fragen zu beantworten.

Stellen Sie dabei nicht dem Personalverantwortlichen sein Unternehmen vor, sondern zeigen Sie, dass Sie sich Gedanken über die Aufgaben und Probleme Ihres zukünftigen Arbeitsplatzes gemacht und eigene Ideen entwickelt haben.

Ihre Antwort könnte zum Beispiel lauten: „Ich habe über Ihr Unternehmen recherchiert. Was ich herausgefunden habe, lässt mich annehmen, dass meine Qualifikationen gut passen.

So habe ich beispielsweise in einem Interview des *Handelsblattes* mit Ihrem Marketing-Chef gelesen, dass Sie planen, Ihre Internet-Präsenz weiter auszubauen. Im Rahmen eines meiner Praktika bei der Firma XY habe ich ein Projekt durchgeführt, dass diesen Punkt beinhaltete, wobei mir meine Kenntnisse in HTML zugute kamen."

 „Welche fachlichen Publikationen, Branchenmagazine etc. lesen Sie regelmäßig?" „Haben Sie die Fachmesse zu XY besucht?" „Was halten Sie von der Diskussion um ...?"

Man möchte auch mit diesen Fragen herausfinden, wie ernst Sie die Vorbereitung auf das Vorstellungsgespräch und auf Ihre neue Aufgabe genommen haben.

Wenn Sie auf eine derartige Frage nicht alles wissen, geben Sie es zu, es wird Ihnen kaum Minuspunkte eintragen.

Im Gegenteil: Wenn Sie bewusst in Bedrängnis gebracht werden sollen, indem man Sie beispielsweise nach einer Publikation fragt, die es gar nicht gibt, und Sie sich mit einer Notlüge retten, wird Ihnen das mit Sicherheit negativ ausgelegt werden.

Bleiben Sie darum immer ehrlich. Bei einer (**Not-**)**Lüge** ertappt zu werden, ist äußerst peinlich und für Ihre Aussichten sehr schädlich.

 „Auf diesem Gebiet haben Sie ja noch große Defizite. Was werden Sie dagegen tun?"

Eine provokative Frage! Demonstrieren Sie in Ihrer Antwort, dass Sie bereit sind, sich das für Ihre Arbeit nötige Wissen aus eigener Initiative heraus anzueignen und dass Sie dies auch in der Vergangenheit stets getan haben.

Ihre Antwort könnte wie folgt lauten: „Ich bin mir sicher, dass ich keine großen Probleme damit haben werde, mich über die neuesten Entwicklungen auf dem Laufenden zu halten. Im Allgemeinen bescheinigten mir meine früheren Arbeitgeber/Betreuer, dass ich eine schnelle Auffassungsgabe habe.

In meinem letzten Praktikum gab es beispielsweise eine Situation, in der ich mich innerhalb von zwei Tagen mit einem mir bis dahin unbekannten Computerprogramm vertraut machen musste, weil der zuständige Mitarbeiter krank wurde, aber ein Abgabetermin eingehalten werden musste..."

 „Warum sollten wir gerade Sie einstellen?"

Man möchte wissen, wie Sie sich selbst einschätzen. Auch hier gilt: Bleiben Sie gelassen. Diese Frage ist das Leitmotiv Ihrer gesamten Vorbereitung. Fassen Sie noch einmal alle Argumente zusammen, lenken Sie die Aufmerksamkeit geschickt auf Ihre **fachlichen und persönlichen Stärken** und auf das Schlüssel-Schloss-Verhältnis, in dem Ihre Qualifikation zu der Position des Unternehmens steht.

 „Was ist Ihre größte Schwäche?"

Mit dieser Frage soll Ihre Konfliktfähigkeit beleuchtet werden. Verlieren Sie schnell die Nerven? Bewahren Sie Ruhe, und gestehen Sie eine kleine „Schwäche" ein, die eigentlich gar keine ist, zum Beispiel Ungeduld im Erreichen von Ergebnissen.

Ungefähr so könnte sich Ihre Antwort anhören: „Ein Fehler von mir ist sicherlich, dass ich von anderen immer ebenfalls den Einsatz erwarte, den ich selbst auch zu bringen bereit bin. Ich musste jedoch in manchen Fällen einsehen, dass nicht jeder meine Auffassung teilt. Inzwischen habe ich meine Erwartungen etwas zurückgeschraubt."

Hüten Sie sich jedoch vor angelernten Standard-Phrasen.

Motivation und Leistungsbereitschaft

 „Warum haben Sie sich gerade bei uns beworben?" „Was erwarten Sie von einer Anstellung in unserem Unternehmen?"

Ihr Gesprächspartner möchte wissen, was Ihnen wirklich wichtig ist und wie sehr Sie sich mit der Institution und den Aufgaben an Ihrem potenziellen neuen Arbeitsplatz **identifizieren**.

Seien Sie verbindlich. Äußern Sie ausdrücklich den Wunsch, in genau diesem Unternehmen arbeiten zu wollen, weil dies Ihren beruflichen Zielen entspricht.

Untermauern Sie diesen Wunsch, indem Sie betonen, wie sehr Sie aufgrund dieser oder jener Qualifikation zum Unternehmen passen. So erwecken Sie Aufmerksamkeit und Interesse.

 Wenn Sie den leisesten Zweifel daran haben, ob diese Stelle auch die richtige für Sie ist, behalten Sie ihn für sich! Ein Angebot können Sie später eventuell immer noch ablehnen, wenn Sie es wirklich nicht möchten.

❌ „Wie gut haben Sie sich mit unseren Dienstleistungen/Produkten vertraut gemacht?"

Vermitteln Sie einen kompetenten Eindruck, der auf Ihrer ausführlichen Informationsrecherche basiert.

Ähnliche Fragen können Ihnen auch in Bezug auf Ihre fachliche Eignung gestellt werden.

 „Welche Positionen könnten noch interessant für Sie sein?"

Wenn Sie sich für eine Position im Vertrieb eines Unternehmens vorstellen und nun begeistert von der Möglichkeit sprechen, zu einem möglichst frühen Zeitpunkt in die Finanzabteilung zu wechseln, so wird man an der **Ernsthaftigkeit Ihres Interesses** für diese Stelle natürlich zweifeln.

Stellen Sie also klar, dass Sie genau in der Position arbeiten wollen, für die Sie sich beworben haben. Damit dies nicht nach Höflichkeit oder Taktik aussieht, sollten Sie konkrete Gründe dafür anführen.

Anders sollte Ihre Antwort ausfallen, wenn Sie sich **nicht direkt** um eine bestimmte Position, sondern um eine **Trainee-Ausbildung** beworben haben. Bei einer solchen Ausbildung ist häufig noch offen, welche Stelle der Hochschulabsolvent nach Abschluss des Programms übernehmen wird. Häufig gibt es **mehrere vakante Positionen**, die infrage kommen.

Wenn Sie sich um eine Trainee-Stelle beworben haben, sollten Sie mehrere mögliche Positionen nennen können, die Ihren Interessen und Fähigkeiten entsprechen. Auf diese Weise bekommt das Unternehmen eine klare Vorstellung davon, wo es Sie später einsetzen kann.

❌ „Wo haben Sie sich noch beworben?" „Hat man Ihnen woanders eine Stelle angeboten?" „Wie ist Ihre Arbeitssuche bis jetzt gelaufen?"

Wie ernst nehmen Sie Ihre Bewerbung in diesem speziellen Unternehmen? Wie wichtig ist Ihnen diese Stelle? Haben Sie sich beworben, weil Sie dringend irgendeinen Job brauchen, egal, bei wem und zu welchen Bedingungen?

Wenn Sie **tatsächlich ein Angebot** eines anderen Arbeitgebers haben, sollten Sie **selbstbewusst, aber kurz darauf hinweisen**. Machen Sie direkt danach deutlich, dass Ihr Hauptinteresse aber auf das Unternehmen gerichtet ist, bei dem Sie gerade das Bewerbungsgespräch absolvieren.

Über Absagen brauchen Sie keine Angaben zu machen. Sagen Sie, dass Ihre Suche nach einem Arbeitsplatz bis jetzt ganz gut gelaufen ist. Das reicht.

 „Wo sehen Sie sich in fünf Jahren?"

Welche Ziele haben Sie? Wissen Sie, was Sie wollen?

Ihre Selbstanalyse hat Ihnen geholfen, eine Vorstellung von Ihrer Zukunft zu entwickeln. Schlagen Sie nicht über die Stränge („In fünf Jahren sitze ich in Ihrem Sessel!"), sondern bleiben Sie realistisch.

Signalisieren Sie, dass Sie auch in Zukunft in dieser Branche oder in diesem Unternehmen bleiben wollen. („Ich denke, dass ich auch in fünf Jahren noch in dieser Branche arbeiten werde und würde mich sehr freuen, auch dann noch in in diesem Unternehmen zu sein.")

Wir sind ein erfolgreiches, inhabergeführtes Strategie- und Marketingberatungs-Unternehmen. Gegründet wurde HPP 1996 im Rahmen eines Management-Buy-Out aus dem Daimler-Benz-Konzern. Unsere Firmengruppe aus HPP, HPP Industrial und HPP Science beschäftigt heute 55 Mitarbeiter und hat im Jahr 2004 einen Honorarumsatz von 8,1 Mio. € erzielt.

Zu unseren Klienten zählen wir internationale Großunternehmen und mittelständische Unternehmen aus der KFZ-, Chemie- und der Investitionsgüterindustrie sowie aus den Dienstleistungsbranchen.

Zum weiteren Ausbau unseres Beratungsunternehmens suchen wir

HPP
Harnischfeger, Pietsch & Partner
Strategie- und Marketingberatung GmbH

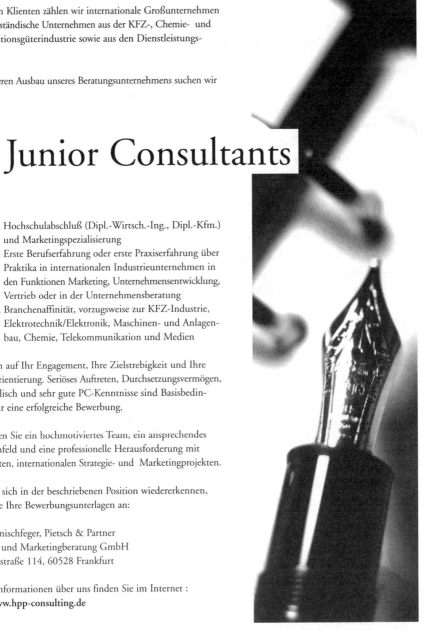

Junior Consultants

Ihr Profil:
- Hochschulabschluß (Dipl.-Wirtsch.-Ing., Dipl.-Kfm.) und Marketingspezialisierung
- Erste Berufserfahrung oder erste Praxiserfahrung über Praktika in internationalen Industrieunternehmen in den Funktionen Marketing, Unternehmensentwicklung, Vertrieb oder in der Unternehmensberatung
- Branchenaffinität, vorzugsweise zur KFZ-Industrie, Elektrotechnik/Elektronik, Maschinen- und Anlagenbau, Chemie, Telekommunikation und Medien

Wir bauen auf Ihr Engagement, Ihre Zielstrebigkeit und Ihre Klientenorientierung. Seriöses Auftreten, Durchsetzungsvermögen, gutes Englisch und sehr gute PC-Kenntnisse sind Basisbedingungen für eine erfolgreiche Bewerbung.

Es erwarten Sie ein hochmotiviertes Team, ein ansprechendes Arbeitsumfeld und eine professionelle Herausforderung mit interessanten, internationalen Strategie- und Marketingprojekten.

Wenn Sie sich in der beschriebenen Position wiedererkennen, senden Sie Ihre Bewerbungsunterlagen an:

HPP Harnischfeger, Pietsch & Partner
Strategie- und Marketingberatung GmbH
Goldsteinstraße 114, 60528 Frankfurt

Weitere Informationen über uns finden Sie im Internet :
http://www.hpp-consulting.de

❌ **„Warum sollten wir davon ausgehen, dass Sie länger als ein halbes Jahr bei uns bleiben, wenn wir Ihnen diese Stelle geben?"**

Hintergrund dieser Frage ist nicht, dass man Sie unbedingt einstellen will und sich zusichern lassen möchte, dass Sie mindestens zehn Jahre im Unternehmen bleiben.

Diese Frage wird Ihnen vielmehr unter Umständen dann gestellt, wenn die Schwerpunkte Ihrer Ausbildung oder die Praktika, die Sie absolviert haben, nicht allzuviel mit den Anforderungen der Stelle zu tun haben, für die Sie sich bewerben. Man rechnet damit, dass Sie sich bald nach einer anderen Stelle umsehen, die Ihren Qualifikationen eher entspricht. Eventuell hält man Sie auch für überqualifiziert.

Hier müssen Sie echte **Überzeugungsarbeit** leisten und gute Belege dafür anführen können, warum Sie diesen Arbeitsplatz trotzdem haben wollen. **Lassen Sie sich vor allem nicht aus der Ruhe bringen.**

Persönlicher Hintergrund

Mit Fragen über Ihre Persönlichkeit möchte man herausfinden, ob Sie emotional stabil sind und über ein Sie unterstützendes soziales Umfeld verfügen. Personalverantwortliche gehen davon aus, dass Menschen, auf die dies zutrifft, langfristig bessere Erfolge im Berufsleben aufweisen.

Folgende Fragen können auf Sie zukommen:

 „Erzählen Sie doch mal etwas über sich!"

Diese Frage hört sich nach der Einleitung einer harmlosen Konversation an, das ist sie aber ganz und gar nicht! Die Art und Weise, wie Sie antworten, sagt sehr viel über Ihre Persönlichkeit aus.

❌ Sie sollten **auf keinen Fall** nette **Anekdoten** aus Ihrer Schulzeit oder von Ihrer haren Kindheit erzählen.

Betrachten Sie diese Frage vielmehr als eine Gelegenheit, von Ihren beruflichen Vorstellungen, von Ihrem Studium oder von faszinierenden Praxiserfahrungen zu berichten oder davon, auf welche Herausforderungen Sie sich freuen. Berichten Sie nur solche Dinge, die **nicht schon aus Ihren schriftlichen Bewerbungsunterlagen** hervorgehen.

Geschickt ist es, wenn Sie zunächst mit einer **Gegenfrage** antworten: „Was genau wollen Sie wissen?" Dadurch ist Ihr Gesprächspartner gezwungen, seine Frage so zu konkretisieren, dass Sie eindeutige Anhaltspunkte für Ihre Darlegungen erhalten.

 „Wenn Sie eine berühmte Persönlichkeit aus dem 20. Jahrhundert als Ihr Vorbild nennen müssten, wen würden Sie auswählen?"

Von dem Menschen, den Sie nennen, wird man Rückschlüsse auf Sie ziehen.

Achten Sie darauf, dass Sie jemanden wählen, der moralisch oder ethisch integer ist. Hier jemand mit eindeutig umstrittener politischer oder religiöser Ausrichtung zu nennen, wäre sicherlich falsch.

Begründen Sie Ihre Entscheidung mit möglichst leistungsbezogenen Merkmalen der jeweiligen Person, zum Beispiel: „Wenn ich jemanden als mein Vorbild bezeichnen müsste, wäre das wohl ..., denn er/sie hat uns gezeigt, wieviel man erreichen kann, wenn man seine Ziele klar im Auge behält und sich durch nichts beirren lässt ...".

„Welches Buch haben Sie zuletzt gelesen?" „Was haben Sie bei Ihrem letzten Kinobesuch gesehen?"

Machen Sie sich auch über diese Frage vorher Gedanken! Wenn Sie hier Goethes *Faust* nennen, wird Ihr Gegenüber davon ausgehen, dass Sie zuletzt in Ihrer Schulzeit ein Buch gelesen haben!

Überlegen Sie sich genau, welche Signale Sie aussenden wollen, ob Sie nun den letzten Roman von Ken Follett angeben, *Eine kurze Geschichte der Zeit* von Stephen Hawking oder ein aktuelles Business-Buch, das gerade zum Bestseller geworden ist. Die Personalverantwortlichen brauchen nun mal Schubladen, in die sie die Bewerber stecken können.

In Bezug auf die Kinofilme gelten dieselben Grundsätze: *Air Force One* oder *Jenseits der Stille*? In jedem Fall sollten Sie auch hier ehrlich antworten. Es fällt auf, wenn das von Ihnen genannte Buch oder der Film nicht zu Ihrem sonstigen Eindruck passt.

 „Was machen Sie in Ihrer Freizeit?"

Man möchte wissen, was für ein Mensch Sie sind. Sind Sie eher Einzelgänger und geben sich am Wochenende in der Abgeschiedenheit Ihres Hobbykellers Ihrer Modelleisenbahn oder Ihrer Briefmarkensammlung hin?

Oder sind Sie halsbrecherisch veranlagt und nehmen regelmäßig an skiakrobatischen Wettkämpfen teil? (In den Augen der Arbeitgeber werden natürlich Ausfallzeiten wegen Unfällen einkalkuliert und zu Ihren Ungunsten ausgelegt.)

Wenn Sie aus Kiel kommen, sich für eine Stelle in Bayern bewerben und als Hobby „Segeln" angegeben haben, dürfen Sie sich nicht wundern, wenn man im Unternehmen davon ausgeht, dass Sie ohnehin nicht länger als ein oder zwei Jahre bleiben, da es Sie dann wieder an die Küste zieht.

Auch zu diesem Thema müssen Sie sich Gedanken machen und überlegen, welchen Eindruck Sie vermitteln wollen. Versuchen Sie abzuschätzen, was den Anforderungen der Stelle, für die Sie sich bewerben, eher entsprechen könnte: Ist Teamarbeit erforderlich, oder werden Sie viel auf sich gestellt sein?

 „Mit welchen Menschen kommen Sie nur schwer zurecht?" „Wie gehen Sie mit Konflikten um?"

Bevor Sie sich in ausführlichen Schilderungen von egoistischen, besserwisserischen und intriganten Personen verlieren, denken Sie bitte an eines: Genau diese Charaktere könnten unter Ihren zukünftigen Arbeitskollegen vertreten sein!

Zögern Sie also einen Moment mit der Antwort, prüfen Sie die ungewöhnliche Idee, dass Sie mit jemandem nicht klarkommen könnten, und versuchen Sie ehrlich zu sagen, welche Verhaltensweisen Sie bei der professionellen Zusammenarbeit stören (zum Beispiel Unzuverlässigkeit). Versuchen Sie diesen Punkt kurz zu halten.

 „Welche Berufe üben Ihre Eltern aus?" „Mit wem leben Sie zusammen?" „Ist Ihre Partnerin/Ihr Partner über Ihre Pläne informiert?"

Mithilfe dieser Fragen möchte man herausfinden, aus welchem sozialen Umfeld Sie kommen und wie Sie leben.

Auch inwieweit Sie Unterstützung von Ihrer Familie bzw. Ihrem Partner/Ihrer Partnerin bekommen, ist von Interesse. Wer eingesteht, dass das Umfeld den beruflichen Plänen ablehnend oder auch nur skeptisch gegenübersteht, sammelt keine Pluspunkte.

 „Hätten Sie gerne eine eigene Familie?"

Ihre privaten Zukunftspläne gehören zu den Dingen, zu denen Sie sich nicht äußern müssen. Trotzdem sollten Sie natürlich antworten. Bei Frauen wird hier an Ausfallzeiten wegen Schwangerschaft und Mutterschutz gedacht. Halten Sie die Antwort allgemein.

 „Nennen Sie Ihre Stärken und Schwächen!"

Die Nennung Ihrer Stärken – im Hinblick auf Ihre beruflichen Qualifikationen! – dürfte Ihnen nach Ihrer ausführlichen Vorbereitung nicht mehr schwerfallen. Nennen Sie mindestens drei.

Anders sieht es mit den Schwächen aus. Überlegen Sie sich im Vorfeld eine oder zwei Schwächen, die nicht so sehr ins Gewicht fallen.

Unangenehme Fragen

Wenn Sie mit einer **unangenehmen Frage** konfrontiert werden (zum Beispiel „Glauben Sie nicht, dass Sie den Abschluss Ihres Studiums zu lange hinausgezögert haben?"), so gibt es mehrere Möglichkeiten, darauf zu reagieren.

- **Zeigen Sie sich erkenntlich für die Frage:** „Ich bin froh, dass Sie mich danach fragen. Es mag sein, dass ich mein Studium vergleichsweise spät abgeschlossen habe. Ihre Frage gibt mir jedoch die Möglichkeit, Ihnen etwas über meine Tätigkeit bei Professor Müller zu sagen, der mir die Verantwortung für das Projekt ... übertragen hat, wodurch ich auf dem Gebiet ... Praxiserfahrungen sammeln konnte ..."

- **Bewerten Sie die Frage neu:** „Ihnen ist es also wichtig, dass Sie für die ausgeschriebene Position jemanden finden, der sein Studium schnell absolviert hat? Ich denke, dass es andere, ebenso wichtige Gesichtspunkte gibt, die für diese Stelle relevant sind. Beispielsweise ..."

- **Lenken Sie ab!** „Das ist ein interessanter Aspekt, den Sie da ansprechen. Vorher würde ich aber gerne noch einmal sagen, dass ..."

- Denken Sie einen Augenblick nach, und **wiederholen Sie die Frage:** „Habe ich Sie richtig verstanden? Sie wollen von mir wissen, wie ich mit ... umgehe?" Wahrscheinlich ergreift Ihr Gesprächspartner jetzt wieder das Wort und stellt dieselbe Frage in anderer Form noch einmal. So gewinnen Sie Zeit, sich eine Antwort zu überlegen.

- **Bitten Sie um nähere Informationen** zur Beantwortung der Frage: „Ich bin mir nicht sicher, ob ich genügend Informationen habe, um die Frage zu beantworten."

- **Antworten Sie mit einer Gegenfrage:** „Zugegeben, mit dieser Frage habe ich mich noch nie beschäftigt. Ist das jetzt sehr wichtig?" „Ist so etwas in Ihrem Unternehmen schon einmal vorgekommen?"

Eine häufig gestellte unangenehme Frage ist die folgende:

 „Was machen Sie, wenn wir in der Probezeit feststellen, dass wir uns in Ihnen getäuscht haben?"

Eine mögliche Antwort könnte lauten: „Ich kalkuliere ein Scheitern niemals im Voraus ein, sondern bin vom Erfolg überzeugt. Wenn man schon zu Beginn an ein Scheitern glaubt, dann trifft es auch ein. Wenn man aber an den Erfolg glaubt, dann wird er wahrscheinlich."

Generell gilt für unangenehme Fragen: Lenken Sie die Aufmerksamkeit auf Ihre **starken Seiten**. So demonstrieren Sie auch „unter Beschuss" ein gelassenes Auftreten, erweisen sich als selbstsicher und stressresistent.

 Lassen Sie sich nicht provozieren! Immerhin ist man im Unternehmen so stark an Ihnen interessiert, dass man sich auf diese intensive Art und Weise mit Ihnen beschäftigt und Sie nicht lediglich freundlich anlächelt und zur Tür begleitet.

ZUSAMMENFASSUNG
Unangenehme Fragen

Wichtig ist im Umgang mit unangenehmen Fragen, dass Sie sich darauf vorbereiten und sich anhand der oben genannten Taktiken mögliche Antworten zurechtlegen. **Bleiben Sie immer gelassen.** Versuchen Sie, auch solche Gesprächssituationen mit Freunden zu üben.

Unzulässige Fragen

In einem Vorstellungsgespräch darf der potenzielle Arbeitgeber nur solche Fragen stellen, die mit der zu besetzenden Frage in Zusammenhang stehen.

Die folgenden Fragen sind unzulässig. Sie brauchen Sie **nicht** oder **nicht wahrheitsgemäß** zu beantworten.

 Wenn Sie davon ausgehen können, dass sich die Zugehörigkeit zu einer bestimmten **Religionsgemeinschaft oder politischen Partei** negativ auf den Ausgang Ihrer Bewerbung auswirken könnte, müssen Sie nicht die Wahrheit sagen.

Auch Fragen nach einer eventuell bestehenden **Schwangerschaft** oder Ihrer **Familienplanung** sind im Prinzip unzulässig. Wenn Sie hier also die Unwahrheit sagen, weil Sie befürchten, die Stelle sonst nicht zu bekommen, wird das keinerlei Auswirkungen auf die Gültigkeit Ihres Arbeitsvertrags haben.

❌ Ebenso unzulässig sind Fragen nach **Lohnpfändungen, Vermögensverhältnissen** oder nach **Vorstrafen**.

❌ Beantworten Sie eine unzulässige Frage falsch, so hat dies später keine nachteiligen Folgen im Hinblick auf die Wirksamkeit des Arbeitsvertrags.

Fragen des Bewerbers

Als Bewerber sollten Sie aktiv Fragen stellen und nicht nur Fragen beantworten. Häufig räumt Ihnen der Personalverantwortliche am Ende des Gesprächs Zeit ein, um Fragen zu stellen.

❌ Mit sinnvollen Fragen demonstrieren Sie Ihr **Interesse an der Position** und Ihr **berufliches Engagement**.

Halten Sie die Fragen vorher schriftlich fest, und legen Sie sie zu den Unterlagen, die Sie zum Vorstellungsgespräch mitnehmen. Sie dürfen die Fragen ablesen und sich die Antworten notieren.

Natürlich sollten Sie dabei nur nach Dingen fragen, die Sie auch wirklich wissen möchten und sich nicht krampfhaft um des Fragens willen künstlich etwas ausdenken.

Wenn Sie meinen, dass Sie Ihren Fragenkatalog noch erweitern sollten, Ihnen aber bei der Vorbereitung auf das Gespräch die Inhalte ausgehen, holen Sie sich am besten ein paar Anregungen aus Ihrem Freundes- oder Bekanntenkreis oder aus der Literatur zum Thema.

CHECKLISTE
Bewerberfragen

- Haben Sie ein spezielles Programm für die Zeit der Einarbeitung?
- Gibt es einen **Mentor**, der mich bei der Einarbeitung unterstützt und mir bei Problemen oder Fragen hilft?
- Wer wird mein **Vorgesetzter** sein? Werde ich ihn vor Arbeitsbeginn kennen lernen?
- Wird die **Stelle**, die ich übernehme, neu geschaffen?
- Welche Qualifikation hatte mein Vorgänger?
- Aus welchem Grund suchen Sie für die Stelle gerade einen Betriebswirt?
- Welche **Weiterbildungsmöglichkeiten** gibt es für mich?
- Könnte ich ein **Stellenanforderungsprofil** bekommen?
- Welche Entwicklungsmöglichkeiten habe ich?

Sie sollten auch **Fragen zum Unternehmen** stellen, soweit sie im Gespräch noch nicht behandelt wurden, wie:

- Wo wäre ich hierarchisch angesiedelt, wem wäre ich zugeordnet?
- Wie sieht das Organigramm des Unternehmens aus?
- Wie haben sich Umsatz und Gewinn in den letzten Jahren entwickelt?
- Welches Beschaffungs-/Verwaltungs-/Marketing-/Vertriebskonzept haben Sie?
- Wie sieht die Zielgruppe des Unternehmens aus, wer sind die Neukunden?
- Welcher Führungsstil wird praktiziert?
- Stellen Sie möglichst **offene Fragen**, also W-Fragen (was? wer? wie? usw.), auf die Ihr Gegenüber nicht nur mit Ja oder Nein antworten kann.

Fragen, die Sie vermeiden sollten

 Vermeiden Sie Warum-Fragen. Sie beinhalten einen unterschwelligen Tadel und rufen einen Rechtfertigungsdruck hervor. Ersetzen Sie „Warum?" durch Formulierungen wie: „Aus welchen Gründen ...?", „Welche Gründe waren ausschlaggebend ...?".

Stellen Sie auch keine

- Fragen nach Ihrem **Arbeitsvertrag**,
- Fragen nach Ihrem zu erwartenden **Gehalt**,
- Fragen nach den freiwilligen **Sozialleistungen** des Arbeitgebers,
- Fragen nach Dingen, die **bereits zuvor im Gespräch geklärt** wurden,
- Fragen nach Ihrem **Auftreten bzw. der Beurteilung Ihrer Person** („Wie war ich?")

Diese Fragen gehören in ein zweites Gespräch.

Vorteile der Fragetechnik

Sie können mithilfe von Fragen auch Behauptungen und Feststellungen in eine **höfliche und weniger dogmatische Form** kleiden. So schaffen Sie eine entspannte Atmosphäre und vermeiden Konfrontationen.

Elegant ist es, wenn Sie in Ihre Fragen geschickt Ihr **Wissen über das Unternehmen einfließen lassen,** zum Beispiel folgendermaßen: „Wie ich dem Geschäftsbericht entnommen habe, hat Ihr Unternehmen im letzten Jahr den Umsatz um 20 Prozent gesteigert.

Mich interessiert, ob die Umsatzsteigerung durch eine Veränderung des Marketing-Konzeptes möglich geworden ist."

Verbale Signale

Es kommt nicht nur darauf an, was Sie sagen, sondern auch, **wie** Sie es sagen. Beachten Sie die folgenden Hinweise:

- **Sprechen Sie verständlich.** Es ist nicht notwendig, dass Sie durch betriebswirtschaftliches Fachchinesisch Ihren Gesprächspartner von Ihren Fachkenntnissen überzeugen.
- **Machen Sie gezielte Sprechpausen.** Sie geben dadurch dem Gespräch eine entspannte Struktur, vermitteln den Eindruck von Besonnenheit und gewinnen Zeit, auf gestellte Fragen eine Antwort zu finden.
- **Sprechen Sie Ihr Gegenüber mit Namen an.**
- **Übernehmen Sie die Verantwortung für das, was Sie gesagt haben.** Sagen Sie nicht: „Da haben Sie mich missverstanden ...", sondern: „In diesem Punkt habe ich mich nicht klar ausgedrückt."

Körpersprache

Neben Ihren verbalen Äußerungen wird auch Ihre Körpersprache in einem Bewerbungsgespräch beobachtet.

Um daraus stichhaltige Rückschlüsse auf Ihre Persönlichkeit oder Ihre innere Haltung ziehen zu können, bedürfte es jedoch einer ausführlichen Analyse, die von den Personalverantwortlichen in der Regel gar nicht qualifiziert durchgeführt werden kann. So beschränkt sich die Auswertung Ihrer körpersprachlichen Signale oft auf eine nach „Schema F" vorgenommene, klischeehafte und sehr persönliche Interpretation.

Der Vorteil für Sie als Bewerber liegt darin, dass Sie bewusst **bestimmte Signale einsetzen** können, von denen Sie wissen, dass sie der gewünschten Haltung Ausdruck verleihen (vgl. die Tabellen auf den Seiten 249 f.).

Hinweise zum Einsatz der Körpersprache

- Untermauern Sie Ihre Ausführungen durch **natürliche Gesten**. Verzichten Sie jedoch darauf, diese vorher einzustudieren.
- Erwidern Sie die körpersprachlichen Signale Ihres Gesprächspartners. Das beginnt mit dem Händedruck bei der Begrüßung, setzt sich mit der Sitzhaltung fort und endet mit der Körperhaltung bei der Verabschiedung.

Abschluss des Gesprächs

Am Ende des Bewerbungsgesprächs können Sie mit folgenden Fragen rechnen:

 „Fassen Sie noch einmal zusammen: Was spricht für, was gegen Sie?" „Warum sollten wir Sie einstellen?"

Da es sich meist um Wiederholungsfragen handelt, sollten Sie darauf achten, dass Ihre Antwort nicht nur die gleichen Aspekte noch einmal aufgreift, sondern auch **neue Punkte** enthält.

Es ist häufig üblich, am Ende des Gesprächs eine **klare Vereinbarung** über die weiteren Schritte zu treffen.

 Tabu sind Fragen nach einer sofortigen Beurteilung Ihres Auftretens oder das Drängen nach einer schnellen Entscheidung.

Dennoch können Sie beispielsweise fragen: „Wie sehen Sie das Ergebnis des heutigen Gesprächs? Meinen Sie, wir sollten das Gespräch bald fortsetzen? Wann höre ich von Ihnen oder wann darf ich mich bei Ihnen melden?"

Reisespesen

Häufig am Ende des Gesprächs kommt die Rede auf die Spesen der Vorstellungsreise.

Der potenzielle Arbeitgeber ist – ungeachtet der Tatsache, ob er Sie einstellt oder nicht – verpflichtet, für die Ihnen durch Anfahrt, Verpflegung und eventuelle Übernachtung entstandenen **Kosten aufzukommen.**

5.8 Das Vorstellungsgespräch

Positive Signale der Körpersprache	
Körperhaltung	**Bedeutung**
Nach vorn gelehnter Oberkörper	Signalisiert Sympathie, Interesse oder auch den Wunsch, etwas sagen zu wollen
Entspannte Sitzhaltung	Selbstsicherheit und Unbekümmertheit; kann aber auch als Erschöpfung ausgelegt werden
Zum Gesprächspartner hin übereinandergeschlagene Beine	Sympathie, „Zugewandtheit"
Blickverhalten / Mimik	**Bedeutung**
Weit geöffnete Augen	Aufmerksamkeit, Sympathie und Aufnahmebereitschaft
Gerader Blick	Signalisiert Offenheit, Vertrauen, Ehrlichkeit
Häufiger Blickkontakt	Erzeugt Sympathie
Lächeln	Heiterkeit, Mitfreude
Sprechweise	**Bedeutung**
Lautstarke Stimme	Ausdruck von Vitalität und Selbstbewusstsein, aber auch von Unbeherrschtheit und Geltungsdrang
Ausgeprägte Pausengestaltung	Disziplin und Selbstbewusstsein
Starke Akzentuierung	Lebhaftigkeit, Gefühlsstärke

5. Erfolgsprogramm Bewerbung

Negative Signale der Körpersprache	
Körperhaltung	**Bedeutung**
Achselzucken	Passive Hilflosigkeit
Verschränkte Arme	Ablehnung, Verschlossenheit, Angst
Vom Gesprächspartner weg übereinandergeschlagene Beine	Ablehnung, Unwillen
Um die Stuhlbeine gelegte Füße	Unsicherheit, Suche nach Halt
Wippen mit den Füßen	Arroganz, Ungeduld, Aggressivität
Spielende Hände	Erregung, Nervosität, Angst, Verwirrung
Finger zum Mund nehmen	Verlegenheit, Unsicherheit
Mit dem Finger auf Gesprächspartner zeigen	Angriff, Wut
Hand vor den Mund halten (während des Sprechens)	Unsicherheit
Kopf auf Hände stützen	Nachdenklichkeit, Erschöpfung, Langeweile
Blickverhalten / Mimik	**Bedeutung**
Zugekniffene Augen	Abwehr, Unlust
Schräger Blick	Abschätzende Zurückhaltung
Häufiges Wegsehen	Verlegenheit, mangelnde Sympathie
Häufiger Lidschlag	Unsicherheit, Befangenheit
Zusammengepresster Mund	Zurückhaltung, Reserviertheit, Kontaktarmut
Mundwinkel nach unten	Verbitterung, Pessimismus, Depressivität
Hochgezogene Augenbrauen	Ungläubigkeit, Arroganz
Sprechweise	**Bedeutung**
Leise Stimme	Schwäche, mangelndes Selbstbewusstsein
Zu schnelles Sprechtempo	Nervosität
Zu langsames Sprechtempo	Antriebsschwäche
Wechselndes Sprechtempo	Innere Unausgeglichenheit
Schwache Akzentuierung	Uninteressiertheit, geistige Unbeweglichkeit

DEN RICHTIGEN START WÄHLEN.
PRAKTIKA UND TRAINEEPROGRAMME

Damit Sie fit für eine erfolgreiche Karriere werden, bieten wir Ihnen Praktika und Traineeprogramme in einem der Geschäftsbereiche: Marketing • Sales • IS/IT • Operations • Finance • Human Resources.

Willkommen bei der Philip Morris GmbH im Konzernverbund von Philip Morris International Inc., einem der weltgrößten Tabakunternehmen. Wir freuen uns auf Ihre schriftliche Bewerbung an:

PHILIP MORRIS GmbH • Human Resources • Fallstraße 40 • 81369 München
www.philipmorris.de

Wenn Ihr Gesprächspartner Sie nach den Kosten fragt, sollten Sie diese daher genau wissen: gefahrene Kilometer, Kosten für die Bahnreise usw. Und Sie sollten einige Tage später die Belege für die Kostenerstattung einsenden.

Wenn Sie sich aus eigener Initiative heraus beworben haben, übernimmt das Unternehmen nicht die Kosten – es sei denn, Sie haben vorher eine ausdrückliche Vereinbarung getroffen.

Sonderfall Gruppengespräch

Das Vorstellungsgespräch muss nicht immer ein Vier-Augen-Gespräch sein. Zuweilen sitzen auch mehrere Vertreter eines Unternehmens einem Bewerber gegenüber oder mehrere Bewerber einem Unternehmensvertreter, oder mehrere Bewerber sprechen mit mehreren Unternehmensvertretern.

In einem Gruppengespräch, in dem Sie gemeinsam mit mehreren Bewerbern zusammen sind, kommt es besonders auf die **soziale Interaktion** an. Daraus werden Rückschlüsse gezogen auf Teamfähigkeit, Anpassungsbereitschaft und Durchsetzungsvermögen.

Teilweise sind daher andere Gesprächstechniken gefragt als in einem Einzelgespräch.

Versuchen Sie schon **im Vorfeld** des Bewerbungsgesprächs herauszufinden, ob ein Gruppen- oder ein Einzelgespräch auf Sie zukommt, damit Sie sich entsprechend darauf vorbereiten können.

In einem Gruppengespräch sind der jeweils erste und der letzte, der eine Frage beantwortet, gegenüber den anderen benachteiligt. Als Bewerber ist man also einer Konkurrenzsituation ausgesetzt und muss darauf achten, dass man sich von den anderen positiv abhebt.

Hinweise für Gruppengespräche

- Drängeln Sie sich nicht in den Vordergrund, das wird Ihnen unter Umständen als Profilierungssucht ausgelegt.
- Gestalten Sie Ihre Beiträge kurz, sachlich und genau formuliert.
- Halten Sie keine Monologe!
- Hören Sie aufmerksam und aktiv zu, gerade auch Ihren Konkurrenten.
- Machen Sie Ihre Mitbewerber nicht schlecht.
- Vertreten Sie selbstsicher Ihre Meinung.
- Seien Sie nicht starrsinnig im Vertreten Ihres Standpunktes, aber geben Sie auch nicht jeder anderen Meinung nach.
- Stellen Sie Ihre eigene Meinung gelegentlich zur Diskussion („Wie würden Sie darüber denken?").
- Sprechen Sie die Anwesenden mit Namen an.
- Achten Sie auf eine ausgeglichene Rollenverteilung: Spielen Sie nicht immer den Kritiker oder Nörgler.
- Versuchen Sie nicht, für jedes Problem eine Patentlösung zu finden.
- Versuchen Sie, Punkte Ihrer Mitbewerber aufzugreifen und in ein übergreifendes Konzept oder eine Problemlösung einzubauen.

Die Nachbereitung

Wenn Sie das Vorstellungsgespräch überstanden haben, sollten Sie **sofort** zwei Dinge tun: Schreiben Sie ein **Gedächtnisprotokoll** und einen **Dankesbrief**.

Das Gedächtnisprotokoll

Unmittelbar im Anschluss an Ihr Vorstellungsgespräch sollten Sie sich eine halbe Stunde Zeit nehmen und Notizen machen. Schreiben Sie alles auf, was Ihnen von dem Gespräch im Gedächtnis geblieben ist.

- Wie war die Atmosphäre während des Gesprächs/im Unternehmen?
- Mit wem haben Sie gesprochen? Schreiben Sie sich die Namen auf.
- Welche Daten und Fakten waren Ihnen neu?
- Welche Fragen hat man Ihnen gestellt?
- Was haben Sie als Höhepunkt des Gesprächs empfunden?
- Mit welchen unerwarteten Fragen waren Sie konfrontiert?
- Wo haben Sie Ihrer Meinung nach versagt?
- Was wollen Sie bei Ihrem nächsten Vorstellungsgespräch anders oder besser machen?

Wenn Sie diese Dinge genau überdenken, können Sie einen **Lerneffekt erzielen**, der sich auf die eventuell noch folgenden Vorstellungsgespräche positiv auswirkt.

Der Dankesbrief

Einen Tag nach Ihrem Vorstellungsgespräch sollten Sie einen Brief an das Unternehmen schicken, in dem Sie sich noch einmal für das Gespräch bedanken.

- Formulieren Sie, was Sie als wichtigsten Punkt oder Höhepunkt des Gesprächs empfunden haben.
- Tragen Sie nach, was offen geblieben ist.
- Signalisieren Sie, wie sehr Sie an der Position interessiert sind und wie stark Ihre Motivation ist, Ihre Arbeitskraft einzubringen.

Weitere Gespräche

Es ist nichts Ungewöhnliches, wenn auf das Vorstellungsgespräch ein bis zwei weitere Gespräche folgen. Dies bedeutet, dass Sie in die engere Wahl gekommen sind, aber häufig noch keine definitive Entscheidung über die Annahme eines bestimmten Bewerbers gefallen ist.

Gegenstand der Folgegespräche kann beispielsweise sein:

- ein Assessment Center oder – falls schon feststeht, dass Sie die Stelle bekommen:
- die Besprechung weiterer Einzelheiten der Position,
- das Kennenlernen des Unternehmens sowie einzelner Mitarbeiter, Vorgesetzter usw.,
- das Kennenlernen Ihres Partners oder Ihrer Partnerin mit dem Ziel festzustellen, inwieweit Ihre berufliche Arbeit von Ihrer Familie mitgetragen wird,
- eine Gehaltsverhandlung und/oder die Besprechung des Arbeitsvertrags.

5.9 Auswahlverfahren

Viele Unternehmen verlassen sich bei **Personalauswahlverfahren** auf die meist laienhafte Begutachtung der Bewerbungsunterlagen und unstrukturierte Vorstellungsgespräche. Doch allmählich ändern sich die Dinge. Bewerbungsunterlagen und Vorstellungsgespräch sind zwar immer noch die gängigsten Personalauswahlverfahren, werden aber zunehmend durch andere ergänzt.

In vielen Unternehmen werden gerade bei Hochschulabsolventen spezielle **Testverfahren** eingesetzt, da man sich beim qualifizierten Nachwuchs, den potenziellen Führungskräften, ein möglichst genaues Bild von den Persönlichkeitsmerkmalen machen will und muss.

Denn Führungskräfte sind gleichermaßen Antrieb und Steuerung eines Unternehmens. Sie prägen durch Entscheidungen und ihren Führungsstil langfristig die Entwicklung des Unternehmens und sie sind aus Sicht der Unternehmen eine langfristige Investition.

Durch **Tests und/oder Assessment Center** will man die Bewerber „durchleuchten" und sie einer den tatsächlichen beruflichen Anforderungen entsprechenden Situation aussetzen, die angeblich nicht so leicht vorbereitet und geübt werden kann wie ein Vorstellungsgespräch.

Doch auch hier gilt: Durch **gezielte Vorbereitung** können Sie die Ergebnisse durchaus beeinflussen. Vielleicht gelingt es Ihnen, mit ehemaligen Bewerbern des Unternehmens zu sprechen, die Ihnen ungefähr sagen können, was auf Sie zukommt.

Selbst wenn dies nicht der Fall sein sollte, so gibt es eine Reihe von Büchern, anhand derer Sie die Auswahlverfahren – Tests und Assessment Center – gezielt üben können (vgl. das Literaturverzeichnis am Ende des Buches).

Sie können auch das MLP AC-Training nutzen:

- Anmeldung bei der MLP-Geschäftsstelle in Ihrer Universität und im Internet.
- Adressen aller MLP-Geschäftsstellen finden Sie unter www.mlp.de.

Es existiert eine ganze Reihe von Tests, die teils einzeln und teils in Kombination mit Vorstellungsgesprächen und mit Assessment-Center-Verfahren eingesetzt werden können.

Auf den nächsten Buchseiten folgt eine kleine Auswahl der verbreitetsten Personalauswahlverfahren-Tests mit einigen Prüfungsaufgaben und Lösungen.

Persönlichkeitstests

Mithilfe der diversen Persönlichkeitstests glaubt das Unternehmen, **ausgewählte Merkmale** eines Bewerbers erfassen zu können, die für die Anforderungen des Arbeitsplatzes relevant sind.

Vertiefend soll „durchleuchtet" werden, ob der Bewerber zum Unternehmen passt, ob er ein einfacher oder ein schwieriger Mitarbeiter ist, ob er belastbar und kreativ ist, ob er zu irrationalem Verhalten neigt o. Ä.

Auf Sie zukommen könnten die Pesönlichkeitstests, die wir auf den folgenden Seiten darstellen, wobei die **Originalfragen** natürlich geschützt sind und nicht veröffentlicht werden dürfen.

Die hier genannten Fragen sind den Originaltests nachempfunden.

Viele Unternehmen lassen sich unterschiedliche Tests erarbeiten. Darum stehen die folgenden Tests und Fragen beispielhaft für die einzelnen Ausprägungen oder für die einzelnen Formen, ohne jedoch einen Anspruch auf Vollständigkeit zu erheben.

Es geht darum, Ihnen eine Vorstellung davon zu vermitteln, auf was Sie sich bei Ihrer Bewerbung einstellen müssen.

MMPI (Minnesota Multiphasic Personality Inventory)

Varianten dieses wohl besten und umfangreichsten Persönlichkeitstests werden häufig als Einstellungstests verwendet.

Dabei sollen sollen folgende Merkmale geprüft werden:

- Nervosität,
- Aggressivität,
- Depressivität,
- Erregbarkeit,
- Geselligkeit,
- Gelassenheit,
- Extroversion/Introversion.

Wenn Sie sich intensiver mit den Fragen auseinander setzen, werden Sie feststellen, **auf welches Persönlichkeitsmerkmal die jeweilige Frage abzielt**. Sie können Ihre Beantwortung auch dementsprechend ausrichten – natürlich nicht zu extrem in eine Richtung.

Beantworten Sie die folgenden Fragen bitte spontan und ehrlich. Zur Beantwortung haben Sie sechs Alternativen:

- von 1 (überwiegend nein)
- bis 6 (überwiegend ja)

Der Test mit Auswertung und Analyse kann hier natürlich nicht vollständig dargestellt werden. Betrachten Sie diese Liste wie auch die folgenden vielmehr als Anregung.

5. Erfolgsprogramm Bewerbung

Persönlichkeitstest

Nr.	Frage	Bewertung 1 – 2 – 3 – 4 – 5 – 6
1.	Knabbern Sie häufig an Ihren Fingernägeln oder Bleistiften?	
2.	Macht Ihnen Ihre Aggressivität manchmal selbst Angst?	
3.	Bedrücken Sie oft frühere Misserfolge?	
4.	Fühlen Sie sich manchmal rastlos und unausgeglichen?	
5.	Gibt es für Sie nur wenige Menschen, die Sie wirklich gern haben?	
6.	Geben Sie manchmal nach, nur damit der Friede gewahrt ist?	
7.	Sind Sie öfter in Rechtsstreitigkeiten verwickelt?	
8.	Fühlen Sie sich unter vielen Menschen eher gehemmt?	
9.	Wenn Sie einem Redner zuhören, haben Sie dann den Eindruck, dass er ganz persönlich zu Ihnen spricht?	
10.	Bringen Sie schlechte Nachrichten für lange Zeit in Unruhe?	
11.	Verbergen Sie Aggressionen eher, als diese frei zu zeigen?	
12.	Macht es Ihnen Spaß, mit anderen auszugehen?	
13.	Würden Sie sich als einen zufriedenen Menschen voller Selbstvertrauen betrachten?	
14.	Fühlen Sie sich in den eigenen vier Wänden am wohlsten?	

Quelle: Siewert 1994

Rationalitätstest

Wenn Sie in einer gehobenen Position arbeiten, sind Sie mehr oder weniger starkem **Stress** ausgesetzt. Neigen Sie in solchen Situationen zu **irrationalem Verhalten**, so kann Ihre Leistungsfähigkeit leiden, und es können Konflikte mit den Kollegen und den Vorgesetzten entstehen. Das Unternehmen hat darum in der Regel ein starkes Interesse zu erfahren, wie **stressresistent und belastbar** Sie sind.

Dabei geht es um folgende Faktoren:

- Emotionale Überreaktionen, Schuldgefühle und Schuldzuweisungen,
- Perfektionismus,
- Abhängigkeit vom allgemeinen Meinungsbild und
- gegenseitige Hilfe.

Bei diesem Test haben Sie zur Beantwortung fünf Möglichkeiten:

- völlige Zustimmung (1 Punkt),
- Zustimmung (2 Punkte),
- neutral (3 Punkte),
- Ablehnung (4 Punkte),
- starke Ablehnung (5 Punkte).

Auf der folgenden Seite finden Sie einige **Beispiele** aus einem Rationalitätstest:

Auswertung	
Frage 1, Frage 8	Nervosität; 1 = psychosomatisch nicht gestört, 6 = psychosomatisch gestört
Frage 2, Frage 9	Aggressivität; 1 = nicht aggressiv, beherrscht, 6 = spontan aggressiv, emotional unreif
Frage 3, Frage 10	Depressivität; 1 = zufrieden, selbstsicher, 6 = missgestimmt, unsicher
Frage 4, Frage 11	Erregbarkeit; 1 = ruhig, gleichgültig, 6 = reizbar, leicht frustriert
Frage 5, Frage 12	Geselligkeit; 1 = ungesellig, zurückhaltend, 6 = gesellig, lebhaft
Frage 6, Frage 13	Gelassenheit; 1 = irritierbar, zögernd, 6 = selbstvertrauend, gutgelaunt
Frage 7, Frage 14	Extroversion/Introversion; 1 = Extroversion, 6 = Introversion

5. Erfolgsprogramm Bewerbung

Rationalitätstest

Nr.	Frage	Bewertung/Punkte 1 – 2 – 3 – 4 – 5
1.	Ich werde manchmal wirklich sehr böse und gemein, wenn die Dinge nicht so laufen, wie ich das gerne hätte.	
2.	Die Leute sollten moralische Grundsätze mehr akzeptieren, als sie dies meist tun.	
3.	Ein Vorgesetzter sollte einigermaßen kompetent, talentiert und intelligent sein.	
4.	Wenn ich mich entscheiden soll, ob etwas richtig oder falsch ist, richte ich mich meistens nach den anderen.	
5.	Anderen zu helfen ist eine Grundeinstellung meines Lebens.	
6.	Ereignisse, die einen in der persönlichen Vergangenheit sehr aufgeregt haben, werden dies auch weiterhin im Leben tun.	
7.	Viele Leute sollten sich für ihre Fehler und Missetaten schämen.	
8.	Ich mache mir oft auch schon wegen kleiner Sachen Sorgen.	
9.	Ich vermeide es normalerweise, Dinge zu tun, die man nicht tut.	
10.	Unsere Mitmenschen sollten uns das Leben leichter machen, und sie sollten uns auch bei Schwierigkeiten helfen.	

Quelle: Siewert 1994

Auswertung	
Frage 1, Frage 6	Emotionale Überreaktion;
	1 Punkt = Neigung zu emotionalen Überreaktionen, 5 Punkte = eher ruhig, kontrolliert, überlegt
Frage 2, Frage 7	Schuldgefühle und Schuldzuweisungen;
	1 Punkt = Neigung zur Schuldzuweisung, Schuldgefühle, 5 Punkte = ausgleichend, rational, gerecht
Frage 3, Frage 8	Perfektionismus;
	1 Punkt = Neigung zu sozialem Perfektionismus, 5 Punkte = Neigung zu Laisser-faire, ausgleichend
Frage 4, Frage 9	Abhängigkeit vom allgemeinen Meinungsbild;
	1 Punkt = extreme soziale Abhängigkeit, 5 Punkte = unkonventionell, frei, schrankenlos
Frage 5, Frage 10	Gegenseitige Hilfe;
	1 Punkt = hilfsbedürftig, Hilfe beansprucht, 5 Punkte = selbstständig, ablehnend, sozial unabhängig

Niedrige Punktzahlen sprechen in diesem Test für eher normorientiertes Verhalten, hohe Punktzahlen für eher autarkes, anarchistisch-autonomes Verhalten.

Dabei kann nicht gesagt werden, dass eine hohe Punktzahl generell besser ist. Diese Wertung hängt stark von den Anforderungen der jeweiligen Stelle ab: Bei einem Sachbearbeiter wird man beispielsweise seine Abhängigkeit vom allgemeinen Meinungsbild mit einem anderen Wert ansetzen (und diesen dann auch akzeptieren!) als bei einem Management-Anwärter.

Selbstsicherheitstest

Selbstsicherheit spielt eine große Rolle im Berufsleben. Wer selbstsicher ist, hat meistens auch eine hohe **Frustrationstoleranz**, zeigt keine unkontrollierten Aggressionen, verfügt über **Durchsetzungsvermögen** und kann sich besser organisieren.

Aggressive, unsichere Mitarbeiter dagegen sind einem guten Betriebsklima nicht gerade zuträglich.

Folgende Kriterien werden im Selbstsicherheitstest dabei erfasst:

- eigene Gefühle äußern,
- Kritik austeilen,
- eigene Meinung haben,
- Forderungen stellen,
- persönliche Schwächen zugeben.

Zur Einschätzung der folgenden beispielhaften Aussagen stehen Ihnen 5 Werte zu Verfügung:

> ■ von 1 (trifft nicht zu)
> ■ bis 5 (trifft voll zu).

5. Erfolgsprogramm Bewerbung

Selbstsicherheitstest

Nr.	Frage	Bewertung 1 – 2 – 3 – 4 – 5
1.	Wenn ich mich mit jemandem verabrede, bin ich immer sehr nervös.	
2.	Jemand, den (die) ich gut kenne, macht mir ein eindeutiges Angebot. Ich will mit ihm (ihr) eigentlich sexuell nichts haben. Ich lehne ab.	
3.	Wenn ein Freund meine Arbeit kritisiert, mache ich mir innerlich oft heftige Vorwürfe.	
4.	Ich glaube, dass ich für meine Arbeit mehr Gehalt bekommen sollte.	
5.	Ein chinesischer Freund lädt mich zum Essen ein. Er serviert ein unbekanntes Gericht. Ich versuche auf jeden Fall, mit den beiden Stäbchen zurechtzukommen und weise die angebotene Gabel zurück.	
6.	Auf der Straße sehe ich jemanden, den ich gerne kennen lernen möchte. Ich gehe aber vorbei, weil ich mich nicht blamieren will.	
7.	Meine Freundin will sich von mir Geld ausleihen. Ich mache das nur ungern, weil ich weiß, dass sie das geliehene Geld immer erst nach Streit und Zank zurückgibt. Trotzdem gebe ich ihr das Geld und mache diesmal noch eine Ausnahme.	
8.	Ich unterhalte mich mit meinem Chef über die neue Marketinginitiative. Es stellt sich heraus, dass wir unterschiedlicher Meinung sind. Ich bringe das nicht deutlich zum Ausdruck und passe mich seiner Meinung langsam an.	
9.	Meine Chefin bittet mich um eine Verabredung mit einer Kundin. Ich habe aber schon etwas anderes vor. Trotzdem sage ich zu, weil dieses Gespräch für die Firma wichtig ist.	
10.	Ich mache auf einer Party ein paar Witze über Homosexuelle. Mein Freund wird daraufhin plötzlich ganz still. Eigentlich müsste ich hingehen und fragen, was mit ihm los ist, aber ich lasse ihn lieber im Moment in Ruhe.	

Quelle: Siewert 1994

5.9 Auswahlverfahren

Auswertung	
Frage 1, Frage 6	Eigene Gefühle äußern; 1 = äußert, spricht über Gefühle, 5 = keine Gefühlsäußerungen möglich
Frage 2, Frage 7	Kritik austeilen; 1 = übt, verteilt Kritik, 5 = keine Kritikfähigkeit
Frage 3, Frage 8	Eigene Meinung haben; 1 = hat, vertritt eigene Meinung, 5 = keine eigene Meinung
Frage 4, Frage 9	Forderungen stellen; 1 = stellt Forderungen, 5 = stellt keine Forderungen
Frage 5, Frage 10	Persönliche Schwächen zugeben; 1 = zeigt, gibt zu, erkennt Schwächen, 5 = erkennt keine eigenen Schwächen

Auch für diesen Test gilt: Richtige oder falsche Antworten gibt es nicht. Wie „gut" Sie bei einem solchen Test abschneiden, hängt von dem Anforderungsprofil der jeweiligen Position ab, für die Sie sich beworben haben.

Ein Manager sollte anders Kritik austeilen, seine eigene Meinung vertreten und Forderungen stellen als ein Auszubildender.

Leistungstests

Neben den Persönlichkeitstests, die eher für die Besetzung von Führungspositionen eingesetzt werden, kommen auch **Leistungs-, Konzentrations-, Intelligenz- und Allgemeinwissenstests** zum Einsatz.

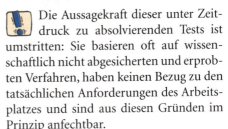 Die Aussagekraft dieser unter Zeitdruck zu absolvierenden Tests ist umstritten: Sie basieren oft auf wissenschaftlich nicht abgesicherten und erprobten Verfahren, haben keinen Bezug zu den tatsächlichen Anforderungen des Arbeitsplatzes und sind aus diesen Gründen im Prinzip anfechtbar.

Dennoch greifen Personalverantwortliche aller Branchen darauf zurück – immer in dem Bestreben, bei der Auswahl der neuen Mitarbeiter das Ergebnis wissenschaftlich abzusichern. Das Ergebnis der Personalauswahl soll so scheinbar objektiviert werden.

Aus diesen Gründen **ist eine sorgfältige Vorbereitung auf diese Leistungstests für die Bewerber unerlässlich!**

In den Tabellen auf den folgenden Seiten wieder einige Beispiele. Betrachten Sie die angeführten Aufgaben bitte lediglich als Beispiele dafür, welcher Art die Anforderungen sein können, die in Einstellungstests auf Sie zukommen können.

5. Erfolgsprogramm Bewerbung

Intelligenztest

Nr.	Frage/Aufgabe	Antwortmöglichkeiten/ Vorgaben
1.	Unter keinen Umständen kann man in der Antarktis (Zeitvorgabe: 18 solcher Aufgaben in 10 Minuten)	a. Pinguine antreffen b. Russische Forscher antreffen c. Eisbären antreffen d. Amerikanische Forscher antreffen
2.	Welche Lampe ist die hellste? (Zeitvorgabe: 8 der folgenden Aufgaben in 5 Minuten)	a. Lampe A ist dunkler als Lampe B b. Lampe B ist heller als Lampe C c. Lampe C ist gleichhell wie Lampe D d. Lampe B ist heller als Lampe D e. Lampe D ist heller als Lampe A
3.	Behauptungen: Alle Häuser sind Fische. Alle Fische sind Katzen. Schlussfolgerungen: Deshalb sind alle Häuser Katzen. (Zeitvorgabe: 12 Aufgaben sind in 8 Minuten zu lösen)	a. Stimmt b. Stimmt nicht
4.	Vier Buchstabenreihen werden vorgegeben. Wie sieht die fünfte Buchstabengruppe aus, damit sie die Reihe logisch sinnvoll fortsetzt? (Zeitvorgabe: 9 Aufgaben in 10 Minuten)	FEDC - EDCB - KJIH - JIHG - ...
5.	Dach verhält sich zu Keller wie Decke zu (Zeitvorgabe: Für 30 Aufgaben der folgenden Art ist 10 Minuten Zeit.)	a. Teppich b. Leuchter c. Wand d. Boden
6.	Bei dieser Aufgabe geht es darum, Sprichworte mit ähnlicher Bedeutung zu erkennen. Wie man in den Wald hineinruft, so schallt es heraus. (Zeitvorgabe: 15 Aufgaben sind in 6 Minuten zu lösen.)	a. Wer rastet, der rostet. b. Wie man sich bettet, so liegt man. c. Alte Liebe rostet nicht. d. In einen Eimer geht nicht mehr, als er fassen kann.
7.	Welche der angegebenen Folgerungen a bis e ist richtig? Es können auch mehrere Lösungen richtig sein oder gar keine. Nur schlechte Menschen betrügen oder stehlen. Elfriede ist gut. (Zeitvorgabe: 12 Aufgaben sind in 8 Minuten zu lösen.)	a. Elfriede betrügt b. Elfriede stiehlt c. Elfriede stiehlt nicht d. Elfriede betrügt und stiehlt e. Elfriede betrügt nicht

Quelle: Hesse/Schrader 1993

Wer in den Zukunftsmärkten etwas bewegen will, braucht vor allem Ideen, Phantasie und Wissen.

Die GfK ist eines der weltweit führenden Marktforschungsunternehmen. Mit ihren Business Information Services liefert sie das grundlegende Wissen, das Industrie, Handel, Dienstleistungsunternehmen und Medien benötigen, um Marktentscheidungen zu treffen.

Möchten Sie Marken und Marketing entscheidende Impulse geben? Dann kommen Sie zu uns als Consultant Marketing Research.

Bringen Sie Ihr Wissen und Ihre Ideen bei uns ein. Und erleben Sie, wie viel Sie mit Engagement bewegen können. Für unseren Erfolg und für Ihren.

Wir freuen uns auf Sie!

GfK. Growth from Knowledge

GfK AG
Human Resources Management
Nordwestring 101
90319 Nürnberg
Tel. 09 11-395 43 48

Ansprechpartner unter:
www.gfk.de/recruitment.php

5. Erfolgsprogramm Bewerbung

Allgemeinwissenstest

Nr.	Frage	Antwortmöglichkeiten
1.	Wann fand die offizielle Abkehr vom Stalinismus in der UdSSR statt?	a. 1949 b. 1953 c. 1957 d. 1961
2.	Was versteht man unter dem so genannten „Hammelsprung"?	a. Parlamentarische Abstimmungsform b. Prüfungsverfahren für Politiker c. Landwirtschaftlicher Fachausdruck d. Politische Meinungsverschiedenheit im Kabinett
3.	Wer war Paul-Henri Spaak?	a. Niederländischer Reeder b. Französischer Schauspieler c. Belgischer Politiker d. Luxemburgischer Finanzier
4.	Die Einziehung von Bargeld nennt man ...	a. Impresso b. Inferno c. Incasso d. Insolvenz
5.	Hans Jacob Christoph von Grimmelshausen schuf im 17. Jahrhundert eine satirische Dichtung mit dem Namen ...	a. Die Betschwester b. Der Arme Heinrich c. Der Simplicissimus
6.	Wer komponierte den Liederzyklus „Die Winterreise"?	a. Schubert b. Schumann c. Schulz

Konzentrationstests

1. Hier besteht die Aufgabe zum Beispiel darin, in einem „Buchstabensalat" alle Buchstaben einzukreisen, die im Alphabet unmittelbar aufeinander folgen. Vorgegebene Zeit: 3 Minuten.

2. Bei den folgenden Aufgaben muss zuerst die obere Zeile ausgerechnet und das Ergebnis im Kopf behalten werden. Dasselbe gilt für die untere Zeile. Danach wird die kleinere von der größeren Zahl abgezogen und das Ergebnis aufgeschrieben. Notizen sind nicht erlaubt! Für 10 dieser Aufgaben haben Sie 2 Minuten Zeit.

Konzentrationstest

h i j g d r t u c f c d e t n k l p q d r d t d u d b d e
c m k l a b k n x y h j f a b c l b v c x g h l n l f l m
x a x e r z s t f h k l u i r s e f j a b i p k o m b c g
h i j r d c d s z z o k r d x y h t g b d v c h i j k l o i
u z t r e d s t z u i o p u o r f g t z h u j i k o l z h t
g g b f v d c s x a y j m h n g h p

Konzentrationstest

1.	5 – 2 + 9 4 + 8 + 6	2.	9 – 5 + 7 4 + 3 + 6
3.	2 + 8 – 7 6 – 5 + 9	4.	8 – 3 + 7 9 – 5 + 3
5.	2 + 6 + 7 5 – 3 + 7	6.	8 + 4 – 9 3 + 8 – 5
7.	2 + 7 – 4 6 + 3 – 2	8.	8 – 6 + 5 4 + 9 – 7
9.	4 – 3 + 6 5 + 7 – 3	10.	8 + 6 – 4 7 – 5 + 7

Quelle: Hesse/Schrader 1993

5.10 Assessment Center

Ziele und Inhalte

Assessment Center (AC) sind **ein- bis dreitägige Veranstaltungen**, in denen die Bewerber unter anderem mit Interviews, Tests, Bearbeitung von Fallstudien, Gruppendiskussionen und Rollenspielen konfrontiert werden – also mit **Simulationen von Situationen**, wie sie im „wirklichen" Berufsalltag vorkommen. Beurteilt wird dabei die **umfassende Eignung für die Anforderungen einer Führungsnachwuchsposition**. Zum Beispiel geht es um

- analytische Fähigkeiten,
- kommunikatives Verhalten,
- Teamfähigkeit und Umgang mit Menschen,
- Umgang mit Stresssituationen,
- Risikobereitschaft,
- Verhandlungsgeschick,
- Organisations- und Planungsfähigkeit sowie
- Konzentration und Ausdauer.

An einem Assessment Center nehmen **bis zu zwölf Bewerber** teil, häufig solche, die schon durch ein vorangegangenes Vorstellungsgespräch in die engere Wahl gekommen sind.

Hinzu kommen ein bis zwei Moderatoren, die durch das AC führen und die Aufgabenstellungen erklären, sowie vier bis sechs **Beobachter**, die das Verhalten der Bewerber begutachten. Die Beobachter können beispielsweise Psychologen als externe Berater, Personalverantwortliche und/oder Führungskräfte des Unternehmens sein.

Rechentest

Nr.	Aufgabe
1.	Zeitvorgabe: Für 10 Reihen 15 Minuten Bearbeitungszeit. Die folgende Zahlenreihe ist nach einer bestimmten Regel aufgebaut. Aufgabe ist es, das nächste Glied in der Reihe herauszufinden. 2 4 1 4 9 3 21
2.	Zeitvorgabe: Für 26 dieser folgenden Textaufgaben haben Sie 45 Minuten Zeit: In einer Familie hat jeder Sohn dieselbe Anzahl von Schwestern wie Brüder. Jede Tochter hat aber zweimal so viele Brüder wie Schwestern. Wie viele Söhne und Töchter hat die Familie?
3.	Ein Jaguar, ein Gepard und eine Hyäne fressen gemeinsam eine Antilope. Der Jaguar allein würde die Antilope in einer Stunde auffressen. Der Gepard bräuchte drei Stunden dafür und die Hyäne sogar sechs. Wieviel Zeit brauchen sie, wenn sie die Antilope zusammen fressen?

Quelle: Hesse/Schrader 1993

Auflösungen der Testaufgaben

Allgemeinwissenstest: 1957; a; c; c; c; a

Intelligenztest: c; b; a; PONM; d; b; Keine. Elfriede könnte zum Beispiel ein Schwein sein, sie ist nicht als Mensch definiert.

Rechentest: 29 (+2 − 3 x 4 + 5 − 6 x 7 + 8); 3 Töchter, 4 Söhne; 40 Minuten

Konzentrationstest: 6; 2; 7; 5; 6; 3; 2; 1; 2; 1

Entwickelt wurde das Assessment Center in den USA, und zwar zur Rekrutierung von Offizieren. In den 30er Jahren kam es auch in Deutschland im militärischen Bereich zur Anwendung. Seit den 50er Jahren wird es zur Personalauswahl in Unternehmen eingesetzt.

Heute gehört das Assessment Center zu den **Standardauswahlverfahren** vieler Großunternehmen und einiger Mittelständler. Es ist speziell angehenden Führungskräften vorbehalten. In kleinen Unternehmen werden schon aus Kostengründen meist keine Assessment Center durchgeführt: Ein AC kann pro Teilnehmer 1.500 bis 3.000 € kosten.

Die **Vorteile** des Assessment Centers sind aus der Sicht der Unternehmen folgende:

1. Die einzelnen Teile des AC bringen durch die Natur der Aufgabenstellungen ein **großes Maß an Realität und Praxisnähe** ein.
2. **Das tatsächliche** – und nicht das gemutmaßte – Verhalten unterliegt der Beurteilung, besonders die soziale Kompetenz.
3. Das Verfahren berücksichtigt Komponenten, die auch am Arbeitsplatz eine Rolle spielen: **Dynamik, Interaktion und gegenseitige Abhängigkeit.**
4. Talente, Charakteristika und Neigungen werden durch die Teilnahme mehrerer Bewerber zuverlässiger identifiziert und gemessen. Die Beurteilung ist aufgrund mehrerer Beobachter **objektiver und gerechter.**
5. Der Kandidat erhält durch die praxisbezogenen Übungen die Gelegenheit, die Aufgaben und Anforderungen seines zukünftigen Arbeitsplatzes daraufhin zu prüfen. Er kann feststellen, ob sie seinen Vorstellungen und Neigungen entsprechen, und sich ggf. gegen die Position entscheiden.
6. Durch das **Feedback-Gespräch** erhalten die Teilnehmer Aufschluss über ihr eigenes Stärken-/Schwächenprofil.

Das **Assessment Center** wird von den Teilnehmern häufig als **Stress** erlebt. Das ist auch beabsichtigt: Eine Vielzahl heterogener Aufgaben ist in einem jeweils genau vorgegebenen Zeitrahmen innerhalb eines ein- bis dreitägigen „Marathonlaufes" zu bewältigen. Naturgemäß fühlt man sich nicht allen Aufgaben gleichermaßen gewachsen. Bekanntlich wird aber nichts so heiß gegessen, wie es gekocht wird.

❌ Assessment Center lassen sich **gezielt trainieren**. Es gibt eine Fülle von Literatur zu diesem Thema, die auch Beispielaufgaben und -lösungen enthält (vgl. Literaturverzeichnis). Wenn Sie wissen, dass Sie an einem AC teilnehmen werden, bereiten Sie sich darauf vor, lösen Sie entsprechende Aufgaben und üben Sie eventuell gemeinsam mit Freunden.

Schlechte Erfahrungen, die Teilnehmer von Assessment Centern gemacht haben, lassen sich in der Regel erklären

- mit unprofessionellen, weil nicht speziell geschulten Beobachtern,
- mit Aufgaben und Übungen, die nicht exakt am Anforderungsprofil der zu besetzenden Stelle ausgerichtet sind,
- und mit Beurteilungskriterien, die für die Teilnehmer nicht transparent sind.

5.10 Assessment Center

Leider werden Assessment Center nicht von allen Unternehmen mit der gleichen Seriosität und Professionalität durchgeführt. Allerdings haben Sie als Bewerber keinen Einfluss darauf und müssen sich der Situation fügen, wenn Sie nicht von vornherein auf eine möglicherweise vielversprechende Stelle verzichten wollen.

Professionell durchgeführte Assessment Center haben folgende Merkmale:

- **Mehrfachbeurteilung**: Jeder Kandidat wird von mehreren Beobachtern eingeschätzt.
- **Verhaltensorientierung**: Es werden nur solche Übungen eingesetzt, die realistische Rückschlüsse auf das Arbeitsverhalten der Teilnehmer zulassen.
- **Methodenvielfalt**: Es werden mehrere Methoden miteinander kombiniert, um Fehler auszuschließen.
- **Anforderungsbezogenheit**: Die Beurteilung erfolgt nach Kriterien, die den Anforderungen einer Position entsprechen.

Bestandteile des AC

Zu einem AC gehören in der Regel folgende Bausteine:

- eine Eröffnungs- und Vorstellungsrunde,
- eine Postkorb-Übung,
- eine Gruppendiskussion,
- Rollenspiele,
- Präsentation, Referat oder Vortrag,
- Fallstudien,
- Interviews,
- Tests und
- eine Abschlussrunde.

Nicht in allen Assessment Centern finden sich sämtliche Bausteine. Bei manchen Unternehmen wird eine Auswahl aus diesen im Folgenden vorgestellten Elementen getroffen.

Eröffnungs- und Vorstellungsrunde

Zu Beginn werden die Teilnehmer von einem Moderator begrüßt und in den Ablauf eingewiesen. Häufig wird auch das Unternehmen vorgestellt.

Achten Sie bei der Präsentation des Unternehmens im Hinblick auf spätere Übungen auf die **Firmenphilosophie**. Merken Sie sich sowohl die **Namen** als auch die **Funktionen** der Beobachter.

Die **erste Aufgabe** besteht darin, dass sich die Teilnehmer vorstellen. Das kann auf verschiedene Weise geschehen. Beispielsweise müssen Sie einen Steckbrief über sich selbst entwerfen und diesen dann in Form eines freien Vortrags präsentieren.

Oder Sie stellen einen anderen Teilnehmer vor. Eine weitere Möglichkeit ist die gegenseitige Vorstellung der Teilnehmer in Kleingruppen.

Bei der ersten Aufgabe sollten Sie zeigen, dass Sie in der Lage sind, **flüssig und ideenreich zu sprechen**, ohne nervös zu werden, und beim Reden den **Blickkontakt zum Publikum** zu halten.

So vermitteln Sie den Beobachtern einen **positiven ersten Eindruck**, für den es bekanntlich keinen Ersatz gibt und der auch Ihre weitere Beurteilung beeinflussen wird.

Wer gleich zu Beginn mit der ersten noch recht einfachen Übung schon Schwierigkeiten beim freien Reden hat, wird sich bei den folgenden Übungen sehr schwertun.

Die Reihenfolge der kommenden Übungen ist nicht festgelegt; sie variiert von AC zu AC.

Die Postkorb-Übung

Die Postkorb-Übung ist eine klassische Übung, die in keinem AC fehlt.

Die Aufgabenstellung besteht darin, dass Sie eine Menge von Schriftstücken in sehr kurzer Zeit lesen, sichten und sortieren müssen. Die Schriftstücke liegen in Ihrem Postkorb, und Sie müssen entscheiden, was sofort erledigt werden muss, was Zeit hat und was zur Bearbeitung weitergegeben wird.

In der Regel ist die Aufgabe so konzipiert, dass Sie sie in der vorgebenen Zeit nicht vollständig erledigen können. Denn Sie werden durch wichtige Telefonate und andere Dinge gestört.

Ziel der Übung ist es zu demonstrieren, dass Sie in der Lage sind, **unter Zeitdruck Prioritäten** zu **setzen** und **richtige Entscheidungen** zu **treffen**.

Hinweise für die Aufgabenlösung

Die Aufgabe lässt sich lösen, indem Sie zwischen **wichtigen** und **dringenden Arbeiten** unterscheiden. Nicht jede wichtige Arbeit ist auch dringend und umgekehrt.

Nach dem **Eisenhower-Prinzip** lässt sich unterscheiden zwischen den Prioritäten A, B und C:

- **A-Arbeiten** sind sowohl dringend als auch wichtig und müssen zuerst erledigt werden.
- **B-Arbeiten** sind dringend, aber nicht wichtig; sie können zum Teil delegiert werden.
- **C-Arbeiten** sind weder dringend noch wichtig. Sie können komplett delegiert werden. Manchmal erübrigt sich auch eine Bearbeitung („Ablage Papierkorb").

Gruppendiskussion

Bei der Gruppendiskussion werden die Teilnehmer aufgefordert, in Gruppen ein bestimmtes Thema zu diskutieren. Es handelt sich dabei um Themen, die entweder aus dem beruflichen oder dem gesellschaftlichen Umfeld stammen.

Eine **Aufgabe** kann zum Beispiel darin bestehen, über die Einführung von Studiengebühren zu diskutieren mit dem Ziel, eine Empfehlung an die zuständigen Politiker zu formulieren. Ein Thema aus dem beruflichen Umfeld könnte zum Beispiel lauten, zu diskutieren und zu entscheiden, welcher Außendienstmitarbeiter den neu angeschafften Dienstwagen bekommt. Manchmal wird auch kein Thema vorgegeben, und die Teilnehmer jeder Gruppe müssen erst gemeinsam ein Thema festlegen.

Oft sind die Gruppendiskussionen **führerlos**, das heißt, es gibt keinen Gruppenleiter.

Bei dieser Übung gibt es keine richtigen oder falschen Lösungen. **Ziel** ist vielmehr festzustellen, wie die Teilnehmer mit **Teamarbeitssituationen** umgehen und wie sie sich in der **sozialen Interaktion** verhalten.

5.10 Assessment Center

Hinweise für die Aufgabenlösung

- Hören Sie Ihren Gesprächspartnern genau zu.
- Lassen Sie jeden zu Wort kommen.
- Nehmen Sie Ihre Gesprächspartner so, wie sie sind, ohne sie zu bewerten.
- Achten Sie auf ein positives Gesprächsklima.
- Prüfen Sie, welche Fachkenntnisse zu dem betreffenden Thema in der Gruppe schon vorhanden sind.
- Versuchen Sie, Gesagtes von Mitbewerbern weiterzuentwickeln und zusammenzuführen.
- Versuchen Sie, vorsichtig eine Diskussionsleitung zu schaffen.

Rollenspiele

Beim Rollenspiel handelt es sich um die Simulation eines **Zweiergesprächs,** beispielsweise um Mitarbeiter-, Verkaufs-, Planungsgespräche oder Verhandlungssituationen, wie sie für die ausgeschriebene Position typisch sind.

Die Teilnehmer erhalten in der Regel eine genaue Rollenanweisung mit Daten und Informationen über die Rolle, die sie einnehmen sollen. Ein **Beispiel:** Sie sind Vorgesetzter und haben einen Mitarbeiter, dessen Leistungen in letzter Zeit erheblich nachgelassen haben. Sie haben Ihren Mitarbeiter zu einer Aussprache eingeladen. Ihr Mitarbeiter wiederum hat – was Sie erst im Laufe des Gesprächs erfahren – Schwierigkeiten in seinem Privatleben.

Ziel des Rollenspiels ist es, das **Gesprächsverhalten in schwierigen Zweiersituationen** zu prüfen.

 Rollenspiele verlangen ein hohes Maß an **Einfühlungsvermögen** und Geschick im **Umgang mit Menschen.**

Hinweise für die Aufgabenlösung

- Konzentrieren Sie sich weniger auf die sachliche Klärung als auf die Beziehungsaspekte der Situation.
- Kritisieren Sie nicht zu häufig.
- Kritisieren Sie nicht den Menschen, sondern seine Leistung.
- Gliedern Sie das Gespräch in sinnvolle Abschnitte.

Typische Fehler

- Die Situation wird nicht als Problem, sondern als **schuldhaftes Verhalten** des Gesprächspartners dargestellt.
- Die faktische Darstellung des Sachverhalts wird mit dessen **Bewertung** vermischt.
- Der Gesprächspartner wird nicht um eigene Vorschläge gebeten.

Präsentation, Referat oder Vortrag

Die Aufgabe besteht darin, sich innerhalb von 20 bis 30 Minuten anhand vorgegebener Materialien mit einem Thema vertraut zu machen und anschließend darüber der Gruppe einen Vortrag von 10 bis 15 Minuten Dauer zu halten.

Ein typisches **Thema** ist die Präsentation der eigenen Diplomarbeit. Ein Thema aus dem beruflichen Umfeld könnte lauten: Wie machen Sie Ihre Mitarbeiter für ein neues Datenverarbeitungssystem fit?

Die **Beobachter** achten auf folgende Dinge:

- die mündliche Ausdrucksfähigkeit,
- Gliederung und Aufbau des Vortrags,
- Fachwissen und Kenntnisse,
- Verständlichkeit der Präsentation und
- die Art des Auftretens (Selbstsicherheit, Blickkontakt zum Publikum).

Hinweise zur Aufgabenlösung

- Beachten Sie die vorgegebene Zeit. Ihr Vortrag sollte lieber etwas zu kurz als zu lang sein.
- Setzen Sie Hilfsmittel wie Flip-Chart oder Overheadprojektor ein.
- Gliedern Sie Ihren Vortrag klar in Einleitung, Hauptteil und Schluss.
- Geben Sie den Zuhörern in der Einleitung eine Übersicht über den Inhalt des Vortrags.
- Fassen Sie am Schluss die wichtigsten Ergebnisse zusammen.
- Sagen Sie, wie Sie mit Fragen aus dem Publikum umgehen werden (zum Beispiel alle am Schluss behandeln).

Fallstudien

Bei den Fallstudien müssen die Teilnehmer komplexe Probleme oder bestimmte fachliche Aufgabenstellungen in einer vorgegebenen Zeit lösen. Die Aufgaben sind solchen ähnlich, wie sie in der angestrebten Position vorkommen können. Die Ergebnisse müssen meist **in schriftlicher Form** abgegeben werden.

Das **Thema** kann sich zum Beispiel auf Probleme bei der Arbeitsorganisation beziehen: Als Personalverantwortlicher stehen Sie vor der Situation, dass mehrere Mitarbeiter wegen Erkrankung eine wichtige und dringende Aufgabe nicht erledigen können. Kunden beschweren sich bereits über Rückstände. Was unternehmen Sie, um die Kunden zufriedenzustellen?

Ziel der Aufgabe ist die **Überprüfung des fachlichen Wissens** der Kandidaten. Darüber hinaus geht es darum, Problemsituationen schnell zu erfassen und Entscheidungen zu treffen. Kriterien wie **Belastbarkeit, Auffassungsgabe** und **analytisches Denkvermögen** stehen im Vordergrund.

Hinweise zur Aufgabenlösung

- Bearbeiten Sie die Aufgabe ruhig und systematisch.
- Listen Sie die entscheidungsrelevanten Daten und Fakten stichwortartig auf.
- Entscheiden Sie lieber ungefähr richtig als genau falsch.
- Skizzieren Sie besser nur Lösungsansätze für alle Aufgaben, als einige Aufgaben aufgrund von Zeitdruck gar nicht zu bearbeiten.

Interviews

Das Interview ist ein in das Assessment Center eingebettetes **Vorstellungsgespräch**. Meist führt jeweils ein Beobachter mit einem Kandidaten ein Bewerbungsgespräch, für das die im Kapitel 5.8 „Vorstellungsgespräch" genannten Kriterien gelten.

Tests

Bei den Tests handelt es sich um die im Kapitel 5.9 „Auswahlverfahren" vorgestellten **Persönlichkeits-, Intelligenz- und Leistungstests**, die allerdings nicht in allen AC angewendet werden.

Die Abschlussrunde

In der Abschlussrunde werden die Teilnehmer dazu aufgefordert, ihren Eindruck vom Assessment Center wiederzugeben und hervorzuheben, was ihnen besonders wichtig war.

In professionell durchgeführten ACs wird den Kandidaten **unmittelbar anschließend das Ergebnis** der Beobachtungen mitgeteilt, in der Regel in Zweiergesprächen.

 Nutzen Sie dieses Gespräch auch dann, wenn Sie „durchgefallen" sind, um Fragen zu stellen und sich zu versichern, wie Sie auf andere gewirkt haben und was Sie verbessern könnten.

Das Ergebnis

Zu jedem Assessment Center gehört nicht nur fachliches Können, sondern immer auch eine **Portion Glück**. Es ist verhältnismäßig leicht „durchzufallen", da letztlich immer nur **ein** Bewerber die Stelle bekommen kann; auch der zweite Sieger hat also schon verloren.

Nehmen Sie daher eine Niederlage nicht zu schwer, sondern nutzen Sie die Gelegenheit, weiter zu üben, um in Bewerbungssituationen immer sicherer aufzutreten.

 Sie können den Ausgang des Assessment Centers **positiv beeinflussen**, indem Sie

- möglichst entspannt daran teilnehmen und sich in den vorangehenden Tagen keine Verpflichtungen aufladen,
- AC-Aufgaben vorher durcharbeiten und zu Hause gezielt üben.

Früher oder später werden Sie Erfolg haben.

5.11 MLP Assessmentcenter Pool

Um Absolventen und Bewerber speziell bei der Vorbereitung auf die oft gefürchteten Assessmentcenter qualifiziert unterstützen zu können, hat MLP eine **einmalige Assessmentcenter-Datenbank** (MLP Assessmentcenter Pool) angelegt.

Die Datenbank beruht auf der Befragung von Hochschulabsolventen, die an Assessmentcentern teilgenommen und anonym ihre Erfahrungen nach einem standardisierten Schema festgehalten haben.

> **Inhalt des MLP Assessmentcenter Pools**
>
> ■ **Allgemeine Informationen:** Stelle/Bereich, für die/den die Auswahl erfolgte; Studienfächer/Ausbildung des befragten Teilnehmers; Dauer des AC; empfohlene Kleidung; Feedbackgespräch; Gesamtatmosphäre.
> ■ **Abschnitte des AC** mit Bemerkungen, Tipps, Angaben zu Teilnehmerzahl, Teilaufgaben und Dauer sowie Beobachtungszielen.

5. Erfolgsprogramm Bewerbung

Jeder Abschnitt wird unter den Gesichtspunkten Fairness, Transparenz und Stress auf einer Skala von 1 bis 5 bewertet nach den Maßstäben:

1. Fairness (1 = fair, 5 = unfair)
2. Transparenz (1 = hoch, 5 = niedrig)
3. Stress (1 = niedrig, 5 = hoch)

Die Datenbank umfasste bei Redaktionsschluss Angaben zu den Assessmentcentern von über **500 Unternehmen**.

Auf den folgenden Seiten finden Sie einen Auszug aus der Datenbank. Weitere Informationen über **Assessmentcenter in vielen anderen Unternehmen** können Sie beziehen bei:

MLP Finanzdienstleistungen AG
Forum 7
69126 Heidelberg
☎ 0 62 21 / 3 08-82 90
📠 0 62 21 / 3 08-12 21
✉ career-service@mlp-ag.com
🖥 www.mlp-berater.de

oder der MLP Geschäftsstelle in Ihrer Universitätsstadt.

Adressen aller MLP Geschäftsstellen finden Sie unter 🖥 www.mlp.de.

Accenture

Stelle/Bereich	Consultant Capital Markets
Studienfächer/Abschluss des Kandidaten	VWL/Univ.-Diplom
Dauer	1 Tag
Empfohlene Kleidung	Anzug und Krawatte bzw. Kostüm
Feedbackgespräche	Ja, aber kurz
Gesamtatmosphäre	Freundlich
Einstiegsgehalt bekannt	40.000 €
Teilnehmer	13 Bewerber und 10 Beobachter
Begrüßung und Vorstellung (08:30–09:00 Uhr)	*Inhalt:* ca. 1 Minute etwas über sich selbst erzählen *Beobachtungsziel:* Kennenlernen *Bemerkungen, Tipps:* vorbereiten – aber stressfrei *Teilnehmer:* 13 Bewerber und 10 Beobachter *Fairness:* 1 *Transparenz:* 1 *Stress:* 3
Präsentation AC durch Partner (09:00–10:00 Uhr)	*Beobachtungsziel:* Kennenlernen der Firma *Teilnehmer:* 13 Bewerber und 10 Beobachter *Fairness:* 1 *Transparenz:* 1 *Stress:* 2

Accenture (Fortsetzung)

Vorstellung Projekte und Staffing (10:00–10:30 Uhr)	*Inhalt:* Selbstzuordnung zu Projekt *Beobachtungsziel:* Entscheidungsfreude *Bemerkungen, Tipps:* Projekt nach Sympathie mit Teamleader und Mitgliedern wählen *Teilnehmer:* 13 Bewerber und 10 Beobachter *Fairness:* 1 *Transparenz:* 1 *Stress:* 2
Kick off Meeting (10:30–11:15 Uhr)	*Inhalt:* Gruppendiskussion zum Projektstart *Beobachtungsziel:* Leadership *Bemerkungen, Tipps:* Initiative ergreifen *Teilnehmer:* 4 Bewerber und 2 Beobachter *Fairness:* 1 *Transparenz:* 3 *Stress:* 2
Individual Task (11:15–12:15 Uhr)	*Inhalt:* Bearbeitung einer Aufgabe (ähnlich Prüfung) *Beobachtungsziel:* Arbeiten unter Stress *Bemerkungen, Tipps:* Zügiges und ordentliches Arbeiten *Teilnehmer:* 4 Bewerber und 2 Beobachter *Fairness:* 1 *Transparenz:* 1 *Stress:* 4
Individual Presentation (12:15–13:00 Uhr)	*Inhalt:* Vorstellen der Ergebnisse aus Individual Task *Beobachtungsziel:* Präsentationsskills *Bemerkungen, Tipps:* Strukturiert, Folien nicht überfüllen *Teilnehmer:* 4 Bewerber und 2 Beobachter *Fairness:* 1 *Transparenz:* 1 *Stress:* 3
Mittagessen (13:00–13:45 Uhr)	*Bemerkungen, Tipps:* Stressfrei *Fairness:* 1 *Transparenz:* 1 *Stress:* 1
Führung durchs Gebäude (13:45–14:00 Uhr)	*Teilnehmer:* 4 Bewerber und 2 Beobachter *Fairness:* 1 *Transparenz:* 1 *Stress:* 1
Zusammenfügen der Ergebnisse, vorbereiten Teampräsentation (14:00–15:30 Uhr)	*Bemerkungen, Tipps:* Zeitdruck, ergebnisorientiert arbeiten, machen statt diskutieren *Teilnehmer:* 4 Bewerber und 2 Beobachter: siehe oben *Fairness:* 1 *Transparenz:* 2 *Stress:* 3
Teampräsentation (15:30–17:00 Uhr)	*Inhalt:* Alle Teams präsentieren ihre Ergebnisse *Beobachtungsziel:* Präsentation, Auftreten *Bemerkungen, Tipps:* Nicht zur Wand sprechen, Fehler eingestehen *Teilnehmer:* 13 Bewerber und 10 Beobachter *Fairness:* 1 *Transparenz:* 1 *Stress:* 3
Fragestunde (17:00–18:00 Uhr)	*Inhalt:* Partner + Consultant antworten *Beobachtungsziel:* Fragen stellen *Bemerkungen, Tipps:* Falls keine Fragen, besser einen Kaffee trinken *Teilnehmer:* 13 Bewerber und 2 Beobachter: 1 Partner 1 Consultant *Fairness:* 1 *Transparenz:* 1 *Stress:* 1
Team- und Einzelfeedback (18:00–19:00 Uhr)	*Bemerkungen, Tipps:* kein Stress mehr, reines Feedback, eventuell Fragen klären *Teilnehmer:* 1 Bewerber und 2 Beobachter: siehe oben *Fairness:* 1 *Transparenz:* 1 *Stress:* 2

5. Erfolgsprogramm Bewerbung

	Robert Bosch GmbH
Stelle/Bereich	Traineeprogramm
Studienfächer/Abschluss des Kandidaten	Betriebswirtschaftslehre/Diplom-Kaufmann
Dauer	1 Tag
Empfohlene Kleidung	Anzug und Krawatte bzw. Kostüm
Feedbackgespräche	Nein
Gesamtatmosphäre	Freundlich, angenehm
Einstiegsgehalt bekannt	Nein
Teilnehmer	6 Bewerber und 2 Beobachter:
Smalltalk in kleinen Gruppen (10:00–10:30 Uhr)	*Bemerkungen, Tipps:* Beobachter mischen sich unter die Gruppen, sind aber als solche erkennbar *Teilnehmer:* 13 Bewerber und 10 Beobachter *Fairness:* – *Transparenz:* – *Stress:* 1
Begrüßung (10:30–10:45 Uhr)	*Inhalt:* Kurzvorstellung der Beobachter *Fairness:* – *Transparenz:* – *Stress:* 1
Unternehmenspräsentation (10:45–11:45 Uhr)	*Inhalt:* Powerpoint-Präsentation, zum Teil kurze Filme *Fairness:* – *Transparenz:* – *Stress:* 1
Pause (11:45–11:55 Uhr)	*Fairness:* – *Transparenz:* – *Stress:* –
Selbstpräsentation (11:55–12:55 Uhr)	*Inhalt:* Alle Bewerber stellen sich vor; Präsentation war zu Hause vorzubereiten *Beobachtungsziel:* Redegewandtheit, Präsentationstechnik *Bemerkungen, Tipps* Auf kritische, zum Teil provokante Fragen gefasst sein *Teilnehmer:* 6 Bewerber und 2 Beobachter *Fairness:* 3 *Transparenz:* 3 *Stress:* 2
Pause (12:55–14:10 Uhr)	*Inhalt:* Mittagessen *Fairness:* – *Transparenz:* – *Stress:* –
Präsentation Trainee-programm (14:10–15:10 Uhr)	*Inhalt:* Aktuelle Trainees geben Auskunft zum Traineeprogramm *Fairness:* – *Transparenz:* – *Stress:* 1
Pause (15:10–15:20 Uhr)	*Teilnehmer:* 4 Bewerber und 2 Beobachter *Fairness:* – *Transparenz:* – *Stress:* –
Gruppenübung: Rollenspiel (15:20–16:20 Uhr)	*Inhalt:* Alle Bewerber schlüpfen in die Rolle eines Außendienstmitarbeiters und sollen versuchen, den vom Unternehmen neu angeschafften Dienstwagen für sich zu gewinnen *Beobachtungsziel:* Verhalten in der Gruppe, Durchsetzungsvermögen *Bemerkungen, Tipps:* Versuchen die Diskussion zu strukturieren *Teilnehmer:* 6 Bewerber und 2 Beobachter *Fairness:* 2 *Transparenz:* 2 *Stress:* 2
Verabschiedung (16:20–16:30 Uhr)	*Inhalt:* Informationen, wie der Bewerbungs-/Auswahlprozess weitergeht *Fairness:* – *Transparenz:* – *Stress:* 1
Fragestunde (17:00–18:00 Uhr)	*Inhalt:* Partner + Consultant antworten *Beobachtungsziel:* Fragen stellen *Bemerkungen, Tipps:* Falls keine Fragen, besser einen Kaffee trinken *Teilnehmer:* 13 Bewerber und 2 Beobachter: 1 Partner 1 Consultant *Fairness:* 1 *Transparenz:* 1 *Stress:* 1
Team- und Einzelfeedback (18:00–19:00 Uhr)	*Bemerkungen, Tipps:* kein Stress mehr, reines Feedback, evtl. Fragen klären *Teilnehmer:* 1 Bewerber und 2 Beobachter: siehe oben *Fairness:* 1 *Transparenz:* 1 *Stress:* 2

5.11 MLP Assessmentcenter Pool

Boston Consulting Group

Stelle/Bereich	Consulting
Studienfächer/Abschluss des Kandidaten	Betriebswirtschaftslehre/Diplom-Kaufmann
Dauer	2 Tage
Empfohlene Kleidung	Anzug und Krawatte bzw. Kostüm
Feedbackgespräche	Keine Angaben
Gesamtatmosphäre	Freundlich, angenehm
Einstiegsgehalt bekannt	Nein
Teilnehmer	8 Bewerber und 3 Beobachter
1. Tag, 1. Stunde	*Inhalt*: Einführung in das Unternehmen BCG, nur kurze Vorstellung durch eine Assistentin der Firma, danach können Fragen gestellt werden. *Bemerkungen, Tipps:* Erste Profilierungsversuche unter den acht anwesenden Kandidaten *Teilnehmer:* 8 Bewerber *Fairness: – Transparenz: – Stress: –*
1. Tag, 2. Stunde	*Inhalt*: Interview mit einem Berater und längeres CV-Gespräch: „Nennen Sie die markantesten Punkte in Ihrem Leben. Warum wollen Sie Berater werden? Warum BCG? Fallstudie schließt sich an: Mittelständisches Unternehmen, das auf Leasingmarkt tätig ist und Baumaschinen anbietet, möchte Geschäftsfeld erweitern und Computer und DV-Technik anbieten. Was würden Sie Ihrem Kunden raten? (Analyse Interner und Externer Faktoren etc.)" *Weiterer Inhalt:* „Wie groß schätzen Sie den jährlichen Leasingmarkt für Computer und DV-Technik? Sie haben 5 min. Zeit eine Zahl in Euro zu nennen." Einordnung der Größe in bekannte Umsatzgrößen: Wie groß ist diese Größe im Verhältnis zum Umsatz von DaimlerChrysler? Verhältnis zum Bundeshaushalt? Was würden Sie dem Unternehmen empfehlen? *Teilnehmer:* 1 Bewerber und 1 Beobachter *Fairness: – Transparenz: – Stress: –*
1. Tag, 3. Stunde: Interview mit einem weiteren Berater der BCG und sehr straffes CV-Gespräch	*Inhalt*: Warum haben Sie so lange studiert? Warum sagen Sie, dass Sie ein vielseitiger und interessanter Mensch sind – worin zeigt sich das? Warum Barcelona als Stadt für Auslandspraktikum? Was haben Sie an Erfahrungen aus Spanien mitgebracht? Welche Studiennoten/Abiturnoten hatten Sie? *Beobachtungsziel:* Knapper Ausstieg und direkter Einstieg in Fallstudie: Eine Boing 747-700 startet in Frankfurt nach San Francisco. Beim Start hat sie vom Moment des Beschleunigens bis zum Abheben einen Weg x auf der Piste zurückgelegt, beim Landen legt sie vom Moment des Aufsetzens bis zum vollständigen Abbremsen einen Weg y zurück. Der Weg x ist deutlich größer als der Weg y. Warum ist das so, und wie groß ist die Differenz in Prozent? *Teilnehmer:* 1 Bewerber und 1 Beobachter *Fairness: – Transparenz: – Stress: –*

5. Erfolgsprogramm Bewerbung

Boston Consulting Group (Fortsetzung)	
2. Tag, 1. Interview	*Inhalt*: Kurzes CV-Gespräch und dann Case Study: Groundhandling – Unternehmen, das einen Airport betreut. Hauptkunde ist eine Staatsfluglinie, der Groundhandling-Unternehmer befindet sich in monopolistischer Position. Auf Grund der Wettbewerbsaktivitäten im Flugmarkt ist die Fluglinie gezwungen, Einsparungen vorzunehmen. Dem Groundhandling-Unternehmen sind 5 Mio. € „zugeraunt" worden, die die Fluglinie insgesamt einsparen möchte. Welche Höhe an Einsparungen sollte der Groundhandling-Unternehmer für seinen Bereich erwarten? *Bemerkungen, Tipps*: Der Interviewer wirkte sehr zurückhaltend und ihm war kein Lächeln abzugewinnen. *Teilnehmer*: 1 Bewerber und 1 Beobachter *Fairness*: – *Transparenz*: – *Stress*: –
2. Tag, 2. Interview: CV-Gespräch und Case Study	*Inhalt*: Case Study: Kunststoffproduzent hat Produkt in UK, D, E, I. Produktion ist in allen Standorten ähnlich. Plastikgranulat mit Einfärbungen, ca. 500–600 verschiedene Farben. Der Standort in UK muss auf Grund politischer Entscheidungen geschlossen werden. Welche Möglichkeiten hat Ihr Klient? (Mengenverteilung/Kapazitätsausweitung an den verbleibenden Standorten/ Merger/Zukauf eines anderen Produzenten/Neugründung). *Bemerkungen, Tipps*: Erfolgt mit 2 weiteren im Raum, die als zukünftige Rekruter vorgestellt werden. CV-Gespräch sehr anstrengend mit penetranten Fragen und ständigem Nachfragen: Warum sind Sie ein offener Mensch? Wie zeigt sich das in Ihrem Privatleben/Beruf? Nennen Sie mir Beispiele, in denen Ihnen Ihre angebliche Offenheit weitergeholfen hat! Werden Sie konkreter! Konnten Sie damit etwa ein Problem lösen? *Teilnehmer*: 1 Bewerber und 3 Beobachter *Fairness*: 3 *Transparenz*: 3 *Stress*: 2
2. Tag, 3. Interview, wird in Englisch durchgeführt, CV-Gespräch dreht sich um Teamarbeit	*Inhalt*: Hatten Sie schon mal Probleme in Ihrem Job? Wie haben Sie diese gelöst? Bitte erklären Sie an einem ganz konkreten Beispiel, wie haben Sie Ihre Kollegen überzeugt? Mehrfache Nachfragen zu diesem Thema schließen sich an. *Danach Case Study*: Der Hersteller eines Parksystems (System, das automatisch das Auto in eine anvisierte Parklücke einparkt) steht vor der Entscheidung, dieses System zu entwickeln oder alternative Investitionen zu betrachten. Wie können Sie Ihren Kunden beraten? *Fairness*: – *Transparenz*: – *Stress*: –
2. Tag, 4. Interview: CV-Gespräch und Fallstudie	*Inhalt*: Case Study: Leuchtenhersteller hat enormen internen Kostenanstieg in der letzten Zeit bei gering steigenden Umsätzen. Kunden entscheiden sich für ähnliche Produkte bei den Wettbewerbern. Sehr viele Grafiken werden vorgelegt. Kostenseite des Unternehmens ist zu betrachten, anhand der Grafiken und Charts ist die Struktur der Kosten aufzustellen. Es zeigt sich, dass die Vertriebskosten extrem hoch sind im Vergleich zu den Mitbewerbern. Die Vertriebskosten werden sehr weit differenziert. *Weiter*: Break-Even-Analyse für die notwendige Bestellmenge pro Kunde und Jahr wird gerechnet. Eine ABC-Analyse der Kundenstruktur/Bestellstruktur wird durchgeführt, zum Ende wird ein Rabatt-System diskutiert, welches die Deckung der hohen Fixkosten gewährleisten kann. *Bemerkungen, Tipps*: Erfolgt mit einer Partnerin von BCG, die ungeheuer hektisch wirkt. CV-Gespräch sehr zurückhaltend, Schwerpunkt auf der Fallstudie. *Fairness*: – *Transparenz*: – *Stress*: –

5.11 MLP Assessmentcenter Pool

DaimlerChrysler AG

Stelle/Bereich	Trainee, Financial Services
Studienfächer/Abschluss des Kandidaten	Betriebswirtschaftslehre/Diplom-Kaufmann
Dauer	1 Tag
Empfohlene Kleidung	Anzug und Krawatte bzw. Kostüm
Feedbackgespräche	Ja, ausführlich
Gesamtatmosphäre	Freundlich, angenehm
Einstiegsgehalt bekannt	Nein
Teilnehmer	6 Bewerber und 8 Beobachter: leitende Angestellte, Personalfirma
Begrüßung (08:00–08:30 Uhr)	*Inhalt*: Jeder muss sich kurz mit 4-5 Sätzen vorstellen *Teilnehmer:* 8 Bewerber und 8 Beobachter *Fairness:* – *Transparenz*: 2 *Stress:* 1
Vorbereitung auf Gruppenübung anhand von erhaltenen Unterlagen (09:00–09:45 Uhr)	*Inhalt*: Kurzvorstellung der Beobachter *Teilnehmer:* 4 Bewerber + 4 Beobachter: leitende Angestellte, Personalberatung *Fairness:* 2 *Transparenz*: 2 *Stress:* 2
Gruppendiskussion, Thema: Financial Services (09:45–10:30 Uhr)	*Inhalt*: Man sollte ein internes MA-Internetportal aufbauen und dafür adäquate Anbieter suchen *Beobachtungsziel*: Teamwork, Aktivität, Verhalten, Argumentation *Bemerkungen, Tipps:* Aktiv sein, viel reden *Teilnehmer:* 4 Bewerber + 4 Beobachter: leitende Angestellte, Personalberatung *Fairness:* 2 *Transparenz*: 2 *Stress:* 2
Vorbereitung Präsentation (11:00–11:45 Uhr)	*Bemerkungen, Tipps:* Nicht verzetteln, da die Zeit knapp ist. *Teilnehmer:* 1 Bewerber + 2 Beobachter: leitende Angestellte, Personalberatung *Fairness:* 2 *Transparenz*: 2 *Stress:* 4
Präsentation (11:45–12:15 Uhr)	*Inhalt*: Vorgang/ Strategie/ Konzept/ Inhalt des internen MA-Internetportals *Beobachtungsziel*: fundierter Inhalt, Rhetorik, Zahlenkenntnisse *Bemerkungen, Tipps:* Man muss eine DCF-Analyse machen, notfalls runden. *Teilnehmer:* 1 Bewerber + 2 Beobachter: leitende Angestellte, Personalberatung *Fairness:* 2 *Transparenz*: 2 *Stress:* 2
Vorbereitung Gruppendiskussion (englisch) (13:00–13: 45 Uhr)	*Teilnehmer:* 4 Bewerber + 4 Beobachter: leitende Angestellte, Personalberatung *Fairness:* 2 *Transparenz*: 2 *Stress:* 1
Gruppendiskussion (englisch) (13:45–14:30 Uhr)	*Inhalt*: Personalfragen, Fachfragen *Bemerkungen, Tipps:* Fachfragen: 1. Was sind ABS, 2. Was ist Leasing/ Finanzierung?, 3. Was sind die Themen im Bankensektor? *Teilnehmer:* 4 Bewerber + 4 Beobachter: leitende Angestellte, Personalberatung *Fairness:* 2 *Transparenz*: 2 *Stress:* 2
Personalinterview, Fachinterview (16:00–16:45 Uhr)	*Inhalt*: Was sind die key success factors für das Gruppenprojekt aus der ersten Übung? *Teilnehmer:* 1 Bewerber + 2 Beobachter: leitende Angestellte, Personalberatung *Fairness:* 2 *Transparenz*: 2 *Stress:* 2
Rollenspiel (17:00–18:45 Uhr)	*Inhalt*: Man muss einen Filialleiter von einem Projekt begeistern *Beobachtungsziel:* Überzeugungstalent *Bemerkungen, Tipps:* Am Anfang ruhig zu hohe Forderungen stellen, um dann „nachgeben" zu können. *Teilnehmer:* 1 Bewerber + 2 Beobachter: leitende Angestellte, Personalberatung *Fairness:* 2 *Transparenz*: 2 *Stress:* 2
Feedback (20:30–21:00 Uhr)	*Inhalt*: Informationen, wie der Bewerbungs-/ Auswahlprozess weitergeht *Teilnehmer:* 1 Bewerber und 1 Beobachter *Fairness:* 2 *Transparenz*: 2 *Stress:* 2

5. Erfolgsprogramm Bewerbung

Deutsche Bahn AG	
Stelle/Bereich	Marketing
Studienfächer/Abschluss des Kandidaten	Betriebswirtschaftslehre/Diplom-Kaufmann
Dauer	1 Tag
Empfohlene Kleidung	Anzug und Krawatte bzw. Kostüm
Feedbackgespräche	Ja, ausführlich
Gesamtatmosphäre	Freundlich, angenehm
Einstiegsgehalt bekannt	nein
Teilnehmer	8 Bewerber und 6 Beobachter: Personal, Fachabteilungen
Begrüßung (08:30–09:00 Uhr)	*Inhalt:* Vorstellung, Ablauf des AC *Bemerkungen, Tipps:* Pünktlichkeit *Teilnehmer:* 8 Bewerber und 6 Beobachter: Personal, Fachabteilungen *Fairness:* 1 *Transparenz:* 1 *Stress:* 1
Gruppenübung (09:00–09:20 Uhr)	*Inhalt:* 5 Vorteile des PKW gegenüber der Bahn definieren, einen genauer analysieren und Strategien festlegen *Beobachtungsziel:* Moderatoreneigenschaften, Durchsetzungsfähigkeit, Kompromissfähigkeit, bahnspezifische Kenntnisse *Teilnehmer:* 8 Bewerber und 6 Beobachter: siehe oben *Fairness:* 1 *Transparenz:* 2 *Stress:* 2
Selbstpräsentation (09:20–11:45 Uhr)	*Inhalt:* maximal 2 Folien, 5 Minuten Vortrag *Beobachtungsziel:* Motivation, Darstellung der eigenen Persönlichkeit *Bemerkungen, Tipps:* 1. Gruppe: Selbstpräsentation; 2. Gruppe: Test; dann umgekehrt *Teilnehmer:* 4 Bewerber und 6 Beobachter: siehe oben *Fairness:* 1 *Transparenz:* 2 *Stress:* 3
Analytischer Test (11:45–12:45 Uhr)	*Beobachtungsziel:* Analytisches Denkvermögen, Logik *Bemerkungen, Tipps:* P.M. Logiktrainer *Teilnehmer:* 4 Bewerber und 1 Beobachter: Praktikant *Fairness:* 1 *Transparenz:* 2 *Stress:* 4
Mittagessen (12:45–13:45 Uhr)	*Bemerkungen, Tipps:* Es findet keine Beobachtung statt. *Teilnehmer:* 8 Bewerber und 6 Beobachter *Fairness:* 1 *Transparenz:* 1 *Stress:* 1
Unternehmenspräsentation (13:45–14:30 Uhr)	*Inhalt:* Allgemeines über Unternehmen, Fachabteilungen *Bemerkungen, Tipps:* Fragen stellen *Teilnehmer:* 8 Bewerber und 6 Beobachter: siehe oben *Fairness:* 1 *Transparenz:* 1 *Stress:* 1
Rollenspiel (14:30–16:30 Uhr)	*Inhalt:* 15 Minuten Vorbereitung *Beobachtungsziel:* 10 Minuten Rollenspiel *Bemerkungen, Tipps:* Partizipativer Führungsstil, Motivationsfähigkeit, Durchsetzungsfähigkeit *Teilnehmer:* 8 Bewerber und 3 Beobachter: Personal, Fachabteilungen *Fairness:* – *Transparenz:* – *Stress:* –
Feedback-Gespräche (16:30 Uhr)	*Fairness:* 1 *Transparenz:* 1 *Stress:* 1

5.11 MLP Assessmentcenter Pool

	Fujitsu Siemens PC
Stelle/Bereich	Controller (Finanzen)
Studienfächer/Abschluss des Kandidaten	Betriebswirtschaftslehre/Controlling/Diplom-Betriebswirt (FH)
Dauer	1 Tag
Empfohlene Kleidung	Anzug und Krawatte bzw. Kostüm
Feedbackgespräche	Ja, aber kurz
Gesamtatmosphäre	Freundlich, angenehm
Einstiegsgehalt bekannt	Nein
Teilnehmer	8 Bewerber und 8 Beobachter: Abteilungsleiter, Personalchef
Begrüßung (09:00–09:30 Uhr)	*Inhalt:* Einführung + Vorstellung *Teilnehmer:* 8 Bewerber & 8 Beobachter: Abteilungsleiter, Personalchef *Fairness:* 1 *Transparenz:* 2 *Stress:* 1
Unternehmenspräsentation (09:30–10:15 Uhr)	*Inhalt:* Stellenbeschreibung + Organisation *Teilnehmer:* 8 Bewerber und 8 Beobachter: siehe oben *Fairness:* 1 *Transparenz:* 2 *Stress:* 1
Vorbereitung Präsentation (10:15–10:35 Uhr)	*Teilnehmer:* 8 Bewerber und 1 Beobachter: siehe oben *Fairness:*1 *Transparenz:* 2 *Stress:*3
Excel-Test (10:40–10:50 Uhr)	*Inhalt:* Formatieren bei Excel, Diagramme *Beobachtungsziel:* Excel-Kenntnisse *Bemerkungen, Tipps:* ging über mehrere Register (Vorbereitung!) *Teilnehmer:* 8 Bewerber und 1 Beobachter: siehe oben *Fairness:* 3 *Transparenz:* 4 *Stress:* 3
Logik (10:50–11:00 Uhr)	*Inhalt:* Mathe-Aufgaben *Beobachtungsziel:* Zahlenreihen berechnen (IQ-Test) *Bemerkungen, Tipps:* Rechner durfte verwendet werden *Teilnehmer:* 8 Bewerber und 1 Beobachter: siehe oben *Fairness:* 2 *Transparenz:* 3 *Stress:* 2
Pause (11:00–11:10 Uhr)	*Teilnehmer:* 8 Bewerber *Fairness:* 1 *Transparenz:* 1 *Stress:* 1
Englisch (11:10–11:20 Uhr)	*Inhalt:* Grammatik + Vokabular *Beobachtungsziel:* Englischkenntnisse *Bemerkungen, Tipps:* Multiple-Choice *Teilnehmer:* 8 Bewerber und 1 Beobachter: siehe oben *Fairness:* 1 *Transparenz:* 1 *Stress:* 2
Postkorb (11:20–11:30 Uhr)	*Inhalt:* Vertriebsbeauftragter, der Filialen benachrichtigen muss *Beobachtungsziel:* Strukturiertes Denken *Bemerkungen, Tipps:* war einfach *Teilnehmer:* 8 Bewerber und 1 Beobachter: siehe oben *Fairness:* 1 *Transparenz:* 1 *Stress:* 1

5. Erfolgsprogramm Bewerbung

	Fujitsu Siemens PC (Fortsetzung)
Excel-Test (11:30–11:40 Uhr)	*Inhalt:* Formatierungen *Beobachtungsziel:* Excel-Kenntnisse *Bemerkungen, Tipps:* Zeilenfeld zu Spaltenfeld, Mittelwerte *Teilnehmer:* 8 Bewerber und 1 Beobachter: siehe oben *Fairness:* 2 *Transparenz:* 3 *Stress:* 3
Präsentation (11:40–11:50 Uhr)	*Inhalt:* Selbstpräsentation *Bemerkungen, Tipps:* 10 Minuten einhalten *Teilnehmer:* 1 Bewerber und 8 Beobachter: siehe oben *Fairness:* 3 *Transparenz:* 3 *Stress:* 3
Englisch (11:50–12:00 Uhr)	*Inhalt:* siehe ersten Englisch-Test *Bemerkungen, Tipps:* MC *Teilnehmer:* 8 Bewerber und 1 Beobachter: siehe oben *Fairness:* 1 *Transparenz:* 1 *Stress:* 2
Übung „Höhlengesellschaft" (12:00–12:45 Uhr)	*Inhalt:* Gruppendiskussion *Beobachtungsziel:* Teamfähigkeit *Bemerkungen, Tipps:* jeder Teilnehmer hatte andere Vorgaben, man musste sich ergänzen *Teilnehmer:* 8 Bewerber und 8 Beobachter: siehe oben *Fairness:* 2 *Transparenz:* 4 *Stress:* 2
Mittagessen (12:45–13:30 Uhr)	*Bemerkungen, Tipps:* keine Beobachtung explizit angekündigt *Teilnehmer:* 8 Bewerber *Fairness:* 1 *Transparenz:* 1 *Stress:* 1
Business-Plan (13:30–14:45 Uhr)	*Inhalt:* DB-Rechnung, Kennzahlen + Beurteilung vom Markt *Beobachtungsziel:* Strategische Fähigkeiten *Bemerkungen, Tipps:* Analyse, Einzelarbeit und Präsentation vor 2 Beobachtern *Teilnehmer:* 1 Bewerber und 2 Beobachter: siehe oben *Fairness:* 2 *Transparenz:* 4 *Stress:* 4
Pause (14:45–15:00 Uhr)	*Teilnehmer:* 8 Bewerber *Fairness:* – *Transparenz:* – *Stress:* –
Einzelinterviews (15:15–17:15 Uhr)	*Inhalt:* Teamfähigkeit, Konfliktmanagement, konkreter Stellenwunsch, ein Interview auf Englisch *Teilnehmer:* 1 Bewerber und 2 Beobachter *Fairness:* 2 *Transparenz:* 2 *Stress:* 3
Feedback (17:20–18:00 Uhr)	*Inhalt:* Direkte Zusage/Absage *Teilnehmer:* 1 Bewerber und 2 Beobachter: siehe oben *Fairness:* – *Transparenz:* – *Stress:* –

5.11 MLP Assessmentcenter Pool

KPMG

Stelle/Bereich	Assistent Assurance Financial Services
Studienfächer/Abschluss des Kandidaten	Diplom-Betriebswirt (BA)/Betriebswirtschaft Fachrichtung Bank
Dauer	1 Tag
Empfohlene Kleidung	Anzug und Krawatte bzw. Kostüm
Feedbackgespräche	Ja, ausführlich/Ja, nach ein paar Tagen telefonisch
Gesamtatmosphäre	Förmlich, freundlich, angenehm
Einstiegsgehalt bekannt	Nein
Teilnehmer	6 Bewerber & 5 Beobachter: Personalabteilung, Manager
Begrüßung (10:00–10:15 Uhr)	*Inhalt:* kurze Vorstellungsgespräche *Teilnehmer:* 6 Bewerber und 5 Beobachter: Personalabteilung, Manager *Fairness:* 1 *Transparenz:* 2 *Stress:* 2
Einleitung Fallstudie (10:15–10:30 Uhr)	*Inhalt:* Thema: Hochschulrecruiting *Teilnehmer:* 6 Bewerber und 5 Beobachter: siehe oben *Fairness:* 1 *Transparenz:* 2 *Stress:* 2
Gruppendiskussion Fallstudie (10:30–11:15 Uhr)	*Inhalt:* Thema siehe oben *Beobachtungsziel:* soziale Kompetenz, Auftreten, Teamfähigkeit, Kreativität, Beharrlichkeit, Redegewandtheit *Teilnehmer:* 6 Bewerber und 5 Beobachter: siehe oben *Fairness:* 1 *Transparenz:* 2 *Stress:* 2
Pause (11:15–11:30 Uhr)	*Teilnehmer:* 6 Bewerber und 5 Beobachter: siehe oben *Fairness:* 1 *Transparenz:* 2 *Stress:* 2
Präsentationsvorbereitung Fallstudie (11:30–11:50 Uhr)	*Inhalt:* Thema siehe oben *Beobachtungsziel:* siehe oben *Teilnehmer:* 6 Bewerber und 5 Beobachter: siehe oben *Fairness:* 1 *Transparenz:* 2 *Stress:* 2
Präsentation Fallstudie (11:50–13:00 Uhr)	*Inhalt:* Thema siehe oben, Metaplanwand, Diaprojektor, Tafel, Flipchart *Beobachtungsziel:* siehe oben *Bemerkungen, Tipps:* kurz und knapp, kreative Vorschläge, Bildhaftigkeit *Teilnehmer:* 6 Bewerber und 5 Beobachter: siehe oben *Fairness:* 1 *Transparenz:* 2 *Stress:* 2
Mittagessen (13:00–13:45 Uhr)	*Inhalt:* mit Beobachtern *Teilnehmer:* 6 Bewerber und 5 Beobachter: siehe oben *Fairness:* – *Transparenz:* – *Stress:* –
Pause (13:45–14:30 Uhr)	*Fairness:* – *Transparenz:* – *Stress:* –
Interview mit Manager und Personalabteilung (14:30–15:15 Uhr)	*Inhalt:* „Übliches" *Beobachtungsziel:* Interesse für Tätigkeitsfeld *Bemerkungen, Tipps:* gute Recherche (vor allem Homepage, Zeitung), relevante Gesetze (Bankbereich) = K.o.-Kriterium *Teilnehmer:* 1 Bewerber und 2 Beobachter: Personalabteilung *Fairness:* 1 *Transparenz:* 2 *Stress:* 2
Interview mit Partner (15:15–16:00 Uhr)	*Inhalt:* Aktuelle Themen in Assurance *Beobachtungsziel:* siehe oben *Bemerkungen, Tipps:* siehe oben *Teilnehmer:* 1 Bewerber und 1 Beobachter: Partner *Fairness:* 1 *Transparenz:* 2 *Stress:* 2
Pause (16:00–16:15 Uhr)	*Fairness:* – *Transparenz:* – *Stress:* –
Abschlussbesprechung (16:15–16:45 Uhr)	*Fairness:* – *Transparenz:* – *Stress:* –

5. Erfolgsprogramm Bewerbung

	Lufthansa AG
Stelle/Bereich	Traineeprogramm – ProTeam
Studienfächer/Abschluss des Kandidaten	Betriebswirtschaftslehre/Diplom-Kaufmann
Dauer	1 Tag
Empfohlene Kleidung	Anzug und Krawatte bzw. Kostüm
Feedbackgespräche	Ja, nach ein paar Tagen
Gesamtatmosphäre	Freundlich
Einstiegsgehalt bekannt	44.000 Euro
Teilnehmer	8 Bewerber und 3 Beobachter: Personalabteilung, leitende Angestellte
Begrüßung (09:00–09:30 Uhr)	*Teilnehmer:* 8 Bewerber und 3 Beobachter: Personalabteilung, leitende Angestellte *Fairness:* 1 *Transparenz:* 1 *Stress:* 1
Leistungstest am Computer (09:30–12:00 Uhr)	*Beobachtungsziel:* Mathe, Logik, Sprache *Bemerkungen, Tipps:* Testübung von Hesse/Schrader auf www.focus.de *Teilnehmer:* 8 Bewerber *Fairness:* 2 *Transparenz:* 2 *Stress:* 2
Interview (13:00–13:45 Uhr)	*Inhalt:* Personalfragen *Beobachtungsziel:* Motivation, Selbstmotivation *Teilnehmer:* 1 Bewerber und 1 Beobachter *Fairness:* 1 *Transparenz:* 2 *Stress:* 2
Vorbereitung Rollenspiel (14:00–14:30 Uhr)	*Teilnehmer:* 1 Bewerber *Fairness:* 1 *Transparenz:* 1 *Stress:* 1
Rollenspiel (14:30–14:40 Uhr)	*Inhalt:* Mitarbeiter ist unzufrieden *Beobachtungsziel:* Führungsverhalten *Bemerkungen, Tipps:* Auf Probleme des Mitarbeiters eingehen *Teilnehmer:* 1 Bewerber und 3 Beobachter: siehe oben *Fairness:* 2 *Transparenz:* 2 *Stress:* 2
Vorbereitung der Präsentation (16:00–16:20 Uhr)	*Inhalt:* Abänderung des Zuhause vorbereiten. Nun: Preise von timematters steigen *Teilnehmer:* 1 Bewerber *Fairness:* – *Transparenz:* – *Stress:* –
Präsentation (16:20–16:45 Uhr)	*Inhalt:* über www.time-matters.com (schon Zuhause vorbereitet) *Beobachtungsziel:* Rhetorik, Inhalt *Bemerkungen, Tipps:* was Kreatives/Neues machen; nicht nur stur die Webpage wiedergeben *Teilnehmer:* 1 Bewerber und 3 Beobachter: siehe oben *Fairness:* 2 *Transparenz:* 2 *Stress:* 2

5.11 MLP Assessmentcenter Pool

Münchener Rück Versicherung	
Stelle/Bereich	Trainee Underwriting (Special and Financial Risk)
Studienfächer/Abschluss des Kandidaten	Bankkauffrau, Internationale Betriebswirtschaftslehre/Internationale Diplomkauffrau
Dauer	1 Tag
Empfohlene Kleidung	Anzug und Krawatte bzw. Kostüm
Feedbackgespräche	Ja, ausführlich
Gesamtatmosphäre	Freundlich
Einstiegsgehalt bekannt	45.000 Euro
Teilnehmer	8 Bewerber und 8 Beobachter: Personal- und Fachabteilung
Allgemeine Einführung (08:00–08:05 Uhr)	*Inhalt:* Vorstellung der acht Beobachter *Teilnehmer:* 8 Bewerber und 8 Beobachter: Personal- und Fachabteilung *Fairness:* 1 *Transparenz:* 1 *Stress:* 1
Selbstpräsentation auf englisch (vorher angekündigt) (08:05–08:25 Uhr)	*Beobachtungsziel:* Sprach-, Präsentationskenntnisse, Auftreten *Bemerkungen, Tipps:* fast jeder Bewerber war schon im Ausland, andere Stärken kreativ darstellen *Teilnehmer:* 8 Bewerber und 8 Beobachter: Personal- und Fachabteilung *Fairness:* 1 *Transparenz:* 1 *Stress:* 1
Vorbereitung Gruppendiskussion (09:30–09:45 Uhr)	*Inhalt:* Trainees sollen sich Kunden untereinander aufteilen *Beobachtungsziel:* zielführende Diskussion, Interaktion mit anderen, Akzeptanz durch andere *Bemerkungen, Tipps:* gute Beiträge/nicht zu dominant, aber auch nicht zu zurückhaltend/an der Tafel skizzieren *Teilnehmer:* 8 Bewerber und 8 Beobachter: Personal- und Fachabteilung *Fairness:* 1 *Transparenz:* 1 *Stress:* 2
Gruppendiskussion (09:45–10:30 Uhr)	*Inhalt:* Trainees sollen sich Kunden untereinander aufteilen *Beobachtungsziel:* zielführende Diskussion, Interaktion mit anderen, Akzeptanz durch andere *Bemerkungen, Tipps:* während der Vorbereitung gute Argumente für eigene Position überlegen *Teilnehmer:* 8 Bewerber und 8 Beobachter: Personal- und Fachabteilung *Fairness:* 1 *Transparenz:* 1 *Stress:* 2
Schriftliche Prüfung/Art Postkorb (10:45–11:30 Uhr)	*Inhalt:* Briefe schreiben, Tabellen analysieren *Beobachtungsziel:* Analysefähigkeit, 2 Rechenaufgaben *Bemerkungen, Tipps:* Zeit ausreichend, erst alle Briefe lesen, da mehrere zusammenhängen *Teilnehmer:* 4 Bewerber und 1 Beobachter: Personalabteilung *Fairness:* 1 *Transparenz:* 1 *Stress:* 2
Vorbereitung auf Kundengespräch (12:10–12:25 Uhr)	*Inhalt:* neuer Trainee soll KAM eines Kunden werden, Kunde wehrt sich *Fairness:* 1 *Transparenz:* 1 *Stress:* 2

5. Erfolgsprogramm Bewerbung

	Münchener Rück Versicherung (Fortsetzung)
Kundengespräch (12:25–12:35 Uhr)	*Inhalt:* neuer Trainee soll KAM eines Kunden werden, Kunde wehrt sich *Beobachtungsziel:* Umgang und auch Überzeugungsfähigkeit gegenüber Kunden *Bemerkungen, Tipps:* nicht irritieren lassen, Kunde mit Absicht unfreundlich, kein Medieneinsatz *Teilnehmer:* 1 Bewerber und 5 Beobachter: Personal- und Fachabteilung *Fairness:* 1 *Transparenz:* 1 *Stress:* 2
Mittagspause (12:55–13:40 Uhr)	*Bemerkungen, Tipps:* steht nicht unter Beobachtung, trotzdem immer an Unterhaltung beteiligen *Fairness:* 1 *Transparenz:* 1 *Stress:* 1
Vorbereitung auf Präsentation (14:40–15:10 Uhr)	*Inhalt:* neue Strategie zum Beziehungsmarketing *Beobachtungsziel:* Präsentationsfähigkeit, Strategieentwicklung, Auftreten *Bemerkungen, Tipps:* Medien einsetzen *Teilnehmer:* 1 Bewerber und 3 Beobachter: Personal- und Fachabteilung *Fairness:* 1 *Transparenz:* 1 *Stress:* 2
Präsentation (15:10–15:25 Uhr)	*Inhalt:* neue Strategie zum Beziehungsmarketing *Beobachtungsziel:* Präsentationsfähigkeit, Strategieentwicklung, Auftreten *Bemerkungen, Tipps:* Medien einsetzen *Teilnehmer:* 1 Bewerber und 3 Beobachter: Personal- und Fachabteilung *Fairness:* 1 *Transparenz:* 1 *Stress:* 2
Vorbereitung auf Test (15:40–16:10 Uhr)	*Inhalt:* Logik und Analysefähigkeit *Beobachtungsziel:* Bomat (Bochumer Matrizentest) *Bemerkungen, Tipps:* großer Lern-Effekt: Hesse-Schrader-Logik-Übung *Teilnehmer:* 1 Bewerber *Fairness:* 1 *Transparenz:* 1 *Stress:* 2
Test (16:10–17:30 Uhr)	*Inhalt:* Logik und Analysefähigkeit *Beobachtungsziel:* Bomat (Bochumer Matrizentest) *Bemerkungen, Tipps:* sechs Kästchen und eins leer in Bomat, dann 15 Kästchen und eins leer. Beispiel im Internet, Advanced Version *Teilnehmer:* 1 Bewerber *Fairness:* 1 *Transparenz:* 1 *Stress:* 2
Pause, Vortrag von Trainee (17:30–19:30 Uhr)	*Fairness:* 1 *Transparenz:* 1 *Stress:* 1
Feedback (19:30 Uhr)	*Bemerkungen, Tipps:* sehr interessantes und gutes Feedback im Vier-Augen-Gespräch *Teilnehmer:* 1 Bewerber und 1 Beobachter: Personal- oder Fachabteilung *Fairness:* 1 *Transparenz:* 1 *Stress:* 3

5.11 MLP Assessmentcenter Pool

Peek & Cloppenburg KG

Stelle/Bereich	Trainee
Studienfächer/Abschluss des Kandidaten	Betriebswirtschaftslehre/Diplom-Betriebswirt
Dauer	1 Tag
Empfohlene Kleidung	Anzug und Krawatte bzw. Kostüm
Feedbackgespräche	Nein
Gesamtatmosphäre	Freundlich, angespannt
Einstiegsgehalt bekannt	42.000 €
Teilnehmer	13 Bewerber und 4 Beobachter: Personal
Eigenständige Besichtigung der Filiale in Düsseldorf (14:00–14:30 Uhr)	*Inhalt:* Fachmännisches Umsehen, Gespräch mit Verkäufern *Beobachtungsziel:* Meinung bilden, für Diskussion *Bemerkungen, Tipps:* genau Dinge anschauen – in der Diskussion wird danach gefragt *Teilnehmer:* 13 Bewerber *Fairness:* 1 *Transparenz:* 1 *Stress:* 1
Begrüßung (14:30–14:35 Uhr)	*Teilnehmer:* 13 Bewerber und 4 Beobachter: Personal *Fairness:* 1 *Transparenz:* 2 *Stress:* 1
Selbstpräsentation (14:35–14:55 Uhr)	*Inhalt:* In der Runde sitzend, keine Zeitangabe *Beobachtungsziel:* Redegewandtheit *Bemerkungen, Tipps:* Schwerpunkte setzen *Teilnehmer:* 13 Bewerber und 4 Beobachter: Pesonal *Fairness:* 1 *Transparenz:* 3 *Stress:* 3
Diskussionsrunde, Fragen an alle (14:55–16:30 Uhr)	*Inhalt:* Fragen über Mode, Unternehmen, Verbesserungen, Eindrücke Besuch siehe oben *Beobachtungsziel:* Redegewandtheit, Einstellung zur Mode, Erfahrungen *Bemerkungen, Tipps:* Interesse zeigen, Fragen stellen, aufmerksam sein bei anderen *Teilnehmer:* 13 Bewerber und 4 Beobachter: Personal *Fairness:* 2 *Transparenz:* 3 *Stress:* 4
Ausfüllen eines Fragebogens mit 5 Fragen (16:30–16:45 Uhr)	*Inhalt:* allgemeine Fragen, zum Beispiel Berufliche Ziele *Beobachtungsziel:* schriftliches Ausdrucksvermögen *Bemerkungen, Tipps:* gute Formulierungen wählen, nicht schon Gesagtem widersprechen, Handschlag mit Lächeln *Teilnehmer:* 13 Bewerber *Fairness:* 1 *Transparenz:* 2 *Stress:* 1
Verabschiedung (16:45–16:50 Uhr)	*Teilnehmer:* 13 Bewerber und 1 Beobachter *Fairness:* – *Transparenz:* – *Stress:* –

5. Erfolgsprogramm Bewerbung

Philip Morris	
Stelle/Bereich	Trainee Finance
Studienfächer/Abschluss des Kandidaten	European Business/Diplom-Kauffrau
Dauer	1 Tag
Empfohlene Kleidung	Anzug und Krawatte bzw. Kostüm
Feedbackgespräche	Ja, nach ein paar Tagen telefonisch
Gesamtatmosphäre	Freundlich, angenehm
Einstiegsgehalt bekannt	90.000 €
Teilnehmer	7 Bewerber und 7 Beobachter: Personal + Finance
Begrüßung (08:30–09:20 Uhr)	*Inhalt:* Vorstellung des Unternehmens und des Trainee-Programms *Beobachtungsziel:* Informationen, kein Abfragen von Wissen *Teilnehmer:* 7 Bewerber und 7 Beobachter: Personal + Finance *Fairness:* 1 *Transparenz:* 1 *Stress:* 1
Selbstpräsentation (09:30–11:00 Uhr)	*Inhalt:* Powerpoint *Beobachtungsziel:* 5 Fragen; Führung, Teamarbeit und warum PM wichtig *Bemerkungen, Tipps:* Warum ist PM als Arbeitgeber interessant? Es kommen im Anschluss Fragen zur Präsentation –> Vorbereitung darauf wichtig! *Teilnehmer:* 7 Bewerber und 7 Beobachter: siehe oben *Fairness:* 1 *Transparenz:* 1 *Stress:* 3
Gruppendiskussion (11:15–12:15 Uhr)	*Inhalt:* „Wählen Sie unter sich den Bewerber aus, den wir einstellen sollten" *Beobachtungsziel:* auf andere eingehen; Ausdrucksweise, strukturiertes Vorgehen *Bemerkungen, Tipps:* eine strukturierte Vorgehensweise ist wichtig, Mut bei Ideen beweisen *Teilnehmer:* 7 Bewerber und 7 Beobachter: siehe oben *Fairness:* 2 *Transparenz:* 1 *Stress:* 3
Mittagspause (12:15–13:00 Uhr)	*Teilnehmer:* 7 Bewerber und 3 Beobachter *Fairness:* – *Transparenz:* – *Stress:* –
Werksführung (13:15–15:00 Uhr)	*Teilnehmer:* 7 Bewerber *Fairness:* – *Transparenz:* – *Stress:* –
Einzelgespräche (15:00–15:30 Uhr)	*Inhalt:* Fragen zu PM; Was braucht ein erfolgreiches Unternehmen heutzutage? *Beobachtungsziel:* mehr Infos über Kandidaten herausfinden und Wissen abfragen bzw. Einstellung zur Führung *Bemerkungen, Tipps:* gut auf das Unternehmen vorbereiten, über seine langfristige Perspektive Gedanken machen *Teilnehmer:* 1 Bewerber und 1 Beobachter *Fairness:* 2 *Transparenz:* 1 *Stress:* 2
Verabschiedung (15:30–15:45 Uhr)	*Teilnehmer:* 7 Bewerber und 7 Beobachter *Fairness:* – *Transparenz:* – *Stress:* –

5.11 MLP Assessmentcenter Pool

	Renault Nissan
Stelle/Bereich	Trainee Programm (Marketing/Controlling und Vertrieb)
Studienfächer/Abschluss des Kandidaten	Betriebswirtschaftslehre/Diplom-Kauffrau
Dauer	1 Tag
Empfohlene Kleidung	Anzug und Krawatte bzw. Kostüm
Feedbackgespräche	Ja, aber kurz
Gesamtatmosphäre	Freundlich, angenehm
Einstiegsgehalt bekannt	Nein
Teilnehmer	25 Bewerber und 3 Beobachter: waren von der Personalberatung. Mitarbeiter von Renault waren an diesem Tag nicht anwesend
Begrüßung (09:30–10:00 Uhr)	*Inhalt:* Erklärung des Ablaufs *Teilnehmer:* 25 Bewerber und 3 Beobachter: siehe oben *Fairness:* – *Transparenz:* – *Stress:* –
Potenzialanalyse mit psychometrischen Verfahren (10:00–12:00 Uhr)	*Inhalt:* Durchführung des Einstellungstests *Beobachtungsziel:* Dieser Test entscheidet, ob man am AC, das am nächsten Tag stattfand, teilnimmt. Dafür wurden maximal 14 Teilnehmer aus 2 Veranstaltungen mit je ca. 25 Teilnehmern ausgewählt. *Bemerkungen, Tipps:* 25 Prozent des Tests ähneln einem Intelligenztest (Zahlenreihen, Dreisatz, sprachliche Analogie), 75 Prozent sollten psychologische Merkmale des Einzelnen messen. Auf diesen Teil kann man sich nur sehr schlecht vorbereiten. Inhalte: „Welches Bild ist mir sympathischer?" oder „Bewerten Sie, wie passend folgende Aussagen sind". Hierbei wird gemessen, wie flexibel – regeltreu, stressstabil – stresslabil, ergebnisorientiert – leistungsorientiert, hartnäckig – nachgiebig man ist. *Teilnehmer:* 2 Bewerber und 3 Beobachter: siehe oben *Fairness:* 4 *Transparenz:* 4 *Stress:* 2
Kurze Pause (12:00–12:15 Uhr)	*Fairness:* – *Transparenz:* – *Stress:* –
Erklärung der psychometrischen Verfahren (12:15–12:45 Uhr)	*Inhalt:* Was wurde wie gemessen? *Teilnehmer:* 25 Bewerber und 3 Beobachter: siehe oben *Fairness:* – *Transparenz:* – *Stress:* –
Feedback (12:45–14:00 Uhr)	Einzelfeedbacks zum Test; parallel dazu Mittagessen und Bekanntgabe, wer zum AC am nächsten Tag bleiben darf *Fairness:* – *Transparenz:* – *Stress:* –

5. Erfolgsprogramm Bewerbung

	Roland Berger & Partner GmbH
Stelle/Bereich	Junior Consultant
Studienfächer/Abschluss des Kandidaten	Strategie Management, Tourism & Leisure Management/Betriebswirtschaftslehre, Magister
Dauer	2 Tage
Empfohlene Kleidung	Anzug und Krawatte bzw. Kostüm
Feedbackgespräche	Ja, aber kurz telefonisch
Gesamtatmosphäre	Förmlich, freundlich
Einstiegsgehalt bekannt	Nein
Teilnehmer	1 Bewerber und 1 Beobachter: Senior Consultant
Interview (1. Tag, 1. Stunde)	*Inhalt:* Lebenslauf, Betriebswirtschaftslehre-Wissen, Deutsch und Englisch *Beobachtungsziel:* Begründung für Werdegang, Bilanzanalyse *Bemerkungen, Tipps:* strukturieren, rechnen, Betriebswirtschaftslehre-Wissen, Kreativität *Teilnehmer:* 1 Bewerber und 1 Beobachter: Senior Consultant *Fairness:* 1 *Transparenz:* 1 *Stress:* 2
Interview (2. Tag, 1,5 Stunden)	*Inhalt:* Fallstudie, Rechnen, Lebenslauf, in Deutsch *Beobachtungsziel:* Kreativität, Fähigkeit zur Strukturierung, Kommunikationsstärke, Betriebswirtschaftslehre-Wissen *Bemerkungen, Tipps:* Für Fallstudien: Das Insider Dossier, Der Weg in die Unternehmensberatung, Fallstudien üben *Teilnehmer:* 1 Bewerber und 1 Beobachter: Consultant *Fairness:* 2 *Transparenz:* 1 *Stress:* 2
Interview (2. Tag, 2 Stunden, 40 Minuten)	*Inhalt:* Fallstudien, Rechnen, Lebenslauf, in Deutsch *Beobachtungsziel:* siehe oben *Bemerkungen, Tipps:* Für Fallstudien: Das Insider Dossier, Der Weg in die Unternehmensberatung *Teilnehmer:* 1 Bewerber und 1 Beobachter: Consultant *Fairness:* 2 *Transparenz:* 1 *Stress:* 2
Interview (2. Tag, 3 Stunden, 40 Minuten)	*Inhalt:* siehe oben *Beobachtungsziel:* siehe oben *Bemerkungen, Tipps:* siehe oben *Teilnehmer:* 1 Bewerber und 1 Beobachter: siehe oben *Fairness:* 1 *Transparenz:* 1 *Stress:* 2
Vorbereitung Präsentation (2. Tag, 4, 5 Stunden)	*Inhalt:* Fallstudie in Englisch *Beobachtungsziel:* siehe oben *Bemerkungen, Tipps:* Sehr schnell sein, Folien gleich machen *Teilnehmer:* 1 Bewerber *Fairness:* 2 *Transparenz:* 2 *Stress:* 4
Präsentation (2. Tag, 5,5 Stunden)	*Inhalt:* in Englisch *Beobachtungsziel:* siehe oben *Bemerkungen, Tipps:* Selbstbewusst sein *Teilnehmer:* 1 Bewerber und 3 Beobachter: Consultants *Fairness:* 2 *Transparenz:* 2 *Stress:* 4

5.11 MLP Assessmentcenter Pool

Telekom

Stelle/Bereich	Trainee
Studienfächer	Betriebswirtschaftslehre
Abschluss des Kandidaten	Dr.rer.pol.
Dauer	1 Tag
Empfohlene Kleidung	Anzug und Krawatte bzw. Kostüm
Feedbackgespräche	Ja, aber kurz
Gesamtatmosphäre	Angenehm
Einstiegsgehalt bekannt	45.000 €
Teilnehmer	1 Bewerber und 3 Beobachter: 1 Psychologe, 2 Fachabteilung
Einführung (12:45–13:00 Uhr)	*Inhalt:* Allgemeine Begrüßung *Teilnehmer:* 1 Bewerber und 1 Beobachter: Psychologe *Fairness:* – *Transparenz:* 1 *Stress:* –
Vorbereitung (13:00–14:00 Uhr)	*Inhalt:* Möglichkeit zur Erarbeitung einer Fallstudie *Teilnehmer:* 1 Bewerber *Fairness:* – *Transparenz:* – *Stress:* –
Selbstpräsentation (14:00–14:15 Uhr)	*Inhalt:* Persönliche Vorstellung *Bemerkungen, Tipps:* authentisch bleiben *Teilnehmer:* 1 Bewerber und 3 Beobachter: 1 Psychologe, 2 Fachabteilung *Fairness:* – *Transparenz:* 1 *Stress:* –
Interview (14:15–15:10 Uhr)	*Inhalt:* Allgemeine Personalerfrragen *Beobachtungsziel:* insbesondere Belastungsfähigkeit wurde befragt *Bemerkungen, Tipps:* authentisch bleiben *Teilnehmer:* 1 Bewerber und 3 Beobachter: siehe oben *Fairness:* 2 *Transparenz:* 1 *Stress:* 3
Pause (15:10–15:30 Uhr)	*Fairness:* – *Transparenz:* – *Stress:* –
Vorstellung Fallpräsentation (15:30–16:20 Uhr)	*Inhalt:* Flipchart *Beobachtungsziel:* Teamfähigkeit, Durchsetzungsfähigkeit *Bemerkungen, Tipps:* diplomatisch bleiben, aber gezielt auf Ergebnisse drängen *Teilnehmer:* 1 Bewerber und 3 Beobachter: siehe oben *Fairness:* 3 *Transparenz:* 3 *Stress:* 3
Pause (16:20–17:00 Uhr)	*Fairness:* – *Transparenz:* – *Stress:* –
Feedback (17:00–17:35 Uhr)	*Inhalt:* Allgemeine Kritik *Bemerkungen, Tipps:* Kritik annehmen und aufgeschlossen erscheinen *Teilnehmer:* 1 Bewerber und 3 Beobachter: siehe oben *Fairness:* – *Transparenz:* – *Stress:*

5. Erfolgsprogramm Bewerbung

TUI	
Stelle/Bereich	Trainee Finanzen/Controlling
Studienfächer/Abschluss des Kandidaten	Finanzen/Marketing/Diplom-Kaufmann
Dauer	2 Tage
Empfohlene Kleidung	Anzug & Krawatte bzw. Kostüm
Feedbackgespräche	Telefonisch
Gesamtatmosphäre	Angenehm
Einstiegsgehalt bekannt	36.500 €
Unternehmenspräsentation (1. Tag, 16:30–18:30 Uhr)	*Bemerkungen, Tipps:* gute Atmosphäre, nettes Warm-up *Fairness:* – *Transparenz:* – *Stress:* –
Abendessen mit aktuellen Trainees (1. Tag, 19:30–23:00 Uhr)	*Bemerkungen, Tipps:* sehr ungezwungen und informativ *Fairness:* – *Transparenz:* – *Stress:* –
Begrüßung (2. Tag, 08:30–08:45 Uhr)	*Bemerkungen, Tipps:* keine Selbstvorstellung *Teilnehmer:* 7 Bewerber und 5 Beobachter *Fairness:* 2 *Transparenz:* 3 *Stress:* 3
Vorbereitung Gruppendiskussion (2. Tag, 08:45–09:25 Uhr)	*Inhalt:* Ausarbeitung eines neuen Reisekonzepts *Beobachtungsziel:* Teamverhalten *Bemerkungen, Tipps:* Zeit ist knapp *Teilnehmer:* 3 Bewerber und 3 Beobachter *Fairness:* 2 *Transparenz:* 3 *Stress:* 3
Präsentation der Ergebnisse (2. Tag, 09:25–10:40 Uhr)	*Inhalt:* Zielgruppenkonzept, Orte, Hotels etc. *Beobachtungsziel:* Präsentationstechnik, Ergebnisse *Bemerkungen, Tipps:* rundes Konzept aufstellen *Teilnehmer:* 7 Bewerber und 5 Beobachter *Fairness:* 2 *Transparenz:* 2 *Stress:* 2
Seminar (2. Tag, 11:05–11:50 Uhr)	*Inhalt:* Auswahl von Seminaren im 1. Berufsjahr (schriftlich) *Beobachtungsziel:* persönliche Defizite, Ziele *Bemerkungen, Tipps:* Stillarbeit; *Teilnehmer:* 1 Bewerber *Fairness:* 2 *Transparenz:* 2 *Stress:* 2
Mittagspause (2. Tag, 12:00–13:30 Uhr)	*Fairness:* – *Transparenz:* – *Stress:* –
Vorbereitung (2. Tag, 13:30–14:15 Uhr)	*Inhalt:* Einzelpräsentation „Kundenzufriedenheitsanalyse" *Teilnehmer:* 1 Bewerber *Fairness:* – *Transparenz:* – *Stress:* –
Durchführung (2. Tag, 14:15–14:40 Uhr)	*Inhalt:* Einzelpräsentation „Kundenzufriedenheitsanalyse" *Beobachtungsziel:* analytische Fähigkeiten, Branchenaffinität *Bemerkungen, Tipps:* Ursachenanalyse und strategische Verbesserungsvorschläge; *Teilnehmer:* 1 Bewerber und 3 Beobachter *Fairness:* 3 *Transparenz:* 4 *Stress:* 3
Rede (2. Tag, 14:55–15:55 Uhr)	*Inhalt:* schriftliche Ausarbeitung; *Beobachtungsziel:* Ausdrucksfähigkeit *Bemerkungen, Tipps:* Material nur screenen, schnell arbeiten! *Fairness:* 3 *Transparenz:* 4 *Stress:* 4
Selbstpräsentation (2. Tag, 16:10–16:25 Uhr)	*Inhalt:* auf Deutsch *Beobachtungsziel:* prägende Eigenschaften, Motivation, etc. *Bemerkungen, Tipps:* gut vorbereiten *Teilnehmer:* 1 Bewerber und 3 Beobachter *Fairness:* 4 *Transparenz:* 3 *Stress:* 4
Abschluss (2. Tag, 17:30–17:50 Uhr)	*Bemerkungen, Tipps:* noch kein Feedback, erst telefonisch *Fairness:* – *Transparenz:* – *Stress:* –

5.11 MLP Assessmentcenter Pool

United Parcel Service (UPS)

Stelle/Bereich:	Trainee Vertriebsaußendienst
Studienfächer/Abschluss des Kandidaten	BWL/Diplom-Kaufmann (Uni)
Dauer	1 Tag
Empfohlene Kleidung	Anzug und Krawatte bzw. Kostüm
Feedbackgespräche	Ja, aber kurz
Gesamtatmosphäre	Freundlich
Einstiegsgehalt bekannt	Nein
Teilnehmer	6 Bewerber und 3 Beobachter: 1 Personal, 2 Vertrieb
Begrüßung, Einleitung (10:00–11:00 Uhr)	*Inhalt:* Ablauf, kurze Selbstpräsentation *Beobachtungsziel:* Kommunikation *Bemerkungen, Tipps:* Selbstpräsentation vorbereiten *Teilnehmer:* 6 Bewerber und 3 Beobachter: 1 Personal, 2 Vertrieb *Fairness:* 1 *Transparenz:* 1 *Stress:* 1
Persönlichkeitsstruktur – FB (11:00–11:30 Uhr)	*Inhalt:* Eigenschaften im Hinblick auf Vertrieb *Beobachtungsziel:* Vertriebseignung *Bemerkungen, Tipps:* Klare Vorstellung was einen Vertriebsprofi ausmacht, zum Beispiel Kontaktfreude, Kommunikation ... *Teilnehmer:* 1 Bewerber *Fairness:* 3 *Transparenz:* 4 *Stress:* 1
Pause (11:30–11:45 Uhr)	*Fairness:* – *Transparenz:* – *Stress:* –
Einzelinterview (11:45–12:30 Uhr)	*Inhalt:* Lebenslauf, Interessen, Unternehmensvorstellung *Beobachtungsziel:* Motivation, „Fit", Persönlichkeiten *Teilnehmer:* 1 Bewerber und 1 Beobachter: Vertriebschef *Fairness:* 1 *Transparenz:* 2 *Stress:* 2
Mittagspause (12:30–13:00 Uhr)	*Inhalt:* lockeres Gespräch untereinander *Beobachtungsziel:* allgemeine Verhaltensweisen *Bemerkungen, Tipps:* Freiherr von Knigge *Teilnehmer:* 6 Bewerber und 3 Beobachter: 1 Personal, 2 Vertrieb *Fairness:* 1 *Transparenz:* 1 *Stress:* 1
Rollenspiel (13:00–14:00 Uhr)	*Inhalt:* Verkaufssituation *Beobachtungsziel:* Verkaufsgeschick *Bemerkungen, Tipps:* Fragen, offene Fragen! Probleme penetrieren, Lösung dann umso strahlender *Teilnehmer:* 1 Bewerber und 1 Beobachter: Vertrieb *Fairness:* 2 *Transparenz:* 2 *Stress:* 4
Video Verkaufssituationen (14:00–15:30 Uhr)	*Inhalt:* Video mit 30 Verkaufssituationen, dann nach jeweils drei bis fünf Minuten 30 Sekunden Zeit, um sich für die effektivste und die am wenigsten effektivste Antwort/Lösung zu entscheiden *Beobachtungsziel:* Verkaufsgeschick *Bemerkungen, Tipps:* intensive Auseinandersetzung mit Vertriebssituationen, zum Beispiel Terminvereinbarung, Lieferschwierigkeiten, Installationscrash, Preisverhandlungen *Teilnehmer:* 2 Bewerber und 1 Beobachter: Personal *Fairness:* 3 *Transparenz:* 4 *Stress:* 5
Ausklang, kurzes Feedback (15:30–16:00 Uhr)	*Teilnehmer:* 6 Bewerber und 3 Beobachter: 1 Personal, 2 Vertrieb *Fairness:* 1 *Transparenz:* 2 *Stress:* 1

5. Erfolgsprogramm Bewerbung

	Volkswagen Bank
Stelle/Bereich	Internationales Traineeprogramm
Studienfächer/Abschluss des Kandidaten	Betriebswirtschaftslehre/Diplom
Dauer	2 Tage
Empfohlene Kleidung	Anzug und Krawatte bzw. Kostüm
Feedbackgespräche	Ja, ausführlich
Gesamtatmosphäre	Angenehm
Einstiegsgehalt bekannt	Nein
Teilnehmer	5 Bewerber und 5 Beobachter: Personal- und Fachabteilung
Vorstellungsrunde (1. Tag, 12:30–12:45 Uhr)	*Teilnehmer:* 5 Bewerber und 2 Beobachter *Fairness: – Transparenz: – Stress: –*
Unternehmenspräsentation (1. Tag, 12:45–14:00 Uhr)	*Inhalt:* Folien *Beobachtungsziel:* Allgemein, aber auch spezifisch zur Abteilung *Teilnehmer:* 5 Bewerber und 2 Beobachter *Fairness: – Transparenz: – Stress: –*
Unternehmenspräsentation (1. Tag, 14:00–15:30 Uhr)	*Inhalt:* Informationen zu der Abteilung *Teilnehmer:* 5 Bewerber und 2 Beobachter *Fairness: – Transparenz: – Stress: –*
Bericht von aktuellen Trainees (1. Tag, 15:30–17:00 Uhr)	*Teilnehmer:* 5 Bewerber und 2 Beobachter *Fairness: – Transparenz: – Stress: –*
Imbiss, auch mit Trainees (1. Tag, 17:00–18:00 Uhr)	*Bemerkungen, Tipps:* Lockere Atmosphäre *Teilnehmer:* 5 Bewerber und 1 Beobachter *Fairness: – Transparenz: – Stress: –*
Fahrt nach Wolfsburg (1. Tag, 18:00–18:30 Uhr)	*Inhalt:* Aufteilung der ersten Aufgabe für den nächsten Tag (Selbstvorstellung) *Fairness: – Transparenz: – Stress: –*
Selbstvorstellung (2. Tag, 08:30–10:00 Uhr)	*Inhalt:* „Wenn ich ein Bild wäre" – Flipchart *Bemerkungen, Tipps:* kreativ sein, Zeit beachten (2 Minuten) *Teilnehmer:* 5 Bewerber und 5 Beobachter *Fairness: 1 Transparenz: 1 Stress: 2*
Gruppendiskussion, 30 Minuten (2. Tag, 10:00–11:00 Uhr)	*Inhalt:* Metaplan, Flipchart *Beobachtungsziel:* Teamfähigkeit, Durchsetzungsvermögen *Bemerkungen, Tipps:* Argumentieren, durchsetzen *Teilnehmer:* 5 Bewerber und 5 Beobachter: Personal- und Fachabteilung *Fairness: 1 Transparenz: 2 Stress: 3*
Einzelvortrag (2. Tag, 11:00–14:00 Uhr)	*Inhalt:* (45 Minuten Vorbereitung, 5 Minuten Präsentation) Metaplan, Flipchart *Bemerkungen, Tipps:* Thema: Kundenzufriedenheit, gezielt präsentieren *Teilnehmer:* 5 Bewerber und 5 Beobachter: siehe oben *Fairness: 1 Transparenz: 1 Stress: 3*
Feedback (2. Tag, 14:00–15:00 Uhr)	*Inhalt:* Ausführliches Feedback *Fairness: 1 Transparenz: 1 Stress: 1*

5.11 MLP Assessmentcenter Pool

Wrigley GMBH

Stelle/Bereich	Gebietsleiter
Studienfächer/Abschluss des Kandidaten	BWL, Sportmanagement/MBA, (Betriebswirt)
Dauer	1 Tag
Empfohlene Kleidung	Anzug und Krawatte bzw. Kostüm
Feedbackgespräche	Telefonisch
Gesamtatmosphäre	Freundlich
Einstiegsgehalt bekannt	Nein
Teilnehmer	10 Bewerber und 6 Beobachter: Personal, Area Sales Manager
Begrüßung, Teilnehmervorstellung (09:00–09:30 Uhr)	*Inhalt:* Selbstvorstellung *Beobachtungsziel:* Kennen lernen *Teilnehmer:* 10 Bewerber und 6 Beobachter: Personal, Area Sales Manager *Fairness:* – *Transparenz:* – *Stress:* –
Jobvorstellung (09:30–10:00 Uhr)	*Inhalt:* Vortrag, Folien *Beobachtungsziel:* Realistischer Eindruck *Teilnehmer:* 10 Bewerber und 6 Beobachter: siehe oben *Fairness:* – *Transparenz:* – *Stress:* –
Praktische Übung (10:30–12:00 Uhr)	*Inhalt:* Verkaufshilfe *Beobachtungsziel:* Teamarbeit, Logik *Bemerkungen, Tipps:* Aufbau der Verkaufshilfe merken *Teilnehmer:* 2 Bewerber und 2 Beobachter: siehe oben *Fairness:* 1 *Transparenz:* 1 *Stress:* 1
Test (12:00–12:30 Uhr)	*Inhalt:* Fragebogen *Beobachtungsziel:* Logik, Sprachverständnis *Bemerkungen, Tipps:* Zusammenhänge von Begriffen *Teilnehmer:* 10 Bewerber und 1 Beobachter *Fairness:* 1 *Transparenz:* 1 *Stress:* 2
Mittagessen (13:00–14:00 Uhr)	*Teilnehmer:* 10 Bewerber und 6 Beobachter *Fairness:* 1 *Transparenz:* 1 *Stress:* 1
Gruppenarbeit (14:00–15:00 Uhr)	*Inhalt:* Tourenplanung *Beobachtungsziel:* Teamwork, Sozialverhalten, Präsentation *Bemerkungen, Tipps:* Gute Argumente überlegen *Teilnehmer:* 5 Bewerber und 3 Beobachter: siehe oben *Fairness:* 1 *Transparenz:* 2 *Stress:* 2
Einzelarbeit (15:00–16:00 Uhr)	*Inhalt:* Aufgaben des Jobs, warum ich? *Beobachtungsziel:* Passt es? Motive? *Bemerkungen, Tipps:* wie Selbstvorstellung *Teilnehmer:* 1 Bewerber und 2 Beobachter: siehe oben *Fairness:* 1 *Transparenz:* 1 *Stress:* 2
Einzelgespräch (16:00–17:00 Uhr)	*Inhalt:* Lebenslauf *Beobachtungsziel:* Hintergrund, Lebenslauf flüssig? *Bemerkungen, Tipps:* Überqualifikation gut verpacken *Fairness:* 1 *Transparenz:* 1 *Stress:* 3

5.12 Die Gehaltsverhandlung

Die Gehaltsverhandlung erfolgt dann, wenn feststeht, dass Sie die Stelle bekommen. Sie ist gerade bei berufsunerfahrenen Hochschulabsolventen ein Punkt, der **besonderer Vorbereitung** bedarf.

Branchenübliche Gehälter

Informieren Sie sich über die Gehälter, die in Ihrer **Branche** und Ihrem **Berufszweig** gezahlt werden. Eine Auflistung verschiedener Gehälter, geordnet nach Branchen, Berufen und Unternehmen, finden Sie in Kapitel 7.

Auch bei den **Berufs- und Interessenverbänden** und bei anderen Stellen können Sie unter Umständen Informationen bekommen. Manchmal können Ihnen außerdem die zuständigen **Vermittler im Arbeitsamt** eine genaue Auskunft über branchenübliche Gehälter geben (siehe Kapitel 7.25 „Gehälter").

Gut ist, wenn Sie herausfinden können, was das Unternehmen, bei dem Sie sich beworben haben, Berufsanfängern bzw. Hochschulabsolventen zahlt.

Gehalts-Check

Eine Informationsmöglichkeit sind die mittlerweile fast überall anzutreffenden **Gehalts-Checks.** Ihre Qualität fällt allerdings sehr unterschiedlich aus. In manchen Fällen handelt es sich um Online-Angebote, die anhand der freiwilligen User-Angaben einen Vergleich mit zuvor ebenso freiwillig erfolgten Datenbankeinträgen vornehmen und so einen Gehaltslevel für bestimmte Funktionen und Positionen ermitteln. Die Ergebnisse sind jedoch fragwürdig, da die Einträge nicht unbedingt geprüft werden und meistens zufällig und lückenhaft, also **nicht repräsentativ** sind. Derartige Services sind mehr werbewirksam als nützlich.

Natürlich gibt es auch fundierte, handfeste Gehalts-Checks und -Vergleiche, die auf repräsentativen Erhebungen von Unternehmensberatungen, Finanzdienstleistern oder Fachmagazinen wie zum Beispiel dem *manager magazin* basieren. Anhand solcher in bewährten Medien veröffentlichten Gehaltslisten sollten Sie sich auf jeden Fall informieren. Die oft recht erfreuliche Höhe der angegebenen oder empfohlenen Gehälter ist jedoch immer mit einer gewissen Vorsicht zu betrachten.

Denn in der Realität sind **Abweichungen** von diesen Angaben um **bis zu 40 Prozent** an der Tagesordnung. Das Einstiegsgehalt eines Absolventen hängt eben nicht nur vom finanziellen Spielraum der Firma und der Qualifikation des Absolventen ab. Beispielsweise beeinflusst auch das Bundesland, in dem sich der Firmensitz befindet, die Höhe des Gehalts.

Generell gilt: **Beurteilen** Sie eine gebotene Position **nicht nur nach der Höhe des Einstiegsgehalts, sondern nach den langfristigen Chancen,** die sie Ihnen bieten kann. Ein erstklassiges Gehalt ist wenig befriedigend, wenn sich der Job als Sackgasse entpuppt, schon nach einem Jahr ausläuft oder Ihnen keine Freude bereitet.

Faktoren des Gehalts

Die Höhe des Gehalts hängt davon ab,

- wie überzeugend Sie aufgetreten sind und argumentieren konnten,
- wie dringend die Stelle besetzt werden muss,
- wie viele Mitbewerber Sie haben,
- wie die Situation auf dem Arbeitsmarkt ist,
- wie die allgemeine Wirtschaftslage ist,
- wie die spezielle Situation des Unternehmens aussieht,
- welche regionalen Unterschiede es gibt,
- welchen akademischen Abschluss Sie mitbringen (Diplom, Promotion und/ oder MBA),
- wie zügig Sie Ihr Studium durchgezogen haben,
- welche beruflichen Erfahrungen Sie gesammelt haben,
- welchen speziellen Nutzen Sie dem Unternehmen bieten können.

Als Berufsanfänger können Sie natürlich bei Gehaltsverhandlungen nicht so viel in die Waagschale werfen wie jemand, der schon seit einigen Jahren im Berufsleben steht. In der Regel bewegen sich die Gehälter für Einstiegspositionen zwischen 25.000 und 40.000 € p. a.

Vorteile haben Sie dann, wenn Sie sich nicht auf eine ausgeschriebene Position beworben haben, sondern aufgrund einer **Kurz- oder Initiativbewerbung** zu einem Vorstellungsgespräch eingeladen wurden. In diesem Falle haben Sie wahrscheinlich keine Mitbewerber und bieten zudem etwas an, das vom Unternehmen dringend gesucht wird.

Daher können Sie in der Gehaltsverhandlung höhere Forderungen stellen, als wenn Sie gegen eine Vielzahl von Konkurrenten antreten müssen. Allerdings haben die meisten Unternehmen für Berufseinsteiger Standardgehälter, sodass der Verhandlungsspielraum recht beschränkt ist.

Ihr Gehaltswunsch

Nennen Sie nach Möglichkeit **nie von sich aus eine konkrete Gehaltsvorstellung**, sondern bringen Sie Ihren Gesprächspartner dazu, Ihnen ein Angebot zu unterbreiten.

Falls Sie aufgefordert wurden, schon im **Bewerbungsschreiben** Ihren Gehaltswunsch zu nennen, so gehen Sie mit einer eher unverbindlichen Formulierung auf diesen Punkt ein, zum Beispiel folgendermaßen: „Zu meinen Vorstellungen über das Gehalt möchte ich mich erst nach weiteren Informationen über das Anforderungsprofil äußern."

In der Gehaltsverhandlung können Sie beispielsweise folgende Fragen stellen:

- „Was ich verdienen möchte, muss sich nicht unbedingt mit Ihren Vorstellungen decken. Deshalb wäre es mir lieber, wenn Sie mir zunächst sagen, was ich bei Ihnen verdienen kann."
- „Steht das Gehalt der Position bereits fest, oder gibt es einen Verhandlungsspielraum?"

Vielleicht erhalten Sie keine konkreten Antworten auf Ihre Fragen, aber zumindest Hinweise, wie Sie bei Ihrer weiteren Argumentation vorgehen können.

Bei der **Begründung Ihres Gehaltswunsches** können Sie mit dem anspruchsvollen Anforderungsprofil der Stelle und auch mit dem besonderen Nutzen, den Sie bieten, argumentieren.

 Tragen Sie Ihre Gehaltsvorstellung **selbstbewusst** und mit einer gewissen Selbstverständlichkeit vor. Formulieren Sie kurz und knapp Ihre Vorstellung, und **begründen** Sie sie.

Treten Sie **nicht** wie ein **Bittsteller** auf, und formulieren Sie Ihre Gehaltsvorstellung auch nicht in Form einer **Frage**. Verlieren Sie sich ebenfalls **nicht** in **weitschweifigen und umständlichen Begründungen.**

Lassen Sie bei der Formulierung einen gewissen Spielraum für die Verhandlung offen, zum Beispiel indem Sie sagen:

- „Als Einstiegsgehalt stelle ich mir ... € vor",
- „Ein Jahresgrundgehalt zwischen ... € und ... € halte ich für angemessen."

Seien **Sie in Ihren Forderungen weder zu maßlos noch zu bescheiden. Fordern Sie einen angemessenen Preis für Ihre Leistungen.**

 Überlegen Sie sich genau, wie Sie argumentieren wollen, um nicht ins Stottern zu geraten. Spielen Sie auch die Gehaltsverhandlung vorher im Freundeskreis durch.

Ein Tipp für Frauen

Frauen verdienen vielfach in der gleichen Position immer noch schlechter als Männer. Dies liegt nicht nur an den Arbeitgebern, sondern auch daran, wie Frauen in Gehaltsverhandlungen auftreten.

Häufig sind sie unsicher und bewerten ihre eigene Qualifikation niedriger, als Männer mit gleicher Qualifikation dies tun. Es fällt ihnen schwer, **selbstbewusst über den Wert ihrer Arbeitskraft** zu sprechen.

Machen Sie sich auch als Frau klar, dass Sie in der Gehaltsverhandlung nichts zu verschenken haben und sich keinen Gefallen tun, wenn Sie zu große finanzielle Zugeständnisse einräumen.

Zusatz- und Sozialleistungen

Die Gehaltsverhandlung ist auch die richtige Gelegenheit, um sich über die Zusatz- und Sozialleistungen des Arbeitgebers zu informieren. Viele Unternehmen bieten eine Reihe zusätzlicher Leistungen an (vgl. dazu Kapitel 8).

Informieren Sie sich, welche Leistungen es gibt und welche Ihnen ab welchem Zeitpunkt zukommen können.

Halten Sie sich nicht zu sehr mit nebensächlichen Sonderleistungen wie preisgünstigem Kantinenessen auf. Das wirkt kleinlich.

Gehaltssteigerung

Vereinbaren Sie eine Gehaltssteigerung von **10 bis 15 Prozent** für die Zeit nach der Probezeit. Bestehen Sie, wenn möglich, darauf, dass die Zusage der Gehaltsanpassung in Ihren Arbeitsvertrag aufgenommen wird.

Hinterlassen Sie nicht den Eindruck, dass es Ihnen bei der Bewerbung um die Position **nur um das Gehalt** geht. Wichtig ist vielmehr, dass Ihr Gesprächspartner im Vorstellungsgespräch merkt, wie sehr Sie sich mit dem Unternehmen und der Stelle **identifizieren** und wie begierig Sie darauf sind, Ihren Beitrag zum Erfolg zu leisten.

In der Gehaltsverhandlung gilt es, einen **guten Kompromiss** zu finden, der beide Seiten – Arbeitgeber und Mitarbeiter – zufrieden stellt.

5.13 Zusagen

Erhalten Sie eine **Zusage** für die Position, um die Sie sich beworben haben, so dürfen Sie sich eine gewisse **Bedenkzeit** ausbitten. Sie beweisen Verantwortlichkeit, wenn Sie vor Ihrer endgültigen Zusage das Angebot mit Ihrem Partner oder Ihrer Partnerin besprechen, besonders im Fall eines Wohnsitzwechsels.

Eine **Bedenkzeit von einem Wochenende oder einer Woche** ist durchaus normal. Überschreiten Sie jedoch diese Zeit, so geht Ihr Verhandlungspartner davon aus, dass Ihnen noch andere Angebote vorliegen, die offenbar attraktiver sind.

Eine **übermäßige Ausdehnung der Bedenkzeit** entwertet Ihre eigene Bewerbung. Halten Sie darum die relativ knappe Bedenkzeit ein, und überziehen Sie sie nicht. Melden Sie sich kurz vor Ablauf der Zeit telefonisch, und teilen Sie Ihren Entschluss mit.

5.14 Absagen

Eine Absage ist immer eine herbe Enttäuschung. Falls Sie eine Absage bekommen, sollten Sie sich immer vergegenwärtigen, dass sie sehr oft nicht an Ihrer Persönlichkeit oder an Ihrer mangelnden Qualifikation liegt.

Vielleicht hat man gefunden, dass Sie nicht zum Unternehmen gepasst hätten – aus welchen Gründen auch immer. Bedenken Sie, dass das Unternehmen in diesem Fall auch nicht zu Ihnen gepasst hätte. Die Arbeit dort hätte Sie sicherlich auf Dauer nicht zufriedengestellt.

Bewerber werden meistens aus folgenden Gründen abgelehnt – die im übrigen alle etwas mit der Persönlichkeit des Bewerbers zu tun haben:

1. Der Bewerber ist keine überzeugende Erscheinung. Er fällt durch unpassende Kleidung oder ungepflegtes Äußeres auf.

2. Er kann seine Meinung nicht deutlich zum Ausdruck bringen.

3. Er kann seine eigene Person nicht objektiv darstellen.

4. Der Bewerber strahlt nicht genügend Selbstvertrauen und Begeisterungsfähigkeit aus.

5. Der Bewerber übt zu starke Kritik an früheren Arbeitgebern, Professoren usw.

5. Erfolgsprogramm Bewerbung

ZUSAMMENFASSUNG
Vorstellungs- und Auswahlgespräche

Wenn Sie aus dieser Liste Umkehrschlüsse ziehen, dann wissen Sie, worauf es in Ihrem **Vorstellungsgespräch und in den weiteren Auswahlgesprächen** besonders ankommt.
- Auftreten, Ausstrahlung,
- Autorität, Integrität,
- Selbstsicherheit, Glaubwürdigkeit,
- Begeisterungsfähigkeit, Entschlossenheit, Bestimmtheit,
- Rücksicht, Einfühlungsvermögen, Verständnis.

5.15 MLP Career Services

Für eine erfolgreiche Weichenstellung bei Bewerbung und Karrierestart bietet MLP ein umfassendes Servicepaket an.

- **MLP Company Profiles**
  Diese Firmendatenbank bietet Ihnen umfangreiche Informationen über große und mittelständische Unternehmen, wie zum Beispiel deren Bedarf an Hochschulabsolventen per annum, Trainee- und Einstiegsprogramme, Anschriften, Standorte und Ansprechpartner.

- **MLP Gehaltspanel**
  Wissen Sie, wie viel Gehalt Sie zum Berufseinstieg mit Ihrer Ausbildung verlangen können? Das MLP Gehaltspanel enthält Tausende anonymisierter Gehaltsprofile (nach Studium, Branche, Bereich und Funktion selektierbar) und erleichtert so die eigene Positionierung auf der Gehaltsskala.

- **MLP Assessmentcenter Pool**
  Der MLP Assessmentcenter Pool bietet bei der Vorbereitung auf die oft gefürchteten Assessmentcenter aktuelle Informationen über den Verlauf von ACs bei über 500 namhaften Unternehmen. Weitere Infos und eine Auswahl aus der Datenbank finden Sie ab Seite 283.

Informationen:

MLP Finanzdienstleistungen AG
Forum 7
69126 Heidelbeg
☎ 0 62 21 / 3 08 82 90
📠 0 62 21 / 3 08 12 21
✉ career-service@mlp-ag.com
🖥 www.mlp-berater.de

oder in jeder MLP-Geschäftsstelle an Ihrem Hochschulstandort. Adressen aller Geschäftsstellen finden Sie unter:
🖥 www.mlp.de.

5.16 uni-gateway

Die MLP Finanzdienstleistungen AG bietet mit uni-gateway ein einzigartiges Online-Stellenforum für Studierende, Unternehmen und Hochschulen an.

Unterstützt von der eigenen Hochschule, treffen sich im Internet Absolvent/innen auf der Suche nach der ersten Stelle für ihren Karrierestart und Unternehmen, die attraktive Arbeitsplätze anbieten.

Weitere Informationen zu uni-gateway finden Sie im Internet unter:
🖥 www.uni-gateway.de.

5.16 uni-gateway

www.uni-gateway.de

Über uni-gateway führen die an das Netzwerk angeschlossenen Hochschulen in einem einzigen Stellenforum Studierende, Absolventen und Ehemalige effizient mit Unternehmen, Personaldienstleistern sowie Verbänden und Organisationen zusammen. Ihre Hochschule bietet Ihnen diesen Service noch nicht an? Kein Problem: Unter 💻 www.uni-gateway.de können Sie alle Services direkt erreichen.

Als Bewerber/in

- erstellen Sie Ihr Bewerbungsprofil kostenlos und bequem direkt über das Internet
- geben Sie Ihrer Bewerbung Profil durch ausführliche Eingabefelder
- bewerben Sie sich gezielt auf Stellenanzeigen
- machen Sie sich über detaillierte Unternehmenspräsentationen ein ausführliches Bild der Unternehmen, die in uni-gateway Bewerber/innen suchen.

Die Unternehmen finden Ihre anonymisierte Online-Bewerbung in uni-gateway und nehmen bei Interesse per E-Mail mit Ihnen Kontakt auf. Zusätzlich erhalten die Unternehmen Ihre Bewerbung automatisch, wenn Ihr Profil mit den Anforderungen der ausgeschriebenen Stellen übereinstimmt. Sollte Ihr Profil von den Stellenanforderungen abweichen, Sie sich aber trotzdem für die ausgeschriebene Stelle geeignet fühlen, können Sie Ihre Bewerbung in uni-gateway problemlos per E-Mail an die entsprechenden Unternehmen senden.

Informationen:

MLP Finanzdienstleistungen AG
– uni-gateway –
Im Forum 7
69126 Heidelberg
☎ 0 62 21 / 3 08 - 87 70
📠 0 62 21 / 3 08 - 12 21
🖱 support@uni-gateway.de
💻 www.uni-gateway.de

6 Berufsstart

Direkt im Anschluss an den erfolgreichen Bewerbungsmarathon stehen Sie als Berufseinsteiger vor neuen Hürden, die es zu überwinden gilt. Die Zeit zwischen der Unterzeichnung des Arbeitsvertrags und dem ersten Arbeitstag sollten Sie nutzen, um die notwendigen **Vorbereitungen für den Eintritt ins Berufsleben** zu treffen. Diese Vorbereitungen beinhalten die Klärung von Versicherungsfragen und praktische Dinge wie Wohnungssuche, Umzug etc.

6.1 Der Arbeitsvertrag

Schon vor der Unterzeichnung des Arbeitsvertrags sollten die wichtigsten rechtlichen Aspekte eines solchen Vertrags bekannt sein.

Für einen Arbeitsvertrag besteht grundsätzlich Formfreiheit, das heißt, er kann prinzipiell sowohl in schriftlicher als auch in mündlicher Form geschlossen werden. Jedem Hochschulabsolventen ist aber unbedingt zum Abschluss eines Vertrags in **Schriftform** zu raten, um Missverständnissen und Streitigkeiten vorzubeugen.

Dauer von Arbeitsverträgen

Der **unbefristete Arbeitsvertrag** wird meist mit einer Probezeit von drei oder sechs Monaten geschlossen. Während der **Probezeit** kann dem Arbeitnehmer ohne Angabe von Gründen mit einer Kündigungsfrist von zwei Wochen gekündigt werden. Erst nach einer Beschäftigungsdauer von sechs Monaten treten die Regelungen des Kündigungsschutzgesetzes in Kraft.

Befristete Arbeitsverträge erfreuen sich auf Seiten der Arbeitgeber immer größerer Beliebtheit. Das 1985 verabschiedete Beschäftigungsförderungsgesetz ermöglicht die Befristung von Arbeitsverträgen bis zu einer **Dauer von zwei Jahren.**

Hochschulabsolventen sollten sich durch die befristete Vertragsform nicht vom Abschluss des Vertrags abschrecken lassen, wenn die angebotene Stelle ansonsten ihren Vorstellungen entspricht. Wer sich bewährt, wird im Anschluss an das befristete Arbeitsverhältnis mit großer Wahrscheinlichkeit einen unbefristeten Arbeitsvertrag erhalten. Das Unternehmen hat schließlich einiges in Ihre Einar-

6. Berufsstart

beitung investiert und wird auf Ihre qualifizierte Mitarbeit nicht mehr verzichten wollen.

Schließlich besteht die Möglichkeit eines **Anstellungsvertrags auf Probe**. In diesem Fall endet das Arbeitsverhältnis automatisch nach der vereinbarten Probezeit von höchstens sechs Monaten. Soll das Arbeitsverhältnis nach dieser Zeit fortgesetzt werden, muss ein neuer, unbefristeter Arbeitsvertrag abgeschlossen werden.

Egal, welche Art von Vertrag Sie mit Ihrem künftigen Arbeitgeber abschließen – befristet oder unbefristet –, eines sollten Sie in jedem Fall beachten:

Die **Unterzeichnung des Vertrags** sollte in keinem Fall direkt im Anschluss an das Vorstellungsgespräch erfolgen. Die eingehende Prüfung des Arbeitsvertrags, möglichst zu Hause, erspart Ihnen später unliebsame Überraschungen. Alle wichtigen, der Unterzeichnung des Vertrags vorausgegangenen mündlichen Vereinbarungen sollten im Vertrag schriftlich festgehalten sein.

Arbeitsverträge sind meist vorformuliert, und ein Großteil ihrer Bestimmungen ist nicht Gegenstand von Verhandlungen zwischen Arbeitgeber und Arbeitnehmer.

Besonders wichtig sind die Regelungen, die mit Ihrer Person oder Ihrer künftigen Tätigkeit im Unternehmen in Zusammenhang stehen. Gerade diese Punkte bedürfen einer eingehenden **Überprüfung** und sollten im Arbeitsvertrag unbedingt geregelt sein. Dabei hilft Ihnen die folgende Checkliste.

CHECKLISTE
Arbeitsvertrag

- Besonders wichtig ist eine **Stellenbeschreibung,** in der die Art der Tätigkeit genau definiert wird. Außerdem sollte die Stellung des Arbeitnehmers in der betrieblichen Organisation angegeben werden.

- Der **Eintrittstermin** sollte konkret festgelegt werden.

- Die Höhe des **Gehalts** und der Zahlungsmodus werden im Arbeitsvertrag festgehalten und müssen natürlich den vorher getroffenen Vereinbarungen entsprechen (vgl. MLP-Gehaltspanel).

- Verabredungen über eine **Erhöhung der Bezüge nach der Probezeit** sollten möglichst schon im Arbeitsvertrag schriftlich fixiert werden.

- Wichtig ist auch die Nennung der wöchentlichen **Arbeitszeit** und die Vergütung von **Überstunden.** Mitarbeiter in Führungspositionen vereinbaren meist ein außertarifliches Gehalt, das anfallende Überstunden einschließt.

- **Nebenleistungen,** wie zum Beispiel Nutzung des Firmenwagens, Prämien, vermögenswirksame Leistungen, betriebliche Altersversorgung, Fahrtkostenzuschuss etc. gehören auch in den Arbeitsvertrag.

- Der **Urlaubsanspruch** orientiert sich meist an tarifvertraglichen Regelungen. Üblich sind 25 bis 30 Arbeitstage im Jahr. Auch individuelle Vereinbarungen sollten im Arbeitsvertrag genannt werden.

- **Nebentätigkeiten** bedürfen der Zustimmung des Arbeitgebers. Häufig werden sie im Arbeitsvertrag ausgeschlossen. Die Zustimmung zu einer Nebentätigkeit darf der Arbeitgeber allerdings nur verweigern, wenn die Nebentätigkeit den Arbeitnehmer in der Ausübung seiner im Arbeitsvertrag geregelten Aufgaben einschränkt.
- Die im Arbeitsvertrag genannten **Kündigungsfristen** orientieren sich meist an tarifvertraglichen Regelungen und am Kündigungsschutzgesetz.
- **Geheimhaltungspflichten** beinhalten eine Schweigepflicht über betriebliche Geheimnisse. Diese Verpflichtung gilt für den Arbeitnehmer auch nach Beendigung des Arbeitsverhältnisses und sollte nicht zu detailliert sein. Denn beim Wechsel des Arbeitgebers könnte sich dies nachteilig auf das weitere berufliche Fortkommen auswirken.
- In Arbeitsverträgen werden gelegentlich **Wettbewerbsvereinbarungen** für die Zeit nach Beendigung des Arbeitsverhältnisses getroffen. Solche Vereinbarungen sind für Berufsanfänger **unüblich**. Sollten Sie dennoch von einer solchen Klausel betroffen sein, empfiehlt sich die Konsultierung eines Rechtsanwalts.

Der Gesetzgeber hat eine ganze Reihe von Vorschriften geschaffen, die dem **Schutz der Arbeitnehmer** dienen. In folgenden Gesetzeswerken sind einige Schutzbestimmungen geregelt:

Kündigungsschutzgesetz, Arbeitsplatzschutzgesetz, Bundesurlaubsgesetz, Lohnfortzahlungsgesetz, Mitbestimmungsgesetz, Arbeitszeitordnung, Mutterschutzgesetz.

Freie Mitarbeit

Neben der Festanstellung gibt es die Alternative der **freien Mitarbeit** in einem oder mehreren Unternehmen. Im Consulting, in der IT-Branche, im Journalismus und auch ganz allgemein wächst die Zahl der freien Mitarbeiter ständig.

Freie Mitarbeiter sind gegenüber ihren Kollegen mit festem Arbeitsvertrag häufig benachteiligt. Der Vorteil der Freiheit wird aufgewogen mit dem hohen **Unternehmerrisiko**, das der freie Mitarbeiter als Selbstständiger trägt. Um die Absicherung seiner Arbeitskraft muss er sich selbst kümmern. Für Risiken wie Berufsunfähigkeit, Erwerbsunfähigkeit, Krankheit, Verdienstausfall und die Altersvorsorge muss der freie Mitarbeiter selbst vorsorgen.

Im Fall der freien Mitarbeit spielt demnach die Vergütung eine besondere Rolle. Sie muss höher sein als bei festangestellten Mitarbeitern, da der freie Mitarbeiter die **Vorsorgekosten** allein trägt. Ist die Vergütung auf dem gleichen Niveau oder sogar niedriger, zieht der Arbeitgeber den größeren Vorteil aus einem solchen Beschäftigungsverhältnis.

Ob als freier Mitarbeiter oder im Angestelltenverhältnis, in beiden Fällen müssen Sie sich als Berufseinsteiger schon vor dem ersten Arbeitstag mit Versicherungsfragen auseinander setzen.

Für viele Risiken, die bisher durch Ihre Mitversicherung bei den Eltern oder durch Ihren Studentenstatus abgedeckt wurden, müssen Sie nun selber vorsorgen.

6.2 Versicherungen

Krankenversicherung gesetzlich oder privat?

Die Entscheidungsfreiheit zwischen gesetzlicher und privater Krankenversicherung haben zunächst nur diejenigen Arbeitnehmer, deren Bruttojahresverdienst über 46.800 € liegt.

Als Berufseinsteiger kann Ihr Jahresgehalt unterhalb dieser Grenze liegen. In diesem Fall werden Sie automatisch Pflichtmitglied in einer gesetzlichen Krankenkasse.

Jeder GKV-Versicherte braucht eine Zusatzversicherung für Krankenhausaufenthalte inklusive Spezialistenbehandlung. MLP bietet dafür einen Optionstarif an. Dieser beinhaltet darüber hinaus eine Option zum späteren reibungslosen Übertritt in eine PKV.

Zu den **gesetzlichen Krankenkassen** gehören z. B. die

- Allgemeinen Ortskrankenkassen (AOK),
- Ersatzkrankenkassen und
- Betriebskrankenkassen.

Zwischen diesen Versicherungsträgern können Sie als Pflichtversicherter frei wählen. Die Beitragssätze der gesetzlichen Krankenkassen sind unterschiedlich hoch (zwischen 12,7 Prozent und 15,5 Prozent) und liegen derzeit bei einem durchschnittlichen Beitragssatz von 14,3 Prozent.

Schon mit Ihrer ersten Gehaltserhöhung könnten Sie den Sprung über die Jahresarbeitsverdienstgrenze (JAVG) geschafft haben. Dann stehen Sie vor der Entscheidung: gesetzliche oder private Krankenversicherung?

 Die Entscheidung zwischen der gesetzlichen und der privaten Krankenversicherung ist die generelle **Entscheidung zwischen zwei Systemen**, die beide ihre Besonderheiten haben. Bei der gesetzlichen Krankenversicherung handelt es sich um ein Solidarsystem, während die private Krankenversicherung auf der individuellen Vertragsgestaltung beruht.

Die Tabelle auf der folgenden Seite vermittelt einen ersten Eindruck über die grundsätzlichen Unterschiede der beiden Versicherungssysteme.

Die Wahl der Krankenversicherung sollte zudem von einer **genauen Prüfung des Leistungsumfangs** abhängig gemacht werden.

Sinnvoll ist zunächst ein Vergleich zwischen den beiden Versicherungssystemen, um nach der Entscheidung für die private oder gesetzliche Krankenversicherung (mit Zusatzversicherung für Krankenhausaufenthalte) den Versicherungsträger mit dem passenden Schutz und dem besten Preis-Leistungs-Verhältnis herauszufinden.

6.2 Versicherungen

Unterschiede zwischen gesetzlicher und privater Krankenversicherung

Faktoren	Gesetzliche Krankenversicherung (GKV)	Private Krankenversicherung (PKV)
Beitragsbestimmende Faktoren	• Bruttogehalt • beitragspflichtige Einnahmen • Beitragssatz • Beitragsbemessungsgrenzen • Art der Mitgliedschaft	• Versicherungsschutz • Eintrittsalter • Geschlecht • Gesundheit • Beruf
Versicherungsprinzip	Sachleistungsprinzip, Behandlung auf Versichertenkarte	Kostenerstattungsprinzip, Behandlung erfolgt auf Rechnung
Versicherungsträger	• AOK • Ersatzkasse • Betriebskrankenkasse	ca. 50 private Krankenversicherungsgesellschaften
Beitragszuschuss	50 % vom Arbeitgeber	maximal 50 % des durchschnittlichen GKV-Höchstbeitrags
Familienmitglieder	ohne Einkommen beitragsfrei mitversichert	eigener Beitrag erforderlich
Leistungsumfang	vorgegeben	nach Vereinbarung

Wichtige **Leistungsfaktoren** einer privaten Krankenversicherung sind zum Beispiel:

- ambulante Leistungen (Massagen, Krankengymnastik, Medikamente, Behandlung durch Ärzte, Homöopathische Heilverfahren),
- stationäre Behandlungen (Behandlung durch Privatarzt, 1- oder 2-Bettzimmer),
- zahnärztliche Leistungen, insbesondere Zahnersatz,
- Krankentagegeld, im Falle der Arbeitsunfähigkeit,
- Kuren/Rehabilitation,
- Versicherungsschutz im Ausland.

Zusätzlich zur Krankenversicherung besteht für jeden Arbeitnehmer die Pflicht zum Abschluss einer **Pflegeversicherung**.

Pflegeversicherung

Die Leistungen der privaten und gesetzlichen Pflegeversicherung sind identisch. Die privaten Versicherungsträger berechnen die Beiträge nach dem Eintrittsalter des Versicherten. Die Beiträge werden je zur Hälfte von Arbeitnehmer und Arbeitgeber getragen.

Der Beitragssatz in der gesetzlichen Pflegeversicherung beträgt bis zur Beitragsbemessungsgrenze 1,7 Prozent des monatlichen beitragspflichtigen Bruttoeinkommens. Auch hier tragen Arbeitnehmer und Arbeitgeber jeweils die Hälfte, also 0,85 Prozent. Seit 01.01.2005 müssen Kinderlose, die das 23. Lebensjahr vollendet haben, in der gesetzlichen Pflegeversicherung zusätzlich einen Beitragszuschlag von 0,25 Prozent entrichten. Der Arbeitgeber beteiligt sich an dem Zuschlag nicht.

Mitglieder der gesetzlichen Krankenversicherungen werden automatisch Mitglieder in der gesetzlichen Pflegeversicherung. Nur privat Krankenversicherte müssen einen **gesonderten Vertrag** über die Pflegeversicherung bei ihrer privaten Krankenversicherung abschließen.

Die Altersvorsorge

Die gesetzliche Rentenversicherung

Mit Aufnahme Ihres ersten Arbeitsverhältnisses werden Sie automatisch Mitglied in der **Bundesversicherungsanstalt für Angestellte (BfA)**. Derzeit liegt der Beitragssatz für die gesetzliche Rentenversicherung bei 19,5 Prozent des Bruttogehalts. Der Beitrag wird je zur Hälfte vom Arbeitgeber und vom Arbeitnehmer getragen.

Auch für die Zahlungen an die BfA gibt es eine vorläufige Beitragsbemessungsgrenze für 2005, die bei 5.200 € (alte Bundesländer) bzw. 4.400 € (neue Bundesländer) liegt. Der Anteil des Gehalts, der über diesen Beträgen liegt, wird von der BfA nicht erfasst.

Die drei wichtigsten Rentenarten, auf die der Beitragszahler Anspruch hat, sind

- die halbe Erwerbsminderungsrente (ehemals Berufsunfähigkeitsrente),
- die volle Erwerbsminderungsrente (ehemals Erwerbsunfähigkeitsrente),
- die Altersrente.

Ausbildungszeiten an Schule und Hochschule

Schul- und Studienzeiten, die nach dem 17. Lebensjahr zurückgelegt wurden, erhöhen künftig nicht mehr den Rentenanspruch. Bisher werden bis zu drei Jahre der Schul- und Hochschulausbildung nach dem 17. Lebensjahr bei der Rentenberechnung berücksichtigt. Diese fließen als so genannte rentenrechtliche Zeiten in die Rentenberechnung ein und erhöhen später die Rente.

Zeiten des Schul- und Hochschulbesuchs nach dem 17. Lebensjahr werden bei Versicherten, die vom 01.01.2009 an in Rente gehen, nicht mehr rentensteigernd bewertet. Für Neurentner, die zwischen Januar 2005 und Dezember 2008 in Rente gehen, wird die Bewertung in Monatsschritten abgeschmolzen, das heißt, in dieser Übergangszeit erhalten die Ausbildungszeiten einen niedrigeren Wert. Dieser richtet sich nach dem Monat des jeweiligen Rentenbeginns. Ab Januar 2009 wirken sie sich nicht mehr rentensteigernd aus. Der Wegfall der rentensteigernden Bewertung der Schul- und Studienzeiten kann eine monatliche Rentenminderung bis zu 59 € in den alten und 52 € in den neuen Bundesländern bedeuten.

Ganz umsonst war die Schul- und Hochschulzeit aber nicht. So entsteht keine Lücke im Versicherungsverlauf. Diese Zeiten sind dann unbewertete Anrechnungszeiten (soweit sie die Voraussetzungen erfüllen). Sie sind beispielsweise für das Erreichen der Mindestversicherungszeit von 35 Jahren wichtig. Diese Mindestversicherungszeit muss beispielsweise derjenige erfüllen, der eine Rente für langjährig Versicherte oder schwerbehinderte Menschen erhalten möchte.

6.2 Versicherungen

Das gesetzliche Rentenniveau wird zwangsläufig sinken, und Sie müssen schon zu Beginn Ihrer beruflichen Laufbahn ein Konzept für die **private Altersvorsorge** entwickeln, um nicht im Alter erhebliche finanzielle Einbußen zu erfahren.

Finanzielle Einbußen können teilweise durch eine zusätzliche betriebliche Altersversorgung vom Arbeitgeber (zum Beispiel Direktversicherung, Pensionszusage etc.) aufgefangen werden.

Private Altersvorsorge

Die private Altersvorsorge scheint bei realistischer Betrachtung des deutschen Rentenversicherungssystems **unumgänglich**. Nicht nur durch die demographische Entwicklung, sondern auch durch die stetig steigenden Arbeitslosenzahlen stößt das System an seine Grenzen.

Wer im Alter seinen persönlichen Lebensstandard halten möchte, hat verschiedene Möglichkeiten der privaten Vorsorge. Es ist unbedingt ratsam, sich in dieser Frage bei einem **kompetenten, unabhängigen Berater** zu informieren. Die gängigsten Bausteine zur privaten Altersvorsorge sind:

- Basisrentenversicherung (Rürup-Rente),
- Geförderte Kapitalgedeckte Altersvorsorge (Riester-Rente),
- Private Renten- bzw. Lebensversicherung,
- Fondsgebundene Renten- bzw. Lebensversicherung,
- Kapitallebensversicherung,
- Investmentfonds,
- Immobilien.

Bei der Auswahl der Anlageform sollte Ihre individuelle Situation und künftige Lebensplanung ausschlaggebend sein. Durch das am 01.01.2005 in Kraft getretene **Alterseinkünftegesetz** rückt in Zukunft die Kapitallebensversicherung in den Hintergrund. Die private Rentenversicherung, die Basisrente sowie die Geförderte Kapitalgedeckte Altersvorsorge, gewinnen an Bedeutung.

Diese Produkte können auch mit der existenziellen Absicherung der Berufsunfähigkeit kombiniert werden.

Eine optimale private Altersvorsorge sollte mehrere Bausteine integrieren und den persönlichen Bedürfnissen sowie der Risikofreudigkeit des Anlegers entsprechen. Information und Beratung erhalten Sie unter anderem bei den MLP-Geschäftsstellen.

Die betriebliche Altersversorgung

Der betrieblichen Altersversorgung als zweite Säule des Alterssicherungssystems in Deutschland kommt eine immer wichtigere Bedeutung zu, da die Probleme in der gesetzlichen Rentenversicherung nur durch eine zusätzliche Versorgung gelöst werden können.

Seit 01.01.2002 haben alle in der Gesetzlichen Rentenversicherung pflichtversicherten ArbeitnehmerInnen einen Rechtsanspruch auf eine betriebliche Altersversorgung durch Entgeltumwandlung. Die Einbindung eines betrieblichen Altersversorgungskonzeptes gehört zum strategischen Vermögensaufbau nach der MLP Beratungslogik.

Die Basis jeder betrieblichen Altersversorgung bilden die vom Arbeitgeber erteilten Zusagen. Deshalb fallen auch die Versorgungszusagen von Unternehmen zu Unternehmen unterschiedlich aus.

Die betriebliche Altersversorgung sollte bereits bei Gehaltsgesprächen angesprochen und verhandelt werden.

Berufsunfähigkeitsabsicherung

Die Frage der Vorsorgeplanung ist auch eng geknüpft an die Absicherung der **Berufsunfähigkeit**, ein Risiko, das sehr schnell existenzbedrohend werden kann.

Zwar ist in der **gesetzlichen Rentenversicherung** ebenfalls eine Berufsunfähigkeitsabsicherung in Form der Erwerbsminderungsrente enthalten; Ansprüche erwachsen jedoch erst nach einer **Wartezeit** von fünf Jahren, in denen mindestens drei Jahre Beiträge entrichtet werden müssen. Tritt während der Wartephase eine Berufsunfähigkeit ein, ist der Betroffene auf Sozialhilfe angewiesen. Auch später reicht die halbe oder volle Erwerbsminderungsrente der BfA nicht aus, um einen angemessenen Lebensstandard zu halten bzw. das Existenzminimum zu sichern.

Wichtig ist, dass bei der Planung ein **lückenloses Konzept** erarbeitet wird, das den laufenden Lebensunterhalt auch für den Fall der Berufsunfähigkeit sichert. Eine private Berufsunfähigkeitsrente ist daher sehr empfehlenswert, um den Lebensstandard zu sichern. Informationen über ein optimales Vorsorgemanagement, das Berufsunfähigkeit und Altersvorsorge gleichzeitig berücksichtigt, erhalten Sie unter anderem bei den MLP-Geschäftsstellen.

Sachversicherungen

Versicherungsgesellschaften bieten heute ein großes Leistungsspektrum, mit dem fast jedes erdenkliche Risiko abgesichert werden kann. In den ersten Jahren der Berufstätigkeit sind die Gehälter noch nicht so hoch. Deshalb sollte man die unbedingt nötigen Versicherungen kritisch prüfen.

Zwei Versicherungen, deren Abschluss aufgrund existenzbedrohender Risiken dringend zu empfehlen ist:

- Privathaftpflichtversicherung,
- private Unfallversicherung.

Nach dem Studium empfiehlt sich dringend der Abschluss einer **privaten Haftpflichtversicherung**. In unserem Rechtssystem haftet jeder für Schäden, die er Dritten zufügt. Ist der angerichtete Schaden groß genug, kann daraus eine lebenslange finanzielle Belastung entstehen.

Für einen geringen Jahresbeitrag deckt die Privat-Haftpflichtversicherung dieses Risiko ab.

Eine Unfallversicherung ist mittlerweile ebenso unverzichtbar geworden wie die zuvor genannte Berufsunfähigkeitsversicherung. Während letztere den laufenden Einkommensbedarf bei dauernder Berufs- oder Erwerbsunfähigkeit deckt, sichert die Unfallversicherung den Kapitalbedarf, wenn im Invaliditätsfall das Lebensumfeld an die veränderte Situation angepasst werden muss. In schweren Fällen muss mitunter eine Wohnung gekauft und dann behindertengerecht umgebaut werden. Dies kann leicht einen sechsstelligen Euro-Betrag verschlingen.

❌ Die Versicherung des Hausrats gegen Schäden durch Feuer, Einbruchdiebstahl, Raub, Vandalismus, Leitungswasser, Sturm und Hagel ist durch den Abschluss einer **Hausratversicherung** möglich. Auch diese Versicherung bietet gegen einen relativ geringen Jahresbeitrag einen Schutz gegen die wichtigsten Gefahren. Nach dem Umzug aus dem Studentenwohnheim, der Wohngemeinschaft o. Ä. in die eigene Wohnung ist der Ärger groß, wenn die neuen Möbel beschädigt wurden oder gar der gesamte Hausrat verschwunden ist.

Das Risiko hoher Anwalts- und Gerichtskosten kann durch eine **Rechtsschutzversicherung** abgedeckt werden, denn diese schafft die Möglichkeit, sich unabhängig von der eigenen finanziellen Situation juristisch zur Wehr zu setzen oder das eigene Recht durchzusetzen.

Vermögenswirksame Leistungen (VL)

Mit dem **Vermögensbildungsgesetz** (dem so genannten „470-Euro-Gesetz") fördert der Staat die Vermögensbildung der Arbeitnehmer. Unter bestimmten Voraussetzungen zahlt das Finanzamt dem Arbeitnehmer, für einen Anlagebetrag von bis zu 470 € pro Jahr, eine Arbeitnehmersparzulage in Höhe von 9 Prozent für das Bausparen. Zusätzlich werden 400 € jährlich, die in Aktien oder Aktienfonds angelegt werden, mit 18 Prozent Sparzulage gefördert. Dieser staatliche Zuschuss wird nur denjenigen Arbeitnehmern gewährt, die bestimmte **Einkommensgrenzen** nicht überschreiten.

❌ Zur Festsetzung der **Arbeitnehmer-Sparzulage** benötigt das Finanzamt eine Bescheinigung der Institution, bei der die vermögenswirksamen Leistungen angelegt werden. Diese Bescheinigung ist mit der Steuererklärung einzureichen. Fehlen diese Angaben, so wird der Steuerbescheid ohne festgesetzte Arbeitnehmer-Sparzulage verschickt.

Vermögenswirksame Leistungen für Arbeitnehmer		
Merkmal	Ab 01.01.2005	
Einkommensgrenze für die Sparzulage	Alleinstehende 17.900 €	Verheiratete 35.800 €
470 € jährlich für Bausparen	Werden gefördert mit 9 % Sparzulage	
400 € jährlich für die Anlage in Aktien, Aktienfonds oder anderen Unternehmensbeteiligungen	Werden zusätzlich zum Bausparen gefördert • mit 18 % Sparzulage	

Quelle: MLP AG

Auch wenn die meisten Hochschulabsolventen über der Einkommensgrenze liegen und keine Arbeitnehmer-Sparzulage erhalten, **lohnt sich eine Anlage nach dem Vermögensbildungsgesetz**. Denn die meisten Arbeitgeber übernehmen die Zahlung der vermögenswirksamen Leistungen in voller Höhe.

Mögliche Anlageformen:

- Bausparvertrag,
- Investmentfonds,
- Ratensparvertrag,
- Lebensversicherung (eher zu vernachlässigen).

Der Arbeitgeber nimmt keinen Einfluss auf die Anlageform. Seit 1990 werden jedoch nur noch Bausparverträge und Kapitalbeteiligungen mit der Arbeitnehmer-Sparzulage gefördert.

Bausparvertrag

Der Bausparvertrag ist eine beliebte Anlageform für vermögenswirksame Leistungen.

Die **Vorteile** des Bausparens liegen klar auf der Hand: Der Darlehenszins ist kalkulierbar, und es bestehen unbegrenzte Sondertilgungsmöglichkeiten.

Die Zahlung der **Wohnungsbauprämie** ist ebenfalls einkommensabhängig. Die Grenzen liegen bei einem zu versteuernden Jahreseinkommen von bis zu 25.600 € (Ledige) bzw. 51.200 € (Verheiratete) und einer jährlichen Sparleistung von höchstens 512 € bzw. 1.024 €. Unter diesen Voraussetzungen besteht Anspruch auf eine Wohnungsbauprämie in Höhe von 8,8 Prozent der Sparleistung.

 Der Bausparvertrag ist ein Baustein, um den **Kauf einer Immobilie** vorzubereiten. Nach einer bestimmten Ansparphase besteht Anspruch auf die Zuteilung eines zinsgünstigen Bauspardarlehens. Mit dem Bauspardarlehen kann jedoch in der Regel nur ein kleiner Teil der Finanzierung abgedeckt werden.

Das **Bauspardarlehen** ist zweckgebunden und muss zum Beispiel für den Erwerb einer neuen oder gebrauchten Immobilie, die Modernisierung einer Wohnung, den Erwerb von Bauland etc. eingesetzt werden.

Über das **Bausparguthaben** kann der Anleger nach Ablauf der siebenjährigen Sperrfrist (bei Erhalt von Arbeitgebersparzulage bzw. Wohnungsbauprämie) hingegen frei verfügen.

6.3 Organisation des Berufsstarts

Die Wahrscheinlichkeit ist groß, dass sich das Unternehmen, in dem Sie Ihren ersten Arbeitsplatz antreten, nicht an Ihrem Studienort befindet. In diesem Fall ist ein erheblicher organisatorischer Aufwand notwendig. Wohnungssuche, Umzug, Ummeldung etc. müssen meist innerhalb kürzester Zeit erledigt werden.

Wohnungssuche

Gerade der Ortswechsel in Ballungsräume wie Berlin, Frankfurt, Hamburg, München oder Stuttgart kann mit Schwierigkeiten verbunden sein.

In diesen Regionen gleicht die Suche nach angemessenem Wohnraum zu bezahlbaren Preisen häufig der Suche nach der „Stecknadel im Heuhaufen". Allerdings hat sich die Situation in den letzten Jahren gebessert.

Zudem ist es nicht einfach, eine Wohnung zu finden, wenn die entsprechenden Tageszeitungen mit Mietangeboten nicht schon am Tag ihres Erscheinens an Ihrem derzeitigen Wohnort erhältlich sind.

Nützlich ist unter Umständen ein **Kurzabonnement** einer oder mehrerer Tageszeitungen des Ortes, in den Sie umziehen wollen.

Außerdem gibt es noch andere Möglichkeiten, fündig zu werden:

- Schaltung einer **Anzeige** in der Rubrik „Mietgesuche". Häufig übernimmt das Unternehmen die Kosten für die Anzeige.
- Einschaltung eines **Immobilienmaklers** vor Ort. Dabei entstehen allerdings Kosten in Höhe von zwei bis drei Kaltmieten für die Courtage (Makler-Provision). Eventuell werden auch diese Kosten vom Arbeitgeber getragen.
- Freunde **oder Bekannte** einschalten, die Kontakte am künftigen Wohnort haben. Die besten Wohnungen werden oft durch „Mundpropaganda" vermittelt.
- In den Universitätsstädten sind die „**Schwarzen Bretter**" an den Hochschulen eine wahre Fundgrube für bezahlbaren Wohnraum.
- In allen größeren Städten gibt es die so genannten **Mitwohnzentralen**, die Wohnungen zur Zwischenmiete oder für längere Zeiträume vermitteln. Vor Ort gestaltet sich die Wohnungssuche dann wesentlich einfacher.

6.3 Organisation des Berufsstarts

- Erfolgversprechend ist auch die direkte Kontaktaufnahme mit **Wohnungsbaugesellschaften** und **Hausverwaltungen**.

Vergessen Sie die rechtzeitige Kündigung des Zimmers, der Wohnung o. Ä. am Studienort nicht! Beachten Sie die **Kündigungsfristen**! Unter Umständen muss ein Nachmieter gestellt werden.

Umzug

Als Berufseinsteiger wird Ihnen Ihr neuer Arbeitgeber kaum die Kosten für einen Relocation Service erstatten, der von der Wohnungssuche über das Packen der Umzugskisten, bis hin zum Aufbauen und Einräumen der Schränke in der neuen Wohnung alles für Sie übernimmt.

Es ist aber oft üblich, dass sich der neue Arbeitgeber an den entstehenden **Umzugskosten** beteiligt. Mündliche Absprachen über die Kostenübernahme sollten im Arbeitsvertrag schriftlich fixiert werden.

Ummeldung

Unmittelbar nach dem Umzug sollten Sie sich beim **Einwohnermeldeamt** Ihres neuen Wohnortes anmelden. Auch Ihr Auto, falls vorhanden, muss bei der zuständigen **Kraftfahrzeugzulassungsstelle** umgemeldet werden. Bei Nichtbeachtung der Meldefristen können erhebliche Bußgelder erhoben werden.

Vergessen Sie vor dem Umzug nicht, beim zuständigen Postamt einen **Nachsendeantrag** zu stellen! Dieser Antrag kann einmal verlängert werden und ist dann insgesamt maximal ein Jahr gültig.

6. Berufsstart

Wenn Sie im Laufe Ihres Studiums Leistungen nach dem Bundesausbildungsförderungsgesetz (BAföG) erhalten haben, müssen Sie dem **Bundesverwaltungsamt** in Köln Ihre neue Adresse mitteilen. Sollten Sie dies vergessen, erhebt das Amt für eine Anfrage beim Einwohnermeldeamt eine Aufwandsentschädigung in Höhe von ca. 25 €.

- Die Modalitäten der Rückzahlung sind **einkommensabhängig**.
- Die **Tilgungsraten** haben einen monatlichen Mindestbetrag in Höhe von **105 €**.
- Das Darlehen muss innerhalb von **20 Jahren** zurückgezahlt werden.

6.4 BAföG-Rückzahlung

Leistungen nach dem BAföG werden im Regelfall je zur Hälfte als **unverzinsliches Darlehen** und als **Zuschuss** gewährt. Hochschulabsolventen, die während des Studiums diese Form der Ausbildungsförderung erhalten haben, müssen damit rechnen, dass sich das Bundesverwaltungsamt schon wenige Jahre nach Abschluss des Studiums meldet und die Rückzahlung des Darlehens fordert. Für Studierende, die ihr Studium ab dem 1. April 2004 aufgenommen haben, ist die Darlehenssumme auf 10.000 € beschränkt.

Die **Rückzahlung beginnt fünf Jahre nach Ende der Förderungshöchstdauer**, nicht fünf Jahre nach Abschluss des Studiums, wie viele fälschlich meinen. Je länger im Anschluss an die Förderungshöchstdauer studiert wurde, desto früher muss man nach Abschluss des Studiums mit der Rückzahlung beginnen. Für die **Rückzahlung** des unverzinslichen Darlehens gilt Folgendes:

Wenn das monatliche Nettoeinkommen einen Betrag von 960 € nicht übersteigt, wird die Rückzahlung auf Antrag ausgesetzt. Sofern Ehepartner und Kinder über 15 Jahre kein eigenes Einkommen beziehen, erhöht sich dieser Betrag. Außerdem gibt es verschiedene Möglichkeiten, die Darlehenslast zu verringern. Dem Schuldner wird unter bestimmten Voraussetzungen ein **Teil des Darlehens erlassen**.

Darlehenserlass

Wer in der Abschlussprüfung ein gutes Ergebnis erreicht und im Kalenderjahr seiner Prüfung zu den besten 30 Prozent aller Absolventen seines Fachbereichs zählt, wird mit einem **Teilerlass** des Darlehens belohnt:

- **25 Prozent** der Darlehenssumme, wenn das Studium innerhalb der Förderungshöchstdauer abgeschlossen wurde;
- **20 Prozent** der Darlehenssumme, wenn das Studium innerhalb von 6 Monaten nach Ende der Förderungshöchstdauer abgeschlossen wurde;
- **15 Prozent** der Darlehenssumme, wenn das Studium innerhalb von zwölf Monaten nach Ende der Förderungshöchstdauer abgeschlossen wurde.

Wenn das Studium sogar vier Monate **vor Ablauf der Förderungshöchstdauer abgeschlossen** wurde, verringert sich der Rückzahlungsbetrag um **2.560 €**; bei 2 Monaten sind es immerhin noch **1.025 €**.

Hochschulabsolventen sollten unbedingt schon zu Beginn ihrer beruflichen Laufbahn die **Rückzahlung der BAföG-Schulden einplanen**. Es könnte böse Überraschungen geben, wenn das Bundesverwaltungsamt die Rückzahlung der Darlehensschuld einfordert und keine entsprechende Liquiditätsplanung getroffen wurde.

Es ist unter Umständen sinnvoll, das Darlehen **vorzeitig**, durch einen zinsgünstigen Bankkredit oder ein privates Darlehen von Verwandten, zurückzuzahlen. In diesem Fall wird ein Nachlass auf die Darlehenssumme von mehr als der Hälfte des Betrags gewährt.

Sie können **alle Erlassmöglichkeiten nebeneinander** geltend machen: Wenn Ihnen wegen des guten Prüfungsergebnisses bereits 25 Prozent der BAföG-Schuld erlassen wurde, können Sie durch eine vorzeitige Rückzahlung eine weitere Verringerung der Darlehensschuld um über 50 Prozent erreichen. Auf diese Weise ist es möglich, eine anfängliche Schuld in Höhe von 20.000 € auf einen deutlich geringeren Betrag von ca. 7.500 € zu senken.

Mehr Information zu den BAföG-Rückzahlungsmodalitäten finden Sie im Internet unter 🖥 www.das-neue-bafoeg.de oder 🖥 www.bafoeg.bmbf.de.

6.5 Die ersten Arbeitstage

Der Einstieg in den beruflichen Alltag wird insbesondere denjenigen Hochschulabsolventen schwerfallen, die es während ihres Studiums vers**äumt haben, praktische Erfahrungen zu sammeln. Trotzdem gibt es keinen Grund zur Besorgnis**:

- Sie haben Ihr Hochschulstudium erfolgreich abgeschlossen.
- Unter vielen Bewerbern hat man Sie ausgewählt.

Grund genug, sich auf diesen neuen Lebensabschnitt zu freuen und dem ersten Tag im Unternehmen gelassen entgegenzusehen! Schließlich wissen Ihre neuen Kollegen aus eigener Erfahrung, wie man sich als Berufsanfänger fühlt. Sie werden Ihnen freundlich und hilfsbereit begegnen, wenn auch Sie einige **wichtige Spielregeln** beachten.

Arbeitsbeginn

Auch wenn in Ihrem neuen Unternehmen die gleitende Arbeitszeitregelung gilt, sollten Sie sich in der Einarbeitungsphase **nach den Arbeitszeiten der Kollegen richten**, die für Ihre Einarbeitung zuständig sind.

Gewöhnlich wird der Arbeitsbeginn im Einstellungsschreiben mitgeteilt. Wenn ein solcher Hinweis fehlt, ist ein Anruf im Unternehmen sinnvoll.

Es ist unangenehm, den ersten Arbeitstag damit zu beginnen, untätig herumzusitzen, bis die ersten Kollegen eintreffen. Noch unangenehmer ist es, zu spät am neuen Arbeitsplatz zu erscheinen!

6. Berufsstart

Kleidung

Mit dem Eintritt ins Berufsleben müssen viele Hochschulabsolventen, die bisher wenig Wert auf ihre äußere Erscheinung legten, **umdenken**. Schon im Vorstellungsgespräch muss man sich den Gepflogenheiten des Unternehmens anpassen, in dem eine spätere Anstellung angestrebt wird. Das Gleiche gilt für den Arbeitsalltag.

Natürlich gibt es Unternehmen, in denen Jeans und Turnschuhe auch in der Chefetage üblich sind. Absolventen der Betriebswirtschaft oder Wirtschaftswissenschaften finden ihre erste Anstellung aber meist in Unternehmen, in denen eine mehr oder minder strikte **Kleiderordnung** herrscht. Dies bedeutet Anzug oder Kostüm, oder jedenfalls professionelle Kleidung. Männliche Berufseinsteiger müssen sich zusätzlich oft dem „Krawattenzwang" unterwerfen.

Es ist zwar ein gewisses Maß an Anpassung angebracht, trotzdem sind **persönlicher Stil** und **selbstbewusstes Auftreten** erlaubt und auch erforderlich. Am besten richten Sie sich nach Ihren Kollegen. Man erkennt den Stil des Hauses in der Regel sehr schnell. Bei Zweifeln sollten Sie ruhig fragen.

Für Berufsanfänger ist die Kleiderfrage gleichzeitig eine **Kostenfrage**. Gegen Ende des Studiums sind die Finanzreserven meist aufgebraucht, was die Anschaffung einer komplett neuen Garderobe unmöglich macht.

In diesem Fall ist der Kauf einer **kleinen Grundausstattung** völlig ausreichend. Nur weil der Vorstandsvorsitzende eines Unternehmens jeden Tag mit einem Designeranzug und Seidenkrawatte im Büro erscheint, wird von seiner Assistentin oder seinem Assistenten nicht das Gleiche erwartet.

Der Umgang mit Kollegen

Zunächst ist es angebracht, ein **freundliches Verhältnis** zu den neuen Kollegen und Vorgesetzten aufzubauen und zu wahren.

Wer allerdings der falschen Person Details aus dem Privatleben erzählt, kann schnell zum Tagesgespräch im Unternehmen werden.

Auch die eigene **Neugier** sollte sich auf die neue Tätigkeit und das Arbeitsumfeld beschränken. Bestimmte Gesprächsthemen sollten Sie meiden:

- Fragen nach dem Einkommen der Kollegen und Auskünfte über das eigene Einkommen,
- Fragen, die die Privatsphäre betreffen, zum Beispiel Familien- und Vermögensverhältnisse,
- Karrierepläne.

Der „Praxisschock"

Nach der relativ uneingeschränkten Freiheit, die das Studium bietet, fühlen sich viele Hochschulabsolventen vom beruflichen Alltag überfordert und rebellieren innerlich.

Die **Einschränkung** der Individualität und die äußeren Zwänge, denen man plötzlich unterliegt, bedeuten für viele Frustration.

Bestimmte Verhaltensweisen helfen, um sich in der neuen Umgebung schnell einzugewöhnen und das Beste aus der Situation zu machen. Auch zu Beginn des Studiums war eine Orientierungs- und Eingewöhnungsphase nötig, um den Anforderungen der Universität oder Fachhochschule gewachsen zu sein.

Die Anpassung der eigenen Verhaltensweisen hilft bei der Überwindung des „Praxisschocks".

CHECKLISTE
Tipps für den Einstieg

- Zeigen Sie **Interesse** und **Engagement** durch Fragen, aufmerksames Zuhören und Beobachten.
- Fügen Sie sich in die betriebliche **Hierarchie**.
- Seien Sie **hilfsbereit**, und lassen Sie sich helfen.
- Vermeiden Sie **Unpünktlichkeit**.
- Üben Sie **Bescheidenheit**.
- Beachten Sie die **Höflichkeitsregeln** im Umgang mit Kollegen, Vorgesetzten und Kunden.
- Zeigen Sie **Eigeninitiative**.
- Schrauben Sie Ihre **hohen Erwartungen** auf ein **gesundes Maß** zurück.

6.6 Aktives Selbstmanagement

Nach der Eingewöhnungsphase sollte jeder Berufseinsteiger versuchen, seinen beruflichen Alltag so zu gestalten, dass er nicht zu viel Zeit und Nerven kostet.

 Nur wem es gelingt, sich selbst zu managen, dem wird auch das berufliche Fortkommen nicht schwerfallen.

Neben motivierenden **Zielen** bedarf es einiger Techniken, die erlernbar sind, um den Arbeitstag möglichst effektiv zu gestalten. Es ist wichtig,

- die verfügbare Zeit durch **Zeitmanagement** effektiv zu nutzen,
- das Stressniveau durch **Anti-Stress-Techniken** auf ein gesundes Maß zu reduzieren und
- die Zusammenarbeit mit anderen zu optimieren sowie kommunikative Fähigkeiten zu trainieren, und zwar durch **Gesprächsvorbereitung** und **Präsentationstechnik**.

Zeitmanagement

Hochschulabsolventen haben beim Berufseinstieg häufig große Probleme mit den **festen Arbeitszeiten**. Während des Studiums können die Arbeits- und Pausenzeiten meist selbst bestimmt und gestaltet werden.

Die feste Arbeitszeit, in der die vorgegebenen Arbeiten ausgeführt werden müssen, erfordert neue Methoden der **Zeitplanung**. Außerdem können private Aktivitäten, Arzt- und Behördenbesuche sowie Einkäufe nur noch um den vorgegebenen Zeitrahmen herum erledigt werden.

6. Berufsstart

Wer im Studium noch nicht damit angefangen hat, sollte spätestens jetzt einen **Terminkalender** – besser noch ein **Zeitplanbuch** – führen. Terminplanung ist notwendig für eine gute Zeitplanung und erleichtert die Arbeitsorganisation.

Der Unterschied zwischen einem Terminkalender und einem Zeitplanbuch besteht darin, dass in letzterem nicht nur Termine, sondern **alle** Aktivitäten und ihre zeitliche Terminierung festgehalten werden. Entsprechend ist in einem Zeitplanbuch mehr Platz für die täglichen Eintragungen vorgesehen als in einem Terminkalender.

Zeitplanbücher mit zweckmäßigen Einteilungen für Tages-, Wochen- und Monatseintragungen sowie mit umfangreichem Register- und Notizteil werden von zahlreichen Herstellern angeboten, mittlerweile auch schon in elektronischer Form für den Computer.

CHECKLISTE
Terminplanung

- Termine sofort in das **Zeitplanbuch** eintragen.
- Termine mit **Prioritäten** versehen.
- Termine mit Kollegen und Vorgesetzten **besprechen** und **abstimmen**.
- Alle beruflichen Aktivitäten und Aufgaben eintragen und mit **Endterminen** für die Fertigstellung versehen.
- Für längere Aktivitäten mehrere **Arbeitsphasen** einplanen.
- Termine und Fertigstellung der Aufgaben **kontrollieren**.
- **Unterlagen** für Termine bereithalten.
- Erledigte Termine/Aktivitäten **streichen**.

Besonders wichtig ist es, die täglichen Aufgaben mit Prioritäten zu versehen. Dabei hilft die **ABC-Analyse**.

A-Aufgaben: In der Zeitplanung müssen diese Aufgaben absoluten Vorrang haben. Auf Tätigkeiten dieser Art entfallen zwar nur ca. 15 Prozent des täglichen Arbeitseinsatzes, aber gleichzeitig wird mit ihnen ca. 65 Prozent der täglichen Leistung erbracht. Der Erfolgswert der A-Aufgaben ist demnach sehr hoch.

B-Aufgaben: 20 Prozent der täglichen Arbeitszeit entfallen auf B-Aufgaben, die mittel- oder langfristig gelöst werden müssen. Im Gegensatz zu A-Aufgaben können sie auch an andere delegiert werden. Ihr Ertragsbeitrag an der täglichen Arbeitsleistung liegt bei etwa 20 Prozent.

C-Aufgaben: Für die Erledigung der täglich anfallenden Routineaufgaben werden die restlichen 65 Prozent Arbeitszeit aufgewendet. Ihr Ertragsbeitrag liegt lediglich bei 15 Prozent. Trotzdem müssen auch C-Aufgaben irgendwann erledigt werden, aber A- und B-Aufgaben sind vorrangig zu bearbeiten.

ABC-Analyse			
	A-Aufgaben	B-Aufgaben	C-Aufgaben
Zeitaufwand	ca. 15 %	ca. 20 %	ca. 65 %
Erfolgsbeitrag	ca. 65 %	ca. 20 %	ca. 15 %

Das Setzen von Prioritäten ist unbedingt notwendig, um die eigenen Ziele zu erreichen. Wer es versäumt, genug Zeit für

A-Aufgaben einzuplanen, „verzettelt" sich häufig mit Routineaufgaben und muss sich am Ende des Tages fragen: „Was habe ich heute eigentlich erreicht?"

Neben fehlender Prioritätensetzung gibt es einige immer wiederkehrende Fehler, die bei der Terminplanung gemacht werden. Sie zu vermeiden, trägt wesentlich dazu bei, den Arbeitstag effizienter zu gestalten.

Typische Fehler vermeiden

Bilden Sie zusammenhängende Arbeitsblöcke! Einmal begonnene Tätigkeiten sollten nicht ständig unterbrochen werden. Dies hat immer neue und zusätzliche Anlauf- und Einarbeitungszeiten zur Folge. Es ist erheblich effektiver, sich eine Zeitlang konzentriert einer Aufgabe zu widmen, als diese in einzelnen, über den Tag verteilten Arbeitsblöcken zu erledigen. Weitere Rationalisierungsmöglichkeiten bei den täglichen Routineaufgaben bietet die Zusammenfassung von ähnlichen Tätigkeiten zu Arbeitsblöcken.

Planen Sie Reservezeiten ein! Jeder Arbeitstag bringt Spontanes und Unerwartetes, das noch am gleichen Tag zu erledigen ist. Wenn in der Terminplanung keine Reservezeiten für solche Tätigkeiten eingeplant werden, bleiben andere, wichtige Arbeiten liegen. Unter Umständen betrifft dies sogar A-Aufgaben, was unbedingt vermieden werden sollte.

Planen Sie nur 60 Prozent Ihrer Zeit, und lassen Sie die restlichen 40 Prozent für Unvorhergesehenes frei.

Berücksichtigen Sie Ihre persönliche Leistungskurve! Es gibt bestimmte Tageszeiten, zu denen die Leistungsfähigkeit höher ist als zu anderen Zeiten. Das Leistungshoch liegt bei vielen am Morgen, das Leistungstief in der Zeit nach dem Mittagessen. Es ist ganz normal, dass man nicht den ganzen Tag auf „Hochtouren" laufen kann. Diese Tatsache sollte allerdings bei der Planung der täglichen Aktivitäten berücksichtigt werden. Während des Leistungshochs sollten A-Aufgaben erledigt werden und während des Leistungstiefs C-Aufgaben.

Wer diese Grundregeln befolgt, sollte keine Probleme damit haben, den Arbeitstag effektiv und effizient zu organisieren. Wer trotzdem der Auffassung ist, das eigene Zeitmanagement bedürfe der Perfektion, kann eines der vielen Seminare zum Thema Zeitmanagement besuchen.

Zahlreiche Institutionen bieten Zeitmanagement-Seminare an. An dieser Stelle seien nur einige Anbieter beispielhaft genannt.

Management Circle GmbH
Postfach 56 29
65731 Eschborn/Ts.
☎ 0 61 96 / 47 22 - 0
📠 0 61 96 / 47 22 - 9 99
💻 www.management-circle.de

HelfRecht Studienzentrum GmbH
Markgrafenstraße 32
95680 Bad Alexandersbad
☎ 0 92 32 / 6 01 - 0
📠 0 92 32 / 6 01 - 2 80
💻 www.helfrecht.de

6. Berufsstart

iventus – Partner für kompetente Weiterbildung
Abraham-Lincoln-Straße 46
65189 Wiesbaden
☎ 06 11 / 78 78 - 3 30
📠 06 11 / 78 78 - 4 01
🖥 www.gabler-seminare.de

Unter 🖥 www.liquide.de finden sie eine Datenbank des Instituts der deutschen Wirtschaft in Köln mit Links zu Qualifzierungsanbietern in Deutschland.

Anti-Stress-Techniken

Eine hauptsächliche Ursache für das Entstehen von Stress ist Zeitdruck. Dieser lässt sich vermeiden oder zumindest einschränken, indem die verschiedenen Techniken des Zeitmanagements angewandt werden.

Trotzdem entsteht in den verschiedensten Situationen Stress. Meist resultiert er aus mangelhafter Planung.

Allerdings muss berücksichtigt werden, dass **Stress** nicht nur in der **negativen**, gesundheitsschädlichen Form, sondern auch in einer **positiven**, gesundheitsförderlichen Form, existiert. Jeder braucht ein bestimmtes Maß an Stress zur Selbstmotivation.

Es ist aber erforderlich, **gesundheitsschädlichen Stress** zu erkennen und zu bewältigen. Außerdem sollte versucht werden, diese Art von Stress in Zukunft zu vermeiden, um dauerhaften gesundheitlichen Schäden vorzubeugen.

Verschiedene Methoden helfen bei der Bewältigung von Stress. Zunächst ist es erforderlich, stressauslösende Situationen zu identifizieren. Diese sollten schriftlich in einem **Stress-Protokoll** festgehalten werden, das über einen bestimmten Zeitraum geführt wird. Die anschließende Auswertung des Protokolls dient der bewussten **Auseinandersetzung mit Stressauslösern**, den eigenen Stress-Symptomen und Möglichkeiten der Stressbewältigung.

Stress-Indikatoren	
Psychische Symptome	Aggressivität, Angstzustände, Depression, Humorlosigkeit, Unausgeglichenheit, Konfliktscheu, Nervosität
Geistige Symptome	Denkblockaden, Konzentrationsschwächen, Vergesslichkeit, geringe Auffassungsgabe, geringe Kreativität, Sturheit, Planungsschwierigkeiten
Körperliche Symptome	Müdigkeit, Schlafstörungen, Druck- und Völlegefühl, Kopf-, Nacken- und Rückenschmerzen, Bluthochdruck

Des weiteren ermöglicht die Analyse des Stress-Protokolls, stressauslösende Faktoren zu beseitigen. Wer beispielsweise ständig unter Zeitdruck ins Büro eilt, weil er den letztmöglichen Bus nimmt, um noch pünktlich am Arbeitsplatz zu erscheinen, sollte früher aufstehen und einen früheren Bus nehmen, um entspannt sein Ziel zu erreichen.

Stress wird stets durch das eigene Verhalten produziert und von jedem einzelnen unterschiedlich empfunden. Wer Stress nur in seiner negativen Form erlebt, sollte versuchen, sein persönliches **Stressempfinden** zu ändern. Begreifen Sie schwierige Aufgaben als Herausforderung und Krisen als Chancen. Selbstmitleid trägt nicht zur Stressbewältigung bei.

Schließlich gibt es Möglichkeiten, den persönlichen Lebensstil so zu ändern, dass eine größere Stressresistenz entsteht.

**CHECKLISTE
Gesunder Lebensstil**

- Gesunde Ernährung,
- ausreichend Schlaf,
- bewusste Entspannung,
- ausreichend Bewegung.

Wer Probleme hat, mit Stress im Arbeitsalltag umzugehen, sollte professionelle Hilfe in Anspruch nehmen. Zahlreiche Einrichtungen bieten **Seminare zum Thema Stressbewältigung** an; Adressen dazu siehe unter „Zeitmanagement" und 🖥 www.liquide.de.

Gesprächsvorbereitung

In den meisten Berufen ist die Kommunikation mit Kollegen, Vorgesetzten, Kunden etc. ein wesentlicher Bestandteil der täglichen Arbeit. Gespräche werden geführt, um eine bestimmte Zielvorgabe zu erreichen. Eine geschickte Gesprächsführung und die intensive Vorbereitung auf Gesprächssituationen helfen, unproduktive Gespräche zu vermeiden.

Zunächst sollte geklärt werden, ob ein persönliches Gespräch überhaupt notwendig ist oder ob auch ein Telefonat zum Ziel führt. Diese Alternative ist meist kostengünstiger und bringt schnellere Ergebnisse.

Sowohl das persönliche Gespräch als auch das Telefongespräch bedürfen der Vorbereitung.

**CHECKLISTE
Gesprächsvorbereitung**

- **Wer ist mein Ansprechpartner?** Muss ich mit einer bestimmten Person sprechen, ist der Gesprächsinhalt vertraulich, können auch Kollegen oder Vorgesetzte weiterhelfen?
- **Welche Zielsetzung habe ich?** Was will ich durch das Gespräch erreichen, welche Informationen und Ergebnisse muss ich unbedingt erhalten?
- **Was will mein Gesprächspartner erreichen?** Wo decken sich unsere Ziele? Wo liegen mögliche Zielkonflikte?
- **Welche Argumente habe ich, welche Gegenargumente könnte mein Gesprächspartner haben?** Wie kann ich mein Pro bekräftigen und sein Contra entkräften? Welche Zugeständnisse kann ich machen, welchen Kompromiss eingehen?
- **Welche Unterlagen benötige ich für das Gespräch?** Welche Informationen sind notwendig, um die anstehenden Entscheidungen treffen zu können?

Bei einem persönlichen Gespräch ist es außerdem wichtig, die richtige Gesprächsatmosphäre zu schaffen.

Dazu gehört zum Beispiel, dass Störungen durch andere Mitarbeiter oder das Telefon ausgeschlossen werden. Solche Maßnahmen schaffen eine entspannte Atmosphäre, in der beide Gesprächspartner frei sprechen können.

Präsentationen und Vorträge

Neben der Zweiweg-Kommunikation in Form eines Gesprächs oder einer Besprechung mit zwei oder mehreren Teilnehmern gibt es die Möglichkeit **der Einweg-Kommunikation** in Form von Präsentationen und Vorträgen.

Bereits während des Studiums kann diese Art der Kommunikation durch Referate eingeübt werden. In Zeiten überfüllter Hörsäle und Seminare bekommt aber nicht jeder Student die Möglichkeit, **Referate** zu halten und seine Fähigkeiten auf diesem Gebiet zu erproben.

Spätestens im beruflichen Alltag müssen die meisten Hochschulabsolventen präsentieren und vortragen, was viele mit Unbehagen erfüllt. Gerade diejenigen, die im Studium keine oder nur selten Gelegenheit zum Vortragen hatten, sollten sich schon zu **Beginn ihrer beruflichen Laufbahn mit den unterschiedlichen Präsentationstechniken** auseinander setzen.

Denn eine gute Vorbereitung auf solche Situationen mindert die Angst davor.

Wer heute beruflich weiterkommen möchte, muss sein Unternehmen nach außen zum Beispiel bei Ausstellungen, Messen, Kongressen und Präsentationen vertreten und repräsentieren. Außerdem ist es erforderlich, die eigenen Ziele und Ideen innerhalb des Unternehmens überzeugend zu vermitteln.

Die Vorbereitungsphase für eine Präsentation oder einen Vortrag sollte mit einer **Zielgruppen-Analyse** beginnen:

- Wer sind die Zuhörer?
- Auf welchem Niveau ist der **Kenntnisstand** der Zuhörer über das Thema des Vortrags?
- Wo liegen die **Interessen** der Zuhörer?

Der Präsentationserfolg hängt im Wesentlichen davon ab, ob **Zuhörer-Interessen** angemessen berücksichtigt werden.

Jeder Referent sollte sich vergegenwärtigen, dass die Zuhörer folgende Interessen verfolgen, die durch den Vortrag befriedigt werden müssen:

- Vorteile für mich und mein Unternehmen,
- **Nutzen** für mich und mein Unternehmen.

Grundsätzlich besteht ein **Interessenkonflikt** zwischen Referent und Zuhörer. Der Referent möchte eine Entscheidung zu seinen Gunsten, bzw. zu Gunsten des Unternehmens oder des Produkts, das er vertritt, herbeiführen. Der Zuhörer ist zu dieser positiven Entscheidung nur bereit, wenn er eine ausreichende Berücksichtigung seines Eigeninteresses erkennt. Der Referent muss demnach Überzeugungsarbeit leisten, um sein Ziel zu erreichen.

Am Ende des Vortrags oder der Präsentation soll der Zuhörer erkannt haben: **Die Sache, die der Referent vertritt, dient auch meinen eigenen Interessen.**

Gliederung der Präsentation

Im Anschluss an die Zielgruppen-Analyse erfolgt die inhaltliche und organisatorische Vorbereitung der Präsentation.

Genau wie eine schriftliche Arbeit besteht auch ein mündlicher Vortrag aus drei Teilen: Einleitung, Hauptteil und Schluss.

Einleitung: Nach der Vorstellung des Themas sollten die Zuhörer über die Ziele, den Inhalt und den Ablauf der Präsentation informiert werden. Spätestens dann sollte ihr Interesse geweckt werden. Interesse erzeugt zum Beispiel auch die richtige **Körpersprache**.

> Wichtig: Der **Blickkontakt** mit dem Hörer sollte ständig gesucht werden, damit er sich persönlich angesprochen fühlt!

Auch inhaltlich gibt es verschiedene Möglichkeiten, die Aufmerksamkeit und das Interesse der Teilnehmer zu erhöhen: durch Bezugnahme auf aktuelle Ereignisse, Aufzeigen von Problemen, Verdeutlichung anhand praktischer Beispiele usw.

> Das einfachste Mittel, seine Zuhörer **am Einschlafen** zu **hindern**, besteht darin, nach einer kurzen Einleitung möglichst schnell zu den Kernaussagen des Vortrags zu kommen.

Hauptteil: Nach der Einleitung müssen im Hauptteil des Vortrags zunächst Grundaussagen und Details vermittelt werden. Die wichtigsten Thesen und Kernaussagen sollten begründet, durch Beispiele verdeutlicht und durch Vergleiche bekräftigt werden. Im Hauptteil muss vorrangig eine Verknüpfung des Themas mit den Interessen des Zuhörers erreicht werden.

Zudem ist es unerlässlich, dem Zuhörer mittels verschiedener Techniken, das Verstehen und Einprägen der wichtigsten Inhalte zu erleichtern.

- Aussagen sollten **kurz**, klar und prägnant sein.
- Satzbau und Wortwahl sollten sich durch ihre Einfachheit auszeichnen.
- Zur Veranschaulichung der Inhalte sollten verschiedene Möglichkeiten der **Visualisierung** genutzt werden.

Schluss: Gegen Ende des Vortrags erfolgt eine kurze **Zusammenfassung** der wichtigsten Kernaussagen. Anschließend kann das Plenum zum Beispiel durch die Eröffnung einer **Diskussion** stärker einbezogen werden. Unklarheiten werden beseitigt und Differenzen und Zustimmung kundgetan.

Danach sollte die Veranstaltung jedoch nicht abrupt abgebrochen, sondern durch ein kurzes **Resümee** abgerundet werden.

Themenspezifisch kann ein solches Resümee zum Beispiel Folgendes beinhalten:

- **Schlussfolgerungen** aus dem bisher Gesagten.
- **Ausblick** auf mögliche Entwicklungen in der Zukunft oder auf das weitere Vorgehen.
- Hinweis auf **Vorteile** und **Nutzen** des Präsentationsgegenstands.

Neben der inhaltlichen Vorbereitung ist es sinnvoll, den **Einsatz visueller Medien** einzuplanen. Sie wecken das Interesse der Zuhörer, verdeutlichen wichtige Punkte, erhöhen die Einprägsamkeit bestimmter Inhalte, bringen das Wesentliche auf den

6. Berufsstart

Punkt und sparen damit Zeit und Kosten für umfangreiche Erklärungen.

Aufgrund der schl**echten finanziellen Ausstattung vieler Universitäten kann zur Visualisierung** von Referaten in der Studienzeit häufig nur ein Overhead-Projektor eingesetzt werden. In den meisten Unternehmen gibt es dagegen eine Vielzahl moderner Hilfsmittel, die bei Präsentationen, Vorträgen, Kongressen, Messen etc. Anwendung finden. Nach Abschluss der inhaltlichen Planung sollte der **organisatorische Ablauf** einer Präsentation vorbereitet werden. Referenten sind vor ihrem Auftritt häufig zu aufgeregt, um an all die Kleinigkeiten zu denken, die den Erfolg einer guten Präsentation ausmachen.

Die folgende **Checkliste** gibt Anhaltspunkte für die notwendigen Vorbereitungen. Diese sind natürlich abhängig von der Größe der Veranstaltung. Aber auch für kleine Präsentationen ist eine sorgfältige Vorbereitung sinnvoll.

Hilfsmittel für Präsentationen	
Hilfsmittel	**Vor- und Nachteile**
Flip-Chart, Elektronisches Flip-Chart	Bewährtes, benutzerfreundliches Medium zur Visualisierung: mehrere Charts können nebeneinander aufgehängt werden, kurze Vorbereitungszeit. Elektronische Flip-Charts ermöglichen Fotoprotokolle der großformatigen Aufzeichnungen auf DIN-A4-Format
Grafiken am eigenen PC erstellen	Verschiedene Computerprogramme, wie zum Beispiel Excel und Power Point ermöglichen die grafische Aufbereitung von Daten. Die Programme sind inzwischen relativ anwenderfreundlich; Ausdruck der Grafiken auf Papier oder Folie für den Overhead-Projektor ist möglich.
Holographie	High-Tech Präsentation: durch Lasertechnik werden dreidimensionale Bilder produziert. Teuer und nur für Großveranstaltungen geeignet.
Laser-Pointer	Moderner Ersatz für den Zeigestock, batteriebetrieben.
LC-Display, Dataprojektor, PC-Beamer, LCD-Projektor	Informationen können direkt aus dem PC via Projektor an die Wand geworfen werden, zum Beispiel die selbstproduzierten Charts und Tabellen. Blattausdrucke entfallen. Der Anschaffungspreis sinkt stetig, und die Projektoren gehören fast schon zur Standardausrüstung.
Overhead-Projektor	Jedem bereits aus Schule und Studium bekannt, auch in Unternehmen am weitesten verbreitet; DIN-A4-Vorlagen können großformatig an die Wand geworfen werden; geeignete Projektionsfläche erforderlich.
Video-Beamer	Videobänder, Fernsehbilder und PC-Präsentationen können auf eine Leinwand projiziert werden, Überlagerung verschiedener Darstellungen möglich. Sehr teuer und nur für Großveranstaltungen geeignet.
Wandtafel	Der Oldtimer unter den Hilfsmitteln zur Visualisierung; könnte bei einigen Zuhörern unangenehme Erinnerungen an die eigene Schulzeit wachrufen.

6.6 Aktives Selbstmanagement

CHECKLISTE
Vorbereitungen

- Präsentationsteam
- Raum
- Betreuung der Teilnehmer
- Hilfsmittel

Präsentationsteam: Meist werden Präsentationen von mehreren Mitarbeitern vorbereitet und durchgeführt. Jedem Teammitglied sollte das Programm und das Ziel der Präsentation bekannt sein. Die Verteilung der Aufgaben verkürzt die Vorbereitungszeit. Zudem sollte erwogen werden, ob die Vermittlung der Inhalte durch verschiedene Referenten möglich ist, um die Aufmerksamkeit der Zuhörer zu erhöhen. Schließlich sollte je ein Teammitglied für die technische Organisation und für das Protokoll zuständig sein.

Raum: Bei der Auswahl des passenden Raumes für eine Präsentation ist einiges zu beachten:

- Raumgröße: pro Teilnehmer ca. 4 qm
- Sitzordnung: wer wird wo platziert, ausreichend Stühle
- Stromanschlüsse: müssen ausreichend vorhanden sein, ggf. Verlängerungskabel, Mehrfachsteckdosen etc. besorgen
- Lichtverhältnisse und Belüftung des Raumes
- Platzierung der technischen Geräte
- eine ausreichend große Projektionsfläche
- Reservierung: rechtzeitig und möglichst inklusive Vortrag der Präsentation für eine Probe-Präsentation.

Betreuung der Teilnehmer: Um die Teilnehmer einer Präsentation in eine gute Stimmung zu versetzen, sollten einige Vorkehrungen getroffen werden:

- Erfrischungen bereithalten
- Pausen einplanen
- Servicepersonal einsetzen.

Hilfsmittel: Je nach Größe der Präsentation ist die Beschaffung verschiedener Hilfsmittel notwendig:

- Technische Geräte zur Visualisierung des Vortrags
- Unterlagen für die Teilnehmer
- Papier und Schreibgerät für die Teilnehmer
- Demonstrationsmaterial
- Namensschilder.

Auch die Verbesserung der rhetorischen Fähigkeiten und die Anwendung verschiedener Präsentationstechniken kann in Seminaren erlernt werden.

Präsentation/Rhetorik

iventus – Partner für kompetente Weiterbildung
Abraham-Lincoln-Straße 46
65189 Wiesbaden
06 11 / 78 78 - 3 30
www.gabler-seminare.de

Internetdatenbanken unter
www.liquide.de und
www.mwonline.de

Die Bedeutung des aktiven Selbstmanagements für die berufliche Entwicklung wurde auch von zahlreichen Seminaranbietern auf dem deutschen Markt erkannt. Unter den Anbietern gibt es einige **„schwarze Schafe"**, die für viel Geld geringe Leistungen erbringen.

Anhand folgender Indikatoren können die **guten von** den **schlechten Anbietern unterschieden** werden:

1. **Themen und Inhalte** der Seminare sollten klar definiert sein. Blumige Versprechungen weisen häufig auf mangelnde Qualität der Veranstaltung hin.

2. Eine **Begrenzung der Teilnehmerzahl** ist für den Lernerfolg unabdingbar. Ein Workshop mit mehr als 15 Teilnehmern hat zum Beispiel einen niedrigen Erfolgswert.

3. Die Teilnehmer eines Seminars sollten eine **homogene Gruppe** bilden. Es werden größere Erfolge mit Seminaren erzielt, die sich an eine bestimmte Zielgruppe richten.

4. Nur **kompetente Referenten** sollten mit der Seminarleitung betraut werden. Die Kompetenz kann häufig erst nach der Teilnahme an einer Veranstaltung beurteilt werden. Deshalb ist es wichtig, sich vor dem Besuch eines Seminars bei Kollegen oder in der Personalabteilung zu erkundigen, die vielleicht den einen oder anderen Referenten kennen und empfehlen können.

5. Die **Zielsetzung des Seminars** sollte genannt werden. Manche Anbieter geben Erfolgsgarantien, zum Beispiel: „Nach dem Besuch des jeweiligen Seminars trägt der erfolgreiche Teilnehmer zu erheblichen Umsatzsteigerungen bei." Solche und ähnliche Garantien werden meist von unseriösen Anbietern gegeben!

Die folgenden Institutionen erteilen Auskunft über den umfangreichen Markt der Seminaranbieter:

Bundesinstitut für Berufsbildung (BiBB)
Robert-Schumann-Platz 3
53113 Bonn
☎ 02 28 / 1 07 - 0
📠 02 28 / 1 07 - 2977
💻 www.bibb.de

Bundesverband Deutscher Unternehmensberater e. V. (BDU)
Zitelmannstraße 22
53113 Bonn
☎ 02 28 / 91 61 - 0
📠 02 28 / 91 61 - 26
💻 www.bdu.de

Bundesverband Deutscher Verkaufsförderer und Trainer e. V. (BDVT)
Eisenstraße 12–14
50657 Köln
☎ 02 21 / 9 20 76 - 0
📠 02 21 / 9 20 76 - 10
💻 www.bdvt.de

Das Bundesministerium für Bildung und Forschung
Heinemannstraße 2
53175 Bonn
☎ 0 18 88 / 57 - 0
📠 0 18 88 / 57 - 8 36 01
💻 www.bmbf.de

A more creative way of working

Lassen Sie Ihrer Kreativität freien Lauf. Entdecken Sie die Zukunft neu: gemeinsam mit uns. Wir von HP geben Ihnen hierfür Raum. In einem wachsenden, dynamischen Umfeld – und mit internationalen Perspektiven. Um bahnbrechende Technologien zu schaffen, die das Leben leichter und schöner machen. Auf Ihre Ideen kommt es an!

Von vielseitigen High-Tech-Lösungen für die Bildbearbeitung und Digitalfotografie bis hin zum leistungsfähigsten Prozessor der Welt: Unsere Kreativität kennt keine Grenzen. Sind Sie dabei?

Absolventen und Praktikanten (m/w)
Fachrichtung Wirtschaftswissenschaften oder IT

Wir freuen uns auf junge Talente, die spannende Jobwelten entdecken und mit uns in neue Richtungen denken möchten. Legen Sie los: Besuchen Sie uns unter **www.jobs.hp.com**. Hier finden Sie alle aktuellen Stellenausschreibungen und können sich direkt online bewerben.

© 2003 Hewlett-Packard Development Company, L.P. The Hewlett-Packard Company is an equal opportunity employer, dedicated to workforce diversity.

6. Berufsstart

Deutsche Gesellschaft zur Förderung und Entwicklung des Seminar- und Tagungswesens e. V.
Friedrichstraße 95
10117 Berlin
☎ 0 30 / 20 96 21 32
📠 0 30 / 20 96 21 33
💻 www.degefest.de

Deutscher Industrie- und Handelskammertag (DIHK)
Breite Straße 29
10178 Berlin
☎ 0 30 / 2 03 08 - 0
📠 0 30 / 2 03 08 - 10 00
💻 www.dihk.de

Institut der deutschen Wirtschaft (IW)
Gustav-Heinemann-Ufer 84–88
50968 Köln
☎ 02 21 / 49 81 - 1
📠 02 21 / 49 81 - 5 33
💻 www.iwkoeln.de

Wuppertaler Kreis e. V.
Deutsche Vereinigung zur Förderung der Weiterbildung von Fach- und Führungskräften
Widdersdorfer Straße 217
50825 Köln
☎ 02 21 / 37 20 18
📠 02 21 / 38 59 52
💻 www.wkr-ev.de

Ergänzende Informationen und Adressen zum Thema Weiterbildung finden Sie in Kapitel 4.

6.7 Netzwerke

Als ein gutes Instrument für das **Marketing in eigener Sache** haben sich **Netzwerke** erwiesen. Netzwerke können Interessensverbände sein, Zusammenschlüsse von Ehemaligen bestimmter Universitäten oder Institutionen (so genannten Alumni-Organisationen), Sportvereine, Clubs, Korporationsverbände, Berufsverbände u. Ä.

Netzwerke brauchen aber keine offizielle Form, um als solche zu wirken. Ihr eigenes ganz **persönliches Beziehungsgeflecht** bildet auch ein solches Netzwerk. Im Idealfall haben Sie schon während Ihrer Zeit an der Universität oder FH damit begonnen, ein **Netzwerk aus Kontakten zu Förderern, Unterstützern und Personen in Schlüsselpositionen** zu bilden, aber auch zu **Freunden, Kommilitonen und Kollegen**. Pflegen Sie auch in der Zeit Ihres Berufseinstiegs diese Kontakte, bleiben Sie präsent! Das Aufrechterhalten der Kontakte zu Ihren Kommilitonen sollten Sie ebenfalls unter dem Aspekt der Bildung Ihres informellen Netzwerkes betrachten!

Haben Sie gerade den **Berufseinstieg** geschafft, sollten Sie sich mit anderen Neulingen in Ihrem Unternehmen zu einem wöchentlichen Stammtisch o. Ä. verabreden. Diese **Treffen mit Gleichgesinnten**, die dem Austausch von Informationen und der gegenseitigen Unterstützung und Hilfestellung dienen, sind der Anfang und die eigentliche **Basis eines Netzwerkes**.

Viele Unternehmen legen Wert darauf, solche Netzwerke von neuen Mitarbeitern zu unterstützen (zum Beispiel durch so genannte Juniorentage und -treffen oder Einsteiger-Stammtische) und den Kontakt zu älteren Kollegen durch ein System von **Paten** oder **Mentoren** zu fördern.

Funktionierende persönliche Beziehungsnetze gewährleisten einen **karrierefördernden Informationsfluss** – die richtigen Informationen zum richtigen Zeitpunkt sichern oft den Aufstieg oder einen neuen Job. In der Mehrzahl der Fälle kommen **Jobwechsel aufgrund von persönlichen Kontakten** zustande, Positionen im Management werden sogar fast ausschließlich auf dieser Ebene vergeben. Netzwerke sind somit unentbehrliche **Motoren für die Karriere**.

 Nachfolgend finden Sie Adressen von einigen für Sie relevanten Netzwerken und Verbänden:

Bundesverband Junger Unternehmer der ASU e. V.
Reichsstraße 17
14052 Berlin
☎ 0 30 / 3 00 65 - 0
📠 0 30 / 3 00 65 - 4 90
💻 www.bju.de

Bundesverband Deutscher Unternehmensberater BDU e. V.
Zitelmannstraße 22
53113 Bonn
☎ 02 28 / 91 61 - 0
📠 02 28 / 91 61 - 26
💻 www.bdu.de

Bundesverband Deutscher Volks- und Betriebswirte e. V.
Florastraße 29
40217 Düsseldorf
☎ 02 11 / 37 10 22
📠 02 11 / 37 94 68
💻 www.bdvb.de

ControllerVerein
Leutstettener Straße 2
82131 Gauting
☎ 0 89 / 89 31 34 20
📠 0 89 / 89 31 34 31
💻 www.controllerverein.de

Gesellschaft Deutscher Akademikerinnen e. V.
Dr. Ingeborg Aumüller
Pfauengasse 10
93047 Regensburg
☎ 09 41 / 5 59 22
📠 09 41 / 56 34 17
💻 www.gesellschaft-deutscher-akademikerinnen.de

Marketing Club Frankfurt
c/o Deutscher Fachverlag
Mainzer Landstraße 251
60326 Frankfurt am Main
☎ 0 69 / 97 39 13 24
📠 0 69 / 75 95 28 20
💻 www.marketingclub-frankfurt.de

6. Berufsstart

Unternehmensverband Mittelständische Wirtschaft UMW
Rizzastraße 41
56068 Koblenz
☎ 02 61 / 1 71 64
📠 02 61 / 1 76 89
💻 www.umw.org

Verband Deutscher Wirtschaftsingenieure e. V.
c/o TU Berlin – Lehrstuhl Logistik H 90
Straße des 17. Juni 135
10623 Berlin
☎ 0 30 / 31 50 57 77
📠 0 30 / 31 50 58 88
💻 www.vwi.org

Wirtschaftsjunioren Deutschland e. V.
Breite Straße 29
10178 Berlin-Mitte
☎ 0 30 / 2 03 08 - 15 15
📠 0 30 / 2 03 08 - 15 22
💻 www.wjd.de

ZUSAMMENFASSUNG
Berufsstart

- Prüfen Sie **Arbeitsverträge** sorgfältig, und unterschreiben Sie sie nicht gleich im Anschluss an das Vorstellungsgespräch.
- Eine **Berufsunfähigkeitsversicherung** ist für Berufseinsteiger unerlässlich.
- Entwickeln Sie ein Konzept für Ihre **private Altersvorsorge**.
- Folgende **Versicherungen** sind für Berufsanfänger unerlässlich: private Haftpflicht- und die Hausratversicherung.
- Organisieren Sie Ihren Berufsstart planmäßig. Schöpfen Sie alle Möglichkeiten aus, um eine **Wohnung** zu finden.
- Kalkulieren Sie rechtzeitig die **BAföG-Rückzahlung** ein. Sie beginnt fünf Jahre nach Ende der Förderungshöchstdauer.
- Passen Sie sich an Ihrem neuen Arbeitsplatz im Hinblick auf **Kleidung und Umgangsformen** an die üblichen Gepflogenheiten an.
- **Managen** Sie Ihre **Zeit** mithilfe eines Zeitplanbuches.
- Beugen Sie durch einen gesunden Lebensstil **Stress** vor.
- Bereiten Sie Gespräche und Präsentationen sorgfältig vor.
- Setzen Sie bei Präsentationen und Vorträgen **verschiedene visuelle Hilfsmittel** ein.
- Betrachten Sie **Netzwerke** als ein Instrument, mit dessen Hilfe Sie Ihre Karriere vorantreiben können.

DER EIGENE WEG

GRÜNENTHAL ist ein unabhängiges, forschendes und international tätiges Pharmaunternehmen. Die Zukunftssicherung durch innovative Forschung ist ein wesentlicher Bestandteil unserer Unternehmensphilosophie. Mit hohem Engagement konzentrieren wir uns auf unseren eigenen Weg: das Schmerz-Management in relevanten Indikationen.

Sie suchen breite Aufgaben- und Verantwortungsbereiche in einem internationalen Umfeld, in das Sie Ihre eigenen Ideen einbringen und verwirklichen können? Sie sind begeisterungsfähig, Neuem gegenüber aufgeschlossen und wollen Dinge bewegen?

Mediziner, Naturwissenschaftler, Diplom-Kaufleute *(m/w)*

Wir bieten jungen, engagierten Praktikanten, Diplomanden, Berufseinsteigern, Young Professionals oder Trainees die Chancen und Möglichkeiten, die Sie suchen.

Nähere Informationen erhalten Sie unter:
www.grunenthal.com
absolventen@grunenthal.de

GRÜNENTHAL GMBH
52099 Aachen, Deutschland

Wirtschaftswissen für Praktiker aller Unternehmensbereiche

Inhalt:

Unternehmensplanung

Unternehmensformen

Unternehmensorganisation

Personalwesen

Investieren und Finanzieren

Kostenrechnung
und Kalkulation

Buchführung und Bilanz

Steuern Einkauf, Lagerhaltung
Marketing und Vertrieb

Innerbetriebliche
Information

Wettbewerbsrecht

Kaufrecht

Der Herausgeber:

Lutz Irgel (Hrsg.)

**Gablers Wirtschaftswissen
für Praktiker**

*Zuverlässige Orientierung
in allen kaufmännischen Fragen*

Autoren: Volker Beeck / Hans Paul Becker /
Frank Himpel / Lutz Irgel / Alfred Kuß /
Oliver Mack / Udo Mildenberger /
Wilhelm Mülder / Jeannette Wambach
Bearbeitet von Riccardo Mosena
5., vollständig neubearb. Aufl. 2004.
XXVIII, 621 S.
Geb. EUR 39,90
ISBN 3-409-19112-7

„Gablers Wirtschaftswissen für Praktiker" gibt Ihnen den betriebswirtschaftlichen Hintergrund kaufmännischen Handelns zum Nachschlagen an die Hand. Mit der umfassenden und praxisbezogenen Darstellung verschaffen Sie sich Orientierung in allen kaufmännischen Fragen. So behalten Sie immer den Überblick und wissen, worauf es im Einzelfall ankommt. Sie finden Antworten auf Fragen zur Unternehmensplanung, zum Personalwesen, zur Investition und Finanzierung. Sie gewinnen Einblicke in die Zusammenhänge von Buchführung und Bilanz, Kostenrechnung und Kalkulation oder in die verschiedenen Steuerarten. Darüber hinaus erhalten Sie Informationen zu modernen Marketingstrategien u.a. mehr. Zahlreiche Beispiele machen die Inhalte verständlich. Übersichten und Vertragsmuster helfen bei der Umsetzung des Wissens. „Gablers Wirtschaftswissen für Praktiker" ist seit Jahrzehnten das Standardwerk zum Lernen und Nachschlagen – verständlich, verlässlich, aktuell.

Der Herausgeber Lutz Irgel ist Geschäftsführer und Hauptgesellschafter mehrerer Unternehmen im In- und Ausland. Er verfügt über langjährige Erfahrungen als Kaufmann und ist erfolgreicher Unternehmer. Er ist Autor und Herausgeber von Fachbüchern und schreibt Beiträge für deutsche und internationale Zeitungen.

Besuchen Sie unseren Bookshop: www.gabler.de

Änderungen vorbehalten.
Erhältlich im Buchhandel oder beim Gabler Verlag.   Abraham-Lincoln-Str. 46, 65189 Wiesbaden, Tel.: 06 11.78 78-626

7 Funktionsbereiche und Branchen

7.1 Einstiegsprogramme

Hochschulabsolventen bieten sich beim Einstieg in das Berufsleben verschiedene Startprogramme in den Unternehmen. In Abhängigkeit von Branche, Firmengröße, dem Vorhandensein direkt verwendbaren Wissens im Unternehmen und entsprechenden Fähigkeiten des Berufsanfängers stehen prinzipiell vier unterschiedliche **Einstiegsprogramme** zur Auswahl:

- das Trainee-Programm,
- der Direkteinstieg,
- das Training-on-the-job,
- die Assistentenfunktion.

Trainee-Programm

Im Rahmen eines Trainee-Programms erhält der Berufseinsteiger die Möglichkeit, **verschiedene Abteilungen und Funktionsbereiche** innerhalb eines definierten Ausbildungsprogramms **kennenzulernen**.

Diese Form des Berufseinstiegs, die früher ausschließlich in Großunternehmen praktiziert wurde, findet sich zunehmend auch in mittelständischen Unternehmen.

Das Trainee-Programm dauert zwischen 6 und 24 Monaten und soll den neuen Mitarbeiter sukzessive auf die **eigenverantwortliche Übernahme von Aufgaben** vorbereiten. Hierbei kommt der Berufsanfänger nicht nur mit den verschiedenen Abteilungen, Mitarbeitern und Geschäftsabläufen in Kontakt (**Job rotation**), sondern übernimmt auch erste eigene Projekte und Aufgaben (**learning-by-doing**). Bei international orientierten Unternehmen erhalten Trainees zudem häufig die Chance, eine Station im **Ausland** zu besuchen, um so einen weiteren Einblick in Unternehmensaktivitäten und -kultur zu erhalten.

Begleitend werden interne und **externe Seminare** im fachlichen und persönlichkeitsbildenden Bereich durchgeführt, die den Trainee auf seine Aufgaben vorbereiten.

Oft wird dem Berufseinsteiger vom Unternehmen ein „**Coaching**" angeboten, das heißt, dem neuen Mitarbeiter steht als Pate oder Mentor ein erfahrener Kollege in der Einarbeitungsphase und bei Fragen oder Problemen beratend zur Seite. Nach Beendigung der Trainee-Phase wird in der Regel die Möglichkeit geboten, berufliche

Verantwortung zu übernehmen und in eine Funktion (**Stab oder Linie**) hineinzuwachsen und sich zu bewähren.

Ein Trainee-Programm ist für jüngere Hochschulabsolventen, die über Praktika, Ferienjobs etc. hinaus noch keine Berufserfahrungen haben, **die ideale Form, ein Unternehmen, seine Aktivitäten und Märkte kennen zu lernen.** Sie können sich hier für weitere Aufgaben empfehlen und aufgrund der gewonnenen Erfahrungen die „richtige" Startposition im Unternehmen, gemessen an den eigenen Präferenzen, finden.

Vorteile des Trainee-Programms:

- Der Berufsanfänger hat die Chance, einen **umfassenden Einblick** in das Unternehmen, in verschiedene Funktionsbereiche und Abteilungen zu erhalten.
- Es findet nicht gleich beim Berufsstart eine Spezialisierung auf einen Bereich oder eine Funktion statt.
- **Zusätzliche Ausbildungsprogramme**, Seminare und Auslandsaufenthalte verbessern die Kenntnisse und Fähigkeiten, die im Job gefordert werden.
- Die weitgehend **generalistisch angelegte Trainee-Ausbildung** kann die Karrierechancen im Vergleich zum Direkteinstieg erhöhen.
- Da eine Traineeausbildung für ein Unternehmen eine Investition in Humankapital darstellt, findet sich nach Beendigung des Programms problemlos eine **interessante Startposition**.

Nachteile des Trainee-Programms:

- Das Trainee-Programm ist eine **Ausbildung nach der Ausbildung** – die eigenverantwortliche Betreuung eigener Projekte steht eher im Hintergrund.
- Die **Bezahlung** ist naturgemäß **niedriger** als beim Direkteinstieg.
- Für Trainee-Programme existiert in den meisten Unternehmen eine **Altersbegrenzung** von 28 Jahren.
- Promovierte Absolventen oder solche mit einer Zusatzqualifikation (MBA, Zweitstudium etc.) gelten für ein Trainee-Programm oft als **überqualifiziert** oder liegen über der Altersgrenze.

Direkteinstieg

Beim Direkteinstieg übernimmt der Berufseinsteiger eine feste, in der Unternehmensorganisation existierende Position mit einer **konkreten Funktion und Verantwortung**. Es sollte zuvor eine geplante Einarbeitungsphase mit Kontakt und Tätigkeiten in anderen Abteilungen und Funktionsbereichen (Job rotation) erfolgen. Hierdurch erhält der Berufseinsteiger die Möglichkeit, auch außerhalb der eigenen Abteilung Mitarbeiter und Geschäftsprozesse kennenzulernen. Diese Art von Informationen ist und wird immer wichtiger, da viele Projekte für Arbeitsabläufe und Prozesse in anderen Bereichen relevant sind.

Vorteile des Direkteinstiegs:

- Von Anfang an **Übernahme eigener Verantwortung,**
- **Integration** in eine Organisationseinheit, Abteilung oder Funktionsbereich mit festem Ansprechpartner,
- oft höheres Gehalt als beim Trainee-Einstieg.

Nachteile des Direkteinstiegs:

- Meist fällt die **Einarbeitungsphase** in der Hektik des Tagesgeschäfts sehr **knapp** aus.
- Der Überblick über die Zusammenhänge im Unternehmen entsteht in der Regel erst durch den Kontakt mit anderen Bereichen.
- Von Beginn an werden unter Umständen hohe Leistungsanforderungen mit entsprechendem Erfolgsdruck gestellt.

Training-on-the-job

Eine Mischform von Trainee-Einstieg und Direkteinstieg stellt das Training-on-the-job dar. Hier betreut der Neueinsteiger im Rahmen einer ihm klar zugeordneten Funktion in einer Organisationseinheit dort anfallende **Projekte und Aufgaben**, die zum Beispiel auch aus dem Tagesgeschäft stammen können. Bei diesem Start in das Berufsleben ist meist die zukünftige organisatorische Einordnung in das Unternehmen und damit der Arbeitsbereich schon festgelegt. Parallel zur Übernahme von Aufgaben können, wie im Trainee-Programm, **Weiterbildungsveranstaltungen** besucht werden.

Im Rahmen eines Trainings-on-the-job ist der Berufsanfänger vom ersten Tag an ein Mitglied der unternehmerischen Wertschöpfungskette; der „Praxisschock" wird durch begleitende Ausbildungselemente abgemildert. Oft werden in einem Training-on-the-job auch **Stationen in anderen Abteilungen und Organisationseinheiten**, zum Beispiel im Vertrieb, mit eingeplant, damit dem neuen Mitarbeiter zusätzlich ein Blick über den Tellerrand der eigenen und meist auch zukünftigen Abteilung gelingt.

Assistentenfunktion

In Großunternehmen und großen mittelständischen Betrieben besteht die Möglichkeit, eine Assistentenposition im Bereich der Geschäftsführung oder des Vorstands zu besetzen.

Typische Aufgaben des Assistenten sind:

- Entscheidungsvorbereitung durch Informationsselektion, -analyse und -auswertung,
- die Kommunikation von Entscheidungen aus dem Vorstands-/Geschäftsführungsbereich an nachgelagerte Organisationseinheiten,
- Betreuung von Sonderprojekten, zum Beispiel im Bereich PR, Controlling oder Unternehmensanalyse,
- Vorbereitung, Organisation und Protokollierung von Vorstandssitzungen.

❌ Bewerber für eine Assistentenstelle sollten über **Verhandlungsfähigkeit, planerisches und analytisches Denken** sowie **Fremdsprachenkenntnisse** verfügen. Oft werden Kandidaten mit **Zusatzqualifikation** wie Promotion, MBA oder Zweitstudium eingesetzt. Die Altersobergrenze beträgt häufig 30 Jahre.

Die erfolgreiche Bewältigung der Aufgaben in einer Assistentenfunktion bietet sehr gute Voraussetzungen, nach ca. zwei bis drei Jahren in eine verantwortungsvolle Position im Linienbereich, meist als Abteilungsleiter, zu wechseln.

Vorteile der Assistentenfunktion:

- **Einblick** in fast alle Unternehmensbereiche **und** in die **Entscheidungsstrukturen** und -mechanismen der Führungsspitze,
- vielseitige und verantwortungsvolle Aufgaben,
- **gute Aufstiegschancen** in verschiedene Unternehmensbereiche.

Nachteile der Assistentenfunktion:

- **Enge Bindung und direkte Abhängigkeit** vom Vorgesetzten,
- die „Chemie" zwischen Vorgesetzem und Assistenten ist eine entscheidende Voraussetzung.

Volontariat

Volontariate werden häufig **im journalistischen Bereich** angeboten, und zwar von Verlagen, Rundfunk- und Fernsehanstalten. Zunehmend werden diese auch in anderen Branchen üblich, zum Beispiel bei Werbeagenturen.

Es handelt sich dabei meist um Ausbildungsstellen, die denen der **Trainee-Programme ähnlich** sind.

Der angehende Journalist lernt die verschiedenen Unternehmensbereiche und journalistischen Tätigkeitsfelder kennen; er übernimmt **erste journalistische Aufgaben**, zum Beispiel das Recherchieren und Verfassen von Artikeln.

Volontariate werden sowohl für Berufsanfänger angeboten als auch für Studenten in Form von Praktika. Dementsprechend schwankt ihre Dauer zwischen sechs Monaten und zwei Jahren.

Die Vergütung ist sehr unterschiedlich. Manche Betriebe vergüten bei Kurz-Volontariaten ähnlich wie bei Praktika gar nichts, andere bezahlen bei längeren Volontariaten entsprechend den ausgehandelten Tarifverträgen.

Nach Beendigung des Volontariats besteht keine Übernahmegarantie seitens des Unternehmens.

❌ Dennoch ist das Volontariat als klassische Qualifikation für einen Redakteursposten **empfehlenswert**. Der journalistische Bereich ist sehr durchlässig. Wer beispielsweise ein Volontariat bei einer Zeitung absolviert hat, kann gegebenenfalls auch zum Rundfunk oder Fernsehen wechseln.

Ein Volontariat **verbessert** auf jeden Fall erheblich die Einstellungschancen, indem es erste Erfahrungen und Kontakte ermöglicht.

7.2 Funktionsbereiche

Sie finden im Folgenden eine Übersicht über die **Aufgaben und Anforderungen in unternehmenstypischen Funktionsbereichen**. Darüber hinaus werden Berufschancen und Berufsbilder in verschiedenen Branchen sowie die notwendigen Qualifikationen, die von den Unternehmen gefordert werden, behandelt.

Einkauf/Beschaffung

Der Aufgabenbereich des Einkaufs umfasst die Organisation und Kontrolle der Beschaffung aller vom Unternehmen benötigten Produkte und Dienstleistungen. Es werden zum Beispiel Angebote eingeholt und verglichen, Lieferantenbeziehungen und Beschaffungswege analysiert sowie Verträge ausgehandelt. Die Einhaltung von Terminen, Qualitätsstandards und Kostenvorgaben muss hierbei sichergestellt werden.

Dem Einkauf kommt in zunehmendem Maße eine **strategische Bedeutung** zu: Ursachen hierfür liegen in Globalisierungstendenzen bei Einkauf und Produktion (global sourcing), der Ausbreitung von virtuellen Marktplätzen, der zunehmenden Spezialisierung (Make-or-buy-Entscheidungen) sowie im zunehmenden Kostendruck in Verbindung mit Outsourcing- und Lean-Management-Tendenzen.

Wirtschaftswissenschaftler mit Kenntnissen in Beschaffung, Produktionswirtschaft, Wertanalyse, Lagerhaltung, Datenverarbeitung, Logistik, Verkehrs-, Handels- und Zollpolitik sowie sehr guten englischen Sprachkenntnissen haben im Einkauf und in der Beschaffung gute Chancen.

Gute Einstiegsmöglichkeiten bestehen in technisch orientierten Branchen für **Wirtschaftsingenieure, Ingenieure und Naturwissenschaftler**.

In Unternehmen, in denen die Beschaffung eine zentrale Bedeutung hat – zum Beispiel in der Automobil- und Elektroindustrie sowie im Handel –, ist es möglich, aus dem Tätigkeitsbereich Einkauf bis in den Vorstand aufzusteigen.

Verkauf/Vertrieb

Die Aufgabe des Funktionsbereichs Verkauf/Vertrieb ist die **Anbahnung, Durchführung, Organisation und Kontrolle des Verkaufs von Produkten und Dienstleistungen**. Zentrale Aufgabenstellungen sind unter anderem die Erstellung von zielgruppenorientierten Absatzplänen, die Gewinnung von Neukunden, Kundendienst und Beschwerdemanagement, Verkaufsförderungsmaßnahmen (Sales Promotions), preispolitische Überlegungen, Entlohnungssysteme für Außendienstmitarbeiter, Großkundenbetreuung (Key-Account-Management) sowie Vertriebscontrolling.

Erforderlich sind **betriebswirtschaftliche Kenntnisse** mit den **Schwerpunkten Absatz/Marketing, Handel, Marktforschung und Kostenrechnung/Controlling**. Weitere wichtige Voraussetzungen sind Verkaufserfahrungen, zum Beispiel im Außendienst, Kommunikationsfähigkeit, Verhandlungsgeschick und **Kundenorientierung**.

Große Unternehmen bieten im Bereich Vertrieb/Verkauf **Trainee-Programme** an. Daneben ist auch ein **Direkteinstieg** möglich. In Linienpositionen sind bei Verkaufserfolgen schnelle Aufstiegschancen, verbunden mit größerer Umsatzverantwortung, gegeben.

Marketing/Produktmanagement

Die Aufgabe des Marketing ist die marktorientierte Steuerung eines Unternehmens bzw. -bereichs oder einer Produktgruppe bzw. eines Produkts, oft in Verbindung mit einer Marke (Brandmanagement). Marketingziele und -strategien werden festgelegt, Werbemittel erstellt, die absatzpolitischen Instrumente aufeinander abgestimmt (Marketing-Mix). Hierbei müssen in hohem Maße die Verbindungen mit anderen Funktionsbereichen des Unternehmens, zum Beispiel mit Produktion und Vertrieb, aber auch mit externen Dienstleistern (Agenturen etc.), berücksichtigt werden.

Ein **betriebswirtschaftliches Studium** mit den **Schwerpunkten Absatz, Marketing, Handel, Marktforschung oder Kommunikationswissenschaften** bietet die optimale Voraussetzung.

Erwünschte **Zusatzqualifikationen** sind ein längerer Auslandsaufenthalt, die Kenntnis zweier Fremdsprachen sowie Kreativität, Fähigkeit zur Teamarbeit und Verhandlungsgeschick. Aufgrund des schärfer gewordenen Wettbewerbs besteht im Marketing ein ständiger, wenn auch zurzeit nicht wachsender, Bedarf an Nachwuchskräften.

In **Großunternehmen und teilweise auch in Werbeagenturen werden Traineeprogramme** angeboten. Ein **Direkteinstieg** als Marketing-Assistent, Referent für Marketing oder Junior-Produkt-Manager ist ebenfalls üblich. Die Karrierechancen und die Gehaltsentwicklung bei erfolgreicher Tätigkeit sind gut, der Aufstieg sogar bis in die Unternehmensspitze möglich. Auch kann später ein Wechsel in eine selbstständige Tätigkeit, zum Beispiel als Marketingberater, realisiert werden.

Finanzmanagement

Die Aufgabe des Finanzwesens ist **die Planung, Analyse und Durchführung der Kapitalbeschaffung** eines Unternehmens, darüber hinaus die Sicherstellung der Liquidität und die Optimierung der Rentabilität sowie die Minimierung des aus Kapitalbeschaffung und -anlage resultierenden Risikos.

Dieser Tätigkeitsbereich eignet sich besonders für **Betriebs- und Volkswirte**, die gute Kenntnisse in Finanzierung, Bankbetriebslehre, Zahlungsverkehr, Liquiditäts-, Zins- und Währungsmanagement sowie in internationalen finanz- und volkswirtschaftlichen Zusammenhängen haben. Eine Bankausbildung oder ein Bankpraktikum ist vorteilhaft, Englischkenntnisse sind notwendig.

Es ist ein Einstieg als **Trainee** möglich, in Großunternehmen auch der **Direkteinstieg**. Berufsanfänger konkurrieren im Finanzwesen mit Bankpraktikern und mit Juristen, die Kenntnisse im internationalen Steuerwesen haben.

Für den weiteren Berufsweg ist der Wechsel von einem Industrieunternehmen zu einer Bank oder zu Finanzdienstleistern möglich.

Rechnungswesen

Im Rechnungswesen werden **Informationen aus vergangenen oder zukünftigen Geschäftsvorfällen erfasst, verdichtet und analysiert**. Jahresabschlüsse, Bilanzen und interne Berichte werden erstellt sowie Informationen mit Steuerberatern, Wirtschaftsprüfern und dem Finanzamt ausgetauscht.

Ein weiterer Aufgabenbereich ist die Bereitstellung von Daten, Analysen und Berichten aus der Kostenrechnung zur Effizienzbeurteilung von und für verschiedene Unternehmensbereiche.

Die Tätigkeit im Rechnungswesen setzt ein **betriebswirtschaftliches Studium** mit den **Schwerpunkten Rechnungswesen, Revision und Treuhandwesen, Handels- und Steuerrecht, Kostenrechnung, Controlling sowie Bilanzen** voraus. Wichtig sind auch Kenntnisse in der Datenverarbeitung und in der englischen Sprache.

Großunternehmen bieten häufig ressortübergreifende **Trainee-Programme** oder einen **Direkteinstieg** als Kostenrechner, Controller oder interner Revisor. Es gibt gute Aufstiegsmöglichkeiten bis in die oberste Geschäftsleitung.

Controlling

Im Controlling erfolgt die **planorientierte Steuerung und Überwachung von Prozessen, Bereichen oder Produkten** eines Unternehmens. Dazu gehört unter anderem die Durchführung von Wirtschaftlichkeitsanalysen sowie die Gestaltung des Rechnungs- und Berichtswesens unter Einsatz der Datenverarbeitung (Managementinformationssysteme, SAP R\3). Das Controlling dient als Informations- und Führungsinstrument für das ganze Unternehmen. Der Controlling-Bereich arbeitet daher eng mit der Unternehmensplanung und der Geschäftsleitung zusammen.

Voraussetzung hierfür sind **betriebswirtschaftliche Kenntnisse**, schwerpunktmäßig in den Bereichen **Kostenrechnung/Controlling, Unternehmensrechnung, Finanz- und Rechnungswesen, Unternehmensplanung und Steuern**. Darüber hinaus sind gute EDV- bzw. PC-Kenntnisse unerlässlich. In Großunternehmen wird unter Umständen eine **Promotion oder ein MBA-Abschluss** verlangt.

Die Bedeutung des Controllings ist in den letzten Jahren stark gewachsen, sodass sowohl in mittelständischen als auch in großen Unternehmen die Einstiegschancen gut sind. Berufsanfänger beginnen als **Trainees** oder im **Direkteinstieg**.

Interne Revision

Die interne Revision **prüft und analysiert** in der Regel für die Unternehmensleitung alle **Aktivitäten und Prozesse hinsichtlich ihrer Effizienz und Ordnungsmäßigkeit**. Dadurch sollen die Wirtschaftlichkeit des Unternehmens gesichert und zukünftige finanzwirksame Problembereiche frühzeitig identifiziert werden.

Typische Aufgaben sind unter anderem: Erstellung von Wirtschaftlichkeitsanalysen, Kontrolle des Finanz- und Rechnungswesens oder auch die Überprüfung von Tochtergesellschaften und Filialen.

Erforderlich für die Erfüllung dieser Aufgaben sind betriebswirtschaftliche Kenntnisse in **Bilanzierung, Kostenrechnung/Controlling, Revisions- und Treuhandwesen, Wirtschaftsinformatik und in betriebswirtschaftlicher Statistik**.

Außerdem sind Sprach- und Datenverarbeitungskenntnisse sowie kritisch-analytisches Denken und Genauigkeit wichtig.

Für Berufseinsteiger gibt es ressortübergreifende **Trainee-Programme** oder den Weg des **Direkteinstiegs**. Nach ca. fünf Berufsjahren ist ein Aufstieg in Führungsfunktionen oder ein Wechsel ins Finanz- und Rechnungswesen möglich. Interne Revisoren werden in Industrie, Handel, Kreditwirtschaft und auch bei Wirtschaftsprüfungsgesellschaften gesucht.

Personal

Aufgabe des Personalwesens ist unter anderem die **Personalplanung und -beschaffung**, das **Personalmarketing** sowie die **Personalverwaltung** einschließlich Lohn- und Gehaltsabrechnung. Ein weiterer wichtiger Bereich ist die **Personalentwicklung**, also die Erarbeitung von Aus- und Weiterbildungsprogrammen und die Mitarbeiterförderung unter Berücksichtigung der Unternehmensziele.

Außer für **Betriebswirte** bietet das Personalwesen auch für **Psychologen, Wirtschaftspädagogen und Juristen** gute Chancen. Voraussetzung sind Kenntnisse in Personalwirtschaft, Arbeitswissenschaft, Arbeits- und Sozialrecht, Betriebspsychologie und -soziologie.

Zu den erwarteten Qualifikationen gehören vor allem Kommunikationsfähigkeit, soziale Kompetenz, Durchsetzungsvermögen, psychologisches Einfühlungsvermögen und unternehmerisches Denken.

Der Einstieg als **Trainee** oder **Personalreferent** mit späterem Einsatz im Bereich Personalverwaltung und -beschaffung ist üblich. Der weitere Berufsweg kann zum Beispiel zur Personal- oder Ausbildungsleitung führen. Auch eine selbstständige Tätigkeit als Personaltrainer oder -berater ist möglich.

Materialwirtschaft/Logistik

Die Aufgabe der Logistik/Materialwirtschaft ist es, eine **Optimierung des Materialflusses** im Unternehmen sowie mit Zulieferern und Abnehmern zu erreichen. Die Umsetzung moderner Konzepte (zum Beispiel Just-in-time, Kanban) spielt dabei eine große Rolle. Schwerpunkte bilden hierbei die Organisation von Transport-, Lager- und Umschlagsvorgängen unter Beachtung von Termin-, Kosten- und Qualitätsgesichtspunkten.

Innerbetrieblich muss die Logistik den Anforderungen an Materialbeschaffung, Lagerung, Zulieferung, Produktion, Verpackung etc. und den daraus resultierenden Interdependenzen gerecht werden.

7.2 Funktionsbereiche

Aufgrund der modernen Beschaffungslogistiksysteme bietet dieser Funktionsbereich gute Einstiegsmöglichkeiten nicht nur für **Betriebswirte**, sondern auch für **Wirtschaftsingenieure, EDV-Fachleute und Ingenieure**. Betriebswirtschaftliche Kenntnisse mit den Schwerpunkten Industriebetriebslehre, Material- und Warenwirtschaft, Operations Research, Marketing, Kostenrechnung/Controlling, Logistik und Sprachkenntnisse (Englisch) sind erforderlich.

Neben dem wirtschaftlichen ist ein gutes technisches Verständnis nötig, außerdem Planungs- und Organisationstalent, Flexibilität und die Fähigkeit zur Konfliktlösung.

Berufsanfänger beginnen in der Regel mit einem **Direkteinstieg** in Stabs- oder Linienpositionen in Industrie, Handel oder Verkehrswirtschaft. Eine selbstständige Tätigkeit als Logistikberater ist nach einigen Jahren Berufserfahrung möglich.

Organisation

Der Bereich Organisation **plant und überprüft die Arbeitsabläufe** in den einzelnen Abteilungen und deren Zusammenwirken mit dem Ziel, die Effizienz und Zielorientiertheit der Organisationsstruktur eines Unternehmens zu sichern.

Dazu gehört unter anderem die Gestaltung und Strukturierung von Aufbau- und Ablauforganisationen, von Arbeitsabläufen und Organisationsinstrumenten sowie die Implementierung neuer Informations- und Kommunikationstechnologien.

Erforderlich sind **betriebswirtschaftliche Kenntnisse** mit den Schwerpunkten: **Organisation, Rechnungswesen, Informatik, Arbeitswissenschaft, Sozialpsychologie**. Kenntnisse und Erfahrungen in Datenverarbeitung und Programmiersprachen sind vorteilhaft.

Der Berufseinstieg erfolgt als **Trainee** oder **Junior-Organisator**. Berufliche Entwicklungsmöglichkeiten bestehen unter anderem im kaufmännischen Bereich.

Auch ist ein späterer Wechsel in die Unternehmensberatung oder Selbstständigkeit möglich.

Unternehmensplanung

Im Rahmen dieser Funktion wird die **Erstellung und Überprüfung von Plänen zur Steuerung der Unternehmensentwicklung** vorgenommen. Aufgaben im strategischen und operativen Bereich gehören ebenso dazu wie Analyse und Aufbereitung von internen und externen Informationen für die Entscheidungsfindung der Unternehmensleitung oder oberer Managementebenen.

Die Planung eignet sich für Absolventen mit **betriebswirtschaftlichen Kenntnissen** mit den **Studienschwerpunkten: Unternehmensplanung, Operations Research, Rechnungswesen, Steuerrecht** und **Organisation**. Häufig wird eine **Promotion** oder ein **MBA-Abschluss** vorausgesetzt.

Planerisches und analytisches Denken, Kontaktfähigkeit, **Durchsetzungsvermö-**

gen sowie Erfahrungen in der Datenverarbeitung sind wichtige Zusatzqualifikationen.

Die Tätigkeit in der Planung vermittelt einen umfassenden Einblick in verschiedenste Bereiche eines Unternehmens. Es bieten sich daher Aufstiegsmöglichkeiten in alle Funktionsbereiche bis zur Geschäftsführung.

EDV/Kommunikations- und Informationstechnik

In dieser breitgefächerten Funktion wird die **Organisation, Planung und Umsetzung der Übertragung und Speicherung von Informationen** vorgenommen.

Dazu gehört unter anderem die Auswahl, Anpassung und Implementierung von Hard- und Software, die Pflege und Modifikation von Datenbanken, die Kommunikation mit Dienstleistern und auch die Integration verschiedenster Kommunikations- und Informationstechnologien zu einem Gesamtsystem.

Dieser Bereich bietet ideale Einstiegsmöglichkeiten für **Wirtschaftsinformatiker, Informatiker** sowie **Ingenieure** und **Betriebswirte mit ausgezeichneten EDV-Kenntnissen**. Wichtige Zusatzqualifikationen sind unter anderem das Beherrschen von Programmiersprachen, Datenbanken, Multimedia-Wissen, Operations Research, Organisation und E-Commerce.

Die Entwicklung in diesem Bereich ist zwar nicht mehr so dynamisch wie in den vergangenen Jahren. Dennoch erzeugen die strategische Bedeutung des E-Commerce, die Vernetzung auf Basis von Internet-Standards und die zunehmenden horizontalen und vertikalen Kooperationen ständig neue Berufsbilder, Aufgabenbereiche und auch die Möglichkeit, schnell Karriere zu machen, so zum Beispiel als Multimedia-Spezialist, Internet- oder Information-Manager oder als E-Commerce-Beauftragter.

Häufig bietet sich die Möglichkeit des **Direkteinstiegs** innerhalb einer Abteilung, der dann Entwicklungsmöglichkeiten über die Projektverantwortlichkeit bis hin zum Leiter der Datenverarbeitung oder des Rechenzentrums eines Unternehmens bietet. Des weiteren ist ein Wechsel in die Selbstständigkeit als IT-Berater oder zu anderen DV- oder IT-Dienstleistern möglich.

7.3 Branchen

Die folgende Darstellung der Branchen soll einen Überblick über verschiedene Bereiche und die dort häufig anzutreffenden Tätigkeitsfelder geben. Sie erhebt keinen Anspruch auf Vollständigkeit.

7.3.1 Automobilindustrie

Die Branche

Die Automobilindustrie setzt sich im Wesentlichen aus der Gruppe der Fahrzeugproduzenten sowie derjenigen der Zulieferer- und der Zubehörindustrie zusammen.

Nahm die Beschäftigtenanzahl in der Automobilindustrie, gestützt auf eine gute

Qualität ohne Grenzen

It's your turn!

Unsere Mitarbeiterinnen und Mitarbeiter verfolgen ein gemeinsames Ziel: mit starken Marken und innovativen Technologien machen sie das Leben der Menschen leichter, besser und schöner – und das in 125 Ländern der Erde. Auf dem Weg dorthin nutzen sie die Möglichkeiten, die sich ihnen bei einem Global Player wie Henkel bieten. Ob es um Klebstoffe und Oberflächentechnik, um Wasch- und Reinigungsmittel oder Kosmetik und Körperpflege geht: Die Welt verbindet Henkel mit Weltmarken. Unsere Mitarbeiter dagegen verbinden Henkel mit unbegrenzten Karrierechancen. Heften auch Sie sich Erfolge an die Brust – in einem Umfeld, in dem Respekt, Vielfalt und Professionalität bestimmend sind. Und nun . . . it's your turn!

Henkel KGaA
Frau Ingun Inglis, Telefon: 0211 797-7552
40191 Düsseldorf
Alles Weitere unter: **www.henkel.de**

konjunkturelle Entwicklung, in den letzten zwei bis drei Jahren zu, so sind im Augenblick aufgrund einer sich abschwächenden Binnennachfrage Restrukturierungsmaßnahmen und Rationalisierungstendenzen beobachtbar. Wachstum verzeichnet diese Branche zurzeit auf Basis der noch weiter steigenden Exportnachfrage und dem guten Ruf deutscher Automobile im Ausland.

Durch eine moderne und innovative Modellpolitik hat die deutsche Automobilindustrie in den letzten Jahren wieder eine Spitzenstellung auf dem Weltmarkt erobert.

Anforderungen und Berufschancen

In technisch orientierten Feldern wie der Produktentwicklung, Konstruktion, Produktionsplanung und Werkstofftechnik etc. werden vorwiegend **Maschinenbau- oder Elektroingenieure** gesucht.

Die zunehmende Ausstattung des Automobils mit computergesteuerten Elementen schafft darüber hinaus eine Nachfrage nach **Informatikern**.

Zur Optimierung der logistischen Kette und in Bereichen, die technische und kaufmännische Kenntnisse voraussetzen, zum Beispiel in Planungsbereichen, Vertrieb oder Produktionsentwicklung, werden oft **Wirtschaftsingenieure** eingestellt.

Wirtschaftswissenschaftler finden meist in betriebswirtschaftlichen Funktionen, so im Marketing, Controlling oder Finance ihr Betätigungsfeld.

In der Automobilbranche werden von allen Bewerbern zahlreiche **Zusatzqualifikationen** erwartet. So schafft eine während des Studiums durch Praktika, Fächerwahl etc. erkennbare Affinität zu diesem Bereich bessere Einstiegschancen. Darüber hinaus sind aufgrund der internationalen Ausrichtung der Unternehmen Fremdsprachenkenntnisse, Mobilität sowie Auslandserfahrungen eine unabdingbare Grundvoraussetzung.

Automobilindustrie: Die fünf Unternehmen mit dem besten Ruf	
Rang	Unternehmen
1	Porsche
2	BMW
3	Audi
4	DaimlerChrysler
5	Volkswagen

Quelle: Imageprofile 2004. In: manager-magazin.de 2004

Ein häufig angebotenes und sehr begehrtes Einstiegsprogramm sind **Traineeausbildungen**, die oft mit einem oder mehreren Auslandseinsätzen verbunden sind.

Die Automobilindustrie ist ein für viele Bewerber attraktiver Arbeitgeber, sodass empfehlenswert ist, sich frühzeitig durch Branchenbezug und entsprechende Praktika, idealerweise im Ausland, gegenüber Mitbewerbern abzugrenzen.

7.3.2 Chemieindustrie

Die Branche

Das Produktspektrum der Chemieindustrie tangiert fast jede andere Branche mit ihren Vor-, Zwischen- und Endprodukten. Es reicht von der anorganischen und organischen Basischemie über Lacke, Farben und Kunststoffe bis hin zu Pharmazeutika, Reinigungs- und Pflanzenschutzmitteln etc. Die wirtschaftliche und gesellschaftliche Bedeutung der chemischen Industrie kommt auch darin zum Ausdruck, dass ihr Anteil am Gesamtumsatz der Industrie in Deutschland bei ca. zehn Prozent liegt.

Die augenblickliche **Tendenz** der Geschäftsentwicklung wird als **verhalten positiv** eingeschätzt, wobei die wesentlichen Impulse aus dem Auslandsgeschäft, vornehmlich Asien und Amerika, kommen.

Die Ursachen der zurzeit stattfindenden und immer intensiver werdenden Standortdebatte in Deutschland bewegt gerade die Chemieindustrie zu Produktionsverlagerungen ins Ausland. Die damit einhergehenden Restrukturierungs- und Konzentrationsprozesse in der Branche führten bisher zu einem Rückgang der Beschäftigten- und Einstellungszahlen.

Anforderungen und Berufschancen

Nach wie vor setzen die Unternehmen der chemischen Industrie in hohem Maße eine naturwissenschaftliche oder akademische Hochschulausbildung voraus. Häufig werden **Diplomchemiker** und **Mediziner** eingestellt.

Aufgrund der Komplexität der Aufgaben werden in den Bereichen Produktion, Forschung und Entwicklung, Marketing und Vertrieb sowie im Bereich der Umwelttechnik aber auch immer mehr Mitarbeiter aus unterschiedlichen Fachgebieten in zeitlich begrenzten Projektteams eingesetzt.

Chancen ergeben sich für **Diplomkaufleute, -Volkswirte** und **-Betriebswirte**, vor allem in den Bereichen Vertrieb und Marketing. Viele Großunternehmen bieten individuell ausgerichtete Traineeprogramme an, bei denen die Trainees mehrere Funktionsbereiche durchlaufen – meistens ausgerichtet auf eine vorher festgelegte Position. Nach dem Trainee-Programm gelingt der Einstieg im Vertrieb oft als Vertriebsassistent.

Beste Chancen bieten sich für kaufmännisch ausgebildete Hochschulabsolventen als Produktmanager, Produktreferenten, Marketingassistenten oder Spartenreferenten.

Nach erfolgreicher mehrjähriger Tätigkeit in dieser Aufgabenstellung sind **interessante Führungspositionen** zu erreichen.

Da die Unternehmen in der chemischen Industrie stark exportorientiert sind, werden neben den akademischen Qualifikationen vor allem sehr gute **Fremdsprachenkenntnisse**, zumindest in Englisch, vorausgesetzt.

Die in der chemischen Industrie gezahlten **Einstiegsgehälter** liegen im Branchenvergleich auf einem sehr hohen Niveau.

7.3.3 Pharmaindustrie

Die Branche

In der Pharmazeutischen Industrie finden sich sowohl große Pharmakonzerne als auch eine hohe Anzahl mittelständischer Betriebe, die 2002 über 100.000 Personen beschäftigten. Ebenso wie die Chemische Industrie ist die Branche von einer teilweise radikalen Veränderung betroffen: Globalisierungstendenzen, Unternehmensverkäufe und -fusionen, Spezialisierung und Umstrukturierung und nicht zuletzt die Verlagerung der Produktionskapazitäten an ausländische Standorte erzeugten und erzeugen eine Verringerung der Beschäftigtenzahlen.

Der Umsatz erreichte – laut Bundesverband der Pharmazeutischen Industrie – 20,7 Milliarden €. Exportiert wurden Produkte im Wert von rund 16,3 Milliarden €, so dass die Pharma- und Medizinindustrie als ein bedeutender Wirtschaftsfaktor in Deutschland bezeichnet werden kann.

Trotz der in Deutschland existierenden starken Reglementierung des Arzneimittelmarktes und der Kürzung staatlicher Zuschüsse ist dieser Markt ein **Markt der Zukunft**. Die Veränderung der Altersstruktur hin zum „demographischen Pilz", die Innovationskraft der Biotechnologie und die wachsende Bedeutung neuer Märkte, wie zum Beispiel rezeptfreie Arzneimittel (over the counter-Markt), patentfreie Substanzen (Generika) sowie die steigende osteuropäische Nachfrage lassen die Zukunftsaussichten positiv erscheinen.

Anforderungen und Berufschancen

Die Berufschancen in der Pharma-Industrie sind ähnlich wie in der Chemischen Industrie.

In der Unternehmensleitung fanden sich in der Vergangenheit nahezu ausschließlich **Pharmazeuten, Naturwissenschaftler** und **Mediziner**.

In der Zwischenzeit rücken immer mehr **Wirtschaftswissenschaftler** auch in die Firmenspitze vor. Die Nachfrage nach Fach- und Führungskräften insgesamt ist im Vergleich zu anderen Branchen aber eher gering.

Der Einstieg in die Pharmaindustrie ist insbesondere in den Bereichen Vertrieb und Marketing sowie auch in den Bereichen Logistik und EDV möglich.

Die Mittelständischen Unternehmen bieten in der Regel kein standardisiertes Traineeprogramm an, sondern erreichen die Qualifizierung für den Beruf durch ein umfassendes **Training-on-the-job**.

Die bekannten Großunternehmen führen entweder speziell auf die Stelle zugeschnittene, oder stark standardisierte **Trainee-Programme** für mehrere Funktionsbereiche durch, die einen guten Einstieg in die Pharmazeutische Industrie ermöglichen.

Notwendige Voraussetzung hierfür ist die Neigung, sich mit pharmazeutischen Produkten auseinander setzen zu wollen und mit Naturwissenschaftlern im Team zusammenarbeiten zu können.

Weitere Voraussetzungen sind sehr gute Englischkenntnisse, besser zusätzlich Französisch- oder Spanischkenntnisse.

Da in den letzten Jahren viele Gesetze zur Begrenzung der Kosten im Gesundheitsmarkt verabschiedet wurden, bietet die Pharma-Industrie auch für **Controller** ein interessantes Tätigkeitsfeld.

Vertriebsorientierte Absolventen eines kaufmännischen Studiums können als Pharmareferent/Pharmaberater tätig werden. Hier ist die Bereitschaft zu einem zum Teil erfolgsabhängigen Gehalt notwendige Voraussetzung.

Insgesamt gilt, dass die Entscheidung für den beruflichen Einstieg im Bereich der Pharma-Industrie weniger Chancen zum Branchenwechsel offen lässt, da sehr spezifische, pharmazeutische Kenntnisse erworben werden, die nicht ohne weiteres auf andere Branchen und Märkte übertragbar sind.

Aufgrund der notwendigen ständig wachsenden Interdisziplinarität steigen die Möglichkeiten von **Wirtschaftsingenieuren**, die in verschiedenen Funktionsbereichen einzusetzen sind. Oft sind sie Bindeglied zwischen technischen und wirtschaftswissenschaftlichen Bereichen, sodass Kenntnisse in beiden Bereichen notwendig sind.

Bei den nötig gewordenen Produktivitätssteigerungen und den Umstrukturierungsprozessen finden **Diplomkaufleute** und **Diplombetriebswirte** vor allen Dingen in den Bereichen Controlling, Organisation, Vertrieb und Beratung interessante Stellenangebote.

7.3.4 Stahlindustrie

Die Branche

Die deutsche Stahlindustrie ist in ihrer Entwicklung in starkem Maße von der Nachfrage anderer stahlverarbeitender Bereiche abhängig, was eine zyklische Entwicklung zur Folge hat.

Die Stahlindustrie hat in den letzten Jahren die **Talsohle durchschritten**. Sie befindet sich aufgrund der sehr großen Nachfrage nach Stahl aus den asiatischen Märkten, speziell China, im Aufwärtstrend. Kapazitätserweiterungen werden jedoch vorwiegend im Ausland vorgenommen.

Die europäische Stahlbranche unterliegt ihrerseits einem starken Prozess der Veränderung. Hierzu zählen die Stilllegung zahlreicher Betriebe und die Privatisierung ehemals staatlicher Betriebe sowie eine deutliche Intensivierung der Stahlproduktion in Osteuropa und in Asien, wo bereits zwei Fünftel des gesamten Weltstahls in Höhe von ca. 950 Millionen Tonnen produziert werden.

Trotz der Innovationsfreude deutscher Stahlunternehmen und der Diversifikationsanstrengungen in Bereichen wie Anlagen-, Maschinen- oder Schienenfahrzeugbau wird die **Tendenz der Beschäftigtenreduzierung** in den nächsten Jahren weiter anhalten.

Anforderungen und Berufschancen

Aufgrund der voranschreitenden Diversifizierungen der Aktivitäten von Großunternehmen der Stahlbranche steigt der Anteil von eingestellten Hochschulabsolventen an der Gesamtbelegschaft in der Stahlindustrie ständig.

Wirtschaftsingenieure mit guten bis sehr guten Englischkenntnissen finden sowohl im Vertrieb und in der Beratung als auch im Bereich der Schnittstellen zwischen den technischen und kaufmännischen Aktivitäten interessante Aufgabenfelder.

Die Diversifizierungsmaßnahmen führen dazu, dass auch **Maschinenbauer** und Bewerber mit speziellen Kenntnissen zum Beispiel des Fahrzeugbaus gute Chancen haben. Absolventen wirtschaftswissenschaftlicher Fachbereiche werden meist in den kaufmännischen Funktionen Controlling, Finanzierung, Organisation und Absatzwirtschaft eingesetzt.

7.3.5 Elektroindustrie

Die Branche

Die Produktpalette der Elektroindustrie umfasst neben Haushaltsgeräten und Unterhaltungselektronik auch solche der Nachrichten- und Elektrizitätstechnik. Durch die zunehmende Vernetzung der Informationsströme (zum Beispiel Internet), gerade auch in den Privathaushalten, und die Einbindung neuer Kommunikationstechniken in der Unterhaltungselektronik und -branche (Multimedia) entstehen gegenwärtig **große neue Märkte**.

Die Branche ist starken Veränderungen unterworfen. Um eine Kostensenkung zu realisieren, werden nicht nur Vor- und Endprodukte aus dem Ausland beschafft, sondern auch häufig ganze Produktionskapazitäten dorthin verlagert. Niedriglohnländer, wie zum Beispiel asiatische Staaten und Osteuropa, stehen hier an erster Stelle. Die Folge war in den vergangenen Jahren ein starker Abbau der Beschäftigten in Deutschland – ein Trend, der sich in den kommenden Jahren umkehren könnte, wenn das Wachstum in den Bereichen der Telekommunikation und der Datenübertragung (zum Beispiel über das Stromnetz) sowie die weitere Liberalisierung und Öffnung der Kommunikationsmärkte wieder einsetzen wird. Auf der Basis dieser Entwicklung befindet sich die deutsche Elektroindustrie gemeinsam mit den USA und Japan weiterhin in der weltweiten Spitzengruppe.

Elektroindustrie: Die fünf Unternehmen mit dem besten Ruf	
Rang	Unternehmen
1	Nokia
2	Miele
3	Sony
4	Siemens
5	Bosch-Siemens Haushaltsgeräte

Quelle: Imageprofile 2004. In: manager-magazin.de 2004

Anforderungen und Berufschancen

Im Bereich der Elektroindustrie werden in erster Linie **Ingenieure** der Bereiche Elektronik, Mess- und Regeltechnik und Fachleute mit Kenntnissen der KFZ-Elektronik und der EDV gesucht.

Aufgrund der notwendigen fachlichen Qualifikationen ist der Anteil an Hochschulabsolventen in der Elektroindustrie immer schon besonders hoch gewesen. Ingenieure, aber auch **Wirtschaftsingenieure** und **-informatiker** finden eine breite Palette interessanter Berufschancen vor.

Diplomkaufleute und **Diplombetriebswirte** haben im Produktmanagement, aber auch in der Unternehmensspitze sowie in allen kaufmännischen Funktionsbereichen Berufschancen. Aufgrund des internationalen Wettbewerbs mit Japan und den USA werden insbesondere Fachleute für die Bereiche Marketing, Vertrieb und Controlling gesucht.

Der Einstieg ist oft über ein standardisiertes **Trainee-Programm** möglich. Die Regel in der mittelständischen Industrie ist aber das **Trainig-on-the-job** oder der **direkte Einstieg** in eine Fachabteilung.

Da die Spezialisierung in der Elektrobranche ständig zunimmt, werden die Mitarbeiter sowohl intern als auch extern umfassend weitergebildet.

Die Internationalisierung in der Elektro-Industrie und die sehr wichtigen Exportmärkte erfordern gute bis sehr gute Kenntnisse in mindestens einer Fremdsprache.

7.3.6 Energiewirtschaft

Die Branche

Die Versorgung privater, gewerblicher oder institutioneller Nachfrager mit Energie, also mit Wasser, Strom, Gas oder Wärme, ist die Aufgabe der Energieindustrie.

Da Deutschland als Industrieland mit energieintensiver Produktion ein sehr großer Verbraucher ist, werden ca. zwei Drittel der benötigten Energie importiert.

Somit bestehen Kernaufgaben der Energieindustrie im Transport, in der Speicherung, der Gewinnung und der Transformation von Energie.

Ein großer Teil der Energieunternehmen in Deutschland ist der Stromindustrie zuzurechnen, die nach der Liberalisierung des Strommarktes (Abschaffung der Monopole) stärker den Gesetzen des Marktes unterworfen ist.

Die daraus resultierende Intensität des Wettbewerbes, Unternehmenszusammenschlüsse etc. zwingen die Unternehmen zu stärkerer Kundenorientierung, Marketing-Denken und dem Angebot von Zusatzdienstleistungen. Dies hat eine stärkere Nachfrage an entsprechend ausgebildeten Hochschulabsolventen zur Folge.

Energiewirtschaft: Die fünf Unternehmen mit dem besten Ruf	
Rang	Unternehmen
1	Eon
2	RWE
3	Shell + Dea
4	Aral
5	Deutsche BP

Quelle: Imageprofile 2004. In: manager-magazin.de 2004

Anforderungen und Berufschancen

Die Unternehmen der Energiewirtschafts-Branche greifen in hohem Maße auf qualifizierte Mitarbeiter mit akademischer Ausbildung zurück, wobei der Bedarf an **Ingenieuren** für die Bereiche Stromerzeugung und Anwendungstechnik zurzeit fast gedeckt ist.

⚠ Aufgrund der notwendigen Ausweitung der Dienstleistungen – zum Beispiel von Stromlieferanten, die beratende Dienstleistungen erbringen, Konzepte für die Energieversorgung entwickeln oder auch das Energiemanagement für Gebäude regeln – geraten Absolventen wirtschaftswissenschaftlicher Fachrichtungen wie zum Beispiel **Volkswirte** oder **Wirtschaftsingenieure** immer mehr ins Blickfeld. Für **Volkswirte** stellen sich Aufgaben in den Bereichen der Erhebung globaler Markt- und des Vergleichs volkswirtschaftlicher Rahmendaten.

Die Absolventen **betriebswirtschaftlicher Studiengänge** finden Betätigungsfelder in den Bereichen Handel, Vertrieb, Marketing, Controlling, Rechnungswesen, strategische Unternehmenssteuerung, Reengineering und Erarbeitung vertrieblich realisierbarer Konzepte.

Arbeitgeber in der Energiewirtschafts-Branche sind nicht nur die Stromversorgungsunternehmen selbst, sondern auch deren Dienstleistungs- und Serviceunternehmen, die als Tochtergesellschaften in eigener Regie agieren. Bei mittelständischen Unternehmen ist meistens nur der Einstieg über ein **Training-on-the-job** möglich.

Die Stromversorger bieten interessante und mehrere Funktionsbereiche umfassende **Trainee-Programme** für Hochschulabsolventen der oben genannten Fachbereiche an. Notwendige Voraussetzungen sind gute Sprachkenntnisse und die Fähigkeit zur intensiven, übergreifenden Teamarbeit, auch mit fachfremden Kollegen.

7.3.7 Datenverarbeitung und Informationstechnologie

Die Branche

Datenverarbeitung und Informationstechnologie sind einer enormen Dynamik und Veränderung unterworfen. So erweitern sich die in der Vergangenheit ausschließlich nur im Hard- und Softwarebereich angesiedelten Aktivitäten in angrenzende Bereiche wie Rundfunk-, Fernsehtechnik und Anwendungen in der Unterhaltungselektronik.

Zurzeit existiert noch eine relativ hohe Nachfrage nach Hard- und Software. Jedoch hat die Branche stärker als alle anderen Branchen mit der zurückhaltenden Investitionsneigung der nachfragenden Unternehmen zu kämpfen. So reduziert sich der Anteil der in Deutschland produzierten Hardware dramatisch, jedoch werden in zunehmendem Maße dienstleistungsorientierte Spezialisten mit Kenntnissen im Bereich des Internets, der Systemvernetzung, -einrichtung und -sicherheit sowie der konzeptionellen Beratung firmen- und branchenübergreifender Netze und Systeme gesucht. Darüber hinaus kommt der Akquisition von Kunden sowie dem Customer Support und Service eine steigende Bedeutung zu.

Die Hochschulabsolventenquote ist in diesem Bereich außerordentlich hoch (ca. 30 Prozent). Zwar wird der Bereich der Programmierung von Standardsoftware durch eine Verlagerung in das Ausland weiter abnehmen, jedoch benötigt die Branche Fachkräfte, die neben sehr guten

DV-/IT-Kenntnissen auch über fach- und funktionsspezifisches Spezialwissen, wie zum Beispiel betriebswirtschaftliche Abläufe, Produktionsprozesse oder Telekommunikationseinrichtungen verfügen. Dadurch existiert ein Bedarf nach Systementwicklern und -managern (zum Beispiel für auf Internettechnologie basierende Systeme).

Anforderungen und Berufschancen

Aufgrund der ständigen Veränderungen des Datenverarbeitungs- und Informationstechnologie-Mark-tes werden zwar nach wie vor Absolventen der Fachbereiche **Mathematik, Physik, Informatik** und **Ingenieure** gesucht. Der traditionell hohe Anteil von Hochschulabsolventen in dieser Branche verlagert sich aber aufgrund der komplexen Anforderungen immer mehr in die Bereiche **Wirtschaftsinformatik, Wirtschaftsingenieurwesen** und **Wirtschaftswissenschaften**.

In der Regel besteht auch für Quereinsteiger aus anderen Bereichen, die über das notwendige IT-Fachwissen verfügen, eine gute Möglichkeit, dort eine Anfangs- oder Startposition zu erhalten.

In den Tätigkeitsfeldern der Anwendungsentwicklungen, Anwendungsprogrammierungen, Programmanpassungen, Netzwerkerstellungen, Netzwerkbetreuung und dem technischen Support wird ein hohes Maß an technischem Fachwissen vorausgesetzt, das **Informatiker, Wirtschaftsinformatiker, Wirtschaftsingenieure, Mathematiker** oder **Physiker** am besten abdecken. Voraussetzung ist hierfür der Nachweis der Kenntnisse durch praktische Anwendungen, zum Beispiel durch Praktika oder andere studienbegleitende Projekte.

Betriebswirte, Volkswirte, aber auch **Wirtschaftsingenieure** und **Wirtschaftswissenschaftler** finden im Marketing und vor allem im Vertrieb hochinteressante und zukunftssichere Betätigungsfelder.

Weitere mögliche Aufgaben liegen in der Beratung, Werbung, der Revision, Organisation, der Projektierung und im Controlling.

Der klassische Einstieg im Vertrieb beginnt als Vertriebsassistent, Vertriebsberater oder Vertriebsbeauftragter. Hier wird ein hohes Maß an Kundenorientierung, vertrieblicher Energie und die Akzeptanz einer erfolgsabhängigen Vergütung vorausgesetzt.

Heute haben auch Versicherungen, Banken, Finanzdienstleister, Verlage und Medienhäuser Bedarf an DV-interessierten Absolventen eines kaufmännischen Studienganges, die komplex denken und dies auch praktisch umsetzen können.

Wirtschaftsingenieure, die DV-Wissen und einen betriebswirtschaftlichen Hintergrund haben, finden hier ebenfalls ein interessantes Tätigkeitsfeld. Wichtig sind für die oben aufgeführten Unternehmen insbesondere Kenntnisse im Bereich von Netzwerken, Netzwerkstrukturen, Betriebssystemen, Systemanwendungen und Programmiersprachen.

7. Funktionsbereiche und Branchen

**Computer/Software:
Die fünf Unternehmen mit dem besten Ruf**

Rang	Unternehmen
1	SAP
2	Hewlett-Packard
3	IBM
4	Intel
5	Microsoft

Quelle: Imageprofile 2004. In: manager-magazin.de 2004

Die Ausbildung von Hochschulabsolventen in der EDV-Branche findet über standardisierte **Traineeprogramme**, den **Direkteinstieg** oder über **Training-on-the-job** statt. Spezielle, standardisierte und längere Trainee-Programme werden vor allen Dingen von Softwarehäusern und EDV-Unternehmen angeboten.

7.3.8 Telekommunikation

Die Branche

Die Telekommunikationsbranche ist eine Wachstumsbranche, da die schnelle Erlangung und Verwertung von Informationen immer mehr zu einem zentralen Wettbewerbsfaktor wird. Aber auch der private Bereich verlangt schnellere, komfortablere, innovativere und kostengünstigere Wege der Kommunikation. Multimedia, Internet und Datenautobahnen zeugen von einem Wandel zur Informationsgesellschaft.

Zum Bereich der Telekommunikation gehören alle Formen der technischen Kommunikation, wie zum Beispiel Faxübertragung, Telefon, Mobilfunk, Satellitentechnik und digitales Fernsehen.

Die Beseitigung des Monopols der Deutschen Telekom im Jahre 1998 erzeugte nicht nur einen sehr starken Preis- und Servicewettbewerb durch den Eintritt neuer Unternehmen. Auch **auf dem Arbeitsmarkt** gab es **Wachstumsimpulse**, die sich – sofern die Talsohle der Konjunktur durchschritten wird – weiter fortsetzen könnten. Neben der Deutschen Telekom agieren hier viele private Telefongesellschaften, Tochterunternehmen von Industrie- und internationalen Konzernen sowie viele Mittelständler mit neuen Produkten für den Telekommunikationsmarkt.

Im Sog dieser dynamischen Branche entstehen und öffnen sich ständig neue Chancen und oft Märkte, beeinflusst durch Entwicklungen im Zusammenspiel mit anderen Bereichen, wie zum Beispiel der Medizin, des Lernens und auch der Heimarbeit.

Dies verdeutlicht, dass zwar auf der einen Seite Spezialisten benötigt werden, auf der anderen Seite integratives und fachübergreifendes Denken sehr wichtig ist.

**Telekommunikation:
Die fünf Unternehmen mit dem besten Ruf**

Rang	Unternehmen
1	Vodafone Mobilfunk (D2)
2	T-Mobile (D1)
3	E-Plus
4	Debitel
5	O2

Quelle: Imageprofile 2004. In: manager-magazin.de 2004

www.personal.enbw.com

Wir haben die Power.

EnBW Energie Baden-Württemberg AG – dahinter stecken rund 20.000 Mitarbeiter, die sich für Strom, Gas und energienahe Dienstleistungen stark machen. Mit Erfolg: Heute zählen wir zu Deutschlands drittgrößtem Energieunternehmen und nutzen auch in Mittel- und Osteuropa unsere Chancen. Als Vordenker und Wegbereiter sind wir ein verlässlicher Partner für unsere Kunden und Mitarbeiter.

Praktikant/in
Werkstudent/in
Diplomand/in

Fachrichtungen:
- Ingenieurwesen (insbesondere Elektrotechnik/Energietechnik, Versorgungstechnik, Maschinenbau, Kraftwerkstechnik)
- Wirtschaftsingenieurwesen
- Wirtschaftswissenschaften
- (Wirtschafts-)Informatik

Praxis hautnah. Sie suchen jede Menge spannender Aufgaben? Ein Umfeld, in dem Sie bereits während des Studiums Verantwortung übernehmen und Ihre Fähigkeiten und individuellen Neigungen entfalten können? Ein namhaftes Unternehmen, bei dem Sie wertvolle Erfahrungen für Ihre berufliche Zukunft sammeln können? Menschen, die offen sind für Ihre Ideen und gerne mit Ihnen im Team arbeiten würden?

Wir haben die Power. Sie auch? Dann bewerben Sie sich jetzt! Weitere Informationen erhalten Sie von Verena Marquardt unter Telefon 07 21/63-1 40 01.

Hochschulabsolventen/-innen stehen wir für einen Berufseinstieg unter info.personal@enbw.com jederzeit gerne zur Verfügung.

EnBW Energie
Baden-Württemberg AG
Vorstandsressort Personal
Beratung Personal
76180 Karlsruhe

verena.marquardt@enbw.com

Anforderungen und Berufschancen

Dieser interessante Markt bietet besondere Chancen für **Informatiker, Physiker, Fachleute der Telekommunikation** und der **Netzwerktechnik** sowie für **Wirtschaftsingenieure, Diplombetriebswirte** und **Diplomkaufleute**.

Obwohl die Telekommunikationsbranche im Rahmen der Konsolidierung an den Börsenmärkten, insbesondere am neuen Markt, sehr stark gelitten hat, existiert hier trotzdem noch ein Bedarf an kompetenten und gut ausgebildeten Fachkräften. Ebenso ist es auch möglich, für Absolventen in eigentlich fachfremden Studiengängen einen interessanten Berufseinstieg in dieser Branche zu finden.

Die wichtigsten kaufmännischen Funktionsbereiche, die im Bereich der Telekommunikation abgedeckt werden müssen, sind der Vertrieb, Dienstleistungen, das Controlling, das Finanz- und Rechnungswesen, aber auch Mischbereiche, die technische Qualifikation und wirtschaftswissenschaftliches Denken voraussetzen.

Der Telekommunikationsmarkt, der auch kleinen und mittelständischen Unternehmen und neuen Mischkonzernen große Chancen bietet, sucht in den kommenden Jahren **Marketing- und Vertriebsspezialisten**, die sich mit flexiblem Denken auf immer neue Anforderungen einstellen können.

Aufgrund der Internationalisierung und Europäisierung der Branche sind mindestens sehr gute Englischkenntnisse und meist auch weitere Fremdsprachen Voraussetzungen. Vorteile haben Bewerber, die in fachnahen Bereichen Praktika absolviert haben oder spezielle Branchenkenntnisse im Bereich der Telekommunikation (z. B. bei Versicherungen, Banken oder Ähnlichem) mitbringen.

7.3.9 Nahrungs- und Genussmittelindustrie

Die Branche

Das Spektrum der Produkte der Nahrungs- und Genussmittelindustrie umfasst Backwaren, Milchprodukte, Getränke, Kaffee, Tabak, Fleisch, Fisch, Süßwaren etc.

Die Branche ist trotz der Internationalisierung der Großunternehmen stark von der Binnennachfrage und damit von konjunkturellen Zyklen abhängig. Der Wettbewerb unter den Anbietern ist sehr intensiv, existieren doch zu jedem Produkt zahlreiche Substitute, die um die Gunst der Konsumenten buhlen.

Hinzu kommt die starke **Machtstellung des Handels**, die die Hersteller zu einer ständigen Anpassung der Logistik und Vertriebssysteme zwingt (Key Account Management, Efficient Consumer Response etc.). Die Unternehmen sind aufgrund des Kostendrucks zur Realisierung von effizienzsteigernden Maßnahmen gezwungen, wodurch die Beschäftigtenzahlen leicht rückläufig sind.

Der **Mittelstand dominiert** in diesem Bereich. Jedoch finden sich auch große und bekannte Markenartikelhersteller, deren Startprogramme bei den Absolventen, gerade im Marketing, sehr begehrt sind und als Karrieresprungbrett gelten.

**Nahrungs- und Genussmittel:
Die fünf Unternehmen mit dem besten Ruf**

Rang	Unternehmen
1	Coca Cola
2	Dr. Oetker
3	Nestlé
4	Tchibo
5	Unilever

Quelle: Imageprofile 2004. In: manager-magazin.de 2004

Anforderungen und Berufschancen

Der Anteil an Absolventen wirtschaftsnaher Fachbereiche in der Nahrungsmittelbranche bleibt unverändert hoch.

Durch die permanent notwendige Anpassung der Hersteller an den Handel ergeben sich für **Juristen, Diplom-Betriebswirte** und **Diplom-Kaufleute** gute Berufschancen.

Speziell bei Markenartikelunternehmen liegen die besten Einstiegschancen für Hochschulabsolventen im Bereich Marketing/Vertrieb/Produktmanagement.

Viele Markenartikler bieten **unterschiedliche Einarbeitungsprogramme** an: Entweder sehr spezielle, auf wenige Aufgabenbereiche ausgerichtete Programme oder stark standardisierte Traineeprogramme über mehrere Funktionsbereiche, gekoppelt mit einem durchgreifenden Training-on-the-job, oft für eine festgelegte Position zum Beispiel im Produktmanagement, im Bereich Marketing oder als Produktgruppenleiter.

Diese Traineeprogramme bereiten oft sehr umfassend auf die bevorstehende Aufgabe vor. Die Regel ist, dass Trainees mit vielen anderen Bewerbern um Stellen als Produktmanager, Vertriebsassistent oder Marketing-Junior-Manager in Konkurrenz stehen.

Besonders interessant ist im Verkaufsbereich die Betreuung von **Großkunden (Key Account Management),** da die zunehmende Konzentration auf der Handelsseite und die sich daraus ergebende Machtstellung spezielle Strategien verlangt. Hierfür sind Kenntnisse im Bereich des Controllings, der Organisation, der Produktsteuerung und der Kontrolle von Warenwirtschaftssystemen sinnvolle Voraussetzungen.

Aufgrund der **hohen Bewerberzahl** werden in der Nahrungs- und Genussmittelindustrie gute Studienleistungen, Fremdsprachenkenntnisse, Flexibilität und Standortunabhängigkeit erwartet. Wem der Einstieg in dieser Branche gelingt, wird später keine Probleme mit einem Branchenwechsel, auch in eine leitende Position, haben. Die Fähigkeiten, die hier verlangt werden, lassen sich gut auf andere Branchen übertragen.

Da das Traineeprogramm oft bis zu zwei Jahren dauert, gehen die Markenartikelunternehmen immer mehr dazu über, Stellen von Führungskräften, auch auf höchster Ebene, intern zu besetzen.

7.3.10 Textil- und Bekleidungsindustrie

Die Branche

Die **Textilindustrie** stellt unter anderem Garn, Maschen- und Webstoffe, Verbund- und hochmoderne Klimastoffe sowie technische Textilien her. Ein Großteil der Produkte ist für die Weiterverarbeitung in der Bekleidungsindustrie bestimmt, während Heim- und Haustextilien als Endprodukte in der Regel an Färbereien oder den Handel abgesetzt werden.

Die Branche sieht sich einem andauernden Prozess der Verlagerung der Produktionskapazitäten in Länder mit niedrigerem Lohnniveau (Süd-, Osteuropa, Türkei) ausgesetzt. Zum Teil werden aber noch hochqualitative Produktionen (zum Beispiel Geofasern) in Deutschland durchgeführt. Hinzu kommt ein weiterer Arbeitsplatzabbau durch zunehmende Automation in der Produktion.

Die **Bekleidungsindustrie** stellt Produkte der Damen- und Herrenoberbekleidung, Wäsche und Miederwaren sowie Berufs-, Sport und Freizeitkleidung her.

Auch sie weist eine zurückgehende Zahl an Beschäftigten auf, da immer mehr preisgünstige Anbieter aus den asiatischen Ländern auf den Markt drängen. Die weitgehend mittelständisch strukturierte Branche ist daher, um konkurrenzfähig zu bleiben, einem Konzentrationsprozess unterworfen. Nach Jahren der Umsatzrückgänge konnte 1997 das Umsatzniveau mit einer starken Exportquote erstmalig gehalten werden.

Anforderungen und Berufschancen

Die Einsatzchancen für **Diplom-Betriebswirte** und **Diplom-Kaufleute** sind traditionell in der Branche eher gering. Absolventen spezieller Berufschancen in der Textil- oder Bekleidungsindustrie, z. B. Textilingenieure, finden vor allem bei den großen Mittelständlern und den Großunternehmen interessante Einstiegschancen.

 Wenn **Diplom-Wirtschaftsingenieure** grundsätzliche technische Kenntnisse und betriebswirtschaftliches Know-how mitbringen, finden sie meist interessante Tätigkeitsfelder. Sie werden meistens durch ein umfassendes Trainee-Programm bzw. ein mehrere Funktionsbereiche umfassendes Training-on-the-job in ihr zukünftiges Tätigkeitsfeld eingeführt.

Absolventen wirtschaftswissenschaftlicher Fachbereiche mit EDV- und Logistikkenntnissen finden die Möglichkeit, sich im Bereich elektronisch gestützter Transportsysteme zu betätigen.

Da sich die **Textilingenieure** im Studium auch immer mehr mit betriebswirtschaftlichen Fragen auseinander setzen, werden derartige Mischstellen oftmals auch mit solchen Hochschulabsolventen besetzt.

7.3.11 Bauwirtschaft

Die Branche

Die Baubranche weist eine große Anzahl mittelständischer Unternehmen mit meist nur einem Schwerpunkt und eine kleinere Anzahl von Großunternehmen auf. Das Aktivitätsspektrum reicht vom Hoch- und Tiefbau bis hin zu Architektur- und Ingenieurbüros, Baustoffhandel etc.

Nachdem der starke durch die deutsche Wiedervereinigung hervorgerufene Bauboom 1996 endete, befindet sich die Branche in einer schweren Krise mit sinkenden Beschäftigtenzahlen, Insolvenzen und Unternehmenszusammenschlüssen.

Dazu kommt, dass die Mittelknappheit der öffentlichen Hand weniger staatlich finanzierte Bauinvestitionen zulässt. Allein das Auslandsgeschäft in den USA, Westeuropa und Südostasien wirkt sich für die dort aktiven Unternehmen positiv aus.

Anforderungen und Berufschancen

Da immer mehr Unternehmen in der Bauwirtschaft als Generalunternehmer auch die kompletten kaufmännischen Aufgaben übernehmen, stellen Dienstleistungen, die früher nicht von den Bauunternehmen durchgeführt wurden, wichtige Berufschancen für Absolventen von betriebswirtschaftlichen Studiengängen dar.

Gute Berufseinstiegsmöglichkeiten bieten sich für **Wirtschaftsingenieure** und **Diplom-Kaufleute**, die in der Lage sind, Dienstleistungskonzeptionen zu entwickeln und Projektabläufe zu erstellen und abzuwickeln.

Solche Projekte, die die Planung, die Finanzierung, die Durchführung des Projektablaufs, die Arbeitsvorbereitungen, die Beratung in Steuer- und Vertragsfragen sowie die Überprüfung des wirtschaftlichen Projektmanagements umfassen, fordern fachübergreifendes Denken und die Fähigkeit, im Team die richtigen und wirtschaftlichen Entscheidungen zu treffen.

 Bauingenieure ohne betriebswirtschaftliche Zusatzkenntnisse sind immer weniger gefragt.

Weil in der Bauindustrie räumlich auseinander liegende Bauvorhaben abgewickelt werden, erfordert die Baubranche eine starke Mobilität.

Für Berufseinsteiger bietet diese Branche die Möglichkeit, sehr rasch anspruchsvolle Aufgaben und Projekte, auch eigenverantwortlich, wahrnehmen zu dürfen. Selten sind standardisierte Traineeprogramme Grundlage für den Berufseinstieg. Vielmehr erlernt der Berufseinsteiger die notwendigen Kenntnisse bei der Begleitung von Projekten als **Training-on- the-job**.

Bauindustrie/Bauzulieferer: Die fünf Unternehmen mit dem besten Ruf	
Rang	Unternehmen
1	Schüco
2	HeidelbergCement
3	Bilfinger Berger
4	Readymix
5	Dyckerhoff

Quelle: Imageprofile 2004. In: manager-magazin.de 2004

7.3.12 Handel

Die Branche

Der traditionell mittelständisch strukturierte Einzelhandel erlebte in den letzten Jahren einen **starken Konzentrationsprozess**, wovon lediglich der Fachhandel teilweise ausgenommen war. Handelsriesen und oligopolartige Marktstrukturen entstanden, die dem Handel eine enorme Nachfragemacht bescherten. Die Umsätze sind in den letzten fünf Jahren stagnierend.

Hinzu kommt, dass der Markteintritt ausländischer Handelskonzerne die Gewinnspannen aufgrund des starken stattfindenden Preiskampfes weiter mindert.

Technologische Neuerungen sind aufgrund der Entwicklungssprünge im IT- und DV-Sektor in der gesamten Branche auf dem Vormarsch. Efficient Consumer Response, geschlossene Warenwirtschaftssysteme sowie der Vertrieb via Internet etc. erzeugen neue Rationalisierungspotenziale. Völlig neue Wege des Kundenkontakts, der Produktauswahl und der Bestellung via Internet (Homeshopping) schaffen neue Möglichkeiten, die zurzeit die bestehenden Betriebsformen jedoch noch nicht ernsthaft in Frage stellen.

Für die Zukunft sind allerdings aufgrund der hohen Dynamik und des starken Wettbewerbs **große und einschneidende Veränderungen** zu erwarten.

Im Handelsbereich trifft der Hochschulabsolvent beim Einstieg häufig auf Praktiker, die intern aufgestiegen sind. Dennoch bietet der Handel für den Hochschulabsolventen mit klar erkennbarem Handelsschwerpunkt in Studium und eventuell vorheriger Ausbildung sehr gute Verdienstmöglichkeiten und schnelle Aufstiegschancen.

Anforderungen und Berufschancen

Die klassischen Funktionsbereiche des Handels sind Einkauf und Verkauf. Für diese beiden wie auch für die anderen kaufmännischen Bereiche werden **Diplom-Kaufleute**, **Diplom-Volkswirte**, **Diplom-Ökonomen** und **Diplom-Betriebswirte** gesucht. Fachhochschul- und Universitätsabsolventen haben die gleichen Chancen.

Erwartet wird ein passender Studienschwerpunkt, ein Praktikum, das möglichst im Handel absolviert wurde, und eine praxisorientierte Diplomarbeit. Eine Promotion ist nur in einigen finanzwirtschaftlichen und strategischen Bereichen der Unternehmensführung erwünscht, aber keine zwingende Voraussetzung.

Wie in keiner anderen Branche steht im Handel der Kunde im Zentrum der Aktivität. Zu den erwarteten Zusatzqualifikationen gehören daher immer ausgeprägte kommunikative Fähigkeiten, die Freude am Umgang mit Menschen, Kreativität und Innovationsfreude, Bereitschaft zur Teamarbeit, Eigeninitiative, Selbstständigkeit und Mobilität. Außerdem wird eine hohe Affinität zur verkauften Ware erwartet.

Der Einstieg in die Branche ist in Form eines **Direkteinstiegs** oder eines **Trainee-Programms** möglich, das durch Rotation in das facettenreiche Handelsgeschäft einführt. Schon nach relativ wenigen Berufsjahren sind Hochschulabsolventen in der Lage, zum Beispiel eine Filiale eigenverantwortlich zu führen, und erreichen oft eine hohe Vergütung.

Einzel- und Versandhandel: Die fünf Unternehmen mit dem besten Ruf	
Rang	Unternehmen
1	Aldi
2	Otto Versand
3	KarstadtQuelle
4	Metro
5	Schwarz-Lidl

Quelle: Imageprofile 2004. In: manager-magazin.de 2004

Bankmagazin:
Die Zeitschrift für Führungskräfte der Finanzwirtschaft

Versicherungsmagazin:
Die Zeitschrift für Finanzdienstleistungen und Vertrieb

Die wichtigsten Themen auf einen Blick:
- Bankmanagement
- Recht und Steuern
- Mindestanforderungen an das Kreditgeschäft
- Vertriebskonzepte

Die wichtigsten Themen auf einen Blick:
- private Altersvorsorge und betriebliche Altersversorgung
- Vertriebspraxis
- Kennzahlen aus allen Versicherungsbereichen
- Management

Ihre Vorteile:

- Als Student sparen Sie 36,00 € im Jahr!
- Täglich aktuelle News unter www.bankmagazin.de und www.versicherungsmagazin.de
- Kostenlose wöchentliche E-Mail-Newsletter!

Bestellung per Post, Fax oder direkt im Internet!

Gabler Verlag · Abraham-Lincoln-Str. 46 · 65189 Wiesbaden · Fax: 0611.7878-412

Special

Banken und Versicherungen

1. Banken

1.1 Die Branchenstruktur heute

Deutsche Bank, Dresdner Bank, HypoVereinsbank, Commerzbank: Diese Institute fallen den meisten Deutschen spontan ein, wenn sie eine Bank nennen sollen. Dabei verfügen die vier bundesdeutschen **Großbanken**, gemessen an der Bilanzsumme, zusammen nur über einen Marktanteil von 16 Prozent. Sie sind Marktführer

- bei der Finanzierung von Krediten an große Unternehmen,
- im Fondsgeschäft oder
- im Emissionsgeschäft von Aktien und Anleihen.

Alle Geschäftsbanken zusammen haben einen Marktanteil von rund 38 Prozent.

Der Marktanteil von **Sparkassen und Landesbanken** beträgt, gemessen an der Bilanzsumme, etwa 35,5 Prozent. Rechnet man die Verbundunternehmen dazu, erhöht sich der Anteil auf 45 Prozent. Im Geschäft mit Privatpersonen und Mittelstand haben die Sparkassen auf Grund ihrer Geschäftspolitik die Nase vorn. So werden nach Angaben des Deutschen Sparkassen- und Giroverbandes (DSGV) mehr als 46 Prozent aller Girokonten bei Sparkassen und Landesbanken geführt; 75 Prozent aller kleinen und mittleren Unternehmen sind Kunden des öffentlich-rechtlichen Bankensektors. Auch bei den Spareinlagen sind die Sparkassen mit etwa 50 Prozent Marktanteil führend.

Auf den **genossenschaftlichen Bankensektor** entfällt ein Marktanteil von 17 Prozent der Bilanzsummen. Ähnlich wie bei den Sparkassen liegt der Schwerpunkt dieser Institute im Geschäft mit Privatkunden und mittelständischen Unternehmen. Hier ist ihr Marktanteil deutlich höher als im Durchschnitt.

Dass Sparkassen und Genossenschaftsbanken im Bewusstsein der Verbraucher – und der Medien – nicht so präsent sind wie die Großbanken, liegt in erster Linie daran, dass die Sparkassen und Genossenschaftsbanken zwar insgesamt hohe Marktanteile haben, die einzelnen Institute allerdings sehr viel kleiner sind als die Geschäftsbanken.

Karriere über Forecast?

Wenn Sie die Welt bereits als HochschulabsolventIn mit Wirtschafts-Augen sehen, dann sind Sie bei der WestLB genau richtig. Denn bei uns finden Sie Menschen, die genau so denken. Klicken Sie sich ein in unser Jobforum und starten Sie Ihre Karriere bei uns.

Engagement auf das Sie zählen können.

www.westlb.de/jobforum

Banken und Versicherungen

Special

Die größten Institute der einzelnen Bankengruppen		
Name	Bilanzsumme in Millionen €	Mitarbeiter
Geschäftsbanken		
Deutsche Bank	758.355	77.442
Bayerische Hypo- und Vereinsbank	691.157	65.926
Commerzbank	422.134	36.506
Dresdner Bank	413.445	47.016
Sparkassen		
Hamburger Sparkasse	32.704	5.256
Stadtsparkasse Köln	21.822	3.903
Frankfurter Sparkasse	16.379	2.507
Nassauische Sparkasse	15.847	2.352
Kreissparkasse Köln	15.833	2.712
Genossenschaftsbanken		
Deutsche Apotheker- und Ärztebank	22.898	1.879
Berliner Volksbank	10.474	3.139
Sparda-Bank Südwest	7.149	923
Sparda-Bank Baden-Württemberg	6.581	712
BBBank	5.747	1.511

Quelle: Hoppenstedt Bankenortslexikon

Während die großen Geschäftsbanken auch **Spezialkreditinstitute** wie Bausparkassen, Fondsgesellschaften oder Hypothekenbanken als Tochterunternehmen innerhalb ihres Konzerns haben, sind die Sparkassen und Genossenschaftsbanken in **Verbundsystemen** organisiert: Jedes Kreditinstitut vor Ort ist ein rechtlich selbständiges Unternehmen, Zentralfunktionen werden von gemeinsamen Instituten erbracht, an denen die einzelnen Banken und Sparkassen beteiligt sind.

Special

Banken und Versicherungen

Kennzahlen des Sparkassenverbundes:

- Eigentümer: Städte, Kreise, Gemeinden
- Primärinstitute: Knapp 500 Sparkassen mit 18.000 Geschäftsstellen und rund 985 Milliarden € Bilanzsumme
- Spitzeninstitute: DekaBank Deutsche Girozentrale und zwölf Landesbanken
- Bausparkassen: Elf LBS Landesbausparkassen
- Leasinggesellschaft: Deutsche Leasing Gruppe, LGS Leasinggesellschaft der Sparkasse
- Fondsgesellschaften: DekaBank Deutsche Girozentrale und sechs Kapitalanlagegesellschaften der Landesbanken
- Versicherungen: 36 regionale Versicherungsunternehmen
- Verband: Deutscher Sparkassen- und Giroverband (DSGV) und zwölf Regionalverbände
- Sonstige Verbundunternehmen: Unter anderem Deutscher Sparkassenverlag, Sparkassenakademie, drei Rechenzentren

Quelle: DSGV

Kennzahlen des Genossenschaftsverbundes:

- Eigentümer: Rund 15 Millionen Mitglieder
- Primärinstitute: Rund 1.300 Volks- und Raiffeisenbanken mit 16.000 Bankstellen und rund 550 Milliarden € Bilanzsumme
- Spitzeninstitute: DZ Bank, WGZ-Bank Westdeutsche Genossenschafts-Zentralbank
- Bausparkasse: Bausparkasse Schwäbisch Hall
- Leasinggesellschaft: VR Leasing
- Fondsgesellschaften: Union-Investment Gruppe, Difa Deutsche Immobilienfonds
- Versicherung: R+V Versicherungsgruppe
- Verband: Bundesverband der Deutschen Volksbanken und Raiffeisenbanken (BVR) und neun Regionalverbände
- Sonstige Verbundunternehmen: 30 Bundeszentralen und Spezialinstitute. Unter anderem VR Kreditwerk Hamburg-Schwäbisch Hall, Akademie Deutscher Genossenschaften Schloss Montabaur, Deutscher Genossenschaftsverlag, zwei Rechenzentren

Quelle: BVR

In den vergangenen Monaten ist dieses seit Jahrzehnten in Deutschland bestehende so genannte **Drei-Säulen-System** aus Geschäftsbanken, Sparkassen und Genossenschaftsbanken allerdings in Bewegung geraten. Den Anfang machte am 21. Dezember 1999 eine Beihilfebeschwerde der Europäischen Bankenvereinigung bei der Europäischen Kommission. Die Kommission teilte der Bundesregierung daraufhin mit, dass die bisherige Absicherung

Traineeprogramme

Pole Position.

Trainee m/w

Starten Sie Ihre berufliche Zukunft als Trainee in einer der größten Banken Deutschlands. Sind Sie dabei? Dann schicken Sie Ihre Bewerbung an:

BayernLB · Corporate Center Konzern Personal
Nachwuchs- und Fachentwicklung · Seminarmanagement (Trainees)
80277 München · Telefon 0 89 21 71-2 15 77 oder -2 49 15
trainee@bayernlb.de

www.bayernlb.de

Banken und Versicherungen | Special

der öffentlich-rechtlichen Institute durch die so genannte Gewährträgerhaftung und Anstaltslast nicht mit dem gemeinsamen Markt vereinbar sei und schlug in einem Schreiben vom 8. Mai 2001 eine Neuregelung vor. Am 17. Juli 2001 kam es dann zu einer Einigung zwischen Bundesregierung und Europäischer Kommission.

Zentrale Punkte der Verständigung sind die **Abschaffung der Gewährträgerhaftung** und die **Ersetzung der Anstaltslast** durch eine **normale Eigentümerbeziehung**, wie sie auch zwischen einem privaten Anteilseigner und einem Unternehmen üblich ist. Eine unbeschränkte Haftung des Staates für Sparkassen und Landesbanken wird es künftig nicht mehr geben. Die bisherigen Vorteile der öffentlich-rechtlichen Institute beim Rating fallen damit weg. Diese Regelung soll bis zum 18. Juli 2005 umgesetzt werden.

Diese Entscheidung hat zu einem starken **Veränderungsdruck** bei den Sparkassen und Landesbanken geführt. Sie brachte aber auch Auseinandersetzungen zwischen den einzelnen Bankengruppen mit sich. So fordern die Geschäftsbanken „eine Begrenzung der staatlichen Aktivitäten im Finanzsektor auf Tätigkeiten, die ausschließlich von öffentlichen Instituten erfüllt werden können", so der Präsident des Bundesverbandes deutscher Banken (BdB) Dr. Rolf-E. Breuer. Außerdem müssten „zwischen den Kreditinstituten die gleichen, fairen Wettbewerbsbedingungen sichergestellt werden" sowie „Kooperationen oder Fusionen zwischen allen Instituten möglich sein."

Dieses Ansinnen wird vor allem von den Sparkassen mit Schärfe zurückgewiesen. „Nach den Vorstellungen der privaten Bankkonzerne müssen sämtliche Kreditinstitute als börsennotierte Aktiengesellschaften am Markt tätig werden. Etwas anderes kennen sie nicht und akzeptieren sie deshalb auch nicht", so der Präsident des DSGV, Dr. Dietrich H. Hoppenstedt. „Mit der Vielfalt im deutschen Wirtschaftssystem haben wir gute Erfahrungen gemacht. Das Profitinteresse weniger deutscher Großbanken ist überhaupt kein Grund, hieran etwas zu ändern." Es handele sich um das verzweifelte Bemühen der privaten Banken, ihre Niederlagen am Markt durch politische Strukturdebatten zu überdecken.

Diese Ansicht teilt auch Dr. Christopher Pleister. „Die Großbanken sollen sich am Markt beweisen, statt Politik zu betreiben", so der Präsident des BVR. Die massiven Angriffe auf die Verbundsysteme seien der durchsichtige Versuch, die strategischen Fehlentscheidungen der Großbanken durch die Schwächung der Wettbewerber wett zu machen.

Special

Banken und Versicherungen

1.2 Aktuelle Strategien

Der immer rauer werdende Ton zwischen den einzelnen Bankengruppen liegt mit in den Herausforderungen begründet, denen sich die Branche derzeit stellen muss. Denn tatsächlich waren die Jahre 2002 und 2003 für die Branche die schwierigsten seit Gründung der Bundesrepublik. Auch 2004 gab es nur eine leichte Erholung.

Daher stehen derzeit **Kostensenkungsprogramme,** Maßnahmen **zur Reduzierung von Risiken, zur Aufstockung der Eigenkapitalquoten und zur Stärkung des Vertriebs** bei fast allen Kreditinstituten ganz oben auf der Arbeitsliste. „Kostensenkungen alleine reichen jedoch nicht aus", analysiert BdB-Präsident Breuer. Daneben sei die Konzentration auf die eigenen Stärken und die Fokussierung auf Kernkompetenzen ein wesentliches Strategiemerkmal. „Maßstab ist der Beitrag des einzelnen Produkts zur gesamten Wertschöpfung", so Breuer. „Damit einher geht die Abschaffung der Quersubventionierung von Geschäftsfeldern mit unzureichendem Deckungsbeitrag, die Abkehr von Randaktivitäten sowie die Veräußerung von Beteiligungen, die im Gesamtkonzept einer Bank keine Bedeutung haben."

Zu dieser Strategie gehört auch eine **stärkere Aufgabenteilung** zwischen den einzelnen Instituten. Denn die Fertigungstiefe bei den deutschen Banken ist immer noch viel zu hoch. Im Durchschnitt werden etwa 80 Prozent der Wertschöpfungskette im eigenen Haus abgewickelt. Das bedeutet, dass die Kreditinstitute ihre Produkte (Sparangebote, Festgelder, Kredite oder Fonds) teilweise selbst herstellen, dann am Schalter verkaufen und später im Back-office auch selbst verwalten.

In der Industrie liegt die Wertschöpfungstiefe zwischen 20 und 50 Prozent. BdB-Präsident Breuer: „Die Banken befinden sich heute dort, wo die Autoindustrie vor 20 Jahren war." Produktion, Vertrieb und Abwicklung müssten nicht in einem Haus zusammen betrieben werden.

Wie eine solche stärkere Arbeitsteilung mit klareren Strukturen aussehen könnte, haben die Genossenschaftsbanken bereits 2001 in ihrem **Strategiepapier „Bündelung der Kräfte"** formuliert:

- Die **Ortsbanken** sollen auch weiterhin in ihrem regionalen Markt Leistungen in allen Segmenten des Privat- und Firmenkundengeschäfts anbieten. „Sie bleibt damit Universalbank im Sinne einer Multi-Produkt-Bank. Sie bedient sich aller Vertriebswege", so das Strategiepapier. Die einzelnen Institute sind damit die direkten Ansprechpartner für die Kunden. Sie bieten den Zugang zur Bank über die Filiale, über Selbstbedienungsgeräte, das Internet oder per Telefon.

Persönlichkeit trifft Perspektive

**Sie stecken voller Ideen?
Wir voller Möglichkeiten.**

Ob Praktikant, Trainee oder Direkteinsteiger: Wir setzen auf den individuellen Einsatz kreativer Impulsgeber, die sich mit uns in vielseitigen Geschäfts- und Themenfeldern engagieren. Ihr Studium, Ihre Praxiserfahrung und Ihre fachlichen Interessen sprechen für eine Zukunft im Bereich Finanzdienstleistungen? Sie denken zudem unternehmerisch, sind serviceorientiert und möchten Ihre Persönlichkeit in einen Job einbringen, der Sie fordert und Ihnen interessante Perspektiven bietet?
Dann entdecken Sie, was bei uns möglich ist!

Umfassende Informationen finden Sie immer aktuell auf unseren Karriereseiten unter
www.dresdner-bank.de/perspektive.

Dresdner Bank
Die Beraterbank

Ein Unternehmen der **Allianz** (ii)

Die Aareal Academy 2005:
Der ideale Karriere-Start für Hochschulabsolventen

Haben Sie schon mal daran gedacht, nach dem Studium in eine Bank einzusteigen? Falls ja: Gerade jetzt ist die Gelegenheit günstig und auch auf lange Sicht viel versprechend.

Denn wir laden Sie heute ein, sich für die Aareal Academy zu bewerben, das Trainee-Programm eines der führenden Immobilienspezialisten Europas.

Im Kreis von ca. 15 Damen und Herren erwerben Sie ab Juli 2005 die nötige Qualifikation und Kondition fürs Immobiliengeschäft und ein Spezialwissen, das Sie in diesem Umfang und dieser Qualität kaum ein zweites Mal finden werden.

Die Aareal Academy bietet Ihnen ein seit Jahren bewährtes Trainee-Programm zur nationalen und internationalen Immobilienfinanzierung. Parallel zu Theorie und Praxis der Fachgebiete besuchen Sie interne Seminare und informieren sich über die Arbeit anderer Abteilungen. So schaffen Sie beste Voraussetzungen, um schon nach relativ kurzer Zeit verantwortlich bei uns mitzuarbeiten.

Hört sich gut an? Finden wir auch. Aber Sie müssen natürlich auch einiges mitbringen, wenn Sie bei uns starten wollen. Als Basis gehen wir von einem erfolgreichen Hochschulabschluss aus, z.B. der Wirtschafts- oder Rechtswissenschaften (Volljuristen) bzw. einem ebenso guten Abschluss als Wirtschaftsmathematiker.

Sie sollten gerne mit Zahlen arbeiten und sehr gutes Deutsch und Englisch mitbringen. Außerdem erwarten wir mindestens eine weitere Sprache – das können Sprachen sein, die zu unseren 15 unten genannten Standorten passen, wir sind aber z.B. auch für Russisch und Türkisch offen.

Dazu ein teamorientiertes Denken und Handeln sowie ausgeprägte kommunikative Fähigkeiten.

Sind Sie noch da? Dann bewerben Sie sich am besten sofort. Bitte beziehen Sie sich auf die Kennziffer GAB 1235.

Und schauen Sie ruhig auch mal im Web bei uns vorbei: **www.aareal-bank.com**. Damit Sie sehen, was Ihnen entgeht, wenn Sie Ihre Karriereleiter woanders anstellen.

Sprechen Sie mit isabella.karle@aareal-bank.com, Telefon: 06 11/348-35 47, Bereich Personal / Services, Aareal Bank AG, Postfach 2125, 65011 Wiesbaden, Telefax: 06 11/348-29 55

Als börsennotierte Immobilienbank neuen Typs zählt die Aareal Bank Gruppe zu den führenden europäischen Immobilienspezialisten. Immobilienfinanzierung, Asset Management und Consulting/Services für die Immobilienwirtschaft ergänzen sich zur perfekten Kombination von zukunftsweisenden Geschäftsfeldern.

Aareal Bank

Amsterdam, Brüssel, Kopenhagen, London, Madrid, Mailand, New York, Paris, Prag, Rom, Singapur, Stockholm, Warschau, Wiesbaden, Zürich

Special
Banken und Versicherungen

- Die **Zentralbanken** erfüllen nicht nur die klassischen Funktionen wie Liquiditätsausgleich, Metakreditgeschäft, Förderkredite, Auslandsgeschäft für die Ortsbanken. Sie stellen auch Investmentbanking-Produkte und -dienstleistungen – also die Betreuung großer Firmenkunden beim Börsengang, bei Fusionen oder Übernahmen – für den Verbund zur Verfügung.
- Die **Verbundunternehmen** wie Fondsgesellschaften, Versicherungen oder Bausparkassen bieten als Produktspezialisten den Ortsbanken Produkte und Dienstleistungen an. Durch ihre Zentralfunktion können sie Skaleneffekte realisieren und effizienter arbeiten als die einzelnen Institute.
- Die **Rechenzentralen** haben die Aufgabe, ein einheitliches und durchgängiges Bankanwendungsverfahren zu schaffen sowie den elektronischen Allfinanzverbund mit den Zentralbanken und Verbundunternehmen zu realisieren.
- Die **Verbände** geben den Ortsbanken Unterstützung bei der Entwicklung einer eigenen Unternehmensstrategie, der Entwicklung von einheitlichen Systemen zur Risikosteuerung und bei der Umsetzung einer bundesweiten Markenstrategie.

Die stärkere Arbeitsteilung erfolgt allerdings nicht nur innerhalb der Verbünde oder Konzerne. Auch mit **externen Partnern** arbeiten die Kreditinstitute inzwischen verstärkt zusammen. So übergab die Dresdner Bank Ende 2003 die Steuerung, Weiterentwicklung und den Betrieb ihrer Datenbank für Finanzmarktinformationen an die IBM Deutschland und wird diese Leistungen künftig nach Bedarf beziehen.

Aber auch zwischen den Institutsgruppen kommt es immer mehr zu einer Zusammenarbeit. Mitte 2003 vollzogen die Sparkassen und Genossenschaftsbanken die Verschmelzung ihrer Transaktionsbanken BWS Bank und WPS Bank zur Deutschen Wertpapierservicebank. Und seit Mitte 2004 wickelt die Postbank den Zahlungsverkehr für die Deutsche Bank und die Dresdner Bank ab.

1.3 Beschäftigte und Berufschancen

Insgesamt arbeiten derzeit bei den Kreditinstituten in Deutschland gut 700.000 Menschen. In den vergangenen Jahren ist die Zahl der Beschäftigten seit dem Hoch 1994 jedoch wieder deutlich gesunken. Den stärksten Personalabbau gab es dabei bei den Geschäftsbanken.

Doch trotz des Personalabbaus, der sich auch 2003 im gesamten Kreditgewerbe fortgesetzt hat, ist die Arbeitslosigkeit in der Bankenbranche mit rund 2,5 Prozent noch immer verhältnismäßig gering.

Special

Banken und Versicherungen

Beschäftigte im Kreditgewerbe – ohne Postbank				
Jahr	Geschäftsbanken und Bausparkassen	Sparkassen-Verbund	Genossenschafts-verbund	Gesamtes Kreditgewerbe
1994	238.250	340.100	182.800	761.150
1995	235.400	339.700	185.850	760.950
1996	229.950	339.550	184.250	753.750
1997	230.950	340.100	182.100	753.150
1998	233.850	339.700	181.250	754.800
1999	238.500	339.650	180.600	758.750
2000	240.200	341.400	180.400	762.000
2001	236.850	342.100	178.200	757.150
2002	225.500	337.600	176.200	739.300
2003	208.300	329.000	174.700	712.000

Quelle: Arbeitgeberverband des privaten Bankgewerbes

Die Mitarbeiter der Kreditinstitute sind in der Regel **gut ausgebildet**. Rund 27 Prozent von ihnen sind außertarifliche Angestellte. Aber auch bei den Tarifangestellten gab es in den vergangenen 30 Jahren einige interessante Veränderungen. Während 1973 erst 16,8 Prozent aller Tarifangestellten in die Tarifgruppen sieben bis neun eingruppiert wurden, waren es 2002 bereits 55,6 Prozent. Dagegen sank der Anteil der Tarifgruppen vier bis sechs von 57,4 Prozent 1973 auf derzeit nur noch rund 42 Prozent. Der Anteil in den Tarifgruppen eins bis drei sank von 25,8 Prozent auf nur noch zwei Prozent (vgl. folgende Grafik).

Diese Zahlen belegen, dass der **Anteil höher qualifizierter Mitarbeiter** bei den deutschen Kreditinstituten in den vergangenen Jahren **deutlich gestiegen** ist. So haben **Hochschulabsolventen** trotz des Personalabbaus der vergangenen Jahre noch immer **gute Möglichkeiten** bei den Banken und Sparkassen – zumal die Talsohle inzwischen erreicht sein dürfte. Weitere Kostensenkungsprogramme werden von den Experten derzeit nicht erwartet. Allerdings haben durch das größere Kostenbewusstsein der Bankenbranche derzeit gerade Mitarbeiter im **Controlling** und im Bereich **Risikomanagement** besonders gute Berufschancen.

**AMBITIONIERT.
ATTRAKTIV.**

Wir brauchen die Besten für noch bessere Jobs.
Mit einer Bilanzsumme von rund 171 Milliarden Euro und ca. 4.500 Mitarbeitern gehört die HSH Nordbank zu den großen Banken in Deutschland. Regionale Verankerung und internationale Ausrichtung, hohe Kundenorientierung und Spitzenpositionen in ausgewählten Geschäftsfeldern zeichnen uns aus. Interessante und vielfältige Aufgaben mit individuellen Gestaltungsspielräumen und sehr gute Entwicklungschancen sind bei uns selbstverständlich. Unsere Mitarbeiter sind verantwortungs- und leistungsbereit sowie aufgeschlossen, flexibel und kommunikativ. www.hsh-nordbank.de

„Unternehmerisch veranlagt? Dann lesen Sie mal."

Bauen Sie Ihre Zukunft auf gemeinsamen Erfolg

Als Investmentbank des Mittelstandes bietet die LRP Landesbank Rheinland-Pfalz ihren Kunden die umfassenden Finanzierungs- und Serviceleistungen eines international orientierten Kreditinstitutes.

Trainee

Unternehmerisches Profil zeigt sich früh. Deshalb messen wir unserem Trainee-Programm besondere Bedeutung bei. Für unsere Trainees ist es eine Tour d'Horizon durch die Welt einer universellen Geschäftsbank, die auf allen wichtigen Geld- und Kapitalmärkten agiert. Für uns ist es eine Gelegenheit, Menschen an unser Haus heranzuführen, in denen wir unsere zukünftigen Leistungsträger entdecken. Während des 12- bis 15-monatigen Programms lernen Sie einen der folgenden Bereiche besonders intensiv kennen: Finanzierung, Internationales Geschäft, Investment Banking, Controlling/Revision, Risikomanagement, Informationstechnologie oder Stäbe. Gute Englischkenntnisse sind selbstverständlich Voraussetzung. Wenn Ihre Fachhochschule oder Uni Ihnen einen sehr guten Abschluss in den Wirtschaftswissenschaften oder korrespondierenden Studiengängen testiert hat, sprechen Sie uns an. Umso besser, wenn Sie eine Persönlichkeit sind, die sich von Natur aus ins Zeug legt und Denken auch mit Querdenken kombinieren kann. Denn dann passen Sie zur LRP.

Wir bieten Ihnen eine verantwortungsvolle und gestalterische Herausforderung mit interessanten Perspektiven. Ihre Möglichkeiten in unserem Unternehmen sollten wir in einem persönlichen Gespräch definieren.

Wir freuen uns auf Ihre Bewerbung, Stichwort "Trainee".

LRP Landesbank Rheinland-Pfalz, Personal, Große Bleiche 54-56, 55098 Mainz, personal@LRP.de, www.lrp.de

Ein Unternehmen der LBBW-Gruppe

Banken und Versicherungen   Special

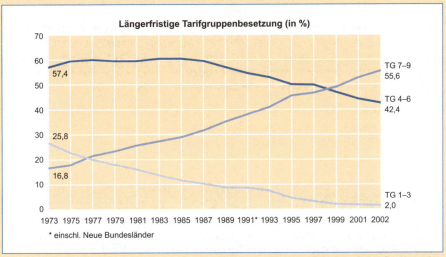

Quelle: Arbeitgeberverband des privaten Bankgewerbes

Die stärkere Aufgabenteilung innerhalb der Finanzbranche hat natürlich auch Auswirkungen auf die **Anforderungen** an die Hochschulabsolventen, die in diesem Bereichen arbeiten werden. So sind in den Produktionsbanken verstärkt **Spezialisten** für die Bereich **Vermögensverwaltung** (Fondsgesellschaften), **Investment Banking** oder **Finanzierung** gefragt. Bei den Vertriebsinstituten wird dagegen auf **Marketingkenntnisse** Wert gelegt und die stark IT-getriebenen Abwicklungsinstitute und Rechenzentren bieten **Wirtschaftsinformatikern** gute Chancen.

Daneben bieten sich in den volkswirtschaftlichen Abteilungen der großen Institute gute Arbeitsmöglichkeiten für **Volkswirte** mit Spezialisierung **Außenwirtschaft**, **Geldtheorie** oder **Geldpolitik**. Wirtschaftswissenschaftler und Juristen – gern mit Promotion – werden für Direktions- und Stabsbereiche der größeren Institute gesucht.

Allerdings konkurrieren die Hochschulabsolventen in der Regel mit **Bankpraktikern**, die durch eine Weiterbildung – beispielsweise bei der Bankakademie, der Akademie der Genossenschaften oder der Sparkassenakademie – ebenfalls eine Qualifikation für solche Positionen erwerben können. Deshalb ist es wichtig, sich schon **frühzeitig im Studium** auf die Fächer **Bankbetriebslehre, Bankwirtschaft** oder **Finanzierung** zu **spezialisieren** oder den Ausbildungsweg mit einer **Bankausildung** zu beginnen.

Special

Banken und Versicherungen

Zum **Berufseinstieg** bieten viele Institute den Hochschulabsolventen ein **Trainee-Programm** an. Es dauert in der Regel zwischen zwölf und 18 Monate. In dieser Zeit durchlaufen Einsteiger verschiedene Abteilungen. Je nach späterem Schwerpunkt können dies unter anderem Finance, Investment Banking, Asset Management, Transaction and Services, Real Estate, Auditing, Risk Management oder Informationstechnologie sein.

Auch **Auslandsaufenthalte** sind mittlerweile meist die Regel. Über das gesamte Trainee-Programm hinweg findet eine intensive Betreuung statt. Nähere Informationen über Trainee-Programme und aktuelle Angebote gibt es im Internet unter

💻 www.forum.de/de/forum.

Sonderfall Bundesbank

Universitätsabsolventen starten bei der Deutschen Bundesbank in der Laufbahn des höheren Dienstes. Der Einstieg erfolgt entweder im Rahmen des Direkteinstiegs oder nach erfolgreichem Abschluss der Ausbildung für den höheren Bankdienst (Referendariat). 2003 wurden etwa zehn Bundesbankreferendare und etwa fünf Direkteinsteiger eingestellt.

Durch Übernahme von Projekt- und Personalverantwortung eröffnen sich Karriereperspektiven im oberen Management der Bundesbank. Voraussetzung für ein Referendariat sind ein **rechts- oder wirtschaftswissenschaftliches Studium** sowie gute **Englischkenntnisse**. Das 32. Lebensjahr darf noch nicht vollendet sein. Allerdings: auch die Bundesbank ist kostenbewusster geworden und plant derzeit eher einen Stellenabbau als Neueinstellungen.

 Deutsche Bundesbank
Abteilung Personal-Management
Postfach 10 06 02
60006 Frankfurt am Main
💻 www.bundesbank.de

Ich habe gewonnen.
Denn die KfW bietet mir das beste Training.

Wir haben gewonnen.
Denn bei der KfW steuert Teamgeist das Spiel.

LEISTUNG • MARKTWIRTSCHAFT • NACHHALTIGKEIT • VERANTWORTUNG • HUMANITÄT • TOLERANZ • KREATIVITÄT

Leistung, Marktwirtschaft, Nachhaltigkeit, Verantwortung, Humanität, Toleranz, Kreativität. Unsere Werte sind die Basis, auf der wir stehen. Sie sind Kriterien für den Sinn und die Nachhaltigkeit unseres Tuns als Förderbank. VERANTWORTUNG ist einer unserer Werte – und spiegelt den Umfang der Freiheit wider, die wir haben, um uns für oder gegen eine Handlung zu entscheiden. Darum möchten wir auf Trainees setzen, die mit Verantwortung ihre berufliche Weiterbildung gestalten.

Für Sie heißt das: Unser Trainee-Programm macht Sie in 12 bis 15 Monaten fit für Ihre berufliche Zukunft, und zwar on- and off-the-job. Von Beginn an binden wir Sie in das Tagesgeschäft ein. Sie werden Projekte betreuen, Entscheidungen vorbereiten und mit Ihrem Leistungswillen schnell Verantwortung übernehmen. Dazu qualifizieren Sie sich neben Ihren Studienkenntnissen und Ihrem Know-how in mindestens einer Fremdsprache vor allem durch Ihre Persönlichkeit: als starker Teamplayer – kreativ, kommunikationsstark und flexibel. Entscheiden Sie selbst, in welchem Bereich Sie bei uns starten möchten.

TRAINEE (M/W)

EXPORT- UND PROJEKTFINANZIERUNG IN DER KFW IPEX-BANK
Kontakt: Yvonne Harth, E-Mail: yvonne.harth@kfw.de, Telefon 069 7431-4122

FINANZIELLE ZUSAMMENARBEIT MIT ENTWICKLUNGSLÄNDERN
Kontakt: Brigitte Gesche , E-Mail: brigitte.gesche@kfw.de , Telefon 069 7431-2835

INVESTITIONSFINANZIERUNG/VENTURE CAPITAL
Kontakt: Reiner Monschau, reiner.monschau@kfw.de, 0228 831-7636

**ANWENDUNGSENTWICKLUNG
IT-KOORDINATION
RISIKOCONTROLLING
RECHNUNGSWESEN**
Kontakt: Rudolf Jellinek, rudolf.jellinek@kfw.de, 069 7431-2809

**VOLKSWIRTSCHAFTLICHE ABTEILUNG
TREASURY/KAPITALMÄRKTE
TRANSAKTIONSMANAGEMENT
KREDITVERBRIEFUNG**
Kontakt: Heinrich Gerhard, heinrich.gerhard@kfw.de, 069 7431-3905

•••••• KFW FÖRDERBANK   •••••• KFW MITTELSTANDSBANK   •••••• KFW IPEX-BANK   •••••• DEG   •••••• KFW ENTWICKLUNGSBANK

Wir bauen eine zukunftsorientierte Bank. Mit unseren Mitarbeiterinnen und Mitarbeitern, den treibenden Kräften der KfW Bankengruppe. Effizient und kreativ setzen sie sich für die Förderung von Innovationen und die Entwicklung neuer Finanzierungsinstrumente für unsere Kunden und Partner ein. Unsere Kompetenz und unsere Erfahrung bündeln wir in fünf starken Marken. Und geben damit weltweit Impulse für Wirtschaft, Politik und Gesellschaft.   www.kfw.de

KfW Bankengruppe   ·   Personalabteilung   ·   Palmengartenstraße 5–9   ·   60325 Frankfurt am Main

Die Chance zum Aufstieg als Praktikant, Diplomand oder Trainee.

Landesbank Baden-Württemberg

Als international orientierte Geschäfts- und Universalbank gehören wir zu den Top Ten in Deutschland und zu den Top Fifty in der Welt. Ganz gleich ob Retail- oder Wholesale-Fokus: Der Einstieg bei der Landesbank Baden-Württemberg kann der Anfang für Sie sein, Ihren Aufstieg zu sichern.
Landesbank Baden-Württemberg. Eine Bank, die weiterdenkt.

LB≡BW

Interessiert?
www.LBBW.de

Special
Banken und Versicherungen

1.4 Universitätslehrstühle mit Schwerpunkt Bankbetriebslehre

Universität	Professor	Lehrstuhl	Internet
Augsburg U	Prof. Dr. Manfred Steiner	Finanz- und Bankwirtschaft	www.wiwi.uni-augsburg.de/bwl/steiner
Bayreuth U	Prof. Dr. Hermann-Josef Tebroke	BWL 1 – Finanzwirtschaft und Bankbetriebslehre	www.uni-bayreuth.de/departments/rw/lehrstuehle/bwl1/site_d/nav_d/fd_haupt.html
Berlin FU	Prof. Dr. Lutz Kruschwitz	Institut für Bank- und Finanzwirtschaft	www.wiwiss.fu-berlin.de/kruschwitz
Berlin HU	Prof. Richard Stehle, PhD	Bank- und Börsenwesen	www.wiwi.hu-berlin.de/finance
Bochum U	Prof. Dr. Stephan Paul	Finanzierung und Kreditwirtschaft	www.ruhr-uni-bochum.de/fin-kred
Bonn U	Prof. Dr. Erik Theissen	BWL I – Finanzwirtschaft	www.bwl1.uni-bonn.de
Bonn U	Prof. Dr. Klaus Sandmann	BWL III – Banking & Finance	www.bwl3.uni-bonn.de
Chemnitz TU	Prof. Dr. Friedrich Thießen	BWL IV - Finanzwirtschaft und Bankbetriebslehre	www.tu-chemnitz.de/wirtschaft/bwl4
Darmstadt TU	Prof. Dr. Dr. Oskar Betsch	Finanzierung und Bankbetriebslehre	www.bwl.tu-darmstadt.de/bwl6/welcome.htm
Dresden TU	Prof. Dr. Hermann Locarek-Junge	BWL, insbesondere Finanzwirtschaft und Finanzdienstleistungen	www.finance.wiwi.tu-dresden.de
Düsseldorf U	Prof. Dr. Christoph J. Börner	BWL, insbesondere Finanzdienstleistungen	www.uni-duesseldorf.de/HHU/fakultaeten/wiwi/lehrstuehle/bwlFinanzdienst
Duisburg GH	Prof. Dr. Bernd Rolfes	Fachgebiet Banken und Betriebliche Finanzwirtschaft und Europäisches Institut für Finanzdienstleistungen (ecfs)	www.uni-duisburg.de/FB5/BWL/BUBF/home.htm und www.uni-duisburg.de/FB5/BWL/BUBF/ecfs.htm
Eichstätt-Ingolstadt U	Prof. Dr. Marco Wilkens	Allgemeine BWL, Finanzierung und Bankbetriebslehre	www.ku-eichstaett.de/Fakultaeten/WWF/Lehrstuehle/LFB
Erlangen-Nürnberg U	Prof. Dr. Wolfgang Gerke	BWL, insbesondere Bank- und Börsenwesen	www.bankundboerse.wiso.uni-erlangen.de
Frankfurt/M U	Prof. Dr. Jan P. Krahnen	Kreditwirtschaft und Finanzierung und Institut für Kapitalmarktforschung – Center for Financial Studies	www.finance.uni-frankfurt.de und www.ifk-cfs.de

Special

Banken und Versicherungen

Universität	Professor	Lehrstuhl	Internet
Frankfurt/M U	Prof. Dr. Christian Laux	Professur für Unternehmensfinanzierung und Risikomanagement	www.finance.uni-frankfurt.de/
Frankfurt/M U	Prof. Dr. Raimond Maurer	Investment, Portfolio Management und Alterssicherung	www.finance.uni-frankfurt.de/
Frankfurt/M U	Prof. Dr. Christian Schlag	Professur für Derivate und Financial Engineering	www.finance.uni-frankfurt.de/
Frankfurt/M U	Prof. Dr. Mark Wahrenburg	Bankbetriebslehre	www.finance.uni-frankfurt.de/
Frankfurt/M U	Prof. Dr. Reinhard H. Schmidt	Wilhelm-Merton Professur für Internationales Bank- und Finanzwesen	www.finance.uni-frankfurt.de/
Frankfurt/O U	Prof. Dr. Eberhard Stickel	Allgemeine BWL, insbesondere Wirtschaftsinformatik, Finanz- und Bankwirtschaft	www.wi.euv-frankfurt-o.de
Freiberg TU-BergAk	Prof. Dr. Karl Lohmann	Allgemeine BWL, Schwerpunkt Investition, Finanzierung und Bankbetriebslehre	www.wiwi.tu-freiberg.de/pfabif/
Freiburg U	Prof. Dr. Heinz Rehkugler	Finanzwirtschaft und Banken	www.vwl.uni-freiburg.de/fakultaet/bwll/bwll.htm
Gießen U	Prof. Dr. Wolfgang Bessler	Finanzierung und Banken	http://wiwi.uni-giessen.de/home/bessler/
Göttingen U	Prof. Dr. Wolfgang Benner	Institut für Betriebswirtschaftliche Geldwirtschaft	www.user.gwdg.de/~ifbg/ifbgheim.html
Hagen FernU	Prof. Dr. Michael Bitz	BWL, insbesondere Bank- und Finanzwirtschaft	www.fernuni-hagen.de/bitz/
Halle-Wittenberg U	Prof. Dr. Reinhard Schmidt	Finanzwirtschaft und Bankbetriebslehre	www.wiwi.uni-halle.de/wiwi/lui/bwl/bank/
Hamburg U	Prof. Dr. Hartmut Schmidt	Institut für Geld- und Kapitalverkehr	www.econ.uni-hamburg.de/Institute/Inst_f_Geld_Kapitalverkehr.html
Hannover U	Prof. Dr. Dr. Andreas Löffler	Banken und Finanzierung	www.wiwi.uni-hannover.de/finanzierung/
Hohenheim U	Prof. Dr. Hans-Peter Burghof	BWL, insbesondere Kreditwirtschaft und Stiftung Kreditwirtschaft	www.bank.uni-hohenheim.de/ und www.stiftung-kreditwirtschaft.de
Jena U	Prof. Dr. Wolfgang Kürsten	Allgemeine BWL, insbesondere Finanzierung und Banken	www.wiwi.uni-jena.de/Finanzen/

www.hauck-aufhaeuser.de

Karrierechance
Privatbank

Sie haben Interesse am Finanzbereich und sehen darin Ihre berufliche Zukunft? Wir bieten Ihnen die Karrierechance in einer namhaften Privatbank, bei der Sie sich in einem Team von Spezialisten schnell für die Übernahme eigenverantwortlicher Aufgaben qualifizieren können.

Der Name Hauck & Aufhäuser steht für Kompetenz, Kontinuität und Vertrauen. Als unabhängige Privatbank mit Sitz in Frankfurt a. M. und in München bieten wir ganzheitliche Konzepte für Privatkunden, Unternehmer, institutionelle Anleger und Vermögensverwalter. Insbesondere innerhalb unserer Kerngeschäftsfelder Financial Consulting, Asset Management und Corporate Finance warten interessante und anspruchsvolle Tätigkeitsbereiche auf Sie!

Mehr zum Einstieg bei uns erfahren Sie unter: www.hauck-aufhaeuser.de

HAUCK & AUFHÄUSER
PRIVATBANKIERS

Hauck & Aufhäuser Privatbankiers KGaA · Personalabteilung
Kaiserstraße 24 · D-60311 Frankfurt am Main · bewerbung@hauck-aufhaeuser.de

ZfB – BETRIEBSWIRTSCHAFT AT ITS BEST

Seit 80 Jahren ist die ZfB eine der renommiertesten deutschen Fachzeitschriften für Betriebswirtschaft. Das Diskussionsforum für die Besten in Wissenschaft und Praxis bietet Ihnen:

- Den State of the Art der Betriebswirtschaftslehre
- Fundiertes Hintergrundwissen für Professionals
- Innovative Themen – umfassend durchdacht
- Best-Practice: Zukunftsweisende Konzepte
- Höchste Qualität – von Experten doppelt geprüft
- Die renommiertesten Fachleute:

Editor-in-Chief Professor Dr. Günter Fandel (Hagen) sowie der Herausgeberkreis von namhaften Persönlichkeiten aus Hochschule und Wirtschaft in Deutschland, Europa, den USA und Japan bürgen für die Qualität der Beiträge.

Nutzen Sie unser ZfB-Volltextarchiv im Internet.
Hier können Sie alle Beiträge ab 2001 herunterladen.
Für Abonnenten selbstverständlich kostenlos!
Online First – Als Abonnent erhalten Sie bereits vor Drucklegung die Beiträge des aktuellen Heftes.
ZFB erscheint 12x pro Jahr.

Kostenloses Probeheft
unter Tel.: 06 11.78 78-129
Fax: 06 11.78 78-423
www.zfb-online.de

Änderungen vorbehalten. Erhältlich im Buchhandel oder beim Verlag.
Gabler Verlag/Kundenservice · Abraham-Lincoln-Straße 46 · D-65189 Wiesbaden
Tel.: 06 11.78 78-615 · Fax: 06 11.78 78-423 · Mail: tatjana.hellwig@gwv-fachverlage.de ·
www.gabler.de

Special

Banken und Versicherungen

Universität	Professor	Lehrstuhl	Internet
Kaiserslautern U	Prof. Dr. Reinhold Hölscher	Finanzdienstleistungen und Finanzmanagement	www.uni-kl.de/FB-SoWi/LS-Hoelscher/
Kassel U/GH	Prof. Dr. Rainer Stöttner	Fachgebiet Finanzierung, Banken, Versicherungen	www.wirtschaft.uni-kassel.de/Stoettner/
Köln U	Prof. Dr. Thomas Hartmann-Wendels	Seminar für Allgemeine BWL und Bankbetriebslehre und Institut für Bankwirtschaft und Bankrecht und Forschungsinstitut für Leasing	www.uni-koeln.de/wiso-fak/bankseminar/ und www.uni-koeln.de/wiso-fak/bankseminar/bankwirt.htm und www.wiso.uni-koeln.de/leasing/
Leipzig U	Prof. Dr. Jürgen Singer	Professur für Bankwesen	www.uni-leipzig.de/%7Ebank/
Lüneburg U	Prof. Dr. Ulf Baxmann	Bankbetriebslehre	www.uni-lueneburg.de/fb2/bwl/bsl/
Magdeburg U	Prof. Dr. Peter Reichling	Finanzierung und Banken	www.uni-magdeburg.de/finance/
Mainz U	PD Dr. Alois Paul Knobloch	Allgemeine BWL und Bankbetriebslehre	http://wiwi.uni-mainz.de/bwl/sandmann
Mannheim U	Prof. Dr. Martin Weber	Allgemeine BWL und Finanzwirtschaft, insbesondere Bankbetriebslehre	http://medici.bwl.uni-mannheim.de/LS/
Marburg U	Prof. Dr. Erich Priewasser	Bankbetriebslehre	www.wiwi.uni-marburg.de/Lehrstuehle/BWL/BWL02/
München U	Prof. Dr. Hermann Meyer zu Selhausen	Seminar für Bankwirtschaft	www.bank.bwl.uni-muenchen.de
München U	Prof. Dr. Bernd Rudolph	Seminar für Kapitalmarktforschung und Finanzierung	www.kmf.bwl.uni-muenchen.de
Münster U	Prof. Dr. Andreas Pfingsten	Institut für Kreditwesen	www.wiwi.uni-muenster.de/~21/
Münster U	Prof. Dr. Klaus Röder	Lehrstuhl für BWL, insbesondere Finanzierung	www.wiwi.uni-muenster.de/~16/
Oestrich-Winkel EBS	Dr. Lutz Johanning	Asset Management	www.amebs.de
Oestrich-Winkel EBS	Prof. Dr. Dirk Schiereck	Stiftungslehrstuhl für Bank- und Finanzmanagement	www.ebs.de
Oestrich-Winkel EBS	Prof. Ulrich Hommel PhD	Corporate Finance and Capital Markets	www.ebs.de

Special

Banken und Versicherungen

Universität	Professor	Lehrstuhl	Internet
Oldenburg U	Prof. Dr. Gebhard Zimmermann	Finanzwirtschaft und Bankbetriebslehre	www.uni-oldenburg.de/fiwi_bbl/
Osnabrück U	Prof. Dr. Peter Betge	Fachgebiet Banken und Finanzierung	http://godard.oec.uni-osnabrueck.de/fachgeb/banken/banken.html
Paderborn U/GH	Prof. Dr. Bettina Schiller	Finanzwirtschaft und Bankbetriebslehre	http://wiwi.uni-paderborn.de/bwl3/de/
Passau U	Prof. Dr. Jochen Wilhelm	Finanzierung	www.wiwi.uni-passau.de/lehrstuehle/wilhelm
Passau U	Prof. Dr. J. Steiner	BWL, Schwerpunkt Finanzwirtschaft und Bankbetriebslehre	www.wiwi.uni-passau.de/lehrstuehle/steiner
Potsdam U	Prof. Dr. Detlev Hummel	BWL mit dem Schwerpunkt Finanzierung und Banken	www.uni-potsdam.de/u/ls_fiba
Regensburg U	Prof. Dr. Dieter Bartmann	Wirtschaftsinformatik II: Bankinformatik und integrierte Systeme und Institut für Bankinnovation	www.ibi.de
Regensburg U	Prof. Dr. Dr. h. c. Jochen Drukarczyk	Finanzierung	www.wiwi.uni-regensburg.de/drukarczyk/
Rostock U	Prof. Dr. Guido Eilenberger	Allgemeine BWL, Bankbetriebslehre und Finanzwirtschaft	www.wiwi.uni-rostock.de/%7Ebank/
Saarbrücken U	Prof. Dr. Hartmut Bieg	BWL insbesondere Bankbetriebslehre	www.bankbwl.uni-sb.de
Siegen U/GH	Prof. Dr. Arnd Wiedemann	BWL, insbesondere Finanz- und Bankmanagement	www.uni-siegen.de/%7Ebanken
Tübingen U	Prof. Dr. Werner Neus	Abteilung BWL, insbesondere Bankwirtschaft	www.uni-tuebingen.de/bank/
Vallendar WHU	Prof. Dr. Markus Rudolf	Finanzintermediäre und Kapitalmarkttheorie (Dresdner Bank Chair of Finance)	www.whu.edu/banking/
Würzburg U	Prof. Dr. Ekkehard Wenger	BWL, insbesondere Bank- und Kreditwirtschaft	www.wifak.uni-wuerzburg.de/wilan/wifak/bwl/bwl4/bwl4.htm
Wuppertal U/GH	Prof. Dr. Michael Nelles	Studienschwerpunkt Unternehmensfinanzierung und Banken im Fachbereich Finanzen und Revision	www.wiwi.uni-wuppertal.de/nelles/

Banken und Versicherungen

Special

2. Versicherungen

2.1 Die Branchenstruktur heute

Die Deutschen sind gut versichert: rund 81 Prozent der deutschen Haushalte hatten 2003 eine Auto-Haftpflichtversicherung abgeschlossen, gut 77 Prozent eine Hausratversicherung, knapp 68 Prozent eine private Haftpflichtversicherung und immerhin gab es in etwa der Hälfte aller deutschen Haushalte eine Lebensversicherung.

Kennzahlen der deutschen Versicherungswirtschaft:		
Jahr	2003	2004
Beitragsaufkommen (Milliarden €)	147,1	152,2
Beitragszunahme (Prozent)	4,1	3,5
Beiträge je Einwohner (€)	1.844	1.792
Beiträge der Privathaushalte (Milliarden €)	110,9	114,2
Beitragszahlung je Haushalt (€)	2.848	2.932
Beitragszahlung je Einwohner (€)	1.344	1.384
Versicherungsleistungen insgesamt (Milliarden €)	149,8	154,6
Versicherungsleistungen Lebensversicherung (Milliarden €)	84,2	86,0
Versicherungsleistungen private Krankenversicherung (Milliarden €)	25,5	28,1
Versicherungsleistungen Kraftfahrtversicherung	19,6	19,6
Versicherungsfälle (Millionen)	50	50
Versicherungsverträge und -risiken (Millionen)	482	482

Quelle: Jahrbuch 2004 des GDV, Angaben für 2004 geschätzt

Dennoch ist der Gesamtverband der deutschen Versicherungswirtschaft (GDV) mit diesen Zahlen noch nicht zufrieden. „Bei der so genannten Versicherungsdichte, also den Prämien pro Einwohner, nimmt Deutschland mit einem Wert von knapp 1.800 € pro Jahr (2002) keinen Spitzenplatz ein. So geben beispielsweise die Schweizer pro Kopf fast dreimal so-

Special

Banken und Versicherungen

viel für Versicherungen aus wie die Deutschen. Auch in vielen anderen europäischen Nachbarstaaten (wie Frankreich, den Niederlanden und Großbritannien) sowie in den USA und in Japan ist die Versicherungsdichte – spiegelbildlich zum dort geringeren Gewicht der staatlichen Sicherungssysteme – höher als in Deutschland", heißt es im Jahrbuch 2003 des GDV.

Grob lassen sich die Versicherungen in **vier Kategorien** einteilen:

- Lebensversicherung,
- private Krankenversicherung,
- Schaden- und Unfallversicherung sowie
- Rückversicherung.

Während die Zahl der Schadenversicherer (sie werden auch als Sachversicherer bezeichnet) in den vergangenen Jahren deutlich gesunken ist, stieg sie bei den andern Sparten an oder blieb relativ stabil.

Zahl der Versicherungsunternehmen (VU) in Deutschland:								
Jahr	1980	1990	1995	1999	2000	2001	2002	2003
insgesamt	809	785	718	725	706	690	703	677
davon								
Lebens-VU	108	122	132	138	134	133	132	119
Kranken-VU	51	57	59	59	56	56	55	55
Schaden-/Unfall-VU	344	346	281	280	271	265	261	251
Rück-VU	33	31	39	47	48	46	48	49

Quelle: Statistisches Jahrbuch der Versicherungswirtschaft 2003, GDV

Doch nicht nur bei der Anzahl der Gesellschaften gibt es große Unterschiede innerhalb der Branche, auch die Größe der Unternehmen unterscheidet sich deutlich. So sind die Kranken- und die Lebensversicherer deutlich größer als die einzelnen Schadenversicherer.

Kennen Sie die 5 größten
Rückversicherer der Welt?
Wir gehören dazu.

Are you "the missing link"?

Um in unserem internationalen Unternehmen mitzuwirken, brauchen Sie:

- einen überdurchschnittlichen Hochschulabschluss, z. B. in Wirtschaftswissenschaften oder Wirtschaftsmathematik,
- sehr gutes Englisch und, nach Möglichkeit, weitere Sprachkenntnisse,
- einen längeren Auslandsaufenthalt.
- Praktische Erfahrungen – vorzugsweise bei einem Finanzdienstleister – wären das Tüpfelchen auf dem „i".

Wenn Sie hier ins Bild passen, nehmen Sie jetzt die Verbindung zu uns auf: Ob als Trainee oder im Direkteinstieg – Sie sind uns willkommen!

Bei Bewerbungen beziehen Sie sich
stets auf die Kennung 90000156

Hannover Rückversicherung AG
Human Resources Management
Postfach 610369
30603 Hannover
career@hannover-re.com
www.hannover-rueck.de

hannover **rück**

Ihr Karrierestart

 Volksbanken
Raiffeisenbanken

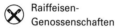 Raiffeisen-
Genossenschaften

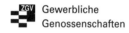 Gewerbliche
Genossenschaften

Der Württembergische Genossenschaftsverband prüft, berät und betreut Volksbanken und Raiffeisenbanken, Genossenschaften der Landwirtschaft, des Handwerks und des Handels sowie mittelständische Unternehmen anderer Rechtsformen.

Hochschulabsolventen, die ein wirtschaftswissenschaftliches Studium abgeschlossen haben, ermöglichen wir eine Karriere in der Wirtschaftsprüfung.

WIRTSCHAFTSPRÜFUNG

In einer 2- bis 3-jährigen praktischen und theoretischen Ausbildung werden Sie die vielseitigen und interessanten Tätigkeiten in der Wirtschaftsprüfung kennen lernen.
Zum Beispiel:
- Prüfung nach HGB, KWG, GenG und WpHG.
- Beratung in steuerlichen, betriebswirtschaftlichen, personellen und organisatorischen Fragen.
- Gesprächspartner sein in geschäftspolitischen Fragen.

Bei Ihrer Vorbereitung auf das Wirtschaftsprüfer-, Steuerberaterexamen unterstützen wir Sie großzügig.

Haben Sie die Möglichkeiten Ihres beruflichen Aufstiegs erkannt?

Dann liegt es an Ihnen, sich mit uns in Verbindung zu setzen. Für telefonische Vorabinformationen stehen Ihnen Frau Albert-Schäfer (Telefon 0711/222 13-2500) und Herr Sauer (Telefon 0711/222 13-2543) gern zur Verfügung.

Württembergischer Genossenschaftsverband Raiffeisen/Schulze-Delitzsch e.V.

Personalabteilung · Heilbronner Straße 41 · 70191 Stuttgart   www.GENO-Stuttgart.de

Banken und Versicherungen

Special

Versicherungszweige nach dem gebuchten Beitragsaufkommen (in Milliarden €):		
Jahr	2003	2004
Lebensversicherung	67,7	70,0
Private Krankenversicherung	24,7	26,5
Kraftfahrtversicherung	22,3	22,4
Allgemeine Haftpflichtversicherung	6,3	6,5
Private Unfallversicherung	5,8	6,0
Wohngebäudeversicherung	3,7	3,8
Rechtsschutzversicherung	2,8	2,9
Industrielle Feuerversicherung	2,9	3,0
Hausratversicherung	2,5	2,5
Transportversicherung	1,9	1,9

Quelle: Jahrbuch 2004 des GDV, Angaben für 2004 geschätzt

Starke Unterschiede gibt es auch bei den Rahmenbedingungen, die die Geschäftsentwicklung der einzelnen Versicherungssparten beeinflussen:

- **Lebensversicherung:** In dieser Sparte unterliegt der Geschäftsverlauf immer wieder dem Einfluss von Sonderfaktoren, die von der Steuer- und Sozialgesetzgebung ausgehen können, aber auch von der Entwicklung der Kapitalmärkte.

- **Private Krankenversicherung:** Hier sind die Beitragseinnahmen in den vergangenen Jahren beträchtlich gewachsen. Das galt sowohl für die private Krankheitskostenvollversicherung als auch für die Zusatzversicherung. Auch auf diese Sparte haben Änderungen der politischen Rahmenbedingungen einen starken Einfluss.

- **Schaden- und Unfallversicherung:** Für Unruhe sorgen in dieser Sparte weniger politische Umbrüche als vielmehr Naturkatastrophen und schwere Unglücke. Innerhalb der Versicherungsbranche gilt die Sachversicherung allerdings als wenig innovativ und langweilig.

- **Rückversicherung**: In dieser Sparte, bei der die Versicherungsgesellschaften selbst wiederum ihre Risiken versichern, haben die Naturkatastrophen des Jahres 2002 sowie die Börsenschwäche seit 2000 ihre Spuren hinterlassen. Gerade von sehr großen Schadenfällen wird dieser Bereich besonders stark getroffen. Einfluss auf den Geschäftsverlauf hat aber auch die wirtschaftliche Entwicklung der anderen Bereiche.

Special

Banken und Versicherungen

2.2 Aktuelle Herausforderungen

Drei große Themen beschäftigen die Versicherungswirtschaft derzeit: die geplanten Veränderungen der Besteuerung der Alterseinkünfte und die Veränderungen bei der gesetzlichen Rentenversicherung sowie bei der gesetzlichen Krankenversicherung.

- **Besteuerung der Alterseinkünfte:** Erträge aus Lebensversicherungen, die eine Laufzeit von mindestens zwölf Jahren haben und vor dem 31. Dezember 2004 abgeschossen wurden, sind steuerfrei. Dieses Steuerprivileg ist durch das geplante Alterseinkünftegesetz zumindest teilweise gefallen. Bei neuen Verträgen müssen bei der Auszahlung auf die Erträge Steuern gezahlt werden. Steuerfrei bleiben nur die Beiträge, die der Versicherte während der Laufzeit des Vertrags selbst angespart hat. Der Fall dieses Steuerprivilegs hat den Lebensversicherern 2004 noch einmal einen Boom auf ihre bisherigen Produkte beschert. Nun müssen die Gesellschaften neue Produkte entwickeln, die den geänderten Rahmenbedingungen gerecht werden.

- **Rentenreform:** Die geplanten Einschnitte bei der gesetzlichen Rente sollten eigentlich ein schlagendes Argument für die private Altersvorsorge sein. Doch „trotz des steigenden Bedarfs an mehr eigenverantwortlicher Altersvorsorge angesichts der großen Probleme in der gesetzlichen Rentenversicherung ist es in Deutschland noch nicht zu einem echten Stimmungsumschwung zugunsten der ersetzenden kapitalgedeckten Altersvorsorge gekommen", so der GDV in seiner vorläufigen Bilanz für das Geschäftsjahr 2003. Schuld daran ist sicherlich auch die viel zu bürokratische Riester-Rente, die sich zu einem Flop entwickelte. Starke Zuwächse gibt es dagegen bei der betrieblichen Altersvorsorge. Sie hat sich in den vergangenen beiden Jahren zu einer wichtigen Säule für die Rente entwickelt. Die für 2005 geplante Reform der Riester-Rente könnte zudem der privaten Altersvorsorge neuen Auftrieb geben. Für die Lebensversicherungsgesellschaften besteht hier nach wie vor ein großes Geschäftspotenzial.

- **Gesundheitsreform:** Obwohl der Ausgang der politischen Planspiele in Sachen Gesundheitsreform noch längst nicht abzusehen ist, wirkt sich die Politik mit all ihren wahrscheinlichen und unwahrscheinlichen Planspielen schon heute auf die private Krankenversicherung aus. Auf die anstehenden Veränderungen werden die Unternehmen mit neuen Angeboten reagieren müssen – wie diese aussehen können wird sich allerdings erst zeigen, wenn die gesetzlichen Rahmenbedingungen klar sind.

Neben diesen aktuellen Herausforderungen beschäftigen die Versicherungsgesellschaften – ähnlich wie die Kreditinstitute – zudem die Frage nach mehr **Kosteneffizienz** und einem besseren **Risikocontrolling**.

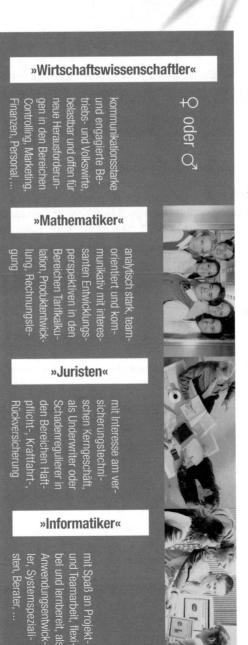

Zukunftschancen @ R+V

Sie haben Ihr Studium erfolgreich abgeschlossen oder beenden es in naher Zukunft? Haben *Spaß* daran Dinge *zu bewegen, anzupacken* und *zu verändern?*

Dann finden Sie bei uns anspruchsvolle, abwechslungsreiche Aufgaben und Freiräume für Ihre Ideen als

♀ oder ♂

»Wirtschaftswissenschaftler«
kommunikationsstarke und engagierte Betriebs- und Volkswirte, belastbar und offen für neue Herausforderungen in den Bereichen Controlling, Marketing, Finanzen, Personal, ...

»Mathematiker«
analytisch stark, teamorientiert und kommunikativ mit interessanten Entwicklungsperspektiven in den Bereichen Tarifkalkulation, Produktentwicklung, Rechnungslegung

»Juristen«
mit Interesse am versicherungstechnischen Kerngeschäft, als Underwriter oder Schadenregulierer in den Bereichen Haftpflicht-, Kraftfahrt-, Rückversicherung

»Informatiker«
mit Spaß an Projekt- und Teamarbeit, flexibel und lernbereit, als Anwendungsentwickler, Systemspezialisten, Berater, ...

die sich bei einem der führenden Versicherungsunternehmen der Branche neuen Herausforderungen stellen. Wenn Sie mitdenken, Dinge hinterfragen, eigene Vorstellungen entwickeln und Initiative ergreifen, sind Sie in unserem Team herzlich willkommen. Gestalten Sie den Unternehmenserfolg durch Ihr Engagement aktiv mit! Wir sprechen von Ihnen? Dann sollten wir uns kennenlernen!

R+V Versicherung
Personalabteilung Kennziffer 3087
Taunusstraße 1 • 65193 Wiesbaden

R+V VERSICHERUNG

Special

Banken und Versicherungen

2.3 Beschäftigte und Berufschancen

Ende 2002 waren bei den deutschen Versicherungsunternehmen rund 248.100 Menschen beschäftigt. Dazu kommen noch einmal rund 407.000 selbständige Vermittler, von denen allerdings etwa 320.000 nur nebenberuflich Versicherungen verkaufen. In den vergangenen Jahren waren die Beschäftigtenzahlen in der Sachversicherung leicht rückläufig – bei den Rückversicherern und den Lebensversicherungsunternehmen arbeiten dagegen heute mehr Menschen als noch vor zehn Jahren (siehe Tabelle auf der folgenden Seite).

Die meisten dieser Mitarbeiter sind im **Innendienst** tätig, allerdings gehören rund ein Viertel der Mitarbeiter der Versicherungsunternehmen zum angestellten **Außendienst**. An diesem Verhältnis hat sich in den vergangenen zehn Jahren nichts geändert. Ende 2002 beschäftigten die Versicherungsunternehmen 177.300 Innendienstangestellte und 52.300 angestellte Außendienstler. Hinzu kamen noch rund 16.100 Auszubildende.

Insgesamt haben 73,9 Prozent der Arbeitnehmer in den Versicherungsunternehmen nach den für Ende 2001 vorliegenden Zahlen eine abgeschlossene Berufsausbildung. Abitur, den Abschluss einer höheren Fachschule/Fachhochschule oder Hochschule besaßen 39,7 Prozent der Angestellten, 1991 waren dies erst 27,3 Prozent. Seit 1991 hat sich der Anteil der Akademiker von 7,4 auf 11,5 Prozent der Arbeitnehmer erhöht.

Beschäftigte in der Versicherungswirtschaft					
Jahr	Sach-versicherung	Lebens-versicherung	Kranken-versicherung	Rück-versicherung	Gesamte Versiche-rungswirtschaft
1994	144.000	66.000	35.500	4.500	250.000
1995	141.500	64.800	34.900	4.400	245.600
1996	139.200	63.800	34.300	4.400	241.700
1997	135.700	67.200	31.400	5.000	239.300
1998	132.400	68.000	33.000	5.400	238.800
1999	125.900	72.600	35.100	6.000	239.600
2000	126.200	72.800	35.200	6.000	240.200
2001	129.000	74.100	36.100	6.200	245.400
2002	130.600	74.000	36.400	7.100	248.100
2003	125.500	74.900	36.800	7.100	244.300

Quelle: Statistisches Jahrbuch der Versicherungswirtschaft 2004, GDV

Karriere-Einstieg für Hochschulabsolventen

Als Wirtschaftswissenschaftler haben Sie gerade Ihr Examen mit Erfolg abgelegt oder stehen kurz davor. Wenn Sie zielstrebig, kontaktstark sowie mobil und bereit sind, Verantwortung zu tragen, bereiten wir Sie mit unserer individuell gestalteten

Trainee-Ausbildung
auf eine Führungsaufgabe im Verkaufsaußendienst vor.

In 18 harten aber sicherlich interessanten Monaten werden Sie verkäuferisch geschult und lernen den Bedarf unserer Kunden sowie unsere Produktpalette kennen. Zum Ende der Ausbildung übernehmen Sie eigenverantwortlich eine Führungsaufgabe in einer unserer im ganzen Bundesgebiet angesiedelten Bezirksdirektionen. Rechtzeitige Laufbahnplanung sowie berufliche Fortbildung begleiten Ihre nächsten Karriereschritte.

Sprechen Sie mit uns oder senden Sie uns bitte Ihre kompletten Bewerbungsunterlagen.
Barmenia Krankenversicherung a. G.
Hauptabteilung Außendienst,
z. H. Herrn Feller, Telefon 02 02 / 4 38-26 46
Kronprinzenallee 12-18, 42094 Wuppertal

Lebens-, Kranken-, Unfall-, Sachversicherungen

Special

Banken und Versicherungen

Von diesen 28.200 Akademikern stellen die **Juristen** mit 7.700 Personen die **größte Gruppe**. Es folgen 6.600 **Diplom-Kaufleute** und **Diplom-Volkswirte**, 4.000 **Mathematiker** und 2.000 **Diplom-Ingenieure**. Außerdem arbeiteten insgesamt 7.900 Diplom-Informatiker, Philologen, Diplom-Psychologen, Diplom-Physiker und Mediziner sowie Akademiker anderer Fachrichtungen in der Assekuranz.

Diese Entwicklung ist in erster Linie durch die **wachsenden Anforderungen** an die Mitarbeiter begründet. Auf der einen Seite werden in der Versicherungswirtschaft immer mehr Standardarbeiten maschinell erledigt, andererseits werden die angebotenen Produkte komplizierter und erklärungsbedürftiger. „Wachsender Wettbewerb, wirtschaftlicher und technologischer Strukturwandel, differenzierter Versicherungsbedarf, besser aufgeklärte und kritischere Kunden führen zu einer zunehmenden Professionalisierung und damit zu einer höheren Anforderung an die Mitarbeiter der Versicherungswirtschaft", heißt es im Jahrbuch 2003 des GDV. Die Branche brauche immer mehr **Spezialisten** zur Entwicklung, Steuerung, Anwendung und Kontrolle der notwendigen Systeme.

Experten mit rechtlichem, wirtschaftlichem und technischem Wissen werden benötigt, um den **steigenden Beratungsbedarf** zu decken – sowohl im Versicherungsunternehmen selbst als auch bei den Vermittlern, Kooperationspartnern und Kunden.

- Auch hinsichtlich der besonderen Bedürfnisse der verschiedenen Kundengruppen benötigt die Versicherungswirtschaft Mitarbeiter mit **branchenübergreifender Qualifikation**.
- Je nachdem, in welchem Bereich eines Versicherungsunternehmens die jungen Akademiker arbeiten, unterscheiden sich auch die Anforderungen an die Qualifikation.
- So arbeiten **Volks- und Betriebswirte** oder **Diplom-Kaufleute** in fast allen Bereichen der Versicherungswirtschaft.
- **Juristen** sind meist in den Bereichen Produktentwicklung – beim Erstellen der Tarifwerke – oder Schadenabwicklung beschäftigt.
- **Wirtschaftsinformatiker** haben durch den immer stärkeren Einsatz der Informationstechnologie ebenfalls gute Chancen bei der Assekuranz.
- Zudem benötigen die Versicherungsunternehmen Spezialisten – vom Ingenieur über den Maschinen- oder Anlagenbauer bis hin zum Kunstsachverständigen –, die als **Experten in den einzelnen Sparten** eingesetzt werden können.

Im **Außendienst** – in dem Akademiker nach wie vor relativ selten sind – kommt es sehr stark auf Menschenkenntnis und Verkaufstalent an, die Fachrichtung des Studiums ist dagegen eher zweitrangig. Viele Versicherungsgesellschaften bieten **Trainee-Programme** an, die auf die Arbeit im Innen- und Außendienst vorbereiten.

MÜNCHENER RÜCK. GEMEINSAM ZUKUNFT GESTALTEN.

125 Jahre
Preferred Partner in Risk

Traineeprogramm Risiko-Underwriting

für Wirtschaftswissenschaftler, (Wirtschafts-)Mathematiker, Wirtschaftsingenieure, Juristen (m/w)

IHRE AUFGABEN: In unserem Traineeprogramm erarbeiten Sie sich in 18 Monaten Ihr persönliches Fundament für eine Tätigkeit im Risiko-Underwriting, dem spannenden und abwechslungsreichen Kerngeschäft der Münchener Rück. Im Training on the Job, durch Ausbildungsaufenthalte in Schnittstellenbereichen und in Seminaren bilden Sie Ihre Fach-, Sozial- und Methodenkompetenz aus und vernetzen sich im Unternehmen.

IHRE KOMPETENZEN: Sie haben Ihr Studium sehr gut abgeschlossen und mit Praktika im Finanz- oder Versicherungsbereich abgerundet. Erste internationale Erfahrungen haben Sie bereits gesammelt. Es macht Ihnen Freude, komplexe Themen vertiefend zu erarbeiten. Dafür bringen Sie hervorragende Englischkenntnisse, kommunikative Kompetenz, analytische Stärke und empathisches Gespür mit. Ihr Wissen können Sie auch schnell in neue Situationen transferieren.

GEMEINSAM PROFITIEREN WIR: Mit über 6.400 Mitarbeitern an 60 Standorten rund um den Globus sind wir der international führende Risikoträger im Bereich Rückversicherung. Ob Informations- oder Gentechnologie, Raumfahrt, Maschinenbau, Naturgefahren oder Fußballweltmeisterschaft: Für die Münchener Rück gibt es kaum einen Bereich der Wirtschaft oder des täglichen Lebens, in dem sie nicht aktiv ist. Unsere Kunden vertrauen auf unsere Finanzkraft und die Kompetenz unserer Mitarbeiter. Für die Entfaltung Ihres persönlichen Potenzials finden Sie bei uns beste Voraussetzungen. Wir freuen uns auf Ihre Onlinebewerbung. Bitte informieren Sie sich über die Termine zu unserem nächsten Auswahlverfahren unter www.munichre.com und nutzen Sie das Bewerbungsformular. Rückfragen richten Sie bitte per E-Mail an Holger Emmert: hemmert@munichre.com

Weitere Informationen: www.munichre.com

Münchener Rück
Munich Re Group

Special

Banken und Versicherungen

Sonderfall Aktuar

Aktuare sind wissenschaftlich ausgebildete und speziell geprüfte Experten, die mit den mathematischen Methoden der Wahrscheinlichkeitstheorie und der Finanzmathematik Fragestellungen aus den Bereichen Versicherungs- und Bausparwesen, Kapitalanlage und Altersversorgung analysieren und unter Berücksichtigung des rechtlichen und wirtschaftlichen Umfeldes Lösungen entwickeln. Die Nutzung der durch die automatisierte Datenverarbeitung gegebenen Möglichkeiten ist dabei selbstverständlich, so dass Aktuare auch Grundkenntnisse der Informatik und der Datenverarbeitung haben müssen. Hatten sich Aktuare in der Vergangenheit lediglich mit der finanziellen Bewertung von Leistungsversprechen beschäftigt, so hat die Vermögensanlage zur Abdeckung der Verpflichtung immer größere Bedeutung gewonnen.

Aktuare arbeiten im Wesentlichen für Versicherungsgesellschaften, Träger der Sozialversicherungen, Banken und Bausparkassen, berufsständische Versorgungseinrichtungen, Beratungs- und Wirtschaftsunternehmen, aber auch für Einzelpersonen, Verbände, Behörden, Ministerien, den Gesetzgeber und als Sachverständige vor Gericht. Organisiert sind diese Versicherungsmathematiker in der Deutschen Aktuarvereinigung e. V. (DAV).

Neben den genannten versicherungswirtschaftlichen Tätigkeiten des Aktuars gibt es noch die durch das Versicherungsaufsichtsgesetz institutionalisierte Rolle des **Verantwortlichen Aktuars**. Der darauf zu achten hat, dass die gesetzlichen Vorschriften bei der Berechnung der Prämien und der Deckungsrückstellungen eingehalten werden und der – bei Versicherungsverträgen mit Anspruch auf Überschussbeteiligung – dem Vorstand Vorschläge für eine angemessene Beteiligung am Überschuss vorlegen muss.

Der künftige Aktuar muss einen **Studienabschluss** nachweisen, der mindestens eine **mathematische Grundausbildung** beinhaltet. Folgende Universitäts- und Fachhochschulabschlüsse werden von vorneherein akzeptiert: Diplom-Mathematiker und Diplom-Wirtschaftsmathematiker. Bis zum Zeitpunkt der Prüfung im versicherungsmathematischen Spezialwissen muss der künftige Aktuar nach der Prüfungsordnung der DAV eine **achtjährige einschlägige Praxis** bei einem Versicherungsunternehmen, einer Bausparkasse, einem Kreditinstitut, einem versicherungsmathematischen Sachverständigen oder bei Instituten, Verbänden, Körperschaften und Beratungsgesellschaften, die durch den Prüfungsausschuss des DAV dafür zugelassen werden, nachgewiesen haben.

Für ein mathematisches Hochschulstudium werden auf diesen Zeitraum fünf Jahre, für ein Fachhochschulstudium vier Jahre angerechnet. Mindestens zwei Jahre muss der künftige Aktuar hierbei in dem Spezialgebiet gearbeitet haben, in dem er die Prüfung des versicherungsmathematischen Spezialwissens ablegt. Kurse für die Prüfungsvorbereitung werden von der Deutschen Aktuar-Akademie angeboten.

 Mehr Informationen gibt es im Internet unter 🖳 www.aktuar.de.

Special

Banken und Versicherungen

2.4 Universitätslehrstühle mit Schwerpunkt Versicherungswirtschaft

Universität	Professor	Lehrstuhl	Internet
Bamberg U	Prof. Dr. Ulrich Meyer	Wahlpflichtfach Versicherungsökonomik	💻 www.uni-bamberg.de/sowi/economics/meyer/
Berlin HU	Professor Dr. Helmut Gründl	Versicherungs- und Risikomanagement	💻 www.wiwi.hu-berlin.de/vers/
Gießen U	Prof. Dr. Martin Morlock	Professur für Risikomanagement und Versicherungswirtschaft	💻 http://wi.uni-giessen.de/gi/home/morlock
Göttingen U	Prof. Dr. Günter Gabisch und Prof. Dr. Lothar Schruff	Seminar für Versicherungswissenschaft	💻 http://wiwi.uni-goettingen.de/VersWiss/
Hamburg U	Prof. Dr. Martin Nell	Institut für Versicherungsbetriebslehre	💻 www.rrz.uni-hamburg.de/IfVBL/
Hannover U	Prof. Dr. J.-Matthias Graf von der Schulenburg	Institut für Versicherungsbetriebslehre	💻 www.ivbl.uni-hannover.de/~ivbl/
Kaiserslautern U	Prof. Dr. Reinhold Hölscher	Finanzdienstleistungen und Finanzmanagement	💻 www.uni-kl.de/FB-SoWi/LS-Hoelscher/
Kassel U/GH	Prof. Dr. Rainer Stöttner	Fachgebiet Finanzierung, Banken, Versicherungen	💻 www.wirtschaft.uni-kassel.de/Stoettner
Karlsruhe U	Prof. Dr. Christian Hipp und Prof. Dr. Ute Werner	Versicherungswissenschaft	💻 www.rz.uni-karlsruhe.de/~ivw/
Köln U	Prof. Dr. Heinrich Schradin	Institut für Versicherungswissenschaft und Seminar für allgemeine BWL, Risikomanagement und Versicherungslehre	💻 www.uni-koeln.de/wiso-fak/versich/
Leipzig U	Prof. Dr. Fred Wagner	Professur für Versicherungsbetriebslehre	💻 www.uni-leipzig.de/versicherung/vbl/
Mannheim U	Prof. Dr. Peter Albrecht	Allgemeine BWL, Risikotheorie, Portfolio Management und Versicherungswirtschaft	💻 www.bwl.uni-mannheim.de/Albrecht/
München U	Prof. Dr. Elmar Helten	Institut für Betriebswirtschaftliche Risikoforschung und Versicherungswirtschaft	💻 www.inriver.bwl.uni-muenchen.de/

Special

Banken und Versicherungen

Universität	Professor	Lehrstuhl	Internet
Münster U	Prof. Dr. iur. Helmut Kollhosser	Münsterische Forschungsstelle für Versicherungswesen	www.uni-muenster.de/Jura.mfv/
Passau U	Prof. Dr. Bernhard Kromschröder	Betriebswirtschaftslehre mit Schwerpunkt Versicherungswirtschaft und Risikotheorie	www.wiwi.uni-passau.de/lehrstuehle/kromschroeder/
Regensburg U	Prof. Dr. Otto A. Altenburger	Versicherungsbetriebslehre	www.uni-regensburg.de/Fakultaeten/WiWi/altenburger/
Ulm U	Prof. Dr. Peter Gessner und Prof. Dr. Dieter Beschorner und Prof. h. c. Dr. Dietmar Zietsch	Fakultät für Mathematik und Wirtschaftswissenschaften, Abteilung Unternehmensplanung	www.mathematik.uni-ulm.de/uplan/

3. Freie Finanzdienstleister

Die Experten sind sich einig: die freien Finanzdienstleister werden in Zukunft immer wichtiger. Denn immer mehr Menschen legen Wert auf eine **unabhängige Beratung** bei der Geldanlage. Allerdings gibt es bisher noch keine verlässlichen Daten über den Marktanteil des freien Vertriebs. Der BVI Bundesverband Investment- und Asset Management hat jedoch festgestellt, dass der Anteil der freien Vermittler beim Fondsvertrieb von 10,4 Prozent im Jahr 2001 auf immerhin 11,4 Prozent im Jahr 2002 stieg. Die Versicherungsgesellschaften machen sogar einen Großteil ihres Geschäftes mit selbstständigen Vermittlern. Während im angestellten Außendienst 2003 nur rund 54.700 Personen beschäftigt waren, arbeiteten die Gesellschaften mit immerhin rund 79.000 hauptberuflichen und 320.000 nebenberuflichen Versicherungsvertretern zusammen.

Das Bild des freien Finanzdienstleisters, der abends am Küchentisch die Abrechnungen mit den Gesellschaften zusammenstellt und seine Kunden im Wohnzimmer auf dem Cordsamt-Sofa empfängt, stimmt schon lange nicht mehr. Nur noch die wenigstens freien Vermittler arbeiten als Einzelkämpfer. Die meisten von ihnen haben sich inzwischen an Vertriebsgesellschaften oder so genannte **Maklerpools** angeschlossen.

Special

Banken und Versicherungen

Die Pools übernehmen für die Vermittler administrative Arbeiten und unterstützen sie beim Marketing, bei der Kooperation mit Produktlieferanten und bei der Abwicklung der Kundenaufträge. Im technischen Bereich sind in den vergangenen Jahren zudem so genannte Fondsplattformen entstanden, die den Vermittlern die Verwaltung der Kundendepots und den Zugang zu den Produktgebern erleichtern.

Neben diesen mehr oder weniger losen Zusammenschlüssen gibt es bei den freien Finanzdienstleistern noch die **Allfinanzvertriebe**. Das sind Vertriebsgesellschaften, die Versicherungen und Finanzdienstleistungen für verschiedene Anbieter vertreiben. Die Mitarbeiter dieser – auch häufig Strukturvertriebe genannten – Gesellschaften sind meistens selbstständige Handelsvertreter (neben- und hauptberuflich). Die Bezahlung erfolgt erfolgsabhängig. Eine Haftungsfreistellung des Allfinanzvertriebs dem Mitarbeiter gegenüber erfolgt in aller Regel nicht.

Die größten Allfinanzvertriebe			
Name	Fest angestellte Mitarbeiter	Freie Vertriebsmitarbeiter	Umsatz (Konzern, in Millionen €)
AWD	1.500	4.800	463,3
DVAG	450	30.000	664,1
OVB	300	7.410	52,5

Stand 2002

Nach wie vor ist der Akademikeranteil bei den freien Finanzdienstleistern relativ gering – wenigstens wenn es um das Geschäft mit den normalen Privatkunden handelt.

Etwas anders sieht es bei der Betreuung vermögender Privatkunden oder Firmenkunden aus. An der Lösung der komplexen Probleme dieser Klientel sind häufig Vermögensberater oder -verwalter mit Hochschulabschluss beteiligt.

Aber auch bei den Maklerpools und den Fondsplattformen gibt es inzwischen verstärkt Berufsangebote für Hochschulabsolventen. Gefragt sind hier zum einen Wirtschaftswissenschaftler mit dem Schwerpunkt Marketing, aber auch Wirtschaftsinformatiker, die die teilweise sehr komplexen Datenbanken und Anwendungsprogramme der Pools und Plattformen entwickeln und verwalten.

Special

Banken und Versicherungen

Sonderfall Finanzplaner/Financial Planner

Das Angebot der so genannten Finanzplanung gehört zu den Wachstumsmärkten in der Anlageberatung. Derzeit richtet sich das Angebot noch in erster Linie an vermögende Privatkunden, allerdings gibt es Bestrebungen, diese Dienstleistung – die der Kunde in der Regel gesondert bezahlt – auch Durchschnittsverdienern zugänglich zu machen.

Der Finanzplaner berät Privatkunden in ihren gesamten finanziellen Angelegenheiten auf der Basis der Grundsätze ordnungsgemäßer Finanzplanung (GOF). Er hat die Interessen seines Mandanten zu vertreten und bewegt sich dabei im Rahmen der Berufsgrundsätze. Finanzplaner müssen das gesamte Spektrum des Finanz-, Geld-, Kredit- und Versicherungswesens kennen und im Thema Kapitalanlagen mit allen seinen Facetten bewandert sein.

Finanzplaner haben eine Universitäts-, Fachhochschul- oder anderweitige, als gleichwertig anzuerkennende Ausbildung absolviert, verfügen über langjährige Erfahrungen im Finanzdienstleistungsbereich und haben bereits vor ihrer Zertifizierung auf dem Gebiet der Finanzplanung gearbeitet.

Die Zertifizierung als Finanzplaner ist in Deutschland bei zwei Vereinen möglich:

- Der DEVFP Deutscher Verband Financial Planners wacht in Deutschland über die Qualität der Certified Financial Planner (CFP), einer internationalen Qualifikation für Finanzdienstleister. In Deutschland gibt es derzeit 826 Certified Financial Planner, weltweit über 72.000. Bei der Weiterbildung arbeitet der DEVFP mit der ebs Finanzakademie in Oestrich-Winkel und der Hochschule für Bankwirtschaft in Frankfurt zusammen. Die ebs wiederum kooperiert bei ihrer Ausbildung zum Finanzökonom – der Grundlage für die Zulassung zur CFP-Prüfung – mit der Akademie der Genossenschaften in Montabaur und der Deutschen Sparkassenakademie in Bonn. Informationen im Internet: www.devfp.de.

- Die European Financial Planning Association (EFPA) bietet ein zweistufiges Aus- und Weiterbildungskonzept zum European Financial Advisor oder Planner an. Während der Advisor in erster Linie gehobene Privatkunden bei der Alters- und Risikovorsorge, dem Anlagemanagement und der Immobilienfinanzierung unterstützt, wendet sich der Planner an vermögende Privatkunden, die Beratung in komplexen Fällen wie Erbschafts- oder Nachfolgeregelung benötigen. In Deutschland werden die Interessen der EFPA seit Anfang 2004 von der vbb Vereinigung für Bankberufsbildung in Frankfurt vertreten. Informationen im Internet: www.efpa.de und www.vbb.de.

7.3.13 Transport und Logistik

Die Branche

Die Branche Transport und Logistik lässt sich in die Bereiche Speditionsgewerbe und Luftverkehr aufteilen.

Die Aufgabe des **Speditionsgewerbes** ist die effiziente Kombination verschiedener Transportwege, sodass das zu transportierende Gut kostengünstig und „just in time" am richtigen Ort eintrifft.

Die Unternehmen in dieser weitgehend dezentral organisierten Branche entwickeln sich zurzeit immer mehr zu Fullservice-Anbietern für Distributionsdienstleistungen, in die auch Tätigkeiten wie Verpackung, Sortierung oder Qualitätskontrolle integriert werden. Zudem sorgen Integrationen von Supply Chain Managementleistungen (SCM) für eine verstärkte Vernetzung zwischen Lieferant, Unternehmer und Logistikdienstleister.

Ein wachsender Bereich ist der Markt für **Kurier-, Express-, Brief- und Paketdienste**, in dem jedoch ein sehr scharfer Preiswettbewerb herrscht, was die weitere Konzentration und Verdrängung von Anbietern zur Folge haben wird.

Die Wirtschaftslage einer Reihe von internationalen Fluggesellschaften war schon vor den Anschlägen am 11. September 2001 sehr angespannt. Die Swissair und einige US-Fluggesellschaften litten unter dem extrem harten Wettbewerb und der Abkühlung der US-Konjunktur. Seit den Anschlägen haben die Flugkonzerne zudem zusätzlich mit den Folgen der Einschränkungen des Luftverkehrs sowie der Zurückhaltung der Kunden speziell im Tourismusbereich zu kämpfen. Somit sind weitere Rationalisierungsmaßnahmen in der Branche zu erwarten.

Anforderungen und Berufschancen

Junge Hochschulabsolventen sind im Bereich der Transport- und Logistikbranche traditionell eher unterrepräsentiert. Anders als in anderen Branchen ist der Bedarf an Hochschulabsolventen vor allen Dingen in den wenigen Großbetrieben hoch, die vereinzelt auch interessante Trainee-Programme anbieten.

Der Anteil an Hochschulabsolventen, die in die Führungsspitze von Transport- und Logistikunternehmen aufsteigen, nimmt immer mehr zu, mit hervorgerufen durch die Ausweitung von Transportdienstleistungen.

Eingestellt werden vor allem Bewerber, die sich mit logistischen oder transportspezifischen Fragen, wie z. B. **Verkehrsbetriebslehre, Logistik und Verkehrswissenschaft** beschäftigt haben. Da die Internationalisierung im Logistik-Bereich weit fortgeschritten ist, werden gute bis sehr gute Englischkenntnisse, manchmal auch zusätzlich Französisch- und Spanischkenntnisse vorausgesetzt.

Hochschulabsolventen, die vor ihrem Studium eine Ausbildung als Speditionskaufmann oder Groß- und Außenhandelskaufmann absolviert haben, sind bei der beschränkten Anzahl von Stellen deutlich im Vorteil. Wer im Anschluss an eine solche Lehre von vornherein weiß,

Roche Diagnostics

Karrieren als Managerin in der Logistik

Roche Diagnostics gehört mit einem Umsatz von 7 Milliarden CHF zu den führenden Unternehmen im Bereich diagnostischer Systeme und biochemischer Produkte. Innovation wird hier groß geschrieben – auch bei Global Logistics, dem Logistikzentrum von Roche Diagnostics in Mannheim. „Wir planen und steuern alle logistischen Flüsse innerhalb der Gesellschaft in enger Kooperation mit Produktion, Marketing, Finanzen und Vertriebsgesellschaften", so Peter Stephan, Leiter der Exportkontrolle. Täglich verlassen 4.000 Sendungen das Zentrum an Empfänger in 170 Ländern. Auf 55.000 Palettenplätzen lagern 6.000 Unternehmensprodukte – manche müssen bis minus 70 °C tief gekühlt gelagert werden, manche sind nur kurzfristig haltbar: „Eine Herausforderung für die Mitarbeiter in der Logistik". Das Besondere: Hier ist die Logistik keine Männerdomäne. Während bei großen Logistikdienstleistern unter 100 Mitarbeitern in der Top-Führungsriege nicht selten nur eine Frau ist, sind es hier unter 50 schon zehn Frauen – „gerne können es auch noch mehr sein". Welche Entwicklungsmöglichkeiten Global Logistics bietet, zeigen die Beispiele von vier Managerinnen, die über die unterschiedlichsten Einstiegswege dort Karriere gemacht haben.

Abteilungsleiterin Supply Chain Management Reagents „Near Patient Testing" und „Applied Science"

Die Apothekerin Dr. Ruth Draisbach, 43, kam über Produktion und Marketing in die Logistik. „Nach Abschluss meiner Promotion stieg ich, für eine Apothekerin ganz klassisch, als Referentin Qualitätskontrolle im Kontrolllabor, Bereich Reagenzienherstellung Arzt- und Patientensysteme, ein." Es folgte schon bald ein Wechsel in die Diagnostika-Sparte, wo Ruth Draisbach nach kurzer Zeit die Leitung einer Gruppe übernahm, die für die Qualitätssteuerung bestimmter Schnelldiagnostika zuständig war. „In dieser Funktion hatte ich mit klassischen Analysen nichts mehr zu tun, sondern arbeitete in engem Kontakt mit der Forschung an einem Herstellungsschritt mit", erklärt Ruth Draisbach. 1994 wechselte sie als Produktmanagerin ins zentrale Marketing. Nach einigen Jahren in diesem Bereich suchte die Apothekerin dann wieder eine neue Herausforderung: „Nachdem ich die Diagnostikaprodukte sowohl aus der Produktion als auch von der Marketingseite her gut kannte, reizte es mich, nun auch noch die logistische Seite und das damit zusammenhängende operative Geschäft kennen zu lernen." Im April 2003 wechselte sie daher in die Logistik und ist seither im Bereich Global Logistics als Abteilungsleiterin Supply Chain Management Reagents RNP (Roche Near Patient Testing) und RAS (Roche Applied Science) für zehn Mitarbeiter verantwortlich. „Gemeinsam mit meinen Mitarbeitern muss ich für die Planung und die Bereitstellung der Produkte sorgen – weltweit", umreißt Ruth Draisbach ihren Aufgabenbereich. Diese Managementaufgabe hat eine hohe planerische Komponente: „Wir erhalten von unseren Kunden – in der Regel sind dies Roche-Niederlassungen aus der ganzen Welt – Forecasts für die bestimmten Produkte. Um diese Bedarfe zu erfüllen, muss ich mit meiner Abteilung dafür sorgen, dass das Lager mit dem gewünschten Produkt befüllt wird – in ausreichender Menge und in allen benötigten Varianten." Ein Zuviel ist ebenso ungünstig wie ein Zuwenig. „Die Kunst ist es, eine Balance zwischen Lieferfähigkeit, Bestandsmenge und Lagerrisiko zu erreichen. Eine gute Planung ist daher das A und O", betont Ruth Draisbach. An ihrer Tätigkeit schätzt sie besonders die Vielseitigkeit: „Mein Aufgabenspektrum reicht von der Mitarbeiterführung über die Zusammenarbeit in Teams mit Menschen aus den verschiedensten Ländern und Unternehmensbereichen bis hin zur Mitgestaltung von Prozessabläufen."

Gruppenleiterin International Ordermanagement
Fabiana Schleder Pena Ruiz, 31, hat in Brasilien Betriebswirtschaftslehre studiert. Darauf setzte sie noch Aufbaustudiengänge in den Bereichen Marketing und Human Ressources und, 2001, einen MBA in Internationalem Marketing an der Export Akademie der Fachhochschule Reutlingen. Ihre Laufbahn bei Roche Diagnostics begann sie mit einem Management Traineeprogramm im Bereich Global Marketing Diabetes Care. Nach zweieinhalb Jahren Unternehmenszugehörigkeit zögerte Fabiana Schleder nicht, das Angebot anzunehmen, eine leitende Stelle bei Global Logistics zu übernehmen. „Zum ersten Mal kam ich 1999 mit Logistik in Berührung, während eines sechsmonatigen Praktikums in der Konzern-Logistik der Volkswagen AG. Dort konnte ich erfahren, welche Wichtigkeit die Logistik in einem globalen Unternehmen hat", berichtet sie. Im Februar 2004 übernahm die Diplom-Kauffrau im International Ordermanagement die Leitung einer von insgesamt vier Gruppen. „Das Management Traineeprogramm hat mich optimal auf die Übernahme dieser leitenden Funktion vorbereitet", betont Fabiana Schleder. „Die Bearbeitung anspruchsvoller strategischer und konzeptioneller Projekte, diverse internationale Einsätze in den USA, der Schweiz und in Großbritannien, die Chance, ein Netzwerk innerhalb des Unternehmens zu knüpfen – dies alles sind Punkte, die dieses Traineeprogramm auszeichnen – und fit machen für Führungsaufgaben."

Fabiana Schleder und ihr Team von 19 MitarbeiterInnen haben die Aufgabe, Kundenbestellungen vom Eingang bis zur Fakturierung und Lieferung zu bearbeiten. „Wir sind zuständig für das ‚Agency-Geschäft', das heißt, wir betreuen Distributoren in Ländern, in denen es keine Roche-Niederlassungen gibt." Da die Gruppe Kunden in aller Welt betreut, sind hier entsprechende Sprachkenntnisse sowie interkulturelle Kompetenzen unerlässlich. „Die Logistik ist wie eine Kette, deren Glieder ineinander greifen müssen. Isoliertes Arbeiten funktioniert hier nicht. Wir arbeiten daher eng mit dem Vertrieb, dem International Forwarding Management, der Produktion und dem Marketing zusammen. Teamfähigkeit und Monitoring spielen dabei eine wichtige Rolle", erklärt Fabiana Schleder. Das Ziel ihrer Gruppe sind pünktliche Lieferungen – in der vom Kunden gewünschten Zeit, in der gewünschten Menge, am gewünschten Ort und mit der richtigen Qualität. Fabiana Schleder: „Die Mischung aus operativem und strategischem Arbeiten sowie die Personalführung eines internationalen Teams macht mir sehr viel Spaß!"

Leiterin National and International Ordermanagement „Applied Science Industrial"

Die Karriere von Sabine Martin, 38, verlief „verzögert", das heißt über den zweiten Bildungsweg. Nach einer Ausbildung zur Einzelhandelskauffrau folgten seit 1985 Stationen bei verschiedenen Unternehmen – als kaufmännische Angestellte, dann als Sachbearbeiterin und schließlich als Assistentin des Bereichsleiters im internationalen Marketing und Vertrieb eines Küchenherstellers. Parallel zu ihrer beruflichen Entwicklung bildete sich Sabine Martin kontinuierlich fort. „Ich machte IHK-Abschlüsse als Ausbilderin, dann als Handelsfachwirtin, erhielt nach entsprechenden Sprachkursen das Spanisch-Zertifikat ‚Certificado Inicial', bildete mich zur ‚Fremdsprachlichen Wirtschaftskorrespondentin in Englisch' weiter und absolvierte ein Praktikum in England – im Bereich Logistik eines britischen Unternehmens", zählt Sabine Martin ihre zahlreichen Aktivitäten auf.

Zu Roche Diagnostics kam sie im April 2000. „Ich fing als Sachbearbeiterin an – in der Logistik, Abteilung International Ordermanagement." Bereits ein knappes Jahr später übernahm sie eine Gruppenleiterfunktion im Internationalen Ordermanagement. Weiterhin nahm Frau Martin von Oktober 2003 bis Mai 2004 erfolgreich an einem internationalen Personalentwicklungsprogramm HORIZONS des Unternehmens teil. Dieses Programm richtet sich an besonders talentierte Mitarbeiter, welche mittel- bis langfristig in globale Managementfunktionen geführt werden können. Ziele von HORIZONS sind unter anderem die Entwicklung von multifunktionalem Denken und Handeln, Sammeln interkultureller Erfahrungen sowie Erwerb exzellenter Führungskompetenz.

Im Mai 2004 wurde Sabine Martin die Leitung der Abteilung „National und International Ordermanagement Applied Science Industrial" übertragen. Sie ist seither für zwölf Mitarbeiter verantwortlich. „Unsere Aufgabe ist es, von unseren Kunden Aufträge entgegenzunehmen, zusätzliche, kunden- und materialspezifische Informationen hinzuzufügen und diese an die Produktion weiterzuleiten. Ist die Ware kundenspezifisch produziert beziehungsweise abgefüllt, wird die Speditionsabteilung von uns beauftragt, den Versand anzustoßen. Wir behalten den gesamten Auftragsprozess im Auge, bis die Ware zum gewünschten Zeitpunkt beim Kunden eintrifft", erklärt Sabine Martin.

Die Kunden ihrer Abteilung sind Industrieunternehmen: „Die meisten werden nicht mit Endprodukten, sondern mit Rohstoffen beliefert, die in deren Produktion benötigt werden." Neben umfangreichen organisatorischen und planerischen Aufgaben im Tagesgeschäft ist die Abstimmung mit Kunden, mit Kollegen aus anderen Ländern und Unternehmensbereichen wie Marketing, Key Account und Produktion ein weiteres Thema ihrer Tätigkeit. Besonders am Herzen liegt Frau Martin die Personalführung und -entwicklung. Neben fachlicher ist hier in erster Linie soziale Kompetenz gefragt. Sabine Martin: „Wichtig ist, Prozesse immer wieder zu hinterfragen, kontinuierlich anzupassen und zu optimieren."

Trainee „Management Start Up" Global Logistics

Jeanie Hsieh, 26, stieg im April 2004 als Trainee bei Global Logistics ein. Bevor sie sich bei Roche Diagnostics auf einem Absolventenkongress um eine Traineestelle in der Logistik bewarb, schloss sie ihr BWL-Studium mit Auslandsaufenthalten an der Hong Kong University of Science & Technology und der London Business School ab. Als Schwerpunkte des Studiums wählte sie Finanzierung, Wachstums- und Konjunkturtheorie und Produktionswirtschaft. „Das Roche Diagnostics-Traineeprogramm ‚Management Start Up', kurz MSU, finde ich sehr attraktiv, da hier die Mitarbeiter in äußerst kurzer Zeit sehr gut entwickelt und gezielt für die Übernahme einer Führungsposition ausgebildet werden", betont Jeanie Hsieh. „Für ein Traineeprogramm entschied ich mich deshalb, weil ich nach dem Studium nicht gleich in eine fest umrissene Position einmünden wollte, sondern eine hohe Lernkurve anstrebe und das Unternehmen durch Projektarbeit von mehreren Seiten kennen lernen möchte." Auch der Schritt in die Logistik erfolgte ganz bewusst: „Supply Chain Management wird meines Erachtens nach zunehmend wichtiger für global agierende Unternehmen. Dieser Bereich hat noch viel Potenzial und ist daher von einer hohen Dynamik gekennzeichnet. Außerdem schätze ich an der Arbeit in der Logistik besonders die analytisch-quantitative und ganzheitliche Vorgehensweise", erklärt die Diplom-Kauffrau. „Ein weiterer wichtiger Pluspunkt ist für mich die globale Ausrichtung der Logistik bei Roche Diagnostics: Ich möchte gerne international arbeiten – beispielsweise in internationalen Teams oder in Form von Auslandseinsätzen." Ende September hat Jeanie Hsieh ihr erstes Projekt abgeschlossen: „Meine Aufgabe war es, weltweit eine Strategie zur Optimierung der Global Supply Chain im Bereich ‚Großgeräte' zu entwickeln." Das zweite Projekt führt sie für einige Monate nach Kalifornien. „Dort bin ich dafür verantwortlich, ein strategisches Konzept für das so genannte Life Cycle Management einer Business Area zu entwickeln. Das bedeutet, Entscheidungsmodelle dafür zu finden, wie man unter Berücksichtigung fachspezifischer Gesichtspunkte – Marketing, Logistik, Finance, Produktentwicklung, Produktion et cetera – obsolete Produkte vom Markt nimmt beziehungsweise neue Produkte einführt."

Besonders wichtig ist es Jeanie Hsieh zu betonen, dass der Logistikbereich auch für Frauen sehr attraktiv ist. „Ich glaube, dieser Bereich hat immer noch ein Imageproblem. Häufig wird Logistik mit Männerarbeit gleichgesetzt. Doch dies stimmt so nicht. Frauen, die gerne analytisch, strategisch und konzeptionell arbeiten, finden in der Logistik ein ebenso attraktives Betätigungsfeld wie in den ‚klassischeren' Bereichen Marketing und Personalwesen!"

Ansprechpartnerin:
Ulrike von Faber – Referentin Personalmarketing
Roche Diagnostics GmbH, Personal Mannheim, Dept. PD-M
Sandhofer Straße 116
D-68305 Mannheim
☎ (office) +49 / 174 3486175
🖱 ulrike.von_faber@roche.com

dass die Spezialisierung im Studium wieder in die Branche zurückführen soll, kann sich in verschiedenen Studiengängen sinnvoll auf das spätere Berufsleben vorbereiten.

Im Bereich der Luftverkehrsgesellschaften finden Absolventen der wirtschaftlichen Fachbereiche, also **Diplom-Betriebswirte**, **Diplom-Kaufleute** und auch **Juristen**, interessante Aufgaben vor.

Die wichtigsten kaufmännischen Funktionsbereiche bei den Luftverkehrsgesellschaften sind die Bereiche Organisation, Finanz- und Rechnungswesen, Revision, Personalwesen, Marketing und Vertrieb.

Da die Konzentration von Luftverkehrsgesellschaften und die Öffnung bestimmter Märkte unter den Gesellschaften selbst und auch gegenüber den Chartergesellschaften einen harten Wettbewerb ausgelöst haben, werden Spezialisten im Bereich des Unternehmenscontrollings und der Preis- und Absatzpolitik immer gesucht.

Nur die größten Luftfahrtgesellschaften bieten ein standardisiertes Trainee-Programm an. Der normale Einstieg in diese Branche erfolgt über ein umfassendes **Training-on-the-job**.

Notwendige Voraussetzungen, um eingestellt zu werden, sind exzellente Fremdsprachenkenntnisse und Standortunabhängigkeit.

7.3.14 Touristik

Die Branche

Die Zahl der Buchungen in den deutschen Reisebüros ist drastisch hinter den Werten des Vorjahres zurückgeblieben. Reiseforscher gehen für das kommende Jahr von einer geringen Erholung für die Touristik-Branche aus. Dennoch trüben die Aussichten der Tourismusunternehmen die immer wieder genährte Angst der Urlauber vor neuen Anschlägen. Auch ist eine Buchungszurückhaltung aufgrund kleinerer Budgets und konjunktureller Abkühlung in Deutschland beobachtbar.

Viele Reiseveranstalter hingegen sind optimistisch, dass dieser Zustand nicht allzu lange anhalten wird. Zudem ist zu beachten, dass durch Unternehmenszusammenschlüsse und Aufkäufe ein **Konzentrationsprozess** stattfindet, der die **Einstiegschancen** für Hochschulabsolventen tendenziell **begünstigt**.

Um den Kunden einen optimalen Service zu bieten und ihre Bedürfnisse zu befriedigen, existiert eine enge **Verzahnung** mit anderen Bereichen: So existieren nicht nur Beschäftigungsmöglichkeiten bei den großen Reiseveranstaltern, sondern auch bei Reisebüros, Fremdenverkehrsämtern, Kurverwaltungen sowie im Hotel- und Gaststättengewerbe.

Traditionell sind Hochschulabsolventen in der Branche unterrepräsentiert, jedoch existieren bei entsprechenden Studienschwerpunkten interessante Einstiegsmöglichkeiten.

Anforderungen und Berufschancen

Die besten Chancen bietet die Touristikbranche für Hochschulabsolventen der Tourismusstudiengänge. Diese **Touristik-Betriebswirte** sind in Reisebüros, in Reiseketten, bei Reiseveranstaltern, bei Autovermietungen und bei ausländischen Fremdenverkehrsbüros Ansprechpartner.

In den Bereichen Produktion, Einkauf und Kalkulation können sich **Diplom-Betriebswirte** (Touristik) und Diplomkaufleute bei den Reiseveranstaltern als Assistenten der Produktmanager direkt bewerben und sich zum Produktmanager für bestimmte Produkte oder Zielgebiete entwickeln.

Wichtige Voraussetzungen für einen erfolgreichen Berufseinstieg sind vor allem **Berufserfahrung** bzw. studienbegleitende **Touristik-Praktika**. Des weiteren sind exzellente Sprachkenntnisse, möglichst in mehreren Sprachen, Standortunabhängigkeit und Auslandsaufenthalte Pluspunkte für die Einstellung.

Im Finanz- und Rechnungswesen, im Controlling und im Personalbereich haben **Diplom-Kaufleute** mit entsprechenden Studienschwerpunkten gute Chancen.

Im EDV-Bereich werden **Diplom-Informatiker** eingestellt, im Rechtsbereich **Juristen**.

Informationen für Reisebüros und für Reiseveranstalter zur Verfügung zu stellen, wird ein immer wichtigerer Teil des Marketings. Daher haben Spezialisten im Bereich der EDV, Organisatoren und Netzwerkspezialisten sehr gute Berufschancen.

Studiengänge für Touristikbranche

- RWTH Aachen: Geographie mit Schwerpunkt Tourismus
- IFH Bad Honnef: Internationales Hotel- und Tourismusmanagement, Tourismusmanagement, Hotelmanagement
- FH Braunschweig/Wolfenbüttel: Tourismusmanagement
- Hochschule Bremerhaven: Cruise Industry Management
- ISM Dortmund: Tourismus-, Event- und Hospitalitymanagement
- FH Harz (Wernigerode): Tourismusmanagement, International Tourism Studies
- Heidelberg International Academy: International Travel & Tourism
- FH Heilbronn: Tourismusbetriebswirtschaft
- FH Kempten: Tourismusmanagement
- FH München: Tourismusmanagement
- Euro-Business-College München: Tourismus- und Eventmanagement
- FH Oldenburg (Wilhelmshaven): Tourismuswirtschaft
- Universität Passau: Wirtschafts- und Kulturraumstudien
- HTW Saarbrücken: International Tourism Management
- FH Stralsund: Leisure and Tourism Management
- Universität Trier: Angewandte Geographie/Fremdenverkehrsgeographie
- Westküste FH: Internationales Tourismusmanagement
- FH Worms: Touristik
- FH Zittau (Görlitz): Tourismus, Kultur und Management

Zudem bieten viele wirtschaftswissenschaftliche Studiengänge, abhängig von den jeweiligen Universitäten bzw. Fachhochschulen, Verknüpfungen mit dem Fachgebiet Touristik an.

Diplom-Volkswirte werden bei großen Touristik-Unternehmen zur volkswirtschaftlichen Analyse einzelner Länder eingesetzt.

Einen **Studiengang oder Studienschwerpunkt Touristik-Betriebswirtschaft** kann man beispielsweise an den (Fach-)Hochschulen, die auf der gegenüberliegenden Seite aufgelistet sind, belegen.

7.3.15 Wirtschaftsprüfung und Steuerberatung

Die Branche

Der Markt für Wirtschaftsprüfung und Steuerberatung wird von einem **Oligopol der großen „Big Four"** dominiert. Diese Firmen teilen das Geschäft mit den 500 größten Unternehmen Deutschlands fast ganz unter sich auf. Die Umsätze erreichen einen zweistelligen Milliardenbereich mit zum Teil sechsstelligen Mitarbeiterzahlen.

Darüber hinaus existieren kompetente und expandierende **mittelständische Beratungsfirmen** sowie eine **Vielzahl selbstständiger Prüfer**. Ob es zu weiteren Zusammenschlüssen kommen wird, ist zur Zeit ungewiss.

Zurzeit gibt es in Deutschland ca. 12.000 Wirtschaftsprüfer, davon sind 6.700 mit einer eigenen Praxis gemeldet (Stand 10/2003).

Mehrere **Bilanzskandale** in der jüngsten Vergangenheit haben dem Ansehen der Wirtschaftsprüfungsgesellschaften jedoch massiv geschadet. Reagiert wurde hierauf mit zahlreichen **Qualitätsoffensiven**, die zur Steigerung der Anforderungen an die Mitarbeiter führten. Zudem mussten die meisten Häuser als Konsequenz auf die großen Skandale bei Enron, Flowtex etc. ihre Prüfungs- und Beratungssparten voneinander trennen.

Auch spüren große und mittlere Wirtschaftsprüfungsunternehmen die vorhandenen Sparzwänge bei Ihren Kunden. Die Zuwachsraten haben sich im Vergleich zu den Boomjahren daher abgeschwächt. Sämtliche Revisionsgesellschaften verzeichnen nicht mehr die hohen Neueinstellungszahlen wie in der Vergangenheit.

Dennoch: Die **Zukunftsaussichten** im Bereich der Wirtschaftsprüfung und Steuerberatung sind **sehr gut** und finanziell attraktiv. Der Bedarf an gut ausgebildeten und hoch motivierten Hochschulabsolventen wird auch weiterhin bestehen, da die Branche dank der ständigen Veränderungen und Gesetzgebungen sowie der Zunahme der Anwendungen internationaler Regeln der Rechnungslegung (IAS, US-GAPP) aller Voraussicht nach **weiter wachsen** wird. In Zukunft wird deshalb wohl wieder vermehrt in Anstrengungen zur Gewinnung von Hochschulabsolventen investiert werden.

Anforderungen und Berufschancen

Wirtschaftsprüfer erstellen nicht nur Jahresabschlüsse und die dazugehörigen Testate, sondern übernehmen auch viele weitere anspruchsvolle Aufgaben, zum Beispiel die Begleitung von Sanierungen und Börsengängen oder die Prüfung von Gründungen, Unternehmensveräußerungen, Übernahmen und Unternehmensbewertungen.

Die Unternehmen in der Wirtschaftsprüfungs- und Steuerberaterbranche rekrutieren eine große Anzahl ihrer Nachwuchskräfte aus den Absolventen akademischer Studiengänge. Ideale **Einstiegsvoraussetzung** ist ein BWL-Studium mit Schwerpunkten wie Prüfungswesen, Bilanzen, Steuerrecht, Finanzierung oder Controlling. Idealerweise hat der Bewerber im Rahmen seines Studiums bereits ein **Praktikum** bei einer bekannten Wirtschaftsprüfungsgesellschaft absolviert. Aber auch Volkswirte, Juristen oder Wirtschaftsingenieure mit entsprechender Zusatzqualifikation haben sehr gute Chancen, in diese Branche einzusteigen.

Die Tätigkeit als Wirtschaftsprüfer ist mit einem hohen Maß an Engagement, Verantwortungsbewusstsein und der Bereitschaft zur permanenten **Weiterbildung** verbunden. Da die Betreuung der Mandanten in der Regel durch Mitarbeiterteams erfolgt, sind nicht nur soziale Kompetenz und Teamfähigkeit wichtige **persönliche Eigenschaften,** sondern auch Kommunikationsfähigkeit und unternehmerisches Denken.

Wirtschaftsprüfer erleben bei ihrem Umgang mit den Mandanten in ihrer täglichen Arbeit die zunehmende Internationalisierung, so dass **sehr gute englische Sprachkenntnisse** unverzichtbar geworden sind. Die großen Wirtschaftsprüfungsgesellschaften sind ohnehin in weltweite Netzwerke eingebunden, um ihren global agierenden Kunden die entsprechenden Services zu bieten.

Der **Einstieg** bei einem größeren Unternehmen der Branche beginnt in der Regel als Prüfungsassistent (Professional). Hierbei erhält der Neueinsteiger in einem Team erfahrener Kollegen recht früh eigenverantwortliche Aufgaben bei der Prüfung eines Mandanten. Die nächsten Karrierestufen sind dann in aller Regel Consultant oder Senior, Senior Manager und Director. Bei besonderer Befähigung kann bei vielen Beratungen als oberste Stufe der Karriereleiter der Status „Partner" erreicht werden.

Neben der Möglichkeit, bei einem großen oder mittelständischen Unternehmen tätig zu sein, bietet sich gerade für den Wirtschaftsprüfer die Möglichkeit, den Weg in die **Selbstständigkeit** zu wählen. Auch dies kann finanziell sehr attraktiv sein, hängt aber im Wesentlichen von den persönlichen Neigungen und dem Risikoempfinden ab (siehe auch Kapitel 10 Existenzgründung).

Der Professional kann nach einer zweijährigen Berufspraxis die **Prüfung zum Steuerberater** ablegen, die bei der Landesfinanzbehörde erfolgt. Die Vorbereitung hierfür erfolgt in aller Regel berufsbegleitend, wofür gesammelte Überstunden oder vorhandene Urlaubsansprüche verwendet werden können.

Die Voraussetzung zur Ablegung der Prüfung zum Wirtschaftsprüfer ist die bestandene Steuerberaterprüfung. Das **Wirtschaftsprüferexamen** ist sehr arbeitsintensiv und hatte in der Vergangenheit sehr hohe Durchfallquoten. Jedoch wurden im Rahmen der WPO-Novelle zum Januar 2004 die Prüfungsanforderungen zeitgemäßer gestaltet und speziell die Zugangsvoraussetzungen für FH-Absolventen vereinfacht. Zu beiden Prüfungen werden die Anwärter meistens von ihren Unternehmen mit Literatur, Weiterbildungen und dem Besuch von Repetitorien unterstützt.

7.3.16 Unternehmensberatung

Die Branche

In Anbetracht der Konzentration und Spezialisierung, der Rationalisierung und strategischen Ausrichtung sowie der notwendigen schnellen Anpassungen als Reaktion auf eine hohe Umweltdynamik ist die Branche der Unternehmensberatung trotz der momentanen wirtschaftlichen Lage als positiv zu bewerten.

Allerdings konkurriert eine Vielzahl von Bewerbern mit einer geringeren Anzahl von Einstiegsangeboten.

In dieser Branche können vier Bereiche unterschieden werden:

- Managementberatung oder Unternehmensberatung im engeren Sinne,
- Personalberatung,
- Wirtschaftsprüfung,
- Steuerberatung.

(Die Rechtsberatung als eigener Berufsstand wird hier nicht aufgeführt.)

Unternehmensberatung hat die Zielsetzung, die Leistungs- und Wettbewerbsfähigkeit eines Unternehmens, zum Beispiel durch organisatorische Umstrukturierung oder die Entwicklung von Marketingstrategien, zu stärken.

Das Verständnis und die Durchführung einer Beratung hat sich im Laufe der letzten Jahre aufgrund der Anforderungen der Kunden gewandelt. Genügte in der Vergangenheit die Ausarbeitung von Konzepten, so wird gegenwärtig auch die Implementierung von Lösungsvorschlägen verlangt.

Wurden in der Vergangenheit viele Berater für E-Commerce und interne Projekte gesucht, so liegen zurzeit eher klassische Themen zur Erzielung von Rationalisierungen, Restrukturierungen und Kostensenkungsmaßnahmen im Trend, so dass sich in diesen Bereichen eine steigende Nachfrage nach Nachwuchskräften ergibt.

Dementsprechend hat sich das Anforderungsprofil an die Bewerber verändert: Kommunikations- und Teamfähigkeit sowie soziale Kompetenz stehen gleichberechtigt neben abstraktem und analytischem Denken.

Anforderungen und Berufschancen

Die Unternehmensberatungsbranche übt seit jeher eine besondere Attraktivität auf Hochschulabsolventen aus.

Das hängt zum einen mit ihrem hohen Prestige- bzw. Imagewert zusammen, zum anderen aber auch mit der direkten Umsetzbarkeit des im Studium Erlernten. Auch sehr gute Verdienstmöglichkeiten spielen natürlich eine Rolle.

Da sich Unternehmensberatungen sowohl auf alle betriebswirtschaftlichen Funktionen als auch auf die strategische Unternehmenssteuerung und die Organisa-

BAIN & COMPANY

Über Karriere redet man nicht.
Die macht man bei Bain.

Wenn Sie weiter kommen wollen, sind Sie schon da: www.bain.de

tionsberatung erstreckt, lassen sich **viele interessante Tätigkeitsfelder für Hochschulabsolventen** finden.

Viele Unternehmensberater spezialisieren sich im Laufe ihrer Beratungstätigkeit auf bestimmte betriebliche Bedürfnisse, Funktionen oder Branchen.

Bereits nach relativ kurzer Tätigkeit (zwei bis fünf Jahre) besteht für junge Berufstätige die Möglichkeit, mit einem attraktiven Gehalt entweder als Partner in der Unternehmensberatung aktiv zu werden, in Führungsfunktionen von Unternehmen (oft Beratungskunden) aufzusteigen oder sich mit einer eigenen Unternehmensberatung selbstständig zu machen. Dementsprechend können Unternehmensberatungen aus einer großen Fülle von Kandidaten die passenden Bewerber auswählen.

Die meisten eingestellten Kandidaten haben ein **ökonomisches, natur- oder ingenieurwissenschaftliches Studium** abgeschlossen. Wer über die geforderten Zusatzqualifikationen verfügt, findet gelegentlich auch mit einer **anderen fachlichen Ausbildung** – zum Beispiel als Geisteswissenschaftler – einen Einstieg in die Beratungsbranche.

Die überdurchschnittliche geforderte Qualifikation zeigt sich neben der fachlichen Ausbildung vor allem in umfangreichen Zusatzqualifikationen: Erwartet werden Auslandsaufenthalte und Kenntnisse mehrerer Fremdsprachen, ein Prädikatsexamen und ein zusätzlicher akademischer Abschluss, zum Beispiel eine Promotion, ein MBA-Titel oder ein Doppelstudium.

Unternehmensberatungen suchen generell Bewerber, die im Vergleich zu anderen Branchen **überdurchschnittlich qualifi**ziert sind. Grundlage ist dabei die Überlegung, dass der Berater prinzipiell höher qualifiziert sein sollte als der Kunde, den er berät.

Berufsanfänger absolvieren Trainingsprogramme, die von Mentoren begleitet werden, und arbeiten daneben direkt in Beraterteams bei den Klienten mit.

Voraussetzung für eine erfolgreiche Berater-Karriere sind sehr gute kommunikative Fähigkeiten, Lernbereitschaft, Fähigkeit zur Problemlösung, Teamgeist, soziale Kompetenz, Konfliktmanagement und extreme Einsatzbereitschaft, da Berater ständig unter Termindruck arbeiten.

Weitere unabdingbare Voraussetzungen sind: analytisches Denkvermögen, Kreativität und Verhandlungsgeschick sowie Mobilität, um die verschiedenen Projekte an den verschiedenen Standorten realisieren zu können.

Informationen über Beratungsangebote, Unternehmensberatungen und die Branche erhalten Sie beim Bundesverband Deutscher Unternehmensberater BDU in Bonn.

7.3.17 Elektronische Medien

Die Branche

Die Landschaft der elektronischen Medien hat sich gravierend geändert, seit 1984 private Rundfunkveranstalter in **Hörfunk und Fernsehen** auf Sendung gingen. Inzwischen gibt es ca. 375 Rundfunkveranstalter, von denen ca. 230 im Hörfunk- und ca. 145 im Fernsehbereich tätig sind.

Mittlerweile haben die **privaten Hörfunk- und TV-Anbieter** die Marktführerschaft in der deutschen Medienlandschaft übernommen.

Daneben sind die **öffentlich-rechtlichen Anstalten** weiterhin natürlich wichtige Arbeitgeber für Hochschulabsolventen.

Während die öffentlich-rechtlichen Anbieter ARD und ZDF mit 30.000 Mitarbeitern die meisten festangestellten Beschäftigten haben, bemühen sich die privaten Veranstalter, ihre Personalstruktur äußerst schlank zu halten. Dies ist möglich durch ein Netzwerk von selbstständigen Medienunternehmen, Auftragsproduzenten und freien Mitarbeitern, mit denen die Sender eng zusammenarbeiten. Der mit Abstand **größte Arbeitgeber** unter den Privaten sind die **Hörfunksender**, die allein 6.200 Mitarbeiter beschäftigen.

In Zukunft ist nicht mit einer weiteren Steigerung der Beschäftigtenzahlen zu rechnen.

Anforderungen und Berufschancen

Der größte Personalbedarf wird auch in Zukunft bei den Programmmachern liegen, die die Aufgabe haben, neue Unterhaltungsformate und Nachrichtensendungen zu entwickeln. Für diese Tätigkeit wird ein **Hochschulstudium mit journalistischem Schwerpunkt** vorausgesetzt.

Zu den unabdingbaren **Zusatzqualifikationen** gehören Praktika oder Volontariate im journalistischen Umfeld. Diese müssen nicht unbedingt beim Rundfunk selbst erfolgen, sondern können auch bei Zeitungen, Zeitschriften oder im PR-Bereich von Unternehmen oder Verbänden absolviert werden. Daneben werden gute Kenntnisse mindestens einer Fremdsprache (meist Englisch) erwartet, idealerweise auch weiterer Fremdsprachen. Wichtig ist insgesamt eine möglichst interdisziplinäre Ausbildung.

Wer **keinerlei praktische journalistische Erfahrungen** während des Studiums gesammelt hat, hat bei den elektronischen Medien keine Einstellungschancen.

Im begrenzten Umfang werden auch im Fernsehbereich **Volontariate** angeboten. Interessierte sollten sich sehr frühzeitig darum bewerben.

Neben Journalisten besteht ebenso Bedarf an Absolventen sehr vieler anderer Fächer:

- **Diplom-Ingenieure** werden als Produktionsfachleute benötigt,
- **Betriebswirte** werden im kaufmännisch-administrativen Bereich (Finanz- und Rechnungswesen, Controlling, Organisation, Personal und EDV) gesucht, und
- **Juristen** werden im Bereich des Werbe- und Wettbewerbs-, des Arbeits- und Tarifrechts sowie des Medien-, Urheber- und Lizenzrechts eingesetzt.

Wer im privaten Rundfunk arbeiten möchte, kann sich entweder an die Personalabteilungen der jeweiligen Sender oder an den Verband Privater Rundfunk und Telekommunikation (VPRT), Berlin, wenden.

7.3.18 Verlags- und Pressewesen

Die Branche

Das Verlags- und Pressewesen gliedert sich in

- die Buchverlage,
- die Zeitungs- und
- die Zeitschriftenverlage.

Während **Zeitungs- und Zeitschriftenverlage** aufgrund ihrer periodisch erscheinenden Publikationen ähnlich arbeiten, sind **Buchverlage** anders strukturiert und bieten Hochschulabsolventen mit verschiedenartigen Ausbildungen Einstiegschancen.

Sowohl im Zeitungs- und Zeitschriften- als auch im Buchbereich gibt es einige wenige Großverlage, die überwiegend zu Konzernen (Bertelsmann, Holtzbrinck usw.) gehören und den größten Teil des Branchenumsatzes auf sich vereinen. Daneben existiert eine Vielzahl mittlerer und kleiner Verlage mit relativ wenig Personal und geringerem Umsatz.

Da die Markt-Eintrittsbarrieren im Verlagswesen relativ niedrig sind, kommt es immer wieder zu **Verlagsneugründungen**. Häufig handelt es sich dabei um „Ein-Mann/Frau-Verlage", die im so genannten Special-Interest-Bereich – also auf dem Gebiet der Speziallliteratur für besondere, eng umrissene Zielgruppen – gute Überlebenschancen haben. Oftmals wachsen sie nach einigen Jahren zu mittelständischen Unternehmen heran.

Das Verlagswesen ist also nicht nur für Absolventen auf der Suche nach einer festen Anstellung attraktiv, sondern eignet sich auch für **Existenzgründer**, sofern sie eine attraktive Marktlücke auf dem ständig wachsenden Informationsmarkt ausfindig gemacht haben. Dabei braucht sich der Neugründer keineswegs auf Bücher zu beschränken.

Eine besonders wichtige neue Entwicklung der Branche ist der **Multimedia-Markt**, auf den sich derzeit sowohl die Buch- als auch die Zeitungs- und Zeitschriftenverlage begeben.

Auf diesem Gebiet werden in der Zukunft **neue Arbeitsplätze** entstehen (zum Beispiel im Bereich des Content-Managements), während im traditionellen Printbereich die Zahl der Arbeitsplätze zurückgegangen ist und auch in Zukunft keine Zuwächse zu erwarten sind.

Anforderungen und Berufschancen

Im Multimedia-Bereich entstehen derzeit **ganz neue Berufe**, zum Beispiel Screen-Designer, Netzwerk-Administratoren, Multimedia-Konzeptioner und andere.

In diesen Bereichen haben **Hochschulabsolventen aller Fachrichtungen** gute Einstiegschancen. Viel wichtiger als die fachliche Ausrichtung des Studiums ist für diese neu entstehenden Berufsbilder die praktische Erfahrung im Multimedia-Bereich, gleich auf welchem Wege sie erworben wurde.

Neben den Verlagen gibt es auch **viele Multimedia-Agenturen** (mit durchschnittlich zwölf Mitarbeitern), die den

Verlagen zuarbeiten und auf der Suche nach qualifiziertem Personal sind. Auch im Bereich der Multimedia-Agenturen bestehen für **Existenzgründer** gute Einstiegs- und Wachstumschancen.

Im **klassischen Printbereich** des Verlagswesens gibt es folgende Tätigkeitsfelder:

In **Zeitungs- und Zeitschriftenverlagen** werden **Journalisten bzw. Redakteure** eingestellt, an die ähnliche Erwartungen gestellt werden wie bei den elektronischen Medien (also neben einem fachlichen Studium praktische Berufserfahrung, Fremdsprachenkenntnisse, oft Volontariat).

In **Buchverlagen** werden für das **Lektorat**, das dem Produktmanagement in anderen Branchen entspricht, Hochschulabsolventen verschiedener Fachrichtungen gesucht: Je nach Verlagsprogramm werden **Wirtschaftswissenschaftler, Geistes- und/oder Naturwissenschaftler** eingestellt.

Als **Zusatzqualifikation** werden praktische Erfahrungen erwartet, zum Beispiel eine Tätigkeit in einer Buchhandlung, als Korrektor oder Autor. Trainee-Programme sind eher selten; meist erfolgt der **Einstieg direkt** als Lektoratsassistenz.

In den übrigen **kaufmännischen Bereichen** der Zeitungs-, Zeitschriften- und Buchverlage haben Wirtschaftswissenschaftler gute Chancen.

Medien (Print): Die fünf Unternehmen mit dem besten Ruf	
Rang	Unternehmen
1	FAZ Gruppe
2	Bertelsmann
3	Gruner + Jahr
4	Hubert Burda Media
5	Süddeutscher Verlag

Quelle: Imageprofile 2004. In: manager-magazin.de 2004

7.3.19 Werbewirtschaft, Public Relations und Marktforschung

Die Branche

Zwar sind die Werbebranche und die damit zusammenhängenden Geschäftsfelder aufgrund der derzeitigen wirtschaftlichen Situation nicht mehr wie in den letzten Jahren von steigenden Umsätzen geprägt, jedoch schaffen veränderte rechtliche Rahmenbedingungen, demographische Veränderungen, wie beispielsweise die Verschiebung der Altersstruktur und die Existenz neuer Medien sowie Werbeformen, neue Aufgaben und bieten für kreative Köpfe neue Chancen, auch zur Existenzgründung.

Aktiv im Bereich der Werbewirtschaft sind werbende Firmen, Werbeagenturen, zuliefernde Betriebe (zum Beispiel Druckereien, Papierindustrie) und Medien.

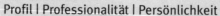

Profil | Professionalität | Persönlichkeit

Wir sind eines der bedeutenden Medienunternehmen in Deutschland mit starker internationaler Ausrichtung und Beteiligungen an renommierten Buchverlagen, Zeitungs- und Zeitschriftenhäusern. Wir legen großen Wert auf hohe verlegerische Qualität und eigenständiges unternehmerisches Handeln unserer Tochtergesellschaften im Sinne einer dezentralen Führungsphilosophie.

Für unsere Zeitungsverlage suchen wir

Assistenten der Geschäftsführer
Zeitungsverlage

Nach Ihrem Hochschulabschluss haben Sie konkrete Praxiserfahrungen im Zeitungsgeschäft gesammelt. Idealerweise verfügen Sie darüber hinaus über praktische Erfahrungen im Internet-Umfeld. Sie sind konzeptionsstark, verlieren dabei aber das Machbare nicht aus den Augen. Unternehmerisches Denken und Handeln zeichnen Sie aus. Sie überzeugen durch Ihre Persönlichkeit.

Sie arbeiten eng mit dem Geschäftsführer zusammen und übernehmen eigenverantwortlich strategische und operative Projekte. Dabei werden Sie aktiv in Entscheidungsprozesse eingebunden und unterstützen den Geschäftsführer bei Sonderaufgaben.

Wenn Sie eine außergewöhnliche Karriere im Medienmanagement anstreben, dann schicken Sie Ihre Bewerbung an die Verlagsgruppe Georg von Holtzbrinck GmbH, Cathrin Vischer, Gänsheidestr. 26, 70184 Stuttgart, oder an karriere@holtzbrinck.com.

VERLAGSGRUPPE
GEORG VON HOLTZBRINCK
GMBH

S. Fischer	Verlagsgruppe	Scientific American	Lausitzer Rundschau
Rowohlt	Handelsblatt	nature	Main-Post
Kiepenheuer & Witsch	DIE ZEIT	Macmillan	Saarbrücker Zeitung
Droemer Knaur	Der Tagesspiegel	St. Martin's Press	Südkurier
			Trier. Volksfreund

und 80 weitere Tochter-Unternehmen in über 30 Ländern der Erde

7.3 Branchen

Die Gruppe der Agenturen lässt sich grob in Full-Service- und auf bestimmte Geschäftsfelder spezialisierte Agenturen unterscheiden. Erstere bieten alle kommunikationspolitischen Dienstleistungen, wie zum Beispiel Gestaltung und Produktion von Werbemitteln, Mediaplanung und -selektion sowie die Konzeptionierung und Umsetzung ganzer Strategien aus einer Hand an.

Darüber hinaus existieren Unternehmen, die sich auf bestimmte Branchen (zum Beispiel Pharmazeutische Industrie), Zielgruppen (zum Beispiel Senioren) oder spezielle Aufgabenstellungen (zum Beispiel PR, Direkt-Marketing, Dialog-Marketing oder Event-Marketing) spezialisiert haben.

Die Öffentlichkeitsarbeit (**Public Relations**, PR) ist einer der großen Wachstumsbereiche, nicht zuletzt aufgrund der sich wandelnden Kommunikation der Unternehmen mit der Öffentlichkeit wie auch mit Kunden.

Viele Betriebe haben erkannt, dass Werbung, Sales Promotion etc. allein als Kommunikationsinstrumente nicht ausreichen, sondern dass ein langfristiger Image-Aufbau unter Einsatz umfassender PR-Instrumente (eigene Zeitschriften, Pressekonferenzen, Sponsoring usw.) nötig ist.

Außer mittelständischen und kleinen PR-Agenturen gibt es zahlreiche große und mittelständische Unternehmen aller Branchen, die eigene PR-Stabs- oder Linienstellen mit mehreren Mitarbeitern unterhalten. Auch Verbände und Organisationen richten in wachsendem Maße eigene PR-Abteilungen ein.

Die **Marktforschung** beschäftigt sich mit der zielgruppenorientierten Erhebung, Erfassung, Verdichtung und Analyse von Informationen. Hierzu werden in der Regel wissenschaftlich fundierte Methoden und Verfahren angewandt, um zum Beispiel Einstellungen zu messen, Qualitätsurteile abzufragen, Werbewirkungskontrollen durchzuführen oder Produkteigenschaften zu ermitteln.

Darüber hinaus erheben große Marktforschungsunternehmen regelmäßig Testmarktdaten neuer Produkte oder stellen Industrieunternehmen Panel-Daten auf Endkonsumenten- oder Handelsbasis zur Verfügung.

Anforderungen und Berufschancen

Die **Werbebranche** ist geeignet für Absolventen **wirtschaftswissenschaftlicher Studiengänge** mit den **Schwerpunkten Marketing, Werbung, Kommunikationswissenschaften und PR**. Gewünscht sind des weiteren eine während des Studiums bereits klar erkennbare Affinität zu diesem Bereich, die sich zum Beispiel in Praktika oder auch in einer dem Studium vorgeschalteten Lehre als Werbekaufmann niedergeschlagen hat.

Weiterhin werden gute englische Sprachkenntnisse, Kommunikations- und Teamfähigkeit von den Bewerbern erwartet.

Traineeprogramme finden sich in der Regel nur in großen Agenturen. Ansonsten sind der **Direkteinstieg** oder ein **Training-on-the-job** dominierend.

Mögliche Einsatzbereiche sind die Funktionen des Junior-Kontakters, worüber ein Aufstieg bis zur Etatverantwortlichkeit gelingen kann, oder des Mediaexperten, der für die Analyse und Auswahl der in Betracht kommenden Medien zum Transport der Werbebotschaft verantwortlich ist.

Im **PR-Bereich** werden Hochschulabsolventen aller Fachrichtungen eingestellt: Neben ausgebildeten **Journalisten** finden sich auch **Wirtschaftswissenschaftler, Ingenieure, Natur- und Geisteswissenschaftler.**

Als Zusatzqualifikation werden praktische Erfahrungen im journalistischen Bereich, Wort- und Redegewandtheit sowie Kontaktfreude im Umgang mit Menschen erwartet.

Der Einstieg erfolgt meist direkt als **PR-Assistenz**. In PR-Agenturen führt der Aufstieg über die Junior-Beratung zur Senior-Beratung.

Im Bereich der **Marktforschung** arbeiten Absolventen, denen der Umgang mit statistischem Handwerkszeug vertraut ist. Meist sind es **Sozialwissenschaftler, Psychologen** aber auch **Betriebs- und Volkswirte**, die sich während des Studiums schwerpunktmäßig mit Statistik beschäftigt haben.

Die am häufigsten anzutreffende Einarbeitungsform ist das **Training-on-the-job** oder bei Vorhandensein spezieller verwertbarer Kenntnisse auch der **Direkteinstieg**.

7.3.20 Öffentlicher Dienst

Die Branche

Mit einem Arbeitsverhältnis im Öffentlichen Dienst verbinden viele Studenten Sicherheit, Regelbeförderung und hohe Pensionen. Doch auch öffentliche Institutionen sehen sich aufgrund der Finanzmittelknappheit der Länder und des Bundes und nicht zuletzt wegen einer veränderten Anspruchshaltung der Bürger Umstrukturierungs- und Reorganisationsmaßnahmen gegenübergestellt.

Kundenorientierung, schneller Service und unbürokratische Abwicklung von Anfragen („Die Behörde als Dienstleister für den Bürger") sind Entwicklungen, die öffentliche Verwaltungen zu **interessanten Arbeitgebern** machen.

Arbeitgeber im Öffentlichen Dienst sind zum Beispiel:

- die Ministerien (Bundes- und Landesregierungen),
- die Bundesbank,
- die Finanzverwaltung,
- Stadt- und Gemeindeverwaltungen und
- die Hochschulen.

Die **Einstellungschancen** bei den verschiedenen Behörden sind unterschiedlich. Während sie sich in den Bundesbehörden durch die Privatisierung von Post, Telekom und Bahn verschlechtert haben, sind sie an den Hochschulen innerhalb der nächsten zehn Jahre aufgrund der Überalterung des Lehrpersonals als gut anzusehen, trotz der Sparpolitik.

Im Öffentlichen Dienst gilt das **Laufbahnprinzip**, also ein genau festgelegter beruflicher Werdegang, der vom Vorbereitungsdienst bis zur Pensionierung durchlaufen wird.

Universitätsabsolventen beginnen ihre Laufbahn im **höheren Dienst**, Fachhochschulabsolventen in der Regel im **gehobenen Dienst**.

Grundsätzlich haben Absolventen aller Fachrichtungen im Öffentlichen Dienst gute Chancen. Je nach Stelle und Behörde werden zum Beispiel **Betriebs- und Volkswirte, Sozial- und Politikwissenschaftler, Mediziner, Psychologen, Soziologen** und gelegentlich auch zum Beispiel **Apotheker, Lebensmittelchemiker, Ärzte, Tierärzte und andere** gesucht.

Besonders gute Aussichten, vor allem in den Ministerien, haben **Juristen** und zunehmend **Wirtschaftswissenschaftler**. Von ihnen wird ein Prädikatsexamen erwartet. Wer eine weitere Qualifikation mitbringt, zum Beispiel im Fach Medizin, ist sehr gesucht.

Da in den Behörden fast alles auf schriftlichem Wege abgewickelt wird, erwartet man von allen Kandidaten gute schriftliche und mündliche Formulierungsfähigkeiten.

Entgegen weitverbreiteter Ansicht wird jedoch – auch in den Ministerien – nicht erwartet, dass ein Bewerber Mitglied einer Partei ist. **Parteizugehörigkeit hat** (jedenfalls offiziell) **keinen Einfluss** auf die Karriere.

Die Einstellung erfolgt in der Regel als **Beamter** und ist daher mit einer Unkündbarkeit verbunden. Wer als **Angestellter** beginnt, hat häufig nach mehreren Dienstjahren die Möglichkeit, in ein Beamtenverhältnis zu wechseln.

Trainee-Programme sind im Öffentlichen Dienst unüblich. Der **Einstieg** erfolgt **direkt**.

7.4 Start im Mittelstand

In der Regel konzentrieren sich Hochschulabsolventen in der Phase ihrer Bewerbung bei der Suche nach ihrem zukünftigen Arbeitgeber auf bekannte Großunternehmen. Es bieten sich aber gerade im Mittelstand, bei etablierten oder auch bei neu gegründeten Start-ups, interessante Einstiegsmöglichkeiten, die der Bewerber keinesfalls außer Acht lassen sollte. Er trifft hier, zum Beispiel bei einem neu gegründeten Unternehmen, auf ein Arbeitsfeld, dass in der Regel frei von verkrusteten Strukturen von Großunternehmen ist und eine **eigenverantwortliche Tätigkeit von der ersten Stunde an** ermöglicht.

Viele mittelständische Unternehmen sind, obwohl in der Öffentlichkeit kaum bekannt, in bestimmten Bereichen Marktführer, zum Teil Weltmarktführer mit besonderen Produkten oder Dienstleistungen. Man spricht hier von den **Hidden Champions**. Es handelt sich um Unternehmen mit bis zu 500 Beschäftigten und einem Umsatz von max. 50 Millionen € p. a.; viele sind inhabergeführt.

Anforderungen und Berufschancen

Der Berufseinsteiger findet im Mittelstand in der Regel **flache Hierarchien, kurze Entscheidungswege** und die sehr **schnelle Übernahme eigenverantwortlicher Tätigkeiten** und Aufgaben.

Häufig existiert aber keine klare Definition von einzelnen organisatorischen und personellen Funktionsbereichen. Der Absolvent muss sich auf kurze Einarbeitungszeiten und schnelles Zupacken einstellen.

In den wenigsten Fällen findet der Berufseinsteiger klar vorgezeichnete Wege, wie zum Beispiel bei einem Trainee-Programm in einem Großunternehmen; ebensowenig existieren Personalentwicklungspläne, die auf zukünftige Aufgaben vorbereiten.

Dafür besteht in mittelständischen Unternehmen häufig die **Möglichkeit zu einer schnellen Karriere**. Außerdem ist die Zahl der Konkurrenten geringer als in großen Unternehmen. Pläne können schneller umgesetzt, Kreativität kann leichter entfaltet werden.

Voraussetzung für eine Karriere im Mittelstand ist eine Kombination aus **generalistischer Veranlagung und guten Fachkenntnissen** des jeweiligen Bereichs oder der Branche. Der Einstieg erfolgt oft im **Training-on-the-job oder direkt**.

Für **Diplom-Kaufleute** oder **Betriebswirte** finden sich gute Startpositionen generell im Vertrieb oder im Marketing oder speziell in Bereichen, in denen der Absolvent bereits während des Studiums erste berufliche Erfahrungen gesammelt hat. Solche Erfahrungen werden im Mittelstand meist höher bewertet als akademische Titel.

Produktionsbetriebe suchen naturgemäß häufig **Ingenieure**.

Juristen werden in mittelständischen Unternehmen eher selten eingestellt, da kleinere Unternehmen in der Regel keine eigene Rechtsabteilung besitzen und mit Anwaltskanzleien zusammenarbeiten.

Wer sich für den Mittelstand interessiert und bewerben möchte, kann **Branchen- oder regionale Messen** oder auch die örtlichen **Industrie- und Handelskammern** als Informationsquelle nutzen. Ferner bieten die Nachschlagewerke zum Beispiel des Hoppenstedt-Verlages, die in jeder Universitätsbibliothek ausliegen, die notwendigen Basisinformationen (Adresse, Umsatz, Aktivitätsfeld, Rechtsform der Unternehmen etc.).

7.5 Gehälter

Einflussfaktoren

Das Gehalt unterliegt dem Einfluss verschiedener Faktoren, die natürlich nicht alle vom Bewerber gesteuert werden können. Die folgende Tabelle gibt einen Überblick:

Einfluss auf das Gehalt	
Merkmale	im Einzelnen
persönlichkeitsbezogene	• fachliche Ausbildung • praktische Erfahrungen • Zusatzqualifikationen • Alter
unternehmensbezogene	• Größe • Branche • regionale Lage • Ertragssituation
positionsbezogene	• Art der Stellung • Tätigkeitsdauer im Unternehmen
äußere	• konjunkturelle Lage • Angebot und Nachfrage des Arbeitsmarktes

7.5 Gehälter

Persönlichkeitsbezogene Faktoren

Neben der fachlichen Ausbildung werden vor allem **Zusatzqualifikationen** wie zum Beispiel eine Promotion oder ein Zweitstudium in der Regel besonders vergütet.

> Eine **Promotion** kann einen Gehaltsaufschlag von ca. 5.000 bis 7.500 € p. a. ermöglichen, wenn das Thema der Dissertation oder der Dr.-Titel zum Beispiel im Auftritt nach außen für das Unternehmen Vorteile bringt. Ein **Zweitstudium** wird in der Regel mit einem um ca. 1.500 bis 2.000 € jährlich höheren Einkommen gegenüber dem „einfachen" Diplom honoriert.

Sofern ein Unternehmen Wert auf eine vor dem Studium abgeschlossene **Lehre** legt, wird diese mit ca. 1.000 bis 1.500 € jährlich zusätzlich vergütet. Ähnliches gilt mit Abstrichen auch für Volontariate und andere berufs- und stellenbezogene Praktika, ebenso für Auslandsaufenthalte.

Unternehmensbezogene Faktoren

Ein sehr starker Einflussfaktor ist die **Zugehörigkeit** des Unternehmens zu bestimmten Branchen. In wachsenden Märkten liegt das Gehaltsniveau in der Regel höher als in stagnierenden oder schrumpfenden. So erlebt zurzeit die Telekommunikations-, Software- und Computerbranche einen Boom, während die Baubranche in einer Krise steckt.

> Spitzengehälter werden in **Unternehmensberatungsgesellschaften** bezahlt. Hier können Berufsanfänger Anfangseinkommen im hohen fünfstelligen Bereich erzielen, sofern sie über einen hervorragenden Studienabschluss, eine kurze Studienzeit sowie gute Zusatzqualifikationen, kombiniert mit der entsprechenden Persönlichkeit, verfügen.

Nicht immer sind es die größten Unternehmen, die die höchsten Gehälter zahlen. Gerade kleinere Unternehmen, die gefragte hochwertige Produkte oder Dienstleistungen offerieren und sich in einer sehr guten Marktsituation befinden, bieten oft eine überdurchschnittliche Vergütung.

Unternehmen, die in **Ballungsgebieten** bzw. **Großstädten** wie München oder Stuttgart angesiedelt sind, zahlen meist höhere Gehälter als solche, die in Randgebieten oder ländlichen Gebieten ihren Sitz haben.

Allerdings stellt das höhere Gehalt oft eine Kompensation für die standortbedingten höheren Lebenshaltungskosten dar, sodass jemand, der in einer kleineren Stadt ein geringeres Gehalt bezieht, insgesamt unter Umständen „besser dasteht".

Positionsbezogene Faktoren

Die Einstiegsposition ist ein weiterer Einflussfaktor. So wird in der Regel der **Direkteinstieg besser** als der Traineeeinstieg **bezahlt**, da der Direkteinsteiger schon nach relativ kurzer Zeit „Mitglied der Wertschöpfungskette" des Unternehmens ist. Allerdings kann sich dies durch eventuell bessere Aufstiegschancen des Trainees später umkehren.

Honoriert wird auch die **Tätigkeitsdauer** im Unternehmen. Berufsanfänger können häufig in der Gehaltsverhandlung vereinbaren, dass sie nach Abschluss der Probezeit oder nach Beendigung der Trainee-Ausbildung ein höheres Gehalt bekommen. Das Gehalt wächst natürlich im Verlauf der Jahre, in denen jemand in einem Unternehmen tätig ist (Dienstalter), besonders wenn Aufstiegschancen gezielt genutzt werden.

Äußere Faktoren

Zu den äußeren Faktoren gehört die konjunkturelle Lage, die momentan in Deutschland insgesamt nicht allzu positiv ist. Auf dem Arbeitsmarkt gibt es zudem seit Jahren ein Überangebot an Arbeitskräften, auch an Hochschulabsolventen.

Dies hat – ebenso wie die steigenden Sozialabgaben – dazu geführt, dass die **Einstiegsgehälter für Berufsanfänger seit 1994/95 stagnieren.**

Nach einer Untersuchung von MLP liegt das **durchschnittliche monatliche Bruttogehalt** von Hochschulabsolventen aller Fach- und Studienrichtungen nach einem Berufsjahr bei ca. 2.500 €.

Aufgrund der steigenden Sozialabgaben, der Pflegeversicherung und des Solidaritätszuschlags ist das **Netto-Einkommen** jedoch real um ca. 100 € gesunken und liegt für Unverheiratete ohne Kinder jetzt bei ca. 1.800 €.

Studieren lohnt sich

Dennoch – ein Studium lohnt sich allemal, auch finanziell. Dies zeigt sich, wenn man die Beziehung zwischen Ausbildung und Einkommen untersucht:

Beziehung zwischen Ausbildung und Einkommen	
Art der Ausbildung	Einkommen
Mittlere Reife	100 %
Abitur	103 %
Fachhochschule	109 %
Universität (ohne Promotion)	125 %
Promotion	126 %

Quelle: Krauss/Groß 1998, Seite 129

Höhere Einkommen von monatlich 2.500 € und mehr sind fast ausschließlich mit einem Studium (nach einigen Berufsjahren) zu erzielen, da die Hochschulausbildung überdurchschnittliche Aufstiegschancen eröffnet.

Monats-Nettoeinkommen von Hochschulabsolventen	
... € pro Monat	Verdienen ... %
2.500 und mehr	37
2.000 – 2.500	26
1.500 – 2.000	20
1.000 – 1.500	14
unter 1.000	3

Das Gehalt ist zwar eine Entscheidungsdeterminante, einen Arbeitsvertrag zu unterschreiben; jedoch sollte der Start bei einem bestimmten Unternehmen nicht in erster Linie davon abhängig gemacht werden.

Wichtiger sind die Faktoren Arbeitsklima, Kommunikation sowie die Aufstiegs- und Karrieremöglichkeiten. Fühlt man sich in einem Unternehmen wohl und macht die Arbeit Freude, so stellt sich ein gutes Gehalt beim Erklimmen der Karriereleiter meist von selbst ein.

Einkommen nach Berufen

Das Bruttogehalt von Berufsanfängern, die die **Universität oder eine Technische Hochschule** absolviert haben, liegt bei durchschnittlich **28.000 bis 38.000 €** p. a.

Absolventen von **Fachhochschulen** verdienen zu Beginn jährlich brutto zwischen **25.000 und 33.000 €**.

Diese Anfangsunterschiede können sich im Laufe der Karriere allerdings ausgleichen, wenn Berufserfahrung und Erfolg den Ausschlag geben.

Die folgende Übersicht zeigt exemplarisch, wie hoch das Einstiegsgehalt (brutto) in einigen ausgewählten akademischen Berufen ist.

Einstiegsgehälter (Angaben in T€ p. a. brutto)	
Studenten Informatik	
Promotion, Habilitation	43–58
Hochschulabschluss	37–43
Fachhochschulabschluss	36–40
Studenten Ingenieurwissenschaften	
Promotion, Habilitation	41–55
Hochschulabschluss	35–41
Fachhochschulabschluss	37–47
Studenten Naturwissenschaften	
Promotion, Habilitation	43–59
Hochschulabschluss	37–43
Fachhochschulabschluss	37–47
Studenten Wirtschaftswissenschaften	
Promotion, Habilitation	40–55
Hochschulabschluss	34–40
Fachhochschulabschluss	31–37
Studenten Jura	
Promotion, Habilitation	42–57
Hochschulabschluss	32–44
Studenten Psychologie	
Promotion, Habilitation	37–48
Hochschulabschluss	33–38
Studenten Geisteswissenschaften/Sozialwissenschaften	
Promotion, Habilitation	36–44
Hochschulabschluss	33–36

Quelle: Geva Institut 2004
Range: Unteres bis oberes Quartil

Einkommen nach Branchen

Die Einstiegsgehälter unterscheiden sich von Branche zu Branche. Tendenziell ist festzustellen, dass die Vergütungen in Industrie- und Dienstleistungsunternehmen sich nicht wesentlich voneinander unterscheiden.

Einstiegsgehälter Branchen (Angaben in T€ p. a. brutto)

Geschäftsführer	
Industrie	70–114
Handel	48–80
Dienstleistung	49–85
Sonstige	53–91
Leiter Vertrieb	
Industrie	56–87
Handel	84–66
Dienstleistung	39–73
Sonstige	48–69
Elektroingenieur	
Industrie	42–59
Handel	44–69
Dienstleistung	41–55
Sonstige	44–61
Assistent der Geschäftsleitung	
Industrie	34–44
Handel	28–44
Dienstleistung	31–42
Sonstige	34–43
Projektleiter	
Industrie	43–58
Handel	39–67
Dienstleistung	37–50
Sonstige	35–53

Softwareentwickler	
Industrie	38–52
Handel	–
Dienstleistung	36–48
Sonstige	35–44
Angestellter Marketing	
Industrie	35–56
Handel	30–42
Dienstleistung	34–44
Sonstige	33–41
Diplom-Ingenieur Maschinenbau	
Industrie	44–65
Handel	33–53
Dienstleistung	33–49
Sonstige	37–57
Technischer Angestellter	
Industrie	34–44
Handel	30–41
Dienstleistung	29–41
Sonstige	33–50
Controller	
Industrie	39–61
Handel	38–47
Dienstleistung	36–50
Sonstige	39–60
Außendienstmitarbeiter	
Industrie	29–47
Handel	23–37
Dienstleistung	29–40
Sonstige	27–41
Kaufmännischer Angestellter	
Industrie	27–44
Handel	23–32
Dienstleistung	23–36
Sonstige	25–35

Quelle: Geva-Institut 2002
Range: Unteres bis oberes Quartil

7.5 Gehälter

Gehälter nach Ausbildungsabschluss

Gehälter nach Ausbildungsabschluss (Angaben in T€ p. a. brutto)			
	Promotion	Hochschul-abschluss	Fachhochschul-abschluss
Geschäftsführer	72–127	57–108	57–110
Leiter Vertrieb	60–78	59–83	53–78
Elektroingenieur	46–71	42–61	40–55
Assistent der Geschäftsleitung	–	37–47	34–43
Projektleiter	48–61	42–61	38–51
Softwareentwickler	43–56	38–48	37–48
Angestellter Marketing	41–60	36–47	36–52
Diplom-Ingenieur Maschinenbau	54–64	41–64	37–61
Technischer Angestellter	–	39–51	33–43
Controller	–	42–61	37–54
Außendienstmitarbeiter	–	29–35	22–36
Kaufmännischer Angestellter	–	32–52	32–46

Quelle: Geva Institut 2002; Range: Unteres bis oberes Quartil

Durchschnittliche Bruttogrundvergütungen in € pro Jahr	
Ausbildungswesen	37.000
Außendienst, Beratung	40.000
Controlling	44.500
Datenverarbeitung	37.500
Einkauf/Beschaffung	34.500
Entwicklung	38.500
Finanzen/Rechnungswesen	36.000
Forschung	45.500
Informationstechnik	43.500
Konstruktion/Projektierung	45.000
Leitung/Management	40.500
Logistik	38.500
Marketing	40.000
Marktforschung	37.500
Materialwirtschaft	39.000
Öffentlichkeitsarbeit	41.000
Organisation	38.000
Personalentwicklung	43.000
Planung	37.500
Product Management	50.000
Produktion	41.000
Qualitätswesen	40.500
Recht	40.000
Redaktion	39.000
Revision	42.000
Steuern	33.000
Verkauf/Vertrieb	30.500
Werbung	37.000

Quelle: MLP AG; eigene Erhebungen

7. Funktionsbereiche und Branchen

Zusatz- und Sozialleistungen

Eine Reihe von Arbeitgebern – insbesondere große Unternehmen – zahlt in Ergänzung zum Gehalt Zusatz- und Sozialleistungen. Dazu gehören:

- Urlaubsgeld,
- Weihnachtsgeld,
- 13. und weitere Monatsgehälter,
- Tantiemen/Gewinnbeteiligungen/Prämien,
- vermögenswirksame Leistungen.

Überschreiten die Zusatzleistungen zusammen ein 13. Monatsgehalt, so sind sie als **überdurchschnittlich** zu bewerten.

Eine weitere Sonderleistung in Geldform ist die **betriebliche Altersversorgung**. Zurzeit haben Unternehmen in Deutschland ca. 41,2 Milliarden € für betriebliche Pensionszahlungen zurückgestellt.

Die betriebliche Altersversorgung gewinnt erst dann an Bedeutung, wenn ein Mitarbeiter längere Zeit im Unternehmen tätig ist.

Eine Umfrage hat ergeben, dass die Mehrzahl der Arbeitnehmer nicht weiß, ob sie eine zusätzliche Altersversorgung vom Betrieb erwarten kann.

Dies ist jedoch wichtig, da die Höhe der eventuell später ausgezahlten betrieblichen Altersversorgung auch darüber entscheidet, ob und in welcher Höhe man privat für das Alter und für den Fall der Invalidität vorsorgen muss.

Klären Sie bereits in der **Gehaltsverhandlung** mit Ihrem zukünftigen Arbeitgeber ab, ob und in welcher Höhe der Betrieb Zusatz- und Sozialleistungen gewährt und unter welchen Voraussetzungen Anspruch auf eine betriebliche Altersversorgung besteht.

Folgende Fragen sollten Sie beantworten können bzw. sich beantworten lassen:

- Nach wie vielen Jahren der Betriebszugehörigkeit besteht Anspruch auf eine Betriebsrente?
- Wie hoch ist der Anspruch, und wie errechnet er sich?
- Ist die Zusage des Arbeitgebers zur Betriebsrente schriftlich garantiert?
- Erstreckt sich die Versorgungszusage auch auf den Fall frühzeitiger Invalidität?
- Ist eine Absicherung von Familienangehörigen im Sterbefall vorgesehen?
- Passt sich die Höhe der Betriebsrente den steigenden Einkommen und Preisen an?
- Was geschieht mit der Betriebsrente im Fall der Kündigung?

Geldwerte Leistungen, die Unternehmen häufig gewähren, sind zum Beispiel folgende:

- verbilligte Mittagessen,
- Übernahme der Fahrtkosten zum Betrieb,
- Abschluss einer Gruppenunfallversicherung,
- verbilligter Einkauf von Unternehmensprodukten,
- Übernahme der Kosten für Weiterbildung.

7.5 Gehälter

❌ Anzeikundigen Sie sich, auf welche geldwerten Leistungen Sie als Berufsanfänger Anspruch haben.

Einkommen im Öffentlichen Dienst

Das Vergütungssystem im Öffentlichen Dienst unterscheidet sich gravierend von dem der privaten Wirtschaft.

Die Einstufung erfolgt hier entsprechend der Ausbildung: **Universitätsabsolventen** werden im **gehobenen Dienst** eingestellt, **Fachhochschulabsolventen** im **höheren Dienst**. Zwischen beiden bestehen z. T. deutliche Gehaltsdifferenzen.

Beamte werden nach den Vorschriften des Bundesbesoldungsgesetzes vergütet, **Angestellte** nach dem Bundesangestelltentarif (BAT).

Zusammensetzung der Vergütung:

- Grundgehalt nach Dienstaltersstufe,
- Ortszuschlag, der nach Familienstand und Kinderzahl variiert,
- Zulagen, wie zum Beispiel Ausgleichs- und Überleitungszulagen,
- Urlaubsgeld,
- Weihnachtsgeld und
- vermögenswirksame Leistungen.

❌ Tendenziell ist es so, dass die Einstiegsvergütung im Öffentlichen Dienst etwas höher liegt als in der Privatwirtschaft, dass aber die finanziellen Aufstiegsmöglichkeiten in der Privatwirtschaft sehr viel besser sind.

Der Beamtenstatus

Wer sich um eine Stelle als Beamter bewirbt, wird als **Berufsanfänger mit Hochschulabschluss in der Besoldungsgruppe A 13** eingestuft. In der Regel dauert es zwei bis drei Jahre, bis man zum Beamten auf Lebenszeit ernannt wird.

Beamte sind – mit Ausnahme der höchsten Stufe – **unkündbar**, ein Status, den Angestellte erst nach 15 Dienstjahren erreichen.

Beamte haben den großen Vorteil, dass sie **keine Beiträge zur Sozialversicherung** zu zahlen brauchen. Sie unterliegen auch nicht der gesetzlichen Krankenversicherungspflicht, sondern können sich privat versichern. Im Krankheitsfall haben sie Anspruch auf Beihilfen. Dadurch ist ihr Nettogehalt wesentlich höher als das von vergleichbaren Angestellten.

Nach 35 Dienstjahren erhalten Beamte eine **Pension**, die 75 Prozent ihres letzten Bruttogehaltes entspricht. Die Pension muss im Gegensatz zur (niedrigeren) Rente versteuert werden.

Der Angestelltenstatus

Wer als Angestellter beginnt, wird in der Regel in die Vergütungsgruppe **BAT II a** eingestuft, die der Besoldungsgruppe A 13 bei Beamten entspricht. Angestellte sind wie die Arbeitnehmer in der Privatwirtschaft **sozialversicherungspflichtig**. Sie erhalten im Alter eine Rente, die nicht versteuert wird.

Vielfach ist nach mehreren Dienstjahren ein **Wechsel** vom Angestellten- **in den Beamtenstatus** möglich, was mit einer vorübergehenden finanziellen Rückstufung verbunden sein kann.

Beamtenbesoldung

Bundesbesoldungsabelle West + 2,4 % gültig ab 1. August 2004
Grundgehaltssätze Bundesbesoldungsordnung A (Monatsbeträge in €)

Besol-dungs-gruppe	Stufe[1] 2-Jahres-Rhythmus					3-Jahres-Rhythmus				4-Jahres-Rhythmus		
	1	2	3	4	5	6	7	8	9	10	11	12
A 1												
A 2	1.474,59	1.510,19	1.545,81	1.581,42	1.617,03	1.652,66	1.688,28					
A 3	1.536,09	1.573,98	1.611,87	1.649,76	1.687,67	1.725,57	1.763,47					
A 4	1.570,97	1.615,61	1.660,20	1.704,83	1.749,44	1.794,06	1.838,66					
A 5	1.583,67	1.640,80	1.685,19	1.729,56	1.773,96	1.818,34	1.862,73	1.907,12				
A 6	1.621,17	1.669,91	1.718,65	1.767,38	1.816,11	1.864,85	1.913,60	1.962,33	2.011,06			
A 7	1.692,42	1.736,22	1.797,55	1.858,87	1.920,19	1.981,52	2.042,86	2.086,64	2.130,44	2.174,26		
A 8		1.798,45	1.850,84	1.929,43	2.008,02	2.086,60	2.165,21	2.217,60	2.269,98	2.322,39	2.374,77	
A 9		1.916,09	1.967,65	2.051,52	2.135,39	2.219,27	2.303,15	2.360,80	2.418,48	2.476,13	2.533,80	
A 10		2.064,60	2.136,24	2.243,69	2.351,17	2.458,63	2.566,10	2.637,74	2.709,38	2.781,01	2.852,65	
A 11			2.379,94	2.490,05	2.600,16	2.710,28	2.820,40	2.893,81	2.967,21	3.040,64	3.114,05	3.187,45
A 12			2.559,52	2.690,81	2.822,08	2.953,37	3.084,65	3.172,17	3.259,68	3.347,20	3.434,74	3.522,25
A 13			2.880,96	3.022,73	3.164,50	3.306,26	3.448,02	3.542,53	3.637,04	3.731,55	3.826,07	3.920,58
A 14			2.998,41	3.182,26	3.366,09	3.549,92	3.733,76	3.856,31	3.978,87	4.101,43	4.223,99	4.346,55
A 15					3.903,77	4.105,89	4.267,59	4.429,28	4.590,98	4.752,68	4.914,37	
A 16					4.311,59	4.545,34	4.732,36	4.919,38	5.106,37	5.293,38	5.480,39	

1 Der Aufstieg in den Stufen ist von der Leistung des Beamten abhängig. Dabei ist wie bisher vom Besoldungsdienstalter auszugehen. Bei anforderungsgerechter Leistung erfolgt der Aufstieg in folgenden Abständen:
– bis zur fünften Stufe in zwei Jahren,
– in die sechste bis zur neunten Stufe in drei Jahren,
– in die zehnte bis zur zwölften Stufe in vier Jahren.
Bei nicht anforderungsgerechter Leistung verbleibt der Beamte in der erreichten Stufe.
Erst bei wieder anforderungsgerechter Leistung erfolgt der Aufstieg in die nächste Leistungsstufe.
Bei dauerhaft herausragenden Leistungen kann die nächsthöhere Stufe schon nach der Hälfte der o. g. Abstände (das sind eineinhalb bzw. zwei Jahre) erreicht werden.

Grundgehaltssätze Bundesbesoldungsordnung B (Monatsbeträge in €)

Besol-dungs-gruppe	B 1	B 2	B 3	B 4	B 5	B 6	B 7	B 8	B 9	B 10	B 11
	4.914,37	5.716,99	6.056,77	6.412,65	6.820,95	7.206,51	7.581,57	7.972,48	8.457,84	9.965,09	10.815,15

7.5 Gehälter

Familienzuschlag
(Monatsbeträge in €)*

	Stufe 1: verheiratet (zur Hälfte)	Stufe 2: 1 Kind	Stufe 3: 2 Kinder	Stufe 4: 3 Kinder	Stufe 5: 4 Kinder	Stufe 6: 5 Kinder
Besoldungsgruppen A 2 bis A 8	100,24 (50,12)	190,29	280,34	510,92	741,50	972,08
Übrige Besoldungsgruppen und B-Besoldung	105,28 (52,64)	195,33	285,38	515,96	746,54	977,12

Bei mehr als einem Kind erhöht sich der Familienzuschlag für das zweite zu berücksichtigende Kind um 90,05 €. Für das dritte und jedes weitere zu berücksichtigende Kind um 230,58 €.
Es erhöht sich der Familienzuschlag der Stufe 2 für das erste zu berücksichtigende Kind in den Besoldungsgruppen A2 bis A5 um je 5,11 €, ab Stufe 3 für das zweite und jedes weitere zu berücksichtigende Kind in den Besoldungsgruppen A2 bis A3 um je 25,56 €, in der Besoldungsgruppe A4 um 20,45 € und in der Besoldungsgruppe A5 um je 15,34 €. Soweit dadurch im Einzelfall die Besoldung hinter derjenigen aus einer niedrigeren Besoldungsgruppe zurückbleibt, wird der Unterschiedsbetrag zusätzlich gewährt.
Anrechnungsbetrag nach § 5 LBesG i. V. m. § 39 Abs. 2 Satz 1 BBesG: in den Besoldungsgruppen A2–A8 46,59 €
in den Besoldungsgruppen A2–A8 49,46 €

Zulagen

Zulageart	Zulageberechtigte		Monatsbeträge in €
Allgemeine Stellenzulagen	Mittlerer Dienst:	Besoldungsgruppe A 5 bis A 8	16,38
		Besoldungsgruppe A 9	64,08
	Gehobener Dienst:		71,22
	Höherer Dienst:	Besoldungsgruppe A 13	71,22
Amtszulagen	Einfacher Dienst:	alle Bes.-Gr. außer A 5 Z, A 6	30,59
	Mittlerer Dienst:	A 9 Z	227,76
	Gehobener technischer Dienst:	A 13 Z	231,46

Jährliche Sonderzuwendung
(Weihnachtsgeld)

Durch das Bundessonderzahlungsgesetz ist die Jahressonderzuwendung für Beamtinnen und Beamte auf 5 Prozent der für das Kalenderjahr zustehenden Bezüge festgesetzt worden. Für Empfängerinnen und Empfänger mit Grundgehalt der Besoldungsstufen A2 bis A8 erhöht sich die Sonderzuwendung um den Festbetrag von 100,00 €. Versorgungsempfängerinnen und Versorgungsempfänger erhalten 4,17 Prozent der für das Kalenderjahr 2004 zustehenden Bezüge.

7. Funktionsbereiche und Branchen

Angestelltenbesoldung

Angestellte bei Bund und Ländern – West
Gültig vom 01.05.2004 bis 31.01.2005 (Monatsbeträge in €)

Vergü-tungs-gruppe	Grundvergütung der Lebensaltersstufen nach vollendetem Lebensjahr:													
	21.	23.	25.	27.	29.	31.	33.	35.	37.	39.	41.	43.	45.	47.	49.
I		3.011,68	3.174,94	3.338,23	3.501,52	3.664,81	3.828,11	3.991,36	4.154,67	4.317,94	4.481,23	4.644,53	4.807,79	4.971,06
I a		2.775,96	2.902,87	3.029,71	3.156,58	3.283,48	3.410,38	3.537,29	3.664,14	3.791,01	3.917,91	4.044,82	4.171,66	4.293,34
I b		2.467,85	2.589,84	2.711,82	2.833,80	2.955,78	3.077,75	3.199,75	3.321,71	3.443,71	3.565,66	3.687,65	3.809,63	3.93131
II a		2.187,49	2.299,53	2.411,61	2.523,62	2.635,66	2.747,72	2.859,72	2.971,79	3.083,81	3.195,90	3.307,93	3.419,91	
II b		2.039,63	2.141,76	2.243,88	2.346,02	2.448,17	2.550,29	2.652,43	2.754,57	2.856,69	2.958,86	3.060,98	3.105,59	
III	1.944,12	2.039,63	2.135,13	2.230,64	2.326,16	2.421,67	2.517,18	2.612,68	2.708,18	2.803,71	2.899,24	2.994,76	3.085,60		
IV a	1.762,31	1.849,71	1.937,11	2.024,48	2.111,89	2.199,28	2.286,68	2.374,07	2.461,47	2.548,87	2.636,26	2.723,68	2.809,85		
IV b	1.611,35	1.680,71	1.750,02	1.819,35	1.888,63	1.957,98	2.027,29	2.096,63	2.165,96	2.235,27	2.304,62	2.373,93	2.383,15		
V a	1.424,82	1.479,74	1.534,63	1.593,98	1.654,90	1.715,86	1.776,82	1.837,77	1.898,72	1.959,67	2.020,65	2.081,60	2.138,22		
V b	1.424,82	1.479,74	1.534,63	1.593,98	1.654,90	1.715,86	1.776,82	1.837,77	1.898,72	1.959,67	2.020,65	2.081,60	2.085,81		
V c	1.346,84	1.396,35	1.445,90	1.497,87	1.549,87	1.604,03	1.661,70	1.719,42	1.777,08	1.834,78	1.891,70	–	–		
VI a	1.275,43	1.313,70	1.351,93	1.390,19	1.428,41	1.467,80	1.507,97	1.548,14	1.589,01	1.633,58	1.678,16	1.722,75	1.767,31	1.811,90	1.850,13
VI b	1.275,43	1.313,70	1.351,93	1.390,19	1.428,41	1.467,80	1.507,97	1.548,14	1.589,01	1.633,58	1.678,16	1.713,03			
VII	1.181,60	1.212,66	1.243,73	1.274,79	1.305,86	1.336,93	1.367,97	1.399,07	1.430,12	1.462,03	1.494,67	1.518,20			
VIII	1.093,09	1.121,48	1.149,92	1.178,32	1.206,74	1.235,14	1.263,58	1.29198	1.320,39	1.341,50					
IX a	1.057,31	1.085,58	1.113,83	1.142,09	1.170,32	1.198,57	1.226,81	1.255,06	1.283,22						
IX b	1.017,70	1.043,48	1.069,25	1.095,01	1.120,80	1.146,58	1.172,37	1.198,14	1.219,93						
X	944,99	970,76	996,57	1.022,32	1.048,11	1.073,88	1.099,67	1.125,45	1.151,21						

Erhöhung um 1 Prozent ab 01.05.2004. Einmalzahlung von 50 € im November 2004.

Ortszuschlag Angestellte
Gültig vom 01.05.2004 bis 31.01.2005 (Monatsbeträge in €)

Vergütungs-gruppe	Stufe 1 ledig	Stufe 2 verheiratet	Stufe 3 1 Kind	Stufe 4 2 Kinder	Stufe 5 3 Kinder	Stufe 6 4 Kinder	Stufe 7 5 Kinder
II b – I	565,28	672,18	762,75	853,32	943,89	1.034,46	1.125,03
V a/b – III	502,36	609,26	699,83	790,40	880,97	971,54	1.062,11
X – V c	473,21	575,03	665,60	756,17	846,74	937,31	1.027,88

Zulagen für Kinder: Bei mehr als fünf Kindern erhöht sich der Ortszuschlag für jedes weitere zu berücksichtigende Kind um 90,57 €. Der Ortszuschlag erhöht sich in der Vergütungsgruppe VIII bis X für das erste Kind um je 5,11 € und für jedes weitere zu berücksichtigende Kind in

– den Vergütungsgruppen X und IX b   um je 25,56 €
– der Vergütungsgruppe IXa   um je 20,45 €
– der Vergütungsgruppe VIII   um je 15,34 €

Die allgemeine Zulage gültig ab 01.05.2004

beträgt monatlich für die Vergütungsgruppe:

Vergütungsgruppe	Betrag
X bis VIII*	90,97 €
VIII bis V b*	107,44 €
Vb bis II a	114,60 €
I b bis I	42,98 €

* wenn die Vergütungsgruppe V b bzw. VIII über einen Bewährungs- oder Zeitaufstieg erreicht worden ist (siehe Protokollnotiz im Zulagen-TV)

Angestelltenbesoldung

Die Vergütung von Angestellten setzt sich zusammen aus der **Grundvergütung**, der **allgemeinen Zulage** und dem **Ortszuschlag**. Die Höhe der Grundvergütung hängt von der jeweiligen Vergütungsgruppe und dem Lebensalter ab.

Die Grundvergütung der ersten Lebensaltersstufe wird von Beginn des Monats an gezahlt, in dem der Angestellte das 21. Lebensjahr (Vergütungsgruppe III bis V) bzw. das 23. Lebensjahr (Vergütungsgruppe I bis IIb) vollendet.

Angestellte, die das 18. Lebensjahr noch nicht vollendet haben, erhalten an Stelle der Grundvergütung und des Ortszuschlags eine Gesamtvergütung.

Neben der Grundvergütung wird Angestellten ein Ortszuschlag gezahlt. Die Höhe richtet sich nach Tarifklassen – die bestimmten Vergütungsgruppen zugeordnet sind – sowie nach den Familienverhältnissen. Zur Stufe 1 gehören die ledigen und die geschiedenen Angestellten sowie Angestellte, deren Ehe aufgehoben oder für nichtig erklärt ist.

Zur Stufe 2 gehören verheiratete oder verwitwete Angestellte. Geschiedene erhalten die Stufe 2 nur, wenn sie Unterhaltsverpflichtungen aus ihrer Ehe nachkommen müssen.

Bei der Gewährung des Ortszuschlags sind zahlreiche Anrechnungsvorschriften zu berücksichtigen, beispielsweise wenn der Ehemann/die Ehefrau im öffentlichen Dienst beschäftigt ist. Ehegatten, die beide im öffentlichen Dienst beschäftigt oder nach beamtenrechtlichen Vorschriften versorgungsberechtigt sind, können den Verheiratetenzuschlag jeweils nur zur Hälfte und den kinderbezogenen Bestandteil des Familienzuschlags nur einmal erhalten. Der kinderbezogene Bestandteil wird bei mehreren Anspruchsberechtigten nur dem gewährt, dem das Kindergeld nach dem Bundeskindergeldgesetz bewilligt wird.

Jährliche Sonderzuwendung

Einmal im Jahr wird Angestellten und Arbeitern im öffentlichen Dienst eine Sonderzuwendung – bekannt als Weihnachtsgeld – gezahlt. Sie wird spätestens am 1. Dezember eines laufenden Jahres unter folgenden Voraussetzungen ausgezahlt:

- der Arbeitnehmer muss am 1. Dezember in einem Arbeitsverhältnis stehen,
- er darf nicht während des gesamten Monats Dezember beurlaubt sein und
- er muss seit dem 1. Oktober im öffentlichen Dienst beschäftigt (bzw. sechs Monate im Kalenderjahr) sein.

Die Höhe der Zuwendung ist seit 1993 eingefroren. Seit dieser Zeit wird kein volles 13. Monatsgehalt gezahlt. Maßgebend für die Höhe ist das Verhältnis zwischen den Bezügen im Dezember des laufenden Jahres. Für Zeiten der Nichtbeschäftigung wird der Betrag für jeden vollen Monat jeweils um ein Zwölftel gekürzt.

Die Zuwendung ist zurückzuzahlen, wenn das Arbeitsverhältnis vor Ablauf des 31. März des Folgejahres beendet wird.

Urlaubsgeld
Gültig vom 01.05.2004 bis 31.01.2005

Vergütungsgruppe X bis V b	255,65 €
Vergütungsgruppe V c bis I	332,34 €
Nichtvollbeschäftigte	anteilig
Auszubildende	255,65 €

Weihnachtsgeld

Die Zuwendung beträgt 83,79 Prozent der Urlaubsvergütung.

Stunden- und Überstundenvergütungen sowie Zeitzuschläge nach § 35 Abs. 1 und 3 BAT
Gültig vom 01.05.2004 bis 31.01.2005

Vergütungsgruppe	Stundenvergütung	Zeitzuschlag für Überstunden	Überstundenvergütung	Zeitzuschläge für Arbeiten an						
				Sonntagen	Wochenfeiertagen, Oster- und Pfingstsonntag		Wochenfeiertagen, die auf einen Sonntag fallen		Vorfesttagen ab 12 Uhr	
					mit Freizeitausgleich	ohne Freizeitausgleich	mit Freizeitausgleich	ohne Freizeitausgleich	Ostern/ Pfingsten	Weihnachten und Neujahr
				25 %	35 %	135 %	50 %	150 %	25 %	100 %
I	26,26	3,94	30,20	6,57	9,19	35,45	13,13	39,39	6,57	26,26
I a	24,07	3,61	27,68	6,02	8,42	32,49	12,04	36,11	6,02	24,07
I b	22,14	3,32	25,46	5,54	7,75	29,89	11,07	33,21	5,54	22,14
II a	20,28	3,04	23,32	5,07	7,10	27,38	10,14	30,42	5,07	20,28
II b	19,25	2,89	22,14	4,81	6,74	25,99	9,63	28,88	4,81	19,25
III	18,31	2,75	21,06	4,58	6,41	24,72	9,16	27,47	4,58	18,31
IV a	16,85	2,53	19,38	4,21	5,90	22,75	8,43	25,28	4,21	16,85
IV b	15,51	2,33	17,84	3,88	5,43	20,94	7,76	23,27	3,88	15,51
V a / b	14,33	2,87	17,20	3,58	5,02	19,35	7,17	21,50	3,58	14,33
V c	13,09	3,27	16,36	3,27	4,58	17,67	6,55	19,64	3,27	13,09
VI a / b	12,15	3,04	15,19	3,04	4,25	16,40	6,08	18,23	3,04	12,15
VII	11,40	2,85	14,25	2,85	3,99	15,39	5,70	17,10	2,85	11,40
VIII	10,71	2,68	13,39	2,68	3,75	14,46	5,36	16,07	2,68	10,71
IX a	10,31	2,58	12,89	2,58	3,61	13,92	5,16	15,47	2,58	10,31
IX b	10,12	2,53	12,65	2,53	3,54	13,66	5,06	15,18	2,53	10,12
X	9,61	2,40	12,01	2,40	3,36	12,97	4,81	14,42	2,40	9,61

8 Unternehmensprofile

Die Unternehmensprofile bieten Ihnen wichtige Entscheidungshilfen, bei welchen Firmen Sie sich gezielt bewerben können, zudem Adressen und weitere Informationen.

Anhand der Kurzdarstellung der Unternehmen und besonders der Startprogramme für Hochschulabsolventen können Sie oftmals erkennen, ob eine Bewerbung bei einer Firma für Sie im Hinblick auf Ihr persönliches Qualifikationsprofil sinnvoll ist. Die Angabe der jeweiligen Ansprechpartner erleichtert Ihnen zusätzlich die Kontaktaufnahme.

Aufschluss darüber, welche Branchen Absolventen welcher Studiengänge bevorzugt einstellen, was Berufsanfänger verdienen und welche Einarbeitungsprogramme Unternehmen generell einsetzen, geben zudem die Informationen in Kapitel 7.

Die nachfolgenden Unternehmensporträts beruhen auf einer Fragebogenaktion, die im Winter 2004/2005 durchgeführt wurde.

Hier ist ein Großteil der für Wirtschaftswissenschaftler und andere Hochschulabsolventen wichtigen und einstellungsstärksten Unternehmen vertreten.

Besonderheiten

Die weitgehend einheitliche Form der Unternehmensporträts soll Ihnen eine vergleichende Betrachtung erleichtern. Deshalb sind zum Beispiel Umsatzzahlen und Beschäftigte sowie Einstellungskriterien in der Regel in tabellarischer Form aufgenommen worden.

Zu dem Punkt „Besondere Sozialleistungen" haben einige Unternehmen keine Angaben gemacht. Dies bedeutet jedoch nicht zwingend, dass dort keine Sozialleistungen gewährt werden.

Zu den vollständigen Bewerbungsunterlagen unter dem Punkt „Einstieg" zählen: Anschreiben, Lebenslauf, Foto, Kopien der Schul- und Hochschulzeugnisse, Bescheinigungen und Zeugnisse zu Zusatzqualifikationen.

Verfügt ein Unternehmen über eigene Bewerbungsformulare oder bevorzugt es eine andere Form der Bewerbung (zum Beispiel per Internet), so ist dies vermerkt.

Unternehmensprofile

Symbole und Abkürzungen

✉	Anschrift
☎	Telefon
🖨	Fax
🖥	Homepage
🖱	E-Mail
⊠	Kontakt/Ansprechpartner
📄	Info-Material
AC	Assessment Center
AV	Arbeitsvertrag
BAV	betriebliche Altersversorgung
BKK	betriebliche Krankenkasse
BWL	Betriebswirtschaftslehre
F + E	Forschung und Entwicklung
DV	Datenverarbeitung
IT	Informationstechnik
k. A.	keine Angaben
p. a.	per anno
TK	Telekommunikation
TQM	Total Quality Management
VL	vermögenswirksame Leistungen
VWL	Volkswirtschaftslehre
Wi	Wirtschafts-
WiWi	Wirtschaftswissenschaften
✳	Highlight des Unternehmens

Die 25 beliebtesten Arbeitgeber bei Wirtschaftswissenschaftlern*
(manche Unternehmen teilen sich den Rang)

Rang	Unternehmen
1	BMW Group
2	Siemens
3	DaimlerChrysler
4	Porsche
5	Deutsche Lufthansa AG
6	Auswärtiges Amt
7	PricewaterhouseCoopers
8	adidas-Salomon
9	KPMG
10	Deutsche Bank AG
11	Ernst & Young
12	AUDI
13	IKEA Deutschland
14	McKinsey & Company
14	Puma
16	L'Oréal Deutschland
17	Volkswagen
18	BCG The Boston Consoulting Group
19	ALDI Süd
19	Europäische Zentralbank
21	Beiersdorf AG
21	Robert Bosch
21	Unilever
24	Allianz Group
24	Deloitte
24	Procter & Gamble Service

* Quelle: *Das Absolventenbarometer 2004 – Deutsche Business und Engineering Edition,* trendence – Institut für Personalmarketing

Aareal Bank

> ✉ **Aareal Bank AG**
> Paulinenstraße 15
> 65189 Wiesbaden
> ☎ 06 11 / 3 48 - 0
> 💻 www.aareal-bank.com
> 👤 Isabella Karle
>   ☎ - 3 88 - 35 47
>   📠 - 3 48 - 29 55
>   ✉ isabella.karle@aareal-bank.com

Das Unternehmen

Als börsennotierte Immobilienbank neuen Typs zählt die Aareal Bank Gruppe zu den führenden europäischen Immobilien-Spezialisten. Strukturierte Immobilienfinanzierungen, Immobilien Asset Management und Consulting/Services für die Immobilienwirtschaft ergänzen sich zu einer perfekten Kombination von zukunftsweisenden Geschäftsfeldern. In Europa sind wir an allen wichtigen Finanzplätzen aktiv; hinzu kommt für unser Nordamerika-Geschäft eine Niederlassung in New York. Das hört sich gut an? Finden wir auch und deshalb sollten Sie gleich einmal auf unserer Homepage vorbeischauen.

Das Angebot

- **Für Studenten:** Praktika
- **Personalplanung:** 2005 werden ca. 20 Hochschulabsolventen benötigt
- **Fachrichtungen:** Wirtschaftswissenschaften, (Wirtschafts-)Informatik, (Wirtschafts-)Mathematik, Physik, Jura
- **Startprogramm:** Trainee-Programm im Rahmen der Aareal-Academy, Direkteinstieg und Training-on-the-job
- **Interne Weiterbildung:** Fach- und Persönlichkeitstraining, Sprachkurse, DV-Training, Job Rotation

Der Einstieg

Bewerbung	Vollständige Bewerbungsunterlagen; Bewerbung per E-Mail oder auf dem Postweg
Auswahl	Strukturierte Interviews mit der Personal- und Fachabteilung; Bewerbertag (für die Aareal-Academy)
Pluspunkte	Möglichst Praktika außerhalb Deutschlands, europäische Sprache neben Deutsch und Englisch
Fachliche Qualifikation	Examensnote/Studienleistungen, Studiendauer/-verlauf, Studienschwerpunkte/Fächerkombination, außeruniversitäres Engagement, sehr gute Englischkenntnisse
Persönliche Qualifikation	Als Immobilienbank neuen Typs suchen wir Mitarbeiter neuen Typs. Menschen, die über den Tag hinaus denken, Dinge hinterfragen und gut und gerne mit anderen zusammenarbeiten. Sie sollten gut kommunizieren können, fachlich flexibel und engagiert arbeiten und ebenso neugierig wie lernbereit sein.
Was Sie erwartet	Einer der führenden europäischen Immobilien-Spezialisten bietet Ihnen ein Aufgabenspektrum und fachliches Wissen, wie Sie es in dieser Qualität und Vielfalt kaum ein zweites Mal finden. So sichern Sie sich berufliche Perspektiven von internationalem Format.

 Teamorientierte, interkulturelle Zusammenarbeit, flache Hierarchien, eigenverantwortliche Tätigkeit

ALDI SÜD

> ALDI GmbH & Co. KG
> Am Seegraben 16
> 63505 Langenselbold
> ☎ 06184 804-223
> 📠 06184 804-218
> 💻 www.karriere-bei-aldi-sued.de
> ✉ meet.the.company@aldi-sued.de

Das Unternehmen

ALDI SÜD ist ein führendes internationales Einzelhandelsunternehmen. Die Unternehmensgruppe besteht aus 30 Gesellschaften mit circa 1.600 Filialen in West- und Süddeutschland. Hinzu kommen mehr als 25 internationale Gesellschaften mit über 1.400 Filialen – und es werden national und international stetig mehr.

ALDI gehört zu den Top-Marken des Handels, zählt zu den Spitzenreitern bei der Kundenzufriedenheit im Bereich Discount und ist mehrfacher Gewinner des Kundenbarometers (Quelle: Kundenbarometer 2002). Drei von vier Haushalten in Deutschland kaufen bei ALDI ein.

Das Angebot

- **Für Studenten:** Im Einzelfall werden Praktika im Inland angeboten, Studien- und Diplomarbeiten sind möglich
- **Personalplanung:** 50 bis 70 Hochschulabsolventen pro Jahr
- **Fachrichtungen:** wirtschaftswissenschaftliche Studienausrichtung
- **Startprogramm:** Trainee-Programm
- **Auslandseinsatz:** bei Eignung und Interesse

Der Einstieg

Bewerbung	Per Post oder online mit vollständigen Bewerbungsunterlagen
Auswahl	Einzelgespräche
Pluspunkte	Auslandsaufenthalt und Praktika
Einstellungskriterien	Überdurchschnittliche Studienleistungen
Persönliche Qualifikation	Soziale Kompetenz, Führungspotential, Teamgeist, Mobilität

Arthur D. Little GmbH

- ✉ Gustav-Stresemann-Ring 1
  65189 Wiesbaden
- ☎ 06 11 / 71 48 - 0, 📠 - 2 90
- 💻 www.adlittle.de
- ✉ Ellen Rühl ☎ - 2 09
- 🖱 careers.germany@adlittle.com

Das Unternehmen

Arthur D. Little ist eines der weltweit führenden Strategie- und Managementberatungsunternehmen und verbindet globale Präsenz mit einer starken Position im deutschsprachigen Raum. Wir helfen Unternehmen, sich strategisch neu auszurichten und ihre Zukunft zu gestalten von der Entwicklung der Strategie über Innovation der Prozesse und Optimierung der Kostenstrukturen bis zur Implementierung. Arthur D. Little arbeitet mit einem tiefgreifenden Industrieverständnis, innovativen Managementmethoden und mit Beratern, die über eine langjährige Erfahrungsbasis verfügen.

Das Angebot

- **Für Studenten:** 3- bis 6-monatige Praktika, Betreuung von Diplom- oder Doktorarbeiten auf Anfrage
- **Personalplanung:** 20 bis 30 Hochschulabsolventen p. a. für Deutschland und Österreich
- **Fachrichtungen:** Wirtschaftsingenieure, Wirtschaftsinformatiker, Diplomkaufleute, Naturwissenschaftler oder technische Studienrichtungen mit betriebswirtschaftlicher Zusatzqualifikation (MBA, Zweitstudium)
- **Startprogramm:** Direkteinstieg ins Consulting
- **Einsatz:** Beratung in den Functional & Industry Practices
- **Weiterbildung:** weltweites Trainingsprogramm
- **Karriere:** Möglichkeit der Weiterentwicklung vom Berater über den Projektleiter zum Partner
- **Einstiegsgehälter:** nach Vereinbarung
- **Ausland:** möglich in ausländischen Büros

Der Einstieg

Bewerbung	Vollständige Unterlagen
Auswahl	Einzelgespräche, Fallstudien, Präsentation vor Entscheidungsgremium
Pluspunkte	Erfahrungshintergrund Industrie/Dienstleistung (Lehre, Praktika), auch Promotion, MBA, Auslandspraktika
Fachliche Qualifikation	Überdurchschnittliches Examen, Auslandsstudium, Englisch und weitere Fremdsprache, außeruniversitäres Engagement
Persönliche Qualifikation	Teamfähigkeit, Sozialkompetenz, Flexibilität, Kontakt- und Kommunikationsfreudigkeit, analytische und konzeptionelle Fähigkeiten, Belastbarkeit, unternehmerisches Denken und Handeln

Abwechslungsreiches Aufgabengebiet, interdisziplinäre Teams, intensive Zusammenarbeit mit dem Klienten, gute Chancen zur persönlichen und beruflichen Entwicklung in einem internationalen Unternehmen, flache Hierarchie, Projektteams mit jüngeren sowie sehr erfahrenen Beratern.

Bahlsen GmbH

> **Bahlsen GmbH & Co. KG**
> Podbielskistraße 11
> 30163 Hannover
> ☎ 05 11 / 9 60 - 0
> www.bahlsen.com
> Björn Hartmann, Sabine Pecht
> Personalreferenten
> ☎ - 23 08
> 📠 - 25 38
> PersonnelmanagementHan
> @bahlsen.com

Das Unternehmen

Bahlsen mit Sitz in Hannover ist in Deutschland und Österreich Marktführer für Süßgebäck, in Europa gehört das Unternehmen zu den führenden Herstellern der Branche. Im Jahre 1889 gegründet, stellt es seit 116 Jahren innovativ und qualitativ führende Produkte unter der Marke Bahlsen her.

Bahlsen produziert seine Markenartikel an acht Standorten in Europa. Vertriebsgesellschaften in zehn europäischen Ländern vertreiben die Bahlsen-Produktpalette, die neben Keksen, Waffeln und Kuchen auch Gebäckriegel umfasst. Mit rund 3.700 Mitarbeitern weltweit (etwa 960 davon außerhalb Deutschlands) erwirtschaftete das Unternehmen 2003 einen Umsatz von rund 534 Millionen €.

Das Angebot

- **Für Studenten:** Praktika
- **Personalplanung:** 2005 werden ca. 5 bis 10 Hochschulabsolventen benötigt
- **Fachrichtungen:** Wirtschaftswissenschaften, Ingenieurwesen, Verfahrenstechnik
- **Startprogramm:** Training-on-the-job
- **Interne Weiterbildung:** je nach persönlichem Bedarf in Absprache mit dem Vorgesetzten
- **Auslandseinsatz:** in der Regel in den ersten Jahren nicht vorgesehen

Der Einstieg

Bewerbung	Vollständige Bewerbungsunterlagen
Auswahl	Interview
Pluspunkte	Französisch- oder Polnischkenntnisse; Praktikum bei einem Markenartikelhersteller
Fachliche Qualifikation	Guter Hochschulabschluss, zügiges Studium, relevante Praktika, außeruniversitäres Engagement
Persönliche Qualifikation	Teamfähig, mobil, engagiert

Einen „typischen" Werdegang gibt es bei Bahlsen nicht, da wir unser Nachwuchsprogramm individuell nach der Qualifikation des Bewerbers und den aktuellen Projekten des Fachbereiches konzipieren.

Bain & Company

- Bain & Company Germany, Inc.
  Karlsplatz 1
  80335 München
- 0 89 / 51 23 - 19 99; - 13 91
- www.bain.de
- Recruiting-Abteilung
- recruiting.muc@bain.com
- Firmenbroschüre, Homepage

Das Unternehmen

Mit 2.800 Mitarbeitern und 30 Büros zählt Bain & Company zu den größten unabhängigen Strategieberatungsgesellschaften weltweit.

Schwerpunkt der Tätigkeit ist die Beratung zu Strategie, Organisation und operativen Ergebnisverbesserungen. Bain & Company betreut Klienten aus allen wichtigen Industrie- und Dienstleistungszweigen und hilft Unternehmen, außergewöhnliche Resultate zu erzielen. Darüber hinaus ist Bain führend in Europa bei der Beratung von Private Equity-Gesellschaften.

Hauptziel der Arbeit ist es, messbare Ergebnisverbesserungen zu liefern und die Gesamtorganisation der Klienten nachhaltig zu stärken.

Bain & Company versteht sich als Unternehmerakademie und sucht unternehmerisch denkende Berater mit hoher kommunikativer Kompetenz.

Das Angebot

- **Für Studenten:** Praktika (mind. 8 bis 10 Wochen; abgeschlossenes Vordiplom)
- **Personalplanung:** 40 bis 60 Neueinstellungen p. a., 30 bis 40 Praktikanten
- **Fachrichtungen:** alle Fachrichtungen
- **Startprogramm:** umfangreiche lokale und globale Intro-Trainings, für Nicht-Wirtschaftswissenschaftler zusätzlich „Exotentraining"
- **Weiterbildung:** Training-on-the-job, individuell abgestimmtes Trainingsprogramm (Soft und Hard Skills), Sprachtraining, MBA/Promotion-Programm
- **Einstiegsgehälter:** qualifikationsabhängig
- **Auslandseinsatz:** möglich, verschiedene Optionen

Der Einstieg

Bewerbung	Vollständige Unterlagen
Auswahl	Einzelgespräche mit Beratern, Fallstudien
Pluspunkte	Relevante Praktika, Auslandserfahrung
Fachliche Qualifikation	Hervorragender Universitätsabschluss, ggf. Promotion, MBA oder erste Berufserfahrung, qualifizierte Praktika, sehr gute Englischkenntnisse
Persönliche Qualifikation	Exzellente analytische und kommunikative Fähigkeiten, unternehmerisches Talent und Eigeninitiative, Kreativität, Teamgeist und Humor

Barmenia Versicherungen

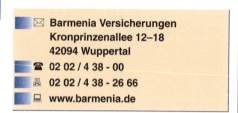

- Barmenia Versicherungen
  Kronprinzenallee 12–18
  42094 Wuppertal
- ☎ 02 02 / 4 38 - 00
- 📠 02 02 / 4 38 - 26 66
- 🖳 www.barmenia.de

Das Unternehmen

Die Barmenia Versicherungen sind in den Geschäftsbereichen Kranken-, Lebens-, Unfall- und Sachversicherungen tätig. Mit Ihnen möchten wir unsere Marktstellung zum Serviceversicherer Nr. 1 ausbauen.

Das Unternehmen wurde 1904 in Leipzig gegründet. Seinen Stammsitz hat es heute in Wuppertal.

Außerdem ist die Versicherungsgruppe in Deutschland mit 44 Bezirksdirektionen und 7 Maklerdirektionen vertreten.

Deutschland	Deutschland 2003
Beschäftigte insgesamt	3.441
Umsatz Millionen €	1.260,8

Das Angebot

- **Fachrichtungen:** Außendienst: Wirtschaftswissenschaften; Innendienst: Informatik, Anwendungsentwicklung, Mathematik, Wirtschaftswissenschaften
- **Startprogramm:** Außendienst: Trainee (Dauer: 18 Monate); Innendienst: Direkteinstieg
- **Weiterbildung:** Außendienst-Seminarreihe; Innendienst: eigenes Weiterbildungsprogramm
- **Einstiegsgehälter:** branchenüblich
- **Auslandseinsatz:** nicht eingeplant

Der Einstieg

Bewerbung	Vollständige Unterlagen
Fachliche Qualifikation	Gemäß individueller Stellenausschreibung
Persönliche Qualifikation	Kundenorientierung und soziale Kompetenz

 Das Unternehmen bietet im Außen- und Innendienst gute Entwicklungsmöglichkeiten.

BASF Aktiengesellschaft

- ✉ BASF Aktiengesellschaft
- ⊠ Wolfgang Eyer, GPB/HW-Z5
  67056 Ludwigshafen
- ☎ 06 21 / 60 - 2 23 22
- 📠 06 21 / 60 - 2 02 57
- ✉ contact@basf-ag.de
- 🖥 www.basf.de/karriere
- 📖 Broschüre „CHANGE – Einstiegsmöglichkeiten für Wirtschaftswissenschaftler, Juristen, Geistes- und Sozialwissenschaftler"

Das Unternehmen

Die BASF ist das führende Chemieunternehmen der Welt. Unser Ziel ist es, profitabel zu wachsen und so den Wert des Unternehmens weiter zu steigern. Mit intelligenten Systemlösungen sowie hochwertigen Produkten helfen wir unseren Kunden, erfolgreicher zu sein. Das Portfolio der BASF umfasst Chemikalien, Kunststoffe, Veredlungsprodukte, Pflanzenschutzmittel sowie Feinchemikalien und reicht bis zu Erdöl und Erdgas. Neue Technologien nutzen wir, um zusätzliche Marktchancen zu erschließen. Wir richten unser Handeln am Leitbild der nachhaltig zukunftsverträglichen Entwicklung, Sustainable Development, aus.

Im Jahr 2003 hatte die BASF mit ihren über 87.000 Mitarbeiterinnen und Mitarbeitern einen Umsatz von über 33 Milliarden €. Die BASF ist börsennotiert in Frankfurt (BAS), London (BFA), New York (BF), Zürich (BAS) und Paris (BA). Weitere Informationen zur BASF im Internet unter 🖥 www.basf.de.

Das Angebot

- **Für Studenten:** Praktikum/Diplomarbeit Thomas Letzelter (technisch), ☎ 06 21 / 60 - 5 53 33, ✉ thomas.letzelter@basf-ag.de; Angela Engel (kaufmännisch), ☎ 06 21 / 60 - 2 23 22, ✉ contact@basf-ag. de; Dr. Dagmar Klinge (naturwissenschaftlich), ☎ 06 21 / 60 - 5 53 33, ✉ dagmar.klinge@basf-ag.de
- **Personalbedarf 2005:** gesamt ca. 150 Hochschulabsolventen
- **Fachrichtungen:** Wirtschaftswissenschaften, Geistes- und Sozialwissenschaften, Rechtswissenschaften, Naturwissenschaften, Ingenieurwissenschaften
- **Startprogramm:** Direkteinstieg on the job (alle Fachrichtungen); zusätzlich für Wirtschaftswissenschaftler: Nachwuchsprogramme „International Training on the job": Finance & Controlling, Marketing/Sales/Purchasing, Supply Chain Management
- **Karriere:** leistungs- und persönlichkeitsabhängig
- **Einstiegsgehälter:** abhängig von Qualifikation des neuen Mitarbeiters und den Anforderungen der zu besetzenden Stelle
- **Anforderungsprofil:** überdurchschnittliche fachliche und persönliche Kompetenzen, unter anderem:
  – Zielstrebigkeit, Leistungsorientierung
  – soziale Interaktion, Kooperation
  – interkulturelle Kompetenz (Sprachkenntnisse)
  – Innovations-/Kundenorientierung
- **Besondere Sozialleistungen:** BASF-Altersversorgung, Direktversicherung, Aktienprogramme, BKK, flexible Wertkonten AT

Der Einstieg

Bewerbung	Bewerbungsmappe, Online- oder E-Mail-Bewerbung
Auswahl	Diverse Einzelgespräche in den verschiedenen Facheinheiten

 Qualifizierte Mitarbeiter/innen, die ihre Visionen verwirklichen, sind die Garanten unseres Erfolgs.

Bayerische Landesbank (BayernLB)

- ✉ **Bayerische Landesbank (BayernLB)**
  Briennerstraße 20, 80333 München
- ☎ 0 89 / 21 71 - 01
- 🖥 www.bayernlb.de
- ✉ **Nachwuchs- und Fachentwicklung, Seminarmanagement -1651-**
- ✉ **Trainee-Betreuung**
  ☎ - 2 15 96
  ✉ trainee@bayernlb.de
- ✉ **Praktikanten-Betreuung**
  ☎ - 2 15 75
  ✉ praktikum@bayernlb.de
- 📄 **Broschüre, Geschäftsbericht, Homepage**

Das Unternehmen

Die Bayerische Landesbank (BayernLB) mit Sitz in München ist eine der größten Banken in Deutschland. Eigentümer sind – indirekt über die BayernLB Holding AG – zu je 50 Prozent der Freistaat Bayern und der Sparkassenverband Bayern.

Die BayernLB ist die Zentralbank der bayerischen Sparkassen und wesentlicher Bestandteil der bayerischen Sparkassen-Finanzgruppe. Sie ist Dienstleister für die Partnerinstitute der Sparkassen-Finanzgruppe, agiert als deren Netzwerkbank und hilft durch ihre Betreuungs- und Produktpolitik, vorhandene Marktpotenziale im Markt Bayern mit den Sparkassen zu erschließen. Darüber hinaus fungiert die BayernLB als Hausbank für den Freistaat Bayern und betreut aktiv Staats- und Kommunalkunden, Finanzinstitutionen, mittlere und große Unternehmen sowie Immobilienkunden. Die BayernLB ist ein auf den Kernmarkt Bayern und die angrenzenden Regionen fokussierter Finanzdienstleister, der an ausgewählten Finanzzentren der Welt präsent ist.

In enger Zusammenarbeit mit der Sparkassen-Finanzgruppe Bayern leistet die BayernLB zur nachhaltigen Sicherung und Stärkung des Wirtschaftsstandortes Bayern einen entscheidenden Beitrag.

Das Angebot

- **Für Studenten:** Praktika, Betreuung von Diplomarbeiten
- **Personalplanung:** 25 p. a. für das Traineeprogramm
- **Fachrichtungen:** WiWi, Jura, Wirtschaftsmathematik, Wirtschaftsinformatik, andere Studienrichtungen mit Wirtschaftsbezug
- **Startprogramm:** Ambitionierten Hochschulabsolvent(Inn)en als Berufsanfängern bietet die Bank einen Karriereeinstieg mit einem individuellen Traineeprogramm (15 Monate).
- **Einsatz:** in zahlreichen Geschäftsfeldern
- **Weiterentwicklung:** Ein breit gefächertes Fortbildungsangebot, orientiert an den eigenen Bedürfnissen, begleitet Ihre berufliche Tätigkeit und eröffnet Ihnen neue Chancen für die berufliche Weiterentwicklung innerhalb des Konzerns.
- **Auslandstätigkeit:** bei sinnvoller Ergänzung im Rahmen des Traineeprogramms
- **Einstiegsgehälter:** je nach Qualifikation

Der Einstieg

Bewerbung	Tabellarischer Lebenslauf mit Foto, Zeugnissen, Nachweise Praktika
Auswahl	Bedarfsorientierte Auswertung der Bewerbungsunterlagen, eintägiges Assessment-Center
Pluspunkte	Banklehre, besondere Praktika (Ausland)
Fachliche Qualifikation	Studium, Studiendauer, Studienschwerpunkte/-leistungen, Thema/Bewertung der Diplomarbeit, Praktika
Persönliche Qualifikation	Studienbegleitendes Engagement, Flexibilität, Teamfähigkeit, Spaß an Dienstleistung, persönlicher Eindruck

Hinter diesen Leistungen steht immer nur eines: der Mensch und das Vertrauen in den Menschen. Daher bilden unsere Mitarbeiter den Mittelpunkt unserer Überlegungen.

Booz | Allen | Hamilton

- ✉ Zollhof 8
  40221 Düsseldorf
- ☎ 02 11 / 3 89 0 - 0
- 📠 02 11 / 3 89 0 - 2 48
- 💻 www.boozallen.de
- ✗ Miriam Kraneis
  Recruiting Manager
- ✉ karriereperspektiven@bah.com
- 📄 Recruitingbroschüre

Das Unternehmen

Booz | Allen | Hamilton, gegründet im Jahr 1914, zählt mit über 15.000 Mitarbeitern zu den international führenden Management- und Technologieberatungen. In Büros auf sechs Kontinenten arbeiten Mitarbeiter aus über 70 Nationen in internationalen Projektteams zusammen. Im deutschsprachigen Raum ist Booz | Allen | Hamilton mit Büros in Berlin, Düsseldorf, Frankfurt am Main, München, Wien und Zürich vertreten.

Weltweit	2003/2004
Umsatz	2,7 Mrd. US-$
Beschäftigte	über 15.000

Das Angebot

- **Für Studierende im Hauptstudium:** Praktika (für einen Zeitraum von 2 bis 3 Monaten)
- **Fachrichtungen:** WiWi, Wi-Ingenieurwesen, Wi-Informatik, Naturwissenschaften, Geisteswissenschaften, Rechtswissenschaften
- **Startprogramm:** „Consultant Program" als Training-on-the-job, Schulungsprogramme für Neueinsteiger und Experienced Hires, Mini-MBA für Nicht-Wirtschaftswissenschaftler, Trainings auf allen Stufen bezüglich Consulting Tools und Methoden, regelmäßiger Erfahrungsaustausch in Expertenrunden, orts- und zeitunabhängiger Zugriff auf unternehmensweites Knowledge Management System, Möglichkeit zur Teilnahme an einem MBA-Programm oder zur befristeten Freistellung zwecks Anfertigung einer Dissertation
- **Einstiegsgehalt:** je nach Qualifikation
- **Ausland:** Sie werden europaweit, auf besonderen Wunsch und bei entsprechendem Bedarf auch weltweit eingesetzt

Der Einstieg

Bewerbung	Vollständige Unterlagen
Auswahl	Strukturierte Interviews, in denen Fallstudien im Dialog mit dem Interviewer zu lösen sind; ein Interview in englischer Sprache
Pluspunkte	Praxiserfahrung (Lehre, Praktika), Auslandserfahrung sowie sehr gute analytische Fähigkeiten
Fachliche Qualifikation	Überdurchschnittlicher Hochschulabschluss ggf. Promotion oder MBA mit entsprechender Berufserfahrung bei Einstieg als Associate
Persönliche Qualifikation	Persönliche Reife, Kreativität, Humor und Gelassenheit

 Messbare Ergebnisse sind das Kennzeichen unserer Arbeit.

ROBERT BOSCH GmbH

- ✉ Postfach 10 60 50
  70049 Stuttgart
- ☎ 07 11 / 8 11 - 0
- 💻 www.bosch-career.de
- ⊠ Traineeprogramme
- ☎ Kaufmännische TP – Herr Riebe
  07 11 / 8 11 - 72 00

Das Unternehmen

Die Bosch-Gruppe steht weltweit für innovative Technik und Qualität. Diesen Ruf haben wir uns nicht nur als einer der größten Automobilzulieferer, sondern ebenso auf den Gebieten Elektrowerkzeuge, Hausgeräte, Thermotechnik, Automationstechnik sowie Verpackungstechnik erworben. Aus der 1886 von Robert Bosch in Stuttgart eröffneten „Werkstätte für Feinmechanik und Elektrotechnik" entwickelte sich die heute weltweit agierende Bosch-Gruppe. Mit 232.000 Mitarbeitern und rund 250 Tochter- und Beteiligungsgesellschaften sind wir in über 50 Ländern vertreten. Das Unternehmen fertigt an 236 Standorten auf allen fünf Kontinenten, davon an 179 außerhalb von Deutschland.

Handelsgruppe	2003
Umsatz Milliarden €	36,3
Beschäftigte	232.000 weltweit

Das Angebot

- **Für Studenten:** Praktika, Diplomarbeiten, Dissertationen ⊠ aktuelle Angebote auf der Bosch-Homepage 💻 www.bosch-career.de

- **Personalplanung:** ca. 1.400 Hochschulabsolventen
- **Fachrichtungen:** fast alle
- **Startprogramm:** Traineeprogramme im kaufmännischen Bereich (Vertrieb/Marketing, Controlling/Logistik, Einkauf, Personal) oder Direkteinstieg
- **Einsatzbereiche:** alle kaufmännischen Bereiche
- **Weiterbildung:** individuelle Weiterentwicklungsmaßnahmen
- **Einstiegsgehälter:** je nach Qualifikation
- **Besondere Sozialleistungen:** Sozialleistungen eines Großunternehmens
- **Auslandsaufenthalte:** ja

Der Einstieg

Bewerbung	Online mit vollständigen Bewerbungsunterlagen (Lebenslauf, Lichtbild, Kopie der Zeugnisse)
Auswahl	Interviews mit Personalreferenten und Fachvorgesetzten oder Bewerbertag
Pluspunkte	Gute Abschlussnoten, Auslandsorientierung, Fremdsprachen, relevante Praktika
Fachliche Qualifikation	Abgeschlossenes Studium mit guten Noten
Persönliche Qualifikation	Teamfähigkeit, Kreativität, Mobilität, Flexibilität

 Bosch ist international tätig und bietet weltweit interessante und vielfältige Einstiegsmöglichkeiten.

Capgemini

Capgemini Deutschland GmbH
Berliner Straße 76
63065 Offenbach am Main
☎ 0 69 / 95 15 - 0
🖥 www.de.capgemini.com
People Relationship Management
Arndt Möller
☎ - 1719
🖨 - 2996
✉ karriere.de@capgemini.com

Das Unternehmen

Rund zwei Drittel der 500 weltweit größten Unternehmen zählen zu unseren Kunden, darunter 19 der deutschen Top-20-Konzerne. Damit gehören wir zu den fünf wichtigsten Management- und IT-Beratungsunternehmen der Welt. 60.000 Mitarbeiter in mehr als 300 Büros in 36 Ländern machen diesen Erfolg möglich. Aber das reicht uns nicht. Wir wollen neue Standards schaffen und die in uns gesetzten Erwartungen immer wieder übertreffen. Zufrieden sind wir erst, wenn unsere Kunden uns nicht mehr brauchen. Dafür suchen wir kluge Köpfe, die sich und uns immer aufs Neue herausfordern.

Das Angebot

- **Für Studenten:** Praktika
- **Personalplanung:** ca. 50 Absolventen und ca. 150 Young Professionals
- **Fachrichtungen:** Wirtschaftswissenschaften, Wirtschaftsingenieurwesen, Wirtschaftsinformatik, Naturwissenschaften
- **Startprogramm:** Direkteinstieg, Training-on-the-job
- **Interne Weiterbildung:** Fach- und Persönlichkeitstraining, Auslandseinsatz, individuelles Coaching
- **Auslandseinsatz:** Möglich

Der Einstieg

Bewerbung	Bewerbung per E-Mail/ Online-Bewerbung
Auswahl	Bewerbergespräche mit Fach- und Personalabteilung, Fallstudien
Pluspunkte	Auslandserfahrung, außeruniversitäre Aktivitäten
Fachliche Qualifikation	Sehr gute Studienleistungen, kurze Studiendauer, Praktika, verhandlungssicheres Englisch
Persönliche Qualifikation	Teamfähig, leistungsorientiert, mobil, belastbar, begeisterungsfähig

Coca-Cola Erfrischungsgetränke AG

Aktiengesellschaft

- Quartier 205,
  Friedrichstraße 68
  10117 Berlin
- ☎ 0 30 / 92 04 - 01
- www.cceag.de
- ✉ Human Resources
  Aldona Kihl
- 📄 Broschüre für Studenten und Absolventen

Das Unternehmen

Erfolg kommt nicht von ungefähr. Auch nicht bei Coca-Cola. Dahinter steht das Engagement unserer Mitarbeiter bei der Coca-Cola Erfrischungsgetränke AG (CCE AG).

Mit einem Absatz von 2,5 Milliarden Litern ist die CCE AG als größter deutscher Coca-Cola-Konzessionär mit Hauptsitz in Berlin eines der bedeutendsten Getränkeunternehmen in Deutschland. Die CCE AG ist für die Abfüllung und den Vertrieb von Coca-Cola Markenprodukten in weiten Teilen Deutschlands verantwortlich. Unser Unternehmen beschäftigt rund 9.000 Mitarbeiter an 60 Standorten. In 20 Abfüllfabriken werden Coca-Cola Produkte und Mineralwässer abgefüllt.

Weitere Informationen über die CCE AG und Ihre Einstiegsmöglichkeiten bei uns finden Sie unter 🖥 www.cceag.de.

Das Angebot

- **Für Studenten:** Praktika
- **Personalplanung:** bedarfsorientiert
- **Fachrichtungen:** Betriebswirtschaftslehre, Wirtschaftsingenieurwesen, Ingenieurwesen, Informatik, Wirtschaftsinformatik
- **Startprogramm:** Direkteinstieg mit Training-on-the-job, Traineeprogramm
- **Einsatzbereiche:** Marketing/Verkauf, Finance, Technik, Business Systems (IT)
- **Weiterbildung:** individuell abgestimmte Weiterbildungsmaßnahmen, Nachwuchskräfteförderprogramm
- **Karriere:** Begleitung der beruflichen Entwicklung mit Seminaren und Feedbackgesprächen für die Übernahme von Fach- und Führungsaufgaben

Der Einstieg

Bewerbung	Vollständige Unterlagen
Auswahl	Interviewtag oder Assessment Center
Pluspunkte	Praktika, außeruniversitäres Engagement
Fachliche Qualifikation	Guter Studienabschluss, sehr gute Englisch- und Fachkenntnisse
Persönliche Qualifikation	Eigeninitiative, Teamfähigkeit, analytische und konzeptionelle Fähigkeiten

✱ Flache Hierarchien, großer Handlungsspielraum und interessante Perspektiven machen einen Einstieg bei der CCE AG sehr reizvoll.

Commerzbank AG

 www.commerzbank.de/karriere
 Geschäftsbericht, Homepage, Broschüre für Hochschulabsolventen

Das Unternehmen

Mit einer Konzern-Bilanzsumme von rund 400 Milliarden € ist die Commerzbank mit Sitz in Frankfurt am Main eine der größten privaten Banken in Deutschland und Europa. Die Muttergesellschaft, Commerzbank AG, und die Konzerntöchter beschäftigen rund 32.000 Mitarbeiter, davon 7.000 außerhalb Deutschlands. In Deutschland unterhält die Commerzbank ein Netz von etwa 700 Filialen. Darüber hinaus konzentriert sich der Konzern auf das europäische Geschäft und einige ausgewählte Märkte wie die USA.

Das Angebot

- **Für Studenten:** Praktika, Studienkreis
- **Personalplanung:** 300
- **Fachrichtungen:** Wiwi, Wi-Informatik, Wi-Mathematik
- **Startprogramme:** zielorientierte, individuell gestaltbare Traineeprogramme oder Direkteinstieg, je nach Vorkenntnissen
- **Einsatz:** Investment Banking, Financial Institutions, Corporate Banking, Private Banking, Credit Risk Management
- **Weiterbildung:** umfassendes Personalentwicklungskonzept für Fach- und für Führungskarrieren
- **Einstiegsgehalt:** 42.000 bis 45.000 € p. a., besondere Sozialleistungen wie zusätzliche Altersvorsorge
- **Auslandseinsatz:** je nach Einsatzbereich möglich

Der Einstieg

Bewerbung	Online-Bewerberbogen
Auswahl	Interview/AC
Pluspunkte	Bankausbildung, außeruniversitäre Tätigkeiten, Internationalität
Fachliche Qualifikation	Schwerpunkte im Studium, fachrelevante Praktika, Englischkenntnisse, IT-Kenntnisse
Persönliche Qualifikation	Kundenorientierung, Teamfähigkeit, analytisches Denken, Eigeninitiative, Leistungsbereitschaft, Mobilität

 Die Commerzbank bietet zielgerichtete Trainee-Programme mit interessanten Entwicklungsmöglichkeiten.

CTcon

> **CTcon GmbH**
> Burggrafenstraße 5a
> 40545 Düsseldorf
> www.ctcon.de
> Thomas Erfort,
> recruiting@ctcon.de
> 02 11 / 57 79 03 - 62
> Bewerbertelegramm, Homepage

Das Unternehmen

CTcon ist ein unabhängiges, auf Unternehmenssteuerung spezialisiertes Beratungs- und Trainingsunternehmen. Als Spin-Off der Wissenschaftlichen Hochschule für Unternehmensführung (WHU) 1992 in Vallendar gegründet, ist CTcon heute auch an den Standorten Bonn, Düsseldorf und Frankfurt am Main vertreten.

Prägende Merkmale des Leistungsangebots sind die Verbindung von Beratung und Training, die Verknüpfung von Praxis und Wissenschaft und die Spezialisierung auf große Unternehmen und Organisationen.

Zu unseren Klienten zählen unter anderem zwölf der DAX 30-Unternehmen. In enger und vertrauensvoller Zusammenarbeit entwickeln wir mit ihnen maßgeschneiderte Problemlösungen ebenso wie Qualifizierungsprogramme für Führungskräfte.

Das Angebot

- **Für Studenten:** keine Praktika
- **Personalbedarf:** laufende Einstellung hervorragend qualifizierter Universitätabsolventen und Young Professionals
- **Fachrichtungen:** WiWi, Wi-Ingenieure, (Wi-)Informatiker, (Wi-)Mathematiker
- **Startprogramme:** Training-on-the-job; Einstieg in kleines Projektteam an der Seite eines erfahrenen Projektleiters, frühzeitige Übernahme von Projektverantwortung
- **Weiterbildung:** Qualifizierungsprogramme zum Ausbau fachlicher, methodischer und sozialer Kompetenz, Promotionsprogramm
- **Karriere:** Berater, Projektleiter, Partner
- **Einstiegsgehälter:** nach Vereinbarung

Der Einstieg

Bewerbung	Vollständige Unterlagen, gerne per Mail oder über die Homepage
Auswahl	Mehrere Einzelinterviews/ Fallstudien mit CTcon-Partnern und -Projektleitern
Pluspunkte	Außeruniversitäre Initiative, interessante Praktika, Auslandserfahrung
Fachliche Qualifikation	Deutlich überdurchschnittlicher Universitätsabschluss; gerne Promotion, MBA oder Zweitstudium; exzellente analytische Fähigkeiten; sehr gute Englisch-Kenntnisse
Persönliche Qualifikation	Ausgeprägter Unternehmergeist, Ausdauer, Kreativität, Teamfähigkeit, Humor

 Grow with us.

Deloitte

✉ Schwannstraße 6
40476 Düsseldorf
☎ 02 11 / 87 72 - 37 13
🖥 www.deloitte.com/de

Das Unternehmen

Deloitte ist eine der führenden Wirtschaftsprüfungs- und Beratungsgesellschaften in Deutschland.

Seit mehr als 90 Jahren profitieren unsere Mandanten von einem umfassenden und hochqualitativen Dienstleistungsspektrum. 18 Niederlassungen gewährleisten bundesweit die für effiziente Prüfungs- und Beratungsleistungen erforderliche Nähe zum Mandanten.

Entsprechend unserer Marktstellung betreuen wir Unternehmen und Institutionen jeder Rechtsform und Größe aus nahezu allen Wirtschaftszweigen.

International ist Deloitte Touche Tohmatsu mit über 120.000 Mitarbeitern in nahezu 150 Ländern tätig.

	1998	1999	2000	2001	2002
Umsatz Millionen €	259	282	302	392	461
Beschäftigte	2.114	2.340	2.504	2.646	2.839

Das Angebot

- **Für Studenten:** Praktika
- **Personalplanung:** ca. 300 Hochschulabsolventen pro Jahr
- **Fachrichtungen:** Wirtschaftswissenschaftler, -informatiker, -mathematiker, Juristen mit Schwerpunkt Steuerrecht, Wirtschaftsingenieure
- **Startprogramm:** Unser Einstieg kombiniert ein gezieltes Training „on the job" mit einem umfangreichen Seminarprogramm.
- **Einsatzbereich:** Wirtschaftsprüfung, Steuerberatung, Consulting, Corporate Finance
- **Weiterbildung:** interne und externe Fortbildungsseminare
- **Karriere:** Wirtschaftsprüfer, Steuerberater, Unternehmensberater
- **Einstiegsgehälter:** qualifikationsabhängig
- **Auslandstätigkeit:** individuell, Voraussetzung: mindestens 2 bis 3 Jahre Berufserfahrung

Der Einstieg

Bewerbung	Vollständige Unterlagen
Auswahl	Persönliche Interviews
Pluspunkte	Einschlägige Praktika, relevante Studienschwerpunkte
Fachliche Qualifikation	Sehr gutes Examen, gute Englischkenntnisse
Persönliche Qualifikation	Systematische Arbeitsweise, Teamgeist, Eigeninitiative, Lernbereitschaft

Deutsche Börse Group

- ✉ **Deutsche Börse Group**
  Neue Börsenstraße 1
  60487 Frankfurt am Main
- ☎ 0 69 / 2 11 - 0
- 🖥 www.deutsche-boerse.com
- ✉ Human Resources
- ☎ - 2 11 - 1 18 10
- 📠 - 2 11 - 1 43 28
- 🖱 career@deutsche-boerse.com

Das Unternehmen

Die Deutsche Börse ist eine der traditionsreichsten und zugleich innovativsten Börsenorganisationen. Als regionaler Marktplatz entstand sie im 16. Jahrhundert – heute ist sie ein „Transaktionsdienstleister", der mit Spitzentechnologie Emittenten und Investoren den Weg zu den globalen Märkten öffnet.

Die Gruppe Deutsche Börse ist die einzige vollintegrierte Börsenorganisation weltweit. Ihren Kunden bietet sie One-stop-access zu allen relevanten Wertpapier- und Systemdienstleistungen: von Handel, Abwicklung und Verwahrung über die Vermarktung der Handelsinformationen bis zu Entwicklung, Bau und Betrieb der elektronischen Systeme. Das sichert ihr einen führenden Platz innerhalb der internationalen Wertpapierbranche.

Das Angebot

- **Für Studenten:** Praktika: für Studierende ab 4. Semester, Mindestdauer 3 Monate. Studienbegleitende Tätigkeiten
- **Personalplanung:** bedarfsorientiert
- **Fachrichtungen:** Wirtschaftswissenschaften, Wirtschaftsinformatik, Informatik, Mathematik, Physik
- **Startprogramm:** Training-on-the-job
- **Interne Weiterbildung:** Projekteinsätze, qualifizierte Weiterbildungsangebote
- **Auslandseinsatz:** nach Absprache

Der Einstieg

Bewerbung	Vollständige Bewerbungsunterlagen. Online oder als klassische Bewerbungsmappe
Auswahl	Interviews
Pluspunkte	Internationale Erfahrung, Projekterfahrung
Fachliche Qualifikation	Hochschulabschluss, sehr gute Englischkenntnisse, relevante Praktika
Persönliche Qualifikation	Ausgeprägte analytische und soziale Fähigkeiten, Flexibilität, überzeugende Persönlichkeit, Engagement, Leistungsbereitschaft

 International ausgerichtete Unternehmung mit flacher Hierarchie und sehr guten Entwicklungsperspektiven

Deutsche Bundesbank

- ✉ **Deutsche Bundesbank**
  Wilhelm-Epstein-Straße 14
  60431 Frankfurt am Main
- 🖥 www.bundesbank.de
- 📋 **Franziska Mottok,**
  Abteilung Personalmanagement
- ☎ 0 69 / 95 66 - 41 88
- 📠 0 69 / 95 66 - 81 41
- ✉ franziska.mottok
  @bundesbank.de

Das Unternehmen

Die Deutsche Bundesbank ist eine der großen Notenbanken im Europäischen System der Zentralbanken. Wir wirken bei der Umsetzung der europäischen Geldpolitik mit und sichern die Stabilität unserer gemeinsamen Währung. Als „Bank der Banken" stellen wir den Kreditinstituten Zentralbankgeld zur Verfügung. Darüber hinaus sind wir im Rahmen der Bankenaufsicht sowie bei der Abwicklung des Zahlungsverkehrs tätig und an den Finanzmärkten aktiv.

Das Angebot

- **Für Studenten:** Praktika, Diplomarbeiten (siehe: 🖥 www.bundesbank.de ⇨ Jobs und Karriere ⇨ Jobbörse)
- **Personalplanung:** ca. 50 Hochschulabsolvent(inn)en für 2005
- **Fachrichtungen:** Wirtschaftswissenschaften, Mathematik, Jura, Informatik
- **Einstiegswege:** Direkteinstieg, Trainee-Programm (12-monatiges Einstiegsprogramm für bestimmte Tätigkeitsbereiche für Absolvent(inn)en eines wirtschaftswissenschaftlich ausgerichteten Universitätsstudiums), Bundesbankreferendariat (21-monatige generalistische Ausbildung für Universitätsabsolvent(inn)en der Wirtschafts- oder Rechtswissenschaften)
- **Weiterbildung:** umfangreiches Fortbildungsangebot, vor allem fachlich sowie auf den Gebieten Sprachen, IT und Management
- **Karriere:** individuelle Personalentwicklung für den Führungsnachwuchs, Führungspositionen werden aus den eigenen Reihen besetzt
- **Auslandseinsatz:** grundsätzlich möglich

Der Einstieg

Bewerbung	Vollständige Bewerbungsunterlagen, auch Onlinebewerbung möglich
Auswahl	Vom Einzelinterview bis zum Assessment Center (abhängig von den zu besetzenden Stellen)
Pluspunkte	Zügiger Studienabschluss, qualifizierte praktische Erfahrungen
Fachliche Qualifikation	Überdurchschnittlich guter Studienabschluss, je nach zu besetzender Stelle passender Studienschwerpunkt, gute Englischkenntnisse, Fähigkeit, komplizierte Sachverhalte verständlich auszudrücken
Persönliche Qualifikation	Kommunikations- und Teamfähigkeit, Mobilität, Belastbarkeit

Deutsche Lufthansa AG

> **Deutsche Lufthansa AG**
> Von-Gablenz-Straße 2–6
> 50679 Köln
> www.Lufthansa.com
> www.be-lufthansa.com

Das Unternehmen

Die Deutsche Lufthansa AG ist bereits seit Jahrzehnten das führende deutsche Unternehmen im Bereich Luftverkehr. Die Geschäftsfelder der Aktiengesellschaft reichen von der klassischen Airline Passage über Cargo, Technik, IT-Services bis hin zu Touristik und Catering.

Die internationale Wettbewerbsfähigkeit wurde durch die so genannte Star Alliance mit weiteren internationalen Fluglinien gesteigert.

Attraktive Einstiegsmöglichkeiten für Absolventen und Young Professionals finden sich in der gesamten Unternehmensgruppe.

Das interne Corporate College des Unternehmens, die Lufthansa School of Business, bietet hervorragende Möglichkeiten zur persönlichen und beruflichen Weiterentwicklung.

Das Angebot

- **Für Studierende:** Praktika, Diplomarbeiten
- **Personalplanung:** bedarfsabhängig
- **Fachrichtungen:** Ingenieurwesen, Wirtschaftswissenschaften, Informatik, Sozialwissenschaften, Naturwissenschaften
- **Startprogramm:** diverse, unter anderem Trainee-Programm „Pro Team", alle Einstiegsmöglichkeiten unter www.be-lufthansa.com
- **Interne Weiterbildung:** gefördert durch internes Corporate College – „Lufthansa School of Business"
- **Auslandseinsatz:** möglich

Der Einstieg

Bewerbung	Online unter www.be-lufthansa.com
Auswahl	Telefoninterview, Interview, PC-Test, für „Pro Team": AC
Pluspunkte	Auslandsaufenthalt, einschlägige Praktika
Fachliche Qualifikation	Überdurchschnittlicher Hochschulabschluss, qualifizierte praktische Erfahrungen, außeruniversitäres Engagement, aktives Englisch
Persönliche Qualifikation	Leistungsorientiert, teamfähig, mobil, belastbar, kommunikationsstark

Deutsche Post World Net

Deutsche Post World Net
Charles-de-Gaulle-Straße 20
53113 Bonn
www.dpwn.com

Das Unternehmen

Wir von Deutsche Post World Net leben Logistik. Weltweit liefern wir exzellente Qualität für den Erfolg unserer Kunden und sind unterwegs, die globale Nr. 1 zu werden. Im Konzern Deutsche Post World Net sind die Leistungsmarken Deutsche Post, DHL und Postbank in einem leistungsstarken Verbund zusammengefasst. Im Jahr 2003 erzielten unsere mehr als 380.000 Mitarbeiter weltweit einen Umsatz von über 40 Milliarden Euro. Für die Steuerung dieser spannenden Prozesse suchen wir Persönlichkeiten, die mitdenken und mitlenken, mit innovativen Ideen für Express & Logistik, Brief- und Kommunikations- sowie Finanzdienstleistungen.

Das Angebot

- **Für Studenten:** Praktikanten, Diplomanden und Absolventen
- **Personalplanung:** Offene Stellen finden Sie im Internet unter: www.dpwn.com
- **Fachrichtungen:** Betriebswirtschaft, Wirtschaftswissenschaft, Logistik
- **Startprogramm:** Coaching, individuelles Training-on-the-job
- **Interne Weiterbildung:** Führungskräfte-Entwicklung, Diversity Management, systematische und kontinuierliche, internationale Weiterbildung, Förderung von Potenzialträgern
- **Auslandseinsatz:** projektbezogen

Der Einstieg

Bewerbung	Vollständige Bewerbungsunterlagen
Auswahl	Bewerbungsunterlagen, Interviews, Informations- und Auswahltag
Pluspunkte	Interkulturelles Denken, zielorientiertes Handeln, Bereitschaft zu permanenter Veränderung und lebenslangem Lernen
Fachliche Qualifikation	Überdurchschnittlicher Hochschulabschluss, qualifizierte praktische Erfahrungen, außeruniversitäres Engagement, aktives Englisch
Persönliche Qualifikation	Interkulturell, teamfähig, leistungsorientiert, mobil, flexibel

Dresdner Bank AG

Die Beraterbank

- ✉ **Dresdner Bank AG**
  60301 Frankfurt am Main
- ☎ 0 69 / 2 63 - 0
- 🖥 www.dresdner-bank.de
- HR Services & Training Services
  People Development
  HR Marketing
  Johanna Greive ☎ - 8 32 06
  Anja Seelmann-Wirtz ☎ - 8 20 92
- ✉ hochschulabsolventen@
  dresdner-bank.com
- 📄 diverse, auf Anfrage

Das Unternehmen

Der Dresdner-Bank-Konzern ist mit rund 990 Filialen und rund 31.300 Vollzeitstellen in rund 60 Ländern der Welt vertreten. Nach Bilanzsumme und Zahl der Kunden zählt die Dresdner Bank zu den führenden europäischen Banken. Seit 2001 ist die Dresdner Bank eine einhundertprozentige Tochtergesellschaft der Allianz Group. Die Verbindung von Allianz und Dresdner Bank bietet den Kunden einen erheblichen Mehrwert durch ein umfassendes Angebot von Versicherungs- und Finanzprodukten, eine Vielzahl von Vertriebskanälen sowie mehr Beratungskapazität und Beratungskompetenz.

Konzern	2004
Bilanzsumme ca. Milliarden €	556,8 (per 30.06.2004)
Beschäftigte	ca. 32.000

Das Angebot

- **Für Studenten:** Praktika, Petra Zapp-Gürser ☎ - 5 82 79, Johanna Greive ☎ - 8 32 06, Anja Seelmann-Wirtz ☎ - 8 20 92, ✉ praktikanten@dresdner-bank.com
- **Personalplanung:** keine Angaben
- **Fachrichtungen:** Wirtschaftswissenschaften (schwerpunktmäßig), Mathematik, Physik, Rechtswissenschaften
- **Startprogramme:** Fachspezifische Nachwuchsprogramme (z. B. Nachwuchsprogramm für Wertpapierberater „CERT", New Talent Program im Bereich Corporate Banking) sowie Direkteinstieg in der Regel durch Training-on-the-Job
- **Einsatz:** Personal Banking, Private & Business Banking, Corporate Banking, Investmentbanking (DrKW) sowie Funktionsbereiche (zum Beispiel Riskmanagement, Finance/Controlling)
- **Weiterbildung:** individuell
- **Einstiegsgehalt:** ca. 40.000–45.000 € p. a.
- **Ausland:** Auslandspraktikum nach erfolgreich abgeschlossenem Inlandspraktikum möglich

Der Einstieg

Bewertung	Vollständige Unterlagen
Auswahl	Je nach Einsatzbereich Assessment Center, Gespräch mit dem Fachbereich, Gespräch mit der Personalabteilung
Pluspunkte	Fremdsprachenkenntnisse (Englisch), EDV-Kenntnisse, außeruniversitäres Engagement
Fachliche Qualifikation	Überzeugende Studienleistungen, Praxisbezug
Persönliche Qualifikation	Ausgeprägtes Persönlichkeitsbild, Interesse am Bankgeschäft, leistungs- und serviceorientierte Einstellung, Verantwortungsbereitschaft, Entscheidungsfähigkeit, unternehmerisches Denken und Handeln, Flexibilität

 Mit besten Perspektiven für Ihre Entwicklung! Leben Sie die Beraterbank.

EnBW Energie Baden-Württemberg AG

> **EnBW Energie
> Baden-Württemberg AG
> Vorstandsressort Personal
> Beratung Personal
> 76180 Karlsruhe**
>
> www.personal.enbw.com
>
> **Ansprechpartner Studenten:
> Frau Verena Marquardt**
> 07 21 / 63 - 1 40 01
> 07 21 / 63 - 1 50 32
> verena.marquardt@enbw.com
>
> **Ansprechpartner Berufseinsteiger/
> Young Professionals:
> Frau Annika Heitmann**
> 07 21 / 63 - 1 39 61
> 07 21 / 63 - 1 39 15
> a.heitmann@enbw.com

Das Unternehmen

Die Energie Baden-Württemberg AG ist mit rund 5,4 Millionen Energiekunden das drittgrößte Energieunternehmen in Deutschland. Mit knapp 24.600 Mitarbeiterinnen und Mitarbeitern haben wir 2003 einen Jahresumsatz von rund 10,6 Milliarden € erzielt. Unsere Geschäftsfelder sind Strom, Gas sowie Energie- und Umweltdienstleistungen. Wir sind über die Grenzen Baden-Württembergs hinaus im Energiegeschäft tätig und zeichnen uns im Wettbewerb durch Innovationen und Umsetzungsgeschwindigkeit aus. Auf den Märkten in Mittel- und Osteuropa sind wir aktiv und werden dort unsere Chancen nutzen.

Das Angebot

- **Für Studenten:** Praktika, Werkstudententätigkeiten, Diplomarbeiten
- **Personalplanung:** Derzeit planen wir im Jahr 2005 mit ca. 50 Neueinstellungen sowohl von Berufseinsteigern wie auch von Young Professionals
- **Fachrichtungen:** Ingenieurwesen (insbesondere Elektrotechnik/Energietechnik, Versorgungstechnik, Maschinenbau, Kraftwerkstechnik), Wirtschaftsingenieurwesen, Wirtschaftswissenschaften, (Wirtschafts-)Informatik
- **Startprogramm:** Direkteinstieg, Traineeprogramm
- **Einstiegsgehälter:** 37.000 € bis 43.000 € auf Basis 38h/Woche (Trainees, Uni/FH alle Fachrichtungen)

Der Einstieg

Bewerbung	per Post oder Online
Auswahl	Vollständige Bewerbungsunterlagen, Bewerbergespräch mit Personal- und Fachabteilung, Assessment-Center
Fachliche Qualifikation	Gewünschte fachliche Qualifikationen hängen vom jeweiligen Stellenprofil ab. Grundsätzlich sollten Bewerber die gängigen Office-Programme beherrschen und gute Kenntnisse in Englisch und/oder Französisch besitzen.
Persönliche Qualifikation	Eigeninitiative, Teamfähigkeit, Flexibilität

Ernst & Young AG

> ✉ **Ernst & Young AG**
> Wirtschaftsprüfungsgesellschaft
> Mittlerer Pfad 15
> 70499 Stuttgart
> ✆ karriere@de.ey.com
> 🖥 www.de.ey.com
> ☎ +49 (7 11) / 98 81 - 1 41 42
> 📄 Recruitingbroschüre

Das Unternehmen

Die Ernst & Young AG zählt als unabhängiges Mitglied von Ernst & Young International zu den weltweit führenden „Big Four"-Gesellschaften.

	2003
Umsatz Deutschland Mio. € weltweit Mrd. US-$	>860 >14,5
Beschäftigte Deutschland weltweit	rund 6.500 rund 100.000

Das Angebot

- **Für Studenten:** mehrere Hundert Praktikantenplätze bundesweit, Diplomarbeiten nach Absprache
- **Personalplanung:** 700 Neueinstellungen für 2005 geplant
- **Fachrichtungen:** Wirtschaftswissenschaften, (Wi-)Informatik, Jura, (Wi-)Mathematik, Wirtschaftsingenieurwesen
- **Startprogramme:** Training-on-the-job mit intensivem Fach- und Persönlichkeitsschulungsprogramm
- **Einsatzbereich:** Assurance & Advisory, Tax, Corporate Finance sowie Real Estate Consulting
- **Weiterbildung:** Fach- und Persönlichkeitsschulungen, Sprachkurse
- **Karriere:** Assistant, Senior, Manager, Senior Manager, Partner
- **Einstiegsgehälter:** keine Angaben
- **Besondere Sozialleistungen:** betriebliche Altersversorgung
- **Auslandstätigkeit:** internationale Austauschprogramme

Der Einstieg

Bewerbung	Vollständige Bewerbungsunterlagen
Auswahl	Gespräche mit Personal- und Fachabteilung
Pluspunkte	Auslandserfahrung, außeruniversitäres Engagement
Fachliche Qualifikation	Einschlägige Vertiefungsrichtung, überdurchschnittliches Examen, Englisch, Praktika
Persönliche Qualifikation	Teamfähigkeit, Belastbarkeit, analytisches Denkvermögen, Flexibilität, Mobilität

 Sehr gute Karrieremöglichkeiten in einem internationalen Umfeld.

GfK AG

> **GfK AG**
> Nordwestring 101
> 90319 Nürnberg
> ☎ 09 11 / 3 95 - 0
> 🖥 www.gfk.de/recruitment.php
> ✉ **Human Resources Services**
> Elli Moravec
> (für Hochschulabsolventen)
> ☎ - 20 74
> 🖨 - 40 27
> 📧 elli.moravec@gfk.de
> Christine Keiner (für Praktikanten)
> ☎ - 21 60
> 🖨 - 40 27
> 📧 christine.keiner@gfk.de

Das Unternehmen

Die GfK Gruppe ist Deutschlands größter Full-Service Anbieter im Bereich Marktforschung. Und auch weltweit sind wir einer der führenden Dienstleister für Business Information Services. Dazu nutzen wir unser Wissen aus über 120 Tochterunternehmen, Niederlassungen und Beteiligungen in 57 Ländern auf fünf Kontinenten.

Mit unseren Business Information Services liefern wir das grundlegende Wissen, das Industrie, Handel, Dienstleistungsunternehmen und Medien benötigen, um Marktentscheidungen zu treffen.

Das Angebot

- **Für Studenten:** Praktika und auf Anfrage Betreuung von Diplomarbeiten
- **Personalplanung 2005/2006:** ca. 20 bis 30 Hochschulabsolventen und Young Professionals
- **Fachrichtungen:** Wirtschafts-, Sozialwissenschaften, (Wirtschafts-)Informatik, (Wirtschafts-)Mathematik
- **Startprogramm:** individuelles Training-on-the-job als Junior Consultant oder Junior Specialist
- **Tätigkeitsfelder:**
  – Marketing Research/Consulting
  – Software-Entwicklung/IT-Services
  – Group Services, z. B. Financial Services, HR Services etc.
- **Interne Weiterbildung:** Fach- und Persönlichkeitstraining, individuelle Maßnahmen, Personalentwicklungsprogramme
- **Einstiegsgehalt:** nach Vereinbarung

Der Einstieg

Bewerbung	Vollständige Bewerbungsunterlagen, Online-Bewerbung
Auswahl	Bewerbungsgespräch mit Personal- und Fachabteilung, strukturiertes Interview, Gruppenauswahlverfahren
Pluspunkte	Interessenschwerpunkt Marktforschung, einschlägige Praktika
Fachliche Qualifikation	Marketing- und Kundenorientierung, qualifizierte praktische Erfahrungen, gute Englischkenntnisse
Persönliche Qualifikation	Kommunikations- und Kontaktstärke, Teamfähigkeit,

Grünenthal GmbH

✉	Grünenthal GmbH
52099 Aachen
☎	02 41 / 5 69 - 0
💻	www.grunenthal.de
✉	Frank Poschen
☎	- 36 93
📠	- 32 37
@	frank.poschen@grunenthal.de

Das Unternehmen

Grünenthal ist ein unabhängiges, forschendes und international tätiges Pharmaunternehmen. Seit seiner Gründung im Jahre 1946 ist das Unternehmen bis heute in Familienbesitz. Grünenthal ist in mehr als 80 Ländern der Erde mit Produkten vertreten. Die Zahl eigener Tochterunternehmen wächst stetig. Weltweit sind knapp 5.000 Menschen bei Grünenthal beschäftigt, die maßgeblich zum Unternehmenserfolg beitragen. Grünenthal ist in Deutschland an vier Standorten in Stolberg und Aachen vertreten.

Das Angebot

- **Für Studenenten:** Praktika, Diplomarbeitsbetreuung
- **Personalplanung:** 2005/2006 werden ca. 30 Hochschulabsolventen benötigt
- **Fachrichtungen:** Wirtschaftswissenschaften, Naturwissenschaften, Medizin
- **Startprogramm:** Direkteinstieg oder Traineeprogramm mit den Schwerpunkten: Internationaler Vertrieb, Finanzen und Controlling, Strategisches Marketing, Personal, Projektmanagement Forschung und Entwicklung
- **Interne Weiterbildung:** systematische und kontinuierliche Weiterbildung im eigenen Bildungszentrum
- **Auslandseinsatz:** bei den individuell zugeschnittenen Traineeprogrammen vorgesehen

Der Einstieg

Bewerbung	Vollständige Bewerbungsunterlagen
Auswahl	Vorstellungsgespräch, Hospitation, Assessment-Center
Pluspunkte	Auslandspraktika
Fachliche Qualifikation	Überdurchschnittlicher Hochschulabschluss, qualifizierte praktische Erfahrungen nach Möglichkeit im Ausland, sehr gute Englischkenntnisse sowie gute Spanisch- oder Französischkenntnisse; gute MS-Office-Kenntnisse
Persönliche Qualifikation	Begeisterungsfähigkeit, ein überzeugendes Auftreten, Konfliktlösungsfähigkeit, Kommunikationsstärke, Teamfähigkeit, hohes Engagement

Gruner + Jahr

> ✉ **Gruner + Jahr AG & Co. KG**
> Am Baumwall 11
> 20459 Hamburg
> ☎ 0 40 / 37 03 - 0
> 💻 www.guj.de
> ▷ Swantje Brümmer
> ☎ - 26 49, 📠 - 56 93
> 📄 Homepage
> www.guj.de

Das Unternehmen

Mit über 120 Zeitschriften und Zeitungen in 10 Ländern, über 11.000 Mitarbeitern und einem Umsatz von über 2,4 Milliarden € im Geschäftsjahr ist die Gruner + Jahr AG & Co. KG Europas größtes Verlagshaus. 63 Prozent des Umsatzes werden außerhalb des Ursprungslands Deutschland erwirtschaftet.

Gedruckt wird an sechs Standorten. Die bekanntesten Zeitschriftentitel auf dem deutschen Markt sind unter anderem Magazine wie *Stern*, *Capital*, *Geo*, *Eltern* und *Brigitte*. Ohne Ausnahme Qualitätstitel, die ihr jeweiliges Marktsegment anführen. Im Bereich Zeitungen ist Gruner + Jahr mit der *Financial Times Deutschland* sowie der *Sächsischen Zeitung* vertreten.

Gruner + Jahr gehört zu 74,9 Prozent der Bertelsmann AG und zu 25,1 Prozent der Hamburger Verlegerfamilie Jahr. Hauptsitz des Unternehmens ist Hamburg.

Das Angebot

- **Für Studenten:** Praktika, Diplomarbeiten ▷ Katja Fütterer
- **Personalplanung:** ca. 5 Hochschulabsolventen p. a.
- **Fachrichtungen:** Wirtschaftswissenschaften
- **Startprogramme:** Trainee-Programm, 14 Monate, Durchlauf aller wichtigen Unternehmensbereiche, Projektarbeit
- **Weiterbildung:** Seminare zur Persönlichkeitsbildung, umfangreiches Begleitprogramm durch Personalentwicklung
- **Einstiegsgehälter:** nach Absprache
- **Besondere Sozialleistungen:** alle Sozialleistungen eines Großunternehmens

Der Einstieg

Bewerbung	Bitte online unter 💻 www.guj.de
Auswahl	Assessment Center, Einzelgespräche
Fachliche Qualifikation	Zügig absolviertes Studium, sehr gute Noten, Fremdsprachenkenntnisse, Erfahrungen im Medienbereich
Persönliche Qualifikation	Durchsetzungsstark, selbstständig, sehr belastbar, teamerfahren

Bei Gruner + Jahr sind die Karrierechancen für Hochschulabsolventen sehr gut. Den Beschäftigten wird vom ersten Tag an Verantwortung übertragen. Die Betreuung ist hervorragend.

Franz Haniel & Cie. GmbH

Haniel

Franz Haniel & Cie. GmbH
Franz-Haniel-Platz 1
47119 Duisburg
☎ 02 03 / 8 06 - 0
www.haniel.de

Human Resources
Herr Peter Weidig
☎ - 1 64
- 7 39
career@haniel.de

Das Unternehmen

Wir sind rund 250 Jahre alt – und fühlen uns wie 25. Zur Natur von Haniel gehört, dass wir kein Traditionsunternehmen sind, das sich auf seinem Erfolg ausruht, sondern ein dynamischer Konzern, der niemals still steht. Mit über 50.000 Mitarbeitern erwirtschaftet Haniel einen Jahresumsatz von mehr als 23 Milliarden € auf fünf Kontinenten in über 30 Ländern. Zum Haniel-Konzern gehören sechs dezentral organisierte Unternehmensbereiche, die Spitzenpositionen in ihrem Marktbereich innehaben. Mit **Celesio** ist Haniel europäischer Marktführer im Pharma-Groß- und Einzelhandel. **BELFOR** und **ELG Haniel** sind weltweit führend in der Schadenssanierung bzw. im Edelstahlrecycling. Neben der **Xella,** einem führenden Unternehmen der Baustoffindustrie, hat sich **HTS International** europaweit als Anbieter für Berufskleidung und Waschraumhygiene etabliert. Und last but not least präsentiert sich **TAKKT** als internationaler B-to-B-Versand für Büro-, Betriebs- und Lagereinrichtungen.

Das Angebot

- **Studenten:** Praktika, Diplomarbeiten, Student Development Program (Förderung für Studierende im Hauptstudium)
- **Personalplanung:** kontinuierlicher Bedarf an Hochschulabsolventen
- **Fachrichtungen:** Betriebswirtschaft, Wirtschaftswissenschaften, Wirtschaftsingenieurwesen
- **Startprogramm:** Direkteinstieg, Training-on-the-job
- **Interne Weiterbildung:** umfassendes Angebot an Seminaren und Workshops sowie Management Development Programmen in konzerneigener Akademie
- **Auslandseinsatz:** möglich

Der Einstieg

Bewerbung	Vollständige Bewerbungsunterlagen
Auswahl	Einstellungsgespräche mit dem Fach- und Personalbereich
Pluspunkte	Praktika, Auslandserfahrung, neben sehr guten Englischkenntnissen Kenntnisse in einer weiteren Fremdsprache, Berufsausbildung
Fachliche Qualifikation	Gute Examensnoten, betriebswirtschaftliches Verständnis, DV-Kenntnisse, ausgeprägte analytische und konzeptionelle Fähigkeiten
Persönliche Qualifikation	Mobilität, außeruniversitäres Engagement, selbstständiges Arbeiten, Belastbarkeit

Hannover Rückversicherung AG

- ✉ Karl-Wiechert-Allee 50
  30625 Hannover
- ☎ 05 11 / 56 04 - 0
- 🖳 www.hannover-rueck.de
- ✎ Human Resources Management
  Klaudia Gering ☎ - 16 03
  ✉ personnel@hannover-re.com
  (für Anfragen)
  ✉ career@hannover-re.com
  (für Bewerbungen)
- 📄 Bewerberbroschüre, Homepage

Das Unternehmen

Die Hannover Rück ist mit einem Prämienvolumen von rund 11 Milliarden € eine der fünf größten Rückversicherungsgruppen der Welt.

Sie betreibt alle Sparten der Schaden-, Personen- und Finanz-Rückversicherung sowie Programmgeschäft und unterhält Rückversicherungsbeziehungen mit mehr als 3.000 Versicherungsgesellschaften in rund 150 Ländern. Ihre weltweite Infrastruktur besteht aus über 100 Tochter- und Beteiligungsgesellschaften, Niederlassungen und Repräsentanzen in 18 Ländern. Das Deutschlandgeschäft der Gruppe wird exklusiv von der Tochtergesellschaft E+S Rück betrieben.

Die Hannover Rück-Gruppe beschäftigt zurzeit weltweit ca. 2.100 Mitarbeiter, von denen circa 850 am Hauptsitz in Hannover tätig sind.

Das Angebot

- **Für Studenten:** Betreuung von Praktika, Diplomarbeiten, Inhouseveranstaltungen
- **Personalplanung:** k. A.
- **Fachrichtungen:** BWL/VWL, (Wirtschafts-) Mathematik, Jura, Informatik
- **Startprogramm: a)** 18-monatiges Trainee-Programm; **b)** Direkteinstieg (Training-on-the-job mit begleitendem Weiterbildungsprogramm)
- **Weiterbildung und Karriere:** umfangreiche Fach- und Soft-Skill-Ausbildung
- **Einstiegsgehälter:** ca. 40.600 € p. a.
- **Auslandseinsatz:** im Trainee-Programm fester Bestandteil, beim Direkteinstieg je nach Fachgebiet auch möglich

Der Einstieg

Bewerbung	Vollständige und ausführliche Bewerbungsunterlagen, postalisch bzw. per E-Mail an career@hannover-re.com oder über das Hannover-Rück-Online-Bewerbungsformular
Auswahl	Bei Direkteinstieg: Auswahlgespräche und Schnuppertag. Bei Trainee-Programm: Auswahlgespräche und AC
Pluspunkte	Zügiges Studium, Auslandserfahrung, weitere Fremdsprachenkenntnisse
Fachliche Qualifikation	Sehr guter Hochschulabschluss, analytisches Denken, Praxiserfahrung bei einem Finanzdienstleister, sehr gute Englischkenntnisse
Persönliche Qualifikation	Kommunikationsfähigkeit, Spaß an der Zusammenarbeit mit anderen Kulturen, sicheres Auftreten, Teamfähigkeit

Hauck & Aufhäuser

✉ **Hauck & Aufhäuser Privatbankiers KGaA**
Kaiserstraße 24
60311 Frankfurt am Main
☎ 0 69 / 21 61 - 0
🖥 www.hauck-aufhaeuser.de
✖ **Personalabteilung**
Silvia Winkler
☎ - 3 18
📠 - 3 74
✉ bewerbung@hauck-aufhaeuser.de

Das Unternehmen

Eine konstante und ausgewogene Personalpolitik ist uns im Hinblick auf die langfristige und kontinuierliche Kundenbetreuung ein besonderes Anliegen. Kennzeichen dieser Politik ist unter anderem die durchschnittliche Zugehörigkeit der Mitarbeiter zu unserer Bank, die bei etwa zehn Jahren liegt.

Die Gruppe Hauck & Aufhäuser beschäftigt derzeit (Stand 31.12.2004) insgesamt 516 Mitarbeiterinnen und Mitarbeiter. In der Muttergesellschaft sind an den Standorten Frankfurt am Main und München 396 Personen tätig, davon zirka zwei Drittel in Frankfurt. Bei unseren in- und ausländischen Tochtergesellschaften sind 120 Mitarbeiter angestellt. Mehr als die Hälfte von ihnen arbeitet bei unserer Luxemburger Tochtergesellschaft.

Das Angebot

- **Personalplanung:** bedarfsorientiert
- **Fachrichtungen:** Schwerpunkt Wirtschaftswissenschaften
- **Startprogramm:** individuell abgestimmtes Trainee-Programm (neun bis zwölf Monate) oder Direkteinstieg
- **Weiterbildung:** Training-on-the-job, interne und außerbetriebliche Weiterbildung
- **Einstiegsgehälter:** je nach Qualifikation und Einsatzbereich
- **Auslandseinsatz:** möglich

Der Einstieg

Bewerbung	Vollständige Unterlagen mit Lebenslauf und Zeugnissen oder per Online-Bewerbung
Auswahl	Einzelinterview mit Personal- und Fachabteilung
Fachliche Qualifikation	Wirtschaftswissenschaftliches Prädikatsexamen, gute Kenntnisse finanzwirtschaftlicher Zusammenhänge
Persönliche Qualifikation	Team- und Kontaktfähigkeit, analytisches bzw. ökonomisches Denken, Zielstrebigkeit, Freude am Arbeiten im Team

Henkel KGaA

> ✉ Henkel KGaA
> Postfach
> 40191 Düsseldorf
> ☎ 02 11 / 7 97 - 0
> 🖥 www.henkel.com
> ✉ Corporate Recruitment Management
> ☎ - 02 11 / 7 97 - 75 52
> 📠 - 02 11 / 7 97 - 36 98

Das Unternehmen

„Henkel – A Brand like a Friend!" Mit diesem Unternehmensleitsatz will sich der Konsumgüterkonzern bewusst als eine Marke „wie ein Freund" positionieren, der mit seinen Produkten und Technologien das Leben der Menschen leichter und schöner macht. Henkel ist mit ca. 50.000 Mitarbeitern in mehr als 125 Ländern weltweit vertreten. Die Henkel-Gruppe ist in drei Geschäftsfeldern aktiv: Wasch-/Reinigungsmittel, Kosmetik/Körperpflege sowie Klebstoffe, Dichtstoffe und Oberflächentechnik.

Das Angebot

- **Für Studenten:** Praktika
- **Hochschulabsolventen:** ca. 12 Prozent
- **Fachrichtungen:** Chemie, BWL/VWL, Wirtschaftswissenschaften, Informatik, Ingenieurwesen, Mathematik, Naturwissenschaften, Rechtswissenschaften
- **Startprogramm:** Direkteinstieg, Training-on-the-job
- **Interne Weiterbildung:** zielgerichtete Weiterentwicklung, internationale Trainingsmaßnahmen, ein systematisches Wissensmanagement und der Einsatz innovativer Lernangebote sind die Grundlage
- **Auslandseinsatz:** Ja, nach Einarbeitungszeit und Vakanz im Zielland

Der Einstieg

Bewerbung	Bitte ausschließlich online bewerben unter: 🖥 www.henkel.de unter „Mitarbeiter & Karriere"
Auswahl	Berufsbezogene Persönlichkeitsfragebögen, analytisches Testverfahren, Interview
Pluspunkte	Uns ist das Gesamtpersönlichkeitsbild wichtig
Fachliche Qualifikation	Überdurchschnittlicher Hochschulabschluss, qualifizierte praktische Erfahrungen, Auslandspraktika, gute MS-Office-Kenntnisse, sehr gute Englischkenntnisse, gern weitere Sprachen, außeruniversitäres Engagement
Persönliche Qualifikation	Leistungsorientiert, belastbar, teamfähig, mobil

Hewlett-Packard GmbH

- ✉ **Hewlett-Packard GmbH**
- ☎ 0 70 31 / 14 - 0
- 🖥 www.hp.com/de
- ⊠ HR Staffing Germany
- 📄 www.jobs.hp.com

Das Unternehmen

HP ist ein weltweit führender Anbieter von Produkten, Technologien, Lösungen und Dienstleistungen für Endanwender und Unternehmen. Das Angebot umfasst Lösungen für die IT-Infrastruktur, globale IT-Dienstleistungen, Personal Computing & Zugangsgeräte, Drucken und Bildbearbeitung. Der Zusammenschluss von HP und der Compaq Computer Corporation erfolgte am 3. Mai 2002. Weitere Informationen zum Unternehmen, zu den Produkten und Stellenangeboten finden Sie unter: 🖥 www.hp.com/de.

Weltweit	2004
Umsatz Mrd. US-Dollar	79,9
Beschäftigte	145.000

Das Angebot

- **Für Studenten:** Praktika, mindestens vier Monate, Voraussetzung: Vordiplom
- **Personalplanung:** 150 Praktikanten, 100 Diplomarbeiten
- **Fachrichtungen:** Informatik mit verschiedenen Schwerpunkten, Wi-Ingenieurwesen, BWL mit Schwerpunkt Marketing/Vertrieb, Finanzen, Controlling, Logistik, Supply Chain, Einkauf, Process Engineering
- **Startprogramm:** Direkteinstieg, individuelle Einarbeitung, gezielte Fort- und Weiterbildungsmaßnahmen, Trainee-Programme nach Bedarf
- **Einsatz:** Systemberatung, Software-Entwicklung, Administration/Controlling, Finanzen, Einkauf Logistik, Marketing, Vertrieb
- **Weiterbildung:** HP-eigene Trainingsabteilung für fachliche/persönliche Weiterentwicklung
- **Karriere:** Führungspositionen werden meist aus den eigenen Reihen besetzt
- **Sozialleistungen:** Beteiligung am Unternehmenserfolg, Aktiensparplan, betriebliche Altersversorgung, Zusatzversorgungsplan, Urlaubsgeld, Weihnachtsbonus, flexible Arbeitszeit, Freizeitkonten
- **Auslandseinsatz:** Direkteinstieg im Ausland oder Entsendung bei Bedarf und Erfahrung

Der Einstieg

Bewerbung	Nur Online-Bewerbungen unter 🖥 www.jobs.hp.com möglich
Auswahl	Telefoninterview, Interview mit Personal- und Fachabteilung
Fachliche Qualifikation	Studienleistungen, Praktika, Auslandserfahrung, Sprach- und EDV-Kenntnisse
Persönliche Qualifikation	Flexibilität, soziale Kompetenz, Kommunikationsfähigkeit, Teamfähigkeit

Vertrauen in die Mitarbeiter sowie Achtung und Respekt vor ihrer Persönlichkeit: HP fordert und fördert Flexibilität und Innovation.

HPP

> Harnischfeger, Pietsch & Partner
> Strategie- und Marketingberatung GmbH
> Goldsteinstraße 114
> 60528 Frankfurt am Main
> ☎ 0 69 / 66 88 - 5 00
> 🖥 www.hpp-consulting.de
> ✉ Monika Fiederer
> ☎ - 66 88 - 5 00, 📠 - 66 88 - 5 03
> ✉ monika.fiederer@hpp-consulting.de

Das Unternehmen

HPP ist eine inhabergeführte Managementberatung für marktorientierte Unternehmensführung. Der industrielle Erfahrungshintergrund aus der langjährigen Zugehörigkeit zu den internationalen Großkonzernen DaimlerChrysler, ThyssenKrupp und ehemalige Höchst AG versetzt HPP in die Lage, qualitativ hochwertige Beratungsleistungen zum Nutzen ihrer Klienten zu erbringen.

Sowohl nationale als auch internationale Großunternehmen und große mittelständische Unternehmen zählen zu den Klienten.

	2004
Umsatz	7 Mio. €
Beschäftigte	55 Mitarbeiter

Das Angebot

- **Für Studenten:** Praktika (3 Monate), damit verbunden Diplomarbeit möglich
- **Personalplanung:** 2 bis 3 Absolventen
- **Fachrichtungen:** Wirtschaftswissenschaften, Wirtschaftsingenieurwissenschaften – grundsätzlich mit Marketingvertiefung

- **Branchen:** Automobilindustrie, Telekommunikation, Medien, Stahlindustrie, Maschinen und Anlagenbau, Chemie
- **Startprogramm:** Individuelles Training-on-the-job
- **Einsatz:** Strategie- und Marketingprojekte für internationale Groß- und mittelständische Unternehmen in unseren Schwerpunktbranchen
- **Interne Weiterbildung:** Persönlichkeitsbezogenes Trainingsprogramm
- **Auslandseinsatz:** Projektbezogen

Der Einstieg

Bewerbung	Vollständige Bewerbungsunterlagen
Auswahl	Persönliche Gespräche mit der Geschäftsleitung
Pluspunkte	Nachgewiesene Affinität zu unseren Schwerpunktbranchen
Fachliche Qualifikation	Fundierte Marketingkenntnisse, Praxiserfahrung über Praktika in internationalen Industrieunternehmen oder Dienstleistungsbranchen, außeruniversitäres Engagement, Englisch, sehr gute PC-Kenntnisse (MS-Office)
Persönliche Qualifikation	Analytisches und prozessorientiertes Denken, Kommunikationsfähigkeit, Klientenorientierung, Sozialkompetenz, Durchsetzungsvermögen, Belastbarkeit

> **Es erwarten Sie ein hoch motiviertes Team, ein ansprechendes Arbeitsumfeld und eine professionelle Herausforderung mit interessanten, internationalen Strategie- und Marketingprojekten.**

HSH Nordbank AG

HSH NORDBANK

- ✉ **HSH Nordbank AG**
  Martensdamm 6
  24103 Kiel
- ✉ **HSH Nordbank AG**
  Gerhart-Hauptmann-Platz 50
  20095 Hamburg
- ☎ 04 31 / 9 00 - 01
- ☎ 0 40 / 33 33 - 0
- 🖥 www.hsh-nordbank.com
- ✉ **Personalmanagement**
- 🖂 bewerbung_ki@
  hsh-nordbank.com
- 🖂 bewerbung_hh@
  hsh-nordbank.com

Das Unternehmen

Die HSH Nordbank AG ist am 2. Juni 2003 in der Rechtsform einer Aktiengesellschaft aus der Verschmelzung der Hamburgischen Landesbank mit der Landesbank Schleswig-Holstein entstanden. Die HSH Nordbank hat ihren Doppelsitz in Hamburg und Kiel. Zu den Kerngeschäften der HSH Nordbank als einer der führenden nordeuropäischen Geschäftsbanken zählen Schiffs- und Immobilienfinanzierungen, das Firmenkundengeschäft, Credit Investments sowie die Refinanzierung. Ergänzende Aktivitäten liegen neben dem Geschäft mit den Sparkassen auf den Gebieten der Transport- und Leasingrefinanzierungen sowie dem Privatkundenbereich.

Die neue Bank, mit ca. 4.500 Mitarbeitern weltweit vertreten an über 18 verschiedenen Standorten, ist in der Kernregion Hamburg/Schleswig-Holstein zusammen mit den Sparkassen Marktführer.

International agiert sie als Sektor- und Branchenspezialist in ausgewählten Geschäftsfeldern. Darüber hinaus ist die HSH Nordbank an den nationalen und internationalen Kapitalmärkten als leistungsstarker und innovativer Marktpartner präsent.

Das Angebot

- **Für Studenten:** Praktika, Diplomarbeiten, Dissertationen
- **Personalplanung:** 2005 werden ca. 50 Hochschulabsolventen benötigt
- **Fachrichtungen:** Betriebs- und Volkswirtschaft, Informatik, Mathematik, Naturwissenschaften
- **Startprogramm:** Traineeprogramme, Direkteinstieg
- **Interne Weiterbildung:** systematische und kontinuierliche, internationale Weiterbildung, Sprachweiterbildung, Coaching, Mentoring, Teamentwicklung, Managementqualifizierungsprogramme
- **Auslandseinsatz:** möglich

Der Einstieg

Bewerbung	Vollständige Bewerbungsunterlagen
Auswahl	Telefoninterview, Bewerbungsgespräch, Auswahlworkshop
Fachliche Qualifikation	Überdurchschnittlicher Hochschulabschluss, qualifizierte praktische Erfahrungen, außeruniversitäres Engagement, aktives Englisch
Persönliche Qualifikation	Leistungsorientiert, teamfähig, mobil, belastbar

KfW Bankengruppe

✉ Palmengartenstraße 5–9
   60325 Frankfurt am Main
☎ 0 69 / 74 31 - 0
🖥 www.kfw.de
✉ Personalabteilung
   Postfach 11 11 41
   60046 Frankfurt am Main
   Bewerberservice
☎ - 41 42, - 24 54
✉ bewerberservice@kfw.de
📄 Geschäftsbericht, Imagebroschüre, Traineebroschüre

Das Unternehmen

Die KfW Bankengruppe gibt weltweit Impulse für Wirtschaft, Politik und Gesellschaft. Als Banker arbeiten wir jeden Tag effizient. Als Förderer stehen wir für den Sinn und die Nachhaltigkeit unseres Tuns. Dabei fließt der Verdienst unserer Arbeit zurück in die Förderung und die langfristige Sicherung unseres Förderpotenzials. Als einfallsreiche Bank fordern wir nicht nur Innovationen, sondern entwickeln selbst verstärkt neue Finanzierungsinstrumente für unsere Kunden und Partner. Unsere Kompetenz und Erfahrung bündeln wir in fünf starken Marken:

- KfW Förderbank
- KfW Mittelstandsbank
- KfW Entwicklungsbank
- DEG
- KfW IPEX-Bank

	2001	2002	2003
Bilanzsumme in Milliarden €	245	260	314
Beschäftigte	2.190	2.300	3.400

Das Angebot

- **Studenten:** Praktika sind möglich
- **Personalplanung:** ca. 40 Hochschulabsolventen p. a.
- **Fachrichtungen:** BWL, VWL, Ökonomie, (Wi-)Mathematik, (Wi-)Informatik, andere wirtschaftsnahe Studiengänge
- **Startprogramm:** Trainee-Programm, 12 bis 15 Monate, Durchlauf der verschiedenen Abteilungen
- **Einsatz:** Export- und Projektfinanzierung, Finanzielle Zusammenarbeit mit Entwicklungsländern, Volkswirtschaft, Rechnungswesen, Risikomanagement und -controlling, Investitionsfinanzierung/Venture Capital, Kreditverbriefung, Treasury/Kapitalmärkte, IT-Anwendungsentwicklung, IT-Koordination
- **Weiterbildung:** individuelle Personalentwicklung
- **Einstiegsgehälter:** ca. 45.000 € p. a.
- **Auslandseinsatz:** nein, nur im Rahmen von Dienstreisen

Der Einstieg

Bewerbung	Vollständige Unterlagen
Auswahl	Strukturiertes Interview mit Personal- und Fachabteilung
Fachliche Qualifikation	Sprachkenntnisse, Praktika, Studienschwerpunkte
Persönliche Qualifikation	Kommunikationsfähigkeit, Teamfähigkeit, Initiative, Offenheit

 Bei der KfW erwarten den Trainee interessante Aufgaben in einem internationalen Umfeld.

Landesbank Baden-Württemberg

> **Landesbank Baden-Württemberg**
> Personalmanagement
> Am Hauptbahnhof 2
> 70173 Stuttgart
> ☎ 07 11 / 1 27 - 4 61 55
> www.LBBW.de
> Homepage

Das Unternehmen

Die Landesbank Baden-Württemberg gehört zu den Top Ten in Deutschland.

Sie stellt mit rund 12.500 Mitarbeitern eine Landesbank mit einem einzigartigen Geschäftsspektrum dar:

- Universalbank – sowohl mit Retail- als auch mit Wholesale-Fokus
- Internationale Geschäftsbank mit regionaler Verankerung
- Zentralbank der Sparkassen in Baden-Württemberg
- Hausbank des Landes Baden-Württemberg und der Landeshauptstadt Stuttgart

Das Angebot

- **Für Studenten:** Praktika und Diplomarbeiten
- **Personalplanung:** nach Bedarf
- **Fachrichtungen:** Wirtschaftswissenschaften, BWL, VWL, (Wirtschafts-)Mathematik, (Wirtschafts-)Informatik
- **Startprogramme:** 12- bzw. 18-monatige Trainee-Programme
- **Einstiegsgehälter:** nach Vereinbarung
- **Auslandseinsatz:** möglich in Einzelfällen

Der Einstieg

Bewerbung	Vollständige Bewerbungsunterlagen
Auswahl	Interview, AC
Pluspunkte	Zügiges zielorientiertes Studium, Praktika, Auslandserfahrung
Fachliche Qualifikation	Gutes Studienergebnis; Bankbezug
Persönliche Qualifikation	Einsatz- und Leistungsbereitschaft, Erfolgsorientierung

 Die Landesbank Baden-Württemberg bietet herausfordernde Aufgaben in einer der größten Banken Deutschlands.

LRP Landesbank Rheinland-Pfalz

- ✉ **LRP Landesbank Rheinland-Pfalz**
  Große Bleiche 54–56
  55116 Mainz
- ☎ 0 61 31 / 13 - 01
- 🖥 www.lrp.de
- 📄 Abteilung Personal
  Katrin Prieß-Voss
  ☎ - 26 59
  📠 - 28 77
  ✉ katrin.priess-voss@lrp.de

Das Unternehmen

Die LRP Landesbank Rheinland-Pfalz wurde 1958 in Mainz gegründet. Sie ist eine universelle Geschäftsbank in der Rechtsform eines öffentlich-rechtlichen Kreditinstituts und eine 100-prozentige Tochter der Landesbank Baden-Württemberg (LBBW). Die LRP bietet Finanzierungsleistungen eines international tätigen Kreditinstitutes sowie die Anlage- und Serviceleistungen einer Investmentbank an. Im Verbund mit der LBBW ergänzt und erweitert sie das Angebot der rheinland-pfälzischen Sparkassen. Im Rahmen ihrer kreditwirtschaftlichen Aufgaben als Staats- und Kommunalbank unterstützt die LRP das Land Rheinland-Pfalz und die Kommunen.

- Anzahl der Beschäftigten: 1.600
- Bilanzsumme: 68 Milliarden €

Das Angebot

- **Für Studenten:** Praktika auf Anfrage, Betreuung von Diplomarbeiten auf Anfrage
- **Personalplanung:** ca. 20 Hochschulabsolventen p. a.
- **Fachrichtungen:** Wirtschaftswissenschaften, Jura, (Wirtschafts-)Mathematik, (Wirtschafts-)Informatik, Physik
- **Startprogramm:** 15-monatiges Trainee-Programm mit individueller Schwerpunktsetzung in folgenden Bereichen: Controlling/Revision, Finanzierung, Internationales Geschäft, Investment Banking, EDV/Organisation, Stäbe
- **Interne Weiterbildung:** Persönlichkeitstraining, Fachseminare, Sprachkurse, DV-Schulungen

Der Einstieg

Bewerbung	Vollständige Bewerbungsunterlagen
Auswahl	Vorstellungsgespräch mit der Personal- und Fachabteilung
Pluspunkte	Zügiges zielorientiertes Studium, Auslandserfahrung
Fachliche Qualifikation	Überdurchschnittlicher Hochschulabschluss, Bankausbildung, Praktika, EDV-Kenntnisse, Sprachkenntnisse, Studieninhalte
Persönliche Qualifikation	Soziale Kompetenz, Einsatz- und Leistungsbereitschaft, Teamfähigkeit, Belastbarkeit

MLP Finanzdienstleistungen AG

> ✉ MLP Finanzdienstleistungen AG
> Forum 7
> 69126 Heidelberg
> ✉ Postfach 10 45 04
> 69035 Heidelberg
> ☎ 0 62 21 / 3 08 - 0
> 🖥 www.mlp.de
> 📠 0 62 21 / 3 08 - 90 00

Das Unternehmen

MLP Private Finance integriert die unterschiedlichsten Bank- und Versicherungsdienstleistungen in ein auf den Kunden zugeschnittenes Finanzkonzept. Die Verknüpfung von persönlicher Beratung mit dem einzigartigen Online Finance-Angebot bietet MLP Kunden für jede Lebensphase eine individuelle, strategische Finanzlösung. Damit ist MLP in Europa führend in der Beratung anspruchsvoller Akademiker und Privatkunden.

Das Angebot

- **Ansprechpartner für Bewerbungen:** Recruiting
  ☎ 0 62 21 / 3 08 - 84 10, 📠 - 84 11,
  🖥 www.mlp.de, www.mlp-berater.de,
  ✉ mlp-berater@mlp-ag.com
- **Personalplanung bis Ende 2005:** 200 neue MLP-Berater
- **Fachrichtungen:** alle Studienrichtungen, insbesondere Wirtschaftswissenschaftler, Ingenieure und Juristen
- **Startprogramme:** Junge Berater werden in der MLP Corporate University zu den Themen Bankdienstleistungen, Versicherungen, Vermögensanlagen, Finanzierung und Existenzgründung zum MLP Financial Consultant ausgebildet
- **Einsatzbereich:** D, A, CH, NL, GB, E
- **Weiterbildung:** intensive, berufsbegleitende Ausbildungs- und Entwicklungsprogramme
- **Einstiegseinkommen:** leistungsbezogene Einnahmen
- **Auslandseinsatz:** möglich

Der Einstieg

Bewerbung	Vollständige Unterlagen (Anschreiben, Lebenslauf, Lichtbild) per Post oder E-Mail
Auswahl	Bewerbertag, Assessment-Center
Pluspunkte	Außeruniversitäre Aktivitäten, Studiendauer
Fachliche Qualifikation	Zügiges Studium, gute Examensnote
Persönliche Qualifikation	Leistungsmotivation, Selbstvertrauen, Eigeninitiative, Kontaktfähigkeit, kommunikative Kompetenz, Einfühlungsvermögen, Entscheidungs- fähigkeit

> MLP ist ein innovatives Unternehmen, das sich durch eine flache Hierarchie auszeichnet. Als Unternehmer im Unternehmen haben MLP-Berater die Freiheit, mit Spaß an der Arbeit Spitzenleistung zu erbringen und mit überdurchschnittlichem Einsatz weit überdurchschnittliche Einkünfte zu erzielen.

Münchener Rück
Munich Re Group

- ✉ Münchener Rückversicherungs-Gesellschaft AG
  Königinstraße 107
  80802 München
- 🖥 www.munichre.com
- ⌕ Zentralbereich Personal
  Holger Emmert
- ✉ hemmert@munichre.com

Das Unternehmen

Die Münchener Rück ist seit 125 Jahren im Geschäft mit dem Risiko. Von München aus arbeiten wir mit Kunden in 160 Ländern und sind mit 60 Außenstellen rund um den Globus vertreten.

Wir rückversichern weltweit die Risiken von Naturkatastrophen, Schiffstransporten, Großbauprojekten, Haftpflichtfällen, Personenschäden sowie unzähligen weiteren Gefahrenpotenzialen. Kalkulierbar werden diese Risiken nur mit hoch qualifizierten Teamplayern, die gerne jeden Tag neue Probleme lösen. Globalisierung ist für uns kein Entwicklungstrend, sondern Tradition. Kosmopolitisches Denken und internationale Orientierung unserer Mitarbeiter sind für uns wesentlich. In der Münchener Rück erwarten Sie vielfältige, hochinteressante Aufgaben und Herausforderungen, die Ihnen neben der Entwicklung Ihres persönlichen Potenzials einen internationalen Wirkungskreis erschließen.

Das Angebot

- **Für Studenten:** Praktika, Diplomarbeiten
- **Personalplanung:** 2005 werden ca. 30 Hochschulabsolventen benötigt
- **Fachrichtungen:** Mathematik, Statistik, Rechtswissenschaft, Wirtschaftswissenschaften
- **Startprogramm:** Traineeprogramm, Direkteinstieg
- **Interne Weiterbildung:** umfangreiches Personalentwicklungsprogramm
- **Auslandseinsatz:** im Rahmen von Projekten, Ausbildungsaufenthalten oder für mehrere Jahre möglich

Der Einstieg

Bewerbung	Online-Bewerbung über Internetseite
Auswahl	Einzelinterviews mit Mitarbeitern aus Personal- und Fachabteilung, Assessment Center
Pluspunkte	Auslandserfahrungen, Kenntnis weiterer Fremdsprachen
Fachliche Qualifikation	Überdurchschnittlicher Hochschulabschluss, qualifizierte praktische Erfahrungen, sehr gute Englischkenntnisse, erkennbarer Bezug zu Versicherung oder Finanzdienstleistung
Persönliche Qualifikation	Ausgeprägte Fähigkeit zu analytischem Denken, Kommunikationsfähigkeit, Lernbereitschaft, Kundensensibilität

Dr. August Oetker Nahrungsmittel KG

- ✉ Lutterstraße 14, 33617 Bielefeld
- ☎ 05 21 / 1 55 - 0, 📠 - 32 04
- 💻 www.oetker.de
- ⮞ **Personalentwicklung**
  Ina Müller ☎ 1 55 - 31 15
  (Praktika, Abschlussarbeiten)
  Nina Hofmann ☎ 1 55 - 29 85
  (Internationales Trainee-Programm, Direkteinstieg)
- 📄 **Geschäftsbericht, Nachhaltigkeitsbericht, Bewerberbroschüre, Homepage**

Das Unternehmen

Die Dr. August Oetker Nahrungsmittel KG ist ein international orientiertes Unternehmen der Nahrungsmittelbranche. Seit über 100 Jahren steht die Marke Dr. Oetker für Qualität und Zuverlässigkeit. Innovative Produkte, wie Pizza Ristorante, Vitalis Müsli und Jobst, sind die Ergebnisse einer effektiven Zusammenarbeit aller Fachbereiche des Familienunternehmens.

Dr. Oetker International	2002	2003
Umsatz Millionen €	1.060	1.120
Beschäftigte	5.850	5.880

Das Angebot

- **Für Studenten:** Praktika, Abschlussarbeiten ⮞ Ina Müller ☎ 1 55 - 31 15
- **Personalplanung:** bedarfsorientiert
- **Fachrichtungen:** WiWi, Wirtschaftsingenieurwesen, (Wirtschafts-)Informatik, Lebensmitteltechnologie, Oecotrophologie
- **Startprogramm: a)** Internationale Trainee-Programme in den Bereichen Absatz (Marketing/Vertrieb), Controlling, Personal, Einkauf, Forschung & Entwicklung, Produktion & Technik und Logistik, 18 Monate (ca. 12 im Inland, ca. 6 in einer Ländergesellschaft) Programmschwerpunkt: Fachabteilungen, ⮞ Nina Hofmann ☎ 1 55 - 29 85; **b)** Direkteinstieg in fast allen Unternehmensbereichen, ⮞ Nina Hofmann ☎ 1 55 - 29 85
- **Weiterbildung:** breit gefächertes Angebot, individuelle und gruppenbezogene Seminare
- **Einstiegsgehälter:** ca. 44.500 € im internationalen Trainee-Programm p. a.
- **Auslandseinsatz:** ca. 6 Monate im Rahmen des internationalen Trainee-Programms

Der Einstieg

Bewerbung	Vollständige Bewerbungsunterlagen (Post, Online-Bewerbungsformular)
Auswahl	Hochschulkontakte, Praktikantenprogramm, Interviews mit Fach- und Personalabteilung
Pluspunkte	Auslandserfahrung (Praktikum, Auslandssemester), Prädikatsexamen, Praktika, Mobilität
Fachliche Qualifikation	Ausgezeichnete Fachkenntnisse
Persönliche Qualifikation	Flexibel/mobil, teamorientiert, leistungsmotiviert, kommunikativ

✱ Dr. Oetker verfügt über ein modernes international orientiertes Personalmanagement, einen hohen Bekanntheitsgrad und ein sehr gutes Image beim Verbraucher.

Peek & Cloppenburg KG
Düsseldorf

> Peek & Cloppenburg KG
> Personalmarketing/Recruiting
> Berliner Allee 2
> 40212 Düsseldorf
> www.peekundcloppenburg.de
> Frau Alexandra Brüggink
> 02 11 / 36 62 - 6 06
> 02 11 / 36 62 - 5 48
> karriere@peekund
> cloppenburg.de
> Homepage, Unternehmensbroschüre, Info über Trainee-Programme

Das Unternehmen

Peek & Cloppenburg ist eines der führenden Unternehmen des Bekleidungseinzelhandels. Mit mehr als 10.000 Mitarbeitern und 65 Verkaufshäusern in Deutschland bietet Peek & Cloppenburg einem breiten Kundenkreis ein anspruchsvolles Sortiment mit exklusiven Eigenmarken und internationalen Exquisit- und Designerlabels. Im Jahr 1998 wurden insgesamt 13 Verkaufshäuser eröffnet, die bisher größte Zahl in der Geschichte des Unternehmens. 1999 und 2000 sind 7 Neueröffnungen allein in Deutschland realisiert worden.

Zum 100-jährigen Jubiläum im Frühjahr 2001 wurde in Düsseldorf das neue Weltstadthaus eröffnet, im Frühjahr 2002 das Weltstadthaus in Stuttgart. In der nahen Zukunft sind weitere Eröffnungen auch im Ausland geplant. Die internationalen Aktivitäten von Peek & Cloppenburg erstrecken sich derzeit auf die Niederlande, Belgien, Österreich und Polen.

Das Angebot

- **Für Studenten:** Praktika, studienbegleitendes Junior-Trainee-Programm
- **Fachrichtungen:** Wirtschaftswissenschaft
- **Startprogramm:** a) 8-monatiges Trainee-Programm; b) Training-on-the-job im Verkauf, Zentraleinkauf, begleitendes Seminarprogramm
- **Weiterbildung:** Persönlichkeitstraining, Produktschulungen, Fachseminare, DV-Schulungen
- **Karriere:** Storemanager, Geschäftsleiter, Abteilungsleiter-Einkäufer, Zentraleinkäufer
- **Einstiegsgehälter:** qualifikationsabhängig

Der Einstieg

Bewerbung	Vollständige Unterlagen, per Post oder online
Auswahl	Gruppengespräch, Praxistag, Einzelgespräch
Pluspunkte für die Einstellung	Praktika, Auslandsaufenthalte, außeruniversitäre Aktivitäten
Persönliche Qualifikation	Flexibilität, analytisches Denkvermögen, Belastbarkeit, Modebewusstsein, Geschmack- und Stilsicherheit, soziale Kompetenz

Der Bekleidungseinzelhandel ist die ideale Branche für Hochschulabsolventen, die schnell Verantwortung übernehmen wollen.

Pfizer Deutschland GmbH

Pfizer Deutschland GmbH
Pfizerstraße 1
76139 Karlsruhe
☎ 07 21 / 61 01 - 01
🖥 www.pfizer.de

✉ **Mathias Finkele,**
Teamleader Employee Services
📧 mathias.finkele@pfizer.com
☎ 07 21 / 61 01 - 1 21
📠 07 21 / 62 03 - 1 21

✉ **Tina Christiansen,**
Teamleader Employee Services
📧 tina.christiansen@pfizer.com
☎ 07 21 / 61 01 - 8 77
📠 07 21 / 62 03 - 8 77

📧 susanne.thiel@pfizer.com
📄 Homepage

Das Unternehmen

Pfizer ist der weltgrößte forschende Arzneimittelhersteller. International arbeiten etwa 120.000 Mitarbeiterinnen und Mitarbeiter rund um den Globus daran, Krankheiten vorzubeugen oder zu heilen.

Die Unternehmen der Pfizer-Gruppe in Deutschland befinden sich an vier Standorten mit insgesamt etwa 5.200 Mitarbeitern: In Karlsruhe ist die Verwaltungszentrale angesiedelt und an den Produktionsstandorten Freiburg, Illertissen und Feucht werden mit modernster Technologie Arzneimittel für den Weltmarkt produziert.

Im Jahr 2004 erwirtschaftete das Unternehmen weltweit einen Umsatz von ca. 52,2 Milliarden US-$. In Deutschland betrug der Gesamtumsatz der Pfizer-Gruppe insgesamt ca. 1,8 Milliarden €.

Das Angebot

- **Für Studenten bzw. für Absolventen:** Praktika, Diplomarbeiten und Traineeprogramme
- **Personalplanung:** keine Angaben
- **Fachrichtungen:** Pharmazie, Medizin, WiWi, Naturwissenschaften, Informatik, Ingenieure
- **Startprogramme: a)** 12- bis 24-monatiges Trainee-Programm in den Bereichen Marketing, HR, Materialwirtschaft, Finanzen, Produktion/Technik
  b) Direkteinstieg
- **Weiterbildung:** umfassende Fortbildungsangebote
- **Einstiegsgehälter:** positionsabhängig

Der Einstieg

Bewerbung	Vollständige Bewerbungsunterlagen
Auswahl	Interviews
Pluspunkte	Positionsabhängig
Fachliche Qualifikation	Positionsabhängig. Sehr gute Studienleistungen Praktika-Erfahrung im jeweiligen Bereich, idealerweise Auslandserfahrung. Sehr gute Englischkenntnisse
Persönliche Qualifikation	Positionsabhängig, Flexibilität, Teamfähigkeit, Durchsetzungsvermögen, Belastbarkeit, sehr gute kommunikative Fähigkeiten, hohe Leistungsbereitschaft

PFIZER ist ein sehr erfolgreiches Unternehmen mit sehr guten Präparaten.

Philip Morris GmbH

> Philip Morris GmbH
> Fallstraße 40
> 81369 München
>
> ☎ 0 89 / 72 47 - 0
>
> Marketing: C. Heiber ☎ - 20 25
> Sales: S. Sonnenschein ☎ - 21 39
> Finance: L. Gütinger ☎ - 14 89
> Operations: M. Weinzierl ☎ - 13 80
> IS/HR/CA/Legal: P. Söding ☎ - 15 52

Das Unternehmen

1847 gründete Philip Morris Esquire in London ein Geschäft für den Import und den Vertrieb von Cigaretten. Heute ist Philip Morris International mit Sitz im schweizerischen Lausanne einer der weltweit größten Hersteller von Tabakprodukten. Der Konzern ist Teil der amerikanischen Altria-Gruppe, zu der neben einem zweiten Tabakunternehmen, Philip Morris U.S.A., auch der Nahrungsmittelhersteller Kraft Foods gehört. Philip Morris International stellt sieben der 20 weltweit meistverkauften Cigarettenmarken her und vertreibt seine Produkte in über 160 Ländern.

Die Philip Morris GmbH, deutsche Tochtergesellschaft der Philip Morris International, wurde 1970 gegründet. Mit Werken in München, Berlin und Dresden ist ein leistungsstarker Verbund mit ca. 3.000 Mitarbeitern entstanden, zu dem Marken wie Marlboro, Philip Morris Supreme, Chesterfield, L&M u. v. a. zählen. In Deutschland liegt der Marktanteil aktuell bei ca. 37 Prozent. Das heißt, jede dritte Cigarette, die in Deutschland geraucht wird, stammt aus der Philip-Morris-Produktion.

Das Angebot

- **Für Studenten:** Praktika
- **Personalplanung:** ca. 15 Hochschulabsolventen p. a.
- **Fachrichtungen:** alle, insbesondere BWL und Ingenieurwesen
- **Startprogramm: a)** 2-jähriges Trainee-Programm der einzelnen Fachbereiche, fachbereichsbezogenes Training-on-the-job, Fach- und Methodenseminare; **b)** Direkteinstieg in Ausnahmefällen möglich
- **Einstiegsgehälter:** ca. 40.000 € (Trainees) p. a.
- **Einsatz:** Sales, Operations, Finance, IS/IT, Human Resources, Marketing, Corporate Affairs
- **Interne Weiterbildung:** umfassende Aus- und Weiterbildungsprogramme sowie gezielte Nachwuchsförderung
- **Auslandseinsatz:** teilweise im Rahmen des Trainee-Programms möglich

Der Einstieg

Bewerbung	Vollständige Unterlagen
Auswahl	Strukturierte Interviews, AC
Pluspunkte	Relevante Praktika, Auslandserfahrung
Fachliche Qualifikation	Relevante Studienschwerpunkte, exzellentes Englisch
Persönliche Qualifikation	Soziale Kompetenz und analytisches Denkvermögen

 Die Philip Morris GmbH ist Marktführer in Deutschland. Sie bietet Führungsnachwuchsprogramme.

Pricewaterhouse Coopers

✉	PricewaterhouseCoopers Marie-Curie-Straße 24–28 60439 Frankfurt am Main
☎	0 69 / 95 85 - 0
💻	www.pwc-career.de
✉	**Personalmarketing & Recruiting** Alexandra Braun
☎	- 52 26
🖨	- 52 56
📄	Bewerberbroschüre, Praktikantenfolder

Das Unternehmen

Mit rund 8.200 Mitarbeitern an 27 Standorten in Deutschland und als Teil einer weltweiten Organisation bieten wir hochqualifizierte Dienstleistungen in den Bereichen Assurance (Wirtschaftsprüfung und prüfungsnahe Dienstleistungen), Tax (Steuerberatung) und Advisory (Transaktions-, Prozess- und Krisenberatung).

Exzellente Fachkenntnisse, Branchenfokussierung sowie international ausgerichtetes und unternehmerisches Denken prägen unsere Tätigkeit. Darüber hinaus erwartet Sie eine systematische Fortbildung sowie eine individuell gestaltete Karriere in einer zukunftsorientierten Organisation.

Deutschland	2004
Umsatz	1,0 Mrd. €
Beschäftigte	8.200

Das Angebot

- **Für Studenten:** Praktika
  ✉ Alexandra Braun
- **Personalplanung:** ca. 500 Hochschulabsolventen
- **Fachrichtungen:** WiWi, Jura, Wi-Informatik, Wi-Ingenieure, Wi-Mathematik
- **Startprogramm:** Training-on-the-job in den u. g. Unternehmensbereichen
- **Einsatzbereich:** Assurance (Wirtschaftsprüfung und prüfungsnahe Dienstleistungen), Tax (Steuerberatung) und Advisory (Transaktions-, Prozess- und Krisenberatung)
- **Weiterbildung:** kontinuierliches, intensives Fort- und Weiterbildungsprogramm
- **Einstiegsgehälter:** nach Vereinbarung
- **Auslandstätigkeit:** innerhalb von Projekteinsätzen und im Rahmen unseres „Global Deployment Program"

Der Einstieg

Bewerbung	Vollständige Unterlagen, online oder schriftlich
Auswahl	Interviews
Pluspunkte	Zielgerichtete Praktika, Auslandserfahrung
Fachliche Qualifikation	Überdurchschnittliches Examen, gute Englischkenntnisse
Persönliche Qualifikation	Leistungsbereitschaft, Eigeninitiative, Teamfähigkeit, Flexibilität, unternehmerisches Denken

Firmenkultur, interessantes Aus- und Weiterbildungsprogramm, internationales Netzwerk.

R+V Versicherung

- ✉ Taunusstraße 1
  65193 Wiesbaden
- ☎ 06 11 / 5 33 - 0
- 🌐 www.ruv.de
- ✉ Birgit Morgenroth
- ☎ 06 11 / 5 33 - 31 03
- 🌐 zukunftschancen@ruv.de

Das Unternehmen

Die R+V Versicherung ist einer der größten Versicherer Deutschlands und im genossenschaftlichen FinanzVerbund der Volksbanken und Raiffeisenbanken ein starker Partner. Mit unseren Gesellschaften im R+V Konzern sind wir in nahezu allen Bereichen des Risikoschutzes engagiert. Das Dienstleistungsangebot umfasst Beratungsleistungen im Sinne eines ganzheitlichen Risk-Managements.

Umsatz Milliarden €	7,4
Beschäftigte	12.000

Das Angebot

- **Für Studenten:** Praktika, Diplomarbeiten ✉ Judith Hankes ☎ - 34 90; Regina Klein ☎ - 64 04
- **Pesonalplanung:** im Jahr 2005 ca. 50 Hochschulabsolventen
- **Fachrichtungen:** Informatik, Jura, Wirtschaftswissenschaften, Mathematik
- **Startprogramm:** Direkteinstieg sowie Trainee-Programm
- **Einsatzbereiche:** Finanzen, Controlling, Vertrieb, Personal, Informationssysteme etc.
- **Weiterbildung:** systematische Aus- und Fortbildungskonzepte für alle Geschäftsbereiche, ständiges Angebot von fachlichen und überfachlichen Seminaren
- **Karriere:** Spezialistenlaufbahn, Projektleiterlaufbahn
- **Einstiegsgehälter:** 36.000 bis 43.000 €
- **Besondere Sozialleistungen:** umfangreiches Angebot an Sozialleistungen
- **Auslandsaufenthalte:** nicht möglich

Der Einstieg

Bewerbung	Vollständige Unterlagen per Post oder Online
Auswahl	Interviews mit Personalreferenten und Fachvorgesetzten, z. T. Assessment-Center
Pluspunkte	Qualifizierende Praktika, soziale Kompetenz
Fachliche Qualifikationen	Hohe fachliche Qualifikation, analytisches und konzeptionelles Denkvermögen
Persönliche Qualifikation	Teamfähigkeit, Durchsetzungsvermögen, Kommunikationsstärke

Partnerschaft und Leistung sind die Kernpunkte unserer Unternehmensphilosophie. Wir fördern unsere Mitarbeiter entsprechend ihren individuellen Stärken und geben ihnen die Möglichkeit, eigene Ideen sowie Vorstellungen in die Praxis umzusetzen.

REHAU AG + Co.

```
✉ REHAU AG + Co.
   Hauptabteilung Personal
   Postfach 14 60
   95104 Rehau
☎ 0 92 83 / 77 - 0
📠 0 92 83 / 10 16
💻 www.rehau.de
▶ Frau Voigt
☎ - 13 02
📠 - 51 13 02
✉ Kristin.Voigt@REHAU.com
```

Das Unternehmen

REHAU, 1948 in Rehau/Bayern gegründet, entwickelt, produziert und vertreibt Produkte, Systeme und Module aus Thermoplasten und Elastomeren.

REHAU ist Partner für nahezu alle Wirtschaftsbereiche wie zum Beispiel Automobil, Bau und Industrie. Darüber hinaus bietet REHAU alle Möglichkeiten der Oberflächenveredelung und der Konfektion bzw. Weiterverarbeitung von Produkten an, bis hin zum kompletten Engineering. REHAU ist auf technisch schwierige Problemlösungen spezialisiert. Mit problemlosen Massenprodukten befassen wir uns nicht.

Die deutsche REHAU AG + Co. erwirtschaftete im Jahr 2003 einen Umsatz von über 1 Milliarde €. In zwölf Werken, 16 Verkaufsbüros und zwei Verwaltungen (Rehau und Erlangen) werden zusammen 7.300 Mitarbeiter beschäftigt. Weltweit sind wir mit über 170 Standorten in über 50 Ländern vertreten.

Das Angebot

- **Für Studenten:** Praktika, Diplomarbeiten,
  ▶ Frau Voigt, ☎ - 13 02
  ✉ Kristin. Voigt@REHAU.com
- **Für Absolventen:**
  ▶ Frau Dorschner, ☎ - 17 42
  ✉ Vera. Dorschner@REHAU.com
- **Fachrichtungen:** Wirtschaftswissenschaften, Ingenieurwesen, Informatik, Wirtschaftsinformatik
- **Einsatzbereiche:** Marketing und Vertrieb, Rechnungswesen und Finanzbuchhaltung, Logistik, Controlling, Konstruktion, Produktentwicklung, IT, Einkauf, Personal
- **Weiterbildung:** ständig bedarfsorientiert durch hausinterne Schulungsabteilung, ggf. auch extern

Der Einstieg

Bewerbung	Vollständige Bewerbungsunterlagen
Auswahl	Vorstellungsgespräch mit Fach- und Personalabteilung
Pluspunkte	Praktika, gute Noten, außeruniversitäres Engagement
Fachliche Qualifikation	Einschlägige Fachkenntnisse, Fremdsprachen, EDV-Kenntnisse
Persönliche Qualifikation	Durchsetzungsfähigkeit, Kommunikations- und Teamfähigkeit, Flexibilität, Mobilität, einschlägige Persönlichkeit

Die REHAU AG expandiert seit 50 Jahren. Wir machen keine Rückschritte; Allerweltslösungen überlassen wir anderen.

Roche Diagnostics GmbH

■ Roche Diagnostics GmbH
  Sandhofer Straße 116
  68305 Mannheim
☎ 06 21 / 75 90
💻 www.roche.de
■ Recruiting Center
  ☎ 0 18 02 / 7 59 - 4 27
  (6 Cent/Gespräch)
  📠 06 21 / 7 59 - 10 92
  💻 www.roche.de/jobs

Das Unternehmen

Roche Diagnostics GmbH – Innovation für die Gesundheit! Das Unternehmen gehört zum Schweizer Gesundheitsunternehmen Roche. An den beiden Standorten Mannheim und Penzberg beschäftigt das Unternehmen über 10.000 Mitarbeitende.

Die Division Roche Diagnostics zeichnet sich durch Pionierleistungen im Gesundheitsbereich aus. Als weltweiter Marktführer in der In-vitro-Diagnostik verfügt Roche Diagnostics über ein in der Branche einzigartiges Spektrum an innovativen Testprodukten und Dienstleistungen. Wir gehen neue Wege, um die Lebensqualität der Menschen zu verbessern. Mit Wissen, Kreativität und Ehrgeiz schaffen wir umfassende Lösungen für die Gesundheit – und eröffnen Perspektiven, wo es bisher keine gab.

In einem Unternehmen, das so international und vielseitig ist wie Roche Diagnostics, haben Sie viele Möglichkeiten, Ihr Können zu beweisen. Bei uns erwarten Sie interessante Aufgaben, bei denen Sie nicht nur gefordert, sondern auch gefördert werden.

Das Angebot

- **Für Studenten/Absolventen:** Praktika, Diplom-, Doktorarbeit, Management-Start-up-Programm, Direkteinstieg
- **Personalplanung:** 2005 werden ca. 120 Hochschulabsolventen eingestellt.
- **Fachrichtungen:** Wirtschaftswissenschaften, Naturwissenschaften, Informatik, Ingenieurwesen
- **Startprogramm:** Management-Start-up-Programm (für Trainees), individuelles Training-on-the-job nach dem Direkteinstieg
- **Interne Weiterbildung:** systematische und kontinuierliche Weiterbildung zur Förderung der Fach- sowie zur Entwicklung sozialer und persönlicher Kompetenzen
- **Auslandseinsatz:** je nach Projekt

Der Einstieg

Bewerbung	Online-Bewerbung über www.roche.de/jobs
Auswahl	Fachinterviews, biographische Interviews, Assessmentcenter
Pluspunkte	(Auslands-)Praktika, Erfahrungen im Projektmanagement
Fachliche Qualifikation	Überdurchschnittlicher Hochschulabschluss, strategisches und konzeptionelles Denken und Handeln, außeruniversitäres Engagement, Englisch in Wort und Schrift, EDV
Persönliche Qualifikation	Teamspirit, Führungskompetenz, Kommunikationsfähigkeit

✱ **Das Geheimnis unseres Erfolges: qualifizierte und motivierte MitarbeiterInnen, die in allen Bereichen Pionierarbeit leisten.**

Siemens Financial Services GmbH

Siemens Financial Services

✉ **Siemens Financial Services GmbH** **Human Resources** Seidlstraße 24 a 80335 München
☎ 0 89 / 6 36-00
🖥 www.sfs.siemens.de
✉ Ansprechpartnerin Recruiting: Andrea Stárek ☎ 0 89 / 6 36-3 66 96 📠 0 89 / 6 36-3 46 81 🖱 career.sfs@siemens.com

Das Unternehmen

Als Bereich des Siemens-Konzerns bietet Siemens Financial Services (SFS) mit rund 1.600 Mitarbeitern und einem internationalen Netzwerk von Unternehmen unter Koordination der Siemens Financial Services GmbH, München, eine breite Palette von Finanzlösungen. Diese reicht von der Absatz- und Investitionsfinanzierung über Treasury-Services bis hin zum Fondsmanagement und schließt auch Versicherungslösungen ein.

Kunden unserer Gesellschaften sind heute vor allem weltweit operierende Industrie- und Dienstleistungsunternehmen sowie öffentliche Auftraggeber.

Das Angebot

- **Für Studenten:** Praktika, Werkstudententätigkeiten
- **Personalplanung:** 2004/2005: ca. 10 Hochschulabsolventen
- **Fachrichtungen:** Wirtschaftswissenschaften, Wirtschaftsmathematik, Wirtschaftsinformatik, Wirtschaftsingenieurwesen
- **Startprogramm:** Direkteinstieg; Integrationsprogramm
- **Interne Weiterbildung:** systematische und kontinuierliche Weiterbildung
- **Auslandseinsatz:** möglich
- **Einsatzbereiche:** Credit Portfolio Management, Mid Market Finance, Project & Export Finance, Equity, Investment Management, Insurance Brokerage, Controlling, Risk Controlling, Risk Management, Strategy, Corporate Development & Communications, IT/Operations, Human Resources

Der Einstieg

Bewerbung	Vollständige Bewerbungsunterlagen; auch per E-Mail möglich
Auswahl	Bewerbertag (3 bis 4 Interviews inkl. Fallstudie)
Pluspunkte	Erfahrung im Bereich Financial Services
Qualifikation	Überdurchschnittlicher Hochschulabschluss, kurze Studiendauer, Studienverlauf, Studienschwerpunkte, Engagement; Belastbarkeit, Kreativität, Teamfähigkeit, Kommunikationsfähigkeit Berufsausbildung/-erfahrung, Auslandserfahrung, außeruniversitäre Aktivitäten, verhandlungssicheres Englisch

Siemens Management Consulting

> **Siemens AG, Siemens Management Consulting**
> St.-Martin-Straße 76
> 81541 München
> ☎ 0 89 / 6 36 - 8 53 34
> 💻 www.siemens.com/smc
> ✉ Silvia Rieble,
> Senior Manager Recruiting
> ☎ 0 89 / 6 36 - 8 53 34
> 📠 0 89 / 6 36 - 8 11 64
> ✉ smc.recruiting@siemens.com

Das Unternehmen

Siemens Management Consulting (Offices: München und New York) ist die Top Management Beratung des Siemens Konzerns. Mit 160 Beratern sind wir zuständig für alle Siemens Geschäfte weltweit – von Kraftwerksanlagen, Mikroelektronik über Netzwerktechnologien und Konsumgütern bis hin zu Dienstleistungen.

Wir betrachten die Geschäfte immer ganzheitlich und ausschließlich global. Aufgrund der Vielseitigkeit des Unternehmens müssen wir uns in allen Beratungsfeldern auskennen: Strategie, Benchmarking, Restrukturierung, E-Business, Weltklasseprozesse, Umsatzsteigerung und Wachstum/Innovation. Die Beratungsaufgaben gehen dabei weit über die Konzeption und Erarbeitung intelligenter Lösungsansätze hinaus. Erst nach der ergebniswirksamen Umsetzung ist ein Projekt abgeschlossen.

Das Angebot

- **Für Studenten:** Praktika und Festeinstieg
- **Personalplanung:** 30 bis 35 Absolventen mit bis zu zwei Jahren Berufserfahrung für 2005
- **Fachrichtungen:** Ingenieurwesen, BWL, Wi-Ingenieurwesen, Naturwissenschaften
- **Startprogramm:** Basistraining für Berater innerhalb der ersten Monate, Training on-the-job
- **Interne Weiterbildung:** vorgegebenes Trainingscurriculum, individuelle Trainings nach Bedarf
- **Auslandseinsatz:** ja, 30 Prozent der Projekte haben Projektstandort im Ausland

Der Einstieg

Bewerbung	Vollständige Bewerbungsunterlagen
Auswahl	Festeinstieg: 1. Runde: persönliches Interview, 2. Runde: Auswahltag mit sechs weiteren Gesprächen
Pluspunkte	Beratungspraktika
Fachliche Qualifikation	Exzellenter Hochschulabschluss, durchgängige sehr gute Leistungen, relevante Praktika, außeruniversitäres Engagement, mindestens sechs Monate Auslandserfahrung, sehr gutes Englisch
Persönliche Qualifikation	Freude an Teamarbeit, exzellente Kommunikation, Belastbarkeit, Mobilität

 Unser Motto:
Nobody is perfect but a team can be.

Talkline

Talkline GmbH & Co. KG
Talkline-Platz 1
25337 Elmshorn
☎ 0 41 21 / 41 - 00
🖥 www.talkline.de
✉ Human Resources Management
Oliver Schön
☎ - 13 58
🖨 - 43 13 58
🖱 job@talkline.de

Das Unternehmen

Das Unternehmen **Talkline GmbH & Co. KG** zählt seit Jahren zu den führenden Telekommunikationsanbietern in Deutschland.

Das Unternehmen mit seinem Hauptsitz in Elmshorn wurde 1991 als Mobilfunk-Service-Provider gegründet und beschäftigt heute rund 1.000 Mitarbeiter. Die 100-prozentige Tochtergesellschaft der TDC Mobile International, Kopenhagen, betreut über 2,5 Millionen Mobilfunkkunden und ist damit die Nummer drei am Markt der Service-Provider. Über sein bundesweites Vertriebsnetz vermarktet Talkline die klassischen Tarife der drei Mobilfunknetzbetreiber T-Mobile, Vodafone und E-Plus. Außerdem wendet sich Talkline auch mit eigenen Mobilfunktarifen sowie mobilen Datendiensten an Privat- und Geschäftskunden.

Geprägt durch die dänische Muttergesellschaft wird ein hoher Stellenwert auf eine positive Unternehmenskultur gelegt: Talkliner gestalten ihre Zusammenarbeit mit Respekt und Toleranz, mit Begeisterung und Spaß, mit Initiative und Mut. Zusammenarbeit heißt für sie, dass jeder abteilungsübergreifend denkt und handelt. Dabei steht der Kunde für die Talkliner immer im Fokus – denn er bildet die Basis des Unternehmenserfolges.

Das Angebot

- **Für Studenten:** individuelle Praktika und Diplomarbeiten, Werkstudententätigkeit
- **Personalplanung:** bedarfsorientiert
- **Fachrichtungen:** Wirtschaftsinformatik, Informatik, Wirtschaftswissenschaften, Naturwissenschaften, Ingenieurwesen, Jura
- **Startprogramm:** individuelles Training-on-the-job
- **Weiterbildung:** umfangreiches Programm an Fach- und Persönlichkeitstrainings, DV- und Produktschulungen, Sprachkurse

Der Einstieg

Bewerbung	Vollständige Bewerbungsunterlagen, per Post, online oder per Mail unter job@talkline.de
Auswahl	Bewerbungsgespräche, ggf. AC und Probearbeitstage
Pluspunkte	Qualifizierte Praktika
Fachliche Qualifikation	Hochschul-/Fachhochschulabschluss oder qualifizierte praktische Erfahrungen
Persönliche Qualifikation	Engagement, Flexibilität, Teamgeist und unternehmerisches Denken

 Je zufriedener die Mitarbeiter, desto erfolgreicher das Unternehmen.

Tchibo GmbH

> Tchibo GmbH
> Überseering 18
> 22297 Hamburg
> ☎ 0 40 / 63 87 - 25 13
> www.tchibo.com
> Anne-Sophie Schafmayer,
> Referentin Nachwuchsprogramme
> ☎ 0 40 / 63 87 - 25 13
> 📠 0 40 / 63 87 - 5 - 25 13
> ✉ sanne@tchibo.de

Das Unternehmen

Tchibo ist heute eines der größten deutschen, international tätigen Einzelhandelsunternehmen mit mehr als 3,3 Milliarden € Umsatz und über 10.000 Mitarbeitern. Aus dem ursprünglichen Versender von Kaffee hat sich bis heute ein multinationales Unternehmen entwickelt, das in deutlich mehr Geschäftsbereichen tätig ist als dem traditionellen Vertrieb von Kaffee.

Tchibo steht für ein einzigartiges Modell eines Systemgeschäftes: es verbindet höchste Röstkaffeekompetenz, Kaffeegenuss im Gastro-Bereich und ein innovatives, wöchentlich wechselndes Angebot an Gebrauchsartikeln sowie Dienstleistungen wie Reisen und Versicherungen.

Aber auch international erschließt das Unternehmen konsequent neue Märkte: In Österreich ist Tchibo mit 160, in der Schweiz und in Großbritannien mit jeweils über 30 eigenen Filialen präsent. In den zentral- und osteuropäischen Ländern Österreich, Polen, Tschechien und Ungarn ist Tchibo Marktführer bei Röstkaffee.

Das Angebot

- **Für Studenten:** Praktika: Junior und Senior Programm
- **Personalplanung:** 2005 werden ca. 40 Absolventen für Trainee und Führungsnachwuchskräfteprogramm (Vertrieb) benötigt
- **Fachrichtungen:** überwiegend Wirtschafts- und Wirtschaftsigenieurwissenschaften
- **Startprogramm:** Trainee: Tagesgeschäft und Projektarbeit; Führungsnachwuchskräfte (Vertrieb): Übernahme eines Bezirks
- **Interne Weiterbildung:** umfangreiches Seminarangebot
- **Auslandseinsatz:** je nach Bedarf möglich

Der Einstieg

Bewerbung	Vollständige Bewerbungsunterlagen
Auswahl	Trainee: Interview und AC Praktika: Telefoninterview und persönliches Gespräch
Pluspunkte	Praktika in den Schwerpunkten und hohe soziale Kompetenz
Fachliche Qualifikation	Überdurchschnittlicher Hochschulabschluss, qualifizierte praktische Erfahrungen, Auslandserfahrung, außeruniversitäres Engagement
Persönliche Qualifikation	Team- und Begeisterungsfähigkeit, Zielstrebigkeit, Ideenreichtum, umfangreiches Interessenspektrum, Persönlichkeit

TUI AG

> **TUI AG**
> Karl-Wiechert-Allee 4
> 30625 Hannover
> ☎ 05 11 / 5 66 - 00
> www.tui.com
> **Management Development
> (Trainee-Programm)**
> ☎ - 16 27
> 📠 - 10 33
> ✉ trainee.application@tui.com
> **Recruiting Office
> (Direkteinstieg, Praktikanten,
> Diplomanden)**
> ☎ - 12 31
> 📠 - 45 81
> ✉ recruitingoffice@tui.com

Das Unternehmen

Die TUI AG fokussiert sich auf die Geschäftsfelder Touristik und Schifffahrt. Der Wandel des früheren Stahl- und Kohlekonzerns zu einem Anbieter moderner touristischer Dienstleistungen ist nahezu abgeschlossen, das industrielle Geschäft weitgehend verkauft. Mit einem Umsatz von knapp 20 Milliarden € und ca. 65.000 Mitarbeitern ist TUI Europas führender Touristikkonzern.

Die Logistikaktivitäten, die unter dem Dach der Hapag-Lloyd AG zusammengefasst sind, wird der Konzern auf das ertragsstarke Wachstumsfeld Schifffahrt konzentrieren.

Das Angebot

- **Für Studenten:** Praktika, Diplomarbeiten, Werkstudententätigkeiten
- **Personalplanung:** 2004 und 2005 je ca. 20 Hochschulabsolventen für das TUI International Trainee Programm – Direkteinsteiger nach Bedarf
- **Fachrichtungen:** Wirtschaftswissenschaften, BWL, Tourismusmanagement, Jura, Pädagogik, Psychologie, Sozialwissenschaften
- **Startprogramme:** TUI International Trainee Programme
- **Interne Weiterbildung:** (inter-)nationale Förderprogramme, Mentoring
- **Auslandseinsatz:** fester Bestandteil im Trainee-Programm

Der Einstieg

Bewerbung	Vollständige Bewerbungsunterlagen (Anschreiben, Lebenslauf, individuelle SWOT-Analyse, Zeugnisse)
Auswahl	Telefoninterview oder Aufsatzthema und Auswahlworkshop
Pluspunkte	Sprachen, Internationalität, Engagement
Fachliche Qualifikation	Überdurchschnittlicher Hochschulabschluss, qualifizierte praktische Erfahrungen, außeruniversitäres Engagement, Englisch und Deutsch
Persönliche Qualifikation	Leistungsorientiert, belastbar, begeisterungsfähig, kundenorientiert, kommunikationsstark

WestLB AG

- Herzogstraße 15
  40217 Düsseldorf
- 02 11 / 8 26 - 01
- www.westlb.de
- Eva-Miriam Böttcher
- - 24 49
- jobs@westlb.de
- Geschäftsbericht
  Berufseinstiegsbroschüre
  Praktikumsbroschüre

Das Unternehmen

Die WestLB AG gehört mit einer Bilanzsumme zum 30.06.2004 von 281,9 Milliarden € und weltweit ca. 5.000 Mitarbeitern zu den größten deutschen Banken.

Als international tätige europäische Geschäftsbank mit der Fokussierung auf die Funktion als Corporate Bank für Mittelstand und Großkunden ist die WestLB AG mit ihren Niederlassungen in zahlreichen Ländern der Welt präsent.

Als Ansprechpartner für unsere Kunden in nationalen und internationalen zukunftsträchtigen Märkten reichen unsere innovativen Finanzprodukte vom Aktiengeschäft über das Kreditgeschäft bis hin zu Equity Investments. Unsere Zielkunden sind Firmenkunden, Sparkassen, öffentliche Kunden, Finanzinstitutionen und vermögende Privatkunden.

Weitere Informationen zur WestLB AG finden Sie auf unserer Website www.westlb.de.

Das Angebot

- **Für Studenten:** Praktika Britta Stog, - 7 47 07
- **Personalplanung:** 2005: ca. 50–60 HSA
- **Fachrichtungen:** Wirtschaftswissenschaften, Mathematik, Informatik
- **Berufseinstieg:** Der Berufseinstieg erfolgt über einen Direkteinstieg oder über flexible Traineeprogramme mit der möglichen Ausrichtung Equity Markets, Credit Risk Management und Accounting/Controlling, Dauer ca. 15–19 Monate, eventuell einige Monate davon im Ausland
- **Einsatzbereiche:** Einsatzbereiche für Absolventen sind alle Stabs- und Linienbereiche der Bank.
- **Weiterbildung:** Gezielte Training-on-the-job und -off-the-job-Maßnahmen, Persönlichkeitsentwicklung sowie Fachtraining, Potenzialanalyse und -entwicklung
- **Einstiegsgehälter:** ca. 43.000 € p. a.
- **Besondere Sozialleistungen:** branchenüblich
- **Auslandsaufenthalte:** nach erster Berufserfahrung

Der Einstieg

Bewerbung	Vollständige Unterlagen, Online-Bewerbung möglich
Auswahl	Interview in Personal- und Fachabteilung
Pluspunkte	Praktika, Sprachkenntnisse, Bankausbildung, Auslandsaufenthalte
Fachliche Qualifikation	Analytisches Denken, Kenntnisse der Finanz-/Kapitalmärkte, gute englische Sprachkenntnisse

Württembergischer Genossenschaftsverband

> ✉ Württembergischer
> Genossenschaftsverband
> Raiffeisen/Schulze-Delitzsch e. V.
> Personalabteilung
> Heilbronner Straße 41
> 70191 Stuttgart
> ✆ Gregor Sauer
> ☎ 07 11 / 2 22 13 - 25 43
> ✆ Sauer.G@GENO-Stuttgart.de
> 🖥 www.GENO-Stuttgart.de

Das Unternehmen

Der Württembergische Genossenschaftsverband Raiffeisen/Schulze-Delitzsch e. V. ist Prüfungs-, Beratungs- und Betreuungsverband für alle Mitgliedsgenossenschaften im Landesteil Württemberg. Zu diesen gehören: 185 Volksbanken und Raiffeisenbanken, 180 Raiffeisen-Genossenschaften und 80 Gewerbliche Genossenschaften. 1,9 Millionen Eigentümer haben die Genossenschaften zu verzeichnen.

Zu den vielfältigen Aufgaben des Württembergischen Genossenschaftsverbandes zählen die qualifizierte Prüfung, betriebswirtschaftliche, rechtliche und steuerliche Beratung, Weiterbildung, Information und Interessenvertretung unserer Mitglieder. Der Württembergische Genossenschaftsverband beschäftigt insgesamt ca. 400 Mitarbeiter, davon alleine 200 Mitarbeiter im Prüfungsdienst. Für Hochschulabsolventen bieten wir einen Einstieg als Prüfungsassistent.

Das Angebot

- **Für Studenten:** 6-Monats-Praktikum in der Wirtschaftsprüfung
- **Personalplanung:** ca. 5 Hochschulabsolventen p. a.
- **Fachrichtungen:** Wirtschaftswissenschaften
- **Startprogramm:** Direkteinstieg als Prüfungsassistent
- **Weiterbildung:** 2- bis 3-jährige Assistentenzeit mit insgesamt 23 Schulungswochen, daran anschließend Steuerberater und Wirtschaftsprüfer

Der Einstieg

Bewerbung	Vollständige Bewerbungsunterlagen
Auswahl	Bewerberrunde, Einzelgespräche
Pluspunkte	Bankausbildung, Praktikum in der Wirtschaftsprüfung
Fachliche Qualifikation	Studienschwerpunkt Revision, Steuern, Wirtschaftsprüfung Gute Examensnoten
Persönliche Qualifikation	Analytisches und unternehmerisches Denken, hohe Sozialkompetenz, Mobilität

 **GENO-Verband:
Wir gestalten Zukunft.**

9 Ausland/EU

9.1 Auslandserfahrung

Die **Zentralstelle für Arbeitsvermittlung** (ZAV) in Bonn, die Fach- und Führungskräfte in alle Welt vermittelt, erhält pro Jahr über 150.000 Anfragen nach einem Arbeits- oder Praktikumsplatz im Ausland. Dies zeigt, dass zunehmend Interesse an einer Fortbildung oder einem Arbeitsaufenthalt im Ausland besteht.

Größer geworden sind aber auch die Erwartungen, die auf der Seite der Arbeitgeber an Arbeitnehmer oder Arbeitssuchende gestellt werden.

Fremdsprachenkenntnisse und Auslandserfahrungen sind **Schlüsselqualifikationen** für Ihre Berufsbiographie und damit für eine erfolgreiche Bewerbung und Karriere unerlässlich.

Dafür gibt es eine ganze Reihe von unterschiedlichen Gründen:

1. Unternehmen verlegen Produktionsstätten ins Ausland. Der **Waren- und Dienstleistungstransfer** dehnt sich zunehmend auf Osteuropa, die GUS-Staaten und den asiatischen Raum aus und erfordert Fach- und Führungskräfte mit – nicht nur – englischen Sprachkenntnissen. Kenntnisse des jeweiligen Kulturkreises sind Voraussetzung für erfolgreiche Verhandlungen und Geschäftsbeziehungen.

2. Gerade in den Staaten der Europäischen Union wird die **Zusammenarbeit im wirtschaftlichen und technologischen Bereich** immer bedeutsamer. Die in Austauschprogrammen oder in Eigenregie gesammelten Erfahrungen gewährleisten den dafür erforderlichen Austausch von Know-how.

3. Weltweite Zusammenarbeit auf den Gebieten der **Energieversorgung** und des **Umweltschutzes** ist dringlicher denn je. Gerade hierfür sind Fachkräfte notwendig, die aufgrund ihrer internationalen Ausbildung und Erfahrung zur Lösung dieser globalen Probleme beitragen können.

Ein Auslandsaufenthalt kann für Sie den Beginn einer **internationalen Karriere** bedeuten. Vielleicht erhalten Sie als Praktikant in einem ausländischen Unternehmen ein Arbeitsangebot oder entschließen sich dazu, vor Ort einen Arbeitsplatz zu suchen.

9. Ausland/EU

Vorteile von Auslandserfahrungen

Nicht nur die zu erwartenden sprachlichen und fachlichen Qualifikationen sollten ein Anreiz für einen Auslandsaufenthalt sein. Auch die **persönliche Erweiterung des Horizonts** und die Bereicherung, die Sie dadurch erfahren, ist für mögliche spätere Arbeitgeber ein wichtiges Einstellungskriterium.

Der so genannte **Blick über den Tellerrand** stellt eine wertvolle Lebenserfahrung dar. Aus dem täglichen Zusammenleben mit Angehörigen einer fremden Kultur resultiert ein Verständnis für andere Lebens- und Denkweisen, das Objektivität, Flexibilität und Toleranz fördert.

Das meist vom gewohnten sozialen Umfeld losgelöste Leben und die Bewältigung eines völlig anderen (beruflichen) Alltags ermöglichen eine **gänzlich andere Sichtweise** auf das Eigene, das Vertraute.

Neuen Ideen und ungewöhnlichen Herangehensweisen wird auf diese Weise eher eine Chance auf Verwirklichung gegeben. Unbelastet von vorgegebenen Abläufen und Strukturen erzielt man oftmals bessere Leistungen und Ergebnisse.

Das Leben und Arbeiten in einem fremden Land steigert die Selbstständigkeit und damit das Selbstbewusstsein – wichtige **Anforderungen**, die an zukünftige Fach- und Führungskräfte gestellt werden.

Mögliche Nachteile

Ein Auslandsaufenthalt kann jedoch auch **Belastungen** mit sich bringen, die hier nicht unerwähnt bleiben sollen.

Am Anfang eines Auslandsaufenthaltes stehen oft **Orientierungsprobleme** und **sprachliche Schwierigkeiten**. Hinzu kommen die fehlenden sozialen Kontakte; mit Enttäuschungen, Missverständnissen usw. müssen Sie allein fertig werden.

Vielleicht begegnet man Ihnen im Gastland mit **Unverständnis** und **Vorurteilen**; lassen Sie sich davon nicht einschüchtern! Suchen Sie immer das Gespräch, fragen Sie nach, warum man in einer bestimmten Art und Weise auf Sie oder Ihre Arbeit reagiert. Viele „Probleme" lassen sich so ganz schnell lösen.

Wichtig ist vor allem, dass Sie sich im Gastland schnell an die anderen Gegebenheiten anpassen und nicht auf Ihren Lebensumständen und vor allem -gewohnheiten beharren.

Kulturelle Sensibilität und Flexibilität sollten für Sie an erster Stelle stehen.

Beratungsinstitutionen

Wenn Sie sich allgemein über Praktika und Arbeitsaufenthalte im Ausland informieren möchten, können wir Ihnen folgende Beratungsinstitutionen empfehlen:

Deutscher Akademischer Austauschdienst (DAAD)
Kennedyallee 50
53175 Bonn
☎ 02 28 / 88 20
🖷 02 28 / 88 24 44
🖳 www.daad.de

✉ Neben der Förderung der Hochschulbeziehungen mit dem Ausland ist der DAAD verantwortlich für Förderungsangebote für deutsche und ausländische Wissenschaftler, Hochschullehrer und Studenten. Einmal im Jahr erscheint die Broschüre „Förderungsmöglichkeiten im Ausland für Deutsche".

InWEnt – Internationale Weiterbildung und Entwicklung gGmbH
Tulpenfeld 5
53113 Bonn
☎ 02 21 / 24 34 - 5
📠 02 21 / 24 34 - 7 66
🖥 www.inwent.org

✉ Die InWEnt ist eine große deutsche Organisation, die Programme zur Weiterbildung und Personalentwicklung für Fach- und Führungskräfte im Ausland anbietet und 2002 aus der Fusion mit der Carl Duisberg Gesellschaft und der Deutschen Stiftung für internationale Entwicklung hervorging. Die Broschüre „Weiterbildung ohne Grenzen. Mit 63 Organisationen zur beruflichen Qualifizierung ins Ausland" erscheint einmal im Jahr.

Aktion Bildungsinformation e. V. (ABI)
Alte Poststraße 5
70173 Stuttgart
☎ 07 11 / 22 02 16 - 30
📠 07 11 / 22 02 16 - 40
🖥 www.abi-ev.de

✉ Wenn Sie Ihre Sprachkenntnisse mittels einer Sprachreise auffrischen wollen, sollten Sie bei ABI die Broschüre *Alles über Sprachreisen* anfordern. Darin finden Sie Tipps und Hinweise zu Veranstaltern, Kosten, Reisebedingungen usw.

Zentralstelle für Arbeitsvermittlung (ZAV) Internationale Abteilung
Villemombler-Straße 76
53123 Bonn
☎ 02 28 / 7 13 - 13 50
📠 02 28 / 7 13 - 14 12
🖥 www.arbeitsagentur.de

✉ Die ZAV ist eine Dienstleistung der Bundesanstalt für Arbeit und vermittelt unter anderem auch Arbeits- und Praktikumsplätze im Ausland. Sie führt einen Bewerberpool von Fach- und Führungskräften und berät Bewerber. Das „Büro Führungskräfte zu internationalen Organisationen" ist ihr angeschlossen.

9.2 Programmangebote

Wenn Sie als Student oder Hochschulabsolvent Ihre **sprachliche, fachliche und persönliche Qualifikation** im Ausland erweitern wollen, haben Sie vielfältige Möglichkeiten.

Sie können sich um die Teilnahme an **Programmen zur Weiterbildung** im Ausland bewerben, die von den unterschiedlichsten Organisationen angeboten werden. Eine Auswahl finden Sie nachfolgend.

9. Ausland/EU

Oder Sie versuchen, **auf eigene Faust** einen Praktikums- oder Arbeitsplatz im Ausland zu finden.

Zunächst ein Überblick über Programmangebote zur beruflichen Weiterbildung im Ausland. Als erstes wird der Anbieter bzw. Veranstalter genannt, dann das Programm mit kurzer Beschreibung sowie Angaben zu Teilnahmevoraussetzungen und Finanzierung.

Programme

The British Council
Hackescher Markt 1
10178 Berlin
☎ 0 30 / 31 10 99 - 0
📠 0 30 / 31 10 99 - 20
💻 www.britishcouncil.org/networkevents

Internationale Fachseminare

Die internationalen Seminare dauern **maximal eine Woche** und finden an verschiedenen Orten Großbritanniens und Nordirlands zu **unterschiedlichen Themen** aus folgenden Bereichen statt: Bildungswesen, Umwelt, Wissenschaft und Technik, Kunst und Kultur, Bibliothekswesen, Medizin.

Alle interessierten Fachkräfte der jeweiligen Bereiche mit **guten Englischkenntnissen** können sich für die Seminare anmelden.

Die Seminare müssen von den Teilnehmern selbst finanziert werden. Die Kosten sind je nach Seminar unterschiedlich. Reise- und Versicherungskosten müssen ebenfalls von den Teilnehmern getragen werden.

 Info-Materialien und Bewerbungsunterlagen können Sie beim British Council anfordern.

InWEnt – Internationale Weiterbildung und Entwicklung gGmbH
Weyerstraße 79–83
50676 Köln
☎ 02 21 / 20 98 - 1 99
📠 02 21 / 20 98 - 1 11
💻 www.inwent.org

Praxissemester im Ausland für Studierende an Fachhochschulen

Im Rahmen Ihrer Fachhochschulausbildung absolvieren Sie **weltweit ein 6-monatiges berufsbezogenes Praktikum in einem Unternehmen**. Ziel des Programms ist die Erweiterung Ihrer **interkulturellen, berufsspezifischen, persönlichen und sprachlichen Kompetenzen**. Ein Vorbereitungs- und ein Auswertungsseminar sind Bestandteil des Programms.

Dieses Programm richtet sich an **immatrikulierte Fachhochschulstudenten in wirtschaftlichen oder technischen Studiengängen**, die mindestens drei abgeschlossene Studiensemester und sechs Monate Praxiserfahrung nachweisen können. Die Sprache des Ziellandes sollte gut beherrscht werden.

Bei der Suche nach einem Praktikumsplatz ist **Eigeninitiative** erwünscht; die Anerkennung als Pflichtpraxissemester ist möglich.

Eigenmittel in nicht genannter Höhe werden für den Lebensunterhalt fällig, wobei das Bundesministerium für Bildung, Wissenschaft, Forschung und Technologie Stipendien für Reise- und Aufenthaltskosten bereitstellt.

Praxisphase im Ausland für Studierende an Berufsakademien

Ein **fachbezogenes Praktikum** in einem beliebigen Land (außer deutschsprachige Länder und Japan, besonders förderungswürdig: Asien, Lateinamerika, Mittel- und Osteuropa/GUS) ist Gegenstand dieses Programms. Das Praktikum kann **zehn Wochen bis sechs Monate** dauern und soll der Erweiterung der interkulturellen, berufsspezifischen und sprachlichen Kompetenzen dienen.

 Bewerben können sich **Studierende an Berufsakademien** in wirtschaftlichen und technischen Studiengängen mit mindestens einem Jahr kombinierter Studien- und Praxiserfahrung. Zum Zeitpunkt der Bewerbung muss eine qualifizierte Praktikumsstelle im Ausland nachgewiesen werden. Außerdem sollten gute Kenntnisse der Landes- bzw. Geschäftssprache vorhanden sein. Alter der Bewerber: 20 bis 25 Jahre.

Zur Finanzierung werden Eigenmittel fällig, die Reisekosten erstattet das Bundesministerium für Bildung und Forschung.

Career Training für Studierende

Die **USA sind das Zielland** dieses Programms, das nach einem Vorbereitungsseminar in New York oder San Francisco ein studienbezogenes Praktikum in einem amerikanischen Unternehmen vorsieht. Das Praktikum kann drei bis 18 Monate dauern; die Suche danach und der Nachweis desselben liegen in der Verantwortung des Bewerbers. Ziel des Career Trainings ist die **praxisorientierte Individualfortbildung** für Fachhochschul-, Hochschul- oder Berufsakademiestudenten zur Erweiterung fachlicher Qualifikationen, internationaler Berufserfahrung und des interkulturellen Verständnisses.

Die Teilnehmer müssen Absolventen eines Grundstudiums im wirtschafts-, naturwissenschaftlichen oder technischen Bereich oder Studenten mit abgeschlossener Berufsausbildung (kaufmännischer oder technischer Bereich) sein, jeweils mit guten Englischkenntnissen und nicht älter als 30 Jahre.

Zur Finanzierung herangezogen werden Eigenmittel und das Praktikumsentgelt, Darlehen sind möglich. Die Teilnehmer erhalten im Rahmen des Programms die Arbeits- und Aufenthaltsgenehmigung für die USA.

Career Training für Berufstätige (CTP)

Dieses Programm findet in den USA statt. Während einer 3- bis 18-monatigen **berufsbezogenen Tätigkeit in amerikanischen Unternehmen** werden künftige Führungskräfte ausgebildet, wobei eine besondere Betonung auf der **fachlichen und sprachlichen Weiterqualifizierung** der Teilnehmer liegt.

Auch die Vertiefung amerikanisch-deutscher Beziehungen spielt eine große Rolle. Ein Vorbereitungsseminar in New York oder San Francisco ist ebenfalls Gegenstand des Programms.

Zielgruppen des Programms sind **Volks- und Betriebswirte**, Hotelkaufleute, Hotel- und Restaurantfachleute, Techniker, Ingenieure, Kaufleute, Designer, Journalisten mit abgeschlossener Berufsausbildung und mindestens einem Jahr Berufserfahrung.

Die Bewerber sollten **nicht älter als 30 Jahre** sein und über gute Englischkenntnisse verfügen. Sie müssen einen Praktikumsplatz nachweisen. Es werden Eigenmittel der Teilnehmer für Anmeldung, Reise- und Versicherungskosten erforderlich. Teilstipendien oder Darlehen durch die InWEnt sind möglich.

Bewerbungsschluss ist der 15. Dezember für die Ausreise im Juni oder August, der 15. Juni für die Ausreise im November, Januar oder März.

State University of New York: U. S. Business, Marketing and Public Relations

Bei diesem Programm handelt es sich um eine **praxisorientierte Fortbildung in den USA** unter Einbeziehung eines **zweimonatigen Studiums** in den Bereichen Marketing und Public Relations. Nach einem Intensivstudium an der New York State University, New Paltz absolvieren die Teilnehmer ein ebenfalls **zweimonatiges Praktikum** bei einem entsprechenden Unternehmen in New York.

Teilnehmen können **junge Berufstätige mit abgeschlossener Ausbildung bzw. abgeschlossenem Studium sowie Studenten mit abgeschlossenem Grundstudium**, die nicht älter als 30 Jahre sind. Gute Englischkenntnisse sind erforderlich.

Das Programm kostet 7.850 $. In diesem Preis sind Studiengebühren, Unterkunft, Versicherung und Praktikumsvermittlung enthalten. Die Kosten für Anmeldung, Reise und Verpflegung müssen die Teilnehmer selbst tragen. Teilstipendien und Darlehen sind möglich.

Die Vermittlung des unbezahlten Praktikumsplatzes erfolgt über die Universität.

Praxisqualifizierung für Studenten in Entwicklungs- und Transformationsländern

Dieses Programm soll den Teilnehmern Einblicke in das Aufgabenspektrum von Unternehmen, von Auslandshandelskammern, Delegiertenbüros, Repräsentanzen deutscher Wirtschafts- und Exportverbände oder Einrichtungen zur Förderung deutscher Auslandsinvestoren verschaffen, und zwar in **ausgewählten Entwicklungs- und Schwellenländern** sowie in den **Transformationsländern Mittel- und Osteuropas.** Die Teilnehmer absolvieren **strukturierte Praktika von drei bis sechs Monaten.**

Das Programm richtet sich an **immatrikulierte Studenten wirtschaftlicher, technischer oder kombinierter Studiengänge** an Hochschulen mit Vordiplom, die **nicht älter als 27 Jahre** sind. Auslandssemester oder Studienaufenthalte können nicht gefördert werden.

Die erforderlichen Eigenmittel sind je nach Zielland unterschiedlich. Zur Verfügung stehen Teilstipendien der Stiftung

Auslandserfahrung der Carl Duisberg Stiftung; Darlehen sind möglich.

Studienprogramm zum MBA (Master of Business Administration) in Texas

Der **Erwerb des MBA** steht am Ende dieser je nach Vorbildung zwei bis vier Jahre dauernden Ausbildung. Zukünftige Führungskräfte der Wirtschaft sollen durch das Studium an der Texas Christian University, Fort Worth, Texas, im Bereich **Betriebs- und Volkswirtschaft, Finanzwesen und Marketing** auf ihre Aufgaben vorbereitet werden.

Das Programm richtet sich an **Abiturienten, junge Berufstätige mit abgeschlossener Ausbildung und Abitur sowie Studenten und Hochschulabsolventen**.

Pro Studienjahr fallen Studiengebühren in Höhe von 18.000 € an, hinzu kommen Kosten für Anmeldung, Reise, Versicherung und Lebenshaltung. Teilstipendien und Darlehen sind möglich.

Praktikum in Japan für kaufmännische und technische Berufe

Die berufliche Weiterbildung, Erweiterung der Sprachkenntnisse, das Kennenlernen des japanischen Marktes, der japanischen Lebens- und Arbeitsweise sowie die Pflege der japanisch-deutschen Beziehungen sind Ziele und Inhalte unterschiedlicher Programme in Japan. Die Teilnehmer absolvieren einen **vierwöchigen Intensivsprachkurs** vor Ort und danach ein **sechsmonatiges berufsbezogenes Praktikum**.

Angesprochen werden sollen **Nachwuchskräfte und Studierende aus dem kaufmännischen oder technischen Bereich mit abgeschlossener Berufsausbildung oder Grundstudium und mindestens sechs Monaten Berufserfahrung**. Über gute englische Sprachkenntnisse und gute Grundkenntnisse der japanischen Sprache vor der Ausreise sollten die Teilnehmer verfügen und darüber hinaus **nicht älter als 30 Jahre** sein.

Stipendien des Auswärtigen Amtes werden für die Reise- und Lebenshaltungskosten gewährt. Gegebenenfalls gibt es ein Praktikantenentgelt oder eine Gehaltsfortzahlung.

Praktikum in asiatisch/pazifischen Ländern (außer Japan) für kaufmännische und technische Berufe

Dieselben Richtlinien wie bei dem letztgenannten Programm gelten auch für dieses Angebot – mit Ausnahme des Ziellandes. Auch den Praktikumsplatz (sechs Monate) müssen sich die Teilnehmer selbst suchen.

Die bereitzustellenden Eigenmittel sind je nach Zielland unterschiedlich.

Arbeitsaufenthalte in Brasilien für Nachwuchsführungskräfte

Sie bekommen einen Eindruck von den brasilianischen Lebens- und Arbeitsbedingungen sowie der wirtschaftlichen und soziokulturellen Situation, und zwar durch ein **berufsbezogenes Praktikum** in einem brasilianischen Unternehmen, einen **begleitenden Sprachkurs** sowie **Vorbereitungsseminare** in Deutschland und Brasilien.

Portugiesische Sprachkenntnisse werden während des zwölfmonatigen Aufenthalts natürlich ebenfalls vertieft.

Angesprochen werden **Führungsnachwuchskräfte** aus den Bereichen Wirtschaftswissenschaften, Ingenieurwesen, Umweltschutz und Informatik mit abgeschlossener Ausbildung Universitäts- oder Fachhochschulstudium und mindestens zweijähriger Berufserfahrung.

Gute **Portugiesisch-** und eventuell **Spanischkenntnisse** werden ebenso vorausgesetzt wie **Tropentauglichkeit**. Die Bewerber dürfen nicht älter als 35 Jahre sein.

Die Anmeldegebühr beträgt 435 €. Die Eigenmittel der Bewerber (ca. 9.000 €) decken die Kosten für den Sprachkurs, die Reise und die Lebenshaltung. Darüber hinaus können Sie Teilstipendien in Anspruch nehmen.

 Bewerbungsschluss ist der 15. Februar für die Ausreise im September bzw. Oktober.

Council on International Educational Exchange (CIEE)
Oranienburger Straße 13–14
10178 Berlin
☎ 0 30 / 2 84 85 90
📠 0 30 / 28 09 61 80
🖥 www.councilexchanges.de

Praktikum in den USA

Ein maximal **18-monatiges studienbezogenes Praktikum** zur fachlichen Weiterbildung, Erweiterung der Sprachkenntnisse und landeskundlichen Information können die Teilnehmer dieses Programms absolvieren.

Angesprochen werden sollen **Studierende aller Fachrichtungen,** die an einer deutschen oder Schweizer Hochschule eingeschrieben sind, in dem ein Praktikum erforderlich oder wünschenswert ist; auch Absolventen (bis ein Jahr nach Studienabschluss) können sich bewerben. Erforderlich sind weiterhin gute englische Sprachkenntnisse. Mindestalter: 18 Jahre.

Für die Bearbeitungsgebühr, die Krankenversicherung, Reise- und Aufenthaltskosten werden Eigenmittel erforderlich. Darüber hinaus müssen die Teilnehmer den Nachweis erbringen, dass sie monatlich über 750 $ verfügen.

CIEE ist unter bestimmten Bedingungen (Zusage für Praktikantenstelle bei einer Firma/Organisation) bei der Beschaffung des J-1-Visums behilflich. Die Studierenden benötigen die Zusage für eine Praktikantenstelle bei einer Firma/Organisation in den USA, die von ihrer Hochschule anerkannt/befürwortet wird.

Work and Travel USA/Kanada

Inhalt dieses Programms ist ein bis zu **viermonatiger Arbeitsaufenthalt in den USA** bzw. sechsmonatiger Aufenthalt in **Kanada**. Das Kennenlernen der Arbeitswelt im Gastland und die Eweiterung der Sprachkenntnisse sind das Ziel.

Bewerben können sich **Studierende aller Fachrichtungen an deutschen Universitäten und Fachhochschulen** ab 18 Jahren. Bedingung sind gute englische Sprachkenntnisse und – für eine Bewerbung in Kanada – die deutsche Staatsangehörigkeit.

Für die Bearbeitungsgebühr, die Reise- und Aufenthaltskosten sowie die Krankenversicherung werden Eigenmittel der Teilnehmer fällig sowie ein Nachweis über ausreichende finanzielle Mittel für die Dauer des Aufenthalts (USA: 750 US-$ pro Monat; Kanada: 3.000 Can-$ insgesamt).

 Der Council hilft bei der Jobsuche und bei der Visumbeschaffung.

Deutsch-Kanadische Gesellschaft e. V.
c/o Kölner Bank eG
Postfach 10 21 51
50461 Köln
🖥 www.dkg-online.de

Werkstudentenprogramm Deutschland-Kanada

Nach einem Einführungsseminar in Toronto absolvieren die Teilnehmer ein Werkstudentenprogramm, das drei Monate dauert und von der Deutsch-Kanadischen Gesellschaft vermittelt wird. Ziel dieses Programms ist es, die **kanadische Arbeitswelt kennen zu lernen, landeskundliche und Sprachkenntnisse** zu erlangen.

Bewerben können sich **immatrikulierte Studenten aller Fachrichtungen an deutschen Hochschulen** ab dem zweiten Semester. Nachgewiesen werden müssen mindestens befriedigende **englische bzw. französische Sprachkenntnisse** und die deutsche Staatsangehörigkeit.

Auf die Teilnehmer kommt ein Eigenmittel-Anteil von 990 € zu.

Bewerbungsschluss ist der letzte Werktag der zweiten Januarwoche des Reisejahres. Bei Programmteilnahme muss die Mitgliedschaft in der Deutsch-Kanadischen Gesellschaft nachgewiesen werden.

Deutsch-Südafrikanisches Jugendwerk e. V.
Postfach 12 26
53582 Bad Honnef
☎ 0 22 24 / 93 13 60
📠 0 22 24 / 93 13 61
🖥 www.dsjw.de

Praktika, Famulaturen und Studienaufenthalte im südlichen Afrika

Die Republiken Lesotho, Südafrika, Namibia, Zimbabwe oder Botswana sind die Zielländer dieses Programms, das nach einem zweitägigen Vorbereitungsseminar in Bonn und nach einem dreitägigen Einführungsprogramm im Gastland den Teilnehmern ein **Praktikum oder ein Gaststudium bis zu einem Jahr** ermöglicht.

Immatrikulierte **Studenten aller Fachrichtungen mit Vordiplom (oder vergleichbarem Abschluss) bzw. FH-Studenten im dritten Fachsemester** sowie Berufstätige mit abgeschlossener Berufsausbildung mit guten englischen Sprachkenntnissen und besonderem Interesse am südlichen Afrika können sich für dieses Programm bewerben, wenn sie mindestens 21 Jahre alt sind.

Die Eigenmittel betragen je nach Dauer des Programms ca. 1.800 bis 2.900 €. Darin enthalten sind die Kosten für das Vorbereitungs- und das Einführungsseminar, die Flüge, Unterkunft, ggf. Studiengebühren, Erfahrungsaustausch und Vermittlung. Ein Praktikantenentgelt ist teilweise möglich.

Deutsche Gesellschaft für Technische Zusammenarbeit

Dag-Hammarskjöld-Weg 1–5
65760 Eschborn
☎ 0 61 96 / 79 - 0
📠 0 61 96 / 79 - 11 15
🖥 www.gtz.de

Praktikanten-Programm im Ausland

Dieses Programm dient der Nachwuchsförderung im Rahmen der Entwicklungszusammenarbeit, bei dem die Praktikanten für **drei Monate bei einem GTZ-Projekt** in einem Entwicklungs- oder Schwellenland mitarbeiten.

 Die Teilnahmevoraussetzungen erfüllen **Studenten mit Vordiplom** (bzw. Zwischenprüfung oder vergleichbarem Leistungsnachweis), die an einer Hochschule immatrikuliert sind, deren Fachrichtung in den einzelnen GTZ-Projekten nachgefragt wird. Wichtig ist darüber hinaus die Auseinandersetzung mit entwicklungspolitischen Fragestellungen. Sprachkenntnisse des jeweiligen Einsatzlandes sind ebenfalls erforderlich.

Das Praktikum wird mit einem Pauschalbetrag bezuschusst, der je nach Einsatzland zwischen 1.500 und 4.000 € liegt.

Die Bewerbungsfrist liegt zwischen dem 1. Oktober und dem 30. November. Für die Bewerbung gibt es ein Formular auf der Homepage 🖥 www.gtz.de.

Projektassistenten-Programm

Nach einer viermonatigen Vorbereitungszeit in Deutschland durchlaufen die Teilnehmer ein **20-monatiges GTZ-Projekt**.

Inhalte der Ausbildung sind die Einarbeitung in Planungs- und Steuerungsinstrumente der GTZ, der Erwerb der Grundkenntnisse von Planungs- und Managementmethoden, das Erlernen der Projektadministration, die konzeptionelle Programm- und Projektplanung.

Die Ausbildung qualifiziert zur **Übernahme einer Fach- oder Führungsposition bei der GTZ** oder anderen Institutionen in der Entwicklungszusammenarbeit.

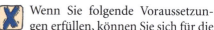 Wenn Sie folgende Voraussetzungen erfüllen, können Sie sich für die Teilnahme an diesem Programm bewerben: ein **abgeschlossenes Studium** mit einem auf Entwicklungsländer bezogenen Ausbildungsschwerpunkt sowie ergänzender Postgraduiertenausbildung und/oder erste Berufserfahrung.

Weiterhin sollten Sie über verhandlungssichere Kenntnisse einer Weltsprache verfügen, über Führungs- und Managementpotenzial, Sensibilität für die Kultur im Einsatzland, Kooperationsbereitschaft, Flexibilität, Belastbarkeit und Auslandserfahrung.

Die GTZ zahlt ein monatliches Gehalt von 2.158 bis 2.684 €, je nach Eingangsqualifikation.

 Der Bewerbungszeitraum reicht vom 1. August bis zum 31. Oktober eines Jahres, nutzen Sie bitte den Bewerbungsbogen im Internet unter 🖥 www.gtz.de.

9.2 Programmangebote

Deutscher Akademischer Austauschdienst (DAAD)
Kennedyallee 50
53175 Bonn
☏ 02 28 / 8 82 - 0
📠 02 28 / 8 82 - 4 44
💻 www.daad.de

Praxisorientierte Studienaufenthalte in Japan

Innerhalb von zwei Jahren können Sie sich sprachlich und beruflich als „Japan- bzw. Chinakenner" für Wirtschaft oder Verwaltung weiterqualifizieren.

Das Programm besteht aus zwei Teilen: Nach einem **maximal sechsmonatigen Sprachkurs in Japan** absolvieren Sie ein mindestens sechswöchiges Praktikum in einem japanischen Unternehmen.

✗ Die Bewerber müssen eine abgeschlossene Diplomvorprüfung in einem ingenieur-, natur- oder wirtschaftswissenschaftlichen Studiengang vorweisen; außerdem den Nachweis einer Betreuungszusage des japanischen Hochschullehrers erbringen, der die Praktikumsstelle vermitteln soll.

Die anfallenden Kosten werden durch monatliche Stipendienraten des DAAD gedeckt.

✉ Bewerbungen sind jederzeit möglich, müssen jedoch spätestens drei Monate vor dem Ausreisetermin beim Akademischen Auslandsamt eingereicht werden; das Stipendium kann nur einmal pro Ausbildungsabschnitt vergeben werden.

Deutscher Industrie- und Handelskammertag
Bereich 10 Personal
11052 Berlin
☏ 0 30 / 2 03 08 - 11 75
📠 0 30 / 2 03 08 - 11 77
💻 www.ahk.de, „Jobs"

Praktikum an deutschen Auslandshandelskammern

Die **Förderung der bilateralen Wirtschaftsbeziehungen** ist eine von vielen Aufgaben der deutschen Auslandshandelskammern. Sie bieten den am Wirtschaftsverkehr mit dem jeweiligen Land beteiligten Unternehmen und Organisationen einen direkten Auskunfts-, Beratungs- und Organisationsdienst an. In diesem Rahmen erteilen sie beispielsweise Auskünfte zu Wirtschafts- und Steuerrecht, erstellen Bescheinigungen über die Ein- und Ausfuhr von Waren, informieren als Messevertretung über Messen im Partnerland, veröffentlichen spezielle Marktinformationen und Konjunkturberichte oder beraten vor Ort über Umweltstandards in der Bundesrepublik Deutschland.

Darüber hinaus engagieren sich die Auslandshandelskammern im jeweiligen Land in der beruflichen Bildung.

✗ Sie haben die Möglichkeit, für drei bis sechs Monate ein **Praktikum an einer Auslandshandelskammer** zu absolvieren, dessen Ablauf mit der jeweiligen Kammer vereinbart wird.

✉ Dieses Praktikum ist gedacht für **Wirtschaftswissenschaftler mit abgeschlossenem Studium** und Kenntnissen der englischen Sprache bzw. der

Sprache des Gastlandes. Voraussetzung für eine Bewerbung ist die Zusage des Geschäftsführers der betreffenden Kammer. Die Bewerbung sollte mindestens ein Jahr vor Praktikumsbeginn bei der jeweiligen Auslandshandelskammer eingereicht werden. Die Reise- und Aufenthaltskosten sind je nach Zielland unterschiedlich und müssen von den Teilnehmern selbst finanziert werden. Eventuell bezahlt die Kammer einen Zuschuss.

Deutsches Institut für Entwicklungspolitik
Tulpenfeld 4
53113 Bonn
☎ 02 28 / 9 49 27 - 0
📠 02 28 / 9 49 27 - 1 30
💻 www.die-gdi.de

Ausbildungsprogramm

Ziel der **neunmonatigen Ausbildung** ist die Qualifizierung der Teilnehmer für eine berufliche Tätigkeit im **Bereich der deutschen und internationalen Entwicklungszusammenarbeit**.

Die Teilnehmer erlernen die Planung, die Durchführung und Erfolgskontrolle von Entwicklungsvorhaben sowie die Organisation, die Instrumente und das Verfahren der deutschen und der multilateralen Entwicklungspolitik.

Als Teilnehmer werden Sie in die wissenschaftlich-beratende Tätigkeit des DIE miteinbezogen, sodass Sie auf eine eventuelle **Gutachtertätigkeit** vorbereitet werden.

Die Ausbildung ist in **zwei Phasen** gegliedert: Der erste Ausbildungsteil dauert neun Wochen und findet in Bonn statt (Lehrveranstaltungen, Seminare, Arbeitsgruppen, Sprachunterricht, entwicklungspolitische Informationsveranstaltungen).

Der zweite Teil, der 28 Wochen dauert, beinhaltet einen elfwöchigen **Arbeitsaufenthalt in einem Entwicklungsland** und dient in seiner Abschlussphase der Auswertung des Arbeitsaufenthalts und der Fortsetzung der Ausbildung in Berlin.

Zugelassen für den Ausbildungskurs werden **Hochschulabsolventen** mit deutscher Staatsangehörigkeit oder der eines anderen EU-Mitgliedsstaates, wobei der Zeitpunkt des Studienabschlusses nicht länger als fünf Jahre zurückliegen darf und die Teilnehmer nicht älter als 30 Jahre alt sein sollten.

Studienabsolventen der Fachrichtungen **Wirtschaftswissenschaften**, **Sozialwissenschaften** und **Jura** werden bevorzugt.

Die Bewerber müssen sich während ihres Studiums mit **Entwicklungspolitik** befasst bzw. Arbeits- und Studienaufenthalte in Entwicklungsländern absolviert haben, sehr gute Englischkenntnisse und gute Kenntnisse in Französisch, Spanisch, Portugiesisch, Russisch, Chinesisch oder Arabisch aufweisen sowie über eine breite Allgemeinbildung verfügen.

Als Teilnehmer können Sie für die Zeit der Ausbildung ein unverzinsliches Darlehen in Höhe von bis zu 715 € pro Monat in Anspruch nehmen. Das Darlehen muss zwei Jahre nach Beendigung der Ausbildung in Raten (ca. 117 € monatlich) zurückgezahlt werden.

9.2 Programmangebote

Die Reisekosten in das Entwicklungsland sowie ein Tagegeld für die Dauer des Aufenthaltes dort übernimmt das DIE.

 Die Ausschreibung des Kurses erfolgt in der Regel im Januar eines Jahres, dann können die Bewerbungsunterlagen angefordert werden. Pro Kurs werden ca. 20 Teilnehmer zugelassen, die in einem speziellen Auswahlverfahren bestimmt werden.

Deutsches Komitee der AIESEC e. V.
Kasernenstraße 26
53111 Bonn
☎ 02 28 / 2 89 80 - 0
🖨 02 28 / 2 89 80 - 10
💻 www.aiesec.de

AIESEC Global Exchange

Praktika im Rahmen der Hochschulausbildung in über 80 Ländern für die Dauer von 8 bis 78 Wochen vermittelt AIESEC und bietet den Praktikanten Vorbereitungsseminare sowie vor Ort ein intensives Betreuungsprogramm.

Studenten der Fachrichtungen BWL, VWL, Wirtschaftsinformatik, -mathematik, -ingenieurwesen, Sozialwissenschaft und Informatik mit Vordiplom können sich bei den ca. 60 lokalen AIESEC-Vertretungen an den jeweiligen Hochschulen bewerben.

Eigenmittel müssen für die Vermittlungsgebühr und für die Reisekosten aufgebracht werden, wobei der DAAD die Reisekosten bezuschusst. Der Lebensunterhalt im Ausland wird in der Regel durch das Praktikantenentgelt gedeckt.

 Weitere Informationen erteilen die AIESEC-Lokalkomitees an den Hochschulen.

Europa-Institut an der Universität Basel
Gellertstraße 27
CH-4052 Basel
☎ 00 41 / 6 13 17 97 67
🖨 00 41 / 6 13 17 97 66
💻 www.europa.unibas.ch

Master of Advanced European Studies

In einem zweisemestrigen Vollzeit- bzw. viersemestrigen berufsbegleitenden Lehrgang werden Sie dazu qualifiziert, Aufgaben bei den Institutionen der EU, internationalen Einrichtungen, den Außen- oder Wirtschaftsministerien zu übernehmen.

Das Studium besteht aus wirtschafts-, rechts- und aus politikwissenschaftlichen Kursen zu **Themen der europäischen Integration**, so zum Beispiel „Politik und Recht der Europäischen Union", „Economics of Integration" oder „Völkerrecht und spez. Wirtschaftsvölkerrecht".

Alle Teilnehmer müssen eine **Diplomarbeit** in einer der drei Unterrichtssprachen (Deutsch, Englisch, Französisch) verfassen.

Bewerben können Sie sich, wenn Sie einen **Hochschulabschluss** in einem der folgenden Bereiche haben: **Rechtswissenschaften, Wirtschaftswissenschaften, Politikwissenschaften** oder in einem verwandten Bereich.

Besonders qualifizierte Absolventen anderer Fachbereiche (zum Beispiel Naturwissenschaften) werden in Ausnahmefällen ebenfalls zugelassen. Die Kursteilnehmer müssen gute Deutsch- und Englischkenntnisse vorweisen und in der Sprache, die nicht ihre Muttersprache ist, einen TOEFL-Test ablegen oder das Zertifikat Deutsch als Fremdsprache (ZDaF) erwerben.

Die Gebühren für dieses Nachdiplomstudium liegen bei 8.000 SF, hinzu kommen Kosten für Unterrichtsmaterialien in Höhe von ca. 800 SF.

Das Institut ist bei der Wohnraumsuche behilflich. Die Bewerbungen müssen bis zum 31. Mai eines Jahres beim Europainstitut eingegangen sein. Die erforderlichen Unterlagen werden auf Anfrage verschickt.

Europäische Kommission – Generaldirektion „Bildung und Kultur"
Praktikantenbüro B 100 1/7
B-1049 Brüssel
☎ 0 03 22 / 2 99 23 39
📠 0 03 22 / 2 99 08 71
💻 www.europa.eu.int/comm/stages/info/index_de.htm

Verwaltungspraktika für Bewerber von Universitäten und aus dem öffentlichen und privaten Sektor

Die Teilnehmer dieses Programms können während eines **drei- bis fünfmonatigen berufsbezogenen Praktikums** in Brüssel die Arbeitsweise der Kommissionsdienststellen kennenlernen und ihre während des Studiums oder der beruflichen Tätigkeit erworbenen Kenntnisse erweitern.

Bewerben können sich **Hochschulabsolventen**. Sehr gute Kenntnisse einer Sprache der Europäischen Gemeinschaft und gute Kenntnisse einer weiteren Sprache der Europäischen Gemeinschaft werden ebenfalls vorausgesetzt. Die Teilnehmer sollen nicht älter als 30 Jahre sein.

Praktika werden in der Regel von der Kommission vergütet, es sei denn, die in der Bewerbung angegebenen eigenen Einkünfte übersteigen den Betrag der Praktikumsvergütung.

Praktika werden zweimal jährlich ausgeschrieben und beginnen jeweils am 1. Oktober und am 1. März. Bewerbungsschluss ist jeweils sechs Monate vorher. Bewerbungsunterlagen können bei den Vertretungen der Europäischen Kommission in Bonn, München und Berlin oder bei oben genannter Adresse angefordert werden.

**Europäisches Parlament
Bureau des Stages (KAD 02C007)**
L-2929 Luxemburg
📠 0 03 52 / 4 30 02 48 82
💻 www.europarl.eu.int/stages/default_de.htm

Praktikum

Beim Europäischen Parlament können bezahlte und unbezahlte **Praktika, die drei Monate** dauern, absolviert werden. Die dafür infrage kommenden Bereiche sind:

Praktika im Sprachendienst, Praktika für Journalisten, allgemeine Praktika und wissenschaftliche Praktika.

 Für alle diese Praktika ist ein **abgeschlossenes Hochschulstudium** Voraussetzung. Die Teilnehmer dürfen nicht älter als 35 Jahre sein und müssen über gründliche Kenntnisse einer Sprache der Europäischen Union verfügen und über hinreichende Kenntnisse einer weiteren Sprache.

The German Marshall Fund of the United States
Oranienburger Straße 13/14
10178 Berlin
☎ 0 30 / 28 88 13 11
📠 0 30 / 28 88 13 10
💻 www.gmfus.org

Congressional Fellowship Program

Nach einer einmonatigen **Einführungsphase** arbeiten Sie für neun Monate im Büro eines Kongressabgeordneten in der **Position eines Staffassistant** und erhalten so eine „Innenansicht" des amerikanischen Kongresses und der Tätigkeit seiner Mitglieder.

Wenn Sie an diesem Programm teilnehmen wollen, müssen Sie ein abgeschlossenes Studium, drei Jahre Berufserfahrung und gute englische Sprachkenntnisse aufweisen. Darüber hinaus sollten Sie sich mit den politischen Systemen in Deutschland und den USA auskennen. Rein akademische Bewerbungen werden nicht akzeptiert.

Die Teilnehmer erhalten ein monatliches Stipendium in Höhe von ca. 3.800 $ und ein Büchergeld. Alle Reisekosten werden erstattet.

Interswop
Osterstraße 42
20259 Hamburg
☎ 0 40 / 4 10 80 28
📠 0 40 / 4 10 80 29
💻 www.interswop.de

Praktikum in Australien, Neuseeland, Südafrika, USA und Kanada

Interswop bietet **zwei- bis sechsmonatige Werksaufenthalte in den genannten Ländern** und garantiert gleichzeitig die Platzierung in einem Betrieb, der dem Berufsbereich des jeweiligen Teilnehmers entspricht. Die Unterbringung erfolgt in ortsüblichen Unterkünften bzw. bei Gastfamilien.

Bewerben können sich Berufstätige mit **abgeschlossener Berufsausbildung**, Akademiker mit **abgeschlossener Hochschulausbildung sowie Studenten**.

Die Teilnehmer sollten **Auslandserfahrung** haben und absolvieren einen zwei- bis sechswöchigen Englisch-**Intensivkurs** vor Ort. Ein **dreimonatiger** Aufenthalt beispielsweise in Australien kostet inklusive Flug, Werksaufenthalt und Unterkunft 4.500 €, für die Verpflegung müssen die Teilnehmer selbst sorgen.

Kommission für Bildungsaustausch e. V.
Lindenstraße 10
21745 Hemmoor
☎ 0 47 71 / 8 88 59 79
🖷 0 47 71 / 8 88 59 80
🖥 www.coined.de

Praktikum, Famulatur, Hospitanz in Argentinien/Spanien

Durch ein **ein- bis sechsmonatiges Praktikum** in argentinischen/spanischen Firmen, Behörden, Bildungseinrichtungen oder sozialen Institutionen können die Teilnehmer einen Einblick in die Arbeits- und Berufswelt erhalten und ihre Sprachkenntnisse ausbauen. Die Unterbringung erfolgt in Familien, Wohngemeinschaften oder Pensionen.

Bewerben können sich **Studenten und junge Berufstätige, Absolventen, Doktoranden und Arbeitslose** mit guten Kenntnissen der spanischen Sprache ab 18 Jahren.

Die Eigenmittel umfassen die Reisekosten und ca. 512 € für Vorbereitung, Vermittlung des Praktikantenplatzes, Unterbringung und Betreuung. Beim DAAD kann ein Fahrtkostenzuschuss beantragt werden.

Robert Bosch Stiftung
Heidehofstraße 31
70184 Stuttgart
☎ 07 11 / 4 60 84 54
🖷 07 11 / 4 60 84 10 54
🖥 www.bosch-stiftung.de/kolleg

Stiftungskolleg für internationale Aufgaben

Das Stiftungskolleg nimmt jährlich 20 Hochschulabsolventen aller Fachrichtungen auf und möchte sie in einer praktisch ausgerichteten Ausbildung zu **Nachwuchsführungskräften für den internationalen öffentlichen Bereich** qualifizieren. Das Kollegjahr umfasst 13 Monate jeweils vom 1. September eines Jahres bis zum 30. September des folgenden Jahres.

In den so genannten **Projektphasen** arbeiten die Teilnehmer an einem selbstgewählten Projekt und absolvieren **mehrmonatige Praktika** in Behörden, nichtstaatlichen Orgsanisationen und Unternehmen, und zwar teils in Deutschland, teils im jeweiligen Zielland.

Im Rahmen des Projekts, an dem die Stipendiaten arbeiten, können praktische Ansätze zur Lösung aktueller Probleme des jeweiligen Landes oder der Beziehungen des Landes zur Bundesrepublik Deutschland oder zur Europäischen Union erarbeitet werden.

In den Kollegphasen nehmen Sie an **Seminaren** zur Einführung in internationale Beziehungen und in Aspekte der **interkulturellen Kommunikation** teil.

Das Arbeitsvorhaben im Ausland kann weltweit absolviert werden.

9.2 Programmangebote

❌ Die Stipendiaten dürfen höchstens 28 Jahre alt sein und müssen eine deutsche Schulbildung sowie einen **sehr guten Abschluss an einer deutschen Universität oder Fachhochschule** aufweisen. Sehr gute Englischkenntnisse und sehr gute Kenntnisse einer weiteren modernen Fremdsprache werden ebenso vorausgesetzt wie Auslandserfahrung und erste Berufserfahrung durch Praktika.

Die Stiftung vergibt ein monatliches **Stipendium** für den Zeitraum des Stiftungskollegs in Höhe von 1.250 €. Die Kosten für einen eventuellen Sprachkurs in der Sprache des Ziellandes sowie für die Reise werden erstattet.

✉ Die Bewerbungsfrist endet jeweils am 15. März eines Jahres. Bewerbungsunterlagen können schriftlich angefordert werden.

Studienstiftung des Deutschen Volkes
Ahrstraße 41
53175 Bonn
☎ 02 28 / 82 09 64 65
📠 02 28 / 82 09 64 03
🖥 www.studienstiftung.de

ERP-Stipendien-Programm

16 hochqualifizierte Nachwuchskräfte erhalten jährlich die Chance, an einer führenden Hochschule der USA ein **konkretes Studienvorhaben** (MBA, teilweise PhD) durchzuführen. Während des **12- bis maximal 20-monatigen** Aufenthaltes müssen die Stipendiaten ein zwei- bis dreimonatiges **Praktikum** absolvieren.

Sie müssen sich selbst an der gewünschten Hochschule (bevorzugt Stanford University, University of California at Berkeley, John Hopkins University, Georgetown University; Bewerbungen für Harvard University sind hier ausgeschlossen) und um das Praktikum bewerben.

❌ Förderungsberechtigt sind Hochschulabsolventen der Fachbereiche **Rechtswissenschaften, Wirtschaftswissenschaften, Staats- oder Gesellschaftswissenschaften** mit der Mindestnote „gut", bei Juristen „vollbefriedigend".

Die Stipendiaten dürfen nicht älter als 30 Jahre sein, und der Studienabschluss sollte bei der Bewerbung nicht länger als ein Jahr zurückliegen. Die Teilnehmer müssen über sehr gute Englischkenntnisse verfügen.

Die Stipendiaten erhalten ein monatliches Vollstipendium von 1.650 $, ein einmaliges Startgeld von 500 $, eine Reisekostenpauschale von 1.000 $ sowie einen Studiengebührenzuschuss von maximal 20.000 $.

Bewerbungsschluss ist der 30. November eines Jahres. Bewerbungsmappen können bei der Studienstiftung angefordert werden.

McCloy Academic Scholarship Program

In einem zweijährigen Aufbaustudium an der John F. Kennedy School der Harvard University können Sie den akademischen Grad eines **Master of Public Administration** erwerben.

Zwischen den beiden Studienjahren sollen die Stipendiaten ein **Praktikum** absolvieren. In Harvard wird das Programm von einem Programmdirektor betreut.

Bewerben können sich Hochschulabsolventen der Fachrichtungen **Rechtswissenschaften, Wirtschaftswissenschaften, Staatswissenschaften sowie Geschichts- und Gesellschaftswissenschaften** mit der Mindestnote „gut" sowie bei Juristen mit der Mindestnote „vollbefriedigend".

Das Alter zum Bewerbungszeitpunkt sollte 30 Jahre nicht überschreiten. Die Teilnehmer müssen über sehr gute Englischkenntnisse verfügen.

Das Stipendium umfasst eine monatliche Rate von 1.650 $, ein einmaliges Startgeld von 500 $ und eine Reisekostenpauschale von 1.000 $. Studiengebühren werden von amerikanischer Seite getragen.

Bewerbungsschluss ist der 1. November eines Jahres. Bewerbungsmappen, Programmbroschüre und Verzeichnis der Kennedy School können bei der Studienstiftung angefordert werden.

Jährlich werden sieben Stipendiaten gefördert.

Auslandsstudium und -Praktikum (Haniel-Stipendium)

Ein Stipendium ermöglicht jährlich bis zu acht hoch qualifizierten Nachwuchskräften ein mindestens **zweisemestriges Zusatzstudium im Ausland** (Europa und Übersee). Ein **zweimonatiges Praktikum** in einem dortigen Wirtschaftsunternehmen ist dabei obligatorisch.

Der Studienaufenthalt soll zu einem international anerkannten Abschluss führen. Ziel des Programms ist die **Förderung zukünftiger Führungskräfte für multinationale Unternehmen oder Organisationen**. Die Förderungshöchstdauer beträgt 20 Monate.

Die Stipendiaten sollen **Graduierte** folgender Fachbereiche sein: Wirtschafts-, Rechts-, Staats- und Sozialwissenschaften sowie Wirtschaftsingenieurwesen. Der Hochschulabschluss muss mindestens mit der Note „gut" bewertet worden sein, bei Juristen mit der Note „voll befriedigend".

Das Zusatzstudium sollte unmittelbar im Anschluss an das Hochschulstudium erfolgen.

Sie bekommen ein monatliches Stipendium von 1.500 €, ein Startgeld sowie die Übernahme der Studiengebühren bis zu maximal 10.500 € und eine Reisekostenpauschale in Höhe von 1.000 €.

Bewerbungsmappen können bei der Studienstiftung angefordert werden. Letzter Termin für die Rückgabe der vollständig ausgefüllten Bewerbungsunterlagen ist der 1. November eines Jahres.

**ZAV
Internationale Arbeitsvermittlung**
Villemomblerstraße 76
53123 Bonn
☎ 02 28 / 7 13 - 11 14
🖨 02 28 / 7 13 - 2 70
💻 www.arbeitsagentur.de

USA-Trainee-Exchange

Dieses Kulturaustauschprogramm soll der beruflichen und sprachlichen Qualifizierung der Teilnehmer dienen. Sie können für maximal 18 Monate in den **USA leben und in ihrem speziellen Berufsfeld arbeiten**. Die Bewerber sollen sich ihre Stelle selbst suchen, können aber auch die Vermittlungsdienste der ZAV beanspruchen.

 Das Austauschprogramm richtet sich an Studenten, Berufstätige mit abgeschlossener Ausbildung oder an **Hochschulabsolventen** ab 18 Jahren mit guten **englischen Sprachkenntnissen**.

Die Bewerber müssen für eine Teilnahmegebühr und die Reisekosten selbst aufkommen; der Lebensunterhalt sollte durch das Arbeitsentgelt gedeckt sein.

Praktika bei Internationalen Organisationen

Die ZAV überprüft und leitet Bewerbungen von interessierten Hochschulabsolventen und teilweise auch Berufstätigen weiter, die ein (in der Regel mehrmonatiges und unbezahltes) **Praktikum bei einer internationalen Organisation** machen möchten.

Praktika können unter anderem absolviert werden bei den United Nations in New York oder Wien, bei der Weltgesundheitsorganisation WHO, bei der UNESCO in Paris, beim Internationalen Währungsfonds in Paris oder bei der Weltbank in Washington. Eine Broschüre *Praktika bei internationalen Organisationen* ist bei der ZAV erhältlich.

Entsendung von Beigeordneten Sachverständigen zu Internationalen Organisationen

Junge qualifizierte Fachkräfte können für 12 bis maximal 24 Monate als **„Associate experts"** oder **„Junior professional officers" bei internationalen Organisationen** wie den Vereinten Nationen mit ihren Unterorganisationen, der Weltgesundheitsorganisation oder der Organisation für Wirtschaftliche Zusammenarbeit und Entwicklung (OECD) arbeiten.

Dort sind sie in **Entwicklungsprojekten** als Assistenten von Experten tätig oder betreuen, steuern und überwachen Entwicklungsprojekte.

 Bewerben können sich qualifizierte junge Fachkräfte mit **abgeschlossenem Hochschulstudium** und etwa zwei- bis dreijähriger Berufserfahrung, wobei sich die speziellen Anforderungen in Bezug auf die Studienfächer oder sprachlichen Voraussetzungen aus dem jeweiligen Ausschreibungstext ergeben.

Die Bewerber sollten nicht älter als 32 Jahre sein und in jedem Fall gute Englischkenntnisse besitzen.

Die Teilnehmer erhalten ein reguläres Gehalt und Zulagen. Jährlich stehen etwa 40 Plätze zur Verfügung.

9. Ausland/EU

Ausführliche Broschüren zum Thema können angefordert werden beim **Büro Führungskräfte zu Internationalen Organisationen** in der Zentralstelle für Arbeitsvermittlung.

9.3 Auf eigene Faust ins Ausland

Ein Hydepark-Redner schließt: „Ich war Engländer, ich bin Engländer, und ich bleibe Engländer." Nachruf eines Iren: „Keinerlei Ehrgeiz!"

Um eine Zeitlang als Fremder in einem anderen Land zu leben, zu arbeiten und sich auf andere Lebensumstände einzulassen, bedarf es in der Tat eines gewissen Ehrgeizes – und vor allem der **Eigeninitiative**.

Wie können Sie vorgehen, wenn Sie auf eigene Faust (unabhängig von den oben genannten organisierten Austauschprogrammen), ins Ausland gehen wollen, um dort im Anschluss an Ihr Studium ein **qualifiziertes Praktikum** zu absolvieren oder gar einen längerfristigen Arbeitsplatz zu finden?

Zunächst einmal müssen Sie sich darüber im klaren sein, dass ein **erheblicher organisatorischer Aufwand** auf Sie zukommen wird.

Es gilt – neben der Suche nach einer Stelle bzw. einem Praktikumsplatz – eine **Unterkunft** zu finden, eine **Krankenversicherung** abzuschließen, sich eventuell um **Visa** zu bemühen und **Informationsmaterial** aufzuspüren.

Unter Umständen müssen Sie eine mitunter nicht unerhebliche finanzielle Belastung in Kauf nehmen, die im Allgemeinen höher ist als bei den (teil-)subventionierten Austauschprogrammen.

Trotz dieser Nachteile: In der Regel führt eine selbstorganisierte Suche nach einem Arbeits- oder Praktikumsplatz im Ausland **schneller** und vor allem **unbürokratischer** zum **Erfolg**.

Die Kosten für eine Unterbringung können Sie dadurch verringern, dass Sie sich eine private Unterkunft suchen.

Vielleicht haben Sie sogar die Möglichkeit, bei Freunden oder Bekannten vor Ort zu wohnen.

Um einen Praktikums- oder Arbeitsplatz im Ausland zu finden, sollten Sie zunächst die **Stellenanzeigen** in den großen internationalen Zeitungen und Fachzeitschriften lesen, die Sie an Bahnhöfen und Flughäfen bekommen können.

Die großen überregionalen Zeitungen, aber auch Stadtzeitungen vieler Großstädte sind in der Regel im **Internet** einsehbar, wo Sie sie über die gängigen Suchprogramme (www.yahoo.com) finden (vgl. dazu Kapitel 5, Internet-Bewerbung).

In einigen Ländern oder Regionen gibt es auch deutschsprachige Zeitungen (etwa einer ansässigen deutschen Gemeinde o. Ä.), die Stellenangebote enthalten.

In größeren Stadt- und Universitätsbibliotheken gibt es das Nachschlagewerk *Stamm 2004. Leitfaden durch Presse und Werbung* mit der Rubrik „Deutschsprachige Zeitungen und Zeitschriften im Ausland", in der Sie die Adressen und Telefonnummern dieser deutschsprachigen Zeitungen finden.

Bei den Arbeitsämtern erhalten Sie kostenlos die Zeitung **Markt + Chance**, ebenfalls mit internationalen Stellenangeboten.

Im Internet bietet die Suchmaschine der Wochenzeitung *Die Zeit* die beste Auswahl an Stellenangeboten sowie Verweise auf andere Anbieter (🖥 www.zeit.de) (vgl. Kapitel 5, Internet-Bewerbung).

In den an ansässige Firmen gerichteten monatlichen Veröffentlichungen der deutschen **Auslandshandelskammern** gibt es zudem die Möglichkeit, eine Anzeige zu platzieren – auch um beispielsweise eine Wohnmöglichkeit zu finden.

 Eine Liste der deutschen Auslandshandelskammern erhalten Sie bei:

Deutscher Industrie- und Handelskammertag
Breite Straße 29
10178 Berlin
☎ 0 30 / 2 03 08 - 0
📠 0 30 / 2 03 08 - 10 00
🖥 www.diht.de

Direktkontakte zu deutschen Firmen, die eine Niederlassung im Ausland haben, sind ebenfalls eine erfolgversprechende Möglichkeit, einen Praktikums- oder Arbeitsplatz im Ausland zu finden. Ihre Bewerbung kann von der deutschen Niederlassung weitergeleitet werden, oder Sie erfahren die Namen von Ansprechpartnern vor Ort.

Das Handbuch der Großunternehmen (Hoppenstedt Verlag) und ähnliche Nachschlagewerke liegen in der Regel in größeren Bibliotheken aus, sodass Sie nachschlagen können, welche Unternehmen wo ihre Auslandsniederlassung haben (vgl. Kapitel 5).

Auch bei **Berufsfachverbänden**, **Kammern** und den jeweiligen **Konsulaten** können Sie sich über Partnerorganisationen, Verbände und Unternehmen im Ausland informieren oder Adressen von professionellen **Stellenvermittlungen** und **Praktikumsvermittlungsagenturen** in Erfahrung bringen.

 Auf alle Fälle sollten Sie die **Zentralstelle für Arbeitsvermittlung** in Ihre Suche miteinbeziehen. Diese Institution hat Zugriff auf die Stellenangebote aus allen EU-Ländern und nennt Ihnen die Anschriften von Arbeitsvermittlungsstellen und Arbeitsämtern im Ausland, sodass Sie sich direkt dort bewerben können.

Zentralstelle für Arbeitsvermittlung (ZAV), Internationale Abteilung
Villemombler Straße 76
53123 Bonn
☎ 02 28 / 713 - 13 50
📠 02 28 / 713 - 14 12
🖥 www.arbeitsagentur.de

Wertvolle Hinweise liefern auch die gegen eine geringe Schutzgebühr erhältlichen Informationsschriften des Bundesverwaltungsamtes. Sie enthalten Angaben zu Bevölkerung, Geschichte, Staats- und Regierungsform, Sprache, Bildungswesen, Wirtschaft, Aufenthaltsbestimmungen, Gesundheitswesen, sozialer Sicherheit sowie wichtige Anschriften des Gastlandes.

9. Ausland/EU

	Jobs im Ausland
www.focus.de	Viele nützliche Infos zu Leben, Studieren, Arbeiten im Ausland finden Sie auf der Homepage des *Focus*.
europa.eu.int/comm/index_de.htm	Dies ist die Homepage der Europäischen Kommission, wo Sie nicht nur wichtige Tipps und Informationen bekommen, sondern auch Merkblätter zu den unterschiedlichsten Themen bestellen können (unter anderem Hinweise zum nationalen Bildungssystem, Ausbildung und Mobilität von Wissenschaftlern, Anerkennung Ihrer Ausbildung).
www.studentcenter.com	Wenn Sie in den USA arbeiten wollen, können Sie sich mithilfe dieser Seite auf Ihre Bewerbung, auf Assessment-Center und Vorstellungsgespräche vorbereiten. Links zu anderen Jobbörsen (auch Börsen für Praktika) runden das Angebot ab.
www.ets.org/	Übersicht über Anforderungen von Sprachtests (TOEFL-Test) und Tipps zu deren Bewältigung.
www.net-temps.com/	Umfangreiche Datenbank mit Jobs, Firmeninfos, Franchise-Angeboten u.v.m. Zur Vorbereitung auf einen Arbeitsaufenthalt in den USA sehr zu empfehlen.
www.asia-net.com/	Praktikumsplätze und Jobangebote im asiatischen Raum.
www.2far.com/personal/patricia/new-york/job-suche.html	Tolle Site für alle, die in New York arbeiten wollen! Sie finden Tipps und Tricks für die Jobsuche, für die Kontaktaufnahme mit potenziellen Arbeitgebern u. v. m.
www.ipc.hg.tu-darmstadt.de	Dies ist die Homepage des International Placement Center, das für Studenten des Wirtschaftsingenieurwesens Praktikumsplätze in aller Welt vermittelt.
www.siliconvalley-usa.com/jobs	Das so genannte „Silicon Valley Employment Gateway", das auch Links zu weiteren Jobbörsen bietet.
www.stepstone.com/	Deutsche Auslandsstellenbörse, die besonders für Studenten und Hochschulabsolventen interessant ist.
www.uni-online.de/studium/ausland/jobeu/jobeu.html	Auch auf der Homepage von Uni-Online finden sich Angebote für Auslands-Jobs und -Praktika.

Informationsstelle für Auslandstätige und Auswanderer Bundesverwaltungsamt
Barbarastraße 1
50735 Köln
☎ 0 18 88 / 3 58 - 0
🖷 0 18 88 / 3 58 - 28 23
🖳 www.bva.bund.de

Ein Auslandsaufenthalt verlangt Ihnen – ob auf eigene Faust oder im Rahmen eines Austauschprogramms – einiges an Engagement und Initiative ab.

Doch nicht zuletzt ist ein solcher Aufenthalt eine **Investition in Ihre private und berufliche Zukunft**. Riskieren Sie also einen Blick in fremde Welten, es lohnt sich!

Auf der gegenüberliegenden Seite finden Sie noch weitere nützliche Internet-Adressen für Ihr Vorhaben.

9.4 Anerkennung in der EU

Schon seit 1968 dürfen EU-Bürger in allen Mitgliedsstaaten arbeiten – zumindest dem Gesetz nach. In der Realität gab es des öfteren Schwierigkeiten, da die unterschiedlichen Ausbildungswege und Berufsabschlüsse eine Arbeitsaufnahme oft genug verhinderten.

Erst mit dem Binnenmarkt wurde die **gegenseitige Anerkennung von Hochschuldiplomen und Ausbildungsgängen** festgehalten, und zwar in der Einheitlichen Europäischen Akte.

Die Anerkennung der Diplome und Ausbildungsgänge ist seither nicht mehr von einer vorherigen Harmonisierung abhängig, sondern beruht auf **gegenseitigem Vertrauen**: Danach wird der Abschluss aus einem anderen Mitgliedsstaat der Europäischen Union grundsätzlich dann anerkannt, wenn die dort absolvierte Ausbildung nicht wesentlich anders verläuft als in dem Staat, in dem die Arbeit aufgenommen werden soll.

Ist dies doch der Fall, kann ein **Eignungstest oder ein Anpassungslehrgang** verlangt werden.

Reglementierungen, also bestimmte Zulassungsbeschränkungen, deren Nichteinhaltung bestraft wird, gelten dabei in Deutschland für folgende Berufe:

- Steuerberater,
- Wirtschaftsprüfer,
- Lehrer,
- Rechtsanwälte,
- Ingenieure,
- Sozialarbeiter und -pädagogen,
- Lebensmittelchemiker,
- Landschaftsarchitekten,
- Innenarchitekten,
- Erzieher,
- Kinderpfleger,
- Techniker,
- Meister,
- Nichtärztliche Heilberufe (Physiotherapeut, Logopäde, Masseur, Arbeits- und Beschäftigungstherapeut).

Jedes Land hat eigene Regelungen. So ist beispielsweise in den Niederlanden der Beruf des Steuerberaters nicht reglementiert, der des Lehrers bedarf dagegen einer Anerkennung durch eine privatrechtliche Organisation.

9. Ausland/EU

In Großbritannien müssen Ingenieure Mitglied in einem Berufsverband sein, und in Italien wiederum ist ein aufwendiges Anerkennungsverfahren über spezielle Behörden und Berufsverbände erforderlich.

Probleme bereiten bei einer Bewerbung im Ausland oft die **fehlenden Einschätzungsmöglichkeiten der Arbeitgeber** in Bezug auf den ausländischen Abschluss – und dies gilt natürlich auch für die außereuropäischen Länder.

In der Bundesrepublik Deutschland ist als nationale Informationsstelle für die unterschiedlichen Anerkennungsverfahren die **Zentralstelle für ausländisches Bildungswesen** benannt worden.

Anerkennung von Abschlüssen im akademischen Bereich (NARIC) Zentralstelle für ausländisches Bildungswesen im Sekretariat der Kultusministerkonferenz
Lennéstraße 6
53113 Bonn
☎ 02 28 / 5 01 - 0
📠 02 28 / 5 01 - 7 77
🖥 www.kultusministerkonferenz.de

Die *Richtlinie zur allgemeinen Anerkennung von Hochschuldiplomen* gilt seit 1991. Mit dieser Richtlinie werden Hochschulabschlüsse (nach mindestens dreijährigem Hochschulstudium) gegenseitig anerkannt, wobei das Studium an einer Hochschule oder an einer vergleichbaren Bildungseinrichtung – wie beispielsweise an einer Fachhochschule – absolviert worden sein muss.

Ein **System zur Anerkennung von Ausbildungsteilen,** wie beispielsweise Vordiplomen oder Zwischenprüfungen, gibt es in der Europäischen Union dagegen nicht. Die einzelnen Hochschulen sind autonom und tragen die volle Verantwortung für die Entscheidungen hinsichtlich der akademischen Anerkennung.

Allerdings existieren zwischen Deutschland und den einzelnen Staaten (Frankreich, Österreich, den Niederlanden, Spanien, der Schweiz, Ungarn, Italien und Polen) **bilaterale Abkommen** über die Anerkennung von Studien- und Prüfungsleistungen, sodass hier eine Anrechnung der im Heimatland erbrachten Leistungen kein langwieriges Verfahren nach sich zieht. Für die **Anerkennung von Studienleistungen** siehe auch den Abschnitt **ECTS** in Kapitel 1.2 auf Seite 41.

10 Existenzgründung

10.1 Start in die Selbstständigkeit

Der Start in die Selbstständigkeit kann eine interessante Alternative zu dem sonst in der Regel üblichen Weg in ein abhängiges Beschäftigungsverhältnis sein. Zahlreiche Förderprogramme wurden ins Leben gerufen; Aufrufe unserer Politiker, den Start zu wagen, und ein steigendes Medieninteresse zeugen von einer gesellschaftlichen Begünstigung, sich unternehmerisch zu betätigen.

Aufgrund der restriktiven Politik vieler Banken und Venture-Capital-Geber ist Gründungskapital nicht mehr so leicht zu erhalten wie in den Boom-Jahren. Jedoch steht eine Vielzahl von öffentlichen Fördermitteln Existenzgründern zur Verfügung. Bei einer sehr überzeugenden Geschäftsidee in Kombination mit einem aussagekräftigen Businessplan ist es auch heute noch möglich, private Eigenkapitalgeber (Venture Capital oder Private Equity) zu finden.

Nur wenige Hochschulabsolventen wählen direkt nach Beendigung ihrer Ausbildung den Weg in die Selbstständigkeit. Traditionell beginnen die meisten ihr Berufsleben bei einem großen Unternehmen oder in der öffentlichen Verwaltung. Hinzu kommt, dass das Thema **Existenzgründung** nur zögerlich **Einzug in die universitäre Ausbildung** hält, wovon die Einrichtung von Lehrstühlen für Entrepreneurship, wie zum Beispiel an der Universität in Mannheim oder an der EBS in Oestrich/Winkel, zeugen.

Dieses Kapitel soll Ihnen daher einen kurzen Überblick und Denkanstöße geben, falls Sie eine Existenzgründung planen oder erwägen. Am Ende des Buches finden Sie Kontaktadressen und weiterführende Literatur, falls Sie sich intensiver mit dem Thema Existenzgründung auseinander setzen möchten.

10.2 Anforderungen

Vor dem Schritt in die Selbstständigkeit, der eigentlichen Unternehmensgründung und der konkreten Planung sollten Sie unbedingt Ihre **Motivation und Beweggründe,** Ihre Fähigkeiten und Ihr persönliches Umfeld einer kritischen Betrachtung unterziehen. Dies ist von besonderer Bedeutung, da der wichtigste Erfolgsfaktor für ein junges, kleines oder mittelständisches Unternehmen der Unternehmer selbst ist. Gerade in den ersten Jahren der Unternehmensexistenz werden hohe Anforderungen an Ihre Leistungsbereitschaft und -fähigkeit gestellt.

Aus diesem Grund finden Sie auf den folgenden Seiten **Checklisten** für Ihre Motivation und Ihre persönliche Eignung.

- Formulieren Sie Ihre Motive.
- Prüfen Sie Ihre Eignung.
- Beleuchten Sie Ihr Umfeld.

Welche Motivation haben Sie?

Was ist der Grund für Ihren Wunsch nach Selbstständigkeit? Was ist der Motor, der Sie antreibt? Versuchen Sie herauszufinden, welche der im Folgenden skizzierten Gründe für Sie ausschlaggebend sind, den Schritt zur Unternehmensgründung zu wagen.

Für viele Unternehmer ist eine wesentliche Triebfeder die gebotene Möglichkeit von **Entscheidungsfreiheit und Selbstentfaltung**. Sie unterliegen keiner Weisungsbindung und keiner Einengung durch starre Strukturen einer großen Organisation. Sie haben die Chance, Ihre eigenen Ideen sofort und ohne fremde Genehmigung umsetzen zu können.

Im Gegenzug handeln Sie mit **voller Eigenverantwortlichkeit**, das heißt, Ihr wirtschaftliches Überleben und Ihr Erfolg hängen direkt von Ihrer eigenen Entscheidung und Leistung ab; es gibt keinen „Sicherheitspuffer", der dies bei negativen Konsequenzen abfangen könnte.

Überdenken Sie in jedem Fall vor der Gründung eines Unternehmens, ob Sie bereit sind, ein großes **Einkommens- und Vermögensrisiko** zu tragen. Fragen Sie sich auch selbstkritisch, ob Sie der Typ sind, der sich selbst zu Leistungen und Aktivität motivieren kann und in der Lage ist, in großem Maße auf Freizeit zu verzichten.

Erfolgsgeschichten bekannter und großer Unternehmen, wie zum Beispiel Fielmann oder Sixt, nähren den Gedanken und den Wunsch nach **wirtschaftlicher Unabhängigkeit** und einem hohen Einkommen. Sicher haben Sie nach einer erfolgreichen Unternehmensgründung und der Etablierung im Markt Chancen, ein höheres Einkommen als bei abhängiger Beschäftigung zu erzielen.

Jedoch müssen Sie sich als Jungunternehmer zunächst auf eine Phase des **Konsumverzichts** und eines deutlich niedrigeren Einkommens im Vergleich zu Ihren bei Großunternehmen angestellten Kommilitonen einstellen. Das bedeutet, dass Sie üblicherweise benötigte Anschaffungen nicht tätigen können und längere Zeit einen eingeschränkten finanziellen Spielraum, den Sie aus Ihrer Studienzeit kennen, behalten werden.

Prüfen Sie daher genau, ob Sie und Ihr privates Umfeld mit einer unsicheren und beschränkten finanziellen Ausstattung zurechtkommen.

Andererseits kann eine Unternehmensgründung für Sie eine **völlig neue Perspektive für Ihr Berufsleben** darstellen und **neue Chancen** bieten.

Wollten Sie schon immer selbstständig werden und dachten nie an eine Tätigkeit in einem angestellten Verhältnis, dann ist die Sinn- und Motivationsfrage für Sie leicht zu beantworten.

Stellt die Selbstständigkeit und Gründung eines Unternehmens für Sie jedoch einen Ausweg dar, zum Beispiel als Weg aus der drohenden oder bereits eingetretenen **Arbeitslosigkeit**, so müssen Sie Ihre Motivation, Ihre Fähigkeiten und Ihre Einstellung zu eigenverantwortlicher und motivierter Tätigkeit genau und sehr selbstkritisch durchleuchten.

Die Selbstständigkeit kann eine Alternative zu einer schlechten branchen- oder konjunkturbedingten Arbeitsmarktlage sein; sie ist aber in jedem Fall risikoreicher als drohende Arbeitslosigkeit oder die weitere Suche nach einer Anfangsstellung, da mit ihr Investitionen und weitreichende Konsequenzen verbunden sind.

Sind Sie geeignet?

Der **wesentliche Erfolgsfaktor** Ihres neugegründeten Unternehmens werden **Sie selbst** mit Ihrem Engagement und Ihren persönlichen Eigenschaften sein. So sollten Sie sich angesichts der Vielzahl der Risiken, die Sie eingehen werden, intensiv fragen, ob Sie mit Ihrer Persönlichkeit und Ihren Fähigkeiten **Ihrer zukünftigen Rolle als Unternehmer gerecht werden**; das Gleiche gilt für Ihr soziales Umfeld.

Es existiert in der Literatur eine Vielzahl mehr oder weniger aufwendiger Tests, um die persönliche Eignung für eine Firmengründung herauszufinden. Im Folgenden haben wir für Sie einige Fragen zusammengestellt, die Sie an einem ruhigen Wochenende zunächst für sich selbst beantworten sollten.

 Lassen Sie aber in einem zweiten Schritt auch einen Menschen, der Sie persönlich sehr gut kennt, diese Fragen beantworten, sodass Sie eine **Selbst- und eine Fremdeinschätzung** Ihrer Eigenschaften erhalten. Finden Sie dann in einem intensiven persönlichen Gespräch heraus, ob der Freund Ihre Einschätzung teilt. Sollten hier große Diskrepanzen bestehen, wäre es sinnvoll, wenn Sie Ihre Entscheidung überdenken. Suchen Sie darüber hinaus Gespräche mit Menschen, die über **Erfahrungen in der Branche**, in der Sie sich betätigen wollen, verfügen.

> **CHECKLISTE**
> **Ist neu besser als alt?**
>
> Wer etwas Neues anfängt, gibt etwas Altes auf. Vor diesem Hintergrund sollten Sie sich folgende Fragen beantworten:
>
> - Welche Aufstiegs- und Verdienstmöglichkeiten haben Sie im Anstellungsverhältnis?
> - Wie lange benötigen Sie als Unternehmer, um dieses Niveau zu erreichen?
> - Wie sind die Möglichkeiten der persönlichen Entwicklung?
> - Welche Plus- und Minuspunkte weist Ihre aktuelle berufliche Situation auf? (Stellen Sie eine Bilanz auf!)

10. Existenzgründung

CHECKLISTE
Risiken

Sind Sie den vielen Risiken, die auf Sie zukommen, wirklich gewachsen?

Können Sie:

- auf sicheres Einkommen verzichten?
- sich um Krankheits- und Altersversorgung selbst kümmern?
- die im Fall des Scheiterns entstehenden finanziellen Konsequenzen tragen?

CHECKLISTE
Motivation

Besitzen Sie die nötige hohe **Eigenmotivation**, gerade wenn nicht alles perfekt läuft?

- Können Sie sich selbst motivieren oder sind Sie vom Lob anderer abhängig?
- Sind Sie in der Lage, frustrierende Erlebnisse und Rückschläge wegzustecken, um schnell motiviert weiterzuarbeiten?
- Ist es für Sie wirklich wichtig, Handlungsfreiheit zu besitzen und die eigene Leistungsfähigkeit unter Beweis zu stellen?

CHECKLISTE
Belastbarkeit

Als Unternehmer müssen Sie spezielle **psychische Belastungen** meistern.

- Können Sie unter Zeitdruck schnell, sicher und richtig entscheiden?
- Können Sie Stresssituationen standhalten, ohne den Überblick zu verlieren?
- Sind Sie körperlich fit und leistungsfähig?
- Können Sie eine Vielzahl von unterschiedlichen Aufgaben und Projekten gleichzeitig vorantreiben?

CHECKLISTE
Verzicht

Unternehmensgründer müssen in den ersten Jahren auf vieles, was für andere selbstverständlich ist, verzichten.

- Können Sie auf ein regelmäßiges Einkommen verzichten?
- Sind Sie in der Lage, ein erhebliches Maß an Freizeit und Urlaub aufzugeben?
- Können Sie als Einzelkämpfer ohne den Beistand und den Rat anderer Probleme lösen und Entscheidungen treffen?

10.2 Anforderungen

CHECKLISTE
Persönlichkeit

- Meinen Sie, Sie können ein Unternehmen gründen, organisieren und leiten?
- Sind Sie **kontaktfreudig** oder eher ein Einzelgänger?
- Besitzen Sie eine hohe Selbstdisziplin und erreichen das, was Sie sich vornehmen?
- Haben Sie ein Gefühl für die Bedürfnisse und Wünsche anderer Menschen?
- Zweifeln Sie oft an sich oder denken Sie positiv mit einem Schuss Selbstkritik?

CHECKLISTE
Privates und soziales Umfeld

Der Eintritt in die Selbstständigkeit wird nicht nur Ihr Leben als Existenzgründer, sondern auch das Ihres **familiären und sozialen Umfelds** stark beeinflussen.

- Hat Ihr Ehepartner/Lebensgefährte eine positive Einstellung zur Selbstständigkeit?
- Würde er/sie gegebenenfalls unterstützend im Betrieb mitwirken?
- Bestünde eine finanzielle Unterstützung seitens Ihres Ehepartners/Lebensgefährten in der Zeit der Gründung?

CHECKLISTE
Fachliche Eignung

- Passt Ihre berufliche Qualifikation zu Ihrem Vorhaben?
- Haben Sie **Erfahrungen in der Branche**, in der Sie sich betätigen wollen?
- Haben Sie schon Führungserfahrungen?
- Können Sie Ihre Ideen verkaufen?
- Haben Sie Vertriebserfahrungen?
- Besitzen Sie die notwendigen technischen und kaufmännischen Kenntnisse?

CHECKLISTE
Finanzielle Situation

Überprüfen Sie genau Ihre finanzielle Situation, denn von Ihrem neugegründeten Unternehmen werden Sie höchstwahrscheinlich in der Anfangszeit noch nicht ausreichend leben können.

- Haben Sie Ersparnisse?
- Welche veräußerbaren Vermögensgegenstände besitzen Sie?
- Wie hoch sind Ihre privaten monatlichen „Fixkosten" (Lebenshaltung, Miete, Versicherungen etc.)?
- Stehen Darlehen aus dem Freundes- oder Verwandtenkreis zur Gründung zur Verfügung?

10.3 Die Geschäftsidee

Die Geschäftsidee ist neben Ihrer Persönlichkeit als Unternehmer der **zentrale Schlüssel zum Erfolg**. Gelegentlich ist das Finden eines neuen Produkts oder einer Dienstleistung das Ergebnis eines glücklichen Zufalls. Falls Ihnen ein solcher jedoch nicht widerfährt, müssen Sie sich systematisch auf die Suche begeben.

Innovationen finden

Grundsätzlich haben Sie als angehender Unternehmensgründer die Möglichkeit, entweder eine völlig neue Problemlösung (**Innovationsstrategie**) oder die Kopie eines bereits im Markt etablierten Produkts oder einer Dienstleistung zu einem günstigeren Preis (**Me-too-Strategie**) anzubieten.

Natürlich sind auch Mischformen aus den beiden Möglichkeiten denkbar wie zum Beispiel die **Modifikation eines bestehenden Produkts mit innovativen Zusatzeigenschaften**.

Die Einführung einer Innovation hat den Vorteil, dass der Unternehmer sich zunächst einem geringeren Wettbewerb gegenübersieht.

Er hat aber das Risiko, dass er in der Regel nur **wenige Informationen** (zum Beispiel Testmarktdaten) **über die Vermarktungsfähigkeit** seines Produktes besitzt. Dementsprechend sind die Risiken der Vermarktungsfähigkeit einer bereits erprobten Geschäftsidee (zum Beispiel als Franchisenehmer) geringer, wenn auch der Wettbewerb härter sein wird.

Versuchen Sie jedoch zunächst, eine **Innovation**, ein Produkt oder eine Dienstleistung zu finden, auf die der Markt gewartet hat. Überlegen Sie, welche Komponenten im gesamtwirtschaftlichen und -gesellschaftlichen Leistungserstellungsprozess sinnvoll sind, das heißt einen Nutzen stiften. Sie können hierbei **Kreativitätstechniken** (zum Beispiel die Brainstorming-Methode etc.) anwenden oder systematisch-analytisch vorgehen.

Die folgenden Kategorien können Ihnen hierbei Anregungen geben, vielleicht in die eine oder andere Richtung weiterzurecherchieren.

Beschaffung

Finden Sie **kostengünstigere, schnellere oder qualitativ bessere Beschaffungswege**. Vielleicht haben Sie auf einer Auslandsreise Produktalternativen gesehen, die für die Nachfrager kostengünstiger oder besser sind als die auf dem Markt existierenden. Auch der Bereich des Internets bietet mit der Gründung und Einrichtung von Portalen neue interessante Möglichkeiten im Beschaffungsbereich und zur Platzierung von Innovationen.

Absatz/Vertrieb

Sind für bestimmte Produkte oder Dienstleistungen **andere Vertriebskanäle** denkbar? Existieren zum Beispiel aufgrund neuer technischer Möglichkeiten neuartige Formen des Vertriebs (Internet, auf CD-ROM etc.) oder können bereits existierende Produkte an neuen Orten oder an neue Kunden angeboten werden? Eine Möglichkeit bestünde darin, den Nachfragern personalisierte Angebote auf der Basis der neuen vorhandenen Übertragungswege (SMS, WAP etc.) und mit Hilfe von Kundenprofilen genau zum Zeitpunkt des Bedürfnisses zur Verfügung zu stellen.

Angebotserweiterungen

Sind **Zusatzleistungen** für bereits im Markt angebotene Produkte oder Dienstleistungen nützlich? Erzeugt die Nachfrage nach einer Leistung weiteren Bedarf an einer anderen Leistung? Viele Menschen haben beispielsweise Probleme mit der Bedienung elektronischer Geräte, sodass es möglich wäre, ihnen Unterstützung anzubieten oder spezielle Bedienungshandbücher zu schreiben.

Effizienzsteigerung

Gibt es Möglichkeiten, das **Input-Output-Verhältnis** von Leistungserstellungsprozessen **effizienter** zu gestalten? Können zum Beispiel Informationen schneller und genauer ausgetauscht werden oder Verschwendungen eliminiert werden? Können Sie eventuell einem Unternehmen oder einer Institution eine Leistung günstiger anbieten, als diese sie selbst zu erstellen vermag (Outsourcing)? Wäre es zum Beispiel möglich, in Gebieten mit einer hohen Konzentration an Firmen einen In-house-Brötchenservice anzubieten?

Neue Zielgruppen

Existieren Produkte oder Dienstleistungen, die anderen, bisher **noch nicht berücksichtigten Zielgruppen** nahegebracht werden können? So zum Beispiel der Import von Produkten, die bereits in anderen Ländern angeboten werden. Ein deutscher Unternehmer hat mit der Produktion und Vermarktung von in der Vergangenheit meist nur in asiatischen Ländern konsumierten Sprossengewächsen in Europa einen beachtlichen Erfolg erzielt.

Beseitigung von Engpässen

Finden Sie Bereiche, in denen die Nachfrage aufgrund eines **Mangels an Anbietern** oder aufgrund von **Produktionsengpässen** nicht befriedigt werden kann. Existieren vielleicht Kostengründe, die das Anbieten bisher verhinderten und die Sie womöglich umgehen können?

Konzeptübertragung aus anderen Bereichen

Besteht die Möglichkeit, Problemlösungen, die in anderen Bereichen erfolgreich angewandt werden, **in neue Branchen und auf andere Zielgruppen zu übertragen**? Suchen Sie nach Produkten oder Dienstleistungen, die dafür geeignet sind, mehrere Bedürfnisse zu befriedigen. So entdeckten zum Beispiel Mannheimer Wissenschaftler die Möglichkeit, auf Tesafilmrollen enorme Datenmengen zu speichern.

Screening – Trends finden

Neben der Nutzung der eigenen Kreativität sollten Sie unbedingt auch **fremde Quellen nutzen.** Lassen Sie sich in Gesprächen von Freunden und Bekannten helfen. Gemeinsam entstehen oft völlig neue Ideen, die weiterentwickelt werden können. Professionelle Beratung wird durch Gründungs- und Technologieberater und durch die Handelskammern angeboten.

Finden Sie Trends, indem Sie neue Geschäftsideen und das Konsumentenverhalten beobachten. Verfolgen Sie interessiert die Medien und sammeln Sie Zeitschriftenartikel.

Nutzen Sie jede Quelle zur Informationsbeschaffung, zum Beispiel das Internet, Entrepreneurship-Fachjournale (*Die Geschäftsidee*, Impulse, Sonderhefte diverser Zeitschriften etc.), Messen und Ausstellungen, Datenbanken und Technologiebörsen.

Verwerten Sie Ihre eigenen Erfahrungen, die Sie zum Beispiel auf Auslandsreisen gesammelt haben. Oft ist es tatsächlich so, dass neue Trends, die sich in neuen Produkten oder neuen Dienstleistungen konkretisieren, in anderen Ländern (USA, Asien) schon beobachtbar sind, bevor sie bei uns auf den Markt kommen.

Analysieren Sie Alltagsprobleme aus Ihrem Umfeld auf mögliche Lösungen und deren Vermarktungsfähigkeit.

Nutzen Sie Ihre eigenen Erfahrungen

Auch Ihre während des Studiums und im Bereich Ihrer weiteren Tätigkeiten, Praktika, Nebenjobs, Hobbys etc. gesammelten Erfahrungen und Informationen können Basis zur Gründung eines Unternehmens werden.

Vielleicht haben Sie während Ihres Studiums **spezielle Kenntnisse** in der Marktforschung, der Erstellung von Individualsoftware, der Wirtschaftsprüfung oder ähnlichem gewonnen, was direkt zur Unternehmensgründung führen kann.

Nutzen Sie zum Beispiel Ihre **Diplomarbeit zum Testen oder zur Konzeptionierung einer Idee**, die Sie unter Umständen schon während oder direkt nach Abschluss des Studiums professionell vermarkten können (vgl. dazu Kapitel 3, Verwertung von Diplomarbeiten).

Die Prüfung der Geschäftsidee

Wenn Sie nun einige Geschäftsideen entwickelt oder gefunden haben, sollten Sie sie prüfen und bewerten. Dies ist notwendig, damit Sie aus der Gesamtheit aller Ideen diejenigen herausfiltern, die das größte Erfolgspotenzial aufweisen, oder im negativen Fall wissen, dass Sie keine Idee realisieren sollten.

Diskutieren Sie in jedem Fall Ihre Ideen mit Freunden, Bekannten und Experten der für Sie relevanten Branche. Bei einer Prüfung und Bewertung Ihrer Geschäftsidee sollten Sie sich an den folgenden Eckpunkten orientieren:

- Innovationsgrad,
- Nutzen für die Zielgruppe,
- Rentabilität,
- Selbstidentifikation.

Innovationsgrad

Prüfen Sie, wie groß die Neuigkeit Ihrer Idee ist und wodurch sie sich von bereits am Markt angebotenen eventuell verwandten Produkten oder Dienstleistungen unterscheidet. Finden Sie heraus, ob Substitute und konkurrierende Anbieter zu Ihrem potenziellen Produkt existieren, um Risiken frühzeitig zu erkennen.

Nutzen für die Zielgruppe

Recherchieren Sie, welche Personen, Unternehmen oder Institutionen für Sie als Zielgruppe relevant sind und welchen Nutzen Ihre Idee der Zielgruppe stiftet. Bestimmen Sie die Größe der Zielgruppe und das Marktvolumen, das sich ergeben könnte.

Rentabilität

Machen Sie eine genaue Schätzung, welche Umsätze sich unter Berücksichtigung der Größe und der Kaufkraft der Zielgruppe ergeben. Ermitteln Sie alle Kosten, die mit der Produktion/Erstellung und dem Vertrieb Ihrer Idee verbunden sind und welchen Set-up-Input Sie aufbringen müssen. Die Rentabilitätsschätzung Ihrer Idee ist eines der wichtigsten Prüfkriterien, soll diese doch später Basis Ihres Einkommens sein und Ihr wirtschaftliches Überleben sichern.

Selbstidentifikation

Überprüfen Sie, ob die Idee zu Ihnen passt und ob Sie sich mit ihrer Verwirklichung identifizieren können. Das Produkt und seine Vermarktung müssen zu Ihrer Persönlichkeit passen, damit Sie erfolgreich und motiviert arbeiten. Idealerweise sollten Sie zusätzlich über Branchenerfahrungen, Qualifikationen und Kenntnisse verfügen, damit Ihnen der Start optimal gelingt.

Nutzen Sie bei der Prüfung Ihrer Geschäftsidee alle Ihnen zur Verfügung stehenden **Informationsquellen**, wie die Unterstützung der Handelskammern, Datenbanken und Internetangebote (siehe Adressen am Ende des Kapitels und am Buchende).

Zur genaueren Schätzung des Marktvolumens, des Umsatzes, des Absatzpreises und letztendlich der Akzeptanz bei den Nachfragern sollten Sie vor Erstellung eines detaillierten Planes zur Gründung Ihres Unternehmens einen **Markttest** durchführen. Sie müssen dazu potenzielle Kunden Ihres zukünftigen Produktes oder Ihrer Dienstleistung befragen, **wer, wann, wo, wie oft und zu welchem Preis zum Kauf bereit wäre.** Bei Produkten ist die Präsentation eines Prototyps sinnvoll; bei Dienstleistungen müssen Sie sich auf eine genaue und detaillierte Beschreibung beschränken. So sollten Sie hier angeben, welche Leistungskomponenten (Kern- und Zusatzkomponenten) Ihre Dienstleistung enthält und wie diese detailliert erstellt wird.

10.4 Gründungsvarianten

Bei der Gründung Ihres Unternehmens stehen Ihnen grundsätzlich fünf mögliche Gründungsvarianten offen, die alle durch ein unterschiedliches Maß an Risiko für den Gründer behaftet sind:

- Start-up- oder Neugründung,
- Franchise,
- Spin-off-Gründung,
- MBO/MBI,
- Beteiligung.

Für welche Gründungsvariante Sie sich letztendlich entscheiden, wird wesentlich von Ihrem Risikoempfinden, Ihrer Kapitalausstattung, dem Innovationsgrad Ihrer Geschäftsidee und natürlich von Ihren Möglichkeiten abhängen.

10. Existenzgründung

Die Start-up- oder Neugründung

Eine Neugründung bedeutet, dass Sie mit Ihrem Unternehmen als **neuer Marktteilnehmer** auftreten. Das Risiko eines Start-up ist im Vergleich mit den anderen Gründungsvarianten relativ hoch, da alle Organisationsstrukturen neu geschaffen, Kunden- und Lieferantenbeziehungen aufgebaut und natürlich die tatsächliche Vermarktungsfähigkeit Ihrer Geschäftsidee bewiesen werden muss. Andererseits haben Sie mit einer echten Innovation oft keine andere Möglichkeit, als eine Neugründung vorzunehmen. Hinzu kommt, dass Sie in der Gründungs- und Aufbauphase eines neuen Unternehmens große Gestaltungsfreiräume besitzen, Organisationsstrukturen und Geschäftsprozesse nach Ihren Vorstellungen und Erfordernissen festzulegen.

Bevor Sie eine Neugründung vornehmen, überlegen Sie genau, ob eventuell eine der nachfolgenden Alternativen in Frage kommt. Bei diesen existieren bereits bestehende Strukturen, Erfahrungen sind vorhanden, Produkte oder Dienstleistungen bereits im Markt eingeführt, sodass Sie viele Vorarbeiten nicht leisten und einige Risiken nicht tragen müssen.

Franchising

Franchising beschreibt ein **bestimmtes Vertriebsrecht** und die **Zurverfügungstellung organisatorischer Funktionen**, wobei der Franchisenehmer mit Unterstützung und Namen des Franchisegebers den Vertrieb eines Produktes, Sortiments oder eine Dienstleistung übernimmt und rechtlich selbstständig handelt.

Der Franchisegeber stellt dem Franchisenehmer in der Regel gegen eine umsatzabhängige Provision ein Leistungspaket zur Verfügung, das aus folgenden Komponenten bestehen kann:

- Beschaffungs-, Absatz- und Organisationskonzepte,
- Ausbildung des Franchisenehmers,
- Lizenzen zur Nutzung von Techniken, Methoden und/oder Patenten,
- Vertriebsrechte für den Absatz von Produkten.

Viele Unternehmen sind auf Franchise-Basis gegründet und erfolgreich im Markt etabliert worden. Wenn Sie sich mit dem Gedanken einer Übernahme eines Franchise-Konzepts tragen, **prüfen Sie das Konzept**, wie jede andere Geschäftsidee auch, eingehend und lassen Sie sich am besten unabhängig beraten. Ermitteln Sie unbedingt, wie erfolgreich bereits im Markt engagierte Franchisenehmer sind und wie sich die zukünftige Marktentwicklung voraussichtlich darstellt.

Informieren Sie sich über den Erfolg von Franchisekonzepten durch Zeitschriften oder Messen.

Spin-off-Gründung

Unter einer Spin-off-Gründung wird das **Herauslösen einer oder mehrerer Funktionen aus einem Unternehmen zu einem selbstständigen neuen Unternehmen** verstanden. Spin-offs sind damit spezielle Formen von Outsourcing. Sie wurden früher nur von Großunternehmen praktiziert, werden aber in jüngster Zeit auch immer häufiger von mittelständischen

Firmen angewandt. Auch an Universitätslehrstühlen, die eine Vermarktung ihres Know-hows anstreben, finden sich heute oft Unternehmensgründungen von ehemaligen Lehrstuhlmitarbeitern.

Gründe für Spin-offs:

- Rationalisierungstendenzen,
- Diversifikationsbemühungen,
- Erschließung neuer Märkte und Zielgruppen,
- Innovationsbeschleunigung,
- Personalpolitische Überlegungen.

Spin-off-Gründungen werden meist in Zusammenarbeit mit Führungskräften der Muttergesellschaft durchgeführt, da diese über das notwendige Wissen und die Erfahrungen verfügen, um die neugegründete Gesellschaft erfolgreich führen zu können.

Jedoch können sich auch in diesem Bereich einige **Chancen für die Hochschulabsolventen** ergeben. Wenn Sie sich im Rahmen beruflicher Aktivitäten neben dem Studium für die Übernahme bestimmter Funktionen qualifiziert haben, so kann das der Start für ein Unternehmen zum Support für EDV-Netzwerke oder die Organisation von Firmenveranstaltungen sein.

MBO/MBI

Viele der in den 50er und 60er Jahren gegründeten mittelständischen Unternehmen stehen augenblicklich oder in den nächsten Jahren vor der Frage der **Nachfolgeregelung**.

Dies ist zum Beispiel dann der Fall, wenn bei einem Firmengründer, Unternehmensleiter und Alleingesellschafter kein adäquater Nachfolger bereitsteht oder wenn dessen eigenen Kinder kein Interesse an der Weiterführung des Unternehmens haben oder noch zu jung sind.

In einer solchen Situation kann für den Firmeninhaber das **Management-Buy-Out (MBO)** oder das **Management-Buy-In (MBI)** eine geeignete Form der Firmenveräußerung und der Sicherung des Weiterbestands des Unternehmens sein. MBO und MBI eignen sich in der Nachfolgeregelung insbesondere für Inhaber von Familien-, Klein- und mittelständischen Betrieben.

Wenn Sie über Erfahrungen in der entsprechenden Branche verfügen, sind MBI/MBO für Sie Möglichkeiten, ein **Unternehmen zu erwerben** und so den Weg in die Selbstständigkeit ohne risikoreiche Start-up-Gründung zu gehen. In diesem Zusammenhang bedeutet **MBO**, die Veräußerung des Unternehmens an befähigte Mitarbeiter oft in Kombination mit einer für den Mitarbeiter tragbaren Art der Finanzierung des Kaufpreises. **MBI** ist dementsprechend die Veräußerung des Unternehmens an unternehmensfremde Personen mit den entsprechenden Qualifikationen.

Da ein Firmenerwerb ein erhebliches finanzielles Engagement mit sich bringt, muss vor dem Kauf eine **genaue Analyse des Unternehmens, seiner Märkte, seiner internen Abläufe und seines Erfolgs** in der Vergangenheit erfolgen. Hierbei ist es dringend angeraten, das Wissen von Experten hinzuzuziehen, um Fehlentscheidungen zu vermeiden. Experten können zum Beispiel Unternehmensberater aus der Branche, aus dem Prüfungswesen oder aus M&A-Bereichen von Banken, Kammern oder Verbänden sein.

Beteiligung

Eine andere Möglichkeit, den Weg in die Selbstständigkeit zu gehen, ist eine Beteiligung an einer bereits bestehenden Gesellschaft. Darunter wird die **Übernahme eines Anteils an einem Unternehmen**, einer Kapital- oder einer Personengesellschaft, verstanden. Eine Beteiligung ist oft weniger kapitalintensiv als der Erwerb eines ganzen Unternehmens.

Bei Beteiligungen kann zwischen tätigen und rein finanziellen Beteiligungen in einem neu zu gründenden oder einem bestehenden Unternehmen unterschieden werden. Eine tätige Beteiligung bedeutet für Sie, dass Sie im echten Sinne Unternehmer und mit Entscheidungs- sowie Geschäftsführungskompetenz ausgestattet werden. Eine finanzielle Beteiligung hieße „nur" eine Gewinnbeteiligung am Unternehmen mit einer zeitlich festgelegten Zurverfügungstellung Ihres Kapitals.

Eine rein finanzielle Beteiligung kann für Sie als Hochschulabsolvent ein relativ „bequemer" Start in die Selbstständigkeit sein, wenn Sie über das notwendige Beteiligungskapital, über für das Unternehmen interessantes Know-how und/oder Kontakte (Neukunden, Kooperationspartner etc.) verfügen. Vielleicht verfügen Sie über Kontakte aus Ihrem Studium zu Kommilitonen, die bereits ein Unternehmen gegründet haben und weitere Unterstützung suchen.

10.5 Unternehmenskonzeption

Nachdem Sie die Geschäftsideen evaluiert und diejenigen mit dem höchsten Erfolgspotenzial ausgewählt haben, sollten Sie all Ihre Gedanken und Ideen **in ein Gesamtkonzept integrieren**.

Die daraus entstehende Unternehmenskonzeption, der Business-Plan, dient dazu,

- Teilschritte zur weiteren Vorgehensweise zu definieren,
- ein Zielsystem für die einzelnen Teilschritte zu erarbeiten,
- neue Probleme frühzeitig zu identifizieren und zu lösen sowie
- Dritten (Banken, Geldgebern, Bürgen, Beratern etc.) eine Möglichkeit der Bewertung Ihres Vorhabens zu geben.

Letztendlich ist die Unternehmenskonzeption Ihre persönliche Messlatte, an der Sie permanent den Stand der Entwicklung Ihres Gründungsvorhabens überprüfen und korrigierend eingreifen können.

Ihre Konzeption sollte aus folgenden **Elementen** bestehen:

- Unternehmensbeschreibung,
- Angaben zu Ihrer Person,
- Zeitplan,
- Umsatzplanung,
- Investitionsplanung,
- Rentabilitätsplanung,
- Finanzierungsplanung.

10.5 Unternehmenskonzeption

❌ Bedenken Sie bei der Erstellung Ihrer Unternehmenskonzeption, dass diese nicht nur für Ihren eigenen Gebrauch bestimmt ist, sondern **für verschiedene Zielgruppen meinungsbeeinflussend** sein soll. Wählen Sie daher einen allgemeinverständlichen Schreibstil, der auch dem möglicherweise fachfremden Leser die Möglichkeit gibt, sich für Ihr Konzept zu erwärmen.

Verzichten Sie weitgehend auf die Verwendung von fachspezifischen Ausdrücken. Schreiben Sie so kurz wie möglich und so ausführlich wie nötig.

Versetzen Sie sich in die Lage des Lesers! Oft müssen Personen, deren Urteil für Sie von existentieller Bedeutung ist (zum Beispiel der Firmenkundenbetreuer einer Bank, der über die Erhöhung Ihres Dispositionskredites entscheidet) in kurzer Zeit eine Entscheidung treffen. Versuchen Sie daher, **zusammenfassende Übersichtsgraphiken oder Tabellen** in Ihre Texte einzubauen, die den Leser eine schnelle und von Ihnen gewünschte Entscheidung treffen lassen.

Gliedern Sie Ihre Unternehmenskonzeption übersichtlich und schnell nachvollziehbar. Untermauern Sie die Seriosität Ihrer Ausführungen durch eine ansprechende optische Präsentation.

Unternehmensbeschreibung

Beginnen Sie Ihre Unternehmensbeschreibung zunächst mit einem kurzen **Exposé**, das dem Leser die Möglichkeit gibt, schnell zu erfassen, was der Gegenstand Ihres Vorhabens ist. Integrieren Sie im ersten Teil auch die Ziele Ihres Unternehmens und ein Kurzprofil.

Setzen Sie Ihre Unternehmensbeschreibung mit einer **detaillierten Gesamtübersicht** über Ihre Unternehmensaktivitäten fort.

Hier geben Sie verbal Auskunft über:

- die geplante Rechtsform (GbR, GmbH, OHG etc.),
- die geplante Anzahl Ihrer Mitarbeiter,
- die Art Ihrer Produkte und/oder Dienstleistungen,
- die Beschreibungsdimensionen Ihrer Zielgruppe(n),
- Ihre Vertriebskonzeption,
- Ihre Werbeplanung,
- Ihre Standortüberlegungen,
- die Beschaffung Ihrer Ressourcen,
- die Wettbewerbs- und Konkurrenzsituation,
- gegebenenfalls Ihre Produktionsplanung,
- Ihr Angebot (Preise usw.).

❌ Verweisen Sie im Rahmen Ihrer Ausführungen immer auf die Daten und Zahlen, die entweder unmittelbar beigefügt sind oder sich in den später folgenden Themen Ihrer Unternehmenskonzeption, zum Beispiel der Umsatzplanung oder der Rentabilitätsberechnung, finden.

Grundsätzlich sollten Schätzungen und Annahmen über Entwicklungen immer, wenn möglich, durch Analysen oder zum Beispiel durch Testmarkt- oder Branchendaten gestützt werden, damit die Glaubwürdigkeit Dritten gegenüber gewährleistet ist.

533

Angaben zu Ihrer Person

In diesem Kapitel Ihrer Unternehmenskonzeption geben Sie dem Leser wichtige Informationen über Ihre Person:

- Lebenslauf,
- fachliche Eignung,
- Qualifikationen.

[X] Dieser Bereich dient im Wesentlichen dazu, Entscheider in Kreditinstituten, andere Fremdkapitalgeber, beurteilende Stellen, Bürgen etc. **von Ihrer Eignung** als Unternehmensgründer und späterer -lenker **zu überzeugen**. Bedenken Sie immer: Der wesentlichste Erfolgsfaktor Ihres Unternehmens sind *Sie selbst* als Unternehmer – eine Tatsache, die auch Fremdkapitalgebern bewusst ist.

Zeitplan

Im Zeitplan findet die zeitliche Abfolge der einzelnen von Ihnen geplanten Schritte und Maßnahmen ihren Niederschlag. Ein Zeitplan ist dauernden Veränderungen und Anpassungen unterworfen. Der Zeitplan ist äußerst wichtig, da sich daraus letztlich Ihr Einkommen und seine zeitliche Verteilung ergibt.

Professionelle Zeitplanungs- oder Projektmanagementsysteme (zum Beispiel MS-Project) erleichtern zwar die Aufstellung und Kontrolle von umfangreichen Planungen, sind jedoch sehr komplex und daher eher schwierig zu erlernen.

[X] Setzen Sie sich nicht zu sehr unter Druck und planen Sie **Pufferzeiten zum Auffangen eventuell nicht berücksichtigter Probleme** ein. Bedenken Sie, dass eine schnelle Zielerreichung zwar erstrebenswert ist, jedoch die Gefahr von Frustrationen aufgrund nicht zeitgerecht erreichter Ziele in sich birgt.

Schließlich muss Ihre Zeitplanung für Dritte nachvollziehbar sein und als realistisch eingeschätzt werden, damit Ihr Projekt Unterstützung findet. Erläutern Sie daher gegebenenfalls die Abfolge einzelner Teilschritte oder schwer nachvollziehbare zeitliche Festlegungen.

Die Umsatzplanung

Die Ziele der Umsatzplanung sind die **Festlegung von Absatzmengen, Preisen, Rabatten** etc. und deren zeitliche Verteilung auf die ersten Perioden (meist zwei bis vier Jahre) der Geschäftstätigkeit. Sie formulieren Ziele auf Mengen und Wertbasis, deren Erreichung Sie später anhand von Soll-Ist-Vergleichen überprüfen. Auf deren Basis müssen Sie dann gegebenenfalls auch Ihre Pläne und Strategien neuen Entwicklungen anpassen. Da die Umsatzplanung den Dateninput für die Rentabilitätsrechnung bzw. die Kosten- und Ertragsrechnung bereitstellt, die von Kreditgebern zur Beurteilung des Vorhabens herangezogen wird, werden oft optimistische Planungen erstellt.

[X] Versuchen Sie stets **realistisch-vorsichtige Umsatzplanungen** zu erstellen, die auch im worst case einer Überprüfung durch die Realität standhalten. Erstellen Sie verschiedene Varianten Ihres Umsatzplanes (Szenario-Technik). Durch die Berücksichtigung eines positiven, eines negativen und eines realistischen Verlaufs Ihrer Geschäftsaktivitäten können Sie verschiedene, möglicherweise eintretende Verläufe antizipieren und sich entsprechend darauf einstellen (zum Beispiel durch die Bereitstellung eines finanziellen Puffers).

Der **zeitliche Horizont** von Umsatzplanungen wird in der Regel in einer Jahresübersicht mit einer Berücksichtigung der ersten zwei bis vier Geschäftsjahre und in quartalsweisen Jahresübersichten angegeben. Letztere ermöglichen die Berücksichtigung von zu erwartenden saisonalen Schwankungen (zum Beispiel dem Weihnachtsgeschäft), die erheblichen Einfluss auf die Liquiditätsplanung ausüben können.

Eine Umsatzplanung besteht aus einem **Mengengerüst**, welches durch die Umsatzträger (Produkte und/oder Dienstleistungen) repräsentiert wird, und einem **Wertgerüst**, welches die mit den Produkten und/oder Dienstleistungen verbundenen Preise sind. Die zu erwartenden Mengen und Werte werden dann in der Zukunft durch Marketingstrategien beeinflusst und müssen diese widerspiegeln.

Oft werden in der Praxis der Umsatzplanung auch die direkt von der Absatzmengeneinheit abziehbaren Kosten berücksichtigt, wodurch eine gleichzeitige Ermittlung des **Rohertrages** (Deckungsbeitrags) möglich wird.

Der Investitionsplan

Der Investitionsplan umfasst eine monetär bewertete Aufstellung aller Investitionsvorhaben, die zur Unternehmensgründung und erfolgreichen Aufnahme des Geschäftsbetriebes getätigt werden müssen. **Ziel** ist die Ermittlung des Kapitalbedarfs und der Verwendungsweisen der im Finanzierungsplan berücksichtigten Mittel.

In einem Investitionsplan werden zum Beispiel folgende **Kategorien von Investitionsvorhaben** berücksichtigt:

- Bauliche Investitionen,
- Betriebs- und Geschäftsausstattung,
- Maschinen,
- Fahrzeuge,
- Logistik,
- Patente, Lizenzen,
- Betriebsmittel,
- Gründungskosten,
- Warenbestände.

Ihr Investitionsplan besteht im Wesentlichen aus drei Teilen:

- Gliederung der Investitionsvorhaben nach Gruppen und Nennung des dazu notwendigen Kapitals,
- Einbindung in einen zeitlichen Ablaufplan,
- Erläuterung der einzelnen Investitionen.

Holen Sie bei der Feststellung der einzelnen Beträge in jedem Fall **Angebote** ein, und verlassen Sie sich nicht auf Schätzungen. Unterscheiden Sie die zu finanzierenden Güter in die Kategorien „Fremdfinanzierung" und „Eigenfinanzierung", damit Sie zuordnen können, welche Mittel im Finanzierungsplan genannt werden müssen.

Berücksichtigen Sie in Ihrem Investitionsplan nicht nur die während des Gründungszeitraums anfallenden Kosten, sondern auch Folgeinvestitionen, die zur Ausweitung und Festigung der Geschäftsaktivitäten entstehen könnten. Oft können durch mangelnde Liquidität wichtige Investitionen in der Zukunft nicht getätigt werden. Dadurch kann die Entwicklung eines Unternehmens stark gehemmt werden.

Planen Sie Ihren Investitionsbedarf großzügig. Insbesondere dann, wenn bei der Mittelbereitstellung öffentliche Finanzierungshilfen aus Existenzgründungsprogrammen einbezogen werden, da eine nachträgliche Aufstockung solcher Mittel nur mit großem Aufwand und einer entsprechenden Vorlaufzeit, falls überhaupt, möglich ist.

Die Rentabilitätsvorschau

Die Rentabilitätsberechnung hat das **Ziel**, die Wirtschaftlichkeit des Vorhabens zu belegen.

Die Rentabilitätsrechnung setzt sich aus den Daten der Umsatzplanung und sämtlichen zu berücksichtigenden fixen und variablen Kosten zusammen. **Kostenarten** sind:

- Personalkosten,
- Raumkosten,
- Fuhrparkkosten,
- Kommunikationskosten,
- Vertriebskosten,
- Externe Dienstleistungen,
- Abschreibungen,
- Kapitaldienst,
- sonstige Kosten.

Denken Sie daran, dass Sie bei der Ermittlung der Personalkosten auch Ihren tatsächlichen oder **kalkulatorischen Unternehmerlohn** mit zum Ansatz bringen, **also Ihr eigenes Gehalt, das Sie sich zahlen**.

Die Rentabilitätsberechnung ist genau wie die Umsatzplanung differenziert in Jahres- und Quartalsübersichten, das heißt, dass sämtliche Kostenarten in den entsprechenden Perioden ermittelt werden müssen.

Zur Erstellung der Rentabilitätsberechnung wenden Sie folgende **Vorgehensweise** an: Alle relevanten Kosten (fix und variabel) werden in den entsprechenden Perioden von den (Netto-)Umsätzen abgezogen. Als Wert erhalten Sie das Betriebsergebnis vor Steuern für die entsprechenden Perioden.

Die Rentabilitätsberechnung kann durch die Berücksichtigung der entsprechenden Kostenarten auch zur Ermittlung des Cashflows, des erweiterten Cashflows etc. herangezogen werden.

Nach der Durchführung Ihrer Rentabilitätsberechnung werden Sie unter Umständen sehen, dass Sie in den ersten ein bis zwei Jahren **ein negatives Ergebnis** haben. Dies ist meist völlig normal, da zu Beginn einer Geschäftstätigkeit hohe Anfangsinvestitionen entstehen, die erst sukzessive in den Folgeperioden kompensiert werden. Allerdings müssen Ihre finanziellen Mittel diese Verluste verkraften können.

Sollten Sie bei der Durchführung Ihrer Berechnung auch noch im dritten Jahr ein negatives Ergebnis ermitteln, müssen Sie in jedem Fall Ihr **Vorhaben gründlich durchdenken und eine eingehende Analyse** Ihrer Kosten und der von Ihnen prognostizierten Umsatzentwicklung vornehmen.

In jedem Fall ist äußerst wichtig, dass die entstehenden Verluste im Laufe der Zeit geringer und im Verlauf Ihres Planungszeitraumes zu Gewinnen werden. Sonst lohnt sich Ihr Unternehmen nicht!

Der Finanzierungsplan

Die Basis Ihres Finanzierungsplanes ist der durch Ihren Investitionsplan ermittelte Bedarf an Investitionskapital. **Ziel** ist es, die Mittelherkunft und die sich daraus ergebenden Verpflichtungen gegenüber den Kreditgebern aufzuzeigen. Grundsätzlich wird in Abhängigkeit von der Mittelherkunft in Eigen- und Fremdkapital unterschieden.

Zum **Eigenkapital** zählen Mittel, die Sie selbst aufbringen werden, aber auch Sachwerte, die Sie bei der Gründung einbringen, zum Beispiel ein Fahrzeug oder Teile der Geschäftsausstattung.

Zum **Fremdkapital** gehören dagegen Finanzierungsmittel, die von Dritten zur Verfügung gestellt werden und auf die im Folgenden noch explizit eingegangen wird.

Stellen Sie Ihren **Finanzierungsplan** so auf, dass Sie die in Ihrem Investitionsplan genannten Investitionsvorhaben durchführen können. Bilden Sie Gruppen von Investitionsbereichen, denen Sie die einzelnen, zu finanzierenden konkreten Vorhaben zuordnen. Solche Gruppen können zum Beispiel sein:

- Grundstücke und Gebäude,
- Geschäftsausstattung,
- Lager, Werkstatt,
- Fuhrpark,
- Warenlager,
- Gründungskosten,
- Betriebsmittel.

Ordnen Sie den einzelnen Investitionsvorhaben in weiteren Spalten die **Finanzierungsquellen** zu und geben Sie die entsprechenden Beträge an. Finanzierungsquellen können sein:

- Öffentliche Finanzierung 1 (z. B. Eigenkapitalhilfe – EKH),
- Öffentliche Finanzierung 2 (z. B. European-Recovery-Programm ERP),
- Öffentliche Finanzierung 3 (z. B. Landesmittel),
- Bank 1 (z. B. Darlehen),
- Bank 2 (z. B. Kontokorrentkredit),
- Eigenanteil 1 (z. B. Eigenmittel),
- Eigenanteil 2 (z. B. Beteiligungen).

Es ist natürlich möglich (und in der Realität sehr oft der Fall), dass einzelne Investitionsvorhaben aus mehreren Quellen finanziert werden.

10.6 Die Finanzierung

Sie haben im Rahmen Ihres Investitionsplanes Ihr Investitionsvolumen und die einzelnen Vorhaben definiert. Zur Erstellung Ihres Finanzierungsplanes müssen Sie festlegen, aus welchen Quellen das benötigte Kapital stammen soll. Die beiden Hauptkategorien sind Eigen- und Fremdkapital.

Eigenkapital

Die Quellen zur **Eigenkapitalbeschaffung** sind:

- Eigene Mittel,
- Beteiligungen,
- Venture Capital,
- Eigenkapitalhilfeprogramme.

Ihre **eigenen Mittel** unterteilen sich in Bareinlagen, zum Beispiel Ersparnisse, Wertpapiere, Lebensversicherungen, veräußerbare Immobilien etc., und Sacheinlagen, wie Fahrzeuge und Computer, die in die Ausstattung Ihres Betriebes eingehen werden.

Beteiligungen sind Mittel, die Ihnen von Partnern, zum Beispiel gegen eine Gewinnbeteiligung oder eine Kombination aus Mindestverzinsung und Gewinnbeteiligung, zur Verfügung gestellt werden. Prinzipiell sind Beteiligungen ohne Stimmrecht oder mit unternehmerischem Engagement denkbar. Vorteilhaft ist auch eine Beteiligung von Freunden oder Bekannten, da diese unter Umständen nicht auf eine zeitlich genau festgesetzte Rückzahlung der Gewinnbeteiligung bestehen, wenn dies Ihr Unternehmen schwächt.

Venture Capital ist eine in Deutschland nun häufiger praktizierte Form der Zurverfügungstellung von „Wagniskapital" durch eine Beteiligungsgesellschaft. Dabei ist eine solche Gesellschaft mit einem bestimmten Anteil an einem jungen Unternehmen beteiligt – in der Hoffnung, diesen Anteil nach einem längeren Zeitraum mit Gewinn wieder verkaufen zu können. Diese Form der Eigenkapitalbereitstellung wird seit einigen Jahren auch in Deutschland angewandt. Zwar ist der Boom der letzten Zeit aufgrund der momentanen wirtschaftlichen und internationalen Situation abgeschwächt, jedoch ist für Firmen mit einem interessanten Business-Plan und einer guten Geschäftsidee der Markt der Venture-Capital-Gesellschaften weiterhin offen.

Für Technologieunternehmen und technologisch orientierte Unternehmensneugründungen stellt zum Beispiel das **KfW/BMWA-Technologie-Beteiligungsprogramm** zur Verfügung:

> **KfW Bankengruppe**
> Palmengartenstraße 5–9
> 60325 Frankfurt am Main
> ☎ 0 69 / 74 31 - 0
> 📠 0 69 / 74 31 - 29 44
> 💻 www.kfw.de

Die **Eigenkapitalhilfeprogramme** (EKH) sind staatliche Förderungsprogramme zur Erhöhung der Eigenkapitalquote bei Existenzgründungen. Sie sollen Personen bei Existenzgründungen unterstützen, die über wenig eigenes Kapital verfügen (siehe dazu „Öffentliche Förderprogramme").

Die **Eigenkapitalquote** Ihres Unternehmens ist, gerade bei Verhandlungen mit Banken oder anderen Fremdkapitalgebern, ein wichtiger Faktor. Sie zeigt an, wie weit Sie das Risiko Ihres Unternehmens tragen. Fremdkapitalgeber bevorzugen eine hohe Eigenkapitalquote.

Zudem ist naturgemäß der von Ihrem Unternehmen zu leistende Kapitaldienst, also die Zinsen für das aufgenommene Fremdkapital (Kredite u. Ä.), um so geringer, je niedriger der Anteil fremder Mittel an Ihrem Unternehmen ist. Auch ist die Wahrscheinlichkeit der Überschuldung Ihres Unternehmens (Konkursgrund!) niedriger, je höher Ihre Eigenkapitalquote ist.

Von öffentlichen und privaten Kreditgebern wird zudem ein bestimmter Eigenkapitalanteil zur Erlangung von Fördermitteln als Voraussetzung vorgegeben.

Fremdkapital

Die Quellen des Fremdkapitals lassen sich in folgende Kategorien unterteilen:

Privatwirtschaftliches Fremdkapital:
- Darlehen,
- Kontokorrentkredit,
- Lieferantenkredite.

Staatliche Unterstützungen:
- European Recovery Programm (ERP)
  - ERP-Beteiligungsprogramm
  - ERP-Eigenkapitalhilfeprogramm
  - ERP-Existenzgründungsprogramm
  - ERP-Innovationsprogramm
  - ERP-Regionalförderungsprogramm
- Programme der KfW-Mittelstandsbank
  - Mikrodarlehen
  - Startgeld
  - Unternehmerkapital
- Landesmittel,
- Bürgschaften, Garantien,
- Beratungsförderungen,
- Investitionszulage in den neuen Bundesländern und Berlin-Ost,
- Sonderabschreibungen und Ansparabschreibungen,
- Beteiligungskapital für kleine Technologieunternehmen (BTU)

Sie werden bei der Finanzierung Ihres Gründungsvorhabens in den meisten Fällen eine **Kombination verschiedener staatlicher und privater Quellen** realisieren.

Privatwirtschaftliches Fremdkapital

Falls Sie zur Finanzierung Ihres Anlagevermögens (Grundstücke, Gebäude, Büroausstattung etc.) nicht auf ein zinsgünstiges Darlehen Ihrer Eltern, Verwandten oder Freunde zurückgreifen können, müssen Sie ein Kreditinstitut von Ihrem Vorhaben überzeugen.

Zur Erlangung eines Darlehens bei einer Bank oder Sparkasse benötigen Sie die Unternehmenskonzeption, um Ihrem Ansprechpartner Ihr Projekt zu verdeutlichen, und in der Regel den Nachweis von Sicherheiten oder Bürgschaften.

Um den kurzfristig entstehenden Kapitalbedarf zu decken, sollten Sie sich einen **Kontokorrentkredit** bei Ihrer Hausbank auf Ihrem Geschäftskonto zur Verfügung stellen lassen. Die Zinszahlungen werden nur für den in Anspruch genommenen Betrag fällig, sind jedoch im Vergleich zu anderen Finanzierungsquellen relativ hoch.

Üblicherweise werden Ihnen von Ihren **Lieferanten Kredite** in Form von mit Zahlungszielen verbundenen Skontobeträgen angeboten. Das heißt, Sie können bei einer sofortigen Zahlung nach Erhalt der Ware einen bestimmten Skontobetrag vom Rechnungsbetrag abziehen. Die Nichtinanspruchnahme des Skontos und das dadurch bedingte Erkaufen eines verlängerten Zahlungsziels stellt für Sie ein relativ teures Finanzierungsinstrument dar, auf das Sie möglichst verzichten sollten.

10. Existenzgründung

Staatliche Unterstützungen

Für Existenzgründer halten **der Bund und die Länder** eine Reihe attraktiver Fördermöglichkeiten bereit, die Sie, sofern diese auf Ihr Gründungsvorhaben anwendbar sind, unbedingt in Anspruch nehmen sollten.

Die Programme zeichnen sich durch **sehr günstige Zinsen und Tilgungsmöglichkeiten** aus, die Ihnen in der Aufbauphase Ihres Betriebes „etwas Luft verschaffen".

Es existieren Programme für die Neugründung, die Übernahme oder die Beteiligung, die konkret an Sie als Person und nicht an Ihr Unternehmen vergeben werden. Sie als Gründer müssen die geplante selbstständige Tätigkeit als Haupterwerb nachweisen. Gefördert werden vornehmlich Investitionen in Sachanlagevermögen (Gebäude, Maschinen etc.); in verschiedenen speziellen Programmen werden aber auch Investitionen in Betriebsmittel (Miete, Personal etc.) und Markterschließungskosten (Werbung im weiteren Sinne) zu einem bestimmten Prozentsatz abgedeckt. Auch existieren verschiedene Möglichkeiten in den alten oder den neuen Bundesländern.

Wichtig ist, dass Sie vor der Antragstellung noch keine wesentlichen finanziellen Verpflichtungen hinsichtlich Ihres Investitionsvorhabens eingegangen sind!

Weiterhin müssen Sie in Ihrer **Zeitplanung** unbedingt berücksichtigen, dass der Zeitraum von der Antragstellung über die Bearbeitung bis hin zur Genehmigung mehrere Monate betragen kann.

Grundsätzlich läuft der Weg der Antragstellung über Ihre Hausbank, da die **KfW-Mittelstandsbank**, die für die Gewährung der Fördermittel verantwortlich ist, mit allen Banken und Sparkassen zusammenarbeitet. Hier finden Sie auch Ansprechpartner, die Sie bei der **Antragstellung** und der Auswahl der für Sie in Betracht kommenden Förderprogramme beraten.

Stellen Sie sich aber darauf ein, dass Sie mehrere Kreditinstitute besuchen müssen, bis Sie eines finden, das sich bereit erklärt, Sie bei Ihrem Vorhaben und der Erlangung öffentlicher Fördermittel zu unterstützen. Dies liegt daran, dass der Ertrag für die Bank relativ gering und der Bearbeitungsaufwand hoch ist. Dazu kommt, dass bei den meisten Programmen Ihre Hausbank das Ausfallrisiko trägt. Geben Sie nicht zu schnell auf und bleiben Sie penetrant!

Die Zahl der Förderungsprogramme ist groß und die Anträge oft schwer zu durchschauen. Um einen Überblick zu erhalten, welche Vorhaben und **welche Kostenarten genau zu welchem Anteil gefördert werden**, informieren Sie sich unbedingt sehr gründlich oder greifen Sie auf die Hilfe von Beratern zurück.

Informationen erhalten Sie auch bei der KfW-Mittelstandsbank, beim Bundeswirtschaftsministerium, den Wirtschaftsministerien der Länder und auch bei den örtlichen Kammern und Verbänden.

10.6 Die Finanzierung

Nachfolgend finden Sie eine kurze Skizzierung der **wesentlichen Programme**. Die genauen, sich aber verändernden Zins- und Tilgungskonditionen der einzelnen Fördermöglichkeiten können Sie bei Ihrer Hausbank, der für Sie zuständigen Kammer oder bei der DtA direkt erfragen.

ERP-Eigenkapitalhilfeprogramm

Die Funktion des Eigenkapitalhilfeprogramms ist es, dem Existenzgründer **eine höhere Eigenkapitalquote** zu verschaffen und dadurch die Möglichkeit zu eröffnen, mehr Fremdkapital zu erhalten. Die Bedingungen sind entsprechend gut: Die ersten beiden Jahre sind zinsfrei. Danach erhält der Existenzgründer günstige Zinskonditionen, die erst nach dem sechsten Jahr den Marktbedingungen angepasst werden.

Für die Eigenkapitalhilfe sind **keine Sicherheiten erforderlich**. Allerdings müssen die vom Gründer einzubringenden Eigenmittel 15 Prozent des Gesamtinvestitionsvolumens betragen. Ausgenommen sind große Projekte mit einem Investitionsbetrag von mehr als einer halben Million Euro.

Das Eigenkapitalhilfeprogramm kann sowohl für **gewerbliche Gründungen** als auch für Angehörige der **freien Berufe** zum Aufbau ihrer Existenz verwandt werden.

ERP-Existenzgründungs-Programm

Dieses Programm ist für Gründer gewerblicher Unternehmen wie auch für Freiberufler (ausgenommen Heilberufe) ein Darlehen mit langer Laufzeit und einem günstigen, konstanten Zinssatz.

Der Finanzierungsanteil dieser Mittel darf in den alten Bundesländern 50 Prozent, in den neuen Bundesländern und Berlin 75 Prozent der förderfähigen Bemessungsgrundlage nicht überschreiten. Mit anderen öffentlichen Mitteln (zum Beispiel Investitionszuschüssen, Landesdarlehen, Eigenkapitalhilfe) zusammen liegt die Obergrenze bei 75 Prozent der Bemessungsgrundlage.

Im Gegensatz zur Eigenkapitalhilfe müssen für Mittel des Existenzgründerprogramms **banktübliche Sicherheiten** gestellt werden. Die Hausbank haftet dann für eine fristgerechte Tilgung und Zahlung der Zinsbeträge gegenüber der Deutschen Ausgleichsbank.

Bei diesen Darlehen ist eine Laufzeit von bis zu zehn Jahren (15 Jahren in den neuen Bundesländern) und Freistellung von der Tilgung von bis zu drei Jahren (fünf Jahre in den neuen Bundesländern) möglich.

Das Mikrodarlehen der KfW-Mittelstandsbank hat das Ziel, „Kleinstgründungen" schnell und unbürokratisch zu unterstützen. Mit diesem Förderprogramm werden gewerbliche oder freiberufliche Gründungen, Unternehmensübernahmen, aktive Beteiligungen oder auch bestehende Unternehmen mit maximal zehn Beschäftigten (bis zu drei Jahren nach der Gründung) mit maximal 25.000 € gefördert.

Die Laufzeit des Kredits erstreckt sich auf bis zu fünf Jahre mit sechs tilgungsfreien Monaten. Der Nominalzins beträgt hier 8,9 Prozent bei 100-prozentiger Auszahlung und einer 80-prozentigen Haftungsfreistellung.

Startgeld

Dieses Programm unterstützt insbesondere Gründerinnen und Gründer mit geringem Finanzierungsbedarf. Gefördert werden gewerbliche oder freiberufliche Existenzgründungen, Unternehmensübernahmen sowie aktive Beteiligungen an einem Unternehmen.

Die Förderung ist auf einen Investitions- und Finanzierungsbedarf von maximal 50.000 € beschränkt. Auch hier sind banküblichen Sicherheiten erforderlich. Jedoch sind 80 Prozent Haftungsfreistellung obligatorisch, deren Kosten im Zinssatz bereits berücksichtigt sind.

Unterstützungen der Bundesländer

Um den Strukturwandel in den einzelnen Bundesländern aktiv mitzugestalten, stellen diese unterschiedliche Programme zur Existenzgründungsförderung zur Verfügung.

In Zusammenarbeit mit den jeweiligen Landeskreditanstalten stehen darüber hinaus auch Mittel zur **Existenzfestigung** zur Verfügung, die **bis zu acht Jahre nach Gründung** in Anspruch genommen werden können.

In einigen Bundesländern wurde auch die Möglichkeit geschaffen, Existenzgründer zu unterstützen, die einen gleitenden Übergang in die Selbstständigkeit und nicht sofort die Voll-Selbstständigkeit wählen. Hierfür muss neben den entsprechenden fachlichen Voraussetzungen das Gründungsvorhaben in einem Zeitraum von drei Jahren die volle Selbstständigkeit ermöglichen.

Erkundigen Sie sich in Ihrem jeweiligen Bundesland, zum Beispiel bei der für Sie zuständigen Kammer, nach den einzelnen Fördermöglichkeiten.

Bürgschaften, Garantien

In den einzelnen Bundesländern besteht für Existenzgründer, die nicht über die notwendigen Sicherheiten zur Erlangung von Fremd- und Fördermitteln verfügen, die Möglichkeit, eine dafür geforderte Bürgschaft zu erhalten. Verbürgt werden zum Beispiel **öffentliche Finanzierungshilfen, Kontokorrentkredite, Avale, Leasingforderungen** etc. mit bis zu 80 Prozent der Kreditsumme. Wie bei allen anderen öffentlichen Unterstützungen, müssen Sie mit Ihrem Unternehmenskonzept die Entscheider in der jeweiligen Institution (KfW-Mittelstandsbank oder Kreditgarantiegemeinschaft) überzeugen.

Beratungsförderungen

Sie können in der Phase Ihrer Existenzgründung die Dienste selbstständiger und auf Gründungen spezialisierter **Unternehmensberater** in Anspruch nehmen. Sie erhalten eine Bezuschussung in Höhe von 50 Prozent (maximal 1.500 €) der Beratungskosten.

Die Antragstellung erfolgt nach Abschluss der Beratung bei der für Sie zuständigen Zuwendungsstelle für öffentliche Beratungshilfen.

Bedenken Sie, dass Sie kostenlose und kompetente Beratungen auch bei Verbänden und Kammern erhalten, die oft auf Branchen spezialisierte Experten besitzen.

10.7 Informationsquellen

Vielleicht haben Sie jetzt den Entschluss gefasst, sich intensiver und detaillierter mit dem Weg in die Selbstständigkeit zu befassen. Zum Finden einer Geschäftsidee, zur Planung Ihrer Existenzgründung und zur Erstellung Ihrer Unternehmenskonzeption werden Sie eine Vielzahl von Informationen benötigen, um Teilprobleme zu lösen und die richtigen Entscheidungen zu treffen.

 Umfassende Existenzgründungsberatungen inklusive Investitions- und Kostenplan, Umsatzplanung, Steuern und Absicherung existenzieller Risiken führt durch:

MLP Finanzdienstleistungen AG, Forum 7, 69129 Heidelberg, ☎ 0 62 21 / 3 08 - 0.

Informationen erhalten Sie in Ihrer MLP Geschäftsstelle und im Internet unter 🖥 www.mlp.de.

 Um Informationsmaterial zu erhalten, kontaktieren Sie in jedem Fall Ihre **Hausbank**, die für Sie zuständigen **Kammern und Verbände** sowie **Transferstellen** Ihrer Universität oder Fachhochschule.

Damit Sie einen ersten Fundus an Informationsquellen haben, auf dessen Basis Sie dann weitere entdecken können, finden Sie nachfolgend und am Buchende einige Kontaktadressen:

○ Unter 🖥 www.gruenderstadt.de finden Sie eine Suchmaschine mit umfassenden Informationen zu allen Bereichen der Existenzgründung.

○ 🖥 www.change-online.de enthält gute Hinweise, Kontaktadressen und weiterführende Links zu vielen Themen rund um die Existenzgründung und Unternehmensnachfolge.

○ Kostenlose Informationen über Fördermöglichkeiten für Existenzgründer (auch im persönlichen Gespräch) sind durch das Bundesministerium für Wirtschaft und Technologie (BMWi) erhältlich:

Bundesministerium für Wirtschaft und Technologie (BMWi)
☎ 0 18 88 / 6 15 - 0, 76 55
📠 0 18 88 / 6 15 - 70 10
🖥 www.bmwa.bund.de

○ Kontaktadresse:

Existenzgründer-Institut Berlin e. V.
Postfach 31 15 20
10645 Berlin
☎ 0 30 / 21 25 28 00
🖥 www.existenz gruender-institut.de

10. Existenzgründung

- Kontaktadresse:

  Bundesverband Junger Unternehmen der ASU e. V. (BJU)
  Reichstraße 17
  14052 Berlin
  ☎ 0 30 / 3 00 65 - 0
  📠 0 30 / 3 00 65 - 4 90
  💻 www.bju.de

- Der Münchner **Businessplan-Wettbewerb** (MBPW) bietet allen Existenzgründern die Möglichkeit, ihre Geschäftsidee von erfahrenen Unternehmern und Coaches prüfen zu lassen:

  Münchener Business Plan Wettbewerb GmbH
  Rosenheimer Straße 145c
  81671 München
  ☎ 0 89 / 3 88 38 38 - 0
  📠 0 89 / 3 88 38 38 - 0
  ✉ info@mbpw.de
  💻 www.mbpw.de

- Ein Verzeichnis aller deutschen IHKs erhalten Sie beim:

  Deutschen Industrie- und Handelskammertag (DIHK) Info Center
  Breite Straße 29
  10178 Berlin
  ☎ 0 30 / 2 03 08 - 16 19
  📠 0 30 / 2 03 08 - 16 16
  💻 www.dihk.de

- Beratungszentren der **Deutschen Ausgleichsbank (DtA)**. Hier finden Sie ein Verzeichnis aller Beratungszentren in der Broschüre „Gezielte Beratung für Gründer"

  Deutsche Ausgleichsbank (DtA)
  Bestelltelefon ☎ 0 18 01 / 24 24 00 (infoline)
  Bestellfax 📠 02 28 / 8 31 21 30
  💻 www.dta.de

- Darüber hinaus finden Sie unter 💻 www.gruenderzentrum.de ein Forum der KfW-Mittelstandsbank für Existenzgründer mit Informationen zu Rechtsformen, Steuern, Finanz- oder Marketingkonzepten.

- Kontaktadresse:

  KfW Bankengruppe
  Palmengartenstraße 5–9
  60325 Frankfurt am Main
  💻 www.kfw.de

- Hier finden Sie Informationsbroschüren für Existenzgründer:

  Bundesministerium für Wirtschaft und Arbeit (BMWA) Berlin
  Scharnhorststraße 34–37
  10115 Berlin
  ☎ 0 18 88 / 6 15 - 9
  📠 0 18 88 / 6 15 - 70 10
  💻 www. bmwa.bund.de

- Kontaktadresse:

  Ministerium für Wirtschaft und Arbeit des Landes Nordrhein-Westfalen
  40190 Düsseldorf
  ☎ 02 11 / 8 61 85 - 0
  📠 02 11 / 8 61 85 - 44 44
  💻 www. go-online.de

10.7 Informationsquellen

- **Gründungsoffensive NRW–GO:**
  www. go-online.nrw.de

- **newcome.de,** das Existenzgründungsportal des Landes Baden-Württemberg:

  Steinbeis-Transferzentrum für Unternehmensentwicklung an der Hochschule
  Blücherstraße 32
  75177 Pforzheim
  ☎ 0 72 31 / 4 24 46 - 13
  📠 0 72 31 / 4 24 46 - 25
  ✉ info@newcome.de

- Nähere Informationen zu Bürgschaften, Kreditgarantien und Wagnis- sowie Risikokapital erhalten Sie beim:

  Verband der Bürgschaftsbanken e. V. Geschäftsführung
  Dottendorfer Straße 86
  53129 Bonn
  ☎ 02 28 / 9 76 88 86
  📠 02 28 / 97 68 88 22
  🖥 www. vdb-info.de

- Weitere Kontaktadressen:

  **Betriebswirtschaftliches Institut für empirische Gründungs- und Innovationsforschung e. V.
  c/o European Business School**
  Schloss Reichartshausen
  65375 Oestrich-Winkel
  ☎ 0 67 23 / 69 - 2 31
  📠 0 67 23 / 69 - 2 35
  ✉ bifego@ebs.de
  🖥 www.bifego.de

  Wirtschaftsjunioren Deutschland (WJD)
  Breite Straße 29
  10178 Berlin Mitte
  ☎ 0 30 / 2 03 08 - 15 15 oder 15 17
  📠 0 30 / 2 03 08 - 15 22
  ✉ wjd@wjd.de
  🖥 www.wjd.de

  **Förderkreis Gründungs-Forschung e. V.
  Entrepreneurship Research**
  Ludwig-Erhard-Platz 1–3 D
  53179 Bonn
  ☎ 02 28 / 9 10 77 - 49, - 46
  📠 02 28 / 5 28 81 38
  ✉ info@fgf-ev.de
  🖥 www.fgf-ev.de

  Bundesverband der Selbstständigen Deutscher Gewerbeverband e. V. Bundesgeschäftsstelle
  Platz vor dem Neuen Tor 4
  10115 Berlin
  ☎ 0 30 / 28 04 91 - 0
  📠 0 30 / 28 04 91 - 11
  ✉ info@ds-gdv.de

  Bundesverband Deutscher Unternehmensberater (BDU) e. V.
  Zitelmannstraße 22
  53113 Bonn
  ☎ 02 28 / 91 61 - 0
  📠 02 28 / 91 61 - 26
  ✉ info@bdu.de
  🖥 www. bdu.de

- Der **Bundesverband Deutscher Kapitalbeteiligungsgesellschaften e. V.** bietet Informationen über Beteiligungsgesellschaften:

  Bundesverband Deutscher Kapitalbeteiligungsgesellschaften e. V.
  Reinhardtstraße 27c
  10117 Berlin
  ☎ 0 30 / 30 69 82 - 0
  🖨 0 30 / 30 69 82 - 20
  ✉ bvk@bvk-ev.de
  💻 www.bvk-ev.de

- **www.entrepreneur-service.com/finanzierung.html** liefert einen Überblick über Förder-, Zuschuss- und Finanzierungsmöglichkeiten.

- **www.ich-ag.de** – Das Gründer-Portal vom Verlag für die Deutsche Wirtschaft bietet aktuelle Informationen rund um die Gründung einer Ich-AG.

Weiterführende Literatur

1. Studium

Hochschulrankings

Albrecht, Achim / Nicole Neuvians (Hrsg): *FH-Guide Wirtschaft und Wirtschaftsrecht.* Köln 2002.

Bund-Länder-Kommission für Bildungsplanung, Bundesanstalt für Arbeit (Hrsg.): *Studien- und Berufswahl 2004/2005.* Nürnberg 2004.

Focus: *Der große Hochschulführer.* München 2002.

Henning, Wolfgang: *Studienführer Wirtschaftswissenschaften.* Frankfurt am Main 2003.

Mikoleit, Bernhard: *Karriereführer Hochschulen. Berufseinstieg für Hochschulabsolventen.* Landsberg 2002.

Westerwelle, Axel: *Berufs- und Studienführer für Wirtschaftswissenschaftler.* Hamburg 2001.

Studienorganisation

Herrmann, Dieter/Angela Verse-Herrmann: *Wirtschaftswissenschaften for beginners. Die Studienmappe für ein maßgeschneidertes Studium.* Frankfurt am Main 2000.

Verse-Herrmann, Angela: *Wirtschaftswissenschaften.* Frankfurt am Main 2001.

Herrmann, Dieter / Angela Verse-Herrmann: *Studieren, aber wo? Der Städtecheck: Alle Hochschulen in Deutschland im Überblick.* Frankfurt am Main 2001.

Hesse, Jürgen / Hans Christian Schrader: *Betriebswirtschaft: Berufsorientiert studieren. Studienplanung, Arbeitsfelder, Berufseinstieg, Bewerbungsstrategien.* Frankfurt am Main 1997.

Studium und Internet

Beißwenger, Michael: *Online-Publishing für Studenten und Wissenschaftler.* Vieweg 2000.

Ellwein, Christian: *Suche im Internet für Industrie und Wissenschaft.* München 2002.

Weiterführende Literatur

Enders, Albrecht: *Interneteinsatz in der betriebswirtschaftlichen Aus- und Weiterbildung.* Wiesbaden 2002.

Seminar- und Diplomarbeiten

Bänsch, Axel: *Wissenschaftliches Arbeiten. Seminar- und Diplomarbeiten.* München 2003.

Burchardt, Michael: *Leichter studieren. Wegweiser für effizientes wissenschaftliches Arbeiten.* Berlin 2000.

Corsten, Hans: *Technik des wissenschaftlichen Arbeitens.* München 2002.

Eco, Umberto: *Wie man eine wissenschaftliche Abschlussarbeit schreibt.* Heidelberg 2002.

Franck, Norbert: *Erfolgreich schreiben.* Reinbek 2000.

Fry, Ron: *Last Minute Program für Prüfungen und Seminararbeiten.* Frankfurt am Main 1998.

Klug, Sonja: *Konzepte ausarbeiten – schnell und effektiv. Tools für Pläne, Berichte und Präsentationen.* Göttingen 2004.

Kruse, Otto: *Keine Angst vor dem leeren Blatt. Ohne Schreibblockaden durchs Studium.* Frankfurt am Main 2002.

Metzger, Christoph: *Lern- und Arbeitsstrategien. Ein Fachbuch für Studierende an Universitäten und Hochschulen.* Aarau 2001.

Poenicke, Klaus: *DUDEN – Wie verfasst man wissenschaftliche Arbeiten?* Mannheim 2000.

2. Finanzierung des Studiums

Finanzbedarf im Studium

Baumann, Peter: *Geld-Ratgeber für Studenten. BAföG, Stipendien, Nebenjob.* Regensburg 2004.

Brickwell, Andreas: *Studenten Service Broschüre, BAföG 2001 aktuell.* Bad Honnef 2001.

Herrmann, Dieter / Angela Verse-Herrmann: *So finanziere ich mein Hochschulstudium. Stipendien, Förderprogramme, Unterstützungsmöglichkeiten.* Frankfurt am Main 2002.

o. V.: *BAföG 2005.* Marburg 2005.

Ramsauer, Ulrich / Michael Stallbaum / Sonja Sternal: *Mein Recht auf BAföG.* München 2003.

Rath, Thomas: *BAföG-Rückzahlung leicht gemacht.* Bad Honnef 2001.

Schmauß, Erwin: *Wegweiser für Studenten und ihre Eltern.* München 2003.

Studieren mit Kind

Goedel, Gabriele: *Kinder oder Karriere.* Frankfurt am Main 1997.

Huthmann, Kirsten: *Alles im Griff – auch allein. Finanzielle Sicherheit für Alleinerziehende.* München 2001.

Studium im Ausland

Fehlner, Gert: *Studieren weltweit: USA und Kanada.* Würzburg 1999.

Troll, Susanne: *Die Auslandsreise 2003.* Eiggenverlag 2003.

Weiterführende Literatur

Stipendien

Seidenspinner, Gundolf und Gerlinde: *Durch Stipendien studieren*. München 1999.

Sydow, Momme von: *Handbuch Studium und Praktikum im Ausland*. Frankfurt am Main 2004.

3. Qualifikationen während des Studiums

Spezialisierungsfächer

Dichtl, Erwin / Michael Lingenfelder (Hrsg.): *Effizient studieren. Wirtschaftswissenschaften*. Wiesbaden 1999.

Henning, Wolfgang: *Studienführer Wirtschaftswissenschaften*. München 2003.

Herrmann, Dieter / Angela Verse-Herrmann: *Wirtschaftswissenschaften for beginners*. Frankfurt am Main 1999.

Stahl, Hans-Werner / Wolfgang Stahl (Hrsg.): *Effizient studieren: Wirtschaftswissenschaften an Fachhochschulen*. Wiesbaden 1999.

Duale Studiengänge

Konegen-Grenier, Christiane / Dirk Werner: *Duale Studiengänge an Hochschulen. Studienführer*. Köln 2001.

Mucke, Kerstin: *Duale Studiengänge an Fachhochschulen*. Bielefeld 2003.

Zusatzqualifikationen

Beckmann, Georg: *Jobben weltweit*. Freiburg 2004.

Frank, Monika: *Jobben für Natur und Umwelt*. Freiburg 2004.

Woodworth, David: *Ferienjobs und Praktika, Europa und Übersee*. Freiburg 1998.

Berufsqualifizierende Praktika

Becker, Claus S.: *Ferienjobs, Praktika und feste Stellen – Frankreich*. Freiburg 1998.

Beckmann, Georg (Hrsg.): *Praktika – USA*. Freiburg 2001.

Rieder, Jonny: *Jobs im Ausland*. München 1998.

Neuner, Andreas: *Jobs und Praktika, Studium und Sprachschulen – Italien*. Freiburg 2004.

Schulze, Martina: *Studienaufenthalte, Praktika und Jobs in USA und Kanada*. Niedernhausen 1997.

Woodworth, David: *Ferienjobs und Praktika – Großbritannien*. Freiburg 2002.

Diplomarbeit mit Praxisbezug

Charbel, Ariane: *Schnell und einfach zur Diplomarbeit*. München 2004.

Engel, Stefan / Andreas Woitzik: *Die Diplomarbeit*. Stuttgart 2002.

Fragnière, Jean P.: *Wie schreibt man eine Diplomarbeit?* Bern 2003.

Klug, Sonja: *Konzepte ausarbeiten – schnell und effektiv. Tools für Pläne, Berichte und Präsentationen.* Göttingen 2004.

Rößl, Dietmar: *Die Diplomarbeit in der Betriebswirtschaftslehre.* Stuttgart 2003.

4. Qualifikationen nach dem Studium

Was Arbeitgeber erwarten

Hesse, Jürgen / Hans Christian Schrader: *Marketing in eigener Sache. Ihr Erfolgsweg zum neuen Job.* Frankfurt am Main 2002.

Rohm, Armin: *Karriereplanung. Erfolgreiches Marketing in eigener Sache.* München 1997.

Staufenbiel, Joerg E.: *Berufsplanung für den Management-Nachwuchs. Job-Start 2004.* Köln 2004.

Zusatzstudiengänge

Hefele, Peter: *Weiterführende Studienangebote an den Hochschulen der Bundesrepublik Deutschland.* Bonn 2002.

Hopbach, Achim: *Studienangebote deutscher Hochschulen WS 2002/2003.* Bonn 2003.

Stephan, Michael: *Studieren nach dem Studium.* Köln 2000.

Promotion

Baring, Robert: *Wie finde ich einen guten und schnellen Doktorvater an einer deutschen Universität?* Heidelberg 2003.

Enders, Jürgen: *Karriere mit Doktortitel?* Frankfurt am Main 2001.

Gunzenhäuser, Randi / Erika Haas: *Promovieren mit Plan. Ihr individueller Weg – von der Themensuche zum Doktortitel.* München 2002.

Preißner, Andreas / Stefan Engel: *Promotionsratgeber.* München 2001.

Knigge-Illner, Helga: *Der Weg zum Doktortitel. Strategien für die erfolgreiche Promotion.* Frankfurt am Main 2002.

MBA

Brackmann, Hans-Jürgen / Detlev Kran: *Der MBA Guide 2005.* München 2005.

Brandt, Thomas: *Die besten MBA-Programme für Fach- und Führungskräfte. Nebenberuflich und finanziell überschaubar zum begehrten Post-Graduate Examen.* München 2002.

Cox, William / Katharina Cox: *Die besten MBA-Programme in Europa. Entscheidungsfindung für Ihre Karriereplanung.* Frankfurt am Main 2004.

Giesen, Birgit / Eva Balster: *Das MBA-Studium.* Köln 2002.

Kraus, Sascha: *Das MBA-Kompendium 2002.* Norderstedt 2002.

Kuderer, Bernhard: *Insiderwissen MBA. Die Wahrheit über den Studienalltag an einer Top Business School.* Frankfurt am Main 2003.

Weiterführende Literatur

o. V.: *Das MBA-Buch – Mastering Management. Die Studieninhalte führender Business Schools.* Stuttgart 1998.

Vähning, Katharina: *Karrieren unter der Lupe. Bachelor und Master.* München 2002.

Weiterbildung im Berufsleben

Behrmann, Detlef / Bernd Schwarz: *Selbstgesteuertes lebenslanges Lernen.* Bielefeld 2003.

Dobischat, Rolf / Hartmut Seifert (Hrsg.): *Integration von Arbeit und Lernen. Erfahrungen aus der Praxis des lebenslangen Lernens.* Berlin 2003.

Goltz, Marianne: *Betriebliche Weiterbildung im Spannungsfeld von tradierten Strukturen und kulturellem Wandel.* Mering 1999.

Heuer, Ulrike: *Neue Lehr- und Lernkulturen in der Weiterbildung.* Bielefeld 2001.

Küppers, Bert / Dieter Leuthold / Helmut Pütz: *Handbuch Berufliche Aus- und Weiterbildung.* München 2001.

Meyer, Rita: *Qualifizierung für moderne Beruflichkeit.* München 2000.

5. Erfolgsprogramm Bewerbung

Beruf heute

Glaubitz, Uta: *Der Job, der zu mir passt.* Frankfurt am Main 2003.

Bolles, Richard Nelson: *Durchstarten zum Traumjob.* Frankfurt am Main 2003.

Selbstmarketing

Bridges, William: *Survival Guide für die neue Arbeitswelt. So vermarkten Sie Ihre Fähigkeiten erfolgreich.* Frankfurt am Main 1998.

Bürkle, Hans: *Aktive Karrierestrategie. Erfolgsmanagement in eigener Sache.* Frankfurt am Main und Wiesbaden 2002.

Vorbeck, Markus: *Die Job-Strategie.* München 2001.

Bewerbungswege

Püttjer, Christian / Uwe Schnierda: *Die Bewerbungsmappe mit Profil für Hochschulabsolventen.* Frankfurt am Main 2004.

Höptner, Diethard / Bernd Schnittker: *Bewerben – aber wie?* Würzburg 1998.

Massar, Martin: *Der neue Dienstleistungs-Atlas.* München 2000.

Mullins, Suzanne: *Englisch bewerben – weltweit.* Frankfurt am Main 2003.

Internet-Bewerbung

Klug, Sonja / Dorothee Köhler: *Stellenmarkt Internet. Per Mausklick zum neuen Job.* Frankfurt am Main 2000.

Hofert, Svenja: *Online bewerben.* Frankfurt am Main 2001.

Metzger, Roland / Christopher Funk: *Erfolgreich bewerben im Internet. Stellenangebote und Bewerbungen online.* Niedernhausen 2002.

Krichbaum, Jörg: *deutsche internetadressen.de. 1 Million Jobs online.* Köln 2000.

Weiterführende Literatur

Erste Kontakte knüpfen

Liedtke, Rüdiger: *Wem gehört die Republik? Konzerne und ihre Verflechtungen.* Frankfurt am Main 2004.

o. V.: *Handbuch der Großunternehmen.* Darmstadt: Hoppenstedt, 2004.

Die Sicht der Unternehmen

Coelius, Claus: *Bewerben nach dem Studium. Berufseinstieg für Hochschulabsolventen.* 2002.

Hertwig, Sabine: *Bewerbungstipps aus der Chefetage.* München 2001.

Ullrich, Thomas: *Bewerbung. Das Geheimwissen der Personalberater und Textpsychologen und Strategien dagegen.* München 2002.

Bewerbungsunterlagen

Bürkle, Hans: *Aktive Karrierestrategie. Erfolgsmanagement in eigener Sache.* Frankfurt am Main und Wiesbaden 2001.

Bürkle, Hans / Bernd Brogsitter (Hrsg.): *Die Kunst, sich zu vermarkten. Ein Bewerbungsratgeber für Ein- und Umsteiger.* Stuttgart 2000.

Coelius, Claus: *Bewerben nach dem Studium.* 2002.

Hesse, Jürgen / Hans Christian Schrader: *Neue Bewerbungsstrategien für Hochschulabsolventen. Startklar für die Karriere.* Frankfurt am Main 2002.

Hesse, Jürgen / Hans-Christian Schrader: *Das ABC der erfolgreichen Bewerbung.* Frankfurt am Main 2002.

Hesse, Jürgen / Hans-Christian Schrader: *Handbuch Initiativbewerbung.* Frankfurt am Main 2002.

Hesse, Jürgen / Hans-Christian Schrader: *Handbuch schriftliche Bewerbung.* Frankfurt am Main 2002.

Hoppe, Peter A.: *Bewerbungs Genie.* München 2000.

Püttjer, Christian / Uwe Schnierda: *Die Bewerbungsmappe mit Profil für die erfolgreiche Initiativbewerbung.* Frankfurt am Main 2004.

Schieberle, Andreas: *Arbeitslos? So kriegen Sie den Job.* Niedernhausen 1999.

Stebut, Gesa von: *Zeugnisse richtig lesen und beurteilen.* München 1998.

Das Vorstellungsgespräch

Eßmann, Elke: *111 Arbeitgeberfragen im Vorstellungsgespräch.* Niedernhausen 2002.

Hesse, Jürgen / Hans Christian Schrader: *Das erfolgreiche Vorstellungsgespräch. Wie Sie beeindrucken, überzeugen, gewinnen.* Frankfurt am Main 2001.

Ibelgaufts, Renate: *Das überzeugende Vorstellungsgespräch. Erfolgreiche Strategien für den ersten Eindruck.* Niedernhausen 2000.

Püttjer, Christian: *So überzeugen Sie im Bewerbungsgespräch.* Frankfurt am Main 2004.

Sabel, Herbert: *Bewerbungsgespräche richtig vorbereiten und erfolgreich führen.* Würzburg 2001.

Siewert, Horst: *Fangfragen im Vorstellungsgespräch souverän beantworten.* 2002.

Toropov, Brandon: *Last Minute Programm für das erfolgreiche Bewerbungsgespräch.* Frankfurt am Main 1998.

Winter, Jürgen: *Das Vorstellungsgespräch.* Mit CD-ROM. 2001.

Auswahlverfahren

Cyriax, Martina: *Testknacker für Bewerbungsgespräche.* München 1998

Hesse, Jürgen / Hans-Christian Schrader: *Testtraining Logik.* Frankfurt am Main 2002.

Hesse, Jürgen / Hans-Christian Schrader: *Testtraining Allgemeinwissen.* Frankfurt am Main 2002.

Hesse, Jürgen / Hans-Christian Schrader: *Testtraining Konzentrationsvermögen.* Frankfurt am Main 2002.

Hesse, Jürgen / Hans-Christian Schrader: *Testtraining 2000 plus. Einstellungs- und Eignungstests erfolgreich bestehen.* Frankfurt am Main 2004.

Hustedt, Henning / Hilke Reinhard: *Einstellungstests.* München 2004.

Schneider, Peter J. / Manfred Zindel / Roland Lötzerich: *Den Einstellungstest bestehen.* 2004.

Siewert, Horst H.: *Auswahltests bestehen.* Frankfurt am Main 2004.

Siewert, Horst H.: *Persönlichkeitstests souverän meistern.* München 2000.

Assessment Center

Beitz, Holger / Andrea Loch: *Assessment Center.* München 2003.

Coelius, Claus: *Fit fürs Assessment Center. Mit Originalaufgaben, Checklisten und Beurteilungsschlüssel.* 2002.

Hesse, Jürgen / Hans-Christian Schrader: *Assessment Center für Hochschulabsolventen.* Frankfurt am Main 2002.

Püttjer, Christian / Uwe Schnierda: *Erfolgreich im Assessment Center.* Frankfurt am Main 2001.

Püttjer, Christian / Uwe Schnierda: *Körpersprache im Assessment Center.* Frankfurt am Main 2001.

Die Gehaltsverhandlung

Hesse, Jürgen / Hans-Christian Schrader: *Strategien für die erfolgreiche Gehaltsverhandlung.* Frankfurt am Main 2001.

Brenner, Doris: *Gehaltsverhandlung.* Baden-Baden 2004.

6. Berufsstart

Der Arbeitsvertrag

Baumann, Peter: *Das aktuelle Recht für Arbeitnehmer. Arbeitsvertrag, Kündigung, Abfindung.* Regensburg 1999.

Hanisch, Dirk: *Clever verhandeln: Der optimale Arbeitsvertrag.* Niedernhausen 2000.

Weiterführende Literatur

Gumpert, Jobst / Stefan Andritzky: *Befristete Arbeitsverträge.* Heidelberg 1996.

o. V.: *Ihr Arbeitsvertrag. Wichtige Regelungen, Vertragstypen, Fallstricke.* Regensburg 1997. (CD-ROM)

Sander, Peter: *Vom Abschluss bis zur Beendigung von Arbeitsverträgen.* Freiburg 1996.

Wetter, Reinhard: *Der richtige Arbeitsvertrag.* München 2000.

BAföG-Rückzahlung

BAföG 2002/03. Hrsg von GEW. 2002.

Die ersten Arbeitstage

Hertwig, Sabine: *Die besten Tricks in der Probezeit. Frechheit siegt.* Niedernhausen 2001.

Ebel-Gerlach, Helga: *Die ersten hundert Tage im Beruf. Erfolgreich durch die Probezeit.* Frankfurt am Main 2000.

Pohl, Elke: *Karriere-Knigge. 100 Tips für gekonntes Auftreten im Berufsleben.* München 2003.

Chapman, Elwood N.: *Überzeugen in der Probezeit.* Frankfurt am Main 2002.

Aktives Selbstmanagement

Bischof, Anita: *Selbstmanagement.* 2004.

Grünwald, Marietta: *Selbstorganisation im Beruf, kreativ und effizient.* Köln 1999.

Großmann, Alexander: *Effektives Selbstmanagement.* Offenbach 2000.

Jäger, Roland: *Selbstmanagement und persönliche Arbeitstechniken.* Wettenberg 2001.

Kellner, Hedwig: *Die Teamlüge. Von der Kunst, den eigenen Weg zu gehen.* Frankfurt am Main 2000.

Kuhlmann, Martin: *Last Minute Programm für Vortrag und Präsentation.* Frankfurt am Main 1999.

Rabey, Gordon: *Basiswissen für Führungskräfte. Selbstmanagement, Teambildung, Arbeitsorganisation.* Niedernhausen 1997.

Seiwert, Lothar J.: *Das neue 1x1 des Zeitmanagement.* Offenbach 2003.

Seiwert, Lothar J.: *Selbstmanagement; mit CD-ROM.* Offenbach 2000.

7. Funktionsbereiche und Branchen

Funktionsbereiche

o. Verf.: *Praxisführer: Die wichtigsten Unternehmen und die vielseitigsten Tätigkeiten für Absolventen.* Konstanz/Kreutlingen 2001.

Stiens, Rita: *Management & IT-Consulting.* München 2002.

Einstiegsprogramme

Hesse, Jürgen / Schrader, Hans Christian: *Die perfekte Bewerbungsmappe für Hochschulabsolventen. Kreativ – überzeugend – erfolgreich.* Frankfurt am Main 2002.

Hesse, Jürgen / Hans Christian Schrader: *Neue Bewerbungsstrategien für Hochschulabsolventen. Startklar für die Karriere.* Frankfurt am Main 2002.

Branchen

Baldus, Michael (Hrsg.): *Studium, Beruf, Karriere. Personal-Manager sagen Ihnen, was Sie tun müssen.* Wiesbaden 1997.

Hofert, Svenja: *Berufe mit Zukunft: Internet-Jobs. Karriere mit Internet und Multimedia.* Frankfurt am Main 2001.

Löw, Günter Paul: *Die heimlichen Siegerbranchen.* Frankfurt am Main 2002.

Gehälter

Hesse, Jürgen / Hans-Christian Schrader: *Strategien für die erfolgreiche Gehaltsverhandlung. Vorbereitung – Gesprächsführung. Praxistipps und Tricks.* Frankfurt am Main 2001.

Krauss, Reinhard / Rudi Groß: *Wer verdient wieviel? Orientierung über Berufe, Positionen und Einkommen, brutto und netto.* Renningen 2002.

o. V.: *Fast Reader. Gehaltsverhandlung.* Frankfurt am Main 2000.

9. Ausland/EG

Auslandserfahrung

Burgwald, Michael: *Berufs- und Bildungschancen im Ausland.* Würzburg 2003.

Programmangebote

InWEnt (Hrsg.): *Weiterbildung ohne Grenzen 2004.* Köln 2004.

von Sydow, Momme / Heiner Staschen u. a.: *Handbuch Studium und Praktikum im Ausland. Austauschprogramme, Stipendien und Sprachkurse.* Frankfurt am Main 2004.

Auf eigene Faust ins Ausland

Beckmann, Georg: *Jobben weltweit – Arbeiten und Helfen.* Freiburg 2004.

Haug, Tanja: *Bewerbungsstrategien für Europa. Länderspezifische Tipps, Musterbeispiele und Adressen.* Frankfurt am Main 1999.

Leger, Bernd: *Studium in USA und Kanada.* Frankfurt am Main 2002.

Schachmann, Martin: *Arbeiten im Ausland.* München 1998.

10. Existenzgründung

Start in die Selbstständigkeit

Arnold, Jürgen: *Existenzgründung. Von der Idee zum Erfolg.* Würzburg 1999.

Bürkle, Hans: *Aktive Karrierestrategie. Erfolgsmanagement in eigener Sache.* Frankfurt am Main und Wiesbaden 2001.

Friedrich, Kerstin / Lothar J. Seiwert / Edgar K. Geffroy: *Das neue 1x1 der Erfolgsstrategie. EKS-Erfolg durch Spezialisierung.* Offenbach 2002.

Klandt, H. / Finke-Schürmann, T.: *Existenzgründung für Hochschulabsolventen. So erstellen Sie einen überzeugenden Business-Plan.* Frankfurt am Main 2000.

Weiterführende Literatur

Klug, Sonja / Dorothee Köhler: *Internet für Existenzgründer. So nutzen Sie das Netz auf dem Weg in die Selbstständigkeit*. Frankfurt am Main 2001.

Ludolph, Fred / Lichtenberg, Sabine: *Der Business-Plan. Professioneller Aufbau und erfolgreiche Präsentation*. München 2001.

Gute Geschäftsideen finden

Kolberg, Anja: *Die 88 besten Gründungsideen für Ihren Erfolg*. Landsberg/Lech 2001.

Massow, Martin: *Home-Jobbing. Geld verdienen von zu Hause aus. 1000 Profi-Tipps, über 100 Job- und Geschäftsideen*. Düsseldorf 1996.

Mewes, Wolfgang: *EKS – Die Strategie*. Pfungstadt 1997. (Fernlehrgang)

Mewes, Wolfgang/Beratergruppe Strategie (Hrsg.): *Mit Nischenstrategie zur Marktführerschaft*. Band 1 und Band 2. Zürich 2000 und 2001.

Zobel, Dietmar: *Systematisches Erfinden. Methoden und Beispiele für den Praktiker*. Renningen 2002.

Eignungstest

Arnold, Jürgen: *Existenzgründung – von der Idee zum Erfolg*. Bonn 1999.

Gründungsvarianten

Alpers, H. / A. Sattler: *Wie mache ich mich als Unternehmensberater selbständig*. Bonn 1998.

Alznauer-Lesaar, Michael: *So machen Sie sich als Franchise-Nehmer erfolgreich selbständig*. Würzburg 1996.

Dieterle, Willi, K.M. (Hrsg.): *Gründungsplanung und Gründungsfinanzierung*, München 2000.

Durand-Noll, Madeleine: *Jetzt mach ich mich selbstständig. Existenzgründung für Frauen*. Düsseldorf 1996.

Egger, Uwe-Peter / Peter Gronemeier: *Existenzgründung*. Wiesbaden 1999.

Fromm, Rüdiger u. a.: *Die richtige Unternehmernachfolge im Mittelstand. Vermögen sichern, Steuern sparen, Unternehmen erhalten*. Köln 20002.

Herz, Peter: *Profi-Handbuch für Existenzgründer. Fähigkeiten, Finanzierung, Recht, Steuern*. Regensburg 1999.

Kirschbaum, Günter / Wilfried Naujoks: *Erfolgreich in die berufliche Selbständigkeit. Tipps und Ratschläge für Existenzgründer*. Freiburg 2000.

o. V.: *Franchise-Chancen 2001/2002*. Bonn 2001.

o. V.: *Existenzgründung für Einsteiger, Band 1. Vom Start weg erfolgreich sein*. Düsseldorf 1998.

o. V.: *Erfolgreich selbständig. Der große Existenzgründungsratgeber*. CD-ROM. Kaarst 1999.

Wörle, Michael (Hrsg.): *Handbuch für Selbständige und Unternehmer*. Bonn, 1997. (Loseblattwerk)

Die Standortwahl

Fickel, Franz W.: *Optimale Standortwahl im Einzelhandel.* Wiesbaden 1997.

Salmen, Thomas: *Standortwahl der Unternehmen. Ein Überblick über empirische Gründe, Prozesse und Kriterien der unternehmerischen Entscheidungsfindung.* Marburg 2001.

Die Rechtsform

Bäcker, Roland: *GmbH-Risiken. Die 80 größten Haftungsrisiken und wie man sie vermeiden kann.* Bonn 1999.

Beeler, Adolf: *AG, GmbH oder Einzelfirma? Aktueller Ratgeber für Unternehmer zur Wahl der richtigen Rechtsform.* Bern 2000.

Bösert, B. / A. Braun u. a.: *Leitfaden zur Partnerschaftsgesellschaft.* Weinheim 1996.

Münster, Thomas: *Die optimale Rechtsform für Selbständige, Unternehmer und Existenzgründer.* Landsberg a. L. 2002.

Primus, Hubertus: *Der GmbH-Geschäftsführer.* München 2001.

Tillmann, Bert / Randolf Mohr: *GmbH-Geschäftsführer-Praktikum.* Köln 1999.

Steuern des Unternehmens

Grefe, Cord: *Unternehmenssteuern.* Ludwigshafen 2002.

Jacobs, Otto H. / Wolfram Scheffler: *Unternehmensbesteuerung und Rechtsform. Handbuch zur Besteuerung deutscher Unternehmen.* München 2002.

Versicherungen

Röger, Bernd: *Die wichtigsten Versicherungen für Existenzgründer.* Regensburg 2000.

Schützrumpf, Karin. *Optimal versichert als Existenzgründer.* München 2001.

Gründungshelfer

Eder, Barbara: *Existenzgründung für Frauen. Entscheidungshilfen für den erfolgreichen Start.* München 1999.

Meyer, Jörn / Peter Hansen: *Handbuch der Förderprogramme für kleine und mittlere Unternehmen.* München 1999.

IT-OUTSOURCING
PEER-TO-PEER
MOBILE COMMERCE

Die **WIRTSCHAFTSINFORMATIK** ist das Netzwerk der Profis – wenn Sie wissen wollen, was die Wissenschaft über zukünftige Entwicklungen im Bereich IT-Management denkt und die Praxis plant und realisiert, dann kommen Sie an dieser Fachzeitschrift nicht vorbei.

www.wirtschaftsinformatik.de
Tel.: 0611.7878-151

Adressen

1. Studium

Praktika

Bundesverband Deutscher Unternehmensberater (BDU)
Zitelmannstraße 22
53113 Bonn
☎ 02 28 / 91 61 0
🖷 02 28 / 96 61 26
💻 www.bdu.de

Bundesverband Deutscher Volks- und Betriebswirte (bdvb)
Florastraße 29
40217 Düsseldorf
☎ 02 11 / 37 10 22
🖷 02 11 / 37 94 68
💻 www.bdvb.de

Market Team
c/o Christoph Luig
Carl-Metz-Straße 2
68163 Mannheim
☎ 06 21 / 4 30 23 63
💻 www.market-team.com

MTP – Marketing zwischen Theorie und Praxis e. V.
Alt-Moabit 106
10559 Berlin
☎ 01 77 / 39 88 56 35
💻 www.mtp.org

Auslandspraktika

InWEnt gGmbH
Weyerstraße 79–83
50676 Köln
☎ 02 21 / 20 98 0
🖷 02 21 / 20 98 11 1
💻 www.inwent.org

Deutscher Akademischer Austauschdienst (DAAD)
Kennedyallee 50
53175 Bonn
☎ 02 28 / 88 20
🖷 02 28 / 88 24 44
💻 www.daad.de

Adressen

Deutsches Komitee der AIESEC e. V.
Kasernenstraße 26
53111 Bonn
☎ 02 28 / 2 89 80 - 0
📠 02 28 / 2 89 80 - 10
🖥 www.aiesec.de
(örtliche AIESEC-Stellen an den Hochschulen)

IAESTE DAAD Ref. 425
Kennedyallee 91–103
53175 Bonn
☎ 02 28 / 88 22 31
📠 02 28 / 88 25 50
🖥 www.iaeste.de
🖱 iaeste@daad.de

Studium im Ausland

Deutscher Akademischer Austauschdienst (DAAD)
Kennedyallee 50
53175 Bonn
☎ 02 28 / 88 20
📠 02 28 / 88 24 44
🖥 www.daad.de

Informationsstelle für Auslandstätige und Auswanderer – Bundesverwaltungsamt
Barbarastraße 1
50735 Köln
☎ 0 18 88 / 3 58 - 0
📠 0 18 88 / 3 58 - 28 23
🖥 www.bva.bund.de

InWEnt – Internationale Weiterbildung und Entwicklung gGmbH
Tulpenfeld 5
53113 Bonn
☎ 02 28 / 24 34 - 5
📠 02 28 / 24 34 - 7 66
🖥 www.inwent.org

Zentralstelle für Arbeitsvermittlung (ZAV)
Villemombler Straße 76
53123 Bonn
☎ 02 28 / 7 13 - 13 50
📠 02 28 / 7 13 - 14 12
🖥 www.arbeitsagentur.de

Zentralstelle für ausländisches Bildungswesen im Sekretariat der Kultusministerkonferenz
Lennéstraße 6
53113 Bonn
☎ 02 28 / 50 10
📠 02 28 / 50 12 99
🖥 www.kultusministerkonferenz.de

2. Finanzierung des Studiums

Studieren mit Kind

Bundesfamilienministerium
Alexanderplatz 6
10178 Berlin
☎ 01 888 / 55 50
🖥 www.bmfsfj.de

Studium für Behinderte

Deutsches Studentenwerk
Monbijouplatz 5
10178 Berlin
☎ 0 30 / 2 97 72 70
🖨 0 30 / 29 77 27 99
💻 www.studentenwerke.de

3. Qualifikationen während des Studiums

Zusatzqualifikationen

AEGEE-Köln
c/o Universität zu Köln
Albert-Magnus-Platz
50931 Köln
☎ 0 22 03 / 33 62 1
💻 www.aegee-Koeln.de

Aktion Bildungsinformation
Alte Poststraße 5
70173 Stuttgart
☎ 07 11 / 29 93 35
🖨 07 11 / 29 93 30
💻 www.abi-ev.de

Amerikahaus Berlin
Hardenbergstraße 22–24
10623 Berlin
☎ 0 30 / 3 11 07 - 4 06
💻 www.charlottenburg-wilmersdorf.de

Amerikahaus Frankfurt
Staufenstraße 1
60323 Frankfurt am Main
☎ 0 69 / 97 14 48 0

Amerikahaus Hannover
Prinzenstraße 4
30159 Hannover
☎ 05 11 / 37 22 86

Amerikahaus Köln
Apostelnkloster 13–15
50672 Köln
☎ 02 21 / 20 90 10

Amerikahaus Leipzig
Wilhelm-Seyfferth-Straße 4
04107 Leipzig
☎ 03 41 / 21 38 42 0

Amerikahaus München
Karolinenplatz 3
80333 München
☎ 0 89 / 55 25 37 0
💻 www.amerikahaus.de

Amerikahaus Stuttgart
Friedrichstraße 23a
70174 Stuttgart
☎ 07 11 / 22 98 31 7

British Council
Hackescher Markt 1
10178 Berlin
☎ 0 30 / 3 11 09 90
💻 www.britcoun.de

Institut Français – Französisches Kultur- und Sprachinstitut
Sachsenring 77
50677 Köln
☎ 02 21 / 93 18 77 0
💻 www.ifocologne.de

Adressen

Bundesverband Deutscher Privatschulen
Darmstädter Landstraße 85a
60598 Frankfurt am Main
☎ 0 69 / 6 09 18 90
📠 0 69 / 6 09 18 910
🖥 www.privatschulen.de

OFW (Organisationsforum Wirtschaftskongress e.V)
Salierring 48
50677 Köln
☎ 02 21 / 92 18 26 0
🖥 www.ofw.de

OSCAR GmbH – Student Consulting and Research
Salierring 48
50677 Köln
☎ 02 21 / 92 15 67 - 0
📠 02 21 / 92 15 67 - 99
🖥 www.oscar.de

Deutsches Studentenwerk e. V.
Monbijouplatz 5
10178 Berlin
☎ 0 30 / 2 97 72 70
📠 0 30 / 29 77 27 99
🖥 www.studentenwerke.de

LHG (Bundesverband Liberaler Hochschulgruppen)
Ackerstraße 3b
10115 Berlin
☎ 0 30 / 28 38 94 21
🖥 www.bundes-lhg.org

Jobs für Studenten

Logo Repetitorium der Wirtschaftswissenschaften GmbH/ Logo connection
Beethovenplatz 1–3
60325 Frankfurt am Main
☎ 0 69 / 74 100 50
📠 0 69 / 74 100 25
✉ logo@frankfurt-online.net
🖥 www.planetlogo.de

Berufsqualifizierende Praktika

Deutsches Komitee der AIESEC e. V.
Kasernenstraße 26
53111 Bonn
☎ 02 28 / 2 89 80 - 0
📠 02 28 / 2 89 80 - 10
✉ mc@de.aiesec.org
🖥 www.de.aiesec.de
(örtliche AIESEC-Stellen an den Hochschulen)

AIESEC Austria
Augasse 13/9
A-1090 Wien
☎ 00 43 / 1 / 31 01 323
🖥 www.at.aiesec.org

AIESEC Schweiz
Kronhausplatz 8
CH-3000 Bern 7
☎ 00 41 / 31 / 22 77 18

Bundesverband Deutscher Studentischer Unternehmensberatungen (BDSU)
Gustav-Lorenz-Straße 9
64283 Darmstadt
☎ 0 61 51 / 29 57 54
📠 0 61 51 / 28 40 5
🖥 www.bdsu.de

Adressen

Büro Führungskräfte zu Internationalen Organisationen (BFIO) in der ZAV
Villemombler Straße 76
53123 Bonn
☎ 02 28 / 7 13 - 13 13
📠 02 28 / 7 13 - 10 36

Deutscher Akademischer Austauschdienst (DAAD) Programmbereich: Praxisbezogene Ausbildung
Kennedyallee 50
53175 Bonn
☎ 02 28 / 88 20
📠 02 28 / 88 24 44
💻 www.daad.de

Finnische Zentrale für Internationale Mobilität (CIMO)
Postbox 343
00531 Helsinki
Finnland
☎ 00 3 58 / 9 / 77 47 70 33
📠 00 3 58 / 9 / 77 47 70 64
✉ cimoinfo@cimo.fi

Industrie- und Handelskammer zu Köln
Unter Sachsenhausen 10–26
50606 Köln
☎ 02 21 / 16 40 0
📠 02 21 / 16 40 12 9
💻 www.ihk-koeln.de

Interswop e. V.
Osterstraße 42
20259 Hamburg
☎ 0 40 / 4 10 80 28
📠 0 40 / 4 10 80 29
💻 www.interswop.de
(Praktika in Australien, Neuseeland, Südafrika, Lateinamerika)

InWEnt – Internationale Weiterbildung und Entwicklung gGmbH
Tulpenfeld 5
53113 Bonn
☎ 02 28 / 2 43 45
📠 02 28 / 2 43 48 55
💻 www.inwent.org

Ring Christlich Demokratischer Studenten (RCDS)
Paul-Lincke-Ufer 8b
10999 Berlin
💻 www.rcds.de

Bundesverband deutscher Volks- und Betriebswirte e. V. (bdvb)
Florastraße 29
40217 Düsseldorf
☎ 02 11 / 37 10 22
📠 02 11 / 37 94 68
💻 www.bdvb.de

Bundesagentur für Arbeit
Regensburger Straße 104
90408 Nürnberg
☎ 09 11 / 1 79 - 0
📠 09 11 / 1 79 - 21 23
💻 www.arbeitsagentur.de

Diplomarbeit mit Praxisbezug

Diplomica GmbH
Hermannstal 119 k
22119 Hamburg
☎ 0 40 / 6 55 99 20
📠 0 40 / 65 59 92 22
💻 www.diplom.de

Adressen

F & K Vermittlungsservice
Hohe Straße 46
56410 Montabaur
(Verwertung von Diplomarbeiten)
🖳 http://datenbanken.freepage.de/
vermittlungsservice

Industrie- und Handelskammer zu Münster
Sentmaringer Weg 61
48151 Münster
Postfach 40 24
48022 Münster
🖳 www.ihk-nordwestfalen.de

Handelskammer Hamburg
Adolphsplatz 1
20457 Hamburg
Postfach 11 14 49
20414 Hamburg
☎ 0 40 / 36 13 81 38
📠 0 40 / 36 13 84 01

Verlagsgruppe Handelsblatt
Kasernenstraße 67
40213 Düsseldorf
☎ 02 11 / 88 70
📠 02 11 / 32 67 59
🖳 www.vhb.de

4. Qualifikationen nach dem Studium

Promotion

Hochschulrektorenkonferenz (HRK)
Ahrstraße 39
53175 Bonn
☎ 02 28 / 88 71 50
📠 02 28 / 88 71 10
🖳 www.hrk.de

Deutsche Forschungsgemeinschaft (DFG)
Kennedyallee 40
53175 Bonn
☎ 02 28 / 88 51
🖳 www.dfg.de

Kultusministerkonferenz Bonn (KMK)
Lennéstraße 6
53113 Bonn
☎ 02 28 / 50 10
📠 02 28 / 50 17 77
🖳 www.kultusministerkonferenz.de

Thesis e. V.
Hertzstraße 9
30163 Hannover
☎ 📠 07 00 / 84 37 47 38
🖳 www.thesis.de

MBA

Alster-Consulting.com
Berufs- und Bildungsberatung
Postfach 10 37 28
20025 Hamburg
☎ 01 62 / 8 27 84 85
✉ webmaster@mba-service.de

Adressen

American Assembly of Collegiate Schools of Business (AACSB)
777 South Harbour
Island Boulevard, Suite 750
Tampa, FL33602, USA
☎ 0 01 / 8 13 / 7 69 - 65 00
🖥 www.aacsb.edu

CITO
P. O. Box 10 34
NL-6801 MG Arnhem
🖥 www.citogrocp.nl

Educational Testing Service (ETS)
CN 61 54
Princeton, New Jersey
08541, USA

European Foundation for Management Development (EFMD)
Rue Gachard 88 – box 3
B – 1050 Brüssel
☎ 00 32 / 2 / 6 48 03 85
🖥 www.efmd.org

Foundation for International Business Administration Accreditation (FIBAA)
c/o DIHT
Adenauerallee 73
53113 Bonn
☎ 07 00 / 3 42 - 22 26 66
🖥 www.fibaa.de

Zentralstelle für ausländisches Bildungswesen – Kultusministerkonferenz
(siehe unter Promotion)

Weiterbildung im Berufsleben

Bundesarbeitsgemeinschaft der Berufsbildungswerke
Freiburger Straße 6, Haus 1
77652 Offenburg
☎ 07 81 / 97 07 - 0 43
📠 07 81 / 97 07 - 0 44
🖥 www.bagbbw.de

Akademikergesellschaft für Erwachsenenfortbildung (AKAD)
Maybachstraße 18–20
70469 Stuttgart
☎ 07 11 / 81 49 50
📠 07 11 / 81 49 59 99
🖥 www.akad-fernstudium.de

Bankakademie e. V.
Sonnemannstraße 9–11
60314 Frankfurt am Main
☎ 0 69 / 15 40 08 0
📠 0 69 / 15 40 08 - 6 50
🖥 www.bankakademie.de

Deutsche Management-Gesellschaft (DMG)
Postfach 13 49
72603 Nürtingen
(Datenbank mit Kursen und Lehrgängen europäischer Weiterbildungsinstitutionen)

Deutsche Vereinigung zur Förderung der Weiterbildung von Führungskräften (Wuppertal Kreis) e. V.
Gustav-Heinemann-Ufer 84–88
50968 Köln
☎ 02 21 / 37 20 18
📠 02 21 / 37 59 52
(Arbeitsgemeinschaft von 30 gemeinnützigen Weiterbildungsinstitutionen für Führungskräfte)

Adressen

Deutscher Volkshochschul-Verband
Obere Wilhelmstraße 32
53225 Bonn
☎ 02 28 / 97 56 90
🖷 02 28 / 97 56 93 0
💻 www.vhs-dvv.server.de

**Deutsches Institut für
Erwachsenenbildung**
Friedrich-Ebert-Allee 38
53113 Bonn
☎ 02 28 / 3 29 40
🖷 02 28 / 3 29 43 99
💻 www.die-bonn.de

**Gießener Unternehmensführungs-
Seminar, Universität Gießen
Institut für Unternehmensplanung**
Licher Straße 62
35394 Gießen
☎ 06 41 / 47 64 0

Gottlieb-Duttweiler-Institut
Langhaldenstraße 21
CH-8803 Rüschlikon / ZH
☎ 00 41 / 1/ 72 46 11 1
🖷 00 41 / 1/ 72 46 26 2
💻 www.gdi.ch

**Kontaktstudium Management
an der Universität Augsburg**
Eichleitnerstraße 30
86159 Augsburg
☎ 08 21 / 59 84 61

**Mannheimer Management-Seminar
Verein zur Förderung der
wissenschaftlichen Weiterbildung
an der Universität Mannheim**
Friedrich-Ebert-Anlage 22–24
69177 Heidelberg

**Staatliche Zentralstelle für
Fernunterricht (ZFU)**
Peter-Welter-Platz 2
50676 Köln
☎ 02 21 / 92 12 07 0
🖷 02 21 / 92 12 07 20
💻 www.zfu.de

**ESMT European School of Management
and Technology**
Schlossplatz 1
10178 Berlin
☎ 0 30 / 21 23 10
💻 www.esmt.org

**Unternehmerseminar der
Universität Münster**
Universitätsstraße 14–16
48143 Münster
☎ 02 51 / 83 28 51

**Akademie für Führungskräfte
der Wirtschaft GmbH**
Postfach 11 16
38653 Bad Harzburg
☎ 0 53 22 / 73 0
💻 www.die-akademie.de

**Akademie für Internationales
Management
Private Gesellschaft für
betriebswirtschaftliche Studiengänge
und Fremdsprachen mbH**
E 1, 10
68159 Mannheim
☎ 06 21 / 15 56 56 51
💻 www.akademie-aim.de

Adressen

Akademie für Internationales Management
Private Gesellschaft für betriebswirtschaftliche Studiengänge und Fremdsprachen mbH
Königstraße 49
70173 Stuttgart
☎ 07 11 / 29 71 79
💻 www.akademie-aim.de

Akademie für Organisation
Kaiserstraße 3
53113 Bonn
☎ 02 28 / 21 00 21

ASB Management Seminare
Gaisbergstraße 11–13
69115 Heidelberg
☎ 0 62 21 / 98 88
📠 0 62 21 / 98 86 82

5. Erfolgsprogramm Bewerbung

Bewerbungswege

Andersch Consulting
Klemensstraße 6
52074 Aachen
☎ 01 70 / 5 55 17 17
📠 01 70 / 5 54 51 44
💻 www.andersch-consulting.de

Hesse/Schrader – Büro für Berufsstrategie
Oranienburger Straße 4–5
10178 Berlin
☎ 0 30 / 28 88 57 0
📠 0 30 / 28 88 57 36
💻 www.berufsstrategie.de

Madeleine Leitner Karriere-Management
Ohmstraße 8
80802 München
☎ 0 89 / 33 07 94 44
📠 0 89 / 33 07 94 45
💻 www.madeleine-leitner.de

Voss + Partner
Siemensstraße 31
25462 Rellingen
☎ 0 41 01 / 38 44 - 0
📠 0 41 01 / 31 63 6
💻 www.voss-partner.org

Arbeitsagentur

Zentralstelle für Arbeitsvermittlung (ZAV)
Villemombler Straße 76
53123 Bonn
☎ 02 28 / 7 13 - 13 50
📠 02 28 / 7 13 - 14 12
💻 www.arbeitsagentur.de

Kontaktmessen

Access
Schanzenstraße 23
51063 Köln
☎ 0 18 03 / 22 23 77
📠 02 21 / 9 56 49 09 20
💻 www.access-online.de

AIESEC-Firmenkontaktgespräche
Deutsches Komitee der AIESEC e. V.
Kasernenstraße 26
53111 Bonn
☎ 02 28 / 2 89 80 - 0
📠 02 28 / 2 89 80 - 10
💻 www.aiesec.de

Adressen

Baden-Badener Unternehmens-gespräche
Deutsches Institut zur Förderung des industriellen Führungsnachwuchses
Bundesverband der Deutschen Industrie
Haus der Deutschen Wirtschaft
Breite Straße 29
10178 Berlin
☎ 0 30 / 20 28 - 10
🖥 www.bdi-online.de

Bonding-studenteninitiative e. V. Hochschulgruppe Aachen
Mauerstraße 110
52064 Aachen
☎ 02 41 / 40 33 52
📠 02 41 / 37 47 5
🖥 www.bonding.de

Deutscher Absolventenkongress Forumverlag
Wildunger Straße 6
60487 Frankfurt am Main
☎ 0 69 / 2 55 37 - 0
🖥 www.forum-jobline.de

IQB Career Services
Adalbertstraße 14
60486 Frankfurt am Main
☎ 0 69 / 79 40 95 - 0
📠 0 69 / 79 40 95 - 33
🖥 www.iqb.de

TALENTS 2004
bmv Consulting GmbH
Jarrestraße 20
22303 Hamburg
☎ 0 40 / 21 90 83 - 50
📠 0 40 / 21 90 83 - 53
🖥 www.talents2004.de

Via e. V. – Studentische Unternehmensberatung Universität Dortmund
Emil-Figge-Straße 73
44221 Dortmund
☎ 02 31 / 75 55 47 5
📠 02 31 / 75 55 43 81
🖥 www.via-ev.de

Erste Kontakte knüpfen

Bundesverband der Deutschen Industrie (BDI)
Haus der Deutschen Wirtschaft
Breite Straße 29
10178 Berlin
☎ 0 30 / 2 02 81 - 0
🖥 www.bdi-online.de

Bundesvereinigung der Deutschen Arbeitgeberverbände
Haus der Deutschen Wirtschaft
Breite Straße 29
10178 Berlin
☎ 0 30 / 20 33 - 0
📠 0 30 / 20 33 - 10 55
🖥 www.bda-online.de

6. Berufsstart

Weiterbildung

BIFOA
Universität zu Köln
Betriebswirtschaftliches Institut für Organisation und Automation e. V.
Universitätsstraße 45
50931 Köln
☎ 02 21 / 47 60 30

Adressen

CHRISTIANI Unternehmer AG
Maximilianstraße 9
82319 Starnberg
☎ 0 81 51 / 26 86 00
📠 0 81 51 / 2 68 60 60
💻 www.christiani-ag.de

**CDI Deutsche Private Akademie
für Wirtschaft GmbH**
Taunusstraße 38
80807 München
☎ 0 89 / 3 50 38 - 0
💻 www.cdi.de

Controller Akademie
Leutstettener Straße 2
82131 Gauting
☎ 0 89 / 89 31 34 - 0
📠 0 89 / 89 31 34 - 31
💻 www.controllerakademie.de

**Deutsche Gesellschaft für
Personalführung**
Niederkasseler Lohweg 16
40547 Düsseldorf
☎ 02 11 / 59 78 0
📠 02 11 / 5 97 81 49
💻 www.dgfp.de

**Deutsches Institut
für Betriebswirtschaft**
Friedrichstraße 10–12
60323 Frankfurt am Main
☎ 0 69 / 97 16 5 - 0
📠 0 69 / 97 16 5 - 25
💻 www.dib.de

Deutsches Institut für Public Relations
Gussau 1c
22359 Hamburg
☎ 0 40 / 20 94 45 05
📠 0 40 / 20 94 45 06
💻 www.dipr.de

Deutsche Verkaufsleiter-Schule GmbH
Emmy-Noetner-Straße 2
80992 München
☎ 0 89 / 5 48 52 - 85 00
📠 0 89 / 5 48 52 - 85 08
💻 www.dvs-gmbh.de

Deutsche Versicherungs-Akademie
Arabellastraße 29
81925 München
☎ 0 89 / 45 55 47 - 0
📠 0 89 / 45 55 47 - 7 10
💻 www.versicherungsakademie.de

**FORUM –
Institut für Management GmbH**
Vangerowstraße 18
69115 Heidelberg
☎ 0 62 21 / 50 05 00
📠 0 62 21 / 50 05 05
💻 www.forum-institut.de

GRID-Institut
Salentinstraße 308
45661 Recklinghausen
☎ 0 23 61 / 92 78 0
📠 0 23 61 / 92 78 - 78
💻 www.grid-institut.de

Adressen

IME – Institut für Management-Entwicklung
Sunderweg 4
33649 Bielefeld
☎ 05 21 / 94 20 60
📠 05 21 / 9 42 06 20
🖥 www.ime-seminare.de

International Business School
Im Eichholz 10
59556 Lippstadt
☎ 0 29 41 / 94 44 44
📠 0 29 41 / 94 44 99
🖥 www.international-business-school.de

International Management School Malente e.G.
Eutiner Straße 43
23714 Malente
☎ 0 45 23 / 99 19 - 0
📠 0 45 23 / 99 19 19
🖥 www.intermas-malente.de

Lufthansa Consulting
Von-Gablenz-Straße 2–6
50679 Köln
☎ 02 21 / 8 89 96 - 0
🖥 www.lhconsulting.com

Management Akademie München
Infanteriestraße 8
80797 München
☎ 0 89 / 4 41 08 - 5 98
🖥 www.mam.de

Munich Business School
Elsenheimerstraße 61
80687 München
☎ 0 89 / 54 76 78 - 0
📠 0 89 / 54 76 78 - 29
🖥 www.munich-business-school.de

RKW – Rationalisierungs- und Innovationszentrum der Deutschen Wirtschaft e. V.
Düsseldorfer Straße 40
65760 Eschborn
☎ 0 61 96 / 4 95 - 28 10
📠 0 61 96 / 4 95 - 48 01
🖥 www.rkw.de

Technische Akademie Wuppertal e. V.
Hubertusallee 18
42117 Wuppertal
☎ 02 02 / 74 95 0
📠 02 02 / 74 95 - 2 02
🖥 www.taw.de

USW Netzwerk
Schloss Gracht
Fritz-Erler-Straße 1
50374 Erftstadt
☎ 0 22 35 / 40 6 - 20 4
📠 0 22 35 / 40 62 35
🖥 www.usw.de

7. Funktionsbereiche und Branchen

Funktionsbereiche

Deutsches Institut für Public Relations DIPR e. V.
Seminarverwaltung
Gussau 1c
22359 Hamburg
☎ 0 40 / 20 94 45 05
📠 0 40 / 20 94 45 06

Adressen

Branchen

Bundesverband Deutscher Unternehmensberater BDU e. V.
Zitelmannstraße 22
53113 Bonn
☎ 02 28 / 91 61 0
📠 02 28 / 91 61 - 26
💻 www.bdu.de

Bundesverband Deutscher Wasserkraftwerke
Theresienstraße 29/II
80333 München
☎ 0 89 / 28 66 26 0
📠 0 89 / 28 66 26 66

Verband Privater Rundfunk und Telekommunikation (VPRT)
Stromstraße 1
10555 Berlin
☎ 0 30 / 3 98 80 - 0
📠 0 30 / 3 98 80 - 1 48

Vereinigung Deutscher Elektrizitätswerke (VDEW)
Stresemannallee 23
60596 Frankfurt am Main
☎ 0 69 / 63 04 - 1
📠 0 69 / 63 04 - 3 87

Verband der Verbundunternehmen und Regionalen Energieversorger in Deutschland – VRE – e. V.
Robert-Koch-Platz 4
10115 Berlin
☎ 0 30 / 5 90 03 11 - 0
📠 0 30 / 5 90 03 11 - 99
💻 www.vre-online.de

Sonstige

Verband der Deutschen Automatenindustrie
Dircksenstraße 49
10178 Berlin
☎ 0 30 / 2 84 07 - 0
📠 0 30 / 2 84 07 - 2 72
💻 www.vdai.de

Verband der Automobilindustrie e. V. (VDA)
Westendstraße 61
60325 Frankfurt am Main
☎ 0 69 / 9 75 07 - 0
📠 0 69 / 9 75 07 - 2 61

Hauptverband der Deutschen Bauindustrie
Kurfürstenstraße 129
10785 Berlin
☎ 0 30 / 2 12 86 - 0
📠 0 30 / 2 12 86 - 2 40

German Fashion Modeverband Deutschland e. V.
An Lyskirchen 14
50676 Köln
☎ 02 21 / 77 44 - 0
📠 02 21 / 77 44 - 1 18
💻 www.bekleidungsindustrie.de

Wirtschaftsvereinigung Bergbau
Am Schillertheater 4, 10625 Berlin
☎ 0 30 / 31 51 82 - 0
📠 0 30 / 31 51 82 - 35

Verband der Chemischen Industrie
Karlstraße 21
60329 Frankfurt am Main
☎ 0 69 / 25 56 0
📠 0 69 / 25 56 14 71

Adressen

Verband der Cigarettenindustrie
Neustädtische Kirchstraße 8
10117 Berlin
☎ 0 30 / 2 06 05 - 0
📠 0 30 / 2 06 05 - 2 50
🖳 www.vdc-berlin.de

Bundesverband Druck
Biebricher Allee 79
65187 Wiesbaden
☎ 06 11 / 80 30 81
📠 06 11 / 80 31 13

EBM Wirtschaftsverband: Wirtschaftsverband Stahl- und Metallverarbeitung e. V. (WSU) – Hauptgeschäftsführung
Kaiserswerther Straße 137
40474 Düsseldorf
☎ 02 11 / 4 56 41 01
📠 02 11 / 4 56 4169

Zentralverband Elektrotechnik- und Elektronikindustrie (ZVEI)
Stresemannallee 19
60596 Frankfurt am Main
☎ 0 69 / 63 02 0
📠 0 69 / 63 02 31 7

Bundesverband der deutschen Entsorgungswirtschaft e. V.
Tempelhofer Ufer 37
10963 Berlin
☎ 0 30 / 5 90 03 35 - 0
📠 0 30 / 5 90 03 35 - 99

Wirtschaftsverband Erdöl- und Erdgasgewinnung (WEG)
Brühlstraße 9
30169 Hannover
☎ 05 11 / 12 17 20
📠 05 11 / 12 17 21 0

Bundesvereinigung der Deutschen Ernährungsindustrie
Godesberger Allee 142–148
53175 Bonn
☎ 02 28 / 3 08 29 - 0
📠 02 28 / 3 08 29 - 99

SPECTARIS. Deutscher Industrieverband für optische, medizinische und mechatronische Technologien e. V. Industrieverband SPECTARIS
Saarbrücker Straße 38
10405 Berlin
☎ 0 30 / 41 40 21 - 0
📠 0 30 / 41 40 21 - 33
🖱 info@spectaris.de

Deutscher Gießereiverband
Sohnstraße 70
40237 Düsseldorf
☎ 02 11 / 68 71 0
📠 02 11 / 68 71 33 3

Bundesverband Glasindustrie e. V.
Am Bonneshof 5
40474 Düsseldorf
☎ 02 11 / 47 96 - 1 34
📠 02 11 / 9 51 37 51
🖱 info@bvglas.de

Hauptverband der Deutschen Holz und Kunststoffe verarbeitenden Industrie und verwandter Industriezweige
Flutgraben 2
53604 Bad Honnef
☎ 0 22 24 / 93 77 0
📠 0 22 24 / 93 77 77

Adressen

Wirtschaftsverband der deutschen Kautschukindustrie
Zeppelinallee 69
60487 Frankfurt am Main
☎ 0 69 / 79 36 0
📠 0 69 / 79 36 - 1 65

Verband der Keramischen Industrie
Schillerstraße 17
95100 Selb
☎ 0 92 87 / 80 80
📠 0 92 87 / 7 04 92
🖱 info@keramverband.de

Gesamtverband kunststoffverarbeitende Industrie
Am Hauptbahnhof 12
60329 Frankfurt am Main
☎ 0 69 / 2 71 05 20
📠 0 69 / 23 27 99

Verband der Deutschen Lederindustrie
Fuchstanzstraße 61
60489 Frankfurt am Main
☎ 0 69 / 97 84 31 41
📠 0 69 / 78 80 00 09

Bundesverband der Deutschen Luft- und Raumfahrtindustrie
Friedrichstraße 152
10117 Berlin
☎ 0 30 / 20 61 40 - 0
📠 0 30 / 20 61 40 - 90

Verband Deutscher Maschinen- und Anlagenbau
Lyoner Straße 18
60528 Frankfurt am Main
☎ 0 69 / 66 03 0
📠 0 69 / 66 03 15 11
🖱 kommunikation@vdma.org

Wirtschaftsvereinigung Metalle
Haus der Metalle
Am Bonneshof 5
40474 Düsseldorf
☎ 02 11 47 96 0
📠 02 11 / 47 96 400

Mineralölwirtschaftsverband
Steindamm 55
20099 Hamburg
☎ 0 40 / 24 84 90
📠 0 40 / 24 84 92 53

Verband Deutscher Papierfabriken
Adenauerallee 55
53113 Bonn
☎ 02 28 / 26 70 50
📠 02 28 / 26 70 56 2

Hauptverband der Papier, Pappe und Kunststoff verarbeitenden Industrie (HPV) e. V.
Strubbergstraße 70
60489 Frankfurt am Main
☎ 0 69 / 97 82 81 - 0
📠 0 69 / 97 82 81 - 30

Vereinigung deutscher Sägewerksverbände
Bahnstraße 4
65205 Wiesbaden
☎ 06 11 / 97 70 60
📠 06 11 / 97 70 62 2

Verband für Schiffbau und Meerestechnik
An der Alster 1
20099 Hamburg
☎ 0 40 / 28 01 52 - 0
📠 0 40 / 28 01 52 - 30

Adressen

Bundesverband Schmuck + Uhren
Zerrennerstraße 32
75172 Pforzheim
☎ 0 72 31 / 33 04 1
📠 0 72 31 / 35 58 87

Wirtschaftsvereinigung Stahl
Sohnstraße 65
40237 Düsseldorf
☎ 02 11 / 67 07 - 0
📠 02 11 / 67 07 - 6 76

Wirtschaftsverband Stahlbau und Energietechnik (SET)
Sternstraße 36
40479 Düsseldorf
☎ 02 11 / 4 98 70 92
📠 02 11 / 4 98 70 36
✉ info@set-online.de

Wirtschaftsverband Stahlverformung
Goldene Pforte 1
58093 Hagen
☎ 0 23 31 / 95 88 - 0
📠 0 23 31 / 5 10 46

Bundesverband Baustoffe, Steine und Erden e. V.
Kochstraße 66
10969 Berlin
☎ 0 30 / 7 26 19 99 - 0
📠 0 30 / 7 26 19 99 - 12

Gesamtverband der Textilindustrie in der Bundesrepublik Deutschland (Gesamttextil)
Frankfurter Straße 10–14
65760 Eschborn
☎ 0 61 96 / 96 60
📠 0 61 96 / 4 21 70

Deutsche Verbundgesellschaft
Ziegelhäuser Landstraße 5
69120 Heidelberg
☎ 0 62 21 / 4037 0
📠 0 62 21 / 40 37 71

Wirtschaftsvereinigung Ziehereien und Kaltwalzwerke
Kaiserswerther Straße 137
40410 Düsseldorf
☎ 02 11 / 4 56 42 46
📠 02 11 / 43 21 54

Verein der Zuckerindustrie
Am Hofgarten 8
53113 Bonn
☎ 02 28 / 22 85 0
📠 02 28 / 22 85 - 1 00

Elektronische Medien

ARD – Arbeitsgemeinschaft der öffentlich-rechtlichen Rundfunkanstalten der Bundesrepublik Deutschland
Kantstraße 71–73
04275 Leipzig
☎ 03 41 / 30 00
📠 03 41 / 55 44

ARTE Deutschland TV GmbH
Schützenstraße 1
76530 Baden-Baden
☎ 0 72 21 / 93 69 0
📠 0 72 21 / 93 69 50

Bayerischer Rundfunk
Rundfunkplatz 1
80300 München
☎ 0 89 / 59 00 01
📠 0 89 / 59 00 23 75

Deutsche Welle
53110 Bonn
☎ 02 28 / 42 90
📠 02 28 / 4 29 30 00

Deutschlandradio
Raderberggürtel 40
50968 Köln
☎ 02 21 / 34 50
📠 02 21 / 3 45 - 48 02

3Sat Satellitenfernsehen
ZDF-Straße 1
55100 Mainz
☎ 0 61 31 / 70 1
📠 0 61 31 / 70 90 90

Hessischer Rundfunk
Bertramstraße 8
60320 Frankfurt am Main
☎ 0 69 / 15 51
📠 0 69 / 15 52 90 0

Mitteldeutscher Rundfunk
Kantstraße 71–73
04275 Leipzig
☎ 03 41 / 30 00
📠 03 41 / 30 05 54 4

Norddeutscher Rundfunk
Rothenbaumchaussee 132
20149 Hamburg
☎ 0 40 / 41 56 0
📠 0 40 / 44 76 02

Ostdeutscher Rundfunk Brandenburg
Marlene-Dietrich-Allee 20
14482 Potsdam-Babelsberg
☎ 03 31 / 7 31 - 0
📠 03 31 / 7 31 - 35 71

Pro Sieben Media AG
Medienallee 7
85774 Unterföhring
☎ 0 89 / 95 07 10
📠 0 89 / 95 07 11 22

Radio Bremen
Bgm.-Spitta-Allee 45
28329 Bremen
☎ 04 21 / 24 60
📠 04 21 / 24 61 01 0

RTL NewMedia GmbH
Am Coloneum 1
50829 Köln
☎ 02 21 / 7 80 - 0
📠 02 21 / 7 80 - 40 89

RTL 2 – Fernsehen GmbH
Lil-Dagover-Ring 1
82031 Grünwald
☎ 0 89 / 64 18 50
📠 0 89 / 1 85 99 99

Saarländischer Rundfunk
Funkhaus Halberg
66100 Saarbrücken
☎ 06 81 / 60 20
📠 06 81 / 60 23 87 4

SAT.1 SatellitenFernsehen GmbH
Oberwallstraße 6
10117 Berlin
☎ 0 30 / 20 90 - 0
📠 0 30 / 20 90 - 20 90

Sender Freies Berlin
Masurenallee 8–14
14057 Berlin
☎ 0 30 / 30 31 0
📠 0 30 / 30 31 50 62

Adressen

Süddeutscher Rundfunk
Neckarstraße 230
70190 Stuttgart
☎ 07 11 / 92 90
📠 07 11 / 92 92 60 0

Südwestrundfunk
Neckarstraße 230
70190 Stuttgart
☎ 07 11 / 9 29 - 0
📠 07 11 / 9 29 - 26 00

Verband Privater Rundfunk und Telekommunikation e. V.
Stromstraße 1
10555 Berlin
☎ 0 30 / 3 98 80 - 0
📠 0 30 / 3 98 80 - 1 48

VOX Film- und Fernseh- GmbH & Co. KG
Richard-Byrd-Straße 6
50823 Köln
☎ 0 18 05 / 33 55 77
📠 02 21 / 95 34 80 00

Westdeutscher Rundfunk
Appellhofplatz 1
50667 Köln
☎ 02 21 / 2 20 - 0
📠 02 21 / 2 20 - 48 00

Zweites Deutsches Fernsehen
ZDF-Straße 1
55100 Mainz
☎ 0 61 31 / 7 01
📠 0 61 31 / 21 57

Verlags- und Pressewesen

Börsenverein des Deutschen Buchhandels
Großer Hirschgraben 17–21
60311 Frankfurt am Main
☎ 0 69 / 13 06 0
📠 0 69 / 13 06 20 1

Bremer Presse-Club
Im Schnoor 27/28
28195 Bremen
☎ 04 21 / 32 64 22
📠 04 21 / 33 78 82 9

Bundespressekonferenz
Pressehaus/0103
Schiffbauerdamm 40
10117 Berlin
☎ 0 30 / 22 07 99 - 0
📠 0 30 / 22 07 99 - 22

Bundesverband Deutscher Anzeigenblätter e. V.
Haus der Presse
Markgrafenstraße 15
10969 Berlin
☎ 0 30 / 72 62 98 - 28 18
📠 0 30 / 72 62 98 - 28 00

Bundesverband Deutscher Zeitungsverleger
Markgrafenstraße 15
10969 Berlin
☎ 0 30 / 72 62 98 - 0
📠 0 30 / 72 62 98 - 12 99

Club Berliner Wirtschaftsjournalisten
Herr Egbert Steinke
Memeingstraße 2
12203 Berlin
☎ 0 30 / 8 34 13 75

Adressen

**Club Hamburger
Wirtschaftsjournalisten**
Alter Wall 22
20457 Hamburg
☎ 0 40 / 36 92 33
🖷 0 40 / 36 92 31 76

**Club Wirtschaftspresse
c/o Bayerischer Rundfunk**
Rundfunkplatz 1
80335 München
☎ 0 89 / 59 00 27 27
🖷 0 89 / 59 00 26 39

Deutscher Journalisten-Verband
Pressehaus 2107
Schiffbauerdamm 40
10117 Berlin
☎ 0 30 / 7 26 27 92 - 0
🖷 0 30 / 7 26 27 92 - 13

Deutscher Presserat e. V.
Gerhard-von-Are-Straße 8
53111 Bonn
☎ 02 28 / 98 57 20
🖷 02 28 / 98 57 29 9

Frankfurter Presseclub
Saalgasse 30
60311 Frankfurt am Main
☎ 0 69 / 28 88 00
🖷 0 69 / 29 58 03

**Deutsche Journalistinnen- und
Journalistenunion (dju) in ver.di
verantwortlich: Ulrike Maercks-Franzen**
Potsdamer Platz 10, Haus 3
10785 Berlin
☎ 0 30 / 69 56 - 23 22
🖷 07 11 / 2 01 83 00

**Internationaler Club Frankfurter
Journalisten**
Kaiserstraße 29
60311 Frankfurt am Main
☎ 0 69 / 1 34 40
🖷 0 69 / 13 44 60 00

Kölner Presseclub
Frankenwerft 27
50667 Köln
☎ 02 21 / 25 74 72 1
🖷 02 21 / 25 74 51 2

Presse Club Deutschland
c/o IBW
Max-Joseph-Straße 5
80333 München
🖳 www.presseclub.de

Presse-Club München
Marienplatz 22
80331 München
☎ 0 89 / 26 02 48 48
🖷 0 89 / 26 02 48 50

Presse-Club Nürnberg
Glogauer Straße 70
90473 Nürnberg
☎ 09 11 / 80 04 20 0
🖷 09 11 / 80 04 20 1

**Verband Deutscher Lokalpresse
Verband Deutscher Lokalzeitungen e. V.**
Dovestraße 1
10587 Berlin-Charlottenburg
☎ 0 30 / 39 80 51 - 0
🖷 0 30 / 39 80 51 - 51

Adressen

Verband Deutscher
Zeitschriftenverleger e. V. (VDZ)
Haus der Presse
Markgrafenstraße 15
10969 Berlin
☎ 0 30 / 72 62 98 - 0
🖥 www.vdz.de

Public Relations

Deutsche Akademie für Public Relations
Schillerstraße 4
60313 Frankfurt am Main
☎ 0 69 / 28 01 01
📠 0 69 / 20 70 0

Deutsche Public Relations Gesellschaft
St.-Augustiner-Straße 21
53225 Bonn
☎ 02 28 / 97 39 - 2 87
📠 02 28 / 97 39 - 2 89

Gesellschaft Public Relations Agenturen
Schillerstraße 4
60313 Frankfurt am Main
☎ 0 69 / 20 62 8
📠 0 69 / 20 70 0

Öffentlicher Dienst

Arbeitsgemeinschaft der Verbände des höheren Dienstes
Rheinallee 18
53173 Bonn
☎ 02 28 / 9 02 66 - 66
📠 02 28 / 9 02 66 - 80

Deutscher Beamtenbund
Bundesleitung des dbb beamtenbund und tanJunion
Friedrichstraße 169/170
10117 Berlin
☎ 0 30 / 40 81 - 40

Mittelständische Unternehmen

Aktionsgemeinschaft Wirtschaftlicher Mittelstand
Universitätsstraße 2–3a
10117 Berlin
☎ 0 30 / 28 88 07 - 0
📠 0 30 / 28 88 07 - 10

Arbeitsgemeinschaft Selbstständiger Unternehmer
Reichsstraße 17
14052 Berlin
☎ 0 30 / 3 00 65 - 0
📠 0 30 / 3 00 65 - 5 00

Bund der Selbständigen
Deutscher Gewerbeverband e. V.
Platz vor dem neuen Tor 4
10115 Berlin
☎ 0 30 / 28 04 91 - 0
📠 0 30 / 28 04 91 - 11

Bundesverband Junger Unternehmer der ASU e. V.
Reichsstraße 17
14052 Berlin
☎ 0 30 / 3 00 65 - 0
📠 0 30 / 3 00 65 - 4 90
🖥 www.bju.de

Adressen

Bundesverband mittelständische Wirtschaft – Unternehmerverband Deutschlands
Berliner Freiheit 36
53111 Bonn
☎ 02 28 / 60 47 70
📠 02 28 / 65 29 73

Unternehmerverband mittelständische Wirtschaft
Rizzastraße 41
56068 Koblenz
☎ 02 61 / 33 54 1
📠 02 61 / 17 68 9

Vereinigung Mittelständischer Unternehmer
Elisabethstraße 34
80796 München
☎ 0 89 / 33 41 85
📠 0 89 / 33 31 86

9. Ausland/EU

Aktion Bildungsinformation e. V. (ABI)
Alte Poststraße 5
70173 Stuttgart
☎ 07 11 / 22 02 16 - 30
📠 07 11 / 22 02 16 - 40
💻 www.abi-ev.de

Vereinigung für Internationale Zusammenarbeit
Ahrstraße 45
53144 Bonn
☎ 02 28 / 2 64
📠 02 28 / 3 02 - 2 70
💻 www.deutsche-kultur-international.de

British Council
Hackescher Markt 1
10178 Berlin
☎ 0 30 / 31 10 99 - 0
📠 0 30 / 31 10 99 - 20
💻 www.britishcouncil.de

Council on International Educational Exchange
Oranienburgerstraße 13–14
10178 Berlin
☎ 0 30 / 28 48 59 0
📠 0 30 / 28 09 61 80
💻 www.councilexchanges.de

Deutsche Gesellschaft für Technische Zusammenarbeit
Dag-Hammarskjöld-Weg 1–5
65760 Eschborn
☎ 0 61 96 / 79 0
📠 0 61 96 / 79 11 15
💻 www.gtz.de

Deutscher Akademischer Austauschdienst (DAAD)
Kennedyallee 50
53175 Bonn
☎ 02 28 / 88 20
📠 02 28 / 8 82 - 4 44
💻 www.daad.de

Deutscher Industrie- und Handelskammertag Bereich 10 Personal
11052 Berlin
☎ 0 30 / 2 03 08 - 11 75
📠 0 30 / 2 03 08 - 11 77
💻 www.ahk.de

Adressen

Deutsches Institut für Entwicklungspolitik
Tulpenfeld 4
53113 Bonn
☎ 02 28 / 9 49 27 - 0
📠 02 28 / 9 49 27 - 13 0
💻 www.die-gdi.de

Europa-Institut an der Universität Basel
Gellertstraße 27
CH – 4052 Basel
☎ 00 41 / 61 31 79 76 7
📠 00 41 / 61 31 79 76 6
💻 www.europa.unibas.ch

Europäische Kommission
Praktikantenbüro B 100 1/7
B – 1049 Brüssel
☎ 00 32 2 / 2 99 23 39
📠 00 32 2 / 29 90 87 1
💻 http://europa.eu.int/comm/
stages/info/index_de.htm

Europäisches Parlament
Bureau des Stages, KAD 02C007
L – 2929 Luxemburg
💻 www.europa.eu.int/stages/
default_de.htm

Europäisches Parlament
Generaldirektion Wissenschaft
L – 2929 Luxemburg

Goethe-Institut zur Pflege der deutschen Sprache im Ausland und zur Förderung der internationalen kulturellen Zusammenarbeit e. V.
Dachauer Straße 122, 80637 München
☎ 0 89 / 15 92 10
📠 0 89 / 15 92 14 50
💻 www.goethe.de

Goethe Institut Australien
448 St. Kilda Road
Melbourne
VIC 3004
Australien
☎ 0 06 13 / 98 64 89 99
📠 0 06 13 / 98 64 89 88

Goethe-Institut Belgien
Rue Belliard 58
B – 1040 Brüssel
☎ 00 32 / 2 / 23 03 97 0
📠 00 32 / 2 / 23 07 72 5

Goethe-Institut China
Cyber Tower, Building B, 17/F.
No. 2, Zhong Guan Cun South Ave
100086 Peking / China
☎ 00 86 / 10 / 82 51 29 09
📠 00 86 / 10 / 82 51 29 03

Goethe-Institut Dänemark
Nørre Voldgade 106
DK – 1358 Kopenhagen K
☎ 00 45 / 33 36 64 64
📠 00 45 / 33 36 64 61

Goethe-Institut Finnland
Mannerheimintie 20 a
FIN – 00100 Helsinki
☎ 0 03 58 9 / 68 03 55 0
📠 0 03 58 9 / 60 43 77

Goethe-Institut Frankreich
17, Avenue d'Iéna
F – 75116 Paris
☎ 00 33 / 1 / 44 43 92 30
📠 00 33 / 1 / 44 43 92 40

Adressen

Goethe-Institut Griechenland
Omirou St. 14–16
GR – 10033 Athen
☎ 00 30 / 210 / 3 66 10 00
📠 00 30 / 210 / 3 64 35 18

Goethe-Institut Großbritannien
50, Princes Gate, Exhib.Rd.
GB – London SW7 2PH
☎ 00 44 / 20 / 75 96 - 40 00
📠 00 44 / 20 / 75 94 - 02 40

Goethe-Institut Irland
37 Merrion Square
IRL – Dublin 2
☎ 00 35 31 / 66 11 15 5
📠 00 35 31 / 66 11 35 8

Goethe-Institut Israel
Asia House, 4
4 Weizmann St.
IL – 61336 Tel Aviv
☎ 00 97 23 / 6 91 72 66
📠 00 97 23 / 6 95 57 99

Goethe-Institut Italien
Via Peschiera 35
I – 16122 Genova
☎ 00 39 / 10 / 83 90 71
📠 00 39 / 10 / 83 98 81 0

Goethe-Institut Japan
Sakyo-ku, Yoshida
Kawahara-cho 19–3
606-8305 Kyoto, Japan
☎ 00 81 / 75 / 76 12 18 8
📠 00 81 / 75 / 75 29 13 3

Goethe-Institut Kanada
418, Rue Sherbrooke, East
Montreal, PQ H2L 1J6
Kanada
☎ 0 01 / 51 4 / 49 90 15 9
📠 0 01 / 51 4 / 49 90 90 5

Goethe-Institut Niederlande
Herengracht 470
NL – 1017 CA Amsterdam
☎ 00 31 / 20 / 53 12 90 0
📠 00 31 / 20 / 63 84 63 1

Goethe-Institut Norwegen
Grønland 16
N – 0188 Oslo 1
☎ 00 47 / 22 05 78 80
📠 00 47 / 22 17 20 04

Goethe-Institut Portugal
Campo dos Mártires da Patria 36–37
P – 1169-016 Lisboa
☎ 00 35 1 / 1 / 88 24 51 0
📠 00 35 1 / 1 / 88 50 00 3

Goethe-Institut Schweden
Bryggargatan 121
S – 11121 Stockholm
☎ 00 46 / 8 / 4 59 12 00
📠 00 46 / 8 / 4 59 12 15

Goethe-Institut Ungarn
Andrássy út 24
H – 1061 Budapest
☎ 00 36 / 1 / 37 44 07 0
📠 00 36 / 1 / 37 44 08 0

Adressen

Goethe-Institut USA
1014 Fifth Av.
New York, NY 10028
USA
☎ 0 01 / 2 12 / 43 98 70 0
📠 0 01 / 2 12 / 43 98 70 5

Goethe-Institut USA
530 Bush Street
San Francisco
CA 94108 USA
☎ 0 01 / 4 15 / 26 38 76 0
📠 0 01 / 4 15 / 39 18 71 5

Informationsstelle für Auslandstätige und Auswanderer
Barbarastraße 1
50735 Köln
☎ 0 18 88 / 35 8 - 0
📠 0 18 88 / 35 8 - 28 23
💻 www.bva.bund.de

Institut für Auslandsbeziehungen
Charlottenplatz 17
70173 Stuttgart
☎ 07 11 / 22 25 0
📠 07 11 / 2 26 43 46
💻 www.ifa.de

Interswop
Osterstraße 42
20259 Hamburg
☎ 0 40 / 41 08 02 8
📠 0 40 / 41 08 02 9
💻 www.interswop.de

InWEnt – Internationale Weiterbildung und Entwicklung gGmbH
Weyerstraße 79–83
50676 Köln
☎ 02 21 / 20 98 - 1 99
📠 02 21 / 20 98 - 1 11
💻 www.inwent.org

Robert Bosch Stiftung
Heidehofstraße 31
70184 Stuttgart
☎ 07 11 / 46 08 40
📠 07 11 / 46 20 86
💻 www.bosch-stiftung.de/kolleg

Studienstiftung des Deutschen Volkes
Ahrstraße 41
53175 Bonn
☎ 02 28 / 82 09 66 - 4 65
📠 02 28 / 82 09 66 - 4 03
💻 www.studienstiftung.de

The German Marshall Fund of the United States
Oranienburger Straße 13/14
10178 Berlin
☎ 0 30 / 28 88 13 11
📠 0 30 / 28 88 13 10

Zentralstelle für Arbeitsvermittlung (ZAV) der Bundesanstalt für Arbeit
Villemombler Straße 76
53123 Bonn
☎ 02 28 / 7 13 - 11 14
📠 02 28 / 7 13 - 2 70
💻 www.arbeitsagentur.de

Adressen

Zentralstelle für ausländisches
Bildungswesen im Sekretariat der
Kultusministerkonferenz
Lennéstraße 6
53113 Bonn
☎ 02 28 / 50 10
🖨 02 28 / 50 12 99
💻 www.kultusministerkonferenz.de

10. Existenzgründung

**Geschäftsidee /
Gründungsvarianten**

ALT HILFT JUNG e. V.
Kennedyallee 62–70 (DSL-Gebäude)
53175 Bonn
☎ 02 28 / 3 77 12 57
🖨 02 28 / 3 77 12 58

BBE-Unternehmensberatung
Gothaer Allee 2
50969 Köln
☎ 02 21 / 9 36 55 - 01
🖨 02 21 / 9 36 55 - 1 01

Bundesverband der Selbständigen
Deutscher Gewerbeverband e. V.
Platz vor dem neuen Tor 4
10115 Berlin
☎ 0 30 / 28 04 91 - 0
🖨 0 30 / 28 04 91 - 11

Bundesverband der Wirtschaftsberater
Lerchenweg 14
53909 Zülpich
☎ 0 22 52 / 8 13 61
🖨 0 22 52 / 29 10

Bundesverband Deutscher
Unternehmensberater (BDU)
Zitelmannstraße 22
53113 Bonn
☎ 02 28 / 91 61 0
🖨 02 28 / 91 61 26
💻 www.bdu.de

Bundesverband Junger Unternehmer
der ASU
Reichsstraße 17
14052 Berlin
☎ 0 30 / 3 00 65 - 0
🖨 0 30 / 3 00 65 - 4 90
💻 www.bju.de

Deutscher Franchise-Verband e. V.
Luisenstraße 41
10117 Berlin
☎ 0 30 / 27 89 02 - 0
🖨 0 30 / 27 89 02 - 15

Verband Deutscher Unternehmerinnen
Breite Straße 29
10178 Berlin
☎ 0 30 / 2 03 08 45 40
🖨 0 30 / 2 03 08 75 45

Statistisches Landesamt
Baden-Württemberg
Böblinger Straße 68
70199 Stuttgart
☎ 07 11 / 64 10
🖨 07 11 / 6 41 29 37

Bayerisches Landesamt für Statistik
und Datenverarbeitung
Neuhauser Straße 8
80331 München
☎ 0 89 / 2 11 90
🖨 0 89 / 2 11 94 10

Adressen

Statistisches Landesamt Berlin
Alt-Friedrichsfelde 60
10315 Berlin
☎ 0 30 / 90 21 34 34
📠 0 30 / 90 21 36 55

Landesamt für Datenverarbeitung und Statistik Brandenburg
Dortustraße 46
14467 Potsdam
☎ 03 31 / 3 94 44
📠 03 31 / 3 95 21

Statistisches Landesamt Bremen
An der Weide 14–16
28195 Bremen
☎ 04 21 / 3 61 25 01
📠 04 21 / 3 61 43 10

Statistisches Landesamt Hamburg
Steckelhörn 12
20457 Hamburg
☎ 0 40 / 4 28 31 17 66
📠 0 40 / 4 28 31 13 33

Hessisches Statistisches Landesamt
Rheinstraße 35–37
65175 Wiesbaden
☎ 06 11 / 38 02 - 8 07
📠 06 11 / 38 02 - 8 90

Statistisches Landesamt Mecklenburg-Vorpommern
Lübecker Straße 287
19059 Schwerin
☎ 03 85 / 48 01 0
📠 03 85 / 48 01 12 3

Niedersächsisches Landesamt für Statistik
Göttinger Chaussee 76
30453 Hannover
☎ 05 11 / 98 98 0
📠 05 11 / 98 98 21 0

Landesamt für Datenverarbeitung und Statistik Nordrhein-Westfalen
Mauerstraße 51
40476 Düsseldorf
☎ 02 11 / 94 49 01
📠 02 11 / 44 20 06

Statistisches Landesamt Rheinland-Pfalz
Mainzer Straße 14–16
56132 Bad Ems
☎ 0 26 03 / 71 0
📠 0 26 03 / 71 31 50

Statistisches Landesamt Saarland
Virchowstraße 7
66119 Saarbrücken
☎ 06 81 / 5 01 00
📠 06 81 / 50 15 99 9

Statistisches Landesamt Sachsen
Macherstraße 31
01917 Kamenz
☎ 0 35 78 / 3 - 0

Statistisches Landesamt Sachsen-Anhalt
Merseburger Straße 2
06112 Halle
☎ 03 45 / 23 18 0
📠 03 45 / 23 18 90 1

Statistisches Landesamt Schleswig-Holstein
Fröbelstraße 15–17
24113 Kiel
☎ 04 31 / 68 95 0
📠 04 31 / 68 95 49 8

Thüringer Landesamt für Statistik
Europaplatz 3
99091 Erfurt
☎ 03 61 / 3 78 46 - 42
📠 03 61 / 3 78 46 - 46 99

Vereinigung Beratender Betriebs- und Volkswirte
Hostenstraße 15
25335 Elmshorn
☎ 0 41 21 / 2 52 52
📠 0 41 21 / 2 58 67

Wirtschaftsjunioren Deutschland
Breite Straße 29
10178 Berlin
☎ 0 30 / 2 03 08 15 15
📠 0 30 / 2 03 08 15 22

Unternehmenskonzeption

Bundesverband Deutscher Volks- und Betriebswirte
Florastraße 29
40217 Düsseldorf
☎ 02 11 / 37 10 22
📠 02 11 / 37 94 68

Bundesverband Deutscher Unternehmensberater BDU e. V.
Zitelmannstraße 22
53113 Bonn
☎ 02 28 / 91 61 - 0
📠 02 28 / 91 61 - 26
🖥 www.bdu.de

Bundesverband der Wirtschaftsberater e. V. (BVW)
Lerchenweg 14
53909 Zülpich
☎ 0 22 52 / 8 13 61
📠 0 22 52 / 29 10

Verein Deutscher Ingenieure (VDI)
Graf-Recke-Straße 84
40239 Düsseldorf
☎ 02 11 / 6 21 40
📠 02 11 / 6 21 41 75

MLP Finanzdienstleistungen AG
Forum 7
69126 Heidelberg
☎ 0 62 21 / 3 08 87 01
📠 0 62 21 / 30 81 58
🖥 www.mlp.de

Vereinigung beratender Betriebs- und Volkswirte e. V. (VBW)
Holstenstraße 15
25335 Elmshorn
☎ 0 41 21 / 25 25 2
📠 0 41 21 / 25 86 7

Verband Beratender Ingenieure e. V. (VBI)
Budapesterstraße 31
10787 Berlin
☎ 0 30 / 26 06 20
📠 0 30 / 26 06 21 00

Adressen

Die Finanzierung

Bundesamt für Wirtschaft
Frankfurter Straße 29–35
65760 Eschborn
☎ 0 61 96 / 90 80
📠 0 61 96 / 90 88 00
🖥 www.bawi.de

Bundesministerium der Finanzen
Wilhelmstraße 97
10117 Berlin
☎ 0 30 / 2 24 20
📠 0 30 / 2 24 20

**Bundesministerium
für Bildung und Forschung**
Heinemannstraße 2
53175 Bonn
☎ 0 18 88 / 5 70
📠 0 18 88 / 57 36 01

**Bundesministerium
für Wirtschaft und Arbeit
Dienstsitz Bonn:**
Villemombler Straße 76
53123 Bonn
☎ 0 18 88 / 61 50
📠 0 18 88 / 6 15 70 10

Dienstsitz Berlin:
Scharnhorststraße 34–37
10115 Berlin
☎ 0 30 / 20 14 9
📠 0 30 / 20 14 76 66

**Kreditanstalt für Wiederaufbau
Niederlassung Berlin**
Charlottenstraße 33/33a
10117 Berlin
☎ 0 30 / 2 02 64 - 0
📠 0 30 / 2 02 64 51 88

Niederlassung Berlin:
Taubenstraße 10
10117 Berlin
☎ 0 30 / 20 26 43 16
📠 0 30 / 20 26 41 92

**Deutsche Ausgleichsbank (DtA)
Niederlassung Bonn**
Ludwig-Erhard-Platz 1–3
53173 Bonn
☎ 02 28 / 83 10
📠 02 28 / 8 31 22 55

Niederlassung Berlin:
Kronenstraße 1
10117 Berlin
☎ 0 30 / 85 08 50
📠 0 30 / 8 50 85 42 99

Verband der Bürgschaftsbanken
Geschäftsführung: Ulrich Stumpp
Dottendorfer Straße 86
53129 Bonn
☎ 02 28 / 9 76 88 86
📠 02 28 / 97 68 88 22
✉ stumpp@vdb-info.de

Freie Berufe

Bund Deutscher Innenarchitekten
Königswinterer Straße 675
53227 Bonn
☎ 02 28 / 90 82 94 - 0
📠 02 28 / 90 82 94 - 20

Bundesingenieurkammer
Kochstraße 22
10969 Berlin
☎ 0 30 / 25 34 29 00
📠 0 30 / 25 34 29 03

Adressen

Bundessteuerberaterkammer KdöR
Neue Promenade 4
10178 Berlin
☎ 0 30 / 2 40 08 70
📠 0 30 / 24 00 87 99

Bundesverband der Freien Berufe
Reinhardtstraße 34
10117 Berlin
☎ 0 30 / 28 44 44 - 0
📠 0 30 / 28 44 44 - 40

Bundesverband der Wirtschaftsberater
Lerchenweg 14
53909 Zülpich
☎ 0 22 52 / 81 36 1
📠 0 22 52 / 29 10

Institut der Wirtschaftsprüfer in Deutschland
Teerstegenstraße 14
40474 Düsseldorf
☎ 02 11 / 45 61 0
📠 02 11 / 45 41 09 7

Verband Beratender Ingenieure
Budapester Straße 31
10 787 Berlin
☎ 0 30 / 26 06 20
📠 0 30 / 26 06 21 00

Verband Selbständiger Ingenieure
Schinkelstraße 7
45138 Essen
☎ 02 01 / 27 43 35
📠 02 01 / 27 46 00

Verband Selbständiger Ingenieure und Architekten
Rheinstraße 129 c
76275 Ettlingen
☎ 0 72 43 / 39 39 4
📠 0 72 43 / 39 39 5

Vereinigung der unabhängigen freiberuflichen Versicherungs- und Wirtschaftsmathematiker in der Bundesrepublik Deutschland
Kanalstraße 44
22085 Hamburg
☎ 0 40 / 22 71 11 0
📠 0 40 / 22 71 11 22

Wirtschaftsprüferkammer KdöR
Rauchstraße 26
10746 Berlin
☎ 0 30 / 72 61 61 - 0
📠 0 30 / 72 61 61 - 2 12

Industrie- und Handelskammern

Deutscher Industrie- und Handelstag
Adenauerallee 148
53113 Bonn
☎ 02 28 / 10 40
📠 02 28 / 1 04 10 01

Industrie- und Handelskammer zu Aachen
Theaterstraße 6–10
52062 Aachen
☎ 02 41 / 44 60 0
📠 02 41 / 44 60 25 9

Adressen

Industrie- und Handelskammer Aschaffenburg
Kerschensteinerstraße 9
63741 Aschaffenburg
☎ 0 60 21 / 88 00
🖷 0 60 21 / 88 01 10

Industrie- und Handelskammer zu Berlin
Fasanenstraße 85
10623 Berlin
☎ 0 30 / 31 51 00
🖷 0 30 / 31 51 01 66

Industrie- und Handelskammer zu Bochum
Ostring 30–32
44787 Bochum
☎ 02 34 / 91 13 0
🖷 02 34 / 91 13 11 0

Industrie- und Handelskammer Bonn
Bonner Talweg 17
53113 Bonn
☎ 02 28 / 22 84 0
🖷 02 28 / 22 84 17 0

Handelskammer Bremen
Am Markt 13
28195 Bremen
☎ 04 21 / 36 37 0
🖷 04 21 / 36 37 29 9

Industrie- und Handelskammer zu Cottbus
Goethestraße 1
03046 Cottbus
☎ 03 55 / 36 50
🖷 03 55 / 36 52 66

Industrie- und Handelskammer Darmstadt
Rheinstraße 89
64295 Darmstadt
☎ 0 61 51 / 87 10
🖷 0 61 51 / 87 12 81

Industrie- und Handelskammer zu Dortmund
Märkische Straße 120
44141 Dortmund
☎ 02 31 / 54 17 0
🖷 02 31 / 54 17 10 9

Industrie- und Handelskammer Dresden
Langer Weg 4
01239 Dresden
☎ 03 51 / 28 02 0
🖷 03 51 / 28 02 28 0

Industrie- und Handelskammer zu Düsseldorf
Ernst-Schneider-Platz 1
40212 Düsseldorf
☎ 02 11 / 35 57 0
🖷 02 11 / 35 57 40 1

Niederrheinische Industrie- und Handelskammer Duisburg-Wesel-Kleve zu Duisburg
Mercatorstraße 22–24
47051 Duisburg
☎ 02 03 / 28 21 0
🖷 02 03 / 26 53 3

Industrie- und Handelskammer für Essen, Mülheim an der Ruhr, Oberhausen zu Essen
Am Waldthausenpark 2
45127 Essen
☎ 02 01 / 18 92 0
🖷 02 01 / 1 89 21 72

Adressen

Industrie- und Handelskammer Frankfurt am Main
Börsenplatz 4
60313 Frankfurt am Main
☎ 0 69 / 21 97 0
📠 0 69 / 21 97 14 24

Industrie- und Handelskammer Frankfurt (Oder)
Puschkinstraße 12b
15236 Frankfurt an der Oder
☎ 03 35 / 56 21 0
📠 03 35 / 5 62 12 54

Industrie- und Handelskammer Fulda
Heinrichstraße 8
36037 Fulda
☎ 06 61 / 28 40
📠 06 61 / 28 44 4

Industrie- und Handelskammer Gießen
Lonystraße 7
35390 Gießen
☎ 06 41 / 79 54 0
📠 06 41 / 75 91 4

Industrie- und Handelskammer Hannover – Hildesheim
Schiffgraben 49
30175 Hannover
☎ 05 11 / 31 07 - 0
📠 05 11 / 31 07 - 3 33

Industrie- und Handelskammer Heilbronn
Ferdinand-Braun-Straße 20
74074 Heilbronn
☎ 0 71 31 / 96 77 0
📠 0 71 31 / 96 77 19 9

Industrie- und Handelskammer Karlsruhe
Lammstraße 13–17
76133 Karlsruhe
☎ 07 21 / 17 40
📠 07 21 / 17 42 90

Industrie- und Handelskammer zu Koblenz
Schlossstraße 2
56068 Koblenz
☎ 02 61 / 10 60
📠 02 61 / 10 62 34

Industrie- und Handelskammer zu Köln
Unter Sachsenhausen 10–26
50667 Köln
☎ 02 21 / 16 40 0
📠 02 21 / 16 40 12 9

Industrie- und Handelskammer Magdeburg
Alter Markt 8
39104 Magdeburg
☎ 03 91 / 56 93 - 0
📠 03 91 / 56 93 - 1 93

Industrie- und Handelskammer für Rheinhessen
Schillerplatz 7
55116 Mainz
☎ 0 61 31 / 26 20
📠 0 61 31 / 2 62 11 13

Industrie- und Handelskammer für München und Oberbayern
Max-Joseph-Straße 2
80333 München
☎ 0 89 / 51 16 0
📠 0 89 / 51 16 30 6

Adressen

Industrie- und Handelskammer zu Münster
Sentmaringer Weg 61
48151 Münster
☎ 02 51 / 70 70
📠 02 51 / 70 73 25

Industrie- und Handelskammer Offenbach
Frankfurter Straße 90
63067 Offenbach
☎ 0 69 / 82 07 0
📠 0 69 / 82 07 19 9

Industrie- und Handelskammer Potsdam
Breite Straße 2 a–c
14467 Potsdam
☎ 03 31 / 2 78 60
📠 03 31 / 2 78 61 11

Industrie- und Handelskammer Regensburg
Dr.-Martin-Luther-Straße 12
93047 Regensburg
☎ 09 41 / 56 94 0
📠 09 41 / 56 94 27 9

Industrie- und Handelskammer Reutlingen
Hindenburgstraße 54
72762 Reutlingen
☎ 0 71 21 / 20 10
📠 0 71 21 / 2 01 41 20

Industrie- und Handelskammer Rostock
Ernst-Barlach-Straße 1–3
18055 Rostock
☎ 03 81 / 33 80
📠 03 81 / 33 86 17

Industrie- und Handelskammer Region Stuttgart
Jägerstraße 30
70174 Stuttgart
☎ 07 11 / 20 05 0
📠 07 11 / 20 05 35 4

Industrie- und Handelskammer Wiesbaden
Wilhelmstraße 24–26
65183 Wiesbaden
☎ 06 11 / 15 00 0
📠 06 11 / 1 50 02 22

MLP-Geschäftsstellen

Adressen aller MLP-Geschäftsstellen finden Sie unter 💻 www.mlp.de.

Die Autoren

Margaretha Hamm

ist gelernte Bankkauffrau, Diplom-Volkswirtin sozialwissenschaftliche Richtung und Absolventin der Kölner Journalistenschule. Sie arbeitete als Redakteurin für die Bereiche Geldanlage und Immobilien bei den Zeitschriften *Das Wertpapier, impulse* und *Wirtschaftswoche*. Von 1998 bis 2001 verantwortete sie als Chefredakteurin die Zeitschrift *bankmagazin*. Seit Januar 2002 ist Hamm freie Journalistin und betreute gleichzeitig von Juni 2002 bis Ende März 2004 als Chefredakteurin die Zeitschrift *portfolio international*. Ende 2003 hat sie die Fachzeitschrift *Banken+Partner* entwickelt, die sie als Verlegerin und Chefredakteurin verantwortet.

Dr. Lutz Hoffmann

studierte Betriebswirtschaft in Frankfurt am Main und promovierte auch dort. Danach Tätigkeit im Direktmarketing und in der Weiterbildung. Hoffmann ist heute an der Fachhochschule in Frankfurt tätig und berät darüber hinaus Unternehmen in den Bereichen der Kapitalbeschaffung, Sanierung und Geschäftserweiterung.

Dr. Sonja Ulrike Klug

studierte Allgemeine Sprachwissenschaft, Psychologie und Politik und absolvierte mehrere Fernlehrgänge in Betriebswirtschaft. Nach einer Tätigkeit als Marketing-Assistentin und in der Erwachsenenbildung machte sie sich 1991 selbstständig. Seitdem ist sie als Buchservice-Dienstleisterin für Unternehmen, Berater, Trainer und andere Autoren tätig (Ghostwriting, Verlagskontakte, PR).

Für Verlage betreut sie als Lektorin Sachbücher im Themenbereich Wirtschaft. Dr. Klug hat bisher rund 135 Buchprojekte für diverse Verlage, Unternehmen und Autoren abgewickelt und ist selbst Autorin von 15 Büchern.

Dorothee Köhler, M. A.

studierte Germanistik und Kulturanthropologie. Nach Tätigkeiten im Lokaljournalismus, in Verlagslektoraten und in einer literarischen Agentur gründete sie 1996 das Redaktionsbüro *Scriptics*. Sie ist Autorin mehrerer Bücher und vieler Artikel mit dem Themenschwerpunkt „Beruf und Karriere" und betreut darüber hinaus Unternehmen und Werbeagenturen bei der Erstellung von unterschiedlichen Publikationen. Ihre Spezialgebiete sind Studium, Bewerbungsstrategie, Existenzgründung und Weiterbildung im Ausland.

Susanne Löffelholz

studierte Rechtswissenschaften in Bonn und ist seit 1995 als Rechtsanwältin tätig. Im Rahmen ihrer anwaltlichen Tätigkeit absolvierte sie erfolgreich Fachanwaltslehrgänge im Arbeitsrecht und im Verwaltungsrecht. Außerdem arbeitet sie als wissenschaftliche Mitarbeiterin sowie als Lektorin, zum Beispiel im Bereich der Überarbeitung und Aktualisierung von verwaltungsrechtlichen Standardwerken. Ihre Spezialgebiete sind das Verwaltungsrecht und das Wirtschaftsrecht.

Stichwortverzeichnis

A
ABC-Analyse 328
Absolventenkongresse 207
AIESEC 38, 124, 129, 509
Aktuar 406
Allfinanzvertriebe 409
Altersvorsorge 318
– betriebliche 314, 319
– gesetzliche 318
– private 319
Anerkennung von Hochschulabschlüssen 41, 520
Angestelltenstatus 437
Anti-Stress-Techniken 327, 330
Arbeiten, wissenschaftliches 51
Arbeitgeber, Informationsrecherche über 244
Arbeitnehmer-Sparzulage 321
Arbeitsagentur 203
Arbeitsvermittler, private 204
Arbeitsvertrag 313 ff.
Assessment Center 277 ff.
– Bestandteile 279
– Fallstudien 282
– Gruppendiskussion 280
– Interviews 282
– Postkorb-Übung 280
– Präsentation, Referat oder Vortrag 281
– Rollenspiele 281
Assistentenfunktion 345
Aufbaustudium 163

Ausbildungsfreibeträge 110
Ausland
– auf eigene Faust ins 516 f.
– Jobs im 518
– Programmangebote 499 ff.
Auslandsaufenthalt 386, 519
Auslandserfahrung 497
Auslandshandelskammer 502, 507
Auslandspraktika 38
Auslandssemester 40, 128 f.
Auslandsstudium 40
– Internetadressen 43
Außendienst 402, 408
Auswahlkriterien für Bewerber 161
Auswahlverfahren 219, 266 ff.
Automobilindustrie 352

B
Bachelor 42, 142
BAföG 71 ff.
– Antrag 72
– Darlehenserlass 324
– im Ausland 41 ff., 81 ff.
– mit Kind 75
– Rückzahlung 74, 324
– Sonderregelungen 75
– Verlängerung 79
Bankbetriebslehre 385
Banken 411
Banklehre 385
Bankwirtschaft 385

593

Bausparkassen 382
Bausparvertrag 322
Bauwirtschaft 366
Beamtenstatus 437
Begabtenförderung 87
Berufseinstieg 185
Berufsentscheidung 22
Berufsprofil 237
Berufsstart 313 ff.
– Organisation 322 f.
Berufsunfähigkeitsversicherung 105
Bewerbung
– Auswahlkriterien 161
– Auswahl- und Einstellungskriterien 219
– Auswahlverfahren 266 ff.
– formale Gestaltung 222
– im Internet 207, 209, 211, 215
– schriftliche 222
– telefonische Kontaktaufnahme 217
– Tipps 214 f.
– Unternehmenssicht 218 f., 221
– Verfahren 186
– via Internet 207, 209, 211, 215
Bewerbungsanschreiben 237
Bewerbungsbrief 237
Bewerbungsgespräche 39
Bewerbungsunterlagen 222 f., 227 ff.
– Anschreiben 224, 227
– Aufhänger 227
– Berufserfahrungsliste 236
– formale Gestaltung 222 f., 227 ff.
– Foto 233
– Lebenslauf 229
– Präsentation 239
– struktureller Aufbau 226
– textlicher Aufbau 226
– Zeugnisse 215, 235
Bewerbungswege 197 ff.
Bibliographie 56
Bibliothek 51
– virtuelle 45

Bologna-Erklärung 117
Bologna-Prozess 117
Branchen 352 ff., 411 ff.
Brasilien 503
Business Schools 179
– Auswahl 181
– Qualität 176, 180

C
Chemieindustrie 355
Clipping Services 198
Controlling 349
Credit Points 41

D
Dankesbrief 265
Datenverarbeitung und Informations-
  technologie 360
Deutscher Akademischer Austauschdienst
  (DAAD) 40, 43, 81, 498
Deutsche Bundesbank 386
Diplomarbeit 130 ff.
– Erstellung 51 ff.
– im Ausland 133
– Themenfindung 131 f.
– Verlauf 133
Diplom-Wirtschaftsjurist/in 142
Direkteinstieg 344
Diskussionsforen im Internet 48
Dissertation 167
– online 169
– praxisorientierte 168
– Publikation 169
– Verkauf 170
Doktoranden-Netzwerke 168
Doktortitel
– gekaufter 169, 171
– Kauf 171
Doppeldiplom-Studiengänge 122
DtA-Startgeld 542
Duale Studiengänge 121

E

ECTS (European Credit Transfer and Accumulation System) 41, 117
EDV-Kenntnisse 123 f.
EDV/Kommunikations- und Informationstechnik 352
Eigenheimzulage 110
Eigentumswohnung 110
Einkauf/Beschaffung 347
Einkommen
– im Öffentlichen Dienst 437
– nach Berufen 433
Einstellungskriterien 219
Einstiegsgehälter 433
Einstiegsprogramme 343
Eisenhower-Prinzip 280
Elektroindustrie 358
Elektronische Medien 422
Energiewirtschaft 359
Engagement, außeruniversitäres 39
Entbindungsgeld 76
Entrepreneurship 120
Entwicklungspolitik 580
Erasmus 82, 86
Ergänzungsstudiengänge 163
Ergänzungsstudium 163
ERP-Eigenkapitalhilfeprogramm 541
ERP-Existenzgründungs-Programm 541
ERP-Stipendien-Programm 513
Erziehungsgeld 78
EU 43
– Anerkennung von Hochschuldiplomen 519
– Förderprogramme 82
EU-Staaten 43
Examensnote 161
Existenzgründung 120, 521 ff.
– Anforderungen 521 ff.
– Finanzierung 537 ff.
– Geschäftsidee 526 f.
– Informationsquellen 543, 545
– Prüfung der Geschäftsidee 528
– Unternehmenskonzeption 532 f., 535

F

Fächerkombination 36, 134, 161
Fachhochschule 16 ff.
Fernstudium 121
Financial Planner 410
Finanzdienstleister 408
– freie 408
Finanzierungsplan 537
Finanzmanagement 348
Finanzplaner 410
Fondsplattformen 409
Förderprogramme, EU 82
Foto 232
freie Mitarbeit 315
Fremdsprachen 150
Fremdsprachenkenntnisse 124
Funktionsbereiche 343 ff., 412 ff.
Fußnote 64

G

Gehälter 430 ff.
Gehalts-Checks 306
Gehaltssteigerung 308
Gehaltsverhandlung 306 f.
Genossenschaftsbanken 370, 374, 381
Genossenschaftsverbund 374
Geschäftsbanken 370, 373 f., 381
Gesprächsvorbereitung 331
Gesundheitsreform 400
Gliederung wissenschaftlicher Arbeiten 59
GMAT 177
GMAT-Test 177
Großbanken 370
Grundstudium 19 f., 124
Gründungsvarianten
– Beteiligung 532
– Franchising 529
– MBO/MBI 531
– Spin-off-Gründung 530
– Start-up 529, 531
Gruppengespräch 264

H

Haftpflichtversicherung 104, 320
Handel 367
Hard Skills 219
Hauptstudium 19 f.
Hausratversicherung 106, 321
Hilfskraft 124
Hobbys im Lebenslauf 233
Hochschulabschlüsse, Anerkennung der 41
Hochschule 16
– für Wirtschaftswissenschaftler 14
– private 16, 118
– staatliche 118
– Studiengänge und Schwerpunkte 22
– Wahl 16
Hochschulrankings 1 ff., 15 ff.
Hochschulraum, europäischer 117

I

Initiativbewerbung 200
Innovationen 526
Intelligenztest 273 f.
Interne Revision 349
Internet 40, 44 f., 47, 58, 121, 184, 207 ff., 517
– Suchmaschinen und Verzeichnisse 45, 47
– Studium via 121
Internet-Bewerbung 207 ff.
Investitionsplan 535

J

Japan 503
Jobbörsen 208
Jobs 106 ff., 125
– im Ausland 110, 518
– Sozialversicherungspflicht 106

K

Karriereberater 203
Kinderfreibetrag 110
Kindergeld 72, 111
Kleidung 326

– im Berufsleben 245
Kommunikationsfähigkeit 39
Kontakte zu Unternehmen 204
Kontaktmessen 207
Konzentrationstest 273, 276
Körpersprache 260 f.
Krankenversicherung 316
– private 396, 399
Kreditgewerbe 381
Kreditinstitute 373, 377 f., 381 f.
Kurzbewerbung 200

L

Landesbanken 370, 377
Landeskinderregelung 68
Lebenslauf 229
Lebensversicherung 396, 399
Lehre 123
Leistungstests 273
Literaturauswertung 52
Literatursuche 53, 56
Literaturverzeichnis 62, 64
Logistik 350

M

Maklerpools 408 f.
Marketing/Produktmanagement 348
Master 42, 142
Master of Advanced European Studies 509
Master of Public Administration 513
Materialwirtschaft/Logistik 350
MBA 173, 177 ff., 503
– Inhalt des Studiums 178
– Kosten 179
– Programme 174, 178
– Wert 173, 177 ff.
– Zulassungsvoraussetzungen 176
MBA-Studium 174
MBA-Titel 179
– Anerkennung 179
Medienkioske 208
Mindmap 52, 59
Mitarbeiter, freier 185

Stichwortverzeichnis

Mittelstand 429
Motivationslosigkeit 65
Multimedia-Markt 358, 424
Mutterschaftsgeld 76

N
Nahrungs- und Genussmittelindustrie 364
Numerus clausus 140

O
Öffentlicher Dienst 428
Online-Universitäten 121
Organisation 322 f., 351
Ortsbanken 378
Osteuropa 502
Outsourcing 186

P
Personal 350
Personalauswahlverfahren 266
Personalberater 202, 218
Persönlichkeitstests 267
Pflegeversicherung 103, 317
Pflichtpraktikum 126
Pharmaindustrie 356
postgraduale Qualifikation 162, 184
postgraduale Studiengänge 164
Praktika 36, 124
– an deutschen Auslandshandelskammern 507
– bei Internationalen Organisationen 515
– beim Europäischen Parlament 510
– berufsqualifizierende 126, 129
– im Ausland 38, 128
– in Argentinien 512
– in asiatisch/pazifischen Ländern 503
– in Australien, Neuseeland, Südafrika, USA und Kanada 511
– in den USA 504
– in Japan 503
– Sozialversicherungspflicht 107 f.
Praktikantenbörse 126
Praktikumszeugnisse 235

Präsentation 239, 281, 332, 334
Präsentationstechnik 327
Praxisschock 326
Praxissemester 141, 150
Presseausschnittbüro 245
Promotion 164 ff., 368
– Bedeutung für Beruf 172
– für Fachhochschulabsolventen 166
– im Ausland 170
– Kosten 169
– Planung 167
– wissenschaftliche Anforderungen 166

Q
Qualifikation 113 ff.
– berufliche 190
– fachliche 161, 186, 189
– persönliche 16, 36, 194
– postgraduale 162, 184
– praktische 190
– wissenschaftliche 171
Qualifikationsprofil 190, 237

R
Rationalitätstest 269
Rechnungswesen 349
Rechtsschutzversicherung 104, 321
Recruiting-Events 206
Referat 279, 281
Referenzen 222
Rentabilitätsvorschau 536
Rentenreform 400
Rentenversicherung 105, 318
Revision 349
Revisionsgesellschaft 418
Rückversicherung 396, 399

S
Schaden- und Unfallversicherung 396, 399
Schlüsselqualifikationen 140, 148
Selbstanalyse 188, 221
Selbstmanagement 327 ff.
– aktives 327 ff.

Selbstmarketing 185, 188 f., 191, 195
Selbstsicherheitstest 271
Seminaranbieter, seriöse 336
Seminararbeit, Erstellung 51 ff.
Soft Skills 38, 141, 183, 186, 219 f.
Sokrates 82, 87
Sorbonne-Erklärung 117
Sozialhilfe 78
Sozialleistungen des Arbeitgebers 259
Sozialversicherung 103
Sparkassen 370, 374, 381
Sparkassenverbund 374
Spezialisierungsfächer 113
Spezialkreditinstitute 373
Sprachen 148
Sprachreisen 499
Stahlindustrie 357
Stellenangebote 125, 197
Stellenbörsen 208
Stellengesuch 199
Steuerberater 419
Steuerberaterprüfung 419
Steuerberatung 418
Stiftungen 87, 89
Stipendien 81, 87 ff.
– allgemeine 87 ff., 549
– ERP-Programm 513
– hochschulgebundene 97
– studienfachbezogene 94
Stress 330
Strukturvertriebe 409
Studiengänge 22
– postgraduale 164
Studiengebühren 67 ff.
Studienkontenmodell 68
Studienkredite 68
Studienorganisation 18 f., 23 ff., 39, 41, 43
Studium
– berufsbegleitendes 146
– Finanzierung 67
– für Behinderte 79
– im Ausland 81 ff., 548

– in den USA 86
– mit Kind 75
– in der EU 43
– praxisorientiertes 36
Suchmaschinen 45

T
Tätigkeiten
– im Ausland 110
– praktische 113
Teamarbeit 38
Teamfähigkeit 36, 39
Telekommunikation 358, 362
Terminplanung 328
Testverfahren 266
Textil- und Bekleidungsindustrie 365
TOEFL 177
Touristik 416
Trainee, USA 515
Trainee-Programm 343
Training-on-the-job 345

U
Ummeldung 322 f.
Umsatzplanung 534
Umzug 321 ff.
Unfallversicherung 103
Universitäten 16, 18 f.
– wirtschaftswissenschaftliche 23
Unternehmen, Funktionsbereiche im 347, 349, 351
Unternehmensberatung 418, 420
Unternehmensplanung 349, 351
USA 501
– Praktikum 504
– Studium in den 86

V
Verbundstudium 146
Verkauf/Vertrieb 347
Verlags- und Pressewesen 424
Vermögenswirksame Leistungen (VL) 321

Versicherungen 316 f., 319, 321
– nach dem Studium 316 f.
– während des Studiums 103, 105
Versicherungsmathematiker 406
Versicherungswirtschaft 395, 400, 402, 407
Versicherungszweige 399
Visualisierung bei Präsentationen 333
Volontariat 346
Vorstellungsgespräch 240
– Ablauf 247
– als Gruppengespräch 264
– Fragetechnik im 259
– Gesprächspsychologie 247
– Kleidung 326
– Körpersprache 260
– Nachbereitung 265
– Outfit 245
– unangenehme Fragen 256
– unzulässige Fragen 257
– Vorbereitung 195, 242
Vortrag 281, 332

W
Wahlfächer 113 f.
Weiterbildung 182 f., 233, 239
Werbewirtschaft, Public Relations und Marktforschung 425

Wirtschaftsjurist 143, 147 f., 152
– Berufsfeld 144, 149
– Weiterbildung zum 145
Wirtschaftspraxis 147
Wirtschaftsprüfer 418 f.
Wirtschaftsprüferexamen 419
Wirtschaftsprüfung 418
Wirtschaftsrecht 144, 147 f.
Wohngeld 78, 111
Wohnungssuche 322
World Wide Web 45

Z
Zeitdruck 65
Zeitmanagement 327
Zentralbanken 381
Zentralstelle für Arbeitsvermittlung (ZAV) 129, 203, 497
Zeugnisse 223
Ziele, berufliche 196
Zitatangaben 64
Zitate 60, 62
Zusatzleistungen 436
Zusatzqualifikationen 123, 233
Zusatzstudiengänge 163
Zusatzstudium 147, 163
Zweitstudium 147, 164

Gabler/MLP Berufs- und Karriere-Planer Wirtschaft 2005/2006

Einstieg zum Aufstieg

Liebe Leserinnen und Leser!

Wir möchten Ihnen mit dem *Gabler/MLP Berufs- und Karriere-Planer* ein stets aktuelles Handbuch zu Studium, Beruf und Karriere bieten.

Helfen Sie uns daher bitte, Ihr Werk auf dem neuesten Stand zu halten und noch besser an Ihre Bedürfnisse und Wünsche anzupassen. Bitte beantworten Sie dazu die folgenden Fragen.

Was hat Ihnen an diesem Buch besonders gut gefallen?

_____
_____
_____
_____
_____

Was hat Ihnen an diesem Buch weniger gut gefallen?

_____
_____
_____
_____
_____

Zu folgenden Themen / Schwerpunkten habe ich keine / zu wenig Informationen gefunden:

_____
_____
_____
_____
_____

In der nächsten Auflage würde ich Folgendes ändern / ergänzen:

_____
_____
_____
_____
_____

Absender:

Name, Vorname: _____

Straße: _____

Ort: _____

Bitte senden Sie diese Seite an:

Betriebswirtschaftlicher Verlag
Dr. Th. Gabler GmbH, Irene Buttkus,
Postfach 15 46, 65173 Wiesbaden